本成果受2013年广东省学科建设专项资金资助

历史文献与传统文化丛刊

中国丛书综录选注

（上册）

罗志欢 撰

齐鲁书社

图书在版编目（CIP）数据

中国丛书综录选注：全2册/罗志欢撰. -- 济南：齐鲁书社，2017.8
ISBN 978-7-5333-3243-3

Ⅰ.①中… Ⅱ.①罗… Ⅲ.①古籍—丛书—图书目录—中国 Ⅳ.①Z833

中国版本图书馆CIP数据核字(2015)第238117号

中国丛书综录选注（上、下册）

罗志欢　撰

主管单位	山东出版传媒股份有限公司
出版发行	齊魯書社
社　　址	济南市英雄山路189号
邮　　编	250002
网　　址	www.qlss.com.cn
电子邮箱	qilupress@126.com
营销中心	（0531）82098521　82098519
印　　刷	山东金坐标印务有限公司
开　　本	787mm×1092mm　1/16
印　　张	43.25
插　　页	6
字　　数	897千
版　　次	2017年8月第1版
印　　次	2017年8月第1次印刷
印　　数	1—600
标准书号	ISBN 978-7-5333-3243-3
定　　价	**216.00**元（上、下册）

序

阳海清

事物的生命力体现于社会之需求。近年，古籍丛书编纂和研究趋暖，正是缘于社会对古籍丛书的需求日强。古籍丛书所独具的方便学子、保存文献、积聚典籍的三大固有功能，与当今社会保护文化遗产、弘扬民族文化的精神高度契合，促使这股暖流方兴未艾。毫无疑问，这是目前古籍整理工作中涌现的一种可喜的现象。而由罗志欢先生编撰的《中国丛书综录选注》，以其精心构思、广搜博采，成为这股暖流中出现的一朵足资称道的新葩。

拜读罗先生的样稿，我欣喜无似，感觉无论从哪个角度来审视，都称得上是成功之作。

仅从下面三点，即足以看出其用心之苦、贡献之大：

第一、可以帮助读者正确认识丛书。

近九十年以来，由于《四库》系列丛书、馆藏善本丛书和巨型地方丛书相继编纂出版，大量要籍、珍本汇入其中，使丛书单独设“部”的地位更为巩固。而一些独撰丛书和专科（类编）丛书的编纂，则使丛书之功能进一步彰显。人们热衷编纂丛书、乐意利用丛书，却依然有不少人（包括一些正在编纂丛书的人）即对丛书之内涵外延、本质特征、发展源流、类属关系、个体衍变、书目查检缺乏全面、正确、辩证的理解和认识，从而导致新编丛书质量有优劣之别、使用丛书效果有高下之分。《中国丛书综录选注》（下称《选注》）在这方面为我们提供了很好的教材。它虽然只是从《中国丛书综录》（下称《综录》）所收2797种丛书中择取若干种为之作注，却对每种丛书之辑（著）者传略、编纂旨趣、内容提要、版刻情况、学界评价逐一作了介绍。大凡人们对客观事物的认识，总要经历从个别到一般，再由一般到个别的循环往复过程。读者借助本书，可获得对众多丛书个体的全面认识，并进一步形成和深化对丛书总体的认识，掌握丛书的普遍规律。如此所得，将比聆听单纯说教，来得更为生动、更为深刻。这种效果，是登录式书目所难能企及的。

第二、可以助推各地开展古籍整理。

百年实践证明，编纂丛书是古籍整理的重要方式之一。丛书有广狭二义：凡将两种或两种以上古籍汇为一书并冠以总名者为广义丛书，即叶德辉所谓“总聚众书为一书”，《综录》所收为此；凡收录合书之内容跨部者为狭义丛书，即叶德辉所谓“举四部之书而併括之”，归诸“丛部”者限此。丛书虽是“总聚众书”，但并非胡乱堆砌，前人已在确立旨趣、遴选品种、择定版本、第次子目诸环节上积累了丰富的经验，并约定俗成为一定的编纂原则。登录或丛书目录，通常只记录其编纂结果，要靠读者自身透过著录事项去领会、总结其编纂经验和遵循路数；而作为解题或书目的《选注》，则通过多种途径将这些经验和原则提炼出来，直接告知读者。他山之石，可以攻错。单就此点言之，本书之纂，为功大矣！时下，各省、市纂修地方文献丛书竟相踵接，首长挂帅，专家参与，规模宏大，盛况空前。《选注》问世，可谓正当其时。此类丛书，既要展示当地历史文化成果，又要理清当地学术发展脉络。秦陇、吴越、齐鲁、荆楚、中原、京畿、巴蜀等地之文化源远流长、文献汗牛充栋，尤须二者兼顾。这就要求编纂者同时注重宏观掌控与微观调控，在文献遴选与版本择定上确保重点，兼顾部类、时段、地域平衡，并做到编排有序、详略得当，方可全面、准确地反映其历史文化发展概貌。欲达此目标，《选注》所揭示的历代编纂丛书之得失经验足资参酌，可给今日之古籍丛书编纂者指明捷径。

第三、可以启迪学者从事学术研究。

学术研究的深入和繁荣，从来是学科和事业发展的先导。在版本目录学方面，历代先贤唯心沥血，探索了多种途径，积累了丰硕成果。具体到丛书目录研究亦复如此。《选注》作者，广泛吸收了前人经验，并创造性地将其熔于一炉，形成本书之体例："在著录形式上，仿清邵懿辰《四库简明目录标注》；在解题上，采用传录、叙录、版录和辑录四种解题体例，从不同角度揭示丛书的内容。"虽然这四种体例在历代书目著作中早已有之，但作者能将其粘连，分合使用，则显示其思维之睿智。使本书在揭示各部丛书之内容特征、形式特征、社会反响、应用价值上更为系统、完整、深刻，给人以别开生面的感觉。这也证明，作为传统学科的版本目录学，仍然有足够的空间让研究者施展自己的聪明才智。此乃本书提供的有益启示。

近两年，我与志欢先生受东莞市图书馆委

托，合作整理伦明撰《续修四库全书总目提要稿》，但直至日前赴广州中山大学参加"广州大典与版本目录学国际学术研讨会"始得晤面，彼此交谈甚欢。志欢先生谓此书稿已交齐鲁书社，即将付梓。问序于我，碍难推辞。遂就其意义与功用之荦荦大者写了以上文字，权以充序。至于本书采辑之资料有无大遗、撰写之文字有无不妥，读者自会鉴识，勿庸我赘。

二〇一〇年十一月二十日

写于武汉美联奥园寓所

编辑说明

上海图书馆所编《中国丛书综录》三册，于 1959 年至 1962 年由原中华书局上海编辑所(今上海古籍出版社)出版，1982 年稍作修改重印。该书目收宋代至民国间辑刊的丛书 2797 种，合计子目 38891 种，从著录体例和检索体例来说，是目前最完备的丛书目录，也是我国目录学史上收书最多的书目，在同类书目中，尚无出其右者。

此书自问世以来，备受海内外学界推重，成为查阅古籍和古籍整理研究不可缺少的工具书。但由于编辑时间仓促，加之受馆藏联合目录范围和性质局限，尚存在版本著录不全、异名反映欠周、子目遗漏等问题。阳海清先生经过二十余年的研究，撰成《中国丛书综录补正》(江苏广陵古籍刻印社 1984 年版)，在一定程度上订正了某些著录上的讹误，补全了某些版本、子目以及异名，有利于读者的使用。但仍觉其美中不足，恰如阳先生所说的"还有一些问题，因一时尚无法查对，暂付存疑"。我从事古籍整理和编目工作多年，《中国丛书综录》是案头必备工具书，受益良多，兼受《中国丛书综录补正》的启迪，常思如何使这部巨编更臻完备，故不揣学识鄙薄，将在工作中积累的资料加以整理，又参阅前人书目三十余种和今人的最新成果，结合我们的馆藏以及一得之见，裒辑成册，以供读者查阅。

在著录形式上，采用传录、叙录、版录和辑录四种解题体例，从不同角度揭示丛书内容。传录即编撰者小传，介绍编撰者生平与学术，间接揭示丛书的内容。叙录即内容提要，直接揭示丛书的内容特征以及成书过程。版录重在增补丛书版本或辑考各种版本的异同，此本与他本的关系等。辑录是采录诸家对丛书的评价，帮助读者更全面地了解丛书的内容。在著录时，对上述四种体例综合运用，相辅相成，互为补充，使各种体例的解题功能得以发挥，更有效地体现其"辨章学术，考镜源流"的作用。此种解题体例的最大特点，就是检一丛书，而该丛书的有关资料毕集其下，兼具丛书提要和版本目录的功用，以助读者之阅读与研究。故我们对某一丛书进行著录的过程也就是对该丛书有关资料进行搜集、整理和研究的过程。

由于选注者水平所限，错误之处在所难免，恳请专家学者批评指正。

编辑凡例

1. 本书以上海古籍出版社1982年版《中国丛书综录》(以下简称《综录》)第一册“总目”所著录的部分丛书为标注对象。

2. 据《综录》分“汇编”和“类编”两部分。“汇编”分杂纂、辑佚、郡邑、氏族、独撰五类;“类编”分经、史、子、集四类。各类下不再分第三级类目。

3. 各丛书著录的基本项目如书名、编撰者、版本等一遵《综录》之旧,惟不重录《综录》中的丛书子目。标注内容包括编撰者简介、丛书提要、版本补录等。

4. 本书采用汇考式解题,一般顺序为传录、叙录、版录、辑录。但亦有略为变通者,如辑录某一丛书之某一版本的序跋、评介,则归入该版本下。对各丛书的解题,其详释或略释视需要而定,不执一概之论。

5. 丛书的异名,《综录》题“一名”,本书所增补的异名别冠以“又名”,顺列其后。

6. 从大丛书中抽出的小丛书,即使与大丛书类别不同,亦不重新归类;其版本有增补者,则在书名和版本项内反映其所隶属的大丛书。

7. 凡《综录》著录的版本照录,注明“参见《综录》第×页”。本书增补之版本(含再版重印本)则按年代先后为序,列于《综录》所著录的版本之后,用“补录”以区别,并注明出处或收藏单位。

8. 对《综录》所著录以及本书所增补之版本、子目、卷数、编次等项有所标注者,均在该版本下加以说明。

9. 所增补之收藏单位,以其简称附于该版本末,用黑体字标示。大陆部分主要录自《中国古籍善本书目》以及相关丛书联合目录、藏书机构的馆藏目录等,台湾部分主要录自王宝先《台湾各图书馆现存丛书子目索引》(美国旧金山中文资料中心1975～1977年版),日本部分主要录自李锐清《日本见藏中国丛书目初编》(杭州大学出版社1999年版)。所增补收藏单位均为《综录》“收藏情况表”以外者,若“收藏情况表”有遗漏,此处亦为补入。

10. 本书附《藏书单位简称表》《索引字头笔画检字》《索引字头拼音检字》《丛书书名及编撰者综合索引》,以便读者检索本书所标注的所有丛书、编撰者和收藏单位。

目 录

汇编·杂纂类

汇编·辑佚类

汇编·郡邑类

汇编·氏族类

汇编·独撰类

类编 · 经类

类编·史类

类编·子类

类编 · 集类

汇编·杂篡类

儒学警悟

(宋)俞鼎孙 (宋)俞经辑

【传录】俞鼎孙、俞经(生卒年未详)。福建建安(今建瓯市)人。《宋史》无传,据书前目录标题,仅知鼎孙官为太学,经官为上舍,皆为学官。嘉泰二年(1202)兄弟同辑宋人著述六种为《儒学警悟》。我国之有丛书,自鼎孙始。

【叙录】是编凡六种,四十一卷。收录南宋初人著述。包括汪应辰《石林燕语辨》十卷、程大昌《演繁露》六卷、马永卿《懒真子录》五卷、程大昌《考古编》十卷、陈善《扪虱新语》八卷、俞成《萤雪丛说》二卷。内多为有关宋代典章制度、人物掌故、琐事遗闻以及经史考辨之书。因“凡举子之事业,人事之劝惩,间有出于己意,皆荟萃也”,“或又得于师友之謦咳者,议论该博,识见超拔,大概为儒学设,亦为警悟用”(俞成《儒学警悟总目跋》),故名《儒学警悟》。其中《演繁露》为罕见之书,向来藏书家很少提及。对于经史及世俗杂事,援据详博,议论纵横,可以订正经史之讹误。《石林燕语辨》乃专门为订补叶梦得的《石林燕语》而作,其价值高于《石林燕语考异》。是书传本极少,陈振孙《直斋书录解题》及《永乐大典》均未记载。《懒真子录》多记杂事兼有考证,引据确凿,亦为难得之书。《考古编》主要杂论经义异同及史传谬误,博洽详明,多有可取。《扪虱新语》以考论经史诗文为主,兼及杂事,分门别类,一事一题,共二百余则。《萤雪丛说》多言揣摩科举之学,间及遗闻琐事。一事一记,共分六十事。所收六种,《四库全书总目》皆入子部杂家类。

据序,书成于嘉泰元年(1201),较左圭《百川学海》早七十二年,可谓中国丛书之祖。南宋原刻久不传世,元明两代又未翻刻。至清,先是光绪十八年(1892)书贾从山西得明嘉靖王良栋钞本,后又为清宗室盛昱购得,秘不示人。待盛昱书散出,再为缪荃孙以重金收藏。经缪荃孙、傅增湘先后校勘后,于民国十一年(1922)由武进陶湘刊印行世。

【辑录】缪荃孙序云:“《儒学警悟》既为丛书之鼻祖,又为海内之孤帙,其中《燕语辨》一集,更为《直斋》未见、《大典》未录之书,一旦复出,不可谓非人生之幸事也。”

【版录】

(一)民国十一年(1922)武进陶氏刊本

参见《中国丛书综录》(下简称《综录》)第1页。是刻半叶十三行,行二十二字,黑口,左右双边。

暨大 首都师大 史语

[补录]

(二)南宋嘉泰二年(1202)刊本

是本为原刻本,久不传世。检民国陶氏本,卷首有俞成《儒学警悟总目跋》,叙述该书内容和命名的由来，末署“时嘉泰辛酉正月十有五日”，表明是书成于嘉泰元年(1201)。正文卷一下又有俞闻中刊刻题识，末署“壬戌三月初有七日，承仪郎前南剑州通判俞闻中梦达刊之于家塾”，据此，可知该书刊于南宋宁宗嘉泰二年(1202)。

(三)明嘉靖王良栋抄本

《中国古籍善本书目》著录为“明抄本”，见藏北京图书馆。凡六种四十卷。缪荃孙校，傅增湘跋。其中《萤雪丛说》作一卷。半叶十三行，行二十二字，黑格，白口，四周单边。是本乃书贾于清光绪十八年(1892)从山西购得。书末有“嘉靖壬辰季春吉庵王良栋录藏”题记。傅增湘跋云：“孤本。盛昱藏。余为缪荃孙先生收之。后陶君湘覆刻行世。此书直接自宋本出，所收六书均堪称善本，优于明人刊本远甚。”

(四)民国十一年(1922)京都文楷斋刊本

凡七种，四十卷。其中《扪虱新语》上下集析为二种。见《湖北大学中文古籍书目》。

(五)民国二十四年至二十六年(1935—1937)上海商务印书馆《丛书集成初编》本。

凡七种四十一卷。其中《扪虱新话》上下集作二种计算。

(六)1965年台湾艺文印书馆影印本

据明嘉靖王良栋抄本影印。见《湖北大学中文古籍书目》。

百川学海又名左氏百川学海

(宋)左圭辑

【传录】左圭(生卒年未详)字禹锡，号古鄮山人。浙江鄞县(今宁波鄞州区)人。约宋嘉定至咸淳(1208—1274)间在世。

【叙录】是编凡一百种，一百七十九卷。以天干为序，分为十集，每集收书七八种至十余种不等。书名取自《法言・学行》“百川学海而至于海”句。所收多为唐、宋人野史、杂说、笔记、谱录、诗话等，间有晋代及六朝著作。绝大部分收入《四库全书》。其中最值得注意的是一些见闻杂录、经史考辨以及诗话等著述。见闻杂录方面，钟辂《前定录》载有唐人郑虔、李揆等二十多人的遗闻，可补正史之不足；郑棨《开天传信记》搜辑唐开元天宝间传闻“期于必信”，许多故实为后人所沿用；李肇《翰林志》所记唐代翰林院词臣职掌最为详明，是谈翰林典故最古的一部书；王曾《王文正笔录》载有北宋旧闻及朝章国典，具有很高的史料价值，李焘著《续资治通鉴长编》几乎全部采录；王栐《燕翼诒谋录》叙述宋代职官、食货、兵刑和地理等情况，对于制度的沿革变迁作了详细的说明，并议论其得失。《四库全书总目》称其“诚杂史中之最有典据者”。经史考辨方面，蔡邕《独断》对先秦及汉以来的典章制度、品式、称谓等数百事进行了考辨说明；马缟《中华古今注》对古代的名物、制度作了解释和考订；李涪《刊误》考究典故，引旧制以正唐末之失，又引古制以纠唐制之误，精确可据；戴埴《鼠璞》考证了经史疑义和名物典故的异同，对于前人错误，一名一物，辨之必精。诗话方面，收有我国最早的三部诗话，欧阳修《六一诗话》最早创立诗话之体。作者在反对雕琢词句、堆砌典故的形式主义诗风方面提出了许多精辟见解。既重视诗歌的思想内容，又不忽略诗歌的艺术构思，对不同风格的诗人作了确当的评价。郭绍虞《宋诗话考》称其论诗之语“多不刊之论”。司马光《温公诗话》品评各诗，极为精密，有些议论“非他诗话可及”（《四库全书总目》卷一百九十五）。司马光《传家集》有许多杂著，独未收此书，仅存于《百川学海》之中。此外，《百川学海》收书比较完备，有的为他本所不及。许多书的后出都是据《百川学海》本重刻或排印，有的可以说是祖本，具有很高的版本价值。

是编约成于宋度宗咸淳九年(1273)，较《儒学警悟》晚七十二年，然前者收书仅六种，且为宋一代人著述，不及是编搜集丰富，流传普遍。当时即已雕版，是我国现存刻印最早的一部丛书，且体例完备，经、史、子、集俱全，其影响远比前者为大。后世仿其例续之，明吴永辑有《续百川学海》、冯可宾辑有《广百川学海》、王文禄则辑有《百陵学山》等。

【辑录】卷首有宋咸淳九年(1273)左圭自序，云：“余旧裒杂说数十种，日积月累，殆逾百家，虽编纂各殊，醇疵相半，大要足以识言行，裨见闻，其不悖于圣贤之指归则一。”又云：“人能由众说之流派，溯学海之渊源，则是书之成，夫岂小补。”

陶湘题识云：“若求其搜采渊宏，体例完备，于学术得融贯之益，于原书无割裂之嫌，合四部以成编，如百川之归海，名实相副，巨细无遗，开从来汇刻之风，为后世丛书之祖者，惟左氏《百川学海》，庶几足以当之。”

谢国桢《刊刻丛书源流考》云：“自左氏《百川学海》流传而后，明代屡经传刻，刊刻丛书之风接踵而起，迄乎明季著录尤繁。”

【版录】

(一)明弘治中无锡华氏刊本

参见《综录》第2页。凡一百种，一百七十五卷。据目，乃明弘治十四年(1501)无锡华理重刊本。半叶十二行，行二十字，白口，左右双边。据《皕宋楼藏书志》《善本书室藏书志》《藏园群书经眼录》，均称华氏本或有“弘治十四年辛酉钱福重刊序”。

《中国古籍善本书目》著录，凡一百种，一百七十九卷。南京图书馆藏本全，有清丁丙跋。浙江镇海县图书馆藏本存四十三种，七十一卷，有清王荣商跋。福建省图书馆藏本存十五种三十三卷，有清陈肇仁校并跋。

人大　北京市委　吉林　东北师大　陕师大　南京博　天一　“中央”

(二)明刊本

参见《综录》第3页。凡一百零二种，一百一十九卷。是刻经明人重辑，所据似华氏本，子目及编次与华氏本互有出入。其甲集首为《圣门事业图》，末为《芥隐笔记》。北京图书馆、暨南大学图书馆(原为章太炎藏书)各藏一部明刊本。均为一百一十二种一百五十四卷。半叶九行二十字，小字双行同，白口，左右双边。核其所列子目，暨大藏本较接

近《综录》,北京藏本相差较大,但三者又互有异同。兹说明如下:

甲集:二家与《综录》相同。

乙集:北京、暨大藏本均多《世范》三卷(宋袁采撰)、《隋遗录》一卷(唐颜师古撰)、《退朝录》三卷(宋宋敏求撰)、《玉堂杂记》三卷(宋周必大撰)。少《因话录》《玉匣记》《抒情录》三种。

丙集:北京藏本前二种相同。余为《燕翼诒谋录》五卷(宋王栐撰)、《北苑别录》一卷(宋赵汝砺撰)、《药议》一卷(宋沈括撰)、《花经》一卷(宋张翊撰)、《禅本草》一卷(宋释慧日禅师撰)、《耕禄稿》一卷(宋胡锜撰)、《水族加恩簿》一卷(宋毛胜撰)、《感应经》一卷(宋陈栎撰)、《土牛经》一卷(宋向孟撰)。暨大藏本多《燕翼诒谋录》五卷。

丁集:北京藏本完全不同。《物类相感志》一卷(题宋苏轼撰)、《洞微志》一卷(宋钱希白撰)、《芝田录》一卷(宋丁用晦撰)、《喻呓集》一集(宋宋无撰)、《吹剑录》一卷(宋俞文豹撰)、《碧云騢》一卷(宋梅尧臣撰)、《投辖录》一卷(宋王明清撰)、《忘怀录》一卷(宋沈括撰)、《对雨编》一卷(宋洪迈撰)、《轩渠录》一卷(宋吕居仁撰)。暨大藏本多《因论》一卷(唐刘禹锡撰),少《王氏谈录》一卷。

戊集:北京藏本除《拊掌录》外,其余均不同。《剧谈录》一卷(唐康骈撰)、《清尊录》一卷(宋廉宣撰)、《昨梦录》一卷(宋康誉之撰)、《植杖闲谈》一卷(宋钱康功撰)、《道山清话》一卷、《深雪偶谈》一卷(宋方岳撰)、《船窗夜话》一卷(宋顾文荐撰)、《苇航纪谈》一卷(宋蒋津撰)。暨大藏本与《综录》同。

己集:北京藏本后六种与《综录》同,余为《云谷杂记》一卷(宋张淏撰)、《东斋记事》一卷(宋许观撰)、《澹山杂识》一卷(宋钱功撰)、《珊瑚钩诗话》三卷(宋张表臣撰)。暨大藏本多《珊瑚钩诗话》三卷,少《庚溪诗话》一卷。

庚集:北京藏本多《贞观公私画史》一卷(唐裴孝源撰),少汤垕《画论》一卷。暨大藏本多《画史》一卷(宋米芾撰),少《画论》一卷。

辛集:北京、暨大藏本均多《酒经》一卷(题宋苏轼撰)、《酒谱》一卷(宋窦苹撰)、《荔枝谱》一卷(宋蔡襄撰)、《笋谱》二卷(宋释赞宁撰)、《菌谱》二卷(宋陈仁玉撰)。少《金漳兰谱》一卷。《梅谱》入"壬集"。

壬集:北京、暨大藏本均多《石湖菊谱》一卷(宋范成大撰)。

癸集:北京藏本多《肉攫部》一卷(唐段成式撰),暨大藏本亦多一种,题《鹰品》(一名《肉攫》)一卷(唐段成式撰)。

河南大学图书馆藏本为一百零六种一百二十二卷。

(三)民国十年(1921)上海博古斋据明弘治华氏本景印

参见《综录》第 2 页。凡一百种,一百七十五卷。

暨大　首都师大　史语　台北　东海

(四)民国十六年至十九年(1927—1930)武进陶氏据宋咸淳本影刊

参见《综录》第1页。凡一百种,一百七十三卷。是刻封面题《左氏百川学海》。影刊时其缺卷据明弘治华氏覆宋本摹补。依宋本目次编印。

据前人考证,乙集《河东先生龙城录》作者并非柳宗元。是书新旧《唐书》艺文、经籍志均不载。宋人已疑非柳宗元撰,陈振孙《直斋书录解题》卷十六载《柳先生集》四十五卷、《外集》二卷、《别录》一卷、《摭异》一卷、《音释》一卷、《附录》二卷、《事迹本末》一卷。注云:"方崧卿既刻《韩集》于南安军,其后江阴葛峤为守,复刊《柳集》以配之。《别录》而下,皆峤所裒集也。《别录》者,《龙城录》及《法言注》五则。《龙城》,近世人伪作。"同书卷十一又载有《龙城录》一卷,注云:"称柳宗元撰。……《唐志》无此书,盖依托也。或云王铚性之作。"《四库全书总目》入存目,凡二卷,提要云:"旧本题唐柳宗元撰。……何薳《春渚纪闻》以为王铚所伪作。《朱子语录》亦曰:柳文后《龙城录》杂记,王铚之为也。子厚(柳宗元字子厚)叙事文字,多少笔力,此记衰弱之甚,皆寓古人诗文中不可知者于其中。……朱子所论,深得其情。"明胡应麟《少室山房笔丛·四部正讹下》则断定说:"《龙城录》,宋王铚性之撰,嫁名柳河东。铚本意假重行其书耳,今其书竟行而子厚受诬千载。"可见,《龙城录》非柳宗元所撰。《中国古籍善本书目》著录是书,皆在"柳宗元"之前加"题"字,较为恰当。

东研

(五)民国十六年(1927)武进陶氏据宋咸淳本影刊

参见《综录》第2页。凡一百种,一百七十五卷。其缺卷据明弘治华氏覆宋本摹补。与上述刊本不同,是本系依宋本目次编印。

暨大　湖北大　史语　台北　东海

[补录]

(六)宋咸淳刊本

是刻藏北京图书馆。凡一百种,一百七十九卷。半叶十二行,行二十字,细黑口,左右双边。此本原缺五册,内含《序目》《圣门事业图》《学斋占毕》《前定录》《续前定录》《选诗句图》《许彦周诗话》《庚溪诗话》《竹坡老人诗话》《宝章待访录》《书谱》等。所缺配民国十六年(1927)武进陶氏涉园刊本。除此之外,北京图书馆尚有一部存四种五卷,有袁克文跋。

是刻卷首有左圭自序,题"昭阳作噩岁柔兆执徐月古鄮山人左圭禹锡叙"。清钱大昕据其所藏李之彦《东谷所见录》成于咸淳四年戊辰(1268),考证是编成于咸淳九年癸酉(1273)。

据《藏园群书经眼录》,傅增湘曾在日本帝室图书寮得观是刻,版式与北京图书馆藏本同,前有昭阳作噩古鄮山人左圭禹锡序及狩谷望之手跋。原缺五册,依华本钞补,约计十余种。傅氏跋云:"此书余藏有宋刊本,正与此同,原缺九种,曾与陶君兰泉合资影摹刊行。原书出东陵行宫,缘失去首册序目,故一依明弘治十四年华珵刊本补之。今获观察本,序目幸完好如故,取以核对,则全书自甲至癸,每集目录次第视通行本既不相符,即华本亦全然错误。如甲集华本首《圣门事业图》,终《刊误》,凡八种。宋本则首为《钟辂前定录》,终《石湖梅谱》,凡十种。盖宋本每集十种,不似华本之多寡不同。每集中如杂记、诗话、小说、谱录等咸具,不似华本之每集以类相从。前因未见宋本,因袭华本而为之,不知其讹谬以至此也。爰请于寮官,影摄宋本序文目录以归,重付手民,并将全书次第按目改定,以志余疏漏之过焉,此亦东游快慰事也。"又云:是刻目录"后隔二行有白文牌子,文曰'后集见刊'。据木记始知当时尚有后集,为各家目录所不载,亦异闻也"。

据傅氏所言,宋本和华氏本不但各集种数不同,而且目录次第亦不同。宋本甲集首为《钟辂前定录》,终范成大《梅谱》;华氏本甲集首为李元纲《圣门事业图》,终为李涪《刊误》。今核傅氏《藏园群书经眼录》,所载华氏本甲集末为佚名《释常谈》,而非《刊误》,诸家目录所列亦为《释常谈》。《北京图书馆古籍善本书目》及《综录》所载宋本(或据宋本影印本),均分甲至癸十集,然《中国古籍善本书目》著录则不分集,且与华氏本之编次并无区别,如傅增湘所述相差甚远,不知何故。

日本帝室图书寮

(七)明弘治十四年(1501)华理刊递修本

是刻藏北京图书馆,一百种,一百七十九卷。其中《独断》《可谈》为盛昱批注。《宋朝燕翼诒谋录》《丁晋公谈录》《王文正公笔录》《厚德录》《文正王公遗事》《国老谈苑》《栾城先生遗言》为傅增湘校并跋。半叶十二行二十字,白口,左右双边。

《藏园群书经眼录》云:"此本旧为清怡府明善堂藏书,后归盛昱,壬子盛氏书散,余获之厂市。"

《藏园订补郘亭知见传本书目》称:"其十集中编排顺序与宋本不同。"

据《中国人民大学图书馆古籍善本书目》,该馆藏有"明弘治十四年(1501)华理刻修补本",共七函三十六册,半叶十二行二十字,小字双行同,白口,无鱼尾或单鱼尾,左右双边或四周单边。补版部分嘉靖仿宋字体。核其子目,己集较北京图书馆藏本多《拟弹驳四友除授集》一卷(宋胡谦厚撰),辛集《法帖谱系》作《谱系杂说》。余基本相同。

(八)明嘉靖十五年(1536)莆田郑氏宗文堂刊本

是刻为明人重辑本。改易左氏原书,分为二十卷,实际包括一百种,一百七十九卷。半叶十四行,行二十八字,白口,左右双边或四周单边。序后、卷末分别刻有"书林郑氏谨依古本绣梓刊行""嘉靖丙申岁宗文堂刊行"诸字。

傅增湘跋云:"以弘治本十集分为二十卷,每二卷当弘治本之一集,而每集中各书之顺序在相应二卷中略有改易。陶湘有一帙。陆心源亦有一帙,误以为宋本,析为百种,以充皕宋楼中宋本之半。今在日本静嘉堂文库。"(《藏园订补郘亭知见传本书目》卷十)

《中国古籍善本书目》著录。北京图书馆藏本有清吴焯抄补序目并跋,清翁斌孙跋。吴氏将此书误认为元刻。

北大 "中央" 静嘉堂

(九)明读书坊刊本

是刻或题明陈仁锡重辑。半叶九行,行二十字,小字双行同,白口,左右双边。封面刻“陈明卿先生订”“百川学海”“读书坊藏版”白文方印一枚。其中“辛集”较《综录》多三种:

《酒经》一卷　题(宋)苏轼撰

《酒谱》一卷　(宋)窦苹撰

《荔枝谱》一卷　(宋)蔡襄撰

又据《山西省古籍善本书目》,祁县图书馆藏一部明刻本。书名题《陈太史重订百川学海》,凡十集一百二十种,宋左圭辑、明陈继儒等校订。未知与上述陈仁锡订本是否同版。核其所列子目,实则一百七种,与书名所题“一百二十种”不符,疑系“一百十二种”之误。所列一百七种与暨大藏明刻本(参见第二种版本标注)相比较,则子目、编次完全相同,惟缺“癸集”末五种:

《洛阳名园记》一卷　(宋)李廌撰

《岳阳风土记》一卷　(宋)范致明撰

《真腊风土记》一卷　(元)周达观撰

《桂海虞衡志》一卷　(宋)范成大撰

《洞天福地记》一卷　(前蜀)杜光庭撰

河南　河南师大　福建师大　台大

(十)明末叶氏刊本

是刻见《台湾各图书馆现存丛书目录》。题“明人重编”,未著录种数及卷数。

“中央”

(十一)明坊间据弘治无锡华理刊本翻刻本

是刻半叶十二行,行二十字,白口,左右双边。无鱼尾。版心刻一横线,上空白,下刻子目书名,其中宋唐积《歙州砚谱》一卷,有书无目。

湖北

(十二)明抄本

《中国古籍善本书目》著录。凡一百种,一百七十九卷。北京图书馆藏本存四十二种,六十五卷。半叶九行,行二十字,黑口,四周双边。南京图书馆藏本存四十五种,六十七卷。

北京　南京

(十三)清坊间翻刻本

见《增订四库简明目录标注》。

（十四）民国二十四年至二十六年（1935—1937）上海商务印书馆《丛书集成初编》本

所据为“宋咸淳左圭辑刊”本。著录一百种，一百七十七卷。《丛书集成初编目录》提要云：“其刻是书，自序题‘昭阳作噩’，昔人定为宋度宗咸淳九年。”

（十五）1960 年中华书局影印本

是本系据民国十六年（1927）武进陶氏涉园影宋咸淳本印行。题名《左氏百川学海》。

（十六）1965 年台湾艺文印书馆影印本

凡一百种。所据为宋咸淳左圭原刻本。见《湖北大学中文古籍书目》。

（十七）1982 年北京中国书店据陶氏原版重印本

（十八）1985 年北京中国书店影印本

凡五函三十册。题名《影刻咸淳本左氏百川学海》。

（十九）1990 年北京中国书店《海王邨古籍丛刊》本

是本系据陶氏原版影印。

续百川学海

（明）吴永辑

【传录】吴永。昌江（今江西浮梁县）人。生平事迹未详。

【叙录】是编《综录》著录凡一百零四种，一百一十九卷。依天干分为十集，每集七八种或十余种不等。自宋人左圭所辑《百川学海》行世后，颇为学界推重，吴氏乃“检敝箧手订，采其遗佚者为续编”。汇集《百川学海》未收的汉魏、六朝、唐、宋人杂著，增以元人笔记杂著等，以备正编所未备。主要有梁萧统《二谛义》、吴陆玑《毛诗草木鸟兽虫鱼疏》、汉孔鲋《小尔雅》、唐罗隐《两同书》、唐陆龟蒙《小名录》、宋陆游《避暑漫抄》、宋谢枋得《碧湖杂记》、宋程颐《家世旧事》等。前有吴氏自序。

【辑录】吴永序云：“《学海》一书，皆汇唐宋名卿材大夫所别撰。大则谭经考世，次亦不失广见博闻，矧一语一目，先辈之风流于是乎在。余暇日检敝箧手订，采其遗佚者为续编。虽琴樽书画，用如小物，多关至理。陶通明耻一事，不知陶士行罗头屑为用，子所谓考信六艺又何疑焉？”

【版录】

（一）明刊本

暨南大学图书馆藏一部。原系章太炎藏书。凡一百十二种。半叶九行二十字，白口，左右双边。较《综录》所列子目互有异同：

甲集：暨大藏本多《兼明书》五卷（宋丘光庭撰）、《鼠璞》二卷（宋戴埴撰），少《五色线》

《蠡海录》二种。

乙集:暨大藏本多《晋乘》一卷(题"古史")、《楚梼杌》一卷(题"古史")、《北边备对》一卷(宋程大昌撰)、《蒙鞑备录》一卷(宋孟珙撰)、《夷俗考》一卷(宋方凤撰)、《江南别录》一卷(宋陈彭年撰)、《辽志》一卷(元叶隆礼撰)、《金志》一卷(元宇文懋昭撰),少《晋阳秋》《蜀梼杌》《江南野录》三种。

丙集:暨大藏本多《松漠纪闻》一卷(宋洪皓撰)。

丁集:暨大藏本多《晁氏客语》一卷(宋晁迥撰)。《乐郊私语》入丙集。又《邻几杂志》之"邻"作"临"。

戊集:暨大藏本《避暑漫抄》("漫"作"杂")至《养疴漫笔》入丁集。

己集:暨大藏本《金华游录》"金"作"九"。

庚集:暨大藏本多《归田录》二卷(宋欧阳修撰)、《山家清事》一卷(宋林洪撰),少《启颜录》一种。

辛集:暨大藏本多《武林旧事》六卷(吴周密撰),少《家世旧事》一种。

壬集:暨大藏本多《本事诗》一卷(唐孟棨撰)、《益州名画录》三卷(宋黄休复撰),少《诗式》《名画记》二种。《衍极》作《衍极论书》。

《中国古籍善本书目》著录。凡一百十三种,一百四十一卷。核其子目,较暨大藏本多无名氏《朝野佥言》一卷(丙集)、唐陆勋《集异志》一卷(庚集)、唐释皎然《诗式》一卷(壬集),少《山家清事》(庚集)、《本事诗》(壬集)二种。

台湾"中央图书馆"、省立台北图书馆各藏一部,均为十集一百十二种一百五十二卷。著录为"明末刊本"。日本东京大学东洋文化研究所藏本仅十八种。

《增订四库简明目录标注》卷十三称:"明梅纯《续百川学海》一百卷,又有司马泰再续八十卷,三续三十卷。"

清顾修《汇刻书目初编》著录《再续百川学海》七十三种、《三续百川学海》八十二种,均按天干编次,分为十集,不著编辑人名氏。

北大　人大　文学所　历博　崇明县　山东　安徽　河南大　湖南　武汉

[补录]

(二)明末清初读书坊刊本

是书各家藏本子目多寡不同,有一百四种、一百十一种、一百十三种及一百十九种不等。子目与《综录》互有异同,有的版刻与宛委山堂本《说郛》相似。

(三)明心远堂刊本

见杨家骆《四库大辞典》。

广百川学海

(明)冯可宾辑

【传录】冯可宾(约1642年前后在世)字正卿。山东益都(今青州)人,一作北海(今属潍坊市)人。天启壬戌(1622)进士,为湖州司理,入清隐居不仕。嗜茶成癖,著有《岕茶笺》。

【叙录】是编《综录》著录凡一百三十二种一百五十六卷。亦依天干分为十集。除戊集七种外,余皆十余种。冯氏于正续《百川学海》之外,捃拾说部以广之。所收包括南朝、唐、宋、元、明人杂著,以明人为多。主要有唐苏鹗《杜阳杂编》、宋徐兢《使高丽录》、宋方凤《物异考》、宋张炎《乐府指迷》、元吴莱《三朝野史》、元吾丘衍《学古编》、明沈士谦《明良录略》、明史仲彬《致身录》、明黄省曾《蚕经》等。所选多半出自《宝颜堂秘笈》《说郛》诸书。书前有冯可宾序。

【辑录】书前冯氏自序不署年月,略云:"近喜友人重校《学海》正续,精美典赡,因择篇目相近者为之广,并附燕都所挟抄本数种。俾玉鱼金碗并出人间,后之藏书家知竞流布为藏,而不以秘惜为藏,洵海内读书一快事已。"

《四库全书总目》入存目,据两江总督采进本,无卷数。提要云:"分为十集,以十干标目。然核其所载,皆正续《说郛》所有,版亦相同,盖奸巧书贾于《说郛》印版中抽取此一百三十种,别刊序文目录,改题此名,托言出于可宾也。"

【版录】

(一)明刊本

暨南大学图书馆藏一部,原系章太炎藏书。与前面所述明刊本正续《百川学海》之行款、版式、字数等完全相同,为同时所刻无疑。其所载子目、卷数又与《中国古籍善本书目》著录相同。凡一百三十种一百五十六卷。半叶九行二十字,白口,左右双边。核其子目,乙集较《综录》少《愿丰堂漫书》《北虏纪略》二种。

据阳海清《中国丛书综录补正》,有明刊一百十九种、一百二十九卷本。较《综录》所列子目少十六种,而多《杜阳杂编》《韦弦佩》《双溪杂志》《罗芥茶记》等四种。武汉图书馆、四川大学图书馆、河南师范大学图书馆均有藏本。河南大学图书馆藏本则为一百十种一百十七卷。

北大　历博　上海　辽宁　旅大　安徽　青岛　南京　重庆　"中央"　台大　台北　史语

[补录]

(二)明心远堂刊本

见杨家骆《四库大辞典》。

考槃馀事

(明)屠隆撰

【传录】屠隆(1542—1605)字纬真,一字长卿,号赤水、鸿苞居士。浙江鄞县人。明戏曲作家、文学家。万历五年(1577)进士。曾任青浦知县,时招名士饮酒赋诗,纵游九峰三泖而不废吏事。迁礼部主事。罢归,家贫,卖文为活以终。清钱大昕序云:"屠长卿先生以诗文雄隆万间,在弇洲四十子之列,虽宦途不达,而名重海内。晚年优游林泉,文酒自娱,萧然无世俗之思。"著有《昙花记》《修文记》《彩毫记》三种均存。诗文有《白榆集》《由拳集》《鸿苞集》《考槃馀事》等。

【叙录】是编凡十七种,四卷。内容为论文房清玩之事物。卷一,读书、版、碑、帖;卷二,评书法、画、琴、纸;卷三,述香、茶、盘、鱼、鹤;卷四,论文房、器具、服饰。各刻本的子目不尽相同,是书列目繁琐、纷乱,无一定的系统。然记叙颇为翔实,如举碑名,必叙述其书写人姓氏及所在地;论书法,必论及书家。《辨帖笺》云:"国朝书家当以祝允明为上,今之人不啻家临池而人染翰,然无敢与希哲抗衡也。"又云:"文徵仲以法胜,王履吉以韵胜,然文之书画,有亲藩中贵及外国人中遗以隋珠赵璧,而欲购片纸只字,平生必不肯应,此文之名益重于世。"四库馆臣对此评价不以为然,《四库全书总目》云:"其论及明一代书家以祝允明为第一,又文徵明次之,轩轾亦未尽平允。"是书文笔闲情逸致,别具雅趣。

【辑录】钱大昕序云:"《考槃馀事》评书论画,涤砚修琴,相鹤观鱼,焚香试茗,几案之珍,巾舄之制,靡不典尽其妙,具此胜情,宜其视轩冕如浮云矣。"屠继序跋云:"唐宋以来,文人学士,耳闻目见,俱以说部相尚,其间详艺苑之闲情,志山家之清供,惟赵氏《洞天清录》、曹氏《格古要论》为别面一格,余先祖仪部纬真公,向传有《考槃馀事》四卷,依类分笺,辨析精审,笔墨所至,独具潇洒出尘之想,俾览者于明窗净几,好香苦茗时,得以赏心而悦目,洵足与赵、曹二书,并重不朽已。"

【版录】

(一)《广百川学海》本

参见《综录》第7页。此本目录载十七种,不分卷,《综录》作十七卷,不确。

北京　北大　辽宁　吉大　青岛　南京　浙江　重庆　川大

(二)《宝颜堂秘笈》本

参见《综录》第45页。是本目录载十五种,凡四卷,缺《辨帖笺》《墨笺》二种。

北京市委　祁县　党校　清华　人大　族大　辽宁　东北师大　西安文管会　青岛　上虞　湖南　中大　暨大　华南师大

(三)《龙威秘书》本

参见《综录》第 146 页。是本为屠隆嗣孙继序等重刻,经钱大昕校正,胜于宝颜堂明刻本。

祁县　中大　暨大　华南师大

(四)《忏花庵丛书》本

参见《综录》第 232 页。刊于清光绪十一年(1885)。华南师大有藏。

(五)《丛书集成初编》本

参见《综录》第 375 页。是本系据《龙威秘书》本排印。

(六)《说库》本

参见《综录》第 771 页。

说郛一百二十号

(元)陶宗仪辑　(明)陶珽重校

【传录】陶宗仪(1316—约 1412)字九成,号南村,又号天台,晚号泗滨老人。浙江黄岩县人。元末举进士不第,入明累征不就,遂绝意仕进,埋首读书。曾师事张翥、李孝光、杜本诸人,诗格颇高。其务古学,工诗文,通书法。因家贫,常从友人借贷贾书或借书抄录。中年避世乱,隐居松江,以授徒为生。其弟子在泗泾之北,为之买地造屋,以著述终老。《说郛》乃其居松江时所辑成。著述有《辍耕录》《书史会要》《四书备遗》《南村诗集》《古刻丛钞》等十余种。

【叙录】是编凡一百二十卷,收书一千二百余种。书名取自《法言·问神》"大哉!天地之为万物郭,五经之为众说郛"句。分类选辑汉魏至宋元的各种笔记汇编而成。内容包括历代经史诸子、小说诗话、天文地理、笔记杂录、志怪传奇、典章制度、山川风物、医药养生、琴棋书画、茶酒笔砚、花鸟虫鱼、百工技艺等。所收之书,有的世无传本,乃从类书中抄合其文,节录各书,仅存其大概。有的一书重出,误为两书;有的书节外生枝,另立名目,分题数部;有的甚至有目无书。此乃其弊病也。然其中也不乏较为完整的著作,并保存了一些珍贵的史料。如杜宝《大业杂记》记隋炀帝营造东都,巡幸江都及在各地修建宫苑之事,颇为详明;裴庭裕《东观奏记》叙唐宣宗时朝廷史事,首尾完备;元周达观的《真腊风土记》较详细地记载了柬埔寨吴哥时代的经济文化和人民的生活状况,是现存的同时人所写的吴哥文化极盛时代的唯一著述,连柬埔寨本国也没有一部详述他们中古时代的书籍,同时也是研究中柬关系史的重要史籍;宋范致明的《岳阳风土记》叙其郡县沿革、山川、古迹及遗闻佚事,简明详核,引据准确,乃宋人风土中之佳本。《说郛》中还有许多罕见难得之书,如《俗书证误》,自宋以来流散已久,又别无单行之本;王琚的《射经》、刘存的《事始》、冯鉴的《续事始》皆世无传本,极为珍贵;陆游的《老学庵续笔记》在《四库全书总目》仅存其目，而《说郛》则有之；其他如《九州春秋》《八王故事》《建康宫殿簿》《梁京寺记》等均赖此书而得以流传。故郑振铎在《劫中得书记》中认为，《说郛》虽“所收杂糅之至，然古佚书赖之以存，不能废也”。

《说郛》所收之书和其他本有的有文字异同，有的不属于同一源流，有的是佚书佚文，颇具校勘价值。清乾隆年间修《四库全书》时，曾刊用此书进行校勘和辑佚。如《贾氏谈录》早已失传，据晁公武《郡斋读书志》所载，原书有三十余事，四库馆臣从《永乐大典》所辑缺略很多，后参校《说郛》《类说》有所补充，共得二十六事，使此书十有八九，几成完帙。而“原叙”一篇，《类说》和《永乐大典》均不载，只有《说郛》存其全文，得以补缺。另《爱日斋丛钞》也是久佚之书，四库馆臣从《永乐大典》辑出一百四十三条，《说郛》虽仅有二十三条，但其中有十条为《永乐大典》所无，使此书有所增益。道光间，钱熙祚辑刊《守山阁丛书》时，也曾用《说郛》本进行校勘。其中《步里客谈》一书除文字有异同外，还从《说郛》本增辑了四条。鲁迅整理古代小说，对《说郛》本非常重视。《云谷杂记》一书，《四库全书》所收《永乐大典》本共一百一十条，而明抄本《说郛》有二十条为《永乐大典》本所无。鲁迅利用明抄本《说郛》和《永乐大典》本逐句对勘，整理出一个内容比较完整、字句比较准确的新校本。鲁迅编辑《唐宋传奇集》更多地利用了《说郛》本。其中的《赵飞燕别传》《梅妃传》《绿珠传》《隋遗录》《迷楼记》《开河记》等，或从《说郛》本录出，或以《说郛》本参校，在整理古代传奇小说方面取得了很大成绩。

是编陶宗仪原本佚，元代又未曾刊刻，仅有明抄一百卷本流传，其收书种、卷数已不可知。据陶宗仪好友杨维桢序及孙作的《沧螺集》均称是编为一百卷。明代中期上海郁文博为之刊行的一百卷本，虽凑合卷数，但前人早已考定非宗仪原本。是编乃明末云南姚安人陶珽为之重校的一百二十卷本，并续辑了四十六卷，收书五百六十余种，附入前编。清顺治三年(1646)宛委山堂据以重刊(世称宛委山堂本)。至民国间，海宁张宗祥据京师图书馆所藏六种明抄本重加校订，刊行一百卷本，收书七百二十五种(世称涵芬楼本)。1988年，上海古籍出版社将一百二十卷本、一百卷本及续编四十六卷本影印合刊，末附书目索引，定名《说郛三种》，乃目前最完备的本子。

是编既出，后世多有取其子目汇印而另立书名者。莫友芝《郘亭知见传本书目》称：“路小洲云，坊中所售《五朝小说纪事》一书，即用《说郛》原板移易次第改标行目为之者。”“又明人有书帕本，往往刷印此书数十种，即称某丛书。余尝见《唐宋丛书》即是也。”除莫氏所言外，尚有《水边林下》(题湖南漫士辑)、《续百川学海》等亦属此类。书前有杨维桢序、郁文博《校正说郛序》(明弘治九年)、李际期《重校说郛小序》(清顺治三年)、王应昌《重校说郛序》(清顺治四年)。

【辑录】杨维桢序云：“天台陶君九成取经史传记，下迨百氏杂说之书千余家，纂成一百卷，凡数万条。翦扬子语，名之曰《说郛》，征予序引，阅之经月，能补予考索之遗。学者得是书，开所闻、扩所见者多矣。要之其博古物，可为张华、路、段；其核古文奇字，可为子云、许慎；其索异事，可为赞皇公；其知天穷数，可为淳风、一行；其搜神怪，可为鬼董狐；其识虫鱼草木，可为《尔雅》；其纪山川风土，可为《九丘》；其订古语，可为钤契；其究谚谈，可为稗官；其资谑浪调笑，可为轩渠子。昔应中远作《风俗通》，蔡伯喈作《劝学篇》，史游作《急就章》，犹皆传世，况是集之用工深而资识者大乎！其可传于世无疑也。”

李际期序云：“陶九成《说郛》最称浩瀚。凡山经地志、书画方技、虫鱼草木、脞说稗官，靡所不录。或犹惜其节略，慨其残阙，内不无重复杂糅之病。然日月既远，本书失亡，虽存于见闻者什具二三，而馀篇不可问者亦已多矣。且兰台石室，率寡完篇，仅存空目，况责望于阛阓之家，匹夫之力乎？使时无纂辑，将尺简不传，则节与阙又不足病也。即譬之隋唐悬购有《阙书录》《访书录》，其功岂可诬哉。昔孔明读书略观大意，渊明不求深解，子美读书难字过不亦正，耐其残而弗惜其阙已。若徒知袭藏而束置庋阁，以饱蠹鱼，又安事完帙乎哉？此书续于姚安陶先生，类采诸家说部，兵燹之后，煨烬殆尽。余因重定而付诸门人辈校梓之，俾四方博雅征求者焉。”

王应昌序云：“曾氏、陶氏二书，采辑犹近千余家。虽不无所节，而博雅好古之士至今传录。……其谈说理道或近于经，纪述事迹或通于史，他若孟启《本事》、卢环(瓌)《抒情》、诗话文编、书评绘事、艺兰品菊、酒经壶格诸饾饤小品，又皆骚人墨客游戏笔端，畸士幽人搜罗宇外，即非名山石室之鸿室，庶亦草野闲窗之董狐。总之，聊寄其情，有裨于世而已。……首简周南李君督学两浙，两浙，文献之地，校试之暇，访求遗书，得华容孙氏《说郛》善本，因重授梓。盖以板毁于辛酉武林大火，去今几三十年。是书复开生面，虽功在典籍，而实忠在朝廷，可谓甚盛举矣。”

《四库全书总目》著录，据通行本作一百二十卷。提要叙其版本源流甚详，云：“考杨维桢作是书序，称一百卷。孙作《沧螺集》中有《宗仪小传》，亦称所辑《说郛》一百卷。二人同时友善，目睹其书，必无虚说。……都卬《三馀赘笔》又称《说郛》本七十卷，后三十卷乃松江人取《百川学海》诸书足之，与孙作、杨维桢所说又异，岂卬时原书残阙，仅存七十卷耶？考弘治丙辰上海郁文博序，称与《百川学海》重出者三十六种，悉已删除。而今考《百川学海》所有，此本仍载。又卷首引黄平倩语称：所录子家数则，自有全书。经籍诸注，似无深味。宜删此二弓，以盐官王氏所载《学》《庸》古本数种冠之云云。今考此本已无子书、经注，而开卷即为《大学石经》《大学古本》《中庸古本》三书。目录之下各注‘补’字，是竟用其说，窜改旧本。盖郁文博所编百卷，已非宗仪之旧。此本百二十卷，为国朝顺治丁亥姚安陶珽所编，又非文博之旧矣。”

又云：“宗仪是书，实仿曾慥《类说》之例，每书略存大概，不必求全。亦有原本久亡，而从类书之中钞合其文，以备一种者。故其体例与左圭《百川学海》迥殊。……然虽经窜乱，崖略终存。古书之不传于今者，断简残篇，往往而在。佚文琐事，时有征焉。固亦考证之渊海也。”

【版录】

(一)清顺治三年(1646)两浙督学周南李际期宛委山堂刊本

参见《综录》第7页。是刻世称宛委山堂本。凡一百二十卷，收书一千二百余种。半叶九行二十字,白口,左右双边。

《综录》所载弓五十六《蒙鞑备录》作者孟珙应为赵珙。据王国维考证,“此书题宋孟珙撰,书中亦自称名为珙。案《宋史·孟珙传》,珙未尝使蒙古,疑别一人也。书中称去岁庚辰年,今辛巳年,是此书作于辛巳,乃宋宁宗嘉定十四年,蒙古太祖之十六年也。……案:《齐东野语》卷十九‘嘉定宝玺’条云:贾涉为淮东制阃,尝遣都统司计议官赵珙往河北蒙古军前议事。久之,珙归。……此嘉定十四年七月也。……是嘉定辛巳使蒙古军前者有赵珙,与此书撰述岁月及称名相同,则撰此书者当即其人。后人不知其姓,误以为孟珙耳”(《蒙鞑备录笺证跋》)。今考孟珙传记,其一生确未曾使蒙古,王国维考证甚是。清顺治三年(1646)李际期宛委山堂曾单独刊刻《说郛目录》及《说郛续目录》各一卷,今藏中国社会科学院考古研究所。有清翁方纲批校,清叶志诜、沈维鐈跋。北京图书馆藏本有傅增湘校并跋。

人大　民院　考古所　故宫　北京文物　河北大　祁县　吉大　东北师大　青海民院　南京　宁波　天一　蚌埠　厦大　湖南　中大　云大　江西师大　“中央”　台北　政大　东研

［补录］

(二)明刊本

现今学者据以考证、研究的主要本子是涵芬楼一百卷本。在此以前,《说郛》已有明刊一百二十卷本行世,一署“天台陶宗仪九成纂”,一署“天台陶宗仪纂、姚安陶珽重辑”。莫友芝《郘亭知见传本书目》卷十亦称:“明人刊本有一百卷,校本不同,藏嘉定吴氏。又一部藏常熟陈子正家,惜二书皆缺二十卷。”清顺治三年(1646)李际期宛委山堂刊本,疑即据明本重编。故傅增湘有云:“……重编,与明钞一百卷本顺序全然不同。余有一帙,用明钞《说郛》校一百五十八种。”(《藏园订补郘亭知见传本书目》卷十)此书版刻情况颇复杂,至今所知见各部,收录内容均有差异之处。

(三)《四库全书》本

所收为通行本,即陶珽重校一百二十卷本。提要云:“此书百二十卷,为国朝顺治丁亥姚安陶珽所编。”顺治丁亥,即为顺治四年(1647),又因书前有顺治四年王应昌《重校说郛序》,故有的书目著录为“清顺治四年李际期宛委山堂刊本”。

(四)1988年上海古籍出版社《说郛三种》本

是为涵芬楼百卷本、宛委山堂百二十卷本及《说郛续》四十六卷本之合刊。所收《说郛》(一百二十弓)及《说郛续》系以中国佛教图书文物馆及上海辞书出版社藏本为底本。其中缺页则用北京图书馆、上海图书馆等藏本配补。内宛委山堂本较《综录》所列子目多二种:《约斋燕游志》(排在弓六十三《湖山胜概》后)一卷(宋张镃撰)、《桂海花木志》(排在弓一百四《魏王花木志》后)一卷(宋范成大撰)。书末附张宗祥校勘记及书目索引。

暨大　湖北大

说郛续四十六号

(明)陶珽辑

【传录】陶珽(1573—?)字紫阆,号不退,云南姚州(今姚安县)人。生有夙慧,自称天台居士。慕孔稚珪之为人,故又号稚珪先生。万历辛卯(1591)举人。会试不第,归而弃家入鸡足山。读书于白井庵大觉寺,临摹书法于楞伽室。万历庚戌(1610)成进士。初授四川司主事,后改武昌兵备道。凡七任,皆有政声。致仕归,建议拓城隍,编郡乘,修帝宫,周恤族党,讲学论文,四方从学者日众。筑雪阁,日研性理于其中。善书法,未第时所为诗文,海内称叹。喜藏书,藏书处曰古松精舍,藏宋元刊本甚多,后皆毁于战火。著有《阆园集》,并纂《续说郛》《续史怀》诸书。

【叙录】是编凡四十六卷,收书五百六十余种。原附于《说郛》一百二卷本后,故又有《说郛正续合刊》之名。卷端或不署名,或署"姚安陶珽编",体例与《说郛》同。清代编纂《四库全书》时被列入《禁毁书目》,故流传极少。

【辑录】《四库全书总目》入存目,所据为通行本。提要云:"是编增辑陶宗仪《说郛》,迄于元代,复杂钞明人说部五百二十七种以续之。其删节一如宗仪之例。然正、嘉以上,淳朴未漓,犹颇存宋元说部遗意。隆、万以后,运趋末造,风气日偷。道学侈称卓老,务讲禅宗,山人竞述眉公,矫言幽尚。或清谈诞放,学晋宋而不成;或绮语浮华,沿齐梁而加甚。著书既易,人竞操觚。小品日增,卮言叠煽。求其卓然蝉蜕于流俗者,十不二三,珽乃不别而漫收之,白苇黄茅,殊为冗滥。至其失于考证,时代不明。车若水之《脚气集》以宋人而见收,鲜于枢之《笺纸谱》以元人而阑入,又其小疵矣。"

【版录】

(一)清顺治三年(1646)两浙督学周南李际期宛委山堂刊本

参见《综录》第21页。是刻半叶九行二十字,白口,左右双边。

据《藏园订补郘亭知见传本书目》,别有旧写本《说郛补遗》十二卷,不著撰辑人氏。乌丝栏,卢址抱经楼遗书。

人大　首都　考古所　民族所　故宫　北京文物　吉林　吉大　东北师大　宁夏大　青海民院　扬州师院　天一　江西　厦大　中大　华南农大　云南　山西　"中央"　台北　政大

[补录]

(二)1988年上海古籍出版社《说郛三种》本

版本情况参见《说郛一百二十弓》条标注。是本所收子目较《综录》多七种:

《吴风录》一卷　(明)黄省曾撰(排在弓二十二《西州合谱》后)

《吴中往哲记》一卷　(明)杨循吉撰(排在《吴风录》后)

《蜀都杂抄》一卷　(明)陆深撰(排在弓二十五《金陵冬游记略》后)

《豫章漫抄》一卷　(明)陆深撰(排在《蜀都杂抄》后)

《篷栊夜话》一卷　(明)李日华撰(排在弓二十六《礼白岳纪》后)

《林下偶谈》四卷　(宋)吴氏撰(附录)

《滇载记》一卷　(明)杨慎撰(附录)

暨大　湖北大

说郛一百卷

(元)陶宗仪辑　张宗祥重校

【传录】陶宗仪,参见《说郛一百二十弓》。

张宗祥(1882—1965)字阆声,号冷僧,浙江海宁人。举人出身,曾任浙江高等学堂教员。民国初年,任教育部视学,筹办京师图书馆,任图书馆主任。民国十一年(1922)九月,任浙江省教育厅厅长。任期内筹办完成文澜阁《四库全书》补抄工作。1950年任浙江图书馆馆长,后历任浙江省文史馆副馆长、西泠印社社长等。1965年病逝于杭州。著有《清代文学》《铁如意馆手钞目录》等。

【叙录】是编凡一百卷,收书七百二十五种。陶氏原本久佚,仅有明抄本流行。张氏认为,陶珽重校之一百二十卷本"错误指不胜屈","由是发愿欲还南村之旧",遂留意搜集善本,"遇明抄,则缺者必借钞,重者必借校阅"。经六年竟成全书,世称涵芬楼一百卷本。所据明抄本凡六种,包括原北平图书馆藏约明隆庆、万历间残抄本、傅氏双鉴楼藏明抄本三种(弘农杨氏本、弘治十八年抄本、吴宽丛书堂抄本)、涵芬楼藏明抄残存九十一卷本、瑞安孙氏玉海楼藏明残抄本十八册。张氏校书较为严谨,"其中字句不敢臆改,非据善本则必以抄本校,抄本择其善者而从之"。这些明抄本虽然错简脱文不少,却能窥见此书原貌。鲁迅也曾见过这个抄本,认为可能是陶氏原书。张氏据此校订,比宛委山堂要好些。为现今学者据以考证、研究的主要本子。书前有张宗祥序。

【辑录】张宗祥序称是书有"三善":"《事始》《续事始》世无传本,一善也;《云谷杂记》虽非全本,然较武英殿本已多二十馀条。《意林》世所传皆五卷本,此书所收为六卷本,二善也;《老学庵续笔记》有目无书久矣,四库各阁皆无,此独有之,三善也。"

【版录】

(一)民国十六年(1927)上海商务印书馆排印本

参见《综录》第27页。是本世称涵芬楼一百卷本,收书仅七百二十五种。远不及原本所收。卷三十五《青塘录》作者应为宋李远,而非唐李远。查新旧《唐书》艺文、经籍志,唐李远并无《青塘录》。陈振孙《直斋书录解题》卷七有《青唐录》一卷,注云:"右班殿直李远撰。元符中取邈川、青唐,已而皆弃之。远,绍圣武举人,官镇洮,奉檄军前,记其经历见闻之实,灿然可观。"又《宋史·艺文志》有李远《青唐录》一卷,置宋人中。《续资治通鉴长编》卷五百一十六"哲宗元符二年闰九月壬辰"条云:"辖正、隆赞虽相继出降,然其种人本无归汉之意。议者(李焘注:议者即王愍与李远,言青唐四不可守。远自有《青唐录》,汪藻删修,遂没愍、远姓名。)谓今王师不先修邈川以东城壁而取青唐,非计也。"书后有元陆友仁《后记》亦云:"是书或云右班殿直李远撰。远,绍圣武举人。……孙尚书觌所撰《汪彦章墓志》,其著述有《青唐录》二卷,不知果是书否也。"所言汪彦章即汪藻,《宋史·艺文志》史部著录有汪藻《青唐录》三卷。据此,《青唐录》为宋李远撰、汪藻删修当无疑。又卷五十四《蒙鞑备录》作者孟珙应为赵珙,参见《说郛一百二十卷》宛委山堂本标注。

暨大　史语　东研　湖北大

[补录]

(二)明钮氏世学楼抄本

凡一百卷存九十七卷(一至九十、九十四至一百)。半叶十行二十四字,蓝格。白口,四周单边。所存九十七卷中,卷四《博物记》(无名氏撰)为《综录》未载。卷三十五有唐韩昱《世阁录》,而无唐太行山人《壶关录》。卷四十八有宋程大昌《考古编》,而无《程氏则古》。此抄本所列子目,舛错叠见者甚多。

北京

(三)明濮南书舍抄本

藏北京图书馆。凡一百卷存五十五卷(六至十一、十五至十六、二十一至四十三、六十四至八十、八十五至九十一)。半叶十三行十九字或二十余字,蓝格,白口,四周单边。傅增湘跋云:"明濮南书舍写本,残。余曾据以校宛委山堂本,颇有佳处。又校张宗祥重校排印本中二十八种。"(《藏园订补郘亭知见传本书目》卷十)

北京

(四)明抄本

所见诸家书目之明抄本,子目、编次各异,多寡不一,与《综录》所列亦不尽相同。兹列举数例如下:

上海图书馆藏本凡一百卷。其中卷一至二十五配明吴氏丛书堂抄本,卷二十六至三十、九十六至一百配明弘农杨氏抄本。所列子目较北京图书馆藏明钮氏世学楼抄本多八种:《谈录》《吴闻录》(以上卷三),《观杂书》(卷十二),《杂论》《杂言》(以上卷十三),《续添曲法》《神仙酒法》(以上卷四十四),《诒谋录》(卷九十六)。子目编次与《综录》差异较大。

北京图书馆三部:(1)存九十一卷(一至二、五至二十、二十三至八十五、九十一至一百)。半叶十行二十二字,蓝格,白口,四周双边。(2)存六十一卷(二、四至六、九至二十一、二十三至三十二、三十五至六十一、六十四至七十)。半叶十行二十一或二十三字不等,蓝格,蓝口,左右双边。(3)不分卷。半叶十四行二十二字,蓝格,白口,四周单边。

浙江图书馆藏本存四十五卷(一至九、十一、十三至十五、十八至三十四、三十八至四十三、四十五至四十七、五十至五十五)。蓝格,白口,单鱼尾,四周双边。半叶九行二十四字,首页有"休宁汪季青家藏书籍"及"古香楼"两枚朱纹印章。

浙江瑞安县玉海楼藏本存五十二卷(九至十、十六至十九、二十三至三十、三十三至三十七、三十九至四十四、五十、五十二至五十三、五十五至六十一、六十三至六十六、七十至七十二、七十九至八十二、八十八至九十、九十二至九十四)。

北京　上海

(五)1988年上海古籍出版社《说郛三种》本

较《综录》多《说郛校勘记》,此为张宗祥用休宁汪季青家所抄明抄残本二十五册,以校涵芬楼本所得之校文,计十余万字。参见《说郛一百二十号》条标注。

暨大　湖北大

范氏奇书又名天一阁奇书、范氏二十一种奇书

(明)范钦辑

【传录】范钦(1506—1585)字尧卿,一字安卿,号东明。鄞县人。嘉靖十一年(1532)进士,累官兵部右侍郎,因避严嵩父子专横,离职携书万卷而归。范氏一生专于购求典籍,嗜好抄藏。嘉靖四十年至四十五年(1561—1566),筑"天一阁"藏书楼,收藏各类文献,至八十三岁去世时,范氏藏书已达七万卷。所收藏文献有宋、元、明历代刻本。范氏还聘请刻工,翻印珍贵典籍《竹书纪年》《穆天子传》《虎钤经》等二十余种,题《天一阁奇书》。范氏去世前,对天一阁藏书的阅览保存作了严格规定:"代不分书,书不出阁。"范氏殁后,其子孙均能遵奉遗训,并继续从事购求典籍,扩大藏书数量,故其书久而不散。但是,1840年鸦片战争,英军入侵宁波,闯入天一阁,掠走《大明一统志》等舆地书数十种。1861年太平军攻入宁波,英国传教士乘机大肆偷盗大量藏书。1914年帝国主义分子勾结上海书商盗取珍贵书籍一千余种。直至全国解放前夕,天一阁仅存书一万三千余卷。解放后,人民政府十分重视天一阁藏书。除积极收集散失之书外,还修缮藏书阁楼,于是藏书增至三十万卷,善本达八万卷,其中有各种珍本、孤本,其文献价值甚高。范钦的一生在保存典籍与传播文化方面均作出了重要贡献。著有《天一阁集》,刻有《范氏奇书》

《烟霞小说十四种》等。

【叙录】是编收书二十一种，凡六十七卷，是书子目种数不可考，诸家书目著录不同，《天一阁书目》著录二十种，顾修《汇刻书目初编》亦著录二十种，《北京图书馆古籍善本书目》不载原有种数，只著录存十三种，《中国古籍善本书目》亦著录存二十三种，《综录》著录二十一种。是书本范氏亲手所订，其中《周易》《元包》《潜虚》等书居多，而《乾坤凿度》又析出为《乾凿度》《坤凿度》，故二十种亦为二十一种。所收均为罕见之书，故题名“奇书”。其中如陆绩注《京氏易传》、郭京《周易举正》、赵蕤注《关氏易传》等都是不易得之书。是书内容主要是经学、术数、历史。

【版录】

明嘉靖中四明范氏天一阁刊本

参见《综录》第36页。《中国古籍善本书目》收二十三种，较《综录》多两种：《新语》（汉陆贾撰）、《两同书》（唐罗隐撰）。是本每半叶九行，每行十八字，白口，左右双边。

北京　北京文物　吉大　南京　温州　天一

文林绮绣

（明）凌迪知辑

【传录】凌迪知（1529—1600）字稚哲，号绎泉。浙江乌程（今吴兴）人。嘉靖三十五年（1556）进士，授工部郎中，官至兵部员外郎。著有《万姓统谱》，所辑《左国腴词》《太史华句》《两汉隽言》《文选锦字录》《名世类苑》《楚骚绮语》等，均收入《文林绮绣》。

【叙录】是编凡五种，五十九卷。刊于明万历四年至五年（1576—1577）。收录凌迪知所辑三种，宋林钺、明张之象所辑各一种。《四库全书总目》均入存目，皆置否定之词。《左国腴词》八卷，采《左传》《国语》字句，分类编辑。其中《左传》五卷，四十类，《国语》三卷，四十三类。《四库全书总目》称其“所摘皆仅存一二语，既不具其始末，又不标为何人之言。且注与正文，混淆不辨。非惟不足以资考证，并不可以供挦扯。与所撰《太史华句》《两汉隽言》《文选锦字》诸书，体例皆仿林钺《汉隽》。而冗杂破碎，又出《汉隽》之下”。《太史华句》八卷，皆摘《史记》字句，以类编次。《四库全书总目》谓：“司马迁史家巨擘，其文岂可以句摘，句又岂可以华目。盖王、李剽剥秦汉之风，至明季而未殄，故书肆尚镌此等书，以投时好耳。”《文选锦字录》二十一卷，以《文选》字句辑为二十七门。自谓合清江刘氏《类林》、眉山苏氏《双字类要》而增损之。《四库全书总目》谓：“二家之书已涉饾饤，叠床架屋，尤为无谓矣。”《两汉隽言》十六卷，仿宋林钺《汉隽》体例，辑后汉故实，与钺书合为一编，改题此名。自卷一至十为前集，皆林氏之旧，卷十一至十六为后集，乃凌氏所续。《四库全书总目》称其“采摭亦备”，“然不自为一书，而补葺旧本，创立新名，是则明人之结习矣”。《楚骚绮语》六卷，摘《楚辞》字句以供挦扯。《四库全书总目》云：“已为剽剟之学，又参差杂录于二十五赋，不复著出自何篇，亦与黄省曾《骚苑》同一纰陋。”

清光绪二十二年(1896)鸿宝斋书局辑刊《文林绮绣》凡十种，内除凌氏所辑五种外，增辑清余萧客辑《文选音义》八卷、清杭世骏撰《汉书蒙拾》三卷附《后汉书蒙拾》二卷、《文选课虚》四卷、清何松辑《文选类隽》十四卷、清薛传均撰《文选古字通疏证》六卷。

【版录】

明万历四年至五年(1576—1577)吴兴凌氏桂芝馆刊本

参见《综录》第36页。是刻半叶八行十七字，白口，左右双边。《藏园订补郘亭知见传本书目》作五十三卷，其中《两汉隽言》作五十卷。《增订四库简明目录标注》亦作五十卷。是编《两汉隽言》前集辑者林越应为林钺，参见《续古逸丛书》条标注。

北大　故宫　山东　浙江　天一　庐山　“中央”

百陵学山又名丘陵学山

(明)王完辑

【传录】王完(生卒年未详)。有关是书的辑者，各家著录不一。《综录》《中国古籍善本书目》著录为“王完辑”，《四库全书总目》《增订四库简明目录标注》《丛书集成初编》《辞海》《海盐县志》等均著录为“王文禄辑”。主“王完辑”说者，多以卷端隆庆二年王完序为据；主“王文禄辑”说者，则以《四库全书总目》及《海盐县志》为据。综观诸说，较多人以为，是书当以王文禄辑为是。

王重民《中国善本书提要》云：“明王文禄辑刻。按诸家著录是书，不得其主名久矣！卷端有隆庆二年王完引，《目录》后有万历十二年无名氏题记，后人著录归之王完，殆以此故。《存目》有《丘陵学山》……考光绪《海盐县志·文禄传》云：‘文禄少举乡荐。性嗜书，闻人有异书，辄倾囊购之，得必手校，缥缃万轴，置之一楼。年八十馀，犹计偕北上，不屑就乙科秩。所著有《艺草》《丘陵学山》《邑文献志》《卫志》。’所称正与《存目》著录本合。《目录后记》云：‘原丘陵，改百陵，对百川甚切帖。丘，宣圣讳，改百，尊圣也。’述所以改之之故甚明。今验此本，王完序内两‘百’字皆有剜改痕迹。完引云：‘以《千字文》为编，凡数十种。’然则隆庆二年印本，题作‘丘陵学山’，仅七十四种，即《存目》著录之本也。《目录后记》云：‘编次《千字文》，渐至百号。’此谓由七十四种增至百种，[验目录自师字号以后，剞劂之迹，显然不同。]改题《百陵学山》，即今本是也。然目录‘有’字以后，刻迹又复不同，更验目录六叶，前五叶版心犹作‘丘陵学山’，第六叶始作‘学山’，不著‘丘陵’或‘百陵’字样，然则七十四种本以后，百种本以前，犹当另有九十三种本，仍题《丘陵学山》也。邵懿辰《标注》有王文禄《明世学山》九十三种，或此本已改《明世学山》。由此观之，是书皆由文禄一手辑刻，孜孜二十馀年，始成百种。至作引之王完，事迹无考，然当与文禄谊在宗族或师友，惟后人谓为刻书人，则张冠李戴矣。”

王文禄(1503—1586)字世廉。浙江海盐人。嘉靖十年(1531)举人。性嗜书，遇异书辄倾囊以购，得必手校，积至万轴，贮于一楼，不久失于火。著有《廉矩》《文脉》等。

【叙录】是编凡九十八种，一百一十六卷。原辑百种，其中两种未印(陶号《三炼法》、唐号《六炼九炼法》)，实有九十八种。体裁仿南宋左圭《百川学海》，主要收辑明代著作，多为笔记、杂录、杂论等。内容比较广泛，包括经学、理学、诗文评论、小说短语以及农学、医学、文字学等。其中有关明代学术思想、农业生产和风俗习惯等资料较为丰富，颇具特色。

所收诸书多半为短篇小品，不少是摘录原书，另立名目，其价值远不及《百川学海》。但亦有部分罕见而值得注意的著作，如郑瑗的《蜩笑偶言》所论多有识见，可补其《井观琐言》；徐泰的《诗谈》对明代诗歌的评论有所补益；王文禄《文脉》对于古今文章的评论有所增色；薛蕙的《约言》、钱琦的《钱子语测》等对了解明代的思想足资参考。黄省曾的《稻品》《蚕经》《种芋法》《养鱼经》《艺菊书》是研究古代农业较为难得的著作。

是编书名各家著录间有出入，盖所据版本不同而致。一般认为，明代是编曾有四刻，且题名各异：明嘉靖三十三年(1554)郑梓辑刊五十种本，题名《明世学山》；明隆庆二年(1568)王完增刊七十四种本，题名《丘陵学山》；七十四种本以后，百种本以前的九十三种本(据王重民语)，仍题名《丘陵学山》；明万历十二年(1584)王文禄增刊百种本，题名《百陵学山》。据是编目录，以千字文编次，自天字至罪字，凡百号。其中钱子《法语》《巽语》二种，原名《钱子语测》，实为一书。《四库全书总目》则谓自天字至师字，凡七十四种，据此，所云当为初刻未全本。卷首有隆庆戊辰(1568)王完序和万历甲申(1584)王文禄跋，两者相距十七年，可知定名《百陵学山》实在刻成百种之后。民国间，上海商务印书馆将《百陵学山》收入《元明善本丛书》中。

【辑录】《四库全书总目》入存目，据浙江吴玉墀家藏本，题名《丘陵学山》，无卷数。提要云：“此本乃其汇刻诸书，以拟宋左圭《百川学海》，故以《丘陵学山》为名。所载以《千字文》编次，自天字至师字凡七十四种。然欲矜繁富而考订未精，故类多删节原文，不能全录。又以前人文集所已载者析出而附益之，强立名目，牵率殊甚。至《海沂子》以下数种，皆文禄自著之书，而亦阑入其中，尤不出明人积习。非但远逊左圭，即视商维濬、吴琯辈，相去亦悬绝矣。”

【版录】

(一)明万历中刊本

参见《综录》第37页。是刻半叶十行二十字，细黑口，左右双边。

科学　山西文物　“中央”

(二)民国二十七年(1938)上海商务印书馆《景印元明善本丛书十种》本

参见《综录》第 328 页。据百种本影印,亦阙陶号《三炼法》一卷、唐号《六炼九炼法》一卷。

暨大　史语　台北　东海

[补录]

(三)明隆庆二年(1568)刊本

是刻题名《丘陵学山》,凡七十四种。半叶十行二十字,白口,四周单边。雕印清晰悦目,堪称善本。吉林大学图书馆有藏,仅存三种八卷。

北京图书馆藏有《明世学山》五十种,五十七卷。著录为"明郑梓编,明嘉靖三十三年郑梓刻本"。半叶十行二十字,白口,左右双边。

(四)民国二十四年至二十六年(1935—1937)上海商务印书馆《丛书集成初编》本

据《丛书集成初编目录》,著录为"明隆庆王文禄辑刊"。凡一百种,一百一十二卷。

暨大

两京遗编

(明)胡维新辑

【传录】胡维新(生卒年未详)号云屏。浙江馀姚人。嘉靖三十八年(1559)进士。大中大夫,历监察御史,万历间自大名道兵备副使擢广西参政。

【叙录】是编凡十二种,七十三卷。"两京"是指西京长安、东京洛阳,是两汉的首都,因而用以作为两汉的代称。胡氏因其地为古赵魏之邦,文学素盛,遂命洹水令原一魁(山东掖县人。万历进士,知魏县,以治行选授御史,累官昌平兵备副使)辑汉魏人著作而刻之。实际上是书当为胡、原二人同辑。又因所采均为汉代之文,故以"两京"名其书。选辑陆贾《新语》、桓宽《盐铁论》等两汉诸子著作为代表,认为"两京文尽于此"。所收书种类不多,但皆为名家要著,非残丛琐屑之文可比。如陆贾的《新语》,总结秦汉得失的历史教训,以儒家的仁义思想为核心,吸收了黄老无为的思想和法家的权势思想,提出了儒法兼施、文武并用的治国方针,对两汉的统治具有重要的指导意义。桓宽的《盐铁论》记录了汉昭帝时盐铁会议的辩论情况,内容涉及政治、经济、军事、文化等许多方面,对研究当时的社会矛盾、思想斗争和桑弘羊的思想具有重要的史料价值。王符的《潜夫论》反对谶纬迷信,指陈时政得失,对官吏豪强奢侈贪暴进行了揭露。其洞悉政体、辨明是非,是称一家之言。至于贾氏《新书》、董氏《春秋繁露》、班氏《白虎通德论》、应氏《风俗通义》都是在我国历史上有深远影响的重要典籍。其中魏刘劭的《人物志》、梁刘勰的《文心雕龙》则因文章风格逼似两汉而收入。而刘向的《说苑》、王充的

《论衡》等两汉重要著作反没有收录，认为其内容漫无边际，荒秽杂乱。这种看法有偏颇，去彼取此，未免舍近求远。民国间商务印书馆辑入《景印元明善本丛书十种》中。书前有胡维新序，末有原一魁后序。

【辑录】胡维新序略云："余往宪赵魏，赵魏故文学地也。会洹水令原君兴学好文，遂命鸠工聚材，即其县刻之。凡十馀种，始陆贾《新语》，终刘勰《文心雕龙》，总之曰《两京遗编》。"

明万历十年(1582)原一魁后序云："明兴，因沿胜国之陋，调靡而不振，词采不新，盖于观无当焉。弘、正之间，异人并出，玄构绮缀，希步作者迄于今百馀年，而家家以东西京为嚆矢矣！然自《史》《汉》《文选》而外，世不能概睹，即睹之，不能得善本也。惟是观察胡公，实用概焉。一日命余曰：陆贾、贾谊辈，业已著书名世，成一家言矣。若能检付剞劂，与《史》《汉》《文选》并行于世乎，则此数子为不朽矣！余因退而搜辑，得十一种，捐金偿梓，约二载馀杀青始就。"

王重民《中国善本书提要》收录明万历间刻本。凡十二种，五十七卷。提要云："明胡维新、原一魁辑刻。……辑刻之役，并原一魁一人任之，即胡维新自序，亦不言为其个人所校刻，而后世独归之维新者，则以维新官位在一魁上故也。……即以是书而论，疑则疑，阙则阙，绝不妄为增删一字。又所据皆善本，余更疑一魁必能博览，且富收藏，惜事迹湮没，不可知矣。"据胡、原二序以及王重民之考证，知是书辑者非胡维新一人，原一魁当为辑者之一。

《四库全书总目》入存目，据内府藏本作十一种，五十七卷。提要云："……以所采皆汉文，故以'两京'名书。其中如徐幹虽名附《魏志》，然卒于建安二十二年，附之汉末可也。至于刘劭为魏人，刘勰为梁人，序乃称以其文似汉而进之。王充《论衡》、刘向《说苑》实皆汉人之文，又以其卷帙之多而弃之，去取殊无义例。且《文心雕龙》纯为四六骈体，而云其文似汉，尤乖谬之甚矣。"

【版录】

(一)明万历中刊本

参见《综录》第39页。据原一魁序，是刻当竣于明万历十二年(1584)。半叶九行十七字，白口，四周双边。据胡维新序，王符《潜夫论》为上下二卷，然文内实则分十卷。《中国古籍善本书目》及《综录》等均著录为十卷，故全书有七十三卷之数。

上海　南开　史语　"中央"

(二)民国二十六年(1937)上海商务印书馆《景印元明善本丛书十种》本

参见《综录》第330页。

暨大　史语　台北　东海

[补录]

(三)民国二十四年至二十六年(1935—1937)上海商务印书馆《丛书集成初编》本

所据为"明万历胡维新辑刊"本。凡十二种，六十五卷。

纪录汇编

(明)沈节甫辑

【传录】沈节甫(1532—1601)字以安(一作幼安),号锦宇。浙江乌程(今湖州)人。嘉靖三十八年(1559)进士。历祠祭郎中。万历间累官工部左侍郎,赠都察院右都御史。天启初追谥"端靖"。喜藏书,藏书处曰"玩易楼",自编《玩易楼藏书目录》二卷。又著有《大朴主人诗文集》等。

沈节甫《玩易楼藏书目录序》:"余性迂拙,无他嗜好,独甚爱书。每遇货书者,惟恐不余售,既售且去,惟恐其不复来也。顾力不足,不能多致,又不能得善本,往往取其直之廉者而已。即有残阙,必手自订补,以成完帙。"(《吴兴藏书录》)

【叙录】是编凡一百二十三种,二百十六卷。各家著录卷数不一,《明史·艺文志》《四库全书总目》作二百十六卷,《中国古籍善本书目》《北京图书馆古籍善本书目》作二百二十四卷,皆因统计方法不同所致。所辑均为明开国至嘉靖间君臣野史杂记,分类编次,同一史实相对集中。如卷一至九,为明太祖至世宗之御制诗文;卷十至十五,记君问对及恩遇诸事;卷十六至二十三,英宗北狩景帝监国之事;卷二十四至二十五,世宗南巡往还之纪;卷二十六至三十四,太祖成祖平定诸方之录;卷三十五至五十六,中叶以来绥定四夷之绩;卷五十七至六十六,巡视诸藩国者之见闻;卷六十七至九十六,明代诸帝政治之纪载;卷九十七至一百二十三,名臣贤士科第人物之传记;卷一百二十四以下,则为遗闻、日记、怪异、格言之类。取材广泛,大体上明代初中期的重要史料均囊括其中,为治明史者的基本参考文献。其中部分书籍已佚,仅见是编,更足珍贵。如《今言》记明代史实凡三百四十四条,叙述了洪武到嘉靖一百多年的国政朝典,兵戎邦记,足可订补正史之讹误,是研究明代政治、经济、军事、文化的可贵资料。佚名的《平蜀记》记洪武四年遣汤和伐蜀之事,可补《开国功臣录》之所未详。《平胡录》《北平录》《平汉录》《平吴录》《平夏录》等有助于了解朱元璋讨伐元朝,削平张士诚、陈友谅等割据政权的经过。《北征录》有助于了解明成祖北征的事迹。《否泰录》《北使录》《北征事迹》《正统临戎录》《正统北狩事迹》等为了解土木之变和景泰监国的始末提供了比较详细的资料。《奉使安南水程日记》《朝鲜纪事》《使琉球录》则为研究明代中外关系和东南亚诸国历史地理之重要资料。此外,是编还收录了不少记载明代少数民族情况的著述。如《炎徼纪闻》记述了广西、贵州、云南等西南地区少数民族的史事,对各少数民族的渊源和风俗作了说明,较《明史》诸书所载详明。《译语》乃作者尹耕亲身经历所见所闻,记录了蒙古的政治、军事、经济、刑法、社会、风俗等方面的情况。《兴复哈密国王记》则载有回族和维吾尔族的史料。《海槎馀录》载有东南地区黎族的材料。《古穰杂录摘钞》《挞虏纪事》《伏戎纪事》《风洲杂编》等载有蒙古族的史料。这些对于研究明代少数民族及其和明王朝的关系都有所裨益。

【辑录】书前有陈于廷序，略云：“顷余按部之暇，得睹沈司空所裒辑《纪录汇编》若干种。虽稗官野史之流，然要皆识大识小之事也。”又云：“存此以质中秘之藏，存此以参庙堂之议，存此以备《实录》《会典》之不及与六尚书故牒之所遗。”

《四库全书总目》入存目，据浙江鲍士恭家藏本，共一百一十九种。提要曰：“其中有关典故者多已别本自行。其馀如王世贞《明诗评》之类，则文士之馀谈。祝允明《志怪》之类，又小说之末派。一概阑入，未免务博好奇，伤于冗杂。且诸书有全载者，有摘钞者，甚或有一书而全录其半，摘钞其半者，为例亦复不纯。卷帙虽富，不足取也。”

【版录】

(一)明万历四十五年(1617)阳羡陈于廷刊本

参见《综录》第40页。是刻半叶十行二十字，白口，四周单边。傅增湘跋云：“杂集明人杂记，多有关史事者，间亦搀入志怪之书，然瑕不掩瑜。此书近涵芬楼已印入《元明善本丛书》中。《四库》入存目，不全，为一百十九种，二百十六卷。”(《藏园订补郘亭知见传本书目》卷十)

南京图书馆藏本有清赵烈文跋。甘肃省图书馆藏本有清蒋凤藻跋。

天津　吉林　天一　福建　湖北　中大　台大　“中央”　东研　国会

(二)民国二十七年(1938)上海商务印书馆《景印元明善本丛书十种》本

参见《综录》第332页。民国二十四年(1935)燕京大学图书馆曾从中选刊御制诗文九种发行，题名《纪录汇编选刊》。参见《综录》第42页。

暨大　史语　台北　东海　东研

[补录]

(三)民国二十四年至二十六年(1935—1937)上海商务印书馆《丛书集成初编》本

凡一百二十三种，二百一十六卷。所据为明万历沈节甫辑陈于廷刊本。

汉魏丛书

(明)程荣辑

【传录】程荣(约1592年前后在世)字伯仁。安徽歙县人。编刊《山居清赏》二十八卷，校刻《嵇中散集》《阮嗣宗集》《新刻增补艺苑卮言》《孔丛子》《新语》等，著有《茶谱》。

【叙录】是编凡三十八种，二百五十一卷。分经籍、史籍、子籍三部分。所收主要为汉魏著述，间有战国及晋、南北朝之作。内容以古经逸史、稗官野乘居多。有的今已散佚，赖以保存。尤其子类之书较为丰富，具有较高的学术价值。如经籍中的《京房易传》《韩诗外传》《大戴礼记》《春秋繁露》《白虎通德论》《方言》等；史籍中的《逸周书》《穆天子传》

《西京杂记》等;子籍中的《孔丛子》《新语》《新书》《新序》《风俗通义》《法言》《抱朴子》《潜夫论》《论衡》等都是在我国历史上具有影响的重要典籍。诸如《小尔雅》《英雄记钞》《续齐谐记》《星经》《书品》等则为罕见之书。这些都为研究汉魏六朝的哲学、政治、经济、历史、文学、艺术、科学等方面提供了方便。然是编亦存在校勘不精、鲁鱼亥豕之讹、删削脱漏、分类编排欠妥等不足之处。

是编原为何镗所辑,原目有一百种。原稿未刊,至万历中新安程荣选刊三十八种,共二百五十一卷。其中经籍十一种,史籍四种,子籍二十三种。后武林何允中扩充是编,增至八十种(一作七十六种)。其中经翼十七种,别史十五种,子馀二十一种,载籍二十七种,题名《广汉魏丛书》。至清乾隆间,金溪王谟又增至九十六种(一作八十六种)。其中经翼二十种,别史十七种,子馀二十六种,载籍三十三种,题名《增订汉魏丛书》。其后的翻刻本,种数略有不同。1978 年,日本藤田忠编有《汉魏丛书人名索引》,可资参考。书前有万历壬辰(1592)屠隆序。

【辑录】屠隆序云:"汉以前兼收秦,明汉有秦之遗风,魏以后间收六朝,明魏为六朝之滥觞。"又指出:秦以前的文风古朴,汉代文风虽然庄重典雅,但仍未失古朴之意。而魏的文风开始注重修饰,是文风气运变化的一个重要时期,也是编辑《汉魏丛书》的用意之一。

《增订汉魏丛书·凡例》称:"汉魏古本多散轶,何氏只都为一集,而经、史、子、籍略备,其于嘉惠艺林,功非浅鲜。"

《丛书集成初编目录》提要云:"《汉魏丛书》先后三刻,首程荣本,次何允中,又次王谟。此即王本。按王序:'是书辑自括苍何镗,旧目原有百种,新安程氏版行,仅梓三十七种。(按程本实三十八种,王本总目缺《商子》,故误。)武林何氏允中又搜益其半,合七十六种,而前序则东海屠隆撰。按何氏原跋云,往见纬真别本,分典雅、奇古、闳肆、藻艳四家,以类相从,殊为钜观。纬真即隆字也,则似纬真又自有丛书行世。《明史·艺文志》类书门,载有屠隆《汉魏丛书》六十卷,必即何氏所见纬真别本,但不应何本又冠以屠序也。'屠本今不可见,王氏增订凡例,亦言'二百馀年,何本原书亦仅有存者,坊间所鬻,多以建阳书林所刻《汉魏名文乘》冒充'。今惟程本尚存,其前亦有屠序,总目经籍十一种,史籍四种,子籍二十三种,独集籍仅存一行,下无书名。颇疑程氏即覆刻屠本,改其所谓典雅、奇古、闳肆、藻艳四家,易为经籍、史籍、子籍等类。其集籍一门,尚未付刊,戛然中止,故行世者仅存三十八种。虽迭经何王二氏增补,然以视何镗原编,尚缺十四种,其目不存,无可考矣。"

【版录】

(一)明万历中新安程氏刊本

参见《综录》第 42 页。是刻刊于万历二十年(1592)。凡三十八种,二百五十一卷。半叶九行二十字,白口,左右双边。傅增湘跋云:"每书卷首第三行题'明新安程荣校'。内多有用之书,然所据多明时刊本,罕有从宋元本中出者。余有一帙,选宋元佳刊及名家抄校本校过,遂为善本。"(《藏园订补郘亭知见传本书目》卷十)

北京图书馆所藏尚有三十五种本，凡二百八卷。版式同三十种本。有傅增湘校并跋。子目较《综录》多《南方草木状》三卷（晋嵇含撰），少《穆天子传》《新序》《说苑》《法言》四种。

北大　人大　文学所　故宫　历博　群众　北京文物　天津　南开　山西　内蒙师大　吉林　吉大　东北师大　黑龙江大　山东　温州　天一　河南博　湖南　广东　中大　华南师大　华南农大　四川　西南师大　贵州大

（二）民国十四年（1925）上海商务印书馆据明万历程氏本景印

是为袖珍本，凡三十八种。“集籍”一行，下无书名。别有明张邦翼辑《汉魏丛书钞》四卷。明万历四十六年（1618）曾熙丙刊，凡二十九种。半叶九行二十字，白口，四周单边。北京图书馆有藏本。

又明吴世济辑《汉魏丛书钞》六卷。明天启三年（1623）前丘吴衔刊本，凡二十三种。

暨大　史语　东海

［补录］

（三）民国二十四年至二十六年（1935—1937）上海商务印书馆《丛书集成初编》本

所据为明程荣、何允中、清王谟辑刊本。凡八十六种，四百四十八卷。

（四）1992 年吉林大学出版社影印本

据明万历新安程氏刊本影印，并用涵芬楼影印本参校和他本补缺。对原书加圈点，缺字者据王谟《增订汉魏丛书》之相应部分，或他本之相应部分补入。原书《春秋繁露》卷十三中的“四时之副”整篇文字以及“人副天数”的大半篇文字缺而未刻，乃从清光绪初年浙江书局的《二十二子》本抄出补入。书前附《汉魏丛书详目》。

广汉魏丛书

（明）何允中辑

【传录】何允中（生卒年未详）。浙江仁和（今杭州市）人。天启二年（1622）进士。生平事迹未详。

【叙录】是编凡七十六种。乃扩充程荣《汉魏丛书》而成。程氏辑本从何镗，镗原拟旧目百种，程刊三十八种，允中又“搜益其半”得七十六种（清嘉庆中刊本为八十种。其中经翼十七种，别史十五种，子馀二十一种，载籍二十七种）。撰著者不限汉魏，间有梁、陈、北齐，至隋王通《中说》诸书。汉魏时书多有散佚，赖此以存。参见《汉魏丛书》条标注。

【版录】

（一）明万历二十年（1592）刊本

参见《综录》第 42 页。是刻凡七十六种，四百三十九卷。傅增湘跋此刻云：“明万历刊本。九行二十字,白口,左右双阑,比《汉魏丛书》增《焦氏易林》等四十三种,少《商子》一种。"(《藏园订补郘亭知见传本书目》卷十)

"中央"

(二)清嘉庆中刊本

参见《综录》第42页。是刻凡八十种,较明刊本多《邺中记》《孙子》《抱朴子内外篇》《枕中书》四种。其中《白虎通德论》《独断》《方言》《汲冢周书》《西京杂记》四种为清卢文弨校本。《新书》及《颜氏家训》为卢文弨考异本。

[补录]

(三)明末武林何氏刊本

见《台湾各图书馆现存丛书目录》,凡七十七种,所缺配补清刊本。台湾大学收藏。

秘册汇函

(明)沈士龙　(明)胡震亨辑

【传录】沈士龙(生卒年未详)字汝纳。浙江秀水(今嘉兴市)人。校刻过《春秋公羊经传解诂》。曾跋《东京梦华录》《齐民要术》《大唐创业起居注》《纬略》《搜神后记》(《续搜神记》)诸书。

胡震亨(1569—1642)字孝辕,又字君鬯,晚自号遯叟、赤城山人。浙江海盐人。万历丁酉(1597)举人。知合肥县,由固城县教谕历官兵部员外郎。少以经济自负。藏书万卷,日夕搜讨,凡秘册僻典、鲁鱼漫漶者,无不补缀扬榷。著有《唐音癸签》《赤城山人稿》《海盐图经》《读书杂志》等。

【叙录】是编凡二十四种,一百四十三卷,辑刊于明万历年间。所收诸书多为当时世所罕见而又有学术价值者。内容主要包括小说、笔记、历史、地理、游记、算学、农学等方面。内《搜神记》《搜神后记》《异苑》是具有代表性的志怪小说,记载了不少富有意义的鬼神故事和民间传说,还间有汉魏六朝名人的轶事,有的后来引用为典故,对于研究隋以前的古代小说颇有参考价值。陆游的《南唐书》是关于五代的重要史书。《四库全书总目》称其书"尤简核有法"。所记不少为马氏《南唐书》所无,彼此可相互补充。孟元老的《东京梦华录》所记北宋都城汴京的面貌、岁时、物产、风土、习俗,反映了北宋城市经济和市民文化生活情况。洪遵的《泉志》专门汇辑了历代的货币,并附绘图和说明,对于了解我国古代货币的发展情况有价值。是编所选之书,部分经辑者初步校订。如《岁华纪丽》乃从宋刻抄出,错误严重,经辑者校订改正一千三百馀字。又由其友人校改五百多字,然后可读。是编每书之后附有跋语,对书的作者、版本、内容等作了考证和分析。

是编乃随刻随续，刻未竟，遽遭火灾。后书板归常熟毛晋。毛氏增以闵元衡所藏稿本及家藏秘籍，汇刊为《津逮秘书》。《四库全书》亦收录不少《秘册汇函》本，并在提要中多次提及和援引胡氏的跋语。《丛书集成初编》亦以其为底本进行排印或影印。可见这部丛书为后来所重，具有不可忽视的版本价值。

【辑录】《丛书集成初编目录》提要云："《明史・艺文志》类书类，胡震亨《秘册汇函》二十卷。《千顷堂书目》，增撰人姚士粦，卷数同。是编凡一百四十一卷。卷首有武原胡震亨孝辕、绣水沈士龙汝纳、新都孙震卿百里同题短引，云：'抄书旧有百函，今刻其论序已定者，导夫先路，续而广之，未见其止。书应分四部，而本少未须伦别，略以撰人年代为次而已。中更转写，雠校乏功。虽巧悟间合，而阙疑居多。'是随刻随续。此二十二种者，必非同时刊成。《明史》所记，疑仅据初刻甫竣数种之本，故卷数特少。后未刊竟，遽毁于火。残版归常熟毛氏，孝辕等复为之纂辑，遂成《津逮秘书》。"

【版录】

(一)明万历中刊本

参见《综录》第45页。半叶八行十八字，白口，左右双边。据《中国古籍善本书目》，是刻凡二十四种，一百四十三卷。仅上海、天津和山东三家图书馆收藏。其中山东图书馆所藏为全本。

［补录］

(二)民国二十四年至二十六年(1935—1937)上海商务印书馆《丛书集成初编》本

所据为明万历胡震亨等校刊本。凡二十二种，一百四十一卷。

三代遗书

(明)赵标辑

【传录】赵标(生卒年未详)字贞甫，又字准台。山西解州(今运城市西南解州镇)人。万历十四年(1586)进士，十六年(1588)由庶吉士授江西道御史，十七年(1589)告病，二十一年(1593)复除浙江道，巡按真定，二十二年(1594)养病。著有《经济全书》。

【叙录】是编初刻本凡六种，二十八卷。后增入《三坟》一卷，成七种，二十九卷。所收诸书，都是记载夏、商、周的旧籍，故名《三代遗书》。

子目包括：《竹书纪年》二卷。凡十二篇，叙夏、商、西周、春秋时晋国和战国时魏国史事，至魏襄王二十年(前299)为止。所记如"太甲杀伊尹，文丁杀季历"等，皆异于传统记载。是书宋时佚失，清朱右曾辑有《汲冢纪年存真》，王国维据以补辑为《古本竹书纪年辑校》，为研究古代史的重要资料，并可校正《史记》所载战国史事年代的错误。《汲冢周书》十卷，连序共七十一篇。原名《周书》，旧说为孔子删《尚书》所逸，故又名《逸周书》。《隋志》误题为《汲冢周书》,后人承误。记事上起西周文、武二王,下至春秋末灵、景二帝。其文多出于战国秦汉间学者之手。所记文献,有与甲骨文金文相合者;有较《尚书》《史记》为详者,史料价值较高。《批点考工记》二卷。为汉郑玄注,元吴澄考注,明周梦旸批评。所记包括治木之工、治金之工、设色之工、刮摩之工、抟埴之工六部分,对于车、削、矢、剑、钟、量、甲、韦革、皋陶、染羽、磬、玉、弓等器具的制作叙述甚详,对城市规划、宫殿建筑、数学知识亦有涉猎,是研究我国古代工艺以及春秋时期以前手工业生产的宝贵资料。《穆天子传》六卷。作者不详,旧题晋郭璞注。晋咸宁五年(279)从战国时魏王墓中发现的先秦古书《汲冢书》之一。前五卷记周穆王驾八骏西游故事,或以为其中保存有若干古代中西交通史料,后一卷记盛姬之死及其丧仪。文辞质朴,其中记穆王与西王母宴会酬答及盛姬之死部分较有小说意味。《檀孟批点》二卷。为宋谢枋得批点、明杨慎附注。《四库全书总目》卷二十四有《批点檀弓》二卷,入礼类存目。提要云:"书中圈点甚密,而评则但标章法、句法等字,似孙鑛等评书之法,不类宋人体例。疑因枋得有《文章轨范》,依托为之。又题杨升庵附注,而与慎《檀弓丛训》复不相同。据齐伋序,称汇注疏、集注、集说诸书,去其繁而存其要,以著于简端。则齐伋之所加,非慎原注也。"《六韬》六卷。凡六十篇。记文王、武王问太公兵战之事。六韬即六种用兵之谋略,包括文韬、武韬、龙韬、虎韬、豹韬、犬韬。凡先秦军队编制、管理、训练、行军、布阵、攻守、战具、兵器及其军事理论,几乎无所不包。以问答形式进行论述,并有夹注。语言生动,说理充分,是一部普及性的古代军事专著。《三坟》一卷。相传是古书名。《左传·昭公十二年》:"是能读三坟、五典、八索、九丘。"一说《三坟》是三皇之书,或认为系指天、地、人三礼,或天、地、人三气的,并见唐孔颖达《左传正义》引。章太炎《检论·尚书故言》则谓:"坟、丘十二,宜即夷吾所记泰山刻石十有二家也。"今存《三坟书》,分山坟、气坟、形坟,以《连山》为伏羲作,《归藏》为神农作,《乾坤》为黄帝作。以符孔颖达引《尚书序》"伏羲、神农、黄帝之书谓之三坟"之说。是书前有万历戊寅(1578)贾三近刻版题词,云:"古有三坟,顾其书堇堇不多传。余在奉常署中,太原王公希克有藏本出示余,谓于长安道上败籍中得之。考其序旨,盖宋元丰间,毛正仲氏见于泌阳旅人家,亦奇矣。余爱而手录,将谋锓梓,未遑也。会有友人滕王氏伯子守大名,因出付之。"以此观之,是书实系后人伪撰,并由来已久。是编卷首有赵标自序及陈简序,末有涂时相后序。

【辑录】赵标自序云:"取前所契六种之书,稍加订改,因名之曰《三代遗书》,付大名守涂群,为之锓梓。盖书俱三代所遗者,而梓之今日,则三代之存,即余志也。"

【版录】

(一)明万历二十年(1594)河东赵氏刊本

参见《综录》第45页。是刻乃标为巡按直隶监察御史时,刻于大名。半叶八行十八字,白口,四周双边。王重民《中国善本书提要》著录,题名《汇刻三代遗书》二十八卷,并称:"《竹书纪年》《穆天子传》,并据范氏《天一阁奇书》本,所据尚属善本。嘉、万间大名官刻书颇盛,其精美亦可抗衡苏、杭,尤可于是书觇之。"据《藏园群书经眼录》,傅氏藏《竹书纪年》《穆天子传》二种，题范钦校（盖出天一阁本），其馀题杨慎校。并跋云："所收各书均非自旧本出。"（《藏园订补郘亭知见传本书目》卷十）

北大　北京文物　东北师大　山东　史语

［补录］

（二）民国二十四年至二十六年（1935—1937）上海商务印书馆《丛书集成初编》本

是为增刻本。凡七种，二十九卷，较《综录》所列子目多《三坟》一卷。

宝颜堂秘笈

（明）陈继儒辑

【传录】陈继儒（1558—1639）字仲醇，号眉公（一作麋公）。华亭（今上海市松江）人。诸生。时与董其昌齐名，王锡爵、王世贞辈皆重之。年二十九，焚儒衣冠，隐居于昆山，自命隐士。而又周旋官绅间，时人颇有讥评。后筑室东佘山，杜门著述，名重一时。在当时号称善于鉴别书画，然颇多舛误。因得颜鲁公书，故以名其居曰"宝颜堂"。有《陈眉公全集》。所辑有《宝颜堂秘笈》《国朝名公诗选》等。

【叙录】是编凡二百二十九种，四百五十七卷。分正、续、广、普、汇、秘六集。所收为六朝至明代的笔记、杂著、野史逸闻、艺术谱录等。凡经学、史学、理学、词章、金石、书画、佛学、医学、音乐、物产、风俗、游记、小说，无不囊括。其中以宋元明三代著述为多，且旁及外国人的一些著作。内多罕见秘籍，不少是"官书之所未收""通人之所未睹"的秘册。或为《四库全书总目》之存目书，或为四库所未收，或仅见于此丛书。如《脉望》《读书杂抄》《玉堂漫笔》《蜀都杂抄》《四夷考》《集异志》《金台纪闻》《夷俗记》《剿奴议撮》《农田馀话》《建州女真考》都流传较少，较为难得。惜内多不足之本，叶昌炽《藏书纪事诗》曾云："眉公《宝颜堂秘笈》改窜删节，真有不如不刻之叹，未能付其言。"辑者曾自言："余得古书，校过付抄，抄后复校，校过付刻，刻后复校，校过即印，印后复校。"足见其态度之谨慎。所刊之书，虽经删节，但很多名篇秘籍，赖以传世。故《丛书集成初编目录》提要云："所刊之书，虽多删节，不免为通人所斥。然名篇秘册，所在皆有，况至今又数百年，安得不珍为断圭残璧乎！"乾隆间，因《剿奴议撮》等书有触犯清廷之字句，板被禁毁。是编并非刻于一时，原无总书名，且各集题名不一，今名《宝颜堂秘笈》者，系约定俗成。各集题名及有关情况详版本项说明。正集有姚士麟、陈万言序，续集有李日华、沈德先、沈孚先序，广集有沈德先、李日华序，普集有王体元序，汇集有姚士麟、沈德先序，秘集有沈德先序。

【辑录】《千顷堂书目》类书类称："陈继儒宝颜堂二十卷，又续秘笈五十卷，又广秘笈五十卷，又普秘笈四十六卷（原列书目四十九卷，'六'字疑误），又汇秘笈四十一卷。"所言与《综录》稍有不同，又以种数称为卷。

王重民《中国善本书提要》著录正集二十种，续集、广集各五十种，汇集四十四种，眉公杂著十六种。明万历间刻本。提要云："考李日华《味水轩日记》云：'万历四十三年二月七日，书林张氏梓眉公《广秘笈》既成，来乞余序。九日招郁伯承夜坐。伯承好古，酷嗜奇隐，张氏所梓《眉公集》，大半都其书也。'然则是书旧本，藏自郁而梓于张，眉公等名，特为发售作招牌耳。是刻改窜删节，多失本来面目，故为通人所嗤，近代藏书家，皆摈而不登于善本之目。"

【版录】

(一)明万历中绣水沈氏刊本

参见《综录》第45页。是刻各集题名不一，著录之书亦有差异，兹据《中国古籍善本书目》及北京图书馆等藏本分述如次：

"正集"题名《尚白斋镌陈眉公订正秘笈》，二十一种四十九卷(《北京图书馆善本书目》作二十种四十八卷，无《云烟过眼续录》一卷)。明万历三十四年(1606)沈氏尚白斋刻本。北京图书馆藏本有傅增湘校并跋，半叶八行十八字，白口，四周单边。子目依卷端题名，与《综录》颇有出入。

清华　人大　北京市委　祁县　旅大　辽大　中大　东北师大　西安文管会　青岛　上虞　湖南　"中央"　东研　国会

"续集"题名《宝颜堂续秘笈》，五十种九十九卷，明万历刻本。北京图书馆藏本有傅增湘校。半叶八行十八字，白口，四周单边。大部分子目均冠以"宝颜堂订正"或"陈眉公订正"等字样。

文学所　故宫　北京市委　祁县　旅大　青岛　上虞　许昌　"中央"　东研　国会

"广集"题名《亦政堂镌陈眉公家藏广秘笈》，五十四种一百三卷(《北京图书馆善本书目》作五十二种一百一卷，无《笺纸谱》和《蜀锦谱》二种)。明万历刻本。北京图书馆藏本有傅增湘校并跋。半叶八行十八字，白口，四周单边。子目均分别冠以"宝颜堂订正""陈眉公订正""高寄斋订正""亦政堂订正"等字样。

故宫　北京市委　天津　祁县　上虞　"中央"　东研　国会

"普集"题名《亦政堂镌陈眉公普秘笈一集》，五十种八十八卷。明刻本。北京图书馆藏本有傅增湘校并跋。半叶八行十八字或十九字，九行十八字或二十字不等，白口，四周单边或左右双边。部分子目冠有"陈眉公订正""亦政堂订正""宝颜堂订正""高寄斋订正"等字样。

故宫　北京市委　祁县　上虞　"中央"

"汇集"题名《宝颜堂汇秘笈》，四十二种八十六卷(《北京图书馆古籍善本书目》作四十二种八十三卷,《周易尚占》作二卷、《田居乙记》作一卷)。明刻本。北京图书馆藏本有傅增湘校并跋,半叶八行十八字,白口,四周单边。部分子目分别冠以“陈眉公订正”“宝颜堂订正”“亦政堂订正”等字样。

故宫　北京市委　祁县　上虞　“中央”　国会

“秘集”题名《尚白斋镌陈眉公宝颜堂秘笈》(又名《眉公杂著》),十七种四十九卷。明万历沈氏尚白斋刻本。半叶八行十八字,白口,四周单边。《综录》收十五种,缺《书画金汤》一卷、《宝颜堂清明曲》一卷。

清华　人大　故宫　北京市委　祁县　旅大　上虞　江西师大　“中央”　国会

(二)民国十一年(1922)上海文明书局石印本

参见《综录》第45页。是为巾箱本。所收“正集”二十种,无《云烟过眼续录》一卷。“续集”五十种。“广集”五十种,无《古今考》一卷、《笺纸谱》一卷、《蜀锦谱》一卷,另《饮食绅言》一卷、《男女绅言》一卷,合为《食色绅言》二卷。“普集”四十八种,无《辽阳图记》一卷、《剿奴议撮》一卷。“汇集”四十种,无《南岳遇师本末》一卷、《葛稚川内篇外篇》八卷,另《田居乙记》四卷作一卷。“秘集”题名《眉公杂著》十五种,无《书画金汤》一卷、《宝颜堂清明曲》一卷。《眉公杂著》有单刻本行世,共十五种,子目与《综录》所收“秘集”同。有明天启刻本及清光绪间铅印本。暨南大学图书馆藏本乃民国资益馆校刊排印本。半叶九行二十二字,白口,四周双边,无界行。

暨大　华南师大　台北　史语　东研

格致丛书

(明)胡文焕辑

【传录】胡文焕(约1573—1627年在世)字德甫,号全庵、诚心生、西湖醉渔,又号抱琴居士。钱塘(今浙江杭州)人。精研医学,亦通诗文、音乐。家拥素封之富,藏书设肆,流通古籍。喜刻书,为扩大刻书业,于南京设思莼馆,于杭州设文会堂。著述甚丰,有《文会堂琴谱》《古器具名》,辑有《格致丛书》《诗学汇选》《寿养丛书》《胡氏粹编》四种。

【叙录】是编收书一百六十八种,凡四百四十六卷。内容广泛,兼及经、史、子、集四部,其中尤以文学、艺术、古今考证、名物、训诂等居多,大多为明人著作。此书本《大学》“格物致知”之义命名。其成书种数无从考证,故流传各本,种数不一,祁承㸁《澹生堂书目》、朱学勤《汇刻书目》和《四库简明目录标注》均载“初编四十六种,二编三百三十四种”。《四库全书总目》则著录一百八十一种。王重民《中国善本书提要》云:是书“随刊随印,意在变幻内容,冀多销售。……后世互相补配,传本益纷矣。……是书初名《百家名书》,见《澹生堂书目》。今有判为两书,分别著录者,颠矣”。

【辑录】《四库全书总目》云:“是编为万历、天启间坊贾射利之本,杂采诸书,更易名目,古书一经其点窜,并庸恶陋劣,使人厌观。且所列诸书,亦无定数……故世间所行之本,部部各殊,究不知其全书凡几种。此本所列,凡‘经翼’十五种、‘史外’二十一种、‘居官’十二种、‘法家’十二种、‘训诫’十四种、‘子馀’八种、‘尊生’十八种、‘时令农事’八种、‘艺术’十种、‘清赏’十七种、‘说类’十一种、‘艺苑’三十五种。较他本稍备,或其全帙欤。”四库馆臣误为“全帙”,殊不知其后版本层出,子目增至三百四十馀种。提要又指出:所收书也多任意删节变换,“摭王应麟《困学纪闻》论诗之语,即名曰《困学纪诗》,又摭其《玉海》中诗类一门,即名曰《玉海纪诗》,又摭马端临《经籍考》论诗数段,即名曰《文献诗考》,已极可鄙。末三种:一曰张华《博物志》、一曰李石《续博物志》、一曰《释常谈》,皆以小说家言谓之‘经翼’,不亦颠乎?‘史外’列《禽经》《兽经》,又列戴埴《鼠璞》、龚颐正《芥隐笔记》,是于史居何等也?‘居官’列《仪注》《便览》《新官轨范》《官级由升》,‘法家’列《行移体式》《告示活套》,‘训诫’列《梓潼帝君救劫宝章》,如斯之类,不可枚举,是尤不足与议矣。”四库馆臣指出此丛书在辑刊上存在的问题是有所根据的,但它亦辑有一些好书,如宁原《食鉴本草》、李洪宣《缘情手鉴诗格》、翁昂《传真秘要》等,均为世间少传之书。

【版录】

(一)明万历三十一年(1603)刊本

参见《综录》第48页。是本收书一百六十八种。卷首有万历三十一年朱之蕃序。

[补录]

(二)明万历胡氏文会堂刊本

此本存一百九十八种,六百零四卷,《中国古籍善本书目》著录。每半叶十行,每行二十字,小字双行同,白口,左右双边。各子目书名前冠“新刻”二字,其中有:

《新刻诗传纲领》一卷《图要》一卷　(明)胡文焕辑

《新刻诗序辨说》一卷　(明)胡文焕辑

《新刻读诗录》一卷　(明)薛瑄撰

《新刻读诗一得》一卷　(宋)黄震撰

《新刻文献诗考》二卷　(元)马端临撰

《新刻尔雅》三卷　(晋)郭璞注

《新刻尔雅翼》三十二卷　(宋)罗原撰

《新刻广雅》十卷　(魏)张揖撰

《新刻埤雅》二十卷　(宋)陆佃撰

《新刻干禄字书》一卷　(唐)颜元孙撰

《新刻佩觿》三卷《考异》一卷《辨证》一卷　(宋)郭忠恕撰
《新刻篆法辨诀》一卷　(□)应在止辑
《新刻字学备考》四卷　(明)胡文焕撰
《新刻汉隶分韵》七卷　(明)胡文焕辑
《新刻古字便览》一卷　(元)虞集撰
《新刻皇舆要览》四卷　(明)胡文焕辑
《新刻古今原始》十五卷　(明)赵钎撰
《新刻古今事物考》八卷　(明)王三聘撰
《新刻历代圣贤象赞》二卷
《新刻圣贤群辅录》一卷　题(晋)陶潜撰
《新刻纲目提要》十卷　(明)叶一兰辑
《新刻列女传》八卷　(汉)刘向撰
《新刻山海图经》二卷　(晋)郭璞撰
《新刻华夷风土志》四卷　(明)胡文焕辑
《新刻水陆路程》八卷　(明)黄汴撰
《新刻西湖竹枝词》一卷　(元)杨维桢撰
《新刻古今碑帖考》一卷　(宋)朱长文撰
《新刻岁时广记碑》四卷《图说》一卷　(元)杨维桢撰
《新刻拜命历》一卷
《新刻连珠历》一卷
《新刻附历合览》二卷
《新刻东方朔探春历记》一卷　(明)娄元礼辑
《新刻大明一统赋》四卷　(明)莫旦撰
《新刻刑统赋》一卷　(宋)傅森撰
《新刻大明律图》一卷《真犯杂犯死罪》一卷
《新刻法家裒集》一卷
《新刻官礼制考》一卷　(明)胡文焕撰
《新刻官级由升》二卷
《钦定各项仪注便览》一卷　(明)吴遵撰
《新刻钦定各项仪注便览》一卷　(明)吴遵撰
《新刻律条告示活套》二卷
《新刻初仕录》一卷　(明)吴遵撰
《新刻新官轨范》二卷
《新刻居官格言》一卷　(明)许堂撰
《新刻蒋璞山政训》一卷

《新刻为政九要》一卷
《新刻风宪忠告》一卷　(元)张养浩
《新刻风世俚言前集》一卷《后集》一卷《续集》一卷　(明)李大本辑
《新刻问刑条例》七卷
《新刻问刑条例题稿略》一卷
《新刻律例类抄》六卷
《新刻名例律》一卷
《新刻洗冤录》二卷
《新刻无冤录》一卷
《新刻招拟假如行移体式》四卷
《新刻庙堂忠告》一卷　(元)张养浩撰
《新刻文公家礼》十二卷
《新刻女诫》一卷　(汉)班昭撰
《新刻三略》一卷
《新刻尉缭子》一卷
《新刻武侯心法》一卷　题(蜀)诸葛亮撰
《新刻太公六韬》一卷
《新刻脉诀刊误》二卷
《新刻诸子纂要》四卷　(明)黎尧卿撰
《新刻诸子绪要》四卷　(明)胡文焕撰
《新刻文房四谱摘要》四卷《总论》一卷　(宋)苏易简
《新刻楷法大成》一卷　(明)姜立纲撰
《新刻文会堂琴谱》六卷　(明)胡文焕撰
《新刻博古图》十卷《总说》一卷　(宋)王黻等撰
《新刻古器具名》二卷《总说》一卷　(明)胡文焕撰
《新刻燕几图》一卷
《新刻格古论要》五卷　(明)曹昭撰　(明)王佐增补
《新刻墨池璅录》四卷　(明)杨慎撰
《新刻墨薮》二卷　(唐)韦续辑
《新刻辟尘珠》一卷　(明)胡文焕辑
《新刻小学绀珠》十卷　(宋)王应麟辑
《新刻物原》一卷　(明)罗颀撰
《新刻事物纪原》十卷　(宋)高承撰
《新刻事物异名》二卷　(明)余庭璧辑
《新刻羸虫录》四卷

《新刻群书备数》十二卷 (明)张九韶撰
《新刻琐言摘附》一卷 (明)胡文焕撰
《新刻金光明经》四卷
《新刻金刚般若波罗蜜经》一卷
《新刻月上女经》二卷
《新刻妙法莲华经》七卷
《新刻楞伽阿跋多罗宝经》四卷
《新刻观世音菩萨普门品经》一卷
《新刻华严金狮子章》一卷
《新刻大佛顶如来蜜因修证了义诸菩萨万行首楞严经》十卷
《新刻大方广圆觉修多罗了义经》二卷
《新刻禅学》一卷 (明)释袾宏撰
《新刻禅髓》一卷 (明)释袾宏撰
《新刻明偈》一卷 (明)释袾宏撰
《新刻禅考》一卷 (明)释袾宏撰
《新刻禅宗旨要》二卷 (明)周满撰
《新刻法师选择记》一卷
《新刻佛说四十二章经》一卷
《新刻佛道教经》一卷
《新刻佛说阿弥陀经》一卷
《新刻佛说观无量寿佛经》一卷
《新刻佛说大阿弥陀经》二卷
《新刻处囊诀》一卷 (宋)释保暹撰
《新刻维摩诘所说经》六卷 (后秦)鸠摩罗什译
《新刻证佛名谭》一卷
《新刻六度集经》八卷
《新刻摩诃般若波罗蜜多心经》一卷
《新刻道德经》二卷
《新刻金符经》一卷
《新刻金丹集问》三卷附一卷 (明)萧廷之撰
《新刻金丹语录》一卷 (宋)范纯仁撰
《新刻阴符经注》一卷
《新刻臞仙神隐》四卷 (明)朱权撰
《新刻感应纪述灵验》一卷 (明)张邦济撰
《新刻感应篇》一卷

《新刻趋避检》三卷　(明)胡泰撰
《新刻黄庭内景经》一卷《外景经》一卷
《新刻庄子南华真经》八卷
《新刻内观经》一卷
《新刻太上灵宝争明洞神上品经》一卷
《新刻沙中全集》一卷
《新刻初真十诫》一卷　(宋)真德秀撰
《新刻神仙可学论》一卷
《新刻清静经》一卷　(元)李道纯注
《新刻法宝坛经》一卷　(唐)释惠能撰
《新刻流类手鉴》一卷　(明)释虚中撰
《新刻列子冲虚至德真经》八卷
《新刻天地万物造化论》一卷　(宋)王柏撰　周颙注
《新刻天元玉历祥异赋》一卷
《新刻许真君玉匣记》一卷
《新刻郭子翼庄》一卷　(明)高粦撰
《新刻郭璞先生神会历》一卷
《新刻诸家占法》一卷
《新刻广成子》一卷
《新刻六祖大师法宝坛经》一卷
《新刻文昌帝君文辞》一卷
《新刻文昌帝君事略》一卷　(明)张邦济撰
《新刻文始经》一卷
《新刻广嗣要语》二卷　(□)俞桥撰
《新刻传真秘要》一卷
《新刻临炉机要》三卷　(明)鲁至刚撰
《新刻诗文要式》一卷　(明)胡文焕撰
《新刻诗文正法》一卷　(明)傅若金撰
《新刻文选粹语》二卷　(明)胡文焕辑
《新刻文字谈苑》四卷　(明)胡文焕辑
《新刻文断》二卷
《新刻语苑》五卷　(明)张所敬撰
《新刻翰府通式》四卷　(明)胡文焕辑
《新刻翰林要诀》一卷　(明)陈绎曾撰
《新刻群音类选》二十六卷　(明)胡文焕辑

《新刻六言诗集》一卷　(明)胡文焕辑
《新刻诗议》一卷　(唐)释皎然撰
《新刻诗式》一卷　(唐)释皎然撰
《新刻诗评》一卷　(宋)释景淳撰
《新刻诗家一指》一卷
《新刻诗家集法》一卷
《新刻诗法正论》一卷　(元)傅若金撰
《新刻诗法正宗》一卷　(元)揭傒斯撰
《新刻诗法正宗法眼藏》一卷　(元)揭傒斯撰
《新刻诗法家数》一卷　(元)杨载撰
《新刻诗学禁脔》一卷　(元)范梈撰
《新刻诗学事类》二十四卷　(明)李攀龙辑
《新刻诗学规范》一卷　(宋)张镃撰
《新刻诗要格律》一卷　(明)王梦简撰
《新刻诗人玉屑》二十二卷　(宋)魏庆之撰
《新刻山堂诗考》一卷　(宋)章如愚撰
《新刻宛丘诗说》一卷　(宋)张耒撰
《新刻梅氏诗评》一卷　(宋)梅尧臣撰
《新刻黄氏诗法》一卷　(明)黄子肃撰
《新刻严沧浪诗法》一卷　(宋)严羽撰
《新刻文会堂诗韵》五卷　(明)胡文焕撰
《新刻木天禁语》一卷　(元)范梈撰
《新刻中序》一卷　(唐)释皎然撰
《新刻读律歌》一卷　(明)胡文焕辑
《新刻韵学事类》十二卷　(明)李攀龙辑
《新刻直庵三法》一卷　(明)游宝撰
《新刻二南密旨》一卷　(唐)贾岛撰
《新刻诗中密旨》一卷　(唐)王昌龄撰
《新刻正字十文》二卷　(明)李登辑
《新刻雅道机要》一卷　(明)徐寅撰
《新刻胡子知言》四卷　(宋)胡宏撰
《新刻胡氏诗识》三卷　(明)胡文焕辑
《新刻风骚要式》一卷　(明)徐衍撰
《新刻风骚旨格》一卷　(唐)释齐己撰
《新刻文苑诗格》一卷　(唐)白居易撰

《新刻文彧诗格》一卷 （宋）释神彧撰
《新刻评诗格》一卷 （唐）李峤撰
《新刻诗中旨格》一卷 （明）王玄撰
《新刻王少伯诗格》一卷 （唐）王昌龄撰
《新刻金针诗格》一卷 （唐）白居易撰
《新刻续金针诗格》一卷 （宋）梅尧臣撰
《新刻魏文帝诗格》一卷 （魏）曹丕撰
《新刻炙毂子诗格》一卷 （唐）王叡撰
《新刻缘情手鉴诗格》一卷 （明）李洪宣撰
《新刻乐府粹选》二卷 （明）胡文焕辑
《新刻四家宫词》四卷
《新刻文会堂词韵》二卷 （明）胡文焕撰
《新刻词学指南》一卷 （宋）王应麟辑

北京 首都 北大 清华 北师院 故宫 上海 华东师大 天津 旅大 吉林 东北师大 山东 南大 浙江 天一 河南 中大 四川

北京图书馆藏本有清丁晏跋，郑振铎跋。以上二种刻本遗漏的子目有二十三种：

《新刻天隐子》一卷 （唐）司马承桢撰
《新刻谭子化书》六卷 （五代）谭峭撰
《新刻阴符经三皇玉诀》三卷
《新刻参同契全书》三卷 （汉）魏伯阳撰
《补遗》一卷 （汉）徐景休撰
《新刻田家五行纪历撮要》一卷 （明）娄元礼撰
《新刻绘事指蒙》一卷 （明）邹德中撰
《新刻医学权舆》一卷
《新刻温隐居海上仙方前集》一卷
《新刻涵虚子地理正言》一卷 （明）米权撰
《新刻风水问答》一卷 （元）朱震享撰
《新刻初仕录》一卷 （明）吴遵撰
《新刻辟尘珠》一卷 （明）胡文焕辑
《新刻五伦诗选》一卷 （明）李攀龙辑
《新刻世范杂事诗鉴》一卷 （明）方昕撰
《新刻世庵三法》一卷 （明）游宝撰

《新刻北户录》二卷　(唐)段公路撰

《新刻学海探珠》一卷　(明)胡文焕撰

《新刻佛说四十二章经》一卷

《新刻群书备数》十二卷　(明)张九韶撰

《新刻博古图》十卷《总说》一卷

《新刻颜氏家训》二卷　(北齐)颜之推撰

《新刻图画要略》一卷　(明)朱凯撰

秘书九种又名钟伯敬秘书

(明)钟惺辑

【传录】钟惺(1574—1624)字伯敬。竟陵(今湖北天门市竟陵镇)人。万历进士,官至福建提学佥事。为人严冷,不接俗客。尝官南都,僦秦淮水阁,读史恒至深夜,有所见即笔之,名曰《史怀》。晚逃于禅,与同里谭元春评选《古诗归》《唐诗归》,当时谓之竟陵体。所著有《诸经图》《诗合考》《毛诗解》《钟评左传》《隐秀轩集》《名媛诗归》《周文归》《宋文归》等。辑刊《采昭堂秘书史拾》《钟伯敬先生秘集》等。

【叙录】是编凡九种,九十三卷。收录南北朝以前所著之秘籍,其中以汉代居多。包括晋孔晁注《汲冢周书》六卷,周荀况撰、唐杨倞注《荀子》二十卷,汉戴德撰、北周卢辩注《大戴礼记》十三卷,汉韩婴撰《韩诗外传》十卷,汉桓宽撰、明张之象注《盐铁论》十二卷,汉刘向撰《新序》十卷,汉班固撰《白虎通德论》四卷,汉应劭撰《风俗通义》十卷,汉黄宪撰《天禄阁外史》八卷。此九种著作,《四库全书总目》均收录,其中《天禄阁外史》入存目。

【版录】

(一)明万历中金阊拥万堂刊本

参见《综录》第50页。据前人考证,《天禄阁外史》之作者黄宪当为明王逢年之误。《四库全书总目》云:"旧本题汉黄宪撰。……朱国桢《涌幢小品》载徐应雷《黄叔度二诬辨》曰:黄叔度言论风旨,无所传闻。入明嘉靖之季,昆山王舜华名逢年,有高才奇癖,著《天禄阁外史》,托于叔度以自鸣。舜华为吾友孟肃诸大父行,余犹及见其人,知其著《外史》甚确。自初出有纂入东汉文者,时舜华尚在。而天下谓《外史》出秘阁,实黄征君著,则后世曷从核真赝乎。又李诩《戒庵漫笔》曰:《天禄阁外史》乃近年昆山王逢年所诡托者。迩有馀姚人御史某(案:即刻《两京遗编》之胡维新),沾沾以文学自喜,杂此文于《左》《国》《司马》诸篇中刊行,颁于苏常四郡学宫,令诸生涌习之,殆亦一奇事也。据其所记,则此书出王逢年,明人已早言之。考张孔教《云谷卧馀》,所言亦合。而流传之本仍题黄究,殆不可解。”

[补录]

(二)明刊本

是刻凡九种,共六十六卷。子目与《综录》所列有异,无《荀子》和《大戴礼记》二种,而多《孔丛》四卷(题汉孔鲋撰)、《新语》二卷(汉陆贾撰)。参见《中国古籍善本书目》(丛部)。

朱学勤《汇刻书目》著录有《钟伯敬评秘书十八种》。明刊本。分初集和二集,每集九种。初集子目与《中国古籍善本书目》所列同,二集九种为:

《三坟书》一卷
《春秋繁露》十七卷 (汉)董仲舒撰
《焦氏易林》四卷 (汉)焦延寿撰
《大戴礼记》十三卷 (汉)戴德撰 (北周)卢辩注
《说苑》二十卷 (汉)刘向撰
《法言》十卷 (汉)扬雄撰
《越绝书》十五卷 (汉)袁康撰
《文心雕龙》十卷 (梁)刘勰撰
《释名》四卷 (汉)刘熙撰

北师大 新疆大

程氏丛刻

(明)程百二辑

【传录】程百二(约1573—1620年间在世)原名舆,又名开敏,字幼舆,自号瓦全道人。新安(今安徽歙县)人,一作休宁人。与程大约(幼博)是同宗兄弟。喜刻书,有校刻坊曰“师古斋”“欣赏斋”。与焦竑、胡应麟等辈及意大利传教士利玛窦交往甚密,常借焦竑所藏善本以校刻,所刻书版本精美,刻艺绝妙,且往往有焦竑、利玛窦作序。著有《方舆胜略》。事具《大泌山房集》卷十五《方舆胜略序》。

【叙录】是编凡九种,十三卷。收录唐、宋、明人所著有关酒、茶、石谱等谱录类诸书。包括宋杜绾《云林石谱》三卷、宋朱肱《酒经》三卷、明袁宏道《觞政》一卷、唐王绩《醉乡记》一卷、宋黄儒《品茶要录》一卷、明程百二《品茶要录补》一卷、明陆树声《茶寮记》一卷、明黄龙德《茶说》一卷、宋汤垕《画鉴》一卷。其中《云林石谱》汇载石品一百十六,各注明产地,采取之法,详述其形状色泽,并第其高下。《酒经》又名《北山酒经》,卷首为总论,卷

二、三载制曲造酒之法颇详，旨在补《齐民要术》所未备。《说郛》仅节录是书总论一篇，馀皆有目无书，则《程氏丛刻》所收固为完本。《四库全书总目》所据为安徽巡抚采进本，卷末有袁宏道《觞政》十六则，王绩《醉乡记》一篇。提要谓："盖胡之衍附入。然古来著述，言酒事者多矣。附录一明人，一唐人，何所取义？今并刊除焉。"《品茶要录》以论茶病为宗旨，以建安茶事为题，分为十篇。《四库全书总目》云："大旨以茶之采制烹试，各有其法。低昂得失，所辨甚微。园民射利售欺，易以淆混。故特详著其病以示人。与他家茶录惟论地产品目及烹试器具者，用意稍别。"是书《宋史·艺文志》不载，程百二始刊入丛书中。程氏又为其补录一卷，一并收入。《画鉴》又名《古今画鉴》。分述吴、晋、六朝、唐、宋、金、元、外国诸家之画，重点评论代表性画家及其作品。其中以唐代为主，金、元附于宋后，外国画仅及高昌、高丽两家。言简意赅，有独到见解。《四库全书总目》称其"大致似米芾《画史》，以鉴别真伪为主。所辨论皆在笔墨气韵间，不似董逌诸家以考证见长也"。

【版录】

明万历四十三年(1615)程氏刊本

参见《综录》第50页。北京图书馆收藏。半叶十一行二十二字，白口，四周单边。《中国古籍善本书目》著录为"明万历四十二年程百二、胡之衍刻本"。

广快书

(明)何伟然　(明)吴从先辑

【传录】何伟然(约1573—1620年间在世)字仙癯，号梅臣，又号西湖仙郎。浙江仁和(今杭州)人。工文章，善书法。《十竹斋书画谱》《诗馀画谱》均有其题诗。著有《淑女记》《四六霞肆》等。又编有《快书》《广快书》等。

吴从先(约1628—1644年间在世)字宁野，号小窗。江苏延陵(今镇江)人，一作新安(今安徽歙县)人。著有《小窗四纪》，又辑《布衣权》等。

【叙录】是编凡五十种，五十卷。何氏与闵景贤先有《快书》之辑，凡五十种五十卷。明天启六年(1626)快堂刊本。书前有明崇祯二年(1629)自序。

【辑录】《四库全书总目》入存目，据安徽巡抚采进本。提要云："伟然初刻《快书》五十种，与闵景贤同订。兹又以五十种广之，同订者吴从先也。所采皆取明人说部，每一书为一卷，卷帙多者则删剟其文。立名诡异，有曰一声莺者，有曰有情痴者，有曰照心犀者，有曰呕丝者。所谓万病可医，俗不可医者欤。从先尝选明一代布衣之诗，名《布衣权》，惟紫淀老人张文峙家藏有写本，明季兵燹，遂亡佚。而《快书》百种，最下最传。盖其轻儇佻薄，与当时士习相宜耳。"

【版录】

明崇祯二年(1629)序刊本

参见《综录》第51页。是刻原题"西湖何伟然仙癯纂、延陵吴从先宁野定"。半叶八行十八字,白口,左右双边(《快书》为四周单边)。是编一如《快书》,颇多删节和窜易名目。兹列举如下:

《无尽灯》(以《客邸麈谈》易名)
《千一录客谈》(节选本)
《海樵子》(节选本)
《燕贻法录》(节选《家训》易名)
《秋水镜》(删《臆见》易名)
《审是帙》(以《杂言》易名)
《丹甑》(摘录《杂说》易名)
《弋说》(节选本)
《松霞馆赘言》(节选本)
《独鉴录》(节选本)
《蒲团上语》(删节本)
《正法眼》(节选《偶记》易名)
《仓庚集》(选补本)
《虫天志》(删节本)
《识小编》(删节本,撰者"周宾所"应为"周寅所")
《照心犀》(以《纪述》易名)
《士令》(合删郭子章、黄寓庸《学政》易名)
《呕丝》(以《别论初本》易名)
《断肉编》(删节本)
《天爵堂笔馀》(删节本)

首都　民院　北京文物　科学　上海　南京　湖南　广东　"中央"　台大　国会

重订欣赏编

(明)沈津辑　(明)茅一相续辑

【传录】沈津(约1530年在世)字润卿。长洲(今江苏苏州)人。家世业医,正德中选入太医院,充唐藩医正。著有《邓尉山志》《吏隐录》等书。又辑《集古考图》《文房图赞》

《砚谱》《打马图》等十种，十四卷，刊成《欣赏编》。

茅一相（生卒年未详）字国佑，号泰峰，又号康伯、东海居士。归安（今浙江湖州）人。以例为光禄寺丞。花林茅氏为刻书世家，自坤始有三代十四人刊行著作数十种。朱墨套印，插图精良，为藏家珍视。曾辑刊《蔡中郎集》《荆川先生稗编》《欣赏编》《欣赏续编》等。著有《文霞阁草》《茶具图赞》《绘妙》诸书。又为《秦淮剧品序》。《茶具图赞》卷首有《茶具引》一篇，末署"花溪里芝园主人茅一相"。《绘妙》卷首有《绘妙引》一篇，末署"东海生康伯父"。

《四库全书总目》入存目，所据为浙江巡抚采进本，无卷数。提要云："不著撰人名氏。徐中行序，但称沈润卿。以《千顷堂书目》考之，乃沈津所编，润卿其字也。……序中所云茅子康伯续者，亦不著其名。卷中有茅一相补阅字，盖即其人矣。序称书十卷，然实止八册，不分卷数。序称始于诗法，终于修真。而书中诗品、词评乃在第三册，尤颠舛无绪。所载书出陶宗仪《说郛》者十之八九，皆移易其名。其《说郛》所无一二种，亦皆妄增姓氏，别立标目，非其本书。至于改窜屠隆《碑帖考》，尤多舛戾。"据此推之，《综录》所收重订本，当为明徐中行所辑，约刊于崇祯年间。按徐中行字子与，号龙湾。浙江长兴人。读书天目山下，故自称天目山人。嘉靖进士，授刑部主事，累官至江西左布政使。著有《青萝馆诗》六卷、《天目山堂集》二十卷。

【叙录】是编《综录》所收为重订本。凡五十三种，六十卷。正德间，沈氏原辑本为十种，十四卷。全书分十集，以天干为序。万历间，茅一相又续之十种，十卷。卷首有沈杰序云："吾宗侄津，嗜古勤学，尝得诸家图籍若干卷，汇而名之曰《欣赏编》。刻之梓，余喜其属事比类之颇宜也，故为序之。是编首之以《古玉图》，崇其德也；次之以《印章谱》，达其用也；次之以《文房图赞》《茶具图赞》；又次之以《砚谱》《燕几图》，皆语成器而动者也；既而又次以《古局图》《谱双》《打马图》，斯则游于艺之谓也。编之始终凡十集，而其间可疑者，谓燕几局戏之事，于学者为无益。然而孔子席不正不坐，又曰不有博弈者乎，为之犹贤乎已。然则博雅之士，又奚可废哉。"末署正德六年（1511），而《茶具图赞》《砚谱》之序，乃万历时人所作，当后人补刻时所为无疑。

是编汇辑唐、宋、元、明人之玉器、印章、茶具、砚谱、象棋图、谱双、打马图等有关文房、博戏、音乐、导引等方面的著述，其中以宋元人遗著居多。内虽多出自陶宗仪《说郛》，而移易其名，然均为有关当时人文化生活的记载，可供研究艺术史之参考。

【版录】

明刊本

参见《综录》第52页。明正德间，沈氏原辑《欣赏编》凡十种，十四卷。有明万历茅一相刻本。子目始于《集古考图》，终于《打马图》。《丛书集成初编》收录是刻。北京图书馆藏本凡六册。白口，四周单边（中国人民大学图书馆藏本行字不等，白口，单鱼尾，左右双边）。又茅一相《欣赏续编》凡十种，十卷。有明万历八年（1580）茅一相刻本。子目始于《诗法》，终于《保生心鉴》。参见《中国古籍善本书目》著录。

史语

津逮秘书

(明)毛晋辑

【传录】毛晋(1599—1659)原名凤苞,字子晋,号潜在。江苏常熟人。世居虞山东湖,家富图籍,世所传影宋精本,多所收藏。家有汲古阁,传刻古书,流布天下,尝有"毛氏之书走天下"之誉。编著有《隐湖题跋》《毛诗陆疏广要》《苏米志林》等。所辑刻丛书有:《十三经注疏》《十七史》《唐四名家诗》《五唐人集》《唐六名家集》《唐三高僧诗》《唐人选唐诗八种》《十家宫词》《三家宫词》《宋名家词》《词苑英华》《诗词杂俎》《六十种曲》《津逮秘书》等。种类之多,数量之大,在丛书刻印史上空前未有。

【叙录】是编凡一百四十一种,七百五十一卷。毛氏得沈士龙、胡震亨所辑《秘册汇函》之残版,增以闵无衡所藏稿本及家藏秘籍汇成是丛书。《四库全书总目》称:"凡版心书名在鱼尾下,用宋本旧式者,皆震亨之旧;书名在鱼尾上,而下刻汲古阁字者,皆晋所增也。"书名取自《水经注·河水二》,云:"悬岩之中,多石室焉,室中若有积卷矣,而世士罕有津逮者,因谓之积书岩。"毛氏用以比喻为学的门径,故名《津逮秘书》。后是书版片散佚,各地每有翻刻其零种者。至清嘉庆中,海虞张海鹏辑刊《学津讨源》,则多收是编旧籍。卷首有崇祯三年(1630)自序及胡震亨序。

全书分十五集,每集四至十八种不等。各集内容相对集中,含有分类的意义。如第一集为诗经,第二集为易经,第五集为诗话,第六、七集为书画,第十二、十三集为题跋,馀为笔记杂著、掌故琐记等。所收诸书,内容包括经学、史学、典章制度、志怪小说、诗话笔记、科学技术、书法、绘画、书跋等,汉唐以来之子史要籍则所收殊罕。其主要特点有:(1)收书多为足本。如《春渚纪闻》十卷,乃一部很有价值的笔记。但《宝颜堂秘笈》仅收录了前五卷,缺少一半。毛氏搜得十卷旧本,补其脱佚,始为完书。《癸辛杂识》前后集、续集、别集共六卷,《稗海》本以《齐东野语》之半误为前集,以别集误为后集。这样后集、续集全缺,又无自序,毛晋得完整的抄本刻入《津逮秘书》中,改正舛误,还其本来面目。毛氏一反明代以前丛书多割裂删节之陋习,收书力求首尾完备。(2)所收多为罕见之书。是编收辑了《秘册汇函》中的二十馀种罕见之书,同时又有许多流传不广的秘笈。如《茅亭客话》《湘山野录》到清代乾嘉时也不多见。黄丕烈称唯《津逮秘书》有之,它本稀见。毛晋《汲古阁书跋》云:"味不贵多而贵奇,书不贵广而贵秘。"认为是编所收之书"皆玉珧紫弦,非寻常菽粟也"。(3)注重选择旧本。毛晋在选用底本时多方寻求,颇费斟酌,力求多用宋元旧刻和比较完善的旧抄本。如郑注《尔雅》,其家有抄本,嫌不够精确,后访得南宋善板才付刻印。《癸辛杂识》(前编)当时坊刻本谬误很多,毛晋弃而不用。后得闵康侯铖正本见示,方才付梓。又《避暑录话》《韩诗外传》《芥隐笔记》等均用宋刊本。(4)宋人笔记占很大比重。毛晋对宋代的笔记比较重视，认为它可补《宋史》之不足。《汲古阁书跋》云:“余读史至宋，每病其芜蔓糜腐，辄为掩卷，因搜洪容斋、姚令威诸家小说，梓而行之，以补其一二。”所以是编收录宋人笔记达二十馀种之多。如《挥麈录》《却扫编》《邵氏闻见录》《湘山野录》《淳熙玉堂杂记》等，多为作者耳闻目睹，堪称第一手材料。此外，毛氏所收唐、元、明人的笔记杂录也值得注意。(5)各书之后附有跋语，叙得书经过、版本、作者、内容，并有所议论。其观点独到，颇具新意，对阅读原书不无裨益。

是编虽然不如清代一些丛书校勘精善，但比起以前明代的丛书相对认真。对于一些版本的讹误补正不少，即使对于宋本书也不轻信。所辑均为宋元以前著述，且所收以全帙为多，一改明代以前丛书多割裂删节的弊病，对清代丛书的刊刻影响极大，有较高的评价。

【辑录】《四库全书总目》入存目。据内府藏本，无卷数。提要云:“分十五集。凡一百三十九种。中《金石录》《墨池篇》有录无书，实一百三十七种。”又云:“晋家富藏书，又所与游者多博雅之士，故较他家丛书去取颇有条理。而所收近时伪本，如《诗传》《诗说》《岁华纪丽》《瑯嬛记》《汉杂事秘辛》之类，尚有数种。又《经典释文》割裂《周易》一卷，尤不可解。其题跋二十家，皆钞撮于全集之中，亦属无谓。”

王重民《中国善本书提要》引学翼主人题识云:“《津逮》一书，乃荟萃四部中人间罕见者，都为廿函。三百年来，流传日少，嗜书者偶得之，视如拱璧云。”

【版录】

(一)明崇祯中虞山毛氏汲古阁刊本

参见《综录》第 54 页。是刻半叶八行十九字或九行十八字，小字双行同，白口左右双边。《增订四库简明目录标注》称:“《津逮秘书》十五集，一百四十四种，存目一百三十七种，明毛晋编，甚佳。内有二种有录无书，一种有书无录。”

北京图书馆收藏两部，分别有李慈铭、傅增湘校并跋。南京图书馆藏本不全，有清杨灏、赵烈文校并跋。杭州市图书馆藏本不全，有清惠栋批校并跋。复旦大学图书馆藏本不全，有清惠栋校。台湾“中央图书馆”、台湾大学图书馆各藏一部，作一百四十八种，有清康熙间何焯批校并题记。

美国国会图书馆藏本凡七百四十六卷。半叶九行十九字。是本有学翼主人题记云:“汲古阁藏书甲天下，校椠之精，世尤珍异。吴祭酒梅村赠以长歌，非虚为推服也。《津逮》一书，乃荟萃四部中人间罕见者，都为廿函。三百年来，流传日少，嗜书者偶得之，视如拱璧云。此书先荣禄公任广州时所购，字迹颇清晰，惟纸为烟熏，易脆破，阅时当加意爱惜之，愿子孙永宝勿失。学翼主人识。”(王重民《中国善本书提要》)

文学所　人大　科学　故宫　群众　北京市委　北京文物　华东师大　山西　河津　祁县　内蒙师大　吉林　东北师大　吉林社科　哈师大　西北民院　青海　新疆大　新疆科学　山东　天一　安大　安师大　江西　厦门　华中师大　湖南　广东

华南师大　广东社科　广西博　北碚　四川师大　西南师大　重庆博　昆明师院　东研

(二)民国十一年(1922)上海博古斋据明汲古阁本景印

卷首有胡震亨序、题辞及毛晋序。

史语

[补录]

(三)民国二十四年至二十六年(1935—1937)上海商务印书馆《丛书集成初编》本

所据为明崇祯毛晋校刊本。目录中亦无《金石录》及《墨池篇》二书。盖其后重加编订,续有增入。

暨大

唐宋丛书

(明)钟人杰　(明)张遂辰辑

【传录】钟人杰(生卒年未详)字瑞先。浙江钱塘(今杭州)人。注重野史、杂记之类,以为可补正史之阙。著有《性理会通》。

张遂辰(生卒年未详)字卿子,号相期、西农老人。江西人,客居杭州,故一说钱塘人。少颖异,于书无所不窥,工为诗。以国子生游金陵,时名大起,见赏于董其昌诸公。明末潜名里巷,为医自给,能起死,人争迎致之。卜筑东城,诗格益澄澹孤峭,多自得之语,在西泠流派外可自名家。每于岁阑,勉子息云:"家足过年之用,座无寒士之求,不惟有愧本心,亦且无别庸俗。"又尝述其祖龙墩公贫,止一布袍,除日逢急者,即解赠之。清门世德,可以激薄停浇矣(乾隆《杭州府志·人物》)。著有《张卿子伤寒论》。

【叙录】是编凡八十九种,一百五十卷。钟氏主重野史、杂记等著作的搜集整理,以为可以弥补正经正史的不足。有感于《汉魏丛书》的编纂,以为古代的典籍"莫富于隋而盛于唐",而到了宋代作家辈出,书籍越来越多。遂仿《汉魏丛书》例,汇集唐宋人的著述,编辑成帙。全书分经翼七种,别史十四种,子馀二十一种,载籍四十七种。又有书无目者二种。内容包括经典注释、诸子杂著、野史琐闻、考辨笔记、志怪传奇、诗话小品,以及关于山川、地理、风物、绘画、图象、茶酒、花木等记述,还有少量科技书籍。其中如《大唐创业起居注》《岁华纪丽》《燕翼贻谋录》《续释常谈》《闻见近录》《益州名画记》等都是比较完整而有价值之书。《大唐创业起居注》乃现存最早的起居注,所记唐朝建立经过皆作者亲身所见,比较详实。内有新旧《唐书》所不载之史事,又较新旧《唐书》《资治通鉴》所载可信。这些对于研究唐宋的历史和文化颇有裨益。

是编虽以唐宋名,实不限于唐宋。剡上戴澳序云:"五代故唐之残局,而辽金元皆宋之遗疹，故统之唐宋。”至推而上之，有先秦六朝人之著作。内有元朝人著述十八种，五代人著述二种，元人著述五种，明人著述一种。是书原目末行亦已注明“右补汉魏丛刻二十种”诸字。所收诸书，多取材于《说郛》，且经删削剪裁，其影响不及《汉魏丛书》。

【版录】

(一) 明刊本

参见《综录》第 56 页。是刻约刊于明万历年间。据《综录》所列，共八十九种，一百五十卷。他书著录或九十一种，一百四十九卷；或一百零三种，一百五十一卷。皆因所据版本或统计方法不同所致。《增订四库简明目录标注》称：“八十九种，以有《宣和画谱》为真，近有一卿姓人作序，无《画谱》者，伪本也。”《综录》所列《桂海虞衡志》应为总书名，其后之《桂海岩洞志》至《桂海花木志》十四种当为其子目。内《桂海花木志》则有目无文。

“中央”

［**补录**］

(二) 明刊本

见《中国古籍善本书目》。凡八十八种，一百四十六卷。与《综录》比较，“子馀”少《演繁露》《续释常谈》《石林诗话》三种，多《释常谈》三卷，《石林燕语》三卷。“载籍”少《续竹谱》《梦游录》二种，多《相贝经》一卷、《画竹谱》一卷。

上海　安庆　湖南

(三)明刊本

见《中国古籍善本书目》。凡九十种，三百二十一卷，子目与《综录》所列互有出入，卷数亦异：

经翼：无《论语笔解》《毛诗草木鸟兽虫鱼疏》《诗说》三种。别有《集语》二卷(唐薛据辑)，《经外杂抄》二卷(宋魏了翁撰)，《鹤山渠阳读书杂钞》二卷(宋魏了翁撰)。

别史：无《物类相感志》《画墁录》二种。别有《夷俗考》一卷(宋方凤撰)，《南唐书》三十卷(宋马令撰)，《武林旧事》六卷(宋周密撰)。另《唐国史补》作三卷，《东京梦华录》作十卷，《春明退朝录》作三卷，《南唐近事》作三卷。

子馀：无《宋景文公笔记》《青箱杂记》《仇池笔记》《友会谈丛》《续释常谈》《资暇录》《石林诗话》《爱日斋丛抄》八种。别有《道德指归论》六卷(题汉严遵撰)，《谈苑》四卷(宋孔平仲撰)，《补笔谈》二卷(宋沈括撰)，《野客丛谈》十二卷(宋王楙撰)，《野老记闻》一卷(宋王楙撰)，《石林四笔》四卷(宋叶梦得撰)，《邻几杂志》一卷(宋江休复撰)。另《孔子杂说》作四卷，《缃素杂记》作十卷，《扪虱新话》作四卷，《林下偶谈》作四卷，《后山谈丛》作四卷，《研北杂志》作二卷。

载籍：无《独断》《墨经》《画论》《画史》《芥隐笔记》《唐书纠缪》六种。别有《山海经图赞》三卷(晋郭璞撰),《墨薮》十卷(唐韦续撰),《相贝经》一卷(不著撰人名氏),《宣和画谱》二十卷(不著撰人名氏),《贞观公画史》一卷(唐裴孝源撰),《续博物志》十卷(题宋李石撰),《云烟过眼录》二卷(宋周密撰)。另《算经》作二卷,《文则》作二卷,《诗式》作五卷,《世范》作三卷,《异苑》作十卷,《异林》作四卷,《冥通记》作四卷,《挥麈录》作二卷,《因话录》作三卷,《搜神后记》作十卷,《云仙杂记》作十卷,《玉照新志》作六卷,《井观琐言》作三卷。

天津　南京　温州　福建　河南　武大

(四)民国二十四年至二十六年(1935—1937)上海商务印书馆《丛书集成初编》本

所据为明钟人杰辑刊本,凡九十一种,一百四十九卷。

暨大

芝园秘录初刻

(明)茅瑞徵辑

【传录】茅瑞徵(生卒年未详)字伯符。浙江归安(今吴兴)人。万历辛丑(1601)进士。知泗水县,调黄冈。天启元年(1621)擢兵部职方主事,升郎中。历福建参政、湖广右布政使,晋南京光禄寺卿,后改鸿胪寺。因受排挤,即辞官归乡,闭户著书。自号“苕上渔父”“苕上愚公”,又称“澹泊居士”“清远居士”。著有《虞书笺》《禹贡汇疏》《万历三大征考》《皇明象胥录》《东夷考略》《澹泊斋集》。

【叙录】是编凡七种,十四卷,皆为宋人著述。其中一些较重要的书,《四库全书总目》有所指摘,斥《易说》为伪书,“今勘验其文,实吕侨年所编《丽泽论说集录》之前二卷,书贾钞出以售伪,非祖谦所自著也”。谓《诗论》所论国风,“颠倒任意,务便己私”。又言《东南防守利便》一书,强调“立国东南,当联络淮甸经蜀之势,专为南宋立言”。按茅氏自序云:“寓居金陵,从焦竑借书,手自钞录,先掇此七种刻之。”王重民《中国善本书提要》云:是编“皆支离破碎,或竟是伪书,此明人好奇之过也”。《东南防守利便》之著者著录为宋陈克、吴若撰为宜。《东南防守利便缴状》云:“数不量力论之,所有吴若、陈克所著《东南事迹》,厘为三帙,名之曰《东南防守利便》。”

【版录】

(一)明崇祯中刊本

参见《综录》第 57 页。是本每半叶八行,每行十八字。

(二)明崇祯茅氏浣花居刻本

湖北省图书馆藏本。半叶八行,行十八字,白口,左右双边。版心下刻“浣花居”。

奚囊广要

(明)□□辑

【传录】是编不著编辑者名氏,据傅增湘《藏园订补郘亭知见传本书目》著录，乃明钱塘洪子美所辑。洪子美,钱塘(今浙江杭州)人。生平事迹未详。

【叙录】是编凡十三种,十四卷。所收为唐宋元明著述。内容包括农时、医学、典故、术数、艺术等方面。如宋赵希鹄《洞天清录》一卷,所论皆鉴别古器之事。《四库全书总目》称其“大抵洞悉源流,辨析精审”。《物类相感志》一卷,旧本题宋苏轼撰。全书分身体、衣服、饮食、器用、药品、疾病、文房、果子、蔬菜、花竹、禽鱼、杂著十二门,共四百四十八条,均为疗治及禁忌之事。

【版录】

明龙山童氏乐志堂刊本

参见《综录》第 58 页。是刻为巾箱本。半叶九行十八字,白口,四周单边。《续修四库全书总目提要》著录为“明嘉靖刻本”。《藏园订补郘亭知见传本书目》云:“前嘉靖三十七年秦流序。各书有‘龙山童氏新雕’牌记。尝见吴县潘氏藏札中有文彭致童珮一通,言‘前惠一部,为人持去,拟再索一部’云云,知即为童珮所刊。聚珍堂老刘送阅,已收。余阅肆数十年,仅见此完帙,可称罕秘,未可以明人丛刻遂尔忽之。”

璅探

(明)李蘅辑

【传录】李蘅(生卒年未详),江宁(今江苏南京)人。生平事迹未详。

【叙录】是编凡十种,十卷。收录宋、元、明人杂著。包括宋人二种:石茂良《避戎夜话》,记靖康元年十一月,金人陷汴京事;卢襄《西征记》,乃作者赴京春试时纪行之作。元人一种:徐显《稗传》,记元末王艮、柯九思、陈谦、葛乾孙、潘纯、陆友、王冕、王渐、杨椿、王德元、徐文中等事迹。明人七种:顾元庆《云林遗事》,记倪瓒事迹;杨循吉《联句诗纪》,此书原附于《斋中拙咏》乃作者成化二十年、二十二年至弘治元年所作联句诗;《往哲录》,记明初苏州府人物凡四十一人;文林《瑯琊漫抄》,杂记琐闻逸事,间亦考证经史;阎秀卿《二科志》,分文学、狂简二科,所载自杨循吉以下凡七人,皆偶录一二事，不为全传;朱承爵《存馀堂诗话》,凡论诗二十六条,离合参半;都穆《听雨纪谈》,是书参考经史异同,《说郛》

所收多所删节，此乃为全本。以上诸书，各为一卷。内容涉及小说、诗文评、传记、杂文、杂学、地理等。杂集各短帙，无所专注。《四库全书总目》多有著录，然均入存目。书前有崇祯间顾尔迈、汪逸序及自序。

【版录】

明崇祯三年(1630)淮南李氏刊本

参见《综录》第58页。是刻半叶九行二十字，白口，四周单边。傅增湘曾于文友堂见一部，跋云："行间有评语点掷，分上下册，每册五书，书各一卷。有崇祯顾尔迈、汪逸序及自序，壬午文友堂见，梁节庵遗书。"(《藏园订补郘亭知见传本书目》卷十)

绿窗女史

(明)秦淮寓客辑

【传录】题秦淮寓客辑，名氏未详。王重民《中国善本书提要》此书条下考云："万历三十四年有秦淮墨客者，校刻《杨家通俗演义》八卷，[又有《续英烈传》。]序末钤'纪振伦''春华'印记，殆墨客真名为纪振伦，字春华；未知寓客即墨客否？是书自引后钤'蕙茗''白雪斋'两印。又似与墨客无关。余曾见《白雪斋选订乐府吴骚合编》，为武林张楚叔昆季所辑刻。楚叔序末署'题于小墨墨居'；楚叔弟旭初作跋，有'江皋鼓棹'之语，则似旭初曾寓秦淮。但俱系孤证，疑莫能明也。所能言者，是书图绘刀刻，大致与《吴骚合编》相仿佛。"若以此认为秦淮寓客即张旭初，也未免过于牵强。

【叙录】是编凡十四卷，收书一百九十四种。全书分闺阁、宫闱、缘偶、冥感、妖艳、节侠、神仙、妾婢、青楼、著撰十部。每部之下设若干小类。如闺阁部下设懿范、女红、才品、容仪四类；宫闱部下设宠遇、遣放、蛊惑、怨恨四类；缘偶部下设才艳、慕恋、幽期、尤悔四类；冥感部下设神魂、梦寐、重生、幽合四类；妖艳部下设狐粉、猿装、鬼灵、幻妄四类；节侠部下设义烈、节烈、义侠、剑侠四类；神仙部下设星娥、仙姬、神媪三类；妾婢部下设逸格、俊事、徂异、名呼四类；青楼部下设才名、志节、平康、品藻四类；著撰部下设诏令、表疏、笺奏、上书、启牍、序传、赞颂、诔祭、杂录、辞咏十类。所收之书皆明以前女士著述以及有关妇女的著作。

【版录】

明刊本

参见《综录》第58页。《中国古籍善本书目》著录为"明末心远堂刻本"。全书分为十四卷，各卷又设若干类。其卷次如下：卷一闺阁部、卷二宫闱部上、卷三宫闱部下、卷四缘偶部上、卷五缘偶部下、卷六冥感部上、卷七冥感部下、卷八妖艳部、卷九节侠部、卷十神仙部、卷十一妾婢部、卷十二青楼部上、卷十三青楼部下、卷十四著撰部。《综录》不标卷次，又将各子目著为一卷，与原书实际情况不符。

据日本《尊经阁文库汉籍分类目录》，所载《绿窗女史》子目较《综录》所列多十六种：

《施〔旋〕玑图诗》（隶闺阁部女红）
《灯花占》（隶闺阁部才品）
《太清楼侍宴记》（隶宫闱部宠遇）
《流红记》（隶宫闱部遣放）
《焚椒录》（隶宫闱部怨恨）
《芙蓉屏记》（隶缘偶部才艳）
《娇红记》（隶缘偶部幽期）
《太古蚕马记》（隶缘偶部尤悔）
《妙女传》（隶妖艳部鬼灵）
《柳毅传》
《震泽龙女传》（以上隶神仙部龙女）
《名姬传》（隶青楼部才名）
《徐兰传》
《义妓传》（以上隶青楼部志节）
《秦淮女士表》（隶青楼部品藻）
《温柔乡》（隶著撰部杂录）

首都　科学

水边林下

（清）湖南漫士辑

【传录】题湖南漫士辑，名氏、生平未详。1645 年至 1646 年间，辑刊《水边林下医书》四种（《药异名谱》《卫生歌》《种药蔬》《药谱》）《水边林下养生书》二种（《仙灵卫生歌》《二六功课》）。《湘医源流论·医籍篇》《湖湘历代名中医传略》均记录此二书。

【叙录】是编凡五十九种，不分卷（《综录》著录每书一卷）。收录明以前历代所撰之杂著。起自明彭年《林水录》，迄于明王道焜《拈屏语》。其中以明人著述居多，共三十三种，次为唐十二种，宋五种，元三种，晋二种，余为周、汉、前蜀以及不明朝代者各一种。内容涉及地理、时令、杂学、小说、传记、艺术、道教、儒学、农学、医学以及花、草、虫、鱼等。所以诸书多见于宛委山堂本《说郛》，疑系据此旧版重编刊印而成，约成于明末清初。

【版录】

明刊本

参见《综录》第62页。《中国古籍善本书目》著录为"清初刻本"。所收各书与《综录》相同,然不分卷。明黄省曾《艺菊诀》卷端题名并无"诀"字。明高濂《野簌品》当为《野蔌品》。宋华光道人(释仲仁)《画谱梅》当为《画梅谱》。明汪汝谦《画舫约》当为《画舫记》。是刻藏北京图书馆。半叶九行二十字,白口,左右双边。

秘书二十一种

(清)汪士汉辑

【传录】汪士汉(生卒年未详)字星源,号隐侯,室名居仁堂。新安(今安徽歙县)人。刻印过《浮溪遗集》,自编《古今记林》《贯虱篇》等。一说婺源(今属江西)人。《婺源县志》载,幼英敏能文,弱冠入庠序。亲丧,哀毁骨立,事继母尽孝。使者旌焉,贡入成均,考授州司马,以继母老告归。晚侨寓秣陵,日以著述为务。有《四书传旨》《易经集解》《古今记林》《祖书存疑集》《古山房文集》等行世。

【叙录】是编凡二十一种,九十四卷。乃取明吴琯《古今逸史》刊版重编而成,取《汲冢周书》以下二十一种古代逸史,均先秦魏六朝唐宋之名著。其称"秘书"者,盖当时尚为罕见之籍。《四库全书总目》入存目,言该书多为伪书。此言略为偏颇,例如西晋发现之《竹书纪年》一书,《隋书》著录为十二卷,此系最古之本,宋时已佚,今传题梁沈约注之二卷本,系明范钦据古诸书引证辑录者,其中亦有删削、伪造(如沈约批注,多采用《宋书·符瑞志》语),但总的来说,是编真伪相杂。陈逢衡的《集证》以及王国维的《辑校》《疏证》,对此均有极为精审的考订。

【辑录】江永序云:"隐侯汪先生,尝取《汲冢》以下二十一种书,校而梓之,命曰《秘书》。书久风行,版浸蠹漫,其孙勋暨弟谟等复新之以承先志,令天下好古者共秘而传焉。隐侯先生有书癖,多著述,此集犹其一隅云。"

《四库全书总目》入存目。据江西巡抚采进本,作一百五卷。提要云:"二十一种者,其中《三坟》为宋人伪书。《楚史梼杌》《晋史乘》为元人伪书。《剑侠传》《竹书纪年》为明人伪书。《续博物志》虽不伪而以南宋人为晋人,亦为疏舛。今已皆辩证于本书之下。此因士汉裒辑刊刻,别立总名,姑存其目备考焉。"

《丛书集成初编目录》提要云:"是编汇辑先秦汉魏六朝唐宋名著二十一种。其曰《秘书》者,盖尔时尚为罕见之籍。先刊于康熙初年,至乾隆壬戌,其后人为之重刊。"

【版录】

（一）清康熙七年（1668）新安汪氏据《古今逸史》刊版重编印本

参见《综录》第 67 页。是刻每半叶十行，二十字，白口，单鱼尾，左右双边。

南京图书馆藏本有清翁同龢批注。

山西　山西师大　暨大　东研

（二）清嘉庆九年（1804）新安汪氏重刊本

参见《综录》第 67 页。

［补录］

（三）清乾隆七年（1742）文盛堂刊本

是为重刊本，书前有乾隆七年江永序。半叶十行二十字，白口，单鱼尾，四周单边。

北师大　暨大　台大　东海

（四）清乾隆五十三年（1788）菁华书屋重刊本

见《杭州大学图书馆线装书总目》著录。凡二十册。

（五）清嘉庆九年（1804）宝荣堂刊本

（六）清嘉庆九年（1804）新安汪氏刊十三年（1808）补刊本

是刻题名《秘书二十八种》，亦汪士汉辑。《中山大学图书馆古书目录乙编》著录为"清嘉庆十六年刻"，子目较二十一种本多七种：

《夏小正》四卷　（清）任兆麟注

《穆天子传》六卷　（晋）郭璞注

《古鲁诗》一卷　（汉）鲁申培撰

《子贡诗传》（一名《端木诗传》）一卷　（卫）端木赐撰

《大戴礼记》十三卷　（汉）戴德撰

《小尔雅》一卷　（汉）孔鲋撰

《诗品》三卷　（梁）钟嵘撰

东研

（七）清道光二十六年（1846）聚锦堂重刊巾箱本

是刻凡二十八种。施廷镛主编《中国丛书书目及子目索引汇编》著录。所列子目同上刻。

东研

（八）清同治四年（1865）紫文阁藏板

是刻见杨家骆《丛书大辞典》著录，亦二十八种。各子目不著卷数，撰者、子目名称同上，惟编次各异。

(九)清广东文升阁刊本

是刻凡二十一种,见《中山大学图书馆古书目录甲编》。

(十)民国二十四年至二十六年(1935—1937)上海商务印书馆《丛书集成初编》本

所据为清康熙汪士汉校刊本。

暨大

正谊堂全书又名正谊丛书

(清)张伯行辑　(清)杨浚重辑

【传录】张伯行(1651—1725)字孝先,号恕斋,晚号敬庵。仪封(今河南兰考)人,康熙进士。历任福建、江苏巡抚,累官礼部尚书。历官二十余年,以清廉刚直称。其学以程朱为主,及门受学者数千人,为清代宋学大师。著有《困学录》《正谊堂文集》等。

杨浚(1830—约1892、1894)字雪沧,一字健公,别号紫薇舍人,室名冠悔堂。侯官(今福建闽侯)人。咸丰二年(1852)举人。历主讲漳州丹霞、紫阳、悟江书院。好收藏书籍、金石文字,设书肆于省城,购收善本,聚书七万余卷,筑楼三楹庋之。著有《冠悔堂文钞》《冠悔堂诗钞》《冠悔堂词钞》等。

【叙录】是编凡六十八种,五百二十卷。张氏家富藏书,抚闽时,创立鳌峰书院,颜其堂曰"正谊"。集诸生讲授,编辑整理程朱学派以及先儒理学遗著,手自校勘,汇刻成《正谊堂全书》。原刊仅五十五种,分立德、立功、立言、气节、名儒粹语、名儒文集六部。张氏渊源濂洛,排斥陆王,所以收起自宋代周敦颐、程颢、程颐、张载、朱熹,迄于清代张烈、汤斌、陆陇其等人文集,以及张氏自著之书。是一部汇辑濂洛理学名著比较完备的丛书。清同治五年(1866),左宗棠班师福建,且设"正谊书局"为之校正重刊,增为六十八种,至同治九年(1870)刻竣,定其名曰《正谊堂全书》。重刻所增多为文集,与原辑体例不尽一致。卷首有同治五年(1866)左宗棠《左宫保示》《正谊书局章程》《总目》《采访书目》《存目》《张清恪公传》以及校对姓氏等。

【辑录】同治六年(1867)杨浚跋云:"张清恪公抚闽三载,甫下车,即以表章道学,造就人才为先务。创建鳌峰书院于九仙山之麓,颜其堂曰'正谊'。集诸生而讲授之。搜求先儒遗书,手自校刊,合理学、经济、气节各集,共五十馀种,所自纂辑尚若干种,此《正谊堂全书》之缘起也。"

又云:"《鳌峰书院志·杂述》云:'公与诸子修宋儒书及闽前哲诸文集,尽刊布之,凡五十五种。'蔡文勤《满凫山中丞论书院事宜书》亦云五十五种,则是书以五十五种为准。院藏书目以各种分隶经子集中,未尝别为厘裁。……据公文集存序,曰立德部、曰立功部、曰立言部、曰气节部、曰名儒粹语、曰名儒文集,分以为六,而其所纂辑集解者,别在各部外。”

又云：“同治五年六月，宫保左公班师旋闽，重振文教。遍览各集，得四十九种，得公著一十四种，设正谊书局，厘定重刊，命浚总司其事。……今遵公所分部次，逐一校刊。计已刻者六十三种，待访者十有四种，统存其目于卷首。”

【版录】

(一)清同治五年(1866)福州正谊书院刊八年至九年(1869—1870)续刊本

参见《综录》第77页。考是刻总目，未列续刻之书。《正谊堂全书·采访书目》中，亦只有《唐宋八大家文钞》及《范文正公集》二书标明“同治八年三月续刊”。又《正谊书局章程》称：“清恪公所刊，通计六十三种。原本均宜照旧，卷首增列总目，阙者随得随刻，仍存其目，附以提要，以备采访。”据此，同治八年至九年实际上只续刊了三种。《综录》所列续刻五种之中，《杨大洪先生文集》《海刚峰先生集》二书系光绪十三年(1887)刊本，当不属是刻之列。

是刻半叶十行二十二字，花口，左右双边。

暨大

[补录]

(二)清同治五年(1866)福州正谊书院刊八年至九年(1869—1870)续刊光绪间修补重印本

据暨南大学图书馆所藏，是刻总目较同治本增列续刊五种之书名。《正谊堂全书·采访书目》中，《续近思录》标明“同治九年三月续刊”。并增列了《续采访目》，其中《杨大洪集》及《海刚峰集》标明“光绪十三年十月续刊”，疑《综录》所收即是刻，而非同治本也。

杨家骆《丛书大辞典》有《续刊正谊堂全书》，未著辑刊者名氏及刊刻年月。子目较《综录》所列“续刻”少《海刚峰先生集》二卷，而多十种：

《吕东莱集》四卷　(宋)吕祖谦撰
《陈北山集》□卷　(宋)陈孔硕撰
《陈北溪集》□卷　(宋)陈淳撰
《曹月川集》一卷　(明)曹端撰
《正蒙》□卷　(清)张伯行撰
《伊洛渊源续录》二十卷　(清)张伯行撰
《性理正宗》四十卷　(清)张伯行撰
《小学衍义》八十六卷　(清)张伯行撰
《家规类编》□卷　(清)张伯行撰
《三朝名臣言行录》□卷　(清)张伯行撰

史语　台大　台北　东研

(三)民国二十四年至二十六年(1935—1937)上海商务印书馆《丛书集成初编》本

所据为"清康熙张伯行编,同治左宗棠增刊"本。凡六十八种,五百二十五卷。

暨大

砚北偶钞

(清)姚培谦　(清)张景星辑

【传录】姚培谦(1693—1760)字平山,号鲈香居士、鲈香老人。江苏华亭(今上海松江)人。诸生。好交游,能文工诗,名满江左。雍正中保举人材,以居丧不赴。又喜刻巾箱小本。所著有《增辑左传杜注》《经史臆见》《乐善堂赋注》《朱子年谱》《李义山诗笺注》《文心雕龙笺注》《类腋》《松桂读书堂集》等。张景星,生平事迹未详。

【叙录】是编凡十二种,十七卷。所收为明以前之著述。内容以文学、艺术类居多。其中梁任昉《文章缘始》集秦汉以来文章名之始,自诗、赋、离骚至于势、约,凡八十五题。《四库全书总目》云:"明陈懋仁尝为之注,国朝方熊更附益之。其注每条之下,蔓衍论文,多捃拾挚虞、李充、刘勰之言,而益以王世贞《艺苑卮言》之类,未为精要。于本书间有考证,而失于纠驳尚多,议论亦往往纰缪。"唐吴兢《乐府古题要解》于传记及诸家文集中采乐府所记本义,以释解古题。宋沈义父《乐府指迷》凡二十八条,首段《论词四标准》为总论。论词以周邦彦为宗,强调协律、雅正、含蓄、柔婉。后周郭忠恕《佩觿》卷上阐述文字的变迁,兼论编写旨意;卷中按字头声调,把几个形体相近的字头并排在一起,注以音切,分辨异同;卷下为单字头,正音正形并重,例证释义简短。此书重在楷书形体的辨证,注释简要。梁庾肩吾《书品》载汉至齐、梁之善真草者一百二十馀人,分为九品。以总序冠于前,每品各附短论,品评各书家艺术成就。南齐谢赫《古画品录》集选自宋陆探微至齐丁光共二十七人,分为六品评价诸画家的艺术优劣。并总结提出气病、骨法、应物、随变、经营、传移等绘画六法,为历代画家、批评家、鉴赏家所遵循。宋佚名《端溪砚谱》所记端砚,产于端州(今广东肇庆市),始于唐代,为传统名砚之一。首论石之所出与石质、石眼,次论石价与形制,后论石病。于产地之优劣,石品之高下,剖析颇细。除此之外,是编还收录了梁钟嵘《诗品》、唐司空图《二十四诗品》等名著。

【版录】

清乾隆二十七年(1762)姚氏草草巢刊本

参见《综录》第78页。是刻半叶六行十六字,白口,左右双边。《词旨》之作者,《四库全书总目》作"陆辅之"。

是刻仅北京图书馆收藏。

说 铃

(清)吴震方辑

【传录】吴震方(约1694年前后在世)字青坛,又字右诏。浙江石门(今桐乡石门镇)人。康熙十八年(1679)进士,官至监察御史。康熙曾赐以白居易诗,因摘诗中"晚树"二字名其楼,并以名集。著有《读书正音》《晚树楼诗稿》《岭南杂记》《朱子论定文钞》等。

【叙录】是编凡六十二种,八十三卷。据书前徐倬序,知吴氏"由馆阁出为御史,以言事不合家居"。以后似未再出仕,故居多馀暇,广搜博采,编印此丛书。全书分前、后、续三集。前集三十八种、后集十七种、续集七种。汇集清初诸家笔记,内多为方舆纪胜之书,或为京圻典故,或为殊乡风俗等,于世教多有裨益。其书名曰《说铃》,颇被后人讥为明季书坊之流习。该丛书还收入吴氏自著的《岭南杂记》及《读书质疑》二书。前集约刻于康熙四十一年(1702),续集约成于康熙五十一年(1712)。清马俊良《龙威秘书》第七集采入二十五种,题名《吴氏说铃揽胜》。

【辑录】清康熙四十四年(1705)徐倬序云:"先生由馆阁出为御史,以言事不合家居。先生慨然曰:'今之御史即古之柱下史也。周时藏书于柱下,故李伯阳为是官,孔子从而问礼,然则纂述者乃予职也。'于是广搜博览,葺成此书。所收皆京圻典故,殊乡风俗,辨证今古,洞彻幽明。实有裨益于世道,非泛泛寻常之荟萃矣。"

又云:"夫人之为学,有性命之学焉,有见闻之学焉。性命之学,根也,源也;见闻之学,枝也,流也。宁有根不固,流不长,而能枝荣流远者乎?先生所著盖十馀种,若《朱子论定文钞》《东轩晚语》诸书,皆性命之学。其平居以经为太羹,以史为折俎,以诸子百家为醯醢。《说铃》一种特其昌歜羊枣之嗜耳。扬子云曰:'好说而不见诸仲尼说铃也。'先生取此以名其集。"

【版录】

(一)清康熙四十一年(1702)续集五十一年(1712)序刊本

参见《综录》第79页。是刻前、后、续三集,共六十二种。查核诸家书目,是编续集绝大部为七种,而前后二集的子目总数以及版本情况则较为复杂。或称五十五种,或称五十二种,或称四十七种。其中小部分子目互有出入,编次亦有差异。

武汉师院、东研、史语、台大、台北各藏一部,大多题"清康熙四十一年刊本"。较《综录》所列子目少八种:《奉使倭罗斯日记》《西征纪略》《绝域纪略》《守汴日志》《登华记》《板桥杂记》《莼乡赘笔》《觚剩》。《四库全书总目》收录其中几种,均入存目,流传不广,有的已被抽毁。

湖北大

(二)清道光五年(1825)聚秀堂刊本

参见《综录》第 79 页。是刻前、后二集共五十三种。前集较康熙本少《分甘馀话》二卷,后集少《言鲭》二卷。

(三)清同治七年(1868)序刊《艺苑捃华》(一名"秘书四十八种")本

参见《综录》第 165 页。是刻选刊十三种。

[补录]

(四)清康熙学古堂刊本

是刻前后二集,共五十二种,七十卷。暨南大学图书馆藏本半叶十一行二十五字,细黑口,左右双边。书名页三栏:右上镌"本朝名家杂著",下钤"续集嗣出"长方朱印,中为书名。左刻跋语三行:"历代说部各有成书,唯本朝未见汇辑,兹偶举平昔知交投赠,先公同好,诸君子邺架旧藏,云亭新著,望祁邮赐,以光雅集,谨启。"下钤"学古堂"方形朱印。书前有康熙四十四年(1705)徐倬序。前集凡三十三种,较《综录》少《西征纪略》《绝域纪略》二种,后集十九种,少《莼乡赘笔》一种。另《扬州鼓吹词序》(排在《读史吟评》之后)、《瓯江逸志》(排在《旷园杂志》之后)、《岭南杂记》(排在《言鲭》之后)三种入后集。《觚剩》前移,排在《湖壖杂记》之前。据是刻前集目录,《筠廊偶笔》后尚有《二笔》一卷(《综录》列于续集)。

《河南大学图书馆藏善本书目录》有"清康熙四十四年(1705)刻本续集清康熙五十一年(1712)序刻本"凡五十九种,七十九卷。分前、后、续三集。前集三十三种,四十三卷;后集十九种,二十六卷;续集七种,十卷。其前后集子目总数以及编次与暨大本相同,惟前集中,暨大藏本多《奉使倭罗斯日记》一卷,而河南大藏本则多《画壁诗》一卷附《画壁遗稿自序》一卷(清范承谟撰)。北师大藏本亦著录为"清康熙四十四年(1705)刻本"。

(五)清康熙间刊本

《中国人民大学图书馆古籍善本书目》著录。行款、版式与暨大藏本相同。封面镌"学古堂藏板""本朝名家杂著,内违禁书几种,遵旨确查原部呈贤奉宪删毁",据此,知与学古堂本同板,疑删毁数种后重刻。其前集凡二十九种,较原刻本少《奉使倭罗斯日记》《守汴日志》《泰山纪胜》《登华记》四种,子目次序有少许变动。后集凡十八种,较原刻本少《见闻录》一种,子目次序相同。

(六)清康熙刊本

《中国科学院图书馆藏中文古籍善本书目》著录。凡二函十六册。全书分为五十四卷,内含前、后二集。其中卷一至三十为前集,卷三十一至五十四为后集。所列子目共五十二种,与河南大学图书馆藏本之前后集完全相同。

(七)清嘉庆五年(1800)明新堂重刊本

《北京师范大学图书馆中文古籍书目》著录为"清嘉庆四年(1799)刻本"。沈乾一《丛书书目汇编》载二种,一题"嘉庆四年重刊袖珍本",子目与《综录》所收"道光五年聚秀堂本"相同。另一种未著录刻书年月,考其所列子目及编次,前后二集与暨大藏康熙学古堂本相同，惟多续集十种。较《综录》所载续集多《训子语》（清张履祥撰）、《畜德录》（清陆陇其撰）、《射法》（清汪万顷撰）。

（八）1989年台湾新文丰出版公司《丛书集成续编》本

凡五十二种，六十八卷。无续集。所据为“清康熙四十四年（1705）刻本”。

三华集又名锡山钱氏三华集

（明）钱公善等辑

【传录】钱公善（生卒年未详），江苏无锡人。明正统中，合刻邑人钱子正及弟子义、侄仲益之诗集为《三华集》。

【叙录】是编凡三种，十八卷。乃明代江苏无锡人钱子正、钱子义、钱仲益诗集之合刻。包括子正《绿苔轩集》六卷（前有明王达序）、子义《种菊庵集》四卷（前有明洪武八年自序）、仲益《锦树集》八卷（前有明魏骥序）。是编成于明正统中，清代有钞本行世。民国间，上海商务印书馆据文渊阁本影印，收入《四库全书珍本初集》。

【辑录】《四库全书总目》云：“三集初各自为书。正统中，仲益族子公善等，始合而刻之。其曰三华者，盖以三者皆钱氏英华也。”又按云：“子正诗，朱彝尊《明诗综》不载，但附见其名于子义之下。然二人出处始末，均无可考。独仲益以元末进士知华亭县，后为翰林修撰，见于魏骥序中。而《明诗综》载仲益永乐初以翰林编修转周王府长史，与骥序互有异同。又称‘仲益诗格爽朗，惜遗集罕传，予从秦对岩前辈购得，亟录八首，犹未尽其蕴’云云。然则彝尊仅见仲益遗集，未见斯本也。则亦罕觏之笈矣。”

【版录】

（一）民国二十三年至二十四年（1934—1935）上海商务印书馆据文渊阁本影印《四库全书珍本初集》本

参见《综录》第128页。收入该丛书集部总集类。

暨大

［补录］

（二）明正统中刊本

见《增订四库简明目录标注》《藏园订补郘亭知见传本书目》著录。成书时间与《四库全书总目》所云合。

（三）清八千卷楼钞本

见《增订四库简明目录标注》著录。据《藏园订补郘亭知见传本书目》，傅增湘藏有《绿苔轩诗集》五卷。旧写本，十三行二十四字。为《三华集》之一。

(四)《四库全书》本

见集部总集类。所据为两淮盐政采进本。参见《四库全书总目》卷一百八十九及《综录》第117页。

暨大

文氏五家集又名文氏五家诗

(明)文肇祉辑

【传录】文肇祉(1519—1588)字基圣,号雁峰。江苏长洲(今苏州)人。官上林苑录事,万历十四年(1586)辞职南还。有《虎丘图志》《录事集》。万历十六年(1588)辑刊《文氏家藏诗集》十七卷。

【叙录】是编凡五种,十四卷。乃明代长洲文氏祖孙、父子三世五人诗集之合编。包括文洪《涞水诗集》一卷《文集》一卷、文徵明《太史诗集》四卷、文彭《博士诗集》二卷、文嘉《和州诗集》一卷、文肇祉《录事诗集》五卷。《四库全书总目》称:"中惟徵明名最盛,其家学之渊源则自洪始。"肇祉《太史诗集》四卷,乃节选之集,除此之外,尚有《甫田集》三十五卷,其中诗十五卷。诗作"雅饬之中,时饶逸韵",其"秉志雅洁,其画细润而萧洒,诗格亦如之"(《四库全书总目》卷一百七十二)。

《四库全书总目》评曰:"(洪诗)如《静志居诗话》所称'野猿窥落果,林蝶恋残花''自得翻书趣,浑忘对客言'诸句,饶有恬淡之致。徵明诗格不高,而意境自能拔俗。至彭、嘉、肇祉,亦能于耳濡目染之馀,力承先绪。所谓谢家子弟,虽复不端正者,亦奕奕有一种风气也。"明万历年间,文肇祉辑刊《文氏家藏诗集》收入了五家诗集,清代有钞本行世。民国间,上海商务印书馆据文渊阁本影印,收入《四库全书珍本初集》。

【版录】

(一)民国二十三年至二十四年(1934—1935)上海商务印书馆据文渊阁本影印《四库全书珍本初集》本

参见《综录》第128页。收入该丛书集部总集类。莫友芝《郘亭知见传本书目》失收。傅增湘补录《文氏五家诗》十卷。(《藏园订补郘亭知见传本书目》卷十六)

明万历十六年(1588),文肇祉辑刊《文氏家藏诗集》十七卷。每半叶十二行二十字,白口,左右双边。所收除此五家诗外,尚有文林《温州诗》一卷、文森《中丞诗》一卷,以及文徵明《附录》一卷。北京图书馆有藏。

[补录]

(二)《四库全书》本

题名《文氏五家诗》十四卷。所据为浙江汪汝瑮家藏本。其中文洪《涞水诗集》题作

《括囊诗》，文徵明《太史诗集》题作《甫田集诗》。参见《四库全书总目》卷一百八十九及《综录》第117页。

(三)清八千卷楼钞本

题《文氏五家诗》十四卷。见《增订四库简明目录标注》。

武英殿聚珍版书又名武英殿聚珍版丛书、武英殿聚珍版全书、聚珍版丛书

【传录】清高宗诏儒臣汇辑。主持其事者为四库全书馆副总裁金简。金简(约1721—1794)，清汉军正黄旗人。乾隆间累官总管内务府大臣，充四库全书馆副总裁。改译辽金元三史人地官名，复以《三史国语解》重加编次，刊于原史之前。官至吏部尚书。卒谥勤恪。著有《武英殿聚珍版程式》一卷。在编修《四库全书》过程中，金简任四库馆副总裁，负责刻书之事宜。为省工节支，他建议改用特制木活字排印，并述其程式，于乾隆四十一年(1776)进呈，清高宗诏令批准。是书首载永瑢、王际华、英廉、金简诸臣奏议，次说明取材雕字之次第及庋置排类之法。是继元代王祯《造活字印书法》之后，叙述活字印刷最详细的著作。由于聚珍版具有省工省时省料、简单易行、一劳永逸的特点，殿本书从此名扬天下。

【叙录】是编凡一百三十八种，二千四百十六卷。乾隆三十八年(1773)，清高宗诏儒臣汇辑《永乐大典》内罕觏之籍。初定一百二十六种，先刻四种，旋采纳金简的建议，以木活字排版，并赐名"聚珍"。除已刻四种外，其馀次第印行。官史又称续印十二种，迄乾隆五十九年(1794)止，陆续排印了一百三十四种，连初刻《易纬》《汉官旧仪》《魏郑公谏续录》《帝范》四种，都凡一百三十八种。嘉庆中续有印行，然仅八种。全书以经、史、子、集四部分类，计经部三十二种，史部二十九种，子部三十四种，集部四十三种。所收诸书，绝大部分为宋元人著述，少数为汉唐人著述。殿本校刊精审，传世较少，被视为善本。后来《聚珍版丛书》颁布东南五省，并准许翻印，各地纷纷照本开雕，广为流布。其从《永乐大典》辑出之古佚书亦得以流传，于学术颇有裨益。

是编所收除《永乐大典》的辑本之外，还收录了一些比较罕见的珍贵典籍。如《唐会要》记述唐代各项制度沿革变迁，极为详核。其体例与《通典》相近，凡细琐典故，不能概以定睹，则别为杂录，附于各卷之后。其中不少史实为两《唐书》所不载，亦可补《通典》之未备者。史书断代而为会要，以此书为最早。宋徐天麟编《两汉会要》即仿此书体例。《唐会要》因长期仅有传抄本，脱误颇多，殿本的出现，为此书提供了一个比较好的印本。《五代会要》分类记载五代时期五十年间法制典章，尤多诏令、奏议。其中多有未被删改之史料，可补新旧《五代史》之缺。又如宋王观国《学林》、晁公武《郡斋读

书志》、陈振孙《直斋书录解题》及《宋史·艺文志》均未著录，是一部世罕流传的书。是编还收录了一些《四库全书》未收之书。如《小儿药证真诀》是现存的一部重要的理论与临床实际密切结合的古代儿科专著。《琉球国志略》叙述了琉球的府署、爵秩、赋役、典礼、兵制、艺文、山川、古迹、物产等情况，为研究琉球的历史、地理提供了资料。这些都弥补了《四库全书》之不足。

【版录】

(一)清乾隆中武英殿活字排印本

参见《综录》第128页。世称殿本。凡一百三十八种，二千四百十六卷。初刻四种半叶十行二十一字。活字本为半叶九行二十一字。每种首有《御制题武英殿聚珍版十韵》及该书提要。

文学所　故宫　上海　辽宁　河南社科　湖北　台大

(二)清乾隆中浙江重刊本

参见《综录》第128页。世称浙本。是为袖珍本。不全。仅四十种。

东研

(三)清同治十三年(1874)江西书局刊本

参见《综录》第128页。是刻凡五十四种。

(四)清乾隆四十二年(1777)福建刊道光同治递修光绪二十一年(1895)增刊本

参见《综录》第128页。世称福本。乾隆四十二年刻一百二十三种，道光、同治、光绪间先后修版，增刻二十五种，合计一百四十八种，二千八百九十一卷。并附录《拾遗》《校记》等。子目较殿本多十种：《春秋集传纂例》《河朔访古记》《白虎通义》《新唐书纠缪》《唐史论断》《小畜集》《帝王经世图谱》《幸鲁盛典》《四库全书总目》《畿辅安澜志》。

中大　台大　东研

(五)清光绪二十五年(1899)广雅书局刊本

参见《综录》第128页。世称粤本。据福本重刻，但所附未全采录。半叶九行二十一字，白口，四周双边。

中大　华南师大　史语　政大

[补录]

(六)民国二十四年至二十六年(1935—1937)上海商务印书馆《丛书集成初编》本

题名《聚珍版丛书》。凡一百三十八种，二千四百十一卷。是编在翻刻过程中，子目与殿本有出入。近人陶湘据大内藏本，考定为一百三十八种，商务印书馆即据此重印。

暨大

奇晋斋丛书

(清)陆烜辑

【传录】陆烜(生卒年未详)字子章,号梅谷,又号巢云子。清乾隆时浙江平湖人,弱冠补庠生,一赴乡试不售,即弃去。废产购书,隐居胥山,锐意著述。性嗜山水,工诗画,兼通医学,所至以医自给。因得晋王羲之《二谢帖》《感情帖》,故名藏书处曰"奇晋斋"。著有《梅谷集》《书义》《曲礼要旨》《群经诂字》《人参谱》等。

【叙录】是编收书十六种,十九卷,所收为自唐至明各家短篇杂著,有笔记、诗话、题跋、游记等。其中唐二种、宋六种、金一种、元二种、明五种。自序云:所收之书"颇出于前人所见之外",足见其选书之意。《松窗杂录》《灌畦暇语》等书,文字隽永,可资掌故。《文山题跋》《遗山题跋》等书则裒集宋元孤忠遗著,反映出一定的民族情感。陆氏于每篇末附跋语,全书校刻甚精,刊于乾隆三十四年(1769)。缪荃孙云:"以斋阁名书始于奇晋斋。"(《云自在龛随笔》卷四)

【版录】

(一)清乾隆中平湖陆氏刊本

参见《综录》第 132 页。卷首有乾隆己丑(1769)陆烜序。半叶八行十九字,白口,左右双边。上海图书馆藏本有清鲍廷博、周星诒校并跋。北京藏本有傅增湘校并跋。

首都　清华　北京文物　上海师大　暨大　四川　史语　台大　东研

(二)民国元年(1912)冰雪山房据清陆氏刊本景印

参见《综录》第 132 页。是本当为石印本,书名页后镌有"民国元年秋日冰雪山房石印"。

中大　暨大

[补录]

(三)民国九年(1920)上海冰雪山房石印陆氏本

凡一函六册。

北师大　首都师大

(四)1982 年天津古籍书店据凤凰馆影钞乾隆本影印

述记一名三代两汉遗书，又名任氏述记

(清)任兆麟辑

【传录】任兆麟(生卒年未详)字文田，号心斋，又号有竹居。震泽(今江苏吴江)人，一说兴化人。诸生，嘉庆元年(1796)举孝廉方正。承绪家学，博通经史，精研小学，尝辟莲泾学舍，为王鸣盛、钱大昕所重。其著作多撰于乾隆四十一年至道光三年(1776—1823)间。尝注《夏小正》，王鸣盛称其确当。又有《字林考逸补正》《心斋十种》《竹居集》等。

【叙录】是编凡四十六种，四十八卷。先是乾隆间映雪草堂刊成三十四种，至嘉庆十五年(1810)，遂古堂又续之十二种。所收皆三代至两汉之诸子著述。初刻自汉戴德传《夏小正》，迄汉荀悦《汉纪》。续刻自梁沈约注《竹书纪年》，迄刘宋刘义庆《世说新语》。所收诸书，涉及经籍、别史、杂史、政书、载记、传记、周秦诸子、小说之属。

【版录】

(一)清乾隆五十三年(1788)映雪草堂刊本

参见《综录》第132页。是刻凡三十四种，三十六卷。

科学　吉林市

(二)清嘉庆十五年(1810)遂古堂刊本

参见《综录》第132页。续刻十二种，十二卷。

微波榭丛书

(清)孔继涵辑

【传录】孔继涵(1739—1783)字体生，一字浦孟，号荭谷。山东曲阜人。乃孔子第六十七代孙。乾隆进士。官户部郎中。深于三礼，尤精天文算术。校刻《微波榭丛书》及《算经十书》，皆称精本。所著有《红榈书屋集》。

【叙录】是编凡十五种，一百五十八卷。孔氏雅志稽古，于天文、地志、经学、算术之书无不博综。是编除收录有关五经文字、音义、字疑之书外，还包括戴震《戴氏遗书》十二种、自辑《算经十书》十一种及自著数种，颇为后世所称。

【版录】

(一)清乾隆中曲阜孔氏刊本

参见《综录》第133页。《浙江省图书馆善本书目乙编》著录两个版本，所列子目一与

《综录》相同，一则无《综录》所列最后孔氏自撰之六种，而多戴震《水经注校》四十卷。湖北省图书馆藏有后一种。

别有《微波榭钞书》凡三种，五卷。清乾隆孔继涵家抄本，藏山东省博物馆，有孔继涵跋。子目包括宋董史《皇宋书录》三卷、元吾丘衍《学古编》一卷、明李开先《中麓画品》一卷。

山西　史语　台大　东研

［补录］

（二）1989年台湾新文丰出版公司《丛书集成续编》本

将《戴氏遗书》《算经十书》之子目分别计算，共三十六种，一百五十八卷。

戴氏遗书

（清）戴震撰

【传录】戴震（1724—1777）字东原，一字慎修，号杲溪。安徽休宁（今屯溪）人。乾隆举人，屡试进士不第。乾隆间修《四库全书》，特召为纂修官，后赐同进士出身，授翰林院庶吉士，在馆五年，病死。戴氏博闻强记，对天文、数学、历史、地理、训诂无不精通。又精通古音，立韵类正转、旁转之例，创古音九类二十五部之说，以及阴、阳、入对转的理论。对经学、音韵学均有重大贡献，为乾嘉时代"皖派"考据大师。戴震肯定世界是"气"的变化过程，而"气化流行，生生不息"就是"道"或"理"。"气"的内容是"阴阳五行"，也就是"道"的实体。批驳了理学家所谓"理在事先"等理论。梁启超对戴氏及其哲学备加推崇，他在《戴东原生日二百年纪念会缘起》文中说："前清一朝学术的特色是考证学，戴东原是考证学一位大师。"著述有《孟子字义疏证》《原善》《原象》《声韵考》《声类表》《方言疏证》等。校勘有《水经注》《九章算术》《五经算术》《仪礼集释》《大戴礼》《方言》等，对古代文献的整理有卓越的成就。其著述均编入《戴氏遗书》。

【叙录】是编凡十二种，五十六卷，为戴震对经学、天文、算学、地理、音韵、训诂等方面的研究成果。其中《孟子字义疏证》尤为重要，是戴氏平生得意之作，思想精髓尽萃于此。从考据训诂阐发"理""天道""性""才""道""仁义礼智""诚""权"等哲学范畴的根本意义，以反对"宋以来儒书之言"为主。如认为"理"只是事物的"分理""文理""条理"，不能离开事物而单独存在，批判了宋儒"夫以理为如有物焉，得于天而具于心"的唯心主义，特别对于"天理"和"人欲"关系的剖析极细致，指出宋儒的"绝人欲"，也就是"绝天理"。《东原文集》亦为戴氏重要著述，对经学、文字、音韵、名物、地理均有所探讨。段玉裁序云："文集十卷，先生之学，梗概具见。"文集所收为散篇论著、论学书信及其著述各书的序跋等。《戴氏遗书》也收编于孔继涵所辑的《微波榭丛书》中。

【辑录】卢文弨序云:"吾友新安戴东原先生,生于顾亭林、阎百诗、万季野诸老之后,而其学足与之匹。精诣深造,以求至是之归,胸有真得,故能折衷群言,而无徇矫之失。其著为说也,未尝使客气得参其间,泠然而入,豁然而解;理苟明矣,未尝过骋其辨以排击昔人,而求伸其说。其为道若未足以变易当世之视听,而实至名归。"

【版录】

清乾隆中曲阜孔氏刊本

参见《综录》第133页。此为《微波榭丛书》本。乾隆四十三年(1778)卢文弨序云:"今年春得曲阜孔君葓谷书,则已为之开雕(指《戴氏遗书》)。"可见是编大约刊于其时。子目较《综录》所载多《策算》一卷,《勾股割圜记》三卷(清吴考思注)。

暨大　中大

石湖纪行三录又名石湖三录

(宋)范成大撰

【传录】范成大(1126—1193)字致能(又作至能),号石湖居士。江苏吴县(今苏州)人。绍兴进士。官礼部员外郎。孝宗时,累官权吏部尚书,参知政事,进资政殿学士,提举洞霄宫。卒谥文穆。事迹详《宋史》本传。范氏素有文名,尤工诗。有《石湖集》《揽辔录》《桂海虞衡志》《吴船录》《骖鸾录》《吴郡志》等书。

【叙录】是编凡三种,四卷。附《桂海虞衡志》一卷。"三录"指《吴船录》《揽辔录》《骖鸾录》。宋周必大《范公成大神道碑》云:"使北有《揽辔录》,入粤有《骖鸾录》《桂海虞衡志》,出蜀有《吴船录》各一卷。"《吴船录》二卷,乃范氏于淳熙四年(1177)自四川制置使召还,取水程赴临安途中,随日记其所阅历。自五月戊辰,迄十月己巳。于古迹形势言之甚详,并有所考证。《揽辔录》一卷,乃范氏于乾道六年(1170)以起居郎使金之纪录。自闰五月戊子,迄八月戊午,计十八条。《四库全书总目》不载。《骖鸾录》一卷,乃乾道八年(1172)范氏自中书舍人出知静江府时,记途中所见。其书名系取韩愈诗"远胜登仙去,飞鸾不暇骖"语。明嘉靖初,礼部员外郎卢襄曾合刻此三录,末附《桂海虞衡》一卷。清乾隆至道光间,鲍廷博又将其刻入《知不足斋丛书》。《桂海虞衡志》后有卢襄、鲍廷博《石湖纪行三录跋》。

【辑录】卢襄跋云:"右《纪行三录》,宋参知政事石湖范公作也。公隆兴中以起居郎使金,有《揽辔录》;乾道中赴帅桂林,有《骖鸾录》;淳熙中自蜀帅还吴,有《吴船录》。凡山川、风俗、物产、古迹,与所游从论述,可喜可感,随笔占记,事核词雅,实具史法。读之若履其地、觏其人,有不知旷数世、隔千里者。前辈卧游之说,有足征已。"

【版录】

(一)《知不足斋丛书》本

参见《综录》第137页。是丛书有清乾隆道光间长塘鲍氏刊本和民国十年(1921)上海古书流通处据清鲍氏刊本影印本。《吴船录》收入第十八集,其馀收入第二十三集。

清嘉庆十年(1805)刊。鲍廷博《石湖纪行三录跋》云:"宝颜堂先后刻入《秘笈》,传世尚多。然《秘笈》所刊书,草率误人,往往失昔人面目,是为古书一厄,有识者恨之。此《三录》中,《吴船录》尤缪戾,有脱去数行者,予得是本即刊正之矣。今并《揽辔》《骖鸾》二录补入丛书,而附以《桂海虞衡志》,仍卢氏之旧也。"

中医　暨大　湖北大　中大　华南师大　史语　台大　台北　东研

[补录]

(二)明嘉靖间吴郡卢襄建安书坊刊本

是为原刻本。据卢襄《石湖纪行三录跋》云:"予家石湖,与公别业相望。少从提学家兄往来湖上,抚其遗址,思欲有所兴理。比兄为御史在告,特创书院以俎豆公。既手摹公之象,与所书《田园杂兴》刻之石,又手校此《三录》,欲并刻未果。予来京师,借他本校写,以寄同年项建阳秉仁、夏建安国符,即书坊刻焉。"

鲍廷博《石湖纪行三录跋》云:"《石湖三录》,明嘉靖间吴郡卢襄曾合刻于建安书坊,去今二百馀年,流传绝少,此本其仅见也。"

(三)清抄本

合为一卷。有清李盛铎及白坚跋,藏北京大学图书馆。

(四)清抄本

凡四卷。藏上海图书馆。

拜经楼丛书一名愚谷丛书

(清)吴骞辑

【传录】吴骞(1733—1813)字槎客,一字葵里,号兔床。浙江海宁人。贡生。笃嗜典籍,校书甚勤。遇善本书,不惜倾囊购之,所得不下五万卷,筑"拜经楼"藏之。晨夕展诵,非同志不能登。所藏多宋元椠本、旧钞本、海宁先贤著述。因藏三种《临安志》,合计百卷,故称"临安志百卷人家"。又黄丕烈颜其室曰"百宋一廛",骞闻之,自题其室曰"千元十架"。谓有千部元板也。其藏书于第二次鸦片战争后毁于兵燹。著有《拜经楼诗文集》。自编《拜经楼书目》《兔床山人藏书目录》等。其子寿旸为之汇编《拜经楼藏书题跋记》五卷。

【叙录】是编凡三十种,八十六卷。初刊名为《愚谷丛书》,并无总目,记入版心者仅三种:《谢宣城诗集》《谗书》《拜经楼诗话》。其他则随得随刊,均成于乾嘉之际。光绪十一年(1885)会稽章氏刊刻时,收书七种,题名《重刊拜经楼丛书七种》。光绪二十年(1894)吴县朱氏重加编订为十种,题名《重校拜经楼丛书十种》,民国间上海博古斋又据吴氏原刊增辑影印为三十种。

是编收书大致有三类:一是稀见之本,二是吴骞辑佚校订之旧籍,三是吴骞自著之诗文。全书之校勘,多出自江声等人之手。《陶靖节先生诗注》乃宋汤汉所撰,对陶诗笺释多所阐发,马端临称其为陶氏异代之知己。《谗书》为唐人罗隐所撰,宋时陈振孙求之未得,几绝天壤。书中所载有关唐末史乘、诗文等可观之处颇多。《谢宣城诗集》为南朝谢朓所撰,其诗秀丽、清新,注意格律,有"玄晖(即谢朓)诗变有唐风"之说。另外,是编所收诗话、诗集、文存等皆有真情实感。《清朝续文献通考》称吴氏所辑丛书"崇尚风雅,颇具别裁,非抄撮成书,拾人牙慧者可比"。民国影印本有刘承幹重印序,云:"先生之生,值乾隆盛时,家富缃素,多宋元刊本。又好山泽之游,先世有别业在阳羡,往来于蜀山、画溪之间,遗闻佚事,甄采尤多。如《国山碑考》《桃溪客语》《阳羡名陶录》皆存其中。全书三十种,积四十八册,多稀见之本。"

【版录】

(一)清乾隆嘉庆间海昌吴氏刊本

参见《综录》第137页。《抽政园诗集》《静庵剩稿》《玉窗遗稿》《梅花园存稿》四种,总名《海昌丽则》,有单刻本行世。北京图书馆藏本凡五种,十卷。多《月珠楼吟稿》一卷。半叶九行十七字,黑口,左右双边。

(二)清光绪十一年(1885)会稽章氏鄂渚刊本

参见《综录》第137页。是刻凡七种。题名《重刊拜经楼丛书七种》。

中大　湖北大　东研

(三)清光绪二十年(1894)吴县朱氏校经堂刊本

参见《综录》第138页。是刻凡十种。题名《重校拜经楼丛书十种》。

中大　华南师大

(四)民国十一年(1922)上海博古斋据清吴氏刊本增辑影印

参见《综录》第137页。是本凡三十种八十六卷。

华南师大　暨大　湖北大　史语　台北　师大　东海

[补录]

(五)民国二十四年至二十六年(1935—1937)上海商务印书馆《丛书集成初编》本

所据为清嘉庆吴骞辑刊朱记荣重刊本。凡十种,三十一卷。

吴氏尚辑有《拜经楼丛抄》一书,凡二十二种,二十五卷。清吴氏拜经楼抄本。上海图书馆藏本有吴骞跋。

(六)1968年台湾艺文印书馆《百部丛书集成》本

凡二十七种。四函三十六册。

湖北大

砚云又名砚云甲乙编

(清)金忠淳辑

【传录】金忠淳(生卒年未详)字古还,号砚云(一作研云)。仁和(今浙江杭州)人。候选布政司经历。为桧门总宪子,富藏书,蓄古泉币。尝纂《古泉考》,手拓泉文,面幕俱备。

【叙录】是编凡十六种,五十卷,分甲、乙二编。甲编成于乾隆四十年(1775),乙编成于乾隆四十三年(1778)。每编各八种,甲编各篇卷末均附金氏跋语,惟乙编无。所收均为明人所著笔记小说,且写本居多。明代文学、艺术、生活习俗等方面的资料较为丰富。如沈德符《顾曲杂言》专论杂剧南曲北曲之别,立说颇多精确。《四库全书总目》称:"其推原诸剧牌名,自金元以至明代,缕晰条分,征引亦为赅洽。"包汝楫《南中纪闻》记当地土风民俗,可为志乘采释。陈衎《槎上老舌》考古与古事,可取者不少。清光绪中,辑入《申报馆丛书》。甲编卷首有金氏自序。

【辑录】自序云:"王荆公云:'不读小说,不知天下大体。'自《说郛》《说海》《稗海》《秘笈》诸刻,搜罗历代,不下千百种。然彼此互见,陈陈相因。是编大率写本居多,不敢湮没前修,俾共流传。"

【版录】

(一)清乾隆中金氏砚云书屋刊本

参见《综录》第138页。诸家书目,多题名《砚云甲乙编》。

东北师大　史语　台大

(二)清光绪中申报馆刊《申报馆丛书》本

参见《综录》第227页。收入该丛书续集纪丽类。

北京　山大　安徽　民院　湖北大　北师大

[补录]

(三)清道光二十年(1840)蔡氏紫梨华馆刊本

见《北京师范大学图书馆中文古籍书目》。

(四)民国二十四年至二十六年(1935—1937)上海商务印书馆《丛书集成初编》本

所据为乾隆金忠淳辑刊本。

暨大

(五)1966年台湾艺文印书馆影印本

凡二函十五册。

湖北大

函海又名李氏函海

（清）李调元辑

【传录】李调元(1734—1802)字羹堂、赞庵、鹤洲，号雨村、重山蠢翁。四川绵州(今绵阳)人。乾隆进士。历任广东学政、直隶通永道。曾得罪权臣和珅，充军伊犁，后以母老赎归。家有万卷楼，藏书数万卷。戏曲论著有《雨村曲话》《雨村剧话》。另著《童山全集》。辑有《函海》《全五代诗》，民歌集《粤风》等。

【叙录】是编凡一百六十三种，八百五十二卷，共四十函。正值修《四库全书》搜采遗书之时，李氏得以借观内府藏书之副本。每得善本即雇人抄录，复开雕以广其传。始于乾隆四十六年(1781)，次年刻竣，名曰《函海》。其书名与宋左圭《百川学海》、明商濬《稗海》意义相同。至嘉庆五年(1800)书版运往成都，时已多残损。十四年(1809)，其弟鼎元为之校订重印。道光五年(1825)，其子朝夔复重修补刊。光绪七年至八年(1881—1882)，广汉钟登甲乐道斋刊巾箱本时，调换了原刊本中之四种。书前有李调元《函海总序》、李鼎元《重校函海序》、李朝夔《补刻函海跋》及总目。

是编初刻、续刻各二十函。一至十为自晋至明末刻之书；十一至十六专刻杨慎(升庵)未刊之书；十七至二十四则兼收各家已刻而罕见流传不广之书；二十五至四十则主要为李调元自著之书。所收多为四川人士著述，其中有关音乐、金石、民歌、俗谚方面的资料颇有价值。内自晋至明的著作占比重较大，多为未刻罕见之书。如《东原录》《雪履斋笔记》《易传灯》《刍言》《洪范统一》《旧闻证误》《珍席放谈》《常谈》《产育宝庆集》《颅囟经》《古今同姓名录》《翼玄》《月波洞中记》《省心杂言》等都世无传本，久已亡佚。是编收录明杨慎著作达四十馀种，内容包括经史、诗文、名物、笔记、杂著等。其中关于音韵、训诂方面的著述较多，对古代音韵颇有考证。杨慎著作多有散佚不全，李氏加以整理，并附序跋记其原委。另外，是编还收录了李氏自己的著述近四十种，内容有经史考订、文字音韵、笔记杂录、诗文评论、金石碑刻以及诗文集等，其一生的大部分著述基本囊括在内。《清史列传》称其"表彰先哲，嘉惠来学，甚为海内所称"。

【辑录】李调元《函海总序》云："余不能化于书，而酷有嗜书癖。通籍后薄游京师，因得遍访异书，手自校录。然自《汉魏丛书》《津逮秘书》而外，苦无足本。幸际圣天子重修《永乐大典》，采遗书，开四库……余适由广东学政任满，蒙特恩监司畿辅，去京咫尺，而向在翰院同馆诸公又时获鳞素相通，因以得借观天府藏书之副本。每得善本，辄雇胥录之，始于辛丑秋，迄于壬寅冬，裒然成帙，真洋洋大观矣……有客谀余所好，劝开雕以广其传，遂欣然为之。余蜀人也，故各书中，于锦里诸耆旧著作，尤刻意搜罗，梓行者居其大半。而新都升庵，博学鸿文，为古来著书最富第一人。现行世者除文集、诗集及《丹铅总录》而外，皆散轶不传，故就所见已刻未刻者，但睹足本，靡不收入。书成，分为四十函。……拙纂名曰《函海》，盖非徒夸富丽，实恐年衰，欲借读书以化其凿枘不入之顽质也。”

李鼎元《重校函海序》云：“吾兄《函海》之刻，流传海内已廿有年，而读者每以鲁鱼豕亥、脱文阙简为病，莫从而校正之，是亦读书者之过也。余性拙，既不能读，又无力以刻，就每读古人书，必精求其音义，辨其近似，期于无讹而后已。向尝读《函海》初刻，校其讹脱，汇为一册，寄雨村改正，未至而雨村卒。客岁，余以忧归，得昼读其归田后所著及续刻诸书，以二十函亦颇有前刻之病，因合四十函重加校正。讹者正之，脱者补之，残毁者足之，阙文者仍之。虽未敢定为善本，然亦可以告无罪于雨村矣。”

李朝夔《补刻函海跋》云：“先大夫是书梓行海内久矣。自嘉庆庚申避寇蓉城，往来车载，不无十一之损。越壬戌，先大夫见背，夔惟谨藏此板，以期世守而已。后叔墨庄自京艰归，不忍残缺以废先君之举，爰加校订，亦大苦心。奈书板繁多，残缺得补者半，而待补者亦半，论者究多太璞不完之叹。夔痛先人之手泽犹存，字字皆心血所费，刻志搜求。因获初刊原版所印全部，急照残缺者逐篇抄录，付梓补入。又以诸板字半模糊者亦改易其板，历三寒暑而工始竣。窃幸是书此后复归完美，庶几世之读此书者无残缺之憾，即先大夫之灵亦可稍慰九原矣。”

【版录】

（一）清乾隆中绵州李氏万卷楼刊嘉庆十四年(1809)李鼎元重校印本

参见《综录》第 138 页。是刻有李调元《函海总序》及李鼎元《重校函海序》。杨家骆《丛书大辞典》收有《续函海》六函十种，亦李调元辑，清嘉庆六年(1801)万卷楼刊本。兹录子目如次，供参考：

第一函

《长短经》九卷　(唐)赵蕤撰

第二函

《杨诚斋诗集》十卷　(宋)杨万里撰

第三函

《环溪诗话》一卷　(宋)吴沆撰

《金德运图说》一卷　(金)张行简等撰

《韶舞九成乐补》一卷　(元)余戴撰

《清脾录》四卷　〔朝鲜〕李德懋撰

《唾馀新拾》三卷　(清)李调元撰

第四函

《新搜神记》十二卷　(清)李调元撰

《榜样录》二卷　(清)李调元撰

第五函

《雨村诗话》上(卷一至八)　(清)李调元撰

第六函

《雨村诗话》下(卷九至十六)　(清)李调元撰

《雨村诗话补遗》四卷　(清)李调元撰

(二)清道光五年(1825)李朝夔补刊印本

参见《综录》第138页。是刻有李朝夔《补刻函海跋》。半叶十行二十字,花口,四周双边。考是书总目,有五种注明附刻:《伸蒙》(第三函)、《采石瓜州记》(第六函)、《三国纪年》(第九函)、《名画神品目》(第十五函)、《升庵先生年谱》(第十八函)。

华南师大　暨大

(三)清光绪七年至八年(1881—1882)广汉钟登甲乐道斋刊本

参见《综录》第141页。是为重订本。书名或题《重订函海》,或题《李氏函海》。钟氏重刊时,对原刊本之编次作了变动,并删去其中四种:《四家选集》《万善堂诗文集》《童山诗文集》《左传事纬》。增加五种:《长短经》《童山诗音说》《春秋左传会要》《诸家藏书簿》《井蛙杂记》。

中大　华师大　东研

[补录]

(四)清乾隆间刊本

见杨家骆《丛书大辞典》著录,并引李氏后序,称是书始于乾隆四十三年(1778),迄于四十九年(1784),阅六年所刻成。是刻不分函,而分二十四集,较《综录》所列子目多十八种:

《反离骚》一卷　(汉)扬雄撰

《异鱼图赞闰集》一卷　(清)胡世安撰

《尚书古字辨异》一卷　[以下(清)李调元撰]

《童山诗音说》四卷

《春秋左传会要》四卷

《扬杨字录》二卷

《蠏林冗笔》四卷

《骨董志》十二卷

《史说》五卷

《官话》四卷

《剧话》四卷
《弄谱》一卷
《东海小志》二卷
《唾馀新拾》十卷续六卷补二卷
《井蛙杂记》十卷
《汇音》二卷
《粤东观海集》十卷(未见)
《合字注》一卷

较《综录》所列子目少十四种:《心要经》《尚书古文考》《左传事纬》《博物要览》《通俗编》《四家选集》《万善堂集》《李石亭论文集》《全五代诗》《童山诗集》《童山文集》《粤东皇华集》《淡墨录》《罗江县志》。

(五)民国二十四年至二十六年(1935—1937)上海商务印书馆《丛书集成初编》本

所据为清乾隆李调元刊本。

暨大

(六)1968年台湾艺文印书馆影印本

凡一百二十二种,一百九十二册。见《湖北大学中文古籍书目》。

经训堂丛书

(清)毕沅辑

【传录】毕沅(1730—1797)字纕蘅,一字秋帆,自号灵岩山人。江苏镇洋(今太仓)人。乾隆进士。官至湖广总督,兵部尚书。好著书,铅椠不去手。经史小学、金石地理之学无所不通。所著有《续资治通鉴》《灵岩山人诗文集》等。所辑校注释之书汇刻成《经训堂丛书》。

【叙录】是编凡二十一种,一百六十二卷。所收主要为毕沅校辑或注释的重要古籍。内容包括子书、地志、金石、小学之书。时毕氏官陕西巡抚,招致学者洪亮吉、孙星衍、汪中等共同校理。其中《山海经》《吕氏春秋》《释名疏证》等校本尤为精善。其他如《晋太康三年地记》《王隐晋书地道记》《长安志》《三辅黄图》等书流传极少,为研究西北古史地的重要参考资料。《山海经》在流传过程中,曾多次被增删窜改,郭璞虽然为之作注,难读依然如故。毕沅对此作了全面细致的校订。一考篇目,专门写了《山海经古今本篇目考》,对此书历代篇目、卷数的增减变化做了叙述。二考文字,引据史传,又证以《玉篇》《广韵》,改正了许多错讹。三考山名,"考证地理,则本《水经注》,而自九经笺注、史家地志、《元和郡县志》《太平寰宇记》《通典》《文献通考》《通志》及近世方志,无不征之"。前后历时五年,费功颇多,遂为善本。《吕氏春秋》是依据元大字本，参考其他各本，由卢文弨总其成的。征引了《史记》《汉书》《意林》《黄氏日抄》《子略》《蔡中郎集》《文献通考》等十多种书。校勘细致，一扫明刻之陋习，成为后世注目的最佳校本。《释名疏证》对汉末刘熙《释名》的成书年代作了考证，取群经及《史》《汉》书注、唐宋类书、道释二藏以阐释《释名》的内容，并纠正其缺失，“诚为善本，自此学者易以循诵”(周中孚《郑堂读书记》)。可见，这是一部以考订校注古籍精善而见长的综合性丛书。每部书之序，并将各书的作者、篇目、卷数在历代史书艺文志、经籍志的记载，都备列在前，以便溯其源流、究其变化。所校之书，充分发挥了考据学、训诂学的作用，多有新的突破。这部丛书对古籍整理的贡献颇大，具有很高的价值。

【版录】

(一)清乾隆中镇洋毕氏刊本

参见《综录》第143页。是刻约成于乾隆四十八年至五十五年(1783—1790)。《北京师范大学图书馆中文古籍书目》著录为“乾隆四十八年灵岩山馆刻本”，半叶十一行二十二字，小字双行同，黑口，四周单边。据是书所附《经训堂发兑书目》，尚有《乐游联唱集》二卷，而《综录》所列《晏子春秋》《中州金石记》二书则未见。

山西　山西师大　暨大　东研　史语　台大

(二)清光绪十三年(1887)上海大同书局据清毕氏刊本景印

参见《综录》第143页。《综录》所列子目及编次盖即是本。亦无《乐游联唱集》二卷。

暨大　湖北大

[补录]

(三)民国二十四年至二十六年(1935—1937)上海商务印书馆《丛书集成初编》本

所据为清乾隆毕沅校刊本。《丛书集成初编目录》提要云：“当开府西安之时，经术湛深之士，如孙星衍、洪亮吉、汪中辈，皆从之游。是编所辑，有校正《吕氏春秋》一种，盖欲远比文信之咸阳蓄养宾客也。于关中舆地金石，亦有荜路蓝缕以启山林之功。其他各书，大半为毕氏校正及自撰之作，然亦幕府群贤赞襄之力为多。”

暨大

(四)1969年台湾艺文印书馆影印本

凡四函四十四册。见《湖北大学中文古籍书目》。

贷园丛书初集又名贷园丛书

(清)周永年辑

【传录】周永年(1730—1791)字书昌，号林汲山人，室名水西书屋。历城(今山东济南)人。乾隆进士。召修《四库全书》，子部书提要多出其手。后改庶吉士。授翰林院编修。生而好学,嗜聚书,弃产营书,储藏近十万卷。邀曲阜桂馥买田筑“借书园”以贮之,招致来学。提倡集合儒书,与释藏、道藏鼎足而三。其本意实欲在全国普遍设立规模宏大的公共图书馆。著有《儒藏说》一卷,辑《先正读书诀》一卷,自编《水西书屋藏书目录》(又名《借书园书目》)五卷,后人为之编《林汲山房遗文》。

【叙录】是编凡十二种,四十九卷。原为李文藻所刊。李文藻(1730—1778)字素伯,又字茝畹,号南涧远子,室名竹西书屋。山东益都(今青州)人。乾隆进士,官桂林府同知。周永年与之交往三十年,相聚及书信往来,无不言抄书之事。及李文藻官恩平、潮阳时,已刻书十馀种,其原本多得之永年。文藻卒,永年于乾隆五十四年(1789)为之印行。有序云:“尚思续刻以益之,凡藏弆书版者,又将多所借以广之。”然是编止于初集,所收多半为戴震、惠栋、江永、钱大昕诸学者研治经学、音韵学之作。实开刻有清一代考据书籍之先河。

【版录】

(一)清乾隆五十四年(1789)历城周氏竹西书屋据益都李文藻刊版重编印本

参见《综录》第144页。“竹西书屋”当为李文藻之室名,周氏室名为“水西书屋”。

中大　华师大　湖北大　史语　台大　东研

[补录]

(二)清重刊本

《杭州大学图书馆线装书总目》著录有“清乾隆五十八年刻本”。

(三)民国二十四年至二十六年(1935—1937)上海商务印书馆《丛书集成初编》本

题名《贷园丛书》。所据为清乾隆周永年辑李文藻刊本。

暨大

(四)1966年台湾艺文印书馆影印本

题名《贷园丛书》。凡十种,二函十四册。见《湖北大学中文古籍书目》。

紫藤书屋丛刻

(清)陈□辑

【传录】秀水陈氏,佚名。

【叙录】是编凡六种,十四卷。收录南北朝、唐人著述各一种,宋人著述四种。包括:(1)《五代史补》五卷(宋陶岳撰)。因嫌薛居正等《五代史》尚多阙略,遂采五代十国遗事琐闻编次成书。所载事迹,本末具详,可补薛氏所不及。(2)《五代史阙文》一卷(宋王禹偁撰)。宋初薛居正等《五代史》成,王氏作此书以补其阙。王士禛《香祖笔记》云:“王元之《五代史阙文》仅一卷,而辨正精严,足正史官之谬。”(3)《五代春秋》二卷(宋尹洙撰)。

所载始梁太祖开平元年甲子，迄周显德七年正月甲辰。《四库全书总目》入存目，提要称其“笔削颇为不苟，多得谨严之遗意，知其《春秋》之学深矣”。(4)《五国故事》二卷(宋佚名撰)。其书纪吴杨氏、南唐李氏、蜀王氏、南汉刘氏、闽王氏之事，称曰“五国”。《四库全书总目》称其“实则小说之体，记录颇为繁碎”。(5)《诗品》二卷(梁钟嵘撰)。此书专论五言诗，收汉至齐梁较有成就诗家百馀人，别其等第，评其优劣。《四库全书总目》称其“皆妙达文理，可与《文心雕龙》并称”。(6)《诗品》一卷(唐司空图撰)。是书分二十四品，每一品各以十二句韵语勾勒特色。《四库全书总目》称其“深解诗理”。是编刻于清乾隆五十七年(1792)。

【版录】

清乾隆五十七年(1792)秀水陈氏刊本

参见《综录》第 144 页。《综录》所列凡十三卷。据《中国古籍善本书目》，辽宁省图书馆和福建师范大学图书馆均有全帙，凡十四卷。其中钟嵘《诗品》作三卷，与《四库全书总目》著录合。

天津图书馆不全。复旦大学图书馆仅存四种十卷，有清黄丕烈校，子目缺《综录》所列末二种。

龙威秘书

(清)马俊良辑

【传录】马俊良(生卒年未详)字嵰山。浙江石门(今桐乡)人。乾隆进士。官内阁中书。博极群书，通籍后以著书自娱，以育材自任。历主书院讲席，成就甚多。所著有《易家要旨》《春秋传说荟要》《禹贡图说》《嵰山诗草》等书。

【叙录】是编凡一百七十七种，三百二十三卷。全书分十集，每集各八册，每集卷首均有马氏序言。并贯以类名，概述其内容：一集汉魏丛书采珍(收明汪士汉《秘书二十一种》未录及未见专刻者)，二集四库论录(由《知不足斋丛书》采入)，三集历代诗话，四集晋唐小说畅观(由《太平广记》采入)，五集古今丛说拾遗，六集丽体金膏(一名拜飏集，专录马俊良所辑的《名臣四六奏章》)，七集吴氏说铃揽胜(由《说铃》采入)，八集西河经义存醇(专收毛奇龄所著书)，九集荒外奇书，十集《说文解字系传》(南唐徐锴撰)。所辑自汉魏至明清地理杂记与诗词小说著作，经史子集兼采，尤以汉晋唐宋小说居多。大致前五集为清以前的小说、变文、笔记杂著，后五集为清人史地、经义著述，是一部颇具文艺价值的丛书。卷首马氏自序云：“爰取汉魏以来丛说之隽雅者，汇成一书。”又引《云笈七签》所记：“吴王阖庐游苞山，见一人姓山名隐居，入洞庭之石城，取素书一卷呈阖庐。其文篆书不可识，问孔子，孔子曰‘龙威丈人山隐居，北上苞入灵墟’。乃入洞窃禹书。”故名曰《龙威秘书》。

【版录】

（一）清乾隆五十九年（1794）石门马氏大酉山房刊本

参见《综录》第144页。

中大　史语　台大　台北　东研

［补录］

（二）清乾隆四十七年（1782）世德堂刊本

《山西省古籍善本书目》著录。凡十集，三百零五卷。与《综录》所列子目比较，第五集少《少娥传》一卷，第八集少《明堂问》一卷，余无大的差异。祁县图书馆收藏。

（三）清嘉庆元年（1796）刊本

是为巾箱本。第二集封面镌“嘉庆元年新刊”“浙江石门马氏家藏”诸字。半叶九行二十字，细黑口，左右双边。据其纸质、字体、墨色等，当为坊间翻刻本。与《综录》所载并非同版。杨守敬《增订丛书举要》有“江西翻刻本”，疑即是刻。

广东　华南师大　暨大　湖北大

（四）民国二十四年至二十六年（1935—1937）上海商务印书馆《丛书集成初编》本

所据为清乾隆马俊良辑刊本。1937年上海中央书局曾排印其中“晋唐小说畅观”单独发行。

（五）1968年台湾艺文印书馆影印本

据清乾隆五十九年（1794）马氏大酉山房本影印。十函一百十八册。《湖北大学中文古籍书目》著录为一百零三种。

（六）1993年江苏广陵古籍刻印社影印本

石研斋四种

（清）秦恩复辑

【传录】秦恩复（1760—1843）字近光，一字澹生，号敦夫，晚年自号猬翁。江苏江都（今扬州）人。乾隆进士，官编修。曾主讲诂经精舍、乐仪书院。工填词，喜藏书画碑帖金石，精于鉴藏。所居五笥仙馆、享帚精舍，藏书处曰石研斋，蓄书逾万卷。有《享帚词》《石研斋集》。自编《石研斋书目》四卷。辑刊《享帚精舍词学丛书》等。

【叙录】是编凡四种，二十七卷。所收均为杂史、周秦诸子及杂学之书。包括：(1)《奉天录》四卷（唐赵元一撰）。叙“建中四年，襄阳节度使检校右仆射梁崇义握兵不朝，达二十年，德宗乃命诸节度使讨之。淮宁节度同平章事、汉南汉北招讨使李希烈自谓克敌有功，借襄阳平叛之机反击朝廷，天下大乱。德宗出走奉天（陕西乾县），朱泚乘势攻入长安称帝，自号‘应天’。次年，李希烈建年号‘武成’，德宗力调众节度使合力围剿，兴元元年七月灭朱泚，贞元二年灭李希烈”之事实。记叙详细，史料可靠，可证《旧唐书》《新唐书》之舛误。(2)《列子》八卷附卢注考证一卷(周列御寇撰，唐卢重元注)。内容驳杂，多为民间故事、寓言和神话传说，以之寓托思想。(3)《鬼谷子》三卷附《篇目考》一卷(梁陶弘景注)。论纵横论辩之道，乃战国纵横家之祖。(4)《封氏闻见记》十卷(唐封演撰)。前六卷记典章制度和风俗习惯，七、八两卷记古迹和传说，末二卷记当时士大夫轶事。考据该洽，论辩详明，颇具史料价值。

【版录】

清乾隆至道光间江都秦氏享帚精舍刊本

参见《综录》第147页。据《藏园订补郘亭知见传本书目》，有《石研斋校刻书八种》，著录为“清乾隆、嘉庆、道光间续刊本”。除《综录》所列子目外，尚有五种：《隶韵》十卷(宋刘球撰)附《隶韵考证》二卷、《碑目考证》一卷(清翁方纲撰)、《骆宾王文集》十卷(唐骆宾王撰)附《考异》一卷(清顾广圻撰)、《李元宾文集》六卷(唐李观撰)、《吕衡州文集》十卷(唐吕温撰)附《考证》一卷(清顾广圻撰)。傅增湘跋是书云：“内《奉天录》《鬼谷子》颇罕见。《骆宾王集》从宋蜀本出，顾千里为之撰《考异》。校勘精审，镌工秀美，与缪刻《李太白集》同为清人覆宋刻唐人集中佳品。”

《中国古籍善本书目》收录北京大学图书馆藏本。著录为“清嘉庆道光间秦氏石研斋刻本”。凡七种，六十卷。较傅增湘著录少《封氏闻见记》一种。

岱南阁丛书

(清)孙星衍辑

【传录】孙星衍(1753—1818)字渊如，号伯渊。阳湖(今江苏常州)人。乾隆五十二年(1787)进士。历任编修，刑部主事、郎中，山东督粮道、布政使等职。以所居当岱山之南，颜其斋曰“岱南阁”。博极群书，精经史、文字、音训之学，尤长于校勘。校刊《平津馆丛书》等。自著有《尚书今古文注疏》《周易集解》《寰宇访碑录》《史记天官书考证》《孙氏祠堂书目》等。

【叙录】是编大字本凡十六种，一百五十四卷。巾箱本凡五种，二十四卷。大字本刻于乾隆五十年至嘉庆十四年(1785—1809)间。巾箱本刻于嘉庆三年(1798)。所收之书，大都孙氏官东鲁时所辑，故以“岱南阁”名书。诸书大体可分为四类：一是影宋元刻本。如宋本《古文苑》、元本《故唐律疏议》《宋提刑洗冤集录》等。其中《故唐律疏议》字画精致，乃秘府所藏，士人罕见，是研究唐代刑法和刑法史的重要资料。二是孙氏订补校勘之作。杜预《春秋释例》援据《春秋》经传，与《春秋集解》一经一纬，相为表里。其中经传长历则备成一家之学。但此书自明以来久佚，后从《永乐大典》辑出。可是多有脱文，舛误不可缕数。孙氏经过认真校订始复旧观。《元和郡县志》乃我国现存最早的古代总地志。所载皆有所本，史料价值超过新旧《唐书·地理志》。但此书流传已久，缺佚很多，错误亦不少。经过孙氏初步校对，补缺行脱句二十多条，正脱讹字一千馀处。又与《太平御览》《玉海》《通典》《唐六典》等书参校，得补遗十多条，正讹四百馀处，并得逸文四十馀条。使其大为完备。三是孙氏辑佚之书。包括《苍颉篇》《燕丹子》《括地志》等。其中《括地志》是唐代分道计州的地志。到南宋时此书已经亡佚。孙氏从《史记》《通典》《太平御览》《太平寰宇记》等许多书中广为搜辑，历经七载，终成八卷。四是孙氏自著诗文。包括《问字堂集》《岱南阁集》《泲上停云集》《平津馆文稿》《五松园文稿》《嘉谷堂集》《急就章考异》等。

【辑录】 民国十三年(1924)上海博古斋影印本有刘承幹《重印岱南阁丛书序》。序云："阳湖孙渊如先生，自少以辞章擅名，登上第扬历中外，声施烂然。中年以后，覃精汉学。好聚书，精校勘。遂为考据专家，今所传《岱南阁丛书》，多经其手校。他若《古文尚书马郑注》《苍颉篇》皆已逸，其书为所补辑。其《问字堂》诸集，皆其所作词章。合而观之，可以知先生宏览多闻，非中知以下所及。柳君蓉村取以重印，不徒传先生之学，亦可为艺林之津筏也。"

【版录】

(一)清乾隆嘉庆间兰陵孙氏刊本

参见《综录》第 147 页。是为大字本。凡十六种，一百五十四卷。刊于乾隆五十年(1785)至嘉庆十四年(1809)间。《丛书集成初编目录》称是刻凡十八种。杨家骆《丛书大辞典》所列则为十九种，较《综录》所载，多清张敦仁著作三种：《盐铁论》十卷(汉桓宽撰)附《考证》一卷、《辑古算经细草》三卷、《求一算述》三卷。

东研

(二)清嘉庆三年(1798)兰陵孙氏沇州刊本

参见《综录》第 147 页。是为巾箱本。又名《岱南阁巾箱本丛书》。凡五种，二十四卷。《综录》止列四种，失收《周易集解》十卷(清孙星衍辑)。是书朱学勤《汇刻书目》亦见载。

湖北大　史语

(三)民国十三年(1924)上海博古斋据清孙氏刊本景印

参见《综录》第 147 页。是本凡十九种。《综录》所列止十六种，失收三种。子目名称与杨家骆《丛书大辞典》所列同。参见是丛书"乾隆嘉庆间兰陵孙氏刊本"标注。

[补录]

(四)民国二十四年至二十六年(1935—1937)上海商务印书馆《丛书集成初编》本

所据为清嘉庆孙星衍校刊本。凡二十三种，一百七十三卷。其子目种数、卷数乃大字本及巾箱本之和。《丛书集成初编目录》提要云："又有巾箱本，凡五种，曰《周易集解》、曰《周易口诀义》、曰《夏小正传》、曰《急就章考异》、曰《王无功集》。其第五种通行本多佚去,此独全。”

(五)1967年台湾艺文印书馆影印本

凡二十种。见《湖北大学中文古籍书目》。

平津馆丛书

(清)孙星衍辑

【传录】参见《岱南阁丛书》。

【叙录】是编凡四十三种,二百五十四卷。乃据孙氏家藏、购置、转抄之上古至清代著述汇辑而成。全书以天干分为十集。所收亦如《岱南阁丛书》,包括影刻、订补、校勘、辑佚及自著诗文。其中校订注释古籍的成果最为显著。内影刊之书有宋本《魏武帝注孙子》《吴子》《司马法》三种兵书。影刊各书,使善本能保存原貌,广为流传。订补校勘之书有《穆天子传》《渚宫旧事》《华氏中藏经》《尚书今古文注疏》等。所订补校勘之书,多据旧本,广泛参校,删衍补缺,使之成为更好的校本。辑佚之书有《尸子》《物理论》《燕丹子》《续古文苑》等。孙氏自著之书有《寰宇访碑录》《魏三体石经遗字考》以及重编《古刻丛钞》等。这些著作对于金石碑刻、文字之学和历史考证都很有价值。

【辑录】是编所收诸子杂史,均据善本,校勘尤精,多出自顾广圻之手。其所收书“若其宋椠,孤留名钞。仅见道宫探闷,洋舶征奇,乃几佚而复存,庶经幽而弥显。亦有讹替相仍,残馀莫悟,乍多方以补全,追累勘而订正于焉……至于无用之说,不急之辨,均归淘汰,靡使厕羼”。

清光绪十一年(1885)陈其荣《重刻平津馆丛书十集序》称是编:“初印者六集,嗣及八集,而十集全备者少焉。或疑当时刻犹未竣,更为后人所补者。”然孙氏自序云:“自甲到癸,终始十集,最目具详。叙例咸备,聊署平津之馆,敢悬咸阳之门。”据此,知嘉庆时,是书已备十集,中更兵燹,原版尽毁,书亦仅存。至光绪十一年(1885),吴县朱记荣取十集重为校刊。书前有孙氏自序以及陈其荣、闵萃祥、朱记荣《重刊平津馆丛书序》,自述重刊之意甚详。清嘉庆十七年(1812)孙氏自序云:“仆家守传书,身窥秘籍。少耽研涉,长历宦游,恒购书于贾人。每假钞于好事,见闻颇多,录略粗周,加以耻说收藏,乐为流布,时从铅椠之间辄有枣梨之役。”

华亭闵萃祥《重刊平津馆丛书序》云:“先生沉潜经学,泛滥百家,又富于收藏。笃嗜比勘,虽历官中外,殆不稍辍。而于表彰遗逸,奖掖后进,汲汲惟恐不及。闻有善本,必多方求致之。故凡著录莫不美善,而自撰集者尤精确不易。如《尚书今古文注疏》一书,积二十馀年之力而后成,其专心致志类可见已。且其所荟萃,一以有资于学艺为宗,迥非他家丛书取盈卷帙者比宜乎。四海风行，不胫而走。乃自粤匪之乱，故家典籍被毁无遗。是书旧板遂不可复问，书亦少有传者。迄今承平二十年来，学者慨慕其书，辄以不得一见为憾。”

吴县朱记荣序云：“窃读阳湖孙渊如氏所辑《平津馆丛书》而叹鉴别之精，校订之确，洵能备三善而绝五弊，宜其高出诸家丛书之上，而足为后世之规模已。”

嘉兴陈其荣序云：“先生所刻《平津馆丛书》视《岱南阁》所辑种类较多。其中诸于杂史均据善本，校勘尤精。间有借助于友朋，若《穆天子传》《竹书纪年》则知为临海洪君颐煊所校正者也。”

【版录】

（一）清嘉庆中兰陵孙氏刊本

参见《综录》第 148 页。是刻当时印行较少，后遇战祸，原版尽毁。

湖北大　史语

（二）清光绪十一年（1885）吴县朱氏槐庐家塾刊本

参见《综录》第 148 页。是刻鉴别精细，校订准确，是个比较好的刊本。凡半叶十一行二十字，白口，左右双边。有刻工。书前有闵萃祥、朱记荣、陈其荣重刊序及孙氏自序。并增刊陈其荣重校继昌《抱朴子校勘记》二卷逸文二卷。又附道藏本《朴书》四种。暨南大学图书馆藏本子目编次与《综录》不同：

甲集：《六韬》至《琴操》共十七种。

乙集：《穆天子传》至《秘授清宁丸方》及《建立伏博士始末》共九种。

丙集：《寰宇访碑录》一种。

丁集：《说文解字》和《渚宫旧事》共二种。

戊集：《三辅黄图》和《孔子集语》共二种。

己集：《古刻丛钞》和《尚书考异》共二种。

庚集：《续古文苑》一种。

辛集：《抱朴子内外篇》一种。

壬集：《尚书今古文注疏》一种。

癸集：《芳茂山人诗录》和《长离阁诗集》二种。

《抱朴子》尚有附篇十卷。此为朱氏增刊，版心署“行素堂校刊”，内有光绪十五年陈其荣重校跋文。子目包括：《抱朴子校勘记》二卷（清继昌撰）、《抱朴子佚文》二卷（清继昌辑）。《抱朴子神仙金汋经》三卷、《抱朴子养生论》一卷、《大丹问答》一卷、《抱朴子别旨》一卷。又《寰宇访碑录》尚有附刊谬一卷（民国罗振玉撰）。

中大　华南师大　暨大　东研

[补录]

（三）民国二十四年至二十六年（1935—1937）上海商务印书馆《丛书集成初编》本

所据为清嘉庆孙星衍校刊本。

(四)1967年台湾艺文印书馆印本

据清嘉庆孙星衍校刊本影印。凡三十八种。见《湖北大学中文古籍书目》。

汗筠斋丛书第一集一名兰芬斋丛书初集

(清)秦鉴辑

【传录】秦鉴(生卒年未详)字照若,嘉定(今上海嘉定)人。生平事迹未详。

【叙录】是编凡四种,二十一卷。刊于嘉庆初年,只辑成第一集。所收皆清钱东垣一门之著述。包括:(1)《郑志》三卷附录一卷。钱东垣与其弟绎校订。记郑玄死后,门人赵商、张逸等述其问答之词。其中有关经传疑义阐释较多。唐刘知几《史通》称:“郑弟子追论师说及应答谓之《郑志》。”(2)《崇文总目》五卷补遗一卷附录一卷。东垣与其弟绎、侗辑释。是目汇集宋时宫中昭文、史馆、集贤、秘阁四馆藏书而成。著录图书三千四百四十五部,三万零六十九卷。全书分四部四十五类,各类有序,各书有释(即提要)。此目元初已无完本,明清仅存简目流行。今通行之本,乃钱东垣等从《欧阳文忠公集》《玉海》《文献通考》中辑出。《四库全书总目》据《永乐大典》本作十二卷。提要称:“数千年著作之目,总汇于斯。百世而下,藉以验存佚,辨真赝,核同异,固不失为册府之骊渊,艺林之玉圃也。”(3)《后汉书补表》八卷。清钱大昭撰。钱氏以为熊方《补后汉书表》取材既隘,体例亦疏。遂于正史外,兼采山经、地志、金石、子集,得诸侯王、王子侯、功臣侯、外戚恩泽侯、宦官侯等九百馀人,均各为表。于互异处,详加考订,裁为是书。体例依《汉书》而有所变通。(4)《九经补韵》一卷附录一卷。钱侗考证。是书盖因官韵漏略,拟摭九经之字以补之。所补凡七十九字。《四库全书总目》称:“其书考据经义,精确者颇多。”所刊四种均为钱氏父子兄、弟辑释和考证之作。鉴与钱氏同里,故为辑刻流传。据钱侗序及其后跋,鉴亦参与了《崇文总目》和《九经补韵》的校辑工作。民国间,收入《丛书集成初编》。

【版录】

(一)清嘉庆三年至四年(1798—1799)嘉定秦氏刊本

参见《综录》第149页。

[补录]

(二)民国二十四年至二十六年(1935—1937)上海商务印书馆《丛书集成初编》本

所据为清嘉庆秦鉴校刊本。凡四种,十七卷。

(三)民国间严一萍补辑本

见《湖北大学中文古籍书目》。

(四)1969年台湾艺文印书馆影印本

据民国严一萍补辑本影印。仅二种。见《湖北大学中文古籍书目》。

读画斋丛书

(清)顾修辑

【传录】顾修(生卒年未详)字仲欧,号松泉,又号菉涯。嘉庆间浙江石门(今桐乡县西南崇福镇)人,寄籍桐川。诸生。工诗画,好藏书,藏书处名读书斋,目鉴手钞无虚日,以其所藏者汇刻为《读画斋丛书》。又有《南宋群贤小集》《汇刻书目初编》。自著有《读画斋学语草》《百叠苏韵诗》等。

【叙录】是编凡四十六种,一百九十九卷。全书以天干为序,分甲至辛八集。选辑经史考据、书画、诗话、笔记等实用之书。其中,尤以甲集四种研究《文选》著作最具特色,为治《文选》学之指南。其馀乙集至辛集,则多为考据经史之作。主要的笔记杂录有《金华子杂编》《泊宅编》《洞天清禄集》《隐居通议》等。这些书之原本多已亡佚,所记之事亦多为它书所未载,足与正史相参证。在绘画方面值得注意的有《读画录》《明画录》等,都是研究绘画史的重要资料。另外,《刘涓子鬼遗方》乃是编所收唯一的一部医学著作,南齐龚庆宣所作。叙述了痈疽病因及鉴别治疗、金疮外伤治法、小儿热毒及火伤病的治法,反映了古代外科技术和医疗成就,是我国现存较早的外科专著,《四库全书》没有收录。

是编全仿鲍廷博《知不足斋丛书》例,题不以时代限,又不以四部分第。顾氏每得一书,必与当时的校勘专家鲍廷博、孙志祖商榷而定,各书又经同时人徐鲲点勘。其校雠之精,堪与鲍书媲美。

【版录】

(一)清嘉庆四年(1799)桐川顾氏刊本

参见《综录》第 149 页。

华南师大　史语　台大　东研

[补录]

(二)民国二十四年至二十六年(1935—1937)上海商务印书馆《丛书集成初编》本

所据为清嘉庆顾修辑刊本。凡四十八种,一百九十九卷。

(三)1968 年台湾艺文印书馆影印本

据清嘉庆四年(1799)桐川顾氏刊本影印。凡四十一种。见《湖北大学中文古籍书目》。

宛委别藏

(清)阮元辑

【传录】阮元(1764—1849,一作1845)字伯元,号芸台。江苏仪征人。乾隆进士。选翰林院庶吉士、编修,充国史馆总裁。历官山东学政,浙江、江西、河南巡抚,湖广、两广、云贵总督。道光时官至体仁阁大学士,加太傅。历官中外,所至以提倡学术自任。在史馆倡修儒林传,在粤设学海堂,在浙设诂经精舍,提倡朴学。勤于学问,于经史、文字、天文、历算、舆地、金石、校勘等都有精深造诣。所著《畴人传》《积古斋钟鼎彝器款识》,是研究我国历代天文学家、数学家生平和古文字学的重要参考资料。论文重文笔之辨,以用韵对偶者为文,无韵散行者为笔,提倡骈偶,对桐城派"古文"的形式有所不满。又长于文献编纂整理,曾校刊《十三经注疏》,汇刻《学海堂经解》等。编著有《经籍纂诂》《揅经室集》《皇清经解》《四库未收书提要》《畴人传》《两浙金石志》《积古斋钟鼎彝器款识》等。

【叙录】是编凡一百六十一种,一千七百零二卷。阮元官浙江学政巡抚时,遍访东南秘籍,凡宋元以前为四库未收、存目未载者,均为收录,共得一百六十馀种。经鲍廷博、何元锡等审订,并仿《四库全书》例,每书均有提要一篇,刊入《揅经室集》中,其弟亨及子福均有记录。后依经、史、子、集次第重编,易名《四库未收书目提要》。嘉庆时又随书奏进,仁宗赐名"宛委别藏",以补全书之阙。宛委,山名,传说中夏禹登此山得金书玉帛,因以名其书。所收各书均据旧本精抄影写而成,原本一直保存在皇宫之中,未有刊本流传。中华人民共和国成立前夕,是书曾被运往台湾。1935年故宫博物院曾委托商务印书馆选辑世无刊本者四十种,由上海商务印书馆影印出版,名曰《选印宛委别藏》。1981年台湾商务印书馆将《宛委别藏》全部影印出版。1988年江苏古籍出版社又据此影印。

是编所收之书包罗四部,涉及经学、历史、地理、文学、科学等多方面内容,且无《四库全书》增删篡改之病。内多为世罕流传的珍本,其中宋元刻本各一种,宋元抄本三十六种,馀亦为稀见难得之书。如《皇宋通鉴长编纪事本末》《道德真经补》《小儿病源方论》《蚁术诗选》《蚁术词选》《钓矶文集》《续复古编》《诗义指南》《建炎笔记》《招捕总录》等,传本极稀,各家书目罕有著录,均为难得之书。这些书可补《四库全书》所佚,有的则是《四库全书》所载某些书之续编,还有一些是在中国亡佚失传,而在日本却保存完好之佚书。如《难经集注》《五行大义》《群书治要》《文馆词林》《臣轨》《乐书要录》《泰轩易传》《玉堂类稿》《两京新记》等。

【版录】

(一)原稿本

参见《综录》第151页。本藏北京图书馆。

［补录］

(二)1981 年台湾商务印书馆影印本

凡一百二十册，共收书一百六十种，比阮元《四库未收书目提要》所载一百七十五种少十馀种。原书分类混乱，袁同礼曾按经、史、子、集四部重新分类。台北影印本即以此为基础作了调整，使分类趋于合理。

暨大

(三)1988 年江苏古籍出版社据台湾商务印书馆本影印

湖北大

选印宛委别藏又名宛委别藏四十种

故宫博物院辑

【传录】1924 年 10 月 23 日，冯玉祥发动北京政变，软禁了当时的总统曹锟，由黄郛组织摄政内阁，代行大总统职务。他还废除了皇帝的“尊号”，并于 11 月 5 日将溥仪驱逐出故宫，11 月 24 日，由社会各界知名人士和政府官员组成办理清室善后委员会，清点清宫遗物，处理各种善后问题。当时的摄政内阁发布命令，(清室善后)委员会结束之后，即将宫禁一律开放，备充国立图书馆、博物馆之用。

1925 年 10 月 10 日在故宫的乾清门内举行了故宫博物院的开幕典礼。博物院以故宫为院址，主要职责是收藏、整理、保管和利用清宫所遗留的国宝、文物、图书、档案，最后，确定成立故宫博物院，院中设立两大馆：图书馆、古物馆。图书馆之下，设立图书部、文献部。故宫博物院设立临时董事会和临时理事会，选出严修等董事 21 人，李煜瀛等理事 9 人，并产生了《故宫博物院临时组织大纲》。

【叙录】是编凡四十种，四百六十四卷。清嘉庆间，阮元辑《宛委别藏》既成，即藏于宫内养心殿，长期以来并没有刊本流传。至民国二十四年(1935)，故宫博物院委托商务印书馆选辑其中世无刊本者四十种，由上海商务印书馆影印出版，名曰《选印宛委别藏》。

【辑录】《选印宛委别藏缘起》云：“民国既建，越十有三年，政府以清宫所储法物彝鼎图书公诸国民，遣官查检，既簿录而布于有众矣。图书一类，其可珍者，天禄琳琅而外，厥为《宛委别藏》。按丁申《武林藏书录》，仁宗睿皇帝因阮文达奏进四库未著录之本一百七十四种，赐名《宛委别藏》，以补《全书》所阙。仰见金匮石渠，蔚然美备。固非宋之‘崇文’、明之‘文渊’所可比美云云。……《宛委别藏》藏养心殿，目二函，书百函，一百六十种。其为文达所进者百五十七种，与诸家所记不符，疑中有亡佚矣。嘉庆迄今百馀年，原进诸书，什刊七八。故宫博物院择其未刊者四十种，畀敝馆印行，鸠工数月，摄印既竣，成书百有五十册。”

【版录】

民国二十四年(1935)上海商务印书馆景印本

参见《综录》第154页。是书于民国二十四年(1935)始,陆续影印出版,凡一百五十册。

南师大　湖北大　史语　师大　政大　东研

借月山房汇钞

(清)张海鹏辑

【传录】张海鹏(1775—1816)字若云,号子瑜。江苏照文(今常熟)人。诸生。其父辈皆好藏书,家有照旷阁、借月山房、丛善堂,藏书甚富,所藏多宋元旧刻。张氏于治经之暇,以剞劂古书为己任,精心刊校,终生不怠。先后刊成《学津讨源》《墨海金壶》《借月山房汇钞》等丛书。

【叙录】是编凡一百三十五种,二百八十三卷。全书共十六集。张氏辑刻《学津讨源》《墨海金壶》之后,继而又有《借月山房汇钞》之刻。是编专收明清两代撰述,第一至三集为经部书,四至十集为史部书,十一至十五集为子部书,十六集为集部书。内容涉及经学、小学、杂史、野乘、奏议、传记、地理、政书、史评、儒家、术数、艺术、谱录、杂家、小说、诗文评等。其中以短篇小品居多,不少为罕见难得,流传不广之书。内有关明代历史的著述最丰富。如《先拨志始》记述明末妖书、梃击、红丸三案和魏忠贤乱政诸事,乃记万历以后史事最为详备之书。《维扬殉节纪略》叙史可法守扬州的殉难经过,所录绝笔遗书,可见史可法大义凛然的民族气节。《玉堂荟记》记明一代典章制度、朝臣杂事、钱粮杂事、三饷之弊,较为详细。《觚不觚录》记明代朝廷制度沿革,可补史之阙。其他如《陈张事略》《汪直传》《东江始末》《列朝胜事》《诏狱惨言》《蜀碧》等都是研究明史的重要资料。地理类的著述有《西洋朝贡典录》《龙沙记略》《昆仑河源考》《异域录》等。小学类中,《惠氏读说文记》《席氏读说文记》《骈雅》三书最值得注意。《惠氏读说文记》用经、子、文、史原文证明字的本义、别义及字的古音等。《席氏读说文记》推广惠氏义例,发前人所未发。《骈雅》专门搜集词义深奥的奇文僻字,加以诠释,征引广博,条理赅备,有资辞章,可与《通雅》并行。是编还有一些值得注意的笔记杂录和医学著作。如《柳南随笔》《漱华随笔》《钝吟杂录》《戏暇》《彭文宪公笔记》以及《种痘心法》《种痘指掌》《喉科秘本》等。

是编书版刻成不久便失火残损。道光中先归上海陈璜所得,补版重编为《泽古斋丛钞》,凡十二集,一百九种。后又归金山钱熙祚所得,增为二十集一百三十七种,易名《指海》。博古斋影印本载傅增湘序,叙是书版本源流甚详,另有张氏自序及刘承幹序。

【辑录】自序云:"予既增订汲古阁《津逮秘书》,而别之曰《学津讨原》,继又有《墨海金壶》之刻。顾念胜国迄今，著作之家云起林立，我朝文教涵濡垂百六十年。经学考据尤轶，前代或脱稿而未及行世，或编刻而流传未广，如玑玉金贝，辉彩散见，不可无以荟蕞而统摄之也。宋左氏《百川学海》，宋人居什之八九，明吴氏续之，冯氏广之，亦多收明人撰述。窃仿其例为第三刻，自惭闻见隘陋，未获遍搜名山之作，仅就箧衍所有，馀则购访于同志，借抄于友人，得百三十五种，离为十六集。经学、小学、杂史、野乘、奏议、传记、地理、政书、史评、儒家、术数、艺术、谱录，以及杂家、小说、诗文评类本末之学略具焉，名曰《借月山房汇钞》。……兹刻悉取诸近代，论必雅而不俚，事必信而可考，言必实而可施诸用。虽卮言杂说，不无参错其间，然藉以研究经义，泛滥百家，亦足以浚学者之神智而扩闲居之见闻。譬犹登山者取途于下麓，涉海者问津于支河，未尝非学问之一助也。”

刘承幹序云：“嘉庆时，昭文张若云先生锐意刻书，一曰《学津讨原》，一曰《墨海金壶》，凡二百八十五种。最后则曰《借月山房汇钞》，都十六集，洵洋洋乎伟观也哉。其书则搜采前明并近儒未刊之籍，若惠定宇《易例》、陶正靖《诗说》诸书是也。惟《汇钞》传本绝稀，世不经见，质之藏书家往往有阙如之憾，蓉村付之印人，广为流布。”

傅增湘序云：“嘉庆十年，张若云辑刻《学津讨原》凡二十集，一百七十一种。……十七年又刻《墨海金壶》，分经史子集四部，一百十四种，又刻《借月山房汇钞》小字本，凡十六集，一百三十五种，合之得四百二十种（《学津》《金壶》皆古书，《借月》专收明清人书）……《借月》版先归上海陈璜，重编为《泽古斋丛钞》十二集，一百九种。未几，亦归钱氏，增为二十集一百三十七种，易名《指海》（此编兼存古书，自十三集以下，熙祚子培让、培杰续刊）……单行之帙尚多，三家鼎立，其中虽互有复重，校刻出于众手，不能无小小出入。要皆秘藏名著，二百数十年间用以资博识而惠学人。今即宋元精椠，日出靡穷，考核异同，往往取资于是。论其先河之导，则胡氏《汇函》与《金壶》，《借月》尤为世所矜重，诚以罕而见珍也。”

【版录】

（一）清嘉庆中虞山张氏刊本

参见《综录》第 157 页。约刻于嘉庆十七年(1812)。半叶九行二十一字，黑口，左右双边。

（二）民国九年(1920)上海博古斋据清张氏刊本景印

中大　华南师大　暨大　史语　台北

[补录]

（三）民国二十四年至二十六年(1935—1937)上海商务印书馆《丛书集成初编》本

凡一百三十五种，二百八十三卷。所据为“清嘉庆张海鹏辑刊本”。

（四）1967 年台湾艺文印书馆影印本

据清嘉庆张海鹏辑刊本影印。凡一百种，十二函一百二十册。见《湖北大学中文古籍书目》。

荒政丛书

(清)俞森辑

【传录】俞森(生卒年未详)字存斋,号汇嘉。浙江钱塘(今杭州)人。为官爱民,有政声。曾为扬州府通判,因故降职,后因河道总督靳辅推荐管理河务。康熙二十六年(1687)为巡理河南通省河道提刑按察使司佥事,四年后赴湖广为荆南道道台,后官至湖广布政司参议。官河南佥事时,取昔人良规作《荒政丛书》,极为清晰。官湖广荆南道时又撰《郧襄赈济事宜》及《捕蝗集要》。自著《种树说》《丹河用水议》。

【叙录】是编凡十种,十卷;附二卷。书成于清康熙庚午(1690),辑宋以来救荒之法凡七家:于宋取董煟,于明以来取林希元、屠隆、周孔教、钟化民、刘世教、魏禧等人之言,又自作常平、义仓、社仓三考,溯其源,使知所法,复究其弊,使知所戒。救荒之法,俞氏认为古人言之已十分详尽。至于积储粮食,尤为救荒之本。俞氏悉取昔人良规,逐条列出,他所撰的《常平仓考》《义仓考》《社仓考》三书尤为详晰,均汇刻成书,为管理政事的官员提供借鉴,亦表俞氏爱民之意。

【版录】

(一)《墨海金壶》本

参见《综录》第161页。嘉庆本、景嘉庆本。

(二)《守山阁丛书》本

参见《综录》第177页。道光本、鸿文书局景道光本、博古斋景道光本。

(三)《瓶华书屋丛书》本

参见《综录》第185页。道光本。

(四)《丛书集成初编》本

参见《综录》第348页。

[补录]

(五)清康熙二十九年(1690)刊本

此本著录部分子目书名与《综录》有异:《救荒全法》,《综录》作《救荒全书》;《救荒政议》,《综录》作《荒政议》;《赈豫纪原》,《综录》作《赈豫纪略》。

艺海珠尘

(清)吴省兰辑　(清)钱熙辅增辑

【传录】吴省兰(生卒年未详)字泉之,一字稷堂。江苏南汇(今属上海)人。乾隆举人,赐进士,官至礼部侍郎,降补侍讲,升侍读学士。嘉庆元年(1796)为武会试副考官,嘉庆三年(1798)为浙江乡试正考官。自少博闻强记,辑刊《艺海珠尘》八集,其婿钱熙辅续成壬、癸二集。

钱熙辅(1779—1834,一说 1790—1861)字次丞,号鼎卿。江苏金山(今属上海)人。妻吴省兰女。禀贡生,官安徽芜湖教谕。喜藏书,晚岁居谷阳门外别墅,取韩愈文章之语,名其室为勤有书堂,聚书益富。又好刻书,继吴省兰之后续辑《艺海珠尘》壬、癸集,收书四十二种。著有《勤有书堂剩稿》。

【叙录】是编收书二百一十七种,凡三百七十五卷,先以天干次第分甲、乙、丙、丁、戊、己、庚、辛八集,每集分经、史、子、集。是书内容包括经学、小学、历史、舆地、掌故、笔记、小说、天文、历算、诗文等,吴氏仅编至八集,后由钱熙辅续编壬、癸二集,体例与吴氏所编一致。通行本各集以金、石、丝、竹、匏、土、革、木八音为编次。书名《艺海珠尘》,其意为艺文浩瀚如烟海,字字若珠尘,以喻其书之价值。诚然,其中确有不少较有价值的著述。小学类有《骈字分笺》《续方言》《转注古义考》等,这些书对研究文字学很有参考价值。历史类主要有《胜朝彤史拾遗记》《武宗外纪》《读史论略》《纪元要略》《江上孤忠录》《征南录》等,均有重要的史实记载,是研究有关历史必不可少的书籍。地理和游记类有《南岳小录》《滇载记》《江汉丛谈》《淞故述》《泰山道里记》《河源纪略承修稿》《滇南新语》等均可作为今天修史志的参考书。笔记杂录有《五总志》《宜斋野乘》《炳烛偶抄》《东皋杂抄》《茶馀客话》等。这些书或辩证史事,或考证舆地,或谈古论今、读书论学,其中有不少是颇有学术价值的文史资料。此外,尚有科技专著《古算器考》《历学答问》《方圆阐幽》《弧矢启秘》等,医学专著《治蛊新方》《伤寒论翼》等,均属有参考价值的书。《艺海珠尘》在搜残存佚方面作出了贡献,所收书有不少为《四库全书总目》列入存目的,因此这些书得以流布。

【版录】

(一)清嘉庆中南汇吴氏听彝堂刊;壬、癸集,道光三十年(1850)金山钱氏漱石轩据吴氏原版重刊增刊本

参见《综录》第 162 页。此本各集以八音金、石、丝、竹、匏、土、革、木序列。是书原以天干序列,起甲讫辛八集而止,钱熙辅续壬、癸两集,全书共十集,后板归苏州坊肆,仍以八音编序,而前八集亦非复旧观。

［补录］

(二)清乾隆刻本

此本系清徐时栋重定,有徐跋。凡一百六十六种,三百一十二卷。其中少数子目的著录与《综录》略异,兹作比较如下:

《东南防守利便》三卷,宋吕祉撰。《综录》著录宋陈克、宋吴若撰。(按:《综录》著录不误。)

《地理古镜歌》一卷,明蒋大鸿撰。《综录》著录明蒋平阶撰。(按:《综录》著录不误。)

《孟子外书》四卷,宋刘攽注。《综录》著录宋熙时子注。(按:《综录》著录不妥,熙时子为刘攽之号。)

《左氏蒙求》一卷,元吴化龙撰,清许乃济、王庆麟注。《综录》著录《左氏蒙求注》一卷,清许乃济、王庆麟撰。

《至游子》二卷,不著录著者姓名。《综录》著录宋曾慥撰。

《正易心法》一卷,不著录著者姓名。《综录》著录宋陈抟受并消息。

《外国竹枝词》一卷。《综录》著录有后附《日本杂诗》一卷(清沙起云撰)。

《岳忠武王集》一卷,有后附《宋史本传》一卷。《综录》无附此书。

是本系北京图书馆所藏,半叶十行二十一字,小字双行同,白口左右双边。

(三)朝鲜抄本

是本题《艺海珠尘四部选》,吴省兰辑。

中大　东研

湖海楼丛书

(清)陈春辑

【传录】陈春(生卒年未详)字东为。浙江萧山人。喜藏书,家有湖海楼,藏书甚富。曾补正《龙筋凤髓判》四卷,刊入《湖海楼丛书》。

【叙录】是编十二种,一百零九卷。陈春与同里汪继培相交契洽,汪氏亦家富图籍,而搜访不倦。每得善本,举以相示。春父七十寿辰,汪氏以精校《列子张注》为寿礼,春为之付梓,此即是丛书之始。春据汪、陈两家所藏善本,择考证经史有裨实用者,次第写版,汪氏为之校定全书,又得到王晚闻之赞助,遂辑刻成《湖海楼丛书》。所收以经说、诸子之书为主,其中以《潜夫论》《列子张湛注》较为精审。《潜夫论》所传俗本,讹误几不可读。而汪继培之《潜夫论笺》博采经书为之疏证,深得旨趣。又据元刻本及他书校正了许多错误，才使此书有善本可读。《列子注》明人刻本将张湛注和殷敬顺释文列在句下，二者混淆不清，释文也未能全录。汪继培得影宋抄本刊入丛书中，遂使此书恢复宋时旧观。殷氏释文对此书摘句为解，多古音古义，可与张湛注相互发明。殷氏释文为唐时旧籍，比较珍贵，但传本极少，仅存于《道藏》之中，汪继培将其录出，并加以整理刊行，使《列子》有了一个比较好的校注本。另外，是编所收的一些考订笔记也很有价值。如明人周婴的《卮林》，清人胡鸣玉的《订讹杂录》等。清光绪九年(1883)张之洞为之续编十四种，一百十卷。所续除陈维崧《湖海楼诗稿》十二卷之外，其馀十之八九为徐渭仁辑《春晖堂丛书》中所刻者。

【版录】

(一)清嘉庆中萧山陈氏刊本

参见《综录》第 164 页。是刻约成于嘉庆二十四年(1819)。

华南师大　湖北大　史语　东研

[补录]

(二)清嘉庆中萧山陈氏刊光绪八年(1882)修版印本

(三)民国二十四年至二十六年(1935—1937)上海商务印书馆《丛书集成初编》本

凡十三种，一百零九卷。所据为清嘉庆陈春辑刊本。《丛书集成初编目录》提要云："其版至光绪初年犹存。"

(四)1966 年台湾艺文印书馆影印本

据清嘉庆陈春辑刊本影印。凡十种，四函三十册。见《湖北大学中文古籍书目》。

艺苑捃华一名秘书四十八种

(清)顾之逵辑

【传录】顾之逵(1765—1835)字抱冲。江苏元和(今苏州)人。诸生。藏书甚富，家多宋元以来善本，为吴中乾嘉时四大藏书家之一。藏书室曰"小读书堆"，著有《一郗录》。

【叙录】是编收书四十八种，九十七卷。汇辑汉、晋、宋、清人著述。所收均为小品，其中晋唐小说多至三十馀种，内容有武侠、神话、才子佳人。是书亦收农家之书。如《农书》《蚕书》《耕织图诗》等，孙衣言序云："蔡邕帐里，故应有此奇书；刘安枕中，乃许汇其秘室。"实在推崇过当。

【版录】

清同治七年(1868)序刊本

参见《综录》第 165 页。

诒经堂藏书又名诒经堂丛书

(清)金长春辑

【传录】金长春,字芝龄。安徽当涂人。生平事迹未详。

【叙录】是编凡七种,十六卷;附三种,三卷。所收多为宋人著作,包括魏了翁《正朔考》一卷、《古今考》一卷,朱弁《风月堂诗话》二卷,陈骙《文则》二卷,陆游《入蜀记》四卷,柴望《丙丁龟鉴》五卷。馀为北齐颜之推《还冤志》一卷,附刻元佚名辑《丙丁龟鉴续录》一卷,明佚名辑《续丙丁龟鉴》一卷,春华子辑《复续丙丁龟鉴》一卷。所收诸书多采自《四库全书》,前有自序。各书前皆冠《四库提要》。是编乃随得随刊,"遇有不经见之书,辄拟公之同好"。其中陆游《入蜀记》、陈骙《文则》、朱弁《风月堂诗话》等,均为普通易见之书,然柴望《丙丁龟鉴》及佚名氏所辑《丙丁龟鉴续录》,《四库全书总目》列入存目,存其内容提要,不为无益。

【版录】

(一)清嘉庆十八年(1813)当涂金氏刊本

参见《综录》第 166 页。

史语

[补录]

(二)1989 年台湾新文丰出版公司《丛书集成续编》本

凡七种,十九卷。以嘉庆十八年(1813)当涂金氏刊本为底本。

正谊斋丛书

(清)汪昌序辑

【传录】汪昌序(生卒年未详)字绍成。江苏仪征人。诸生。家富藏书,喜事校雠。曾以活字印行宋李昉等编《太平御览》一千卷。清嘉庆间编刻《经学五种》二十五卷(《综录》不著编撰者姓名)。

【叙录】是编凡十一种,八十四卷。收录小学之书三种:唐张参《五经文字》三卷、唐唐玄度《九经字样》一卷、辽释行均《龙龛手鉴》四卷。经学之书五种:宋岳珂《相台书塾刊正九经三传沿革例》一卷、宋孙觉《龙学孙公春秋经解》十五卷等;理学之书二种:清张伯行《道统录》二卷、清松筠《古品节录》六卷。书前有江都陈逢衡序,称昌序为绩学之士。汪氏辑是书，旨为尊理学，励士行，皆有益风教者，故名其书曰《正谊斋丛书》。汪氏卒时，书犹未印行，逢衡虑其湮没，乃印行以传。

【辑录】序云："鲍氏所刻六经暨《太平御览》诸书，皆托君校而付之剞劂氏。故抄胥刻工日集于庭……读书不明训诂，如盲者说天，聋者听乐。士不通经，则无以适用。故用是兢兢，而犹必以《春秋》《周礼》为重焉。"

【版录】

（一）清道光二十年（1840）序仪征汪氏刊本

参见《综录》第 166 页。暨南大学图书馆藏本半叶十行二十字，黑口，左右双边。或十一行二十二字，白口，四周单边不等。

史语

［补录］

（二）1989 年台湾新文丰出版公司《丛书集成续编》本

所据为清道光二十年仪征汪氏刊本。

绿满书窗

（清）□□辑

【传录】清佚名辑。施廷镛《中国丛书综录续编》题"清庞佑清辑"。庞佑清，江苏吴江人。喜刻书，所刻多用楷写篆体，雕印精致。嘉庆十八年（1813）刻陈启源《毛诗稽古篇》，道光二十八年（1848）刻自著《舒悟斋周礼读本》六卷。

【叙录】是编凡六种，六卷。收录明清六人著述。诸书多从别集中节取摘钞而成，名家书目鲜有著录。包括：明唐寅《六如诗钞》一卷、清吴伟业《鹧鸪斑》一卷、清尤侗《四书诗》一卷、清孙承泽《庚子消夏录碑帖考》一卷、明叶小鸾《返生香》一卷、清袁枚《小仓山房续诗品》一卷。内容涉及诗词、金石、诗文评等。初刊于清嘉庆年间。

【版录】

（一）清道光元年（1821）刊本

参见《综录》第 166 页。

［补录］

（二）清嘉庆二十二年（1817）刊本

凡六种，附一种。见《西谛书目》。子目较《综录》所列多附《干支类对》六卷（清吴锦堂辑）。子目编次亦异。

（三）清嘉庆二十三年（1818）古松陵庞氏刊巾箱本

是为巾箱本，八行十五字，黑口，左右双边。题清庞佑清辑。见杜联喆《丛书书目续编初集》和施廷镛《国立清华大学图书馆丛书子目书名索引》。

受经堂汇稿

(清)杨绍文辑

【传录】杨绍文(生卒年未详)字子掞,号云在。浙江山阴(今绍兴)人。随父梦符侨居常州。监生,曾官镇阳县丞。师事张惠言,受古文法,肆力为之,文行甚高。著有《云在文稿》。

【叙录】是编凡五种,十四卷。杨氏曾受业于张惠言,惠言在京师讲学于“受经堂”,从游者有金式玉、江承之、董士锡、杨绍文等。其后诸人相继谢世,杨氏乃将师生著作汇而刻之,并收入自著《云在文稿》,取名《受经堂汇稿》。所收诸书除杨氏自著外,尚有张惠言《茗柯文编》一至四编共五卷附《茗柯词》一卷、金式玉《竹邻遗稿》二卷、董士锡《齐物论斋集》二卷、江承之《安甫遗学》三卷。其中张惠言的著述所占比例最大。张氏专治《周易》《仪礼》。擅散文,与恽敬同为阳湖派代表。尤工词,为常州派创始人。恽敬《张氏墓志铭》称其为古文效韩愈、欧阳修;阮元序此集谓其“喜以经术为古文”;曾国藩序此集称其“文辞温润,无考证辨驳之风,尽取古人之长”。

【版录】

(一)清道光三年(1823)刊本

参见《综录》第166页。《中国古籍善本书目》著录为“清道光刻本”。其中《齐物论斋赋一卷词一卷》作《齐物论斋集》二卷。藏书单位有北京和湖北省两家图书馆。

东研

[补录]

(二)1989年台湾文丰出版公司《丛书集成续编》本

凡五种,十三卷,所据为清道光三年刊本。

泽古斋重钞 又名泽古斋丛钞

(清)陈璜辑

【传录】陈璜(生卒年未详)字寄磻,室名泽古斋。上海人。生平事迹未详。

【叙录】是编凡一百十种,二百四十一卷。全书分十二集。嘉庆中,常熟张海鹏辑刊《借月山房汇钞》,既成,不慎于火,书版散佚。陈氏购得残版,加以补刊,并将原书舛讹之处进行订正,于道光三年至四年(1823—1824)刊成,易其名曰《泽古斋重钞》。

【版录】

(一)清道光三年(1823)上海陈氏据借月山房汇钞刊版重编本

参见《综录》第166页。据《中国古籍善本书目》,是刻仅北京图书馆收藏。著录为"清道光四年陈璜据嘉庆张海鹏刻借月山房汇钞版重编补刻本"。半叶九行二十一字,小字双行同,下黑口,左右双边。

中国科学院图书馆藏本缺五种,五卷,凡二匣,一百十八册。

[补录]

(二)民国二十四年(1935)上海大东书局影印本

(三)民国二十四年至二十六年(1935—1937)上海商务印书馆《丛书集成初编》本

凡一百十种,二百三十九卷,所据为清道光陈璜校刊本。

(四)1967年台湾艺文印书馆影印本

所据为陈璜校刊本。见《湖北大学中文古籍书目》。

得月簃丛书

(清)荣誉辑

【传录】荣誉(生卒年未详)字子誉。满洲正白旗人。官河南鲁山县知县。喜藏书,喜校勘。生平事迹未详。

【叙录】是编凡二十种,五十二卷。分初刻、次刻二集。初刻成于道光十年(1830),次刻成于道光十二年(1832)。每种均冠以荣誉自撰小序。辑者原欲编刻罕见之古籍,冀有《百陵学山》《百川学海》之观,然受见闻所限,所收皆为常见之书。《丛书集成初编目录》云:"荣誉世有藏书,洎宦中州,携之行笈,复以友人借录,以资泛览,盖亦满洲好学之士也。初刻自序,窃比于篑土之微、涓流之细,其意盖将有所继进而为《陵山》《川海》之观,乃仅至次刻而止,识者惜之。"

【版录】

(一)清道光中长白荣氏刊本

参见《综录》第168页。是刻刊于道光十年至十二年(1830—1832)。

史语　台大

[补录]

(二)民国二十四年至二十六年(1935—1936)上海商务印书馆《丛书集成初编》本

所据为清道光荣誉辑刊本。

(三)1967年台湾艺文印书馆影印本

所据为清道光荣誉辑刊。凡二函,十五册。见《湖北大学中文古籍书目》。

古棠书屋丛书又名古棠丛书

（清）孙澍　（清）孙镇辑

【传录】孙镇（1787—1849）字野史，自号独学生，又称岷阳大布衣。四川郫县人。清嘉庆时曾游太学，不事举业，与弟澍构筑古棠书屋，“闭门联榻，扬榷古今，不闻外事，其为文力求奇崛”（《国朝文献类征初编》卷四百四十二）。澍曾举孝廉，早逝。而镇卒于道光二十九年，年六十二。此丛书之主要著者以孙镇为宜。

【叙录】是编凡十八种，一百五十七卷，汇辑之书多为蜀中贤士及孙氏兄弟著述，分四部编次。蜀中文献，网罗颇备。此丛书面世，蜀人某些著述颇赖保存，堪称珍贵。但采辑前人之书无什发明，断制无序，刊刻不精，这是明显的不足之处。

杨家骆《丛书大辞典》谓是书尚有十九种本，收书十九种：《望丛前志》《望丛后志》《升庵年谱》《蜀明诗》《竹有诗集》《瘦石文集》《瘦石诗集》《瘦石文钞》《古文选》《童山诗》《道园集》《道园遗稿》《试律诗》《威信分诗》《掣鲸堂诗》《水南诗》《应制文录》《归田文稿》《方外文稿》。

【版录】

（一）清道光中鹅湖孙氏刊本

参见《综录》第170页。

［补录］

（二）十九种本

此本刊刻年代不详。见杨家骆《丛书大辞典》。

涉闻梓旧

（清）蒋光煦辑

【传录】蒋光煦（1813—1860）字日甫，一字爰笋、爰滿，号生沐、雅山等，自号放庵居士。浙江海宁人。诸生。与钱泰吉、管庭芬等人友善。少孤好学，专意收藏金石书画，加之先世所藏，达四五万卷，多宋元刻本，亦皆手为校勘，丹黄灿然。藏书处曰“商觚周鼎秦镜汉甓之斋”“别下斋”。著有《东湖丛记》《花事草堂诗稿》等。又刊刻《别下斋丛书》《涉闻梓旧》等丛书，世称善本。

【叙录】是编凡二十五种，一百十九卷。蒋氏辑刊《别下斋丛书》后，意犹未尽，遂选集宋元及清人著述编成是书。其中宋元人的著述主要为经部之书，而清人著述则以金石、目录、题跋为多，且大都为罕秘之本。如《非诗辨妄》《中庸传》《方舟经说》《易学滥觞》等均流传极少，《四库全书》及《通志堂经解》均未收录。《金石录补》从未镂版，世鲜流传，为海内孤本。此书仿赵氏《金石录》例，作辩证跋语，共四百四十馀通。所得汉唐碑碣，为赵氏、洪氏所未录。搜采赡博，叙述详明，征引精赅，足补赵、洪二氏之缺，为考古者不可缺少之书。《稗海》所刻《云麓漫钞》只四卷，此为十五卷，与《四库全书》本同。内杂记古今天文地理、名物、制度、故事等，其考证皆有根据。所记唐制科之名目及宋送迎金使之费用，皆史所未详。《斠补隅录》乃其读书时之札记，共十四种。其中《陈后山集》注明"嗣出"，其后卒未刊行，故是编所收当为全本。

【辑录】书前有道光二十一年(1841)李富孙序，云："蒋君生沐，少失怙，性嗜古，好读书。自十龄即喜购书，迄今十馀年，积有数万卷。其中宋元旧椠、旧精钞本，并世所希觏者，将于雠校之馀，择其尤精者陆续梓以问世。"

《续修四库全书总目提要》称是编："搜辑诸书，实较《别下斋丛书》为善。"

【版录】

(一)清咸丰元年(1851)海昌蒋氏宜年堂刊六年(1856)重编本

参见《综录》第 172 页。

(二)民国十三年(1924)上海商务印书馆据清蒋氏刊本影印

参见《综录》第 172 页。据蒋氏原刊本影印。《六艺论》作《孝经郑注》之附刻。《觏补隅录》注明"子目另列"。

中大　华南师大　暨大　史语　政大

(三)民国武林竹简斋据清蒋氏刊本景印

参见《综录》第 172 页。

东研

[补录]

(四)清道光咸丰间蒋氏宜年堂刊本

是为原刊本。书前有道光二十一年(1841)李富孙序。《金石录续跋》署道光丙午(1846)，是后六年而始成。半叶十一行二十一字，黑口，左右双边。见《中国古籍善本书目》。

北京　山东　浙江　四川

(五)民国二十四年至二十六年(1935—1937)上海商务印书馆《丛书集成初编》本

凡二十五种，一百十四卷。所据为清咸丰蒋氏校刊本。

(六)民国间石印本

杨家骆《丛书大辞典》著录。

(七)1966 年台湾艺文印书馆影印本

据清咸丰蒋光煦校刊本影印。凡四函四十册。见《湖北大学中文古籍书目》。

清颂堂丛书

（清）黄奭辑

【传录】黄奭(1809—1853)字右原。祖籍歙县(今属安徽)，寄居甘泉(今江苏扬州)。道光十二年(1832)，得钦赐举人。十五年(1835)，会试不第，以早年捐官而签发刑部任职。黄氏世为盐商，家富藏书。十八年(1838)，丁父忧去职，此后捐弃仕途，以读书稽古为乐，一生专事辑佚古书。随得随刊，汇为丛书。黄氏室名有三："清颂堂""知足斋""汉学堂"，并分别以名所辑丛书：《清颂堂丛书》《知足斋丛书》《汉学堂丛书》。另又辑《黄氏逸书考》。

【叙录】是编凡八种，六十三卷。子目包括：清潘世恩《消暑随笔》四卷附子目二卷、清陈用光《太乙舟文集》八卷、清陈厚耀《春秋世族谱》一卷、清汪元爵《泾西书屋诗稿》四卷文稿二卷、清陆麟书《胥屏山馆诗存》二卷文存二卷、清王城《青霞仙馆诗录》一卷、清黄奭《端绮集》二十八卷、清焦循《古文尚书辨》八卷。所收多近世人著作，并以诗文集居多，经部之书仅两部。江右文献赖以流传者不少。

【版录】

(一)清道光中甘泉黄氏刊本

参见《综录》第173页。北师大、华南师大藏本著录为"清道光二十年(1840)黄氏刻本"。杨守敬《增订丛书举要》则著录为"潘世恩辑，道光庚子(二十年)潘氏刊本"。子目较《综录》所列多清刘凤诰辑《存悔斋集杜》三卷、清吴永和辑《集陶诗》一卷附黄奭《集陶诗注》一卷。而少《春秋世族谱》一卷、《古文尚书辨》八卷。另清俞正燮亦有《清颂堂丛书》十四种，十六卷。与是编乃同名异书。

史语

［补录］

(二)1989年台湾新文丰出版公司《丛书集成续编》本

所据为清道光间甘泉黄氏刊本。

宜稼堂丛书

（清）郁松年辑

【传录】郁松年(约1816—1886)字万枝，号泰峰。上海人。道光二十五年(1845)恩贡生。郁氏好读书，又饶于资财，筑宜稼堂，凡宋人典籍有未刻或刻而版废者，不惜重资，以罗置邺架，购藏书数十万卷，并手自校雠。所藏有得自黄丕烈之“百宋一廛”，汪士钟之“艺芸书屋”旧籍。以元明旧本，世不多见者，刊成《宜稼堂丛书》。

【叙录】是编凡七种，二百五十六卷。乃郁氏择其所藏罕见的宋元旧本汇编而成。全书不分编次，内容大致可分三部分：一是宋萧常和元郝经的两种《续后汉书》；二是宋秦九韶和杨辉的算书三种；三是元戴表元和袁桷的两大家文集。所收均为重要而又传世稀少之著述，且每种书末附有郁氏所撰札记，校勘颇精。

【版录】

(一)清道光中上海郁氏刊本

参见《综录》第173页。是刻当刊于道光二十一年(1841)。

华南师大　史语　台大　台北

[补录]

(二)民国二十四年至二十六年(1935—1937)上海商务印书馆《丛书集成初编》本

《丛书集成初编目录》称凡十二种，二百五十五卷。所据为清道光郁松年校刊本。其中《杨辉算法》六卷析为五种，包括《田亩比类乘除捷法》二卷、《续古摘奇算法》一卷、《算法通变本末》一卷、《乘除通变算宝》一卷、《法算取用本末》一卷。另又将《杨辉算法札记》析出作一种，此六种合《续后汉书》二种、《数书九章》《详解九章算法》以及戴表元、袁桷二集，故有“十二种”之称。

致用丛书

(清)李宗昉辑

【传录】李宗昉(1779—1846)字静远，号芝龄。江苏山阳(今淮安)人。嘉庆七年(1802)进士，授翰林院编修，历官贵州、浙江学政，侍读学士，内阁学士，道光间官至礼部尚书。史称其“专心尽职，不以矫激沽名”。著有《闻妙香室诗文集》《黔记》等书。

【叙录】是编凡二种，十九卷。子目包括：宋郑克《折狱龟鉴》八卷首一卷、清汪志伊《荒政辑要》九卷首一卷。均为史部政书之籍。《折狱龟鉴》为古代案例汇编。书以五代和凝父子所著《疑狱集》为基础，参之史书及名人传记三十馀种，分释冤、辨诬、鞫情、议罪、宥过、惩恶、察奸、核奸、擿奸、察慝、证慝、钩慝、察盗、迹盗、谲盗、察贼、谲贼、迹贼、严明、矜谨二十门三百九十五例。以记破案之法为主，亦记定案之法与治狱之道。《荒政辑要》为救荒论著。书首列荒政纲目，次为禳弭、清源、查勘、则例、救援、籴粜、糜粥、防范、善后九门。所辑皆古人救荒之法。

【辑录】卷首自序叙是书宗旨及内容云：“古人荒政，散见简编。良法美意固多，偏见私智亦不少。复加拣择，取其宜古宜今者，别类分门，成书十卷。每卷中但求事有次第可行，而朝代之前后不复拘焉。其丛言不能分者，提作纲目列于卷首，名曰《荒政辑要》。所有临时清查妥办之法，全载于第三、第四两卷中，地方官及委员必须逐条参究力行，方免遗滥错误之咎。其前后八卷，皆载前人良法美意，或以发明三、四卷未尽之意，或以推广三、四卷未备之法。若因地因时以制其宜，于灾黎大有裨益，而种德亦无涯涘。要之，予破冗纂辑是书，刊发各属官。盖冀历练深者，益扩其措施；历练浅者，亦有所依据。”

【版录】

(一)清道光中山阳李氏闻妙香室刊本

参见《综录》第175页。

［补录］

(二)清刊《闻妙香室全集》本

见杨家骆《丛书大辞典》。所收多为李氏著述，其中包括《致用丛书》十七卷。

文选楼丛书

(清)阮亨辑

【传录】阮亨(约1764—?)字仲嘉，号梅叔，一作梅赤，室名珠湖草堂、尔雅山房、文选楼等。阮元弟。江苏仪征人。嘉庆二十三年(1818)副贡，咸丰元年(1851)举孝廉方正，不就。与姚燮交往。年六十七卒。著有《珠湖草堂诗钞》《春草堂诗话》《瀛舟笔谈》。辑《淮海英灵续集》《皋亭倡和集》等。

钱泳《履园丛话·谭诗》云：“扬州阮梅叔明经，为云台宫保之弟。年未弱冠，即能诗歌，为艺林传诵。所刻有《珠湖草堂诗》四卷。余最爱其‘万树红连斜照外，一峰青插白云中’之句，此吴澹川《南野堂笔记》、杨芸士《述郑斋诗话》所未采也。”

【叙录】是编凡三十二种，四百七十八卷。乃亨据其兄所刻诸书汇辑而成。其跋称文选楼、积古斋诸处所贮书版，恐渐零落，因以零种汇为丛书云云。书刊于道光二十二年(1842)，所收半为阮元著作，半为同时学者焦循、凌廷堪等人著作。内容以经史考据和金石为主。阮元为清代汉学大师，而是编颇能反映乾嘉学术之盛。其中《曾子注释》博考群书，正其文字，参考各家，择善而从。对于文字异同及训义所本，都能作出恰当的解释。《郑堂读书记》称：“其所为注颇近郑君注说遗意，其所为释则较陆氏释文为详。博而能精，无一剩字，实非诸家大戴《记》中之注所可同日语也。”《积古斋钟鼎彝器款识》著录商周至汉晋古铜器五百五十件，均附考释，可正前人之谬，启后人之学，有继往开来之功。《畴人传》记有古代天文学家、数学家二百八十人，为研究我国古代天文、数学史的重要史籍。其他所收同时学者及日本、西洋之著述，亦多有裨实学。

【版录】

(一)清嘉庆道光间仪征阮氏刊本

参见《综录》第175页。是刻系阮亨汇印,凡三十二种。较原刊本多《畴人传》五十二卷,而少《考工记》《车制图解》《李氏遗书》《安事斋诗录》《山左金石志》诸书。是编系陆续刊印,分合无定,故各家藏本子目、卷数不一。

华南师大

[补录]

(二)清嘉庆间扬州阮元辑刊本

子目较《综录》所载为多。参见上注。

(三)民国二十四年至二十六年(1935—1937)上海商务印书馆《丛书集成初编》本

所据为清嘉庆阮元辑刊道光阮亨汇印本。凡三十四种四百七十八卷。

(四)1967年台湾艺文印书馆《百部丛书集成》本

据清道光阮亨汇印本影印。凡六函一百三十七册。见《湖北大学中文古籍书目》。

守山阁丛书

(清)钱熙祚辑

【传录】钱熙祚(约1801—1844)字雪枝,一字锡之。上海金山人。叙选通判。钱氏富藏书,又喜为校勘之学。于县属秦山构祠建阁,藏书于中,冀与此山相守于无穷也,遂以"守山"名其阁。曾就浙江文澜阁校书八十馀种,钞书四百馀卷,辑成《守山阁丛书》。仍有遗珠之憾,于是又摭取所馀,辑成《珠丛别录》。复得《借月山房汇钞》残版,据以重订补编,辑成《指海》和《式古居汇钞》。后其族子培名续其志,搜辑散佚,成《小万卷楼丛书》,校勘精审。

【叙录】是编凡一百十二种,六百六十五卷。以经、史、子、集四部分类。道光初,钱氏得张海鹏《墨海金壶》残版,以为"《墨海金壶》禀依四库,体例整齐,颇多秘帙,刊行无何,遽毁于火。然所采既驳,校仇未精。窃尝纠其鲁鱼,几于累牍,脱文错简,不可枚举。遂拟刊订,重为更张"(《守山阁丛书总目识》)。每以张氏书抉择未当为恨,乃与张文虎、顾观光等,商榷去取,分别校勘。始于道光十二年(1832),迄于道光二十四年(1844),历时十三载,编成《守山阁丛书》。书前有胡培翚、阮元序及《钱雪枝小传》。

是编搜奇集异,校勘精善。在校刻过程中,钱氏和张文虎、顾观光等学者商榷去取,反复校对,每有所得,随文附注。校勘多据善本,如无善本可依,则以文澜阁本为准,并广泛征引群书进行校正,取得了很大的成果。如《太白阴经》《大金吊伐录》《慎子》《吴郡志》《明皇杂录》等,都能参校各本,补正脱误,广征类书,搜采遗文,使各书的面目为之一新,大为完善。

是编在《墨海金壶》的基础上，增辑了一些比较罕见而实用之书。一是《四库全书》中的《永乐大典》本。这类书因没有刻本行世，极为难得，钱氏重新校刻，以广流传。如《京口耆旧传》《颍川语小》《爱日斋丛钞》《贾氏谭录》《坦斋通编》等。二是《四库全书》中除《永乐大典》本之外的一些流传不广而有价值的书。如《蜀鉴》《七国考》《大唐传载》《籀史》《庐山记》等。三是《四库全书》未载之珍本秘笈。如《九国志》《元朝征缅录》《词源》等。这些书虽曾为《宛委别藏》所收录，但因只有写本，难以流传，钱氏遂刻而传之。

【辑录】 阮元称是编多从浙江文澜阁录出，其他亦多据善本，无别本可据，则广引群籍以证之。或注按语，或系札记，其采择校雠之精，迥出诸家丛书之上。又云："钱氏荟萃群书，津逮后学，其志深可嘉尚。"（阮元《守山阁丛书序》）

胡培翚亦嘉其"采择之精，校雠之审，过若云氏（张海鹏）奚止倍蓰，信足以津逮后学"（胡培翚《守山阁丛书序》）。

刘承幹称是编"搜罗美备，而校雠亦极精审……宜其书多希见之籍，鲁鱼亥豕，一从刊落，为世所宝也"（刘承幹《守山阁丛书序》）。

【版录】

（一）清道光二十四年（1844）金山钱氏据《墨海金壶》刊版重编增刊本

参见《综录》第 176 页。是刻在张海鹏《墨海金壶》残版的基础上，增辑补刊五十六种。半叶十一行二十三字，黑口，左右双边。前有道光二十三年（1843）胡培翚序、道光二十四年（1844）阮元序及凌坤《钱雪枝小传》。上海图书馆藏本有清王筠校并跋、叶景葵跋。

东研

（二）清光绪十五年（1889）上海鸿文书局据清钱氏本景印。

参见《综录》第 176 页。

华南师大　湖北大

（三）民国十一年（1922）上海博古斋据清钱氏本景印

书前有民国十年（1921）刘承幹序。

参见《综录》第 176 页。

中大　暨大　史语　政大

［补录］

（四）民国二十四年至二十六年（1935—1937）上海商务印书馆《丛书集成初编》本

所据为清道光钱熙祚校刊本。凡一百十二种，六百六十五卷。

（五）1968 年台湾艺文印书馆影印本

据清道光钱氏《墨海金壶》刊版重编增辑本影印。凡九十一种，十八函，一百六十六册。见《湖北大学中文古籍书目》。

珠丛别录

(清)钱熙祚辑

【传录】参见《守山阁丛书》。

【叙录】是编凡二十八种，八十三卷。钱氏辑《守山阁丛书》后，有遗珠之憾，于是又摭取所馀，辑成《珠丛别录》。内容除文史外，多为农书、医药、笔记、杂著以及百工技艺等。钱氏搜书颇勤，有一得可观者，咸加甄录。校雠审慎与《守山阁丛书》相等，所收稀见史籍亦较《守山阁丛书》为多。足见遗珠之贵，更为罕见之珍。“予生平无他嗜好，惟好涉猎书史……经史以外，间及九流杂艺，稗官小说，靡不泛览。……至农圃、医卜、百工技艺，千虑一得，莫不持之。……至于古今兴废，风俗政教，咸资实用，即一名一物，亦足以博闻多识。……向辑《守山阁丛书》，不无遗珠之憾，驹隙馀闲，复搜得如干种付之梓。”(钱熙祚《珠丛别录序》)

【版录】

(一)清道光中金山钱氏据《墨海金壶》刊版重辑本

参见《综录》第 179 页。

(二)民国十一年(1922)上海博古斋据清钱氏本景印

参见《综录》第 179 页。

暨大　湖北大

[补录]

(三)民国二十四年至二十六年(1935—1937)上海商务印书馆《丛书集成初编》本

凡二十八种，八十二卷。据清道光钱熙祚校刊本。

(四)1966 年台湾艺文印书馆影印本

据清道光校刊本影印。凡十五种，共二函二十册。见《湖北大学中文古籍书目》。

三长物斋丛书

(清)黄本骥辑

【传录】黄本骥(1781—1856)字仲良，号虎痴。湖南宁乡县人。与父黄湘南、兄黄本骐俱有文名，砥学砺行，县人比之“眉山三苏”。道光二年(1822)举人。官黔阳教谕。博览群书，知识渊博。好文物，喜考古，搜集秦汉以后金石文字数百种。著有《圣域述闻》《缣山绀雪》等二十馀种。

【叙录】是编凡二十六种,二百六十四卷。所收多为黄氏自著及兄本骐之著作。内容多为目录、志表等,亦有部分唐宋人诗文集。而《历代职官表》《历代纪元表》《历代统系录》《避讳录》以及《姓氏解纷》等,则皆为工具书,查考方便,甚便学者。《历代职官表》六卷,取原表六十六篇,以清朝所设员额、品级详注于各表之下,便于比较。《历代统系录》六卷,收辑古代帝王纪元和年号,依据史料,颇翔实可信。《避讳录》五卷,辑唐宋以来各朝避讳,便于史书阅读和考证。黄氏能开一代风气,对清代学术有很大贡献。《清史列传》称其兄弟"互相师友,砥学砺行,名著江湘间"。因家有秦汉以来金石文字、古琴、周秦刀布三宝,故颜其室为"三长物斋",又取以为丛书名。书前有总目,但无叙说、编例。

【版录】

(一)清道光中湘阴蒋瓖刊光绪四年(1878)古香阁印本

参见《综录》第183页。《北京师范大学图书馆中文古籍书目》著录为"光绪四年(1878)印道光二十六年本"。

[补录]

(二)清道光中湘阴蒋瓖刊本

是为原刊本。约成于清道光二十六年(1846)。杨家骆《丛书大辞典》著录是刻,子目较《综录》多《颜鲁公世系表》一卷。又《三长物斋诗略》及《三长物斋文略》二书,原名《式相好斋诗文稿》。

华南师范大学图书馆藏本凡二十五种,附刻三种,又附录补遗八卷。著录为"道光二十四年(1844)序刊本"。

中大　史语　台大　东研

(三)1989年台湾新文丰出版公司《丛书集成续编》本

所据为清道光二十五年湘阴蒋瓖古香书阁重刊本。凡二十八种,二百六十四卷。

海山仙馆丛书

(清)潘仕成辑

【传录】潘仕成(1804—1878)字德畬(一作德舆或德隅)。祖籍福建,世居广东番禺。应试中副贡,因捐输钦赐举人。官至两广盐运使,以盐业起家。仕成承家业,在广州经营盐务并承办海防和军工,遂成当时巨商。经商之馀好藏书,筑"海山仙馆"(又名"荔香园")于广州西门外荔枝湾。门前嵌有"海上神山,仙人旧馆"之工巧对联。馆中藏有很多宋元旧刻和珍贵的金石、古帖等。所藏多而精,被誉为"南粤之冠"。辑刊有《海山仙馆丛书》,选刻《经验良方》等。

【叙录】是编凡五十九种,四百八十五卷。清嘉庆同治年间,正值广州辑印丛书、丛帖鼎盛时期，仕成与南海叶梦龙、吴荣光、伍崇曜等人均为中坚人物，但辑印丛书、丛帖之多，则以仕成为最。他将搜辑所得（坊肆无传本者）编成《海山仙馆丛书》，延南海谭莹校定之，世称善本。

是编所收多为世所罕见而又实用之书，且内容非常广博。如明陈泰交《尚书注考》、凌迪知《史记短长说》、清惠栋《易大义》、钱曾《读书敏求记》等均为经史要籍。除经史、笔记杂录、诗话文评外，多选数学、地理学、医学、目录及种植等方面的书籍。卷首《例言》叙其收录范围云：必择前贤遗编，足资身心学问而坊肆无传本者，裒付枣梨。且务存原文，不欲妄加删节。所选除经史外，兼及书数、医药、调燮、种植、方外之流。而讲武之谋略，四夷之纪录，亦不嫌于人弃我取。因而收录了西洋人汤若望的《火攻挈要》、利玛窦的《几何原本》等早期的中文译本。丛书收录西学著作，以此书为最早。足见鸦片战争之后，中国人向西方寻求科学知识的心态。

是编刊于道光、咸丰年间，光绪时又有补刊本。其规模虽不及《粤雅堂丛书》，然其声价相等，有若先河后海。其开粤东刊刻丛书之先河，使刊刻丛书之风由北而延伸到南方。据徐珂《清稗类钞·鉴赏》称，该丛书板片为法人所获，随军用物品西运，陈列于法国巴黎博物院。书前有道光二十九年（1849）叶志诜序以及例言、总目等。

【版录】

（一）清道光咸丰间番禺潘氏刊光绪中补刊本

参见《综录》第 183 页。光绪中补刊本较原刻多《考古质疑》六卷（宋叶大庆撰）。

中大　湖北大　国会　东洋　东研

［补录］

（二）清道光咸丰间番禺潘氏刊本

书前有道光二十九年（1849）叶志诜序以及例言、总目等。据徐珂《清稗类钞·鉴赏》载，是刻板片为法人所获，随军用物品西运，陈列于法国巴黎博物院。

（三）民国二十四年至二十六年（1935—1937）上海商务印书馆《丛书集成初编》本

所据为清道光潘仕成辑刊本。

（四）1967 年台湾艺文印书馆影印本

据清道光潘仕成辑刊本影印。共十六函一百三十五册。见《湖北大学中文古籍书目》。

连筠簃丛书

（清）杨尚文辑

【传录】杨尚文（1807—1856）字仲华，号墨林。山西灵石县人。幼读私塾，但未中举，居家奉母，博览群书。殡母后居北京，与一代闻人何绍基、张穆等交往甚密。好读书，喜金石,善图绘,以收藏书画著名。有刻书之志,辑刊《连筠簃丛书》等。

【叙录】是编凡十五种,二百十八卷。全书实由张穆主编。所辑自宋吴棫《韵补》,至明姚广孝《永乐大典目录》。内容包括声韵、金石、历史、地志、数学等要籍。如《元朝秘史》《长春真人西游记》(治西北地理的重要著作)在历史地志中极有价值。《群书治要》为久佚之秘籍。而《癸巳存稿》则为时贤之名著。其中有关数学、物理、光学等书,尤为罕见。《镜镜詅痴》乃百年前研究物理之书,亦可谓先进之作。每书均冠以石洲序言,署鉴者则为当日书家何绍基,足见其审慎不苟。

【版录】

(一)清道光二十八年(1848)灵石杨氏刊本

参见《综录》第184页。是刻半叶十行二十三字,小字双行同,四周单边。全书共十二种,一百十一卷。所见均无《综录》所列《说文解字义证》和《永乐大典目录》二种,总目亦未见载。《综录》在前十三种子目(《韵补正》除外)均著有刊刻时间,唯此二种无。另《韵补正》一卷,总目亦未载,据张穆《重刻吴才老韵补缘起》:"书后附入亭林《韵补正》及谢氏《小学韵补考》,以完一家之学。"知《韵补正》实为附录。

中大　华南师大　暨大　杭大　山西　山西师大　祁县　史语　东研

[补录]

(二)民国二十四年至二十六年(1935—1937)上海商务印书馆《丛书集成初编》本

称十二种,一百一十二卷。所据为清道光杨尚文校刊本。

(三)1966年台湾艺文印书馆影印本

据清道光杨尚文校刊本影印。共四函四十二册。见《湖北大学中文古籍书目》。

续知不足斋丛书

(清)高承勋辑

【传录】高承勋,字松三。直隶沧州(今河北沧州)人。生平事迹未详。

【叙录】是编凡十七种,四十四卷。全书分二集,第一集六种,第二集十一种。所收多为说部游戏之作。除《增广太平惠民和剂局方》外,均为短简零编。版心均题"续鲍丛书",其版式亦与鲍书一律,比之鲍氏原刻,诚有丘陵与泰山之别,然其所采,未必即逊于鲍氏原书。各书不记刊刻年月,亦无前后序跋。

【版录】

(一)清渤海高氏刊本

参见《综录》第185页。是编不记刊刻年月,亦无前后序跋,不知成于何时。杭州大学图书馆著录为"清咸丰同治间渤海高氏刻本",阳海清《中国丛书综录补正》补作"清道光间渤海高氏刊本”。

史语

[补录]

(二)民国二十四年至二十六年(1935—1937)上海商务印书馆《丛书集成初编》本

所据为清高承勋校刊本。

(三)1967年台湾艺文印书馆影印本

据清高承勋辑刊本影印。凡十种,共一函十二册。见《湖北大学中文古籍书目》。

粤雅堂丛书

(清)伍崇曜辑

【传录】伍崇曜(1810—1863)原名元薇,字良辅,号紫垣,商名绍荣。广东南海人。早年继承祖业,经营广州十三行的“怡和行”。曾被清政府授予钦赐举人,候补郎中、候选道、加布政使、荣禄大夫等职衔。一生乐于捐赈、捐饷,不可胜计。又喜搜藏古籍和刻书,筑“远爱楼”藏之。张之洞云:“刻书必须不惜重费,延聘通人,甄择秘籍,详校精雕,其书终古不废。则刻书之人终古不泯。如歙之鲍、吴之黄、南海之伍、金山之钱,可决其五百年中必不泯灭。”(范希曾《书目答问补正·附一》),所言“南海之伍”即指伍崇曜。可见其刊刻秘籍巨编享有盛誉,为南粤之首。计有《岭南遗书》《粤十三家集》《楚庭耆旧遗诗》《粤雅堂丛书》等。

【叙录】是编凡二百十三种,一千三百四十七卷。全书分为三编,每编十集,每集种数不等。所选均伍氏旧藏,或转借各书。清道光三十年(1850)开雕,至光绪元年(1875)三编刻竣。亦有编全书为三十集者,续集中的《孝经音义》《东观奏记》《疑龙经》《撼龙经》四种反未刊入,疑重编时书版已散佚。

是编乃清代后期一部大型的私刻综合性丛书。其规模和乾隆时期的鲍氏比较接近,同时又具有自己的特色。所收之书经、史、子、集无所不包,内容涉及经学、小学、史学、地理、金石、目录、笔记、杂录、文学等。虽无鸿篇巨制,也无正经正史,但多为有裨实用之书。所收诸书,均附跋语,概述作者生平,指出作者的学术造诣及其渊源。分析书的内容,说明该书之学术价值,并评论其得失。书中最后十种,其子绍棠为之跋,其馀跋语皆署伍氏之名。然据史载和前人之考证,这些跋语皆其好友谭莹所为。始终任校勘者,亦为谭莹。

谭莹(1800—1871)字兆仁,号玉生。伍氏同邑人。博览群书,学识渊博。一生勤于搜集整理乡邦文献,助伍氏刊刻秘籍巨编,所收多为罕见之书,主要有:

(1)《四库全书》中从《永乐大典》辑出的佚书。如《周官新义》《京口耆旧传》《咸淳遗事》《河朔访古志》《宝刻类编》《崇文总目》《帝范》等,这些佚书有的虽然被其他丛书所收录，但流传仍然较少，伍氏重新刊行，以广其传。

(2)嘉庆年间阮元进呈的《四库》未收之书。如《尔雅新义》《九国志》《续世说》《群书治要》《汉唐事笺》等，均传本极罕，难以流布之书。

(3)日本学者林述斋所辑《佚存丛书》中的部分秘笈。如《周易新讲义》《泰轩易传》《臣轨》《两京新记》等。以及在中国久佚而仅存于日本的书。如《河汾诸老诗集》《西崑酬唱集》《乐府雅词》《西洋朝贡典录》《四书逸笺》等。

(4)《四库全书》未载，其他丛书也稀见收录的唐宋至元明的罕见旧籍。如《续谈助》《菉竹堂书目》《中兴御侮录》《揭文安公文粹》《楼山公集》《益斋集》等。

(5)近人流传未广之著述。如《南齐集》《声类》《汉书地理志稽疑》《述学》《说文声系》《春秋国都爵姓考》《国策地名考》《天香阁随笔》等清人著作，其中不少是首次被收入丛书中，有的为此丛书所独有。

另外，丛书中收录了许多难得的足本。如《焦氏笔乘》共十四卷，而《四库全书》仅八卷。《述学》较他本多补遗一卷、别录一卷，是一个完善之本。在校勘时，努力网罗善本，每书除用多种版本进行对校外，还广泛地利用类书、古注、史传及它书所引进行了细致的勘比。援据广博，考辨精详，纠正了不少错讹夺脱，对《四库全书总目》多所补正。如《帝范》，《四库》《大典》本传写多所脱误。伍氏所用日本刊本，与源出《大典》的武英殿聚珍本相比较，有一百二十馀字不同，许多讹误藉此本得以纠正，诚可宝贵。《虎钤经》经过校勘复正六百四十六字，更改二百字，补三十六字，添注一百九十字。《舆地碑记目》用了五个版本进行勘对，补入脱字六百馀，改正了二百馀字。在校勘过程中，还对原书和它书所载不一致的地方，以及原书内容缺略之处进行了详细的考订，在跋语中指出其所误，并补充其所遗，可见拂尘扫叶之功之大。

【辑录】自序云："粤雅堂者，旧辑《岭南遗书》《粤十三家集》《楚庭耆旧遗诗》之地，而因以署焉者也。""乃玉生广文，同发旧藏，各从转借"，"不拘时代，间考生平，奥义名言，随钞琐录。昔贤之剩稿，佚女所戏编，倏阅四期，始成十集。亡待补乎三箧，还敢吝乎一瓻。苦奢愿之难，怜壮心之未已。藏山谁敢，寿世可期。更殷勤以访求，仍次第以刊布。"

【版录】

(一)清道光光绪间南海伍氏刊本

参见《综录》第186页。是书系随刻随印，故各家藏本种数略有出入。

中山大学图书馆、华南师范大学图书馆藏本著录为"清咸丰三年(1853)南海伍氏刊本"。初编六十种，二编五十九种，三编六十种，共一百七十九种。

湖北大学图书馆藏本凡一百八十九种。亦有称一百七十三种者。

暨大　史语　东海　东研　国会　哥伦大

[补录]

(二)民国二十四年至二十六年(1935—1937)上海商务印书馆《丛书集成初编》本

凡二百零八种，一千二百八十九卷。所据为清咸丰伍崇曜校刊本。《丛书集成初编目录》云："始于道光庚戌，至咸丰乙卯，成二十集，凡一百二十八种。后又成续集，凡五十八种。继以三编，至同治壬戌，成十二种。事忽中止，至光绪乙亥，又成十种，而三编以毕。最后十种，伍绍棠为之跋。前乎此者，皆伍崇曜主之。而始终任校勘者，则谭玉生也。"按：崇曜于同治二年已去世，末编疑其子绍棠所增辑。

(三)1967 年台湾艺文印书馆影印本

据清光绪五年伍崇曜校刊本影印。凡一百四十七种。见《湖北大学中文古籍书目》。

海源阁丛书

(清)杨以增辑

【传录】杨以增(1787—1855)字益之，号至堂，别号东樵。山东聊城人。道光进士，历官陕西布政使、陕西总督、江南河道总督。生平一专嗜书，先后得汪氏艺芸书舍、鲍氏知不足斋、钱氏红豆山房、秦氏石研斋及陈澧、朱筠、孙星衍诸家旧藏。瞿氏铁琴铜剑楼藏书散出，亦多为杨氏购得。遂建海源阁藏之，又建宋存书室、四经四史之斋，专藏宋元版及名抄精校本，此外还有陶南山馆等。共藏约三千三百馀种，二十馀万卷，甲富一代。其规模之大，质量之精，不亚于常熟瞿氏。当时有"南瞿北杨"之称。子绍和，汇其宋元刻本及校本、抄本、精刻本编成《海源阁藏书目》一卷。后因遭乱，杨家藏书一部分焚毁散失，一部分归北京图书馆和山东省图书馆所有。

【叙录】是编凡六种，三十七卷。子目包括：汉蔡邕《蔡中郎集》、宋葛刚正《三续千字文注》、元舒天民《六艺纲目》、清刘淇《助字辨略》、清毕亨《九水山房文存》、清姚鼐《惜褒先生尺牍》。其中《蔡中郎集》乃以黄丕烈手校明万历本为据，又自他书辑录遗文，别为外集四卷，并附列传及年表，堪称足本。《六艺纲目》取《周礼·保氏》"六艺"之文，因郑玄之注，标为条目，各以四字韵语括之。虽蒙求之类，然对小学颇多发明，注亦典核。《助字辨略》乃训诂之书。收集先秦至元代经史子集及方俗语中助字(即虚词)四百七十六个，依四声编次，分为重言、省文、助语等三十类，采用正训、反训、通训、借训、互训、转训等方法加以训释。是自元卢以纬《助语辞》之后，我国又一部研究古汉语虚词之作。

【版录】

(一)清咸丰中聊城杨氏海源阁刊本

参见《综录》第 191 页。清咸丰三年(1853)曾续刊杨以增《志学箴》一卷。

史语

[补录]

(二)1989 年台湾新文丰出版公司《丛书集成续编》本

所据为清咸丰间聊城杨氏海源阁刊本。

(三)1990年江苏广陵古籍刻印社影印本

共二函十七册。

琳琅秘室丛书又名秘籍汇编

(清)胡珽辑

【传录】胡珽(1822—1861)字心耘。浙江仁和(今杭州)人。原籍安徽休宁,因业盐,侨居吴下。官至太常博士。好收宋元刊本,取先世遗书及己所得善本,刊成《琳琅秘室丛书》。另著有《石林燕语集辨》《懒真子录集证》等。

【叙录】是编凡三十种,九十四卷。全书分四集。珽父树声善藏书,所购多宋元旧本,手自缮录,积至千百卷,颜其室曰"琳琅秘室",日事校雠于其中。珽承父志,继续罗致,手自校勘,有得即记。遂取先世遗书及己所得善本,邀集同志,逐卷勘定,辑刻成《琳琅秘室丛书》三十种,九十四卷。

所收诸书"上自两汉,下迄元明,或有关掌故,或寄托讴吟,间涉仙怪之迹,旁及释老之言","其文不雅训,有妨世教者,概不登入"(《琳琅秘室丛书·例言》)。内容涉及较广,注重经世致用。文学作品中,以志怪、传奇居多。如《续幽怪录》《幽明录》《李师师外传》《绿珠传》《列仙传》《疑仙传》等。诗话、文集有《艇斋诗话》《莲堂诗话》《丁鹤年集》《霜猿集》《梅花字字香》等。笔记、杂录、传记、医学方面的书有《鸡肋编》《孙氏祖庭广记》《伤寒九十论》等。多为罕见秘笈,不少为其他丛书所未收,流传绝少而又不易得之珍本。所用底本均据宋元旧本,精心校勘,注重保持旧本原貌,版本价值很高,因而引起后人之珍视。鲁迅曾多次提及此书,所编《唐宋传奇集》中的《李师师外传》和《绿珠传》就是以此书为底本进行校定的。

是编每集总目各附解题,注明版本,自为札记,叙其得书由来。原书舛误者,更作校勘记附后,其活版有讹者,另列校讹。光绪中董金鉴复辑其师友之说,间附己意,续作校勘,订正阙讹,重以活字印行。《丛书集成初编》收录。

【版录】

(一)清咸丰三年(1853)仁和胡氏活字排印本。

参见《综录》第192页。

湖北　东研

(二)清光绪十三年(1887)会稽董氏云瑞楼木活字排印本

参见《综录》第192页。是为董金鉴校本。

中大　史语

(三)清光绪十四年(1888)会稽董氏取斯堂木活字排印本

参见《综录》第 192 页。胡氏原版中经兵燹，书靡孑遗。光绪十四年(1888)会稽董金鉴仍用活字翻印。董金鉴重刊《例言》下镌有“取斯家塾”四字。

华南师大

［**补录**］

(四)民国二十四年至二十六年(1935—1937)上海商务印书馆《丛书集成初编》本

所据为清咸丰胡氏校刊本和光绪董金鉴重刊本。

(五)1967 年台湾艺文印书馆影印本

据清光绪董氏取斯堂重刊本影印。见《湖北大学中文古籍书目》。

玉雨堂丛书第一集

(清)韩泰华辑

【传录】韩泰华(生卒年未详)字小亭，别署魏公后裔，室名无事为福斋。浙江仁和(今杭州)人。藏书家韩文琦之孙。历官兵部郎中、陕西粮储道、右副都御史。晚年侨居江宁(今金陵)，筑玉雨堂。喜藏书，元人集部收至一百馀家，皆传钞精本。取先世旧藏及所得善本，刊成《玉雨堂丛书》第一集。著有《玉雨堂书画记》《无事为福斋随笔》等。

【叙录】是编凡十种，二十二卷。泰华祖父文绮，字蔚林，号三桥。乾隆五十一年(1786)解元，官至右副都御史。好聚书，筑“玉雨堂”藏之，辞官后读书其中。泰华承先世之志，访求遗书至勤，其中元人集部收至百馀家，皆传钞精本。拟辑刊《元文选》，惜仅成首集。遂又取先世旧藏及己所得善本，刊成《玉雨堂丛书》第一集。子目包括《南岳小录》《非诗辨妄》《洪老圃集》《孙耕闲集》《至正庚辛唱和集》《中堂事记》《无冤录》等七种唐宋元人著述，以及《迩言》《扬州画舫词》等清人之书，末附自著《玉雨堂书画记》。其中唐末道士李冲昭《南岳小录》乃道教典籍，汇集道教事迹，分三十四目，总六千馀字，系作者漫游衡山实地访求之后，参据《衡山图经》《湘中记》等所作。全书首叙衡山总览，次依目记山中五峰三涧、宫观药院、庙坛阁洞，附以道教活动传闻，对考究唐及前代道教有一定参考价值。清钱大昕《迩言》乃作者研究古代浅近口语、俗语之专著，其类例与《通俗编》《恒言录》基本相同，条目互有不同。因原流传不广，1959 年商务印书馆收人《迩言等五种》中。

【版录】

清咸丰中仁和韩氏刊本

参见《综录》第 194 页。

天壤阁丛书

(清)王懿荣辑

【传录】王懿荣(1845—1900)字正孺,一字濂生(又作莲生)。山东福山(今属烟台)人。光绪六年(1880)进士。历官编修、侍读、国子祭酒等。性笃挚、读书过目不忘。初治训诂金石之学,继颇考诸经异同,补正注疏。好历史文物、文献,收藏古器、古籍、碑版、字画甚富。以访书有得,立志收全旧版正史以为特藏。又尤善鉴定甲骨文,最早发现和收藏殷墟甲骨,于开创甲骨文研究颇有贡献。所著有《汉石存目》《天壤阁杂记》等。后人编有《王文敏公遗集》。

【叙录】是编凡二十三种,六十三卷;增刊六种,十二卷。懿荣父祖源,博学能文,官至四川成绵茂道。懿荣承其家学,笃嗜金石文字。曾访山东、四川、陕西、山西等地,于书无所不窥,收藏颇富,其中宋元版不少。遂于同治、光绪年间,取先世所辑校之书以及所访求之本,刊成《天壤阁丛书》。先成二十三种,六十三卷,后又增刊六种十二卷。所增又名《天壤阁丛书续刊》,一题清王祖源辑。是编所收以小学、刑律、诗文评为主,其中有十种乃其父所辑校。

【版录】

(一)清同治光绪间福山王氏刊本

参见《综录》第197页。别有《天壤阁丛书续刊》,题清王祖源辑。清光绪九年(1883)四川成都府署刊本。又民国十六年(1927)一云精舍原刊续印本,子目与《综录》所列"增刊"相同。

《湖北大学中文古籍书目》著录为十六种,清光绪七年(1881)年福山天壤阁刊本。

中大

[补录]

(二)清同治光绪间福山王氏刊民国十六年(1927)影印本

凡二十三种,增刊六种。子目与《综录》同。

史语

(三)民国二十四年至二十六年(1935—1937)上海商务印书馆《丛书集成初编》本

凡十九种,五十四卷。所据为清光绪王懿荣校刊本。

(四)1967年台湾艺文印书馆影印本

据清光绪王懿荣校刊本影印。凡三十册。见《湖北大学中文古籍书目》。

滂喜斋丛书

（清）潘祖荫辑

【传录】潘祖荫（1830—1890）字东镛，号伯寅，小字凤笙，别号郑庵。江苏吴县（今苏州）人。咸丰二年（1852）进士，官至工部尚书。谥文勤。学问淹雅，士林奉为宗师。所藏图书金石之富，甲于吴下。宋本甚多，其中得自黄丕烈、张士俊旧藏的宋本，皆世间秘籍。有清初以来著名藏书家递藏宋刻残本《金石录》十卷，后辗转归上海图书馆收藏。另有北宋本《广韵》及士礼居旧藏部分宋本。光绪九年（1883）南归吴县后，聘叶昌炽馆于家。叶氏遂尽窥秘籍，每睹一书，辄为解题，撰成《滂喜斋藏书记》二卷。卒后，京寓藏书由琉璃厂书友代编有《滂喜斋宋元本书目》一卷。

【叙录】是编凡五十种，九十五卷。全书分四函，每函大体以四部为次。汇辑清代，尤其是晚清学者的著述。所收诸书，有经解、金石、笔记，还有同乡先贤、同辈亲友的诗文集。书始刊于同治六年（1867），终于光绪九年（1883），其书主要出自叶昌炽之手。内多有潘氏序记，叙著者、内容及流传情况，有的书得到了比较完善的底本。经学之书主要有《大（太）誓答问》，极辨晚出《太誓》之不可信，认为晚出《太誓》乃周秦间人之书，力驳惠、江、王、孙诸家之说。《春秋左氏古义》，采录周秦两汉旧说，驳杜氏以复左氏经之旧。然不轻改经文，颇为谨严，又往往据《经典释文》参互考证。金石之书主要有《京畿金石考》，乃作者访求京畿古碑，又证以宋人金石诸书而写成，又于未见之碑及传闻之谈都记其书之所出，弥补了京畿金石文献之不足。笔记主要有《桥西杂记》，述掌故，记旧闻，有资考证。《炳烛编》，乃考订辨正之作，有钱大昕遗风。所收各书，篇幅不长，是一部汇辑丛残类之丛书。

【版录】

（一）清同治光绪间吴县潘氏京师刊本

参见《综录》第200页。清同治六年至十一年（1867—1872）刊成十四种，成第一函。同治十二年至十三年（1873—1874）刊成十二种，成第二函。光绪三年（1877）刊成十一种，成第三函。光绪四年至九年（1878—1883）刊成十三种，成第四函。半叶十行二十一字，黑口，左右双边。

中大　暨大　史语　国防　台北　东海　东研

［补录］

（二）民国二十四年至二十六年（1935—1937）上海商务印书馆《丛书集成初编》本

据清光绪潘祖荫辑刊本。但称五十四种，九十五卷。乃将《越三子集》当三种计，《二茗诗集》《石氏乔梓诗集》各当二种计，故有五十四种之数。

(三)苏州振新书社重印本

凡五十四种。据清同治光绪间刊本重印。见《湖北大学中文古籍书目》。

(四)1967 年台湾艺文印书馆影印本

据清光绪潘祖荫辑刊本影印。凡四十八种。见《湖北大学中文古籍书目》。

功顺堂丛书

(清)潘祖荫辑

【传录】参见《滂喜斋丛书》。

【叙录】是编凡十八种,十五卷。潘氏既刻《滂喜斋丛书》,又选近人治经学、小学书八种,史学二种,笔记四种,诗文四种,汇为是编。其中沈钦韩、王绍兰数种经说,潘柽章、吴炎《国史考异》,均为考订精审之作。沈钦韩《春秋左氏传补注》乃为补正《左传》杜注而作,其训诂名物、辨析字句,比诸家详赡,特别是对礼学的阐发,尤足以推明礼制。潘柽章《国史考异》以《明实录》为纲,博访有明一代之书,包括志乘、文集、墓志铭、家传等,皆抄撮荟萃,以类相从,核其虚实,详为考订。此书为四库撤毁书,提要云:"据此六卷观之,大抵引据赅洽,辨析详明。持论亦小有出入,要其辨诬传信,可取者则已多矣。"顾炎武最服其精审,撰订者潘柽章、吴炎,即顾氏所谓遭明书之难潘、吴二子也。他如《平定罗刹方略》《西清笔记》《广阳杂记》等都是很有价值的史书。是编所收多有潘氏序记,对著者、内容及流传情况作了记述,有的书得到了比较完善的底本。如刘献庭《广阳杂记》,所传黄氏辑本为删节本,而此为戴氏所藏足本,比删本多十分之四。潘氏将两本互校,指出"亦有删本有之而足本转不载者,又删本录医方极多,而足本仅寥寥数则"(《广阳杂记序》),于是认真校补而刊之,并增《墓志铭》一篇,可见其辑刻之认真。

【版录】

(一)清光绪中吴县潘氏刊本

参见《综录》第 200 页。是刻半叶九行二十二字,黑口,左右双边。暨南大学图书馆藏本牌记印有"苏州振新书社经印"字样。

中大　华南师大　史语　东研

[补录]

(二)民国二十四年至二十六年(1935—1937)上海商务印书馆《丛书集成初编》本

所据为清光绪潘祖荫辑刊本。

潘刻五种

(清)恩寿辑

【传录】恩寿(生卒年未详)字艺棠。满洲镶白旗,索绰罗氏。协办大学士麟魁子。同治十三年(1874)进士。任兵部主事,陕西陕安道。光绪二十四年(1898)授江西按察使,迁江宁布政使。二十七年(1901)以漕运总督改江苏巡抚。三十年(1904)复署漕运总督,改任江淮巡抚。三十二年(1906)授山西巡抚。三十三年(1907)改陕西巡抚。宣统三年(1911)以病免职。

《续修四库全书总目提要》著录为潘祖荫辑。潘祖荫简介参见《滂喜斋丛书》。

【叙录】凡五种,十五卷。所刻均为清人著述,包括潘世恩《思补斋笔记》八卷、钱大昕《竹汀先生日记钞》二卷、戴熙《古泉丛话》三卷、顾广圻《百宋一廛赋》一卷、孙庆增《藏书纪要》一卷。其中《百宋一廛赋》为私藏解题书目。嘉庆七年(1802),黄丕烈迁居县桥,辟专室贮宋刻本百馀种,名室"百宋一廛"。邀顾氏为其藏书作赋,黄氏自注之。详及版式行款、版本优劣、授受源流等,为书目之新式解题。《藏书纪要》乃藏书专著,分为购求、鉴别、钞录、校雠、装订、编目、收藏、曝书等八则,全面系统地概括和总结了文献积累、保藏、整理的经验,以及封建社会藏书楼的全部活动和内容。古籍珍善本鉴别、编辑术语,也多出自此书,是十九世纪唯一的一部论述图书馆活动的参考书。其中很多论说向为收藏家谨守不渝,对近现代图书馆发展具有较大影响。

【版录】

(一)清光绪二十九年(1903)北京翰文斋据吴县潘氏刊版重编印本

参见《综录》第201页。

[补录]

(二)吴县潘氏刊本

是刻见杨家骆《丛书大辞典》著录。子目录编次与《综录》不同,多《藏泉记》一卷(清戴熙撰)。

(三)清同治十一年(1872)滂喜斋刊本

是刻见《续修四库全书总目提要》著录。题"潘祖荫辑",子目亦有《藏泉记》一卷。

荔墙丛刻又名汪氏丛书、荔墙丛书

（清）汪曰桢辑

【传录】汪曰桢(1812—1882)字刚木，号谢城，又号薪甫、荔墙蹇士。浙江乌程(今湖州)人。咸丰举人。官会稽教谕。曰桢精史学，尤精算举，喜习古今推步诸术，兼通医理，光绪壬午(1882)卒于官。有《历代长术辑要》《四声切韵表补正》《玉鉴堂诗存》《栎寄诗存》《随山宇方钞》《温热纬评》。

【叙录】是编收书十三种，四十卷。其中五种为汇刻自著之书，半为清代学者名著，尤其是乡邦文献多集于此。汪氏精于历算学和文学，其所著《历代长术辑要》一书，是由原著《二十四史月考》改写而成的，其史删繁就简，返博归约，使内容更为切要。

【版录】

清同治光绪间乌程汪氏刊本

参见《综录》第 201 页。是刻各家书目著录不同，或著"清光绪四年(1878)乌程汪氏"，或著"清光绪四年会稽学署刊本"，或著"清同治光绪间乌程江氏刊本"。是书当清光绪四年刊成。

是编尚有三种续刊，皆汪曰桢所著：《湖雅》九卷、《湖蚕述》四卷、《春秋长历》一卷。

式训堂丛书

（清）章寿康辑

【传录】章寿康(1850—1906)原名贞，字硕卿。会稽(今浙江绍兴)人。喜鉴别书画。少随父做官蜀中，即以刻书为事。光绪初为张之洞幕客，知嘉鱼县。缪荃孙引为好友，一同协助张之洞撰《书目答问》。好古敏学，竭力校雠，藏书数十万卷，辑刊《式训堂丛书》。

【叙录】是编凡四十一种，一百六十四卷。分为三集，所收主要为清代中期的经史考据及金石目录等著作。其著者如毕沅、徐松、庄述祖、钱大昕、邵晋涵等均为乾嘉前后著名学者。此丛书成于清光绪十二年(1886)，以斋名书，板片归于朱记荣，朱氏选取其中二十八种汇刻成《校经山房丛书》。

有光绪三年(1877)李慈铭序。

【版录】

清光绪中会稽章氏刊本

参见《综录》第 203 页。此本凡二十四册，半叶十一行二十一字，黑口，四周单边。

北师大著录为光绪六年(1880)刻本。

中大　暨大　华南师大　东研

十万卷楼丛书

(清)陆心源辑

【传录】陆心源(1834—1894)字刚甫，号存斋，晚号潜园老人。浙江归安(今湖州)人。咸丰举人，光绪时，官至福建盐运使。喜藏书，尤嗜异书。其时大江南北，兵燹之后，故家藏书，出以求售，其中宋元旧椠多为陆氏所得。藏书甚富，《清朝续文献通考·经籍考》云："浙西藏书之富，除杭州丁氏外，以归安陆氏为冠。心源收访宋元遗书，于光绪己卯刻成兹编。必照原本，必求足本，非若宋左氏《学海》、元陶氏《说郛》删节讹脱，触目皆是。"其藏书处有三：一名皕宋楼，藏宋元刻本及名人手抄本；一名守先阁，藏明清刻本；一名十万卷楼，藏普通本，以皕宋楼最为著名。光绪三十三年(1907)，日本人岩崎氏从其后裔手中购去皕宋楼、守先阁、十万卷楼的全部藏书，藏于东京静嘉堂文库，是我国古代典籍的一次大外流。著有《皕宋楼藏书志》《仪顾堂集》《潜园总集》等书。

【叙录】是编收书凡五十二种，三百八十五卷。全书分为三编，每编均按四部排列。多为宋元人遗著，间亦有汉唐之作，所据多为宋元旧本或传抄本，其中以医学著作居多，笔记、杂录、杂史亦不少。医书的价值很高，如元明以来，不见流传的许叔微《伤寒百证歌》《注解伤寒发微论》，均为难得的宋代珍本。笔记、杂录、杂史亦有不少有价值的著作。杂录有唐段公路《北户录》，杂史有宋佚名的《靖康要录》、宋洪迈的《夷坚志》，均为后世学者所注重。此外，历史类的《资治通鉴释文》、地理类的《岁时广记》、金石类的《宝刻丛编》、传记类的《汉丞相诸葛忠武侯传》均为使用价值很高之书。陆氏以其所藏之部分宋元遗书汇刻成此丛书，不仅在内容上精心选择，而且在版本上也认真筛选。因此，其中有不少珍贵版本，如宋刊本《卫生家宝产科备要》《资治通鉴释文》《夷坚志》《史载之方》等；影宋抄本有《医经正本书》《北户录》《汉丞相诸葛忠武侯传》《麟台故事》《续考古图》等；元刊本《注陆宣公奏议》《伤寒百证歌》《伤寒发微论》《本草衍义》等。陆氏并不以善本为满足，且在善本的基础上对校。如《靖康要录》在校勘过程中，订正了数千字，增补了数百字，陆氏还为部分书撰写了序言，或介绍书的版本源流，或考辨书的作者，以弥补《四库全书总目》之不足，有助于读者的阅读与研究。

【版录】

(一)清光绪中归安陆氏刊本

参见《综录》第 204 页。

史语

［补录］

（二）清光绪五年（1879）刊本

是刻部分子目书名以简称著录，如《海藏老人阴证略例》，简称《阴证略例》；《东莱吕紫微师友杂志》，简称《师友杂志》；《东莱吕紫微杂说》，简称《紫微杂说》；《地理葬书杂注》，简称《葬书杂注》；《太上老子道德经集解》，简称《道德经注》。

中大　暨大　华南师大

仰视千七百二十九鹤斋丛书又名鹤斋丛书

（清）赵之谦辑

【传录】赵之谦（1829—1884）字益甫，又字㧑叔、铁三，号梅庵、冷君、无闷、思悲翁、悲庵居士等。浙江会稽（今绍兴）人。咸丰举人，历知江西鄱阳、奉新、南城等县。一生敏古好学，治经恪守公羊师说。通训诂，尤擅金石之学，精书画篆刻，家藏图籍甚富。著有《补寰宇访碑录》《汉学师承续记》《六朝别字记》《二金蝶堂印谱》《赵㧑叔印谱》等。

【叙录】是编凡四十种，八十五卷。共六集。辑录经说、杂史、金石、笔记等篇幅短小罕见之书，间附己著。据赵氏序称，道光末年，沈氏鸣野山房藏书散出，精本多为其友杨器之所得，赵氏时往假录，先后得书百三十馀种，遭乱尽毁。同治初入都应试，稍稍购置。复有所得。光绪四年（1878），权鄱阳令归，发愤陈箧，取旧时所得卷帙至简者，辑为是编。赵氏对每种书都亲自校订，刻印甚精。所收诸书以清人著述为多，且大部分附有赵氏所撰提要。其中《英吉利广东入城始末》乃研究英帝入侵我国的早期史料。《东篱耦谈》及《二十一都怀古诗》为朝鲜人著述，反映中朝两国文化源远流长。

据赵氏自序，是书署名的缘由是：病梦时，仰视群鹤翔舞，羽翼蔽天，为数一千七百二十九。然其水中之影，则为鹳鹅鸡凫皆有之，且杂蠨蝗虻蜣螇蠮螉之属。其为鹤者，百不一二。赵氏借此寓言，寓意自己怀才不遇，屈居下僚，而卑鄙龌龊之辈，反高踞于上。据徐珂《清稗类钞·著述》称：鹤者喻县令，千七百二十九为清朝的全部县数。时赵候补未得赴职，故以此泄愤。

【版录】

（一）清光绪中会稽赵氏刊本

参见《综录》第205页。是刻有光绪六年（1880）序。

华南师大　东研

（二）民国十八年（1929）绍兴墨润堂书苑据清赵氏刊本景印

是为袖珍本。半叶九行二十字，黑口，左右双边。

中大　暨大　湖北大　史语　师大　东海

[补录]

(三)民国二十四年至二十六年(1935—1937)上海商务印书馆《丛书集成初编》本

凡三十八种,七十四卷。所据为清光绪赵之谦辑刊本。

(四)1965 年台湾艺文印书馆影印本

据清光绪赵之谦辑刊本影印。共四函五十一册。见《湖北大学中文古籍书目》。

后知不足斋丛书

(清)鲍廷爵辑

【传录】鲍廷爵(生卒年未详)字叔衡,号奂甫,室名后知不足斋、抱芳阁等。安徽歙县人,居江苏常熟。官浙江候补知县。继承其父藏书,继续搜求,所藏益富。追慕同族鲍廷博之为人,颜藏书处为后知不足斋。

【叙录】是编凡四十七种,一百七十六卷。全书分八函。廷爵父振方,喜藏古书。其承父志,续加搜采,进行校勘,遂汇辑旧传及时彦著述有裨于实学者,刊成是编,即以"后知不足斋"名之。清同治十三年(1874)至光绪十年(1884)先刻成前四函,后又续刻四函,共八函,全书不易得。内容以经术、小学、金石目录等清代考订著作为多。如陈鳣《六艺论》一卷、钱大昭《后汉书补表》八卷,都是经史考证的重要著作。明许论《九边图论》一卷、胡宗宪《海防图论》一卷,是研究边疆史的著作,乾隆间被列为禁书,流传较少。其父手辑《金石订例》及唐人刘赓《稽瑞》二书,各为短跋于后。卷首有潘曾玮、徐鳣二序,叙刊书之旨甚详。

【版录】

(一)清光绪中常熟鲍氏刊本

参见《综录》第 205 页。约刻于光绪十六年(1890)。

史语　台北

[补录]

(二)民国二十四年至二十六年(1935—1937)上海商务印书馆《丛书集成初编》本

所据为清光绪鲍廷爵校刊本。《丛书集成初编目录》云:"书分四函,凡二十五种,刊于光绪八年至十年。"是为不全本也。日本东京大学东洋文化研究所藏一部,题名《后知不足斋丛书初编》,光绪十年常熟鲍氏刊本,疑即是本。

(三)1967 年台湾艺文印书馆影印本

凡三十五种。见《湖北大学中文古籍书目》。

邵武徐氏丛书又名徐氏丛书

(清)徐榦辑

【传录】徐榦,字小勿。福建邵武人。约生活于嘉庆、道光间。喜聚书,所得俸禄尽以购书,藏书甚富。编纂《上虞诗选》四卷。

【叙录】是编凡二十三种,一百五十二卷。全书分初、二两集。初刻凡十五种,九十二卷,所收多为经史要籍。二集凡八种,六十卷,所收多为诗文集。全书虽冠以“邵武”之名,实非专收乡贤遗书,前代及本朝他郡名人著述亦采其罕见者刊入。如馀姚邵廷采《东南纪事》《西南纪事》各十二卷,记南明唐王、桂王君臣事迹甚详,世罕见刻本,赖此以传。又如吴江徐釚辑《本事诗》十二卷,亦未见重镌,特刊入该丛书,以广其传。

【版录】

(一)清道光中刊本

参见《综录》第208页。初刻中,《琴操》《支遁集》二书总名《汉晋两家集》,有单刻本行世。

别有《邵武徐氏丛书续刊》三种,清光绪十二年(1886)自刊本。子目包括:《亨甫诗选》七卷(清张际亮撰)、《重订昭阳扶雅集》六卷(清徐榦辑)、《上诗选》四卷(清徐榦辑)。第一种已见《综录》著录。

［补录］

(二)1986年江苏广陵古籍刻印社影印本

子目与《综录》所列相同。初刻半叶十行二十二字,二集半叶九行二十二字,均为白口,左双边。全书末附影印说明。

暨大

(三)1989年台湾新文丰出版公司《丛书集成续编》本

所据为清光绪间刊本。

李忠定公别集

(宋)李纲撰

【传录】李纲(1083—1140)字伯纪。宋邵武(今属福建)人。政和进士。北宋末,任太常少卿。靖康元年(1126),金兵败盟南下,他疏请徽宗禅位太子,以号天下抗战。钦宗即位,反对迁都,积极备战,逼金军撤退,不久李氏以“专主战议”被谪。次年高宗即位,拜相,主张用两河义军收复失地。在职七十五日,又被黄潜善、汪伯彦排斥。后历任湖广宣抚使等职。著有《梁溪集》。由于李氏“喜谈佛理”,故南宋诸儒不肯称之。其诗文“雄深雅健,磊落光明,非寻常士所及”(《四库全书总目》)。

【叙录】是编凡三种,十卷。《靖康传信录》以月、日为序,详细记述靖康元年(1126)正月至十月,作者所经历及自身的处境。《建炎进退志》记叙作者为相七十五日抗战所作的努力以及因主和派所谗而落职,其中论及战、和的利害关系,驳斥主和派的谬论,坚持抗金国策。《建炎时政记》为奉旨而编,记建炎元年六月至八月时政,绍兴五年三月进上,前有奏书原序,实为奏议附录中的一种。《李忠定公别集》充分表现出李纲的爱国主义精神。是集为研究宋金关系的重要史料。

【版录】

(一)《邵武徐氏丛书》本

参见《综录》第 208 页。是本刊于清光绪十年(1884)。

(二)《吉林探源书舫丛书》本

参见《综录》第 259 页。是本刊于清光绪中。

[补录]

(三)明万历李嗣元选刊本

此本题《李忠定集选》,子目与《综录》所列有出入,兹抄录于后:

《奏议》十五卷

《文》十六卷《诗》六卷

《靖康传信录》三卷

《建炎进退录》四卷

《本传》一卷《行状》三卷

(四)明崇祯十二年(1639)崇本堂刊本

是本题《李忠定集》,为明左光先选本,子目与《综录》所列亦有出入,兹抄录于后:

《奏议》十五卷

《诗文集》二十二卷

《靖康传信录》三卷

《建炎进退录》四卷

(五)清康熙八年(1669)李荣芳重刻本

《四库全书总目》称:“万历中闽人李嗣元所选,其《凡例》称‘限于资,不全刊也’,兵燹版佚,国朝康熙己酉,建宁李荣芳又重刊之,称‘购得三旧本皆有残缺,合之,乃成完帙’。

其用力颇勤。《梁溪全集》大抵藏书旧家始有之,世不多见,今行世者惟此本,故附存其目,不没剞劂之功云。"

心矩斋丛书

(清)蒋凤藻辑

【传录】蒋凤藻(约1838—1908)字香生,一作芗生,室名心矩斋。江苏长洲(今苏州)人。家资甚富,纳资补官为福宁知府。雅而好学,嗜书成癖,得周星诒、徐兴公、谢在杭所藏精善书籍,筑"书钞阁"藏之。于光绪九年延请叶昌炽主持校刊《铁华馆丛书》。著《铁华馆藏书目》《铁华馆藏集部善本目》《心矩斋尺牍》等。

【叙录】是编凡八种,三十三卷。蒋氏家多藏书,喜流播善本,尝编刻《铁华馆丛书》六种,四十五卷。专影刻宋本古籍,为世所称。继而又搜辑印行传世未广或未尽见之先哲时彦著作,汇刻成帙,名曰《心矩斋丛书》。然书成之后,传本不多,民国十四年(1925),苏州文学山房得其板片,整理残缺,得书八种,印行于世。所选多为明清学者考订经史的著作,皆学说之精者。如洪颐煊之《汉志水道疏证》四卷、邵晋涵之《南江札记》一卷、严可均之《铁桥漫稿》八卷、桂馥之《札朴》十卷等,均可为当世硕儒考订经史之作。其馀四种为明文震孟《姑苏名贤小记》二卷、沈钦韩《苏诗查注补正》四卷、孙经世《经传释词补》一卷、陈瑑《六九斋馔述稿》三卷。蒋氏曾刻有《吴客槎遗著》、陈鳣《简庄缀文》、季振宜《季沧苇藏书目》等,或已散佚,无从并合,殊为可惜。是编书首有吴梅序及丛书总目。

【版录】

(一)清光绪中长洲蒋氏刊民国十四年(1925)文学山房重印本

参见《综录》第211页。是刻凡八种,三十三卷。

史语

[**补录**]

(二)清光绪中长洲蒋氏刊本

原版现藏江苏广陵古籍刻印社。子目较《综录》多三种:《春秋左传地名补注》十二卷、《吴氏遗著》五卷、《春秋左传补注》十二卷。

(三)清光绪九年(1883)刊本

是刻见《增订丛书举要》著录。凡六种。无《经传释词补》《六九斋馔述稿》二种,多清沈钦韩撰《左传地名补注》二卷,又《汉志水道疏证》作五卷。

华南师大

(四)清光绪十四年(1888)刊本

凡五种,二十八卷。有目录,未列《南江札记》《经传释词补》《六九斋馔述稿》三种。

封面三行："光绪戊子校刊、心矩斋丛书、长洲蒋氏藏板。"

暨南大学图书馆藏本仅存《姑苏名贤小记》《苏诗查注补正》《札朴》三种。

中大　湖北大

（五）清光绪十八年(1892)刊本

是刻藏广东省立中山图书馆。手写封面，题"光绪壬辰（十八年）刊"。无总目录。是刻真伪待考。

（六）1989年台湾新文丰出版公司《丛书集成续编》本

用光绪八年长洲蒋氏刊本为底本。但称十种四十六卷，实无此数，然所列子目较《综录》多《经传释词再补》一卷（清孙经世撰）。

务民义斋算学 又名徐庄愍公算书

（清）徐有壬撰

【传录】徐有壬(1800—1860)字君青，又字钧卿。浙江乌程（今湖州）人。道光进士。历任云南按察司、湖南布政司、户部主事等职。累官至江苏巡抚。后死于洪杨之难。谥庄愍。徐氏精算学，能于古今诸名家外，因法立法，独树一帜。所著《务民义斋算学》，今仅存七种。

【叙录】是编凡七种，十一卷。所收为数学和天文之书。包括数学书四种：《测圆密率》三卷、《造各表简法》一卷、《截球解义》一卷、《弧三角拾遗》一卷。其馀天文书三种：《椭圆正术》一卷、《朔食九服里差》三卷、《用表推日食三差》一卷。其中《测圆密率》和《造各表简法》阐述三角函数与反三角函数的幂级数展开式，集当代诸家之说，又有独创之见。《截球解义》则阐述球面积与同径同高的圆柱面积相等之理。《弧三角拾遗》"以所有有求之对数，较加减今有之对数，即求得之对数。比之旧术，简易数倍"。该书是以对数法代替斜弧法的文献。

是编初刻于扬州，光绪初年姚觐元始刻入《咫进斋丛书》，即现传之七种本。

【版录】

（一）清光绪九年(1883)归安姚氏刊《咫进斋丛书》本

参见《综录》第213页。

（二）清同治光绪间长沙古荷花池精舍刊《白芙堂算学丛书》本

参见《综录》第735页。凡十二卷，《截球解义》后附《椭圆求周术》一卷，又《造各表简法》一名《垛积招差》。

（三）民国二十四年至二十六年(1935—1937)上海商务印书馆《丛书集成初编》本

参见《综录》第353页。卷数与《咫进斋丛书》本同。

［补录］

(四)清自刊本

是刻刊于扬州。除现存七种外,尚有六种未刻:《堆垛测圆》三卷、《圆率通考》一卷、《四元算式》一卷、《校正开元占经九艺术》一卷、《古今积年解源》二卷、《强弱率通考》一卷。据杨家骆《丛书大辞典》著录,《金山钱氏家刻书》中收有《务民义斋算学》三种。

古逸丛书

(清)黎庶昌辑

【传录】黎庶昌(1837—1897)字莼斋。贵州遵义人。廪贡生。初从学于郑珍,后为曾国藩僚属,与张裕钊、吴汝纶、薛福成称"曾门四弟子"。历任驻英、法、德、日四国参赞。1879年代表中国参加在巴黎举行的关于巴拿马运河的国际会议。1881年和1887年两度为出使日本大臣。任内搜集我国已佚的古代书籍,由杨守敬整理校勘,并延请刻工刊刻景印,辑刻成《古逸丛书》,任满即携书归国。1890年回国后任川东兵备道,设立学堂,提倡实业,整顿武备。论文推衍曾国藩之说,尊崇桐城派。著有《拙尊园丛稿》《西洋杂志》等,编有《续古文辞类纂》。

【叙录】是编凡二十六种,一百八十六卷。光绪七年(1881)黎氏出使日本,发现久已绝迹的国内古代佚书残本,其中有宋本《尔雅》《谷梁传》,元至正本《易程氏传》,集唐本《老子》《庄子》,元本《楚辞集注》,旧抄本《玉烛宝典》等,在杨守敬的协助下将许多重要而难得的佚书,陆续依原本翻刻,汇刊成丛书,因多古本逸编,故名《古逸丛书》。是编具有很高的学术价值和文献价值,其中许多逸书弥补了我国文化典籍之阙。如《太平寰宇记》全书共二百卷,《四库全书》虽收有此书,但缺八卷,而日本正好保存了宋刻残本,较《四库》本多五卷半。此外,《古逸丛书》尚有极高的版本价值,收了不少旧抄卷子本、旧抄本、宋刊本、元刊本及其他"稀世珍籍"。尚有日本刊本和写本,其中宋本《尔雅》《荀子》《南华真经注疏》《史略》,元本《楚辞集注》《广韵》都是国内失存的珍本。《古逸丛书》在编排体例和印刷方法上,坚持以"刻随所获,概还其真"的原则,这也是此丛书一大特色。

【辑录】《丛书集成初编百部提要》云:"庶昌自序……序后继以序叙目,每书各撰解题,述其源流,考其版本。守敬复于卷末附缀跋文。亦间有不著一字者。其书版后归江苏书局,然摹印远不如前。东京初印美浓纸本,几与宋槧元刊等视矣。"

【版录】

(一)清光绪中遵义黎氏日本东京大使署景刊本

参见《综录》第214页。是本二十六种,一百八十六卷。书前镌有"光绪十年甲申遵义黎氏刊本于日本东京使署"十九字。

暨大　华南师大

［补录］

（二）1993 年江苏广陵古籍刻印社重印本

续古逸丛书

张元济等辑

【传录】张元济（1867—1959）字菊生。浙江海盐人。光绪进士，授翰林院庶吉士。历任刑部主事、总署章京等。因参加维新运动，戊戌政变时被革职。后在上海致力文化出版事业，主持商务印书馆。精于版本目录校勘之学，全力搜购中外名著和古籍善本，创建涵芬楼和东方图书馆。曾校印《百衲本二十四史》，影印《四部丛刊》等。著有《校史随笔》《涵芬楼烬馀书录》《涉园序跋集录》《张元济书札》《张元济日记》《张元济诗文》等。

【叙录】是编凡四十七种，三百四十六卷。收书范围及体例均同黎庶昌《古逸丛书》。自 1922 年至 1938 年由张元济主持，先后影印宋刻孤本四十六种，新中国成立后又续印宋本《杜工部集》，全书合计四十七种。各书有张元济跋尾，记版本源流甚详。

1982 年国务院批准的《古籍整理出版规划》（1982—1990）中，把《古逸丛书三编》的整理出版纳入，拟仿正续编例，选书五十一种。

【版录】

（一）1922 年至 1957 年上海商务印书馆景印本

参见《综录》第 214 页。是书辑者，诸家著录不一。或题“张元济等辑”，或题“涵芬楼编辑”，或题“商务印书馆辑”，实际上并无区别。

《汉隽》作者林越钺，应为林钺。是书《宋史·艺文志》两出：一见史部史钞类，题“林钺辑”；一见子部类事类，题“林越辑”。陈振孙《直斋书录解题》卷十四类书类则题“林越撰”。然是书宋淳熙刊本自序末署“绍兴壬午六月朔括苍林钺序”。据此，“林钺”“林越”“林越钺”实为一人。“林越”“林越钺”皆讹误。

［补录］

（二）1989 年台湾新文丰出版公司《丛书集成续编》本

所据为民国商务印书馆影印本。

（三）1993 年江苏广陵古籍刻印社影印本

晋石厂丛书

(清)姚慰祖辑

【传录】姚慰祖(生卒年未详)字公蓼。浙江归安(今属湖州)人。父觐元,字彦侍,道光举人,家多藏书,题其藏书室曰"晋石厂",工书,又好传古籍,刊有《咫进斋丛书》。慰祖承父业,搜集刊刻古籍颇勤,并以"晋石厂"名其所辑丛书。

【叙录】是编凡十种,十卷。所收除梁阮孝绪《七录序目》一卷外,其馀均清人著述。包括顾炎武《九经误字》一卷、郑珍《郑学书目》一卷、姚际恒《古今伪书考》一卷、郑元庆《吴兴藏书录》一卷、洪颐煊《读书丛录节钞》一卷、邵晋涵《南江文钞》一卷、陈鳣《经籍跋文》一卷、钱大昕《竹汀先生日记钞》一卷、钮树玉《非石日记钞》一卷。诸书虽多为易见之本,然皆治目录学方面的重要著作。清光绪七年(1881)仅刻成四种,民国间,常熟铁琴铜剑楼瞿绍基得其板,始重修校印,增至十种。

【版录】

(一)清光绪七年(1881)归安姚氏粤东藩署刊民国二十三年(1934)海虞瞿氏铁琴铜剑楼重修印本

参见《综录》第215页。清光绪七年(1881)仅成四种,民国间,海虞瞿氏校印增加《七录序目》《九经误字》《读书丛录节钞》《南江文钞》《竹汀先生日记钞》《非石日记钞》六种,始成十种。

史语　东研

[补录]

(二)清光绪七年(1881)归安姚慰祖校刊本

是为原刊本,只刊成《吴兴藏书录》《经籍跋文》《郑氏学录》《古今伪书考》四种。

(三)1989年台湾新文丰出版公司《丛书集成续编》本

所据为民国二十三年(1934)海虞瞿氏铁琴铜剑楼重修印本。

花雨楼丛钞

(清)张寿荣辑

【传录】张寿荣(1827—约1883)字鞠龄,号莲轩,又号舫庐。浙江镇海(今宁波)人。同治举人。家富藏书,承其先人庋藏二万卷,而时加增购,并精于校勘。藏书楼名花雨楼。著有《舫庐诗文存》,并辑有《花雨楼丛钞》。

【叙录】是编凡二十九种,九十八卷。于光绪九年(1883)先刊十四种,其后续钞又刊十五种,均为清人著述,内容有经义研究、诗文别集、类林典藻、艺术和杂家等。所刊均为原书,对于卷帙浩繁者择其切要用者刊之,笺注考证者则取其精校者付梓。对已收入阮氏《学海堂经解》、沈氏《昭代丛书》等的著述,其中或删节或残缺的,取原书重新刊印,至于卷数太多不能全刊的,辑取其中重要部分。是编所收《虞氏易礼》是研究汉易的重要著述,卢文弨《校正经典释文叙录》是一部精校的研究中国经籍的参考书。张氏承先人藏于花雨楼中,复时加增购,而且手校不释,兵燹之馀痛感古籍之散佚,乃择其中有裨益之书,重付剞劂。题曰《花雨楼丛钞》,以之传世。其版式则仿鲍廷博《知不足斋》本,以高手缮写锓镌。是书前有自序、凡例及丛书书目。

【版录】

(一)清光绪中蛟川张氏花雨楼刊本

参见《综录》第216页。

[补录]

(二)清光绪十年(1884)序刊本

华南师大

南菁书院丛书

(民国)王先谦　(民国)缪荃孙辑

【传录】王先谦(1842—1917)字益吾,号葵园。湖南长沙人。同治进士,历任国子监祭酒、江苏学政、长沙城南书院院长等职。光绪中,讲学于南菁书院。曾极力反对湖南巡抚陈宝箴推行新政,并与叶德辉破坏湖南维新运动。辛亥革命后,从事古籍和历史文献编校刊印工作。所著有《东华续录》《荀子集解》《汉书补注》《庄子集解》《后汉书集解》《元史拾补》等。校刻有《皇清经解续编》。

缪荃孙(1844—1919)字炎之、筱珊,晚号艺风。江苏江阴人。光绪进士。初以庶吉士用,授编修,后在北京供职史馆。历充庶吉士、纂修、总纂、提调等职。曾负责《清史》中部分列传的撰写,参与《顺天府志》《湖北通志》的编纂工作。1888年辞官回乡守制,历主南菁、泺源、钟山等书院讲席。1908年辞职,创办江南图书馆、京师图书馆并兼任监督。民国后卜居沪上,日整理旧著。精于金石目录之学,殚心著述。藏书多得自方功惠碧琳琅馆、汤文瑞等故家旧藏。历数十年,所得旧刻旧钞、《四库》未收之书、孤本稿本等甚多。至晚年藏书达二十馀万卷,收藏金石拓片达一万一千八百馀种,为以往金石家所未有。藏书处名艺风堂,另有对雨楼、藕香簃、云自在龛、联珠楼等。编有《艺风堂藏书记》(续藏书记、再续藏书记)、《艺风堂金石文字目》。卒后,藏书散失,部分善本今存北京大学。著有《艺风堂文集》《艺风堂文外集》《艺风堂文漫存》《续国朝碑传集》《常州词录》《京师图书馆善本书目》《近代文学大纲》《清学部图书馆方志目》等。辑刻《云自在龛丛书》《对雨楼丛书》《藕香零拾》《烟画东堂小品》等。

【叙录】是编凡四十五种,一百四十五卷。分为八集,专门收清一代经学考证之作。其中第四、五两集为南菁书院优秀学生胡玉缙、陈玉树、江衡、范本礼、谢钟英等人的著作。是编为王氏讲学南菁书院时所刻,由缪荃孙任纂辑之事。此丛书实为《皇清经解续编》之补遗。卷首有王氏自序。

【版录】

清光绪十四年(1888)江阴南菁书院刊本

参见《综录》第 219 页。

史语

木犀轩丛书

(民国)李盛铎辑

【传录】李盛铎(1859—1935)字嶬樵,一字椒微,号木斋。江西德化(今九江)人。光绪进士,曾任翰林院编修、国史馆协修、京师大学堂总办、江南道监察御史等职。曾奉命出洋考察宪政。戊戌政变后出使日本,入民国后任参政院参政。李氏三代藏书十馀万卷,建藏书室曰木犀轩藏之。

【叙录】是编凡三十三种,一百七十三卷,为李明墀所编定,其子李盛铎续校刊刻。全书分初刻、续刻两部分,大多为清人之经学研究之书,间亦有历算、金石和文集之类。撰者多为著名学者,有庄存与、焦循、徐养原、丁晏、严可均、朱骏声等。是编有不少书具有较高的学术价值,故其辑刊意义不仅在于流布。

【辑录】书前有李明墀序,详明辑刊目的和经过:"宁少耽典籍,家富储藏,点勘摩娑,无间晨夕。咸丰壬癸之交,毁于兵燹,片帙靡存。其后服官中外,颇复收取,为日既久,逾于早观,辄发敝箧,理而董之。因念秘帙精钞,前贤纂述,咸一生精力所萃,不为流布,曷示方来?爰用丛编之例,择有裨经史者,命儿子盛铎,选督匠氏,付之雕镌,手自校雠,聊以遣日。年衰目耗,漏落滋多,三岁之间,得三十馀种。"

【版录】

(一)清光绪中德化李氏木犀轩刊本

参见《综录》第 220 页。

中大　史语　师大　东研

[补录]

(二)清光绪八年(1882)李氏自刊本

是本为续刊本,题名《木犀轩丛书续刊》。

翠琅玕馆丛书

黄任恒重辑

【传录】黄任恒(1876—1953)字秩南,号述窠。广东南海人。早年就读于广州越华书院,师从名儒丁仁长。性嗜藏书,不事科举,以读书著述终生。著有《粤峤名流》《云泉仙馆小志》《番禺河南小志》《信古阁粤书目》《补辽史艺文志》等四十馀种。辑注有《吴鞠通方歌》《陈修园方歌》《贻令堂杂俎》《桂考续》等。所刻除是编外,尚有《信古阁小丛书》八种。

【叙录】是编凡七十四种,二百八十二卷。全书按经、史、子、集分为四部。其中经部六种,史部六种,子部五十六种,集部六种。凡医算书画诸科,器象物华诸谱,皆搜罗荟萃,既精且详。所收各书,除少数唐、宋、元、明之秘笈外,大多为清人著述。是编与新会刘晚荣的《藏修堂丛书》、顺德冯兆年的《翠琅玕馆丛书》(与是编同名)有着密切的联系。先是,光绪中,冯氏得刘晚荣《藏修堂丛书》书板,遂与自己原来辑刊的《翠琅玕馆丛书》合编为十卷,未及付印而卒。又因家道中落,其子孙以书板偿债,悉为黄任恒所得,再经选汰,于民国五年(1916)刊成,仍名《翠琅玕馆丛书》。其珍贵文献即藉此得以流传。卷首有黄任恒自序及总目。

【版录】

(一)民国五年(1916)据刘氏藏修堂丛书刊版重编本

参见《综录》第 223 页。

[补录]

(二)1989 年台湾新文丰出版公司《丛书集成续编》本

所据为民国五年(1916)黄氏据刘氏藏修堂书板重编本。

佚存丛书

〔日本〕林衡辑

【传录】林衡(1768—1841)字德铨,号述斋,又号天瀑山人。日本人。本岩村城主,嗣林氏,为信胜八世孙。曾于日本宽政五年奉幕府命令继承林家法嗣。所编纂的《佚存丛书》与渡来长崎的汉籍一起被收入枫山文库，林衡因而获得林家中兴的盛誉。

【叙录】是编凡十七种，一百十一卷。全书分六帙，第一帙六种，第二帙四种，第三帙二种，第四帙三种，第五、六帙各一种。早在中国西晋时期，《论语》《千字文》等汉籍名著就已传入日本，此后，印刷术也在日本传播。随着中日友好往来的发展及中日文化的进一步交流，传入的汉籍越来越多，在日本，相应出现了许多汉籍文库和汉籍收藏家。他们竞相收藏，前后积累数十年，苦心经营，收藏甚丰。其数量之多，范围之广，质量之上乘，均在其他各国之上。虽然日本曾挑起多次战争，但其本土未遭到直接破坏，又没有发生像我国秦始皇和清乾隆时期那样大规模的毁书、禁书事件，所以，汉籍资料"守而不失，真本永传"（岛田翰《古文旧明考》卷一）。日本人历代治汉学，珍视汉籍，同时十分重视汉籍的研究和整理，或汇编成丛书，或编制目录、索引等，取得了丰富的成果。特别是在日本发现的在中国久已亡佚之书，引起了中日两国学者的极大关注。

日本宽政、文化年间（相当清嘉庆年间），林衡发现了不少尚存日本的中国佚书。出于对中国文化的保护，他付出了很大的代价，于1794年至1801年间，对这些典籍进行了整理、考证，汇成丛书，并取欧阳修《日本刀歌》"徐福行时书未焚，佚书百篇今尚存"之句，名曰《佚存丛书》。所收诸书均为我国久已散失之古籍，其中以唐宋之书居多。凡已版行者，不再编入，选择颇见精审。如《乐书要录》《李峤杂咏》《论语义疏》《群书治要》等，均赖以辑印流传。每书卷末各附跋注，记各家书志著录，古今字异同，传入日本之时间及其收藏源流等。是书用活字印行于日本宽政、享和年间，当我国清嘉庆之世。阮元征集《四库》未收之书一百七十多种，其中《五行大义》《臣轨》《乐书要录》《两京新记》《文馆词林》《泰轩易传》《难经集注》《玉堂类稿》《西垣类稿》《周易新讲义》十种，即出自是编。伍氏《粤雅堂丛书》也从中选录了大量的佚书。卷首有天瀑山人自序。

【辑录】自序云："欧阳永叔《日本刀歌》云：'徐福行时经未焚，佚书百篇今尚存。'然所谓百篇之书，我无有之，则不知其何据。岂意度言之耶？……余尝读唐宋已还之书，乃识载籍之佚于彼者，不为鲜也。因念其独存于我者，而我或致遂佚，则天地间无复其书矣，不已可惜乎！于是汇为一书，姑假诸欧诗，名曰《佚存丛书》。"

【版录】

（一）日本宽政至文化间刊本

参见《综录》第224页。即1789年至1804年间刊本。

（二）清光绪八年（1882）沪上黄氏木活字排印本

参见《综录》第224页。是为上海黄灿生重刊本。半叶十行二十字，黑口，四周单边。

中大　暨大　史语　国防　师大

（三）民国十三年（1924）上海商务印书馆据日本宽政至文化间本景印

参见《综录》第224页。

中大　暨大　华南师大

［补录］

(四)民国二十四年至二十六年(1935—1937)上海商务印书馆《丛书集成初编》本

凡十七种,一百十一卷。据日本天瀑山人辑刊本。

(五)1966年台湾艺文印书馆影印本

据清光绪间重刻日本天瀑山人辑刊本影印。见《湖北大学中文古籍书目》。

榆园丛刻

(清)许增辑

【传录】许增(1823—1903)字迈孙,号益斋。浙江仁和(今杭州)人。官道员,同治三年(1864)奉母归杭州,遂不复出仕,日与声应气求之士往还,聊浪湖山。又辑有《娱园丛刻》。

【叙录】是编凡三十种,八十五卷。所收多为词作,其中有宋姜夔、张炎,清王士禛、纳兰性德、郭麐、钱枚、王诒寿等人的词作及诗作。刻于同治十一年至光绪十五年(1872—1889)之间,随辑随刻。许氏《榆园丛刻总目》附识云:"夙昔所涉猎而肄习之者,不能恝然。养闲馀日,写付梓人,都成三十馀种,藉以流布艺林。"附有《娱园丛刻》,收清人之作十一种,均为论书籍碑版文房用具等有关艺术鉴赏之作。有光绪十五年(1889)单刻本。

【版录】

(一)清同治光绪间刊本

参见《综录》第230页。

史语

［补录］

(二)清光绪十九年(1893)仁和许氏刻本

暨大　中大　华南师大　北师大

崇文书局汇刻书一名三十三种丛书,又名湖北书局所刻书、崇文丛刻

(清)崇文书局辑

【传录】崇文书局,又名武昌书局、湖北书局。清同治间设于武昌。创办人一说为左宗棠。刻书约二百种。所刻书四部皆备,侧重实用。丛书有《子书百家》《正觉楼丛刻》等。翻刻明震泽王氏刻本《史记》,清张敦仁影宋抚州单注本《礼记》,黄丕烈校影宋严州

单注本《仪礼》，抱经堂校本《经典释文》，鄱阳胡克家仿宋本《文选》，仿元本《资治通鉴》等。

【叙录】是编凡三十三种，二百八十三卷。全书不分集，大致依经、史、子、集排列。所收经部之书有《周易姚氏学》《尚书大传》《周书》《春秋繁露》等。史部之书有《隋经籍志考证》《御览阙史》《鉴诫录》《涑水纪闻》《古列女传》《水经注》等。子部之书有《老学庵笔记》《世说新语》《淮南天文训补注》《酉阳杂俎》等。集部之书有《楚辞集注》《离骚集传》《离骚草木疏》《文心雕龙》等。汇刻诸书侧重实用，多为四部习见、备学者讽诵的著作。其中亦有重要典籍，如姚配中《周易姚氏学》十六卷，作者乃清代惠栋、张惠言之后成就最大的古易学家。刘文淇《左传旧疏考证》八卷，乃研究汉儒经学的重要典籍。胡承珙《仪礼古今文疏义》十七卷，辨别古今文之义，疏证其事甚详。章宗源《隋经籍志考证》十三卷，虽仅成史部，然孙星衍极为推重，称其“曲折其情，词旨明畅”。这几部清代考证学家的著作，皆可谓精湛之作，惜丛书校勘欠精审。

【版录】

(一)清光绪元年(1875)湖北崇文书局刊本

参见《综录》第231页。《周书》又名《逸周书集训校释》，《刊谬正俗》又名《匡谬正俗》。

[补录]

(二)清光绪三年(1877)湖北崇文书局刊本

前后无序跋。半叶十二行二十四字，小字双行同，黑口，四周双边。

华南师大　暨大　东研

(三)清光绪三十三年(1907)湖北崇文书局刊本

见《台湾各图书馆现存丛书目录》。

台北　师大

正觉楼丛刻又名正觉楼丛书

(清)崇文书局辑

【传录】参见《崇文书局汇刻书》。

有署名清李瀚章辑者，题名《正觉楼丛书》，所收之书略有差异。李瀚章(1821—1899)字筱荃，又字筱泉。安徽合肥人。李鸿章之兄。拔贡出身。太平国起义时，跟从曾国藩。历官湖南、江苏巡抚，湖广、两广总督。卒谥勤恪。

【叙录】是编凡二十九种，七十五卷。辑录古今著述，多取清人已刻之书。然内容广泛，四部俱备。如江永《律吕新义》四卷附录一卷，算律精确，说理透彻，为外间罕见之秘笈。庄有可《周官指掌》五卷，于经纬曲直，寻其条目，推勘无遗。再如钱大昭《三国志辨疑》《后汉郡国令长考》两种，亦皆实事求是、用力精勤之作。而洪饴孙《三国职官表》、周嘉猷《三国纪年表》，以及夏勤塘据《宋史纪事本末》编次而条说的《纪事约言》等，皆史部有参考价值之书。唐杨筠松《龙经疑龙》《撼龙统说》，清张尔岐《风角书》等，均属堪舆星象占候之书。南唐谭峭《化书》于《道德经》有所见论。清徐大椿《乐府传声》亦有裨于韵学。至若集部，则有宋文天祥《指南后录》、清彭绍升《二林居集》等。

【版录】

(一)清光绪中崇文书局刊本

参见《综录》第 231 页。

史语　东研

［补录］

(二)清光绪六年至七年(1880—1881)湖北崇文书局刊本

是为巾箱本。半叶九行十八字，花口，左右双边。

中大　暨大

(三)1989 年台湾新文丰出版公司《丛书集成续编》本

据清光绪间崇文书局刊本印行。

三馀书屋丛书

(清)蔡学苏辑

【传录】蔡学苏(生卒年未详)字少泉。江西南城人。同治光绪间在南昌设“三馀书屋”，聚书行贾。所刻之书，校勘不精，审择不慎，惟收购旧帙，配残补阙，颇为士林所嘉许。曾翻刻《蔡民九儒书》十种。

【叙录】是编凡五种，十一卷。所收有元胡炳文《纯正蒙求》一卷，其馀四种均为清人著述。包括易本烺《字体蒙求》一卷、谭尚忠《纫芳斋文集》一卷、谭光祐《中田诗草》二卷、章庆《对语》六卷。内容涉及儒学、小学、艺术、诗文等。其中《纯正蒙求》集古嘉言善行，各以四字属对成文，而自注其出处于下，所载皆有裨幼学之事。《四库全书总目》收录三卷本，提要云：“上卷叙立教、明伦之事，中卷叙立身、行己之事，下卷叙待人、接物之事，略以《白鹿洞规》为准。”并称是书“循讽吟哦，以资感发。与朱子《小学外篇》足相表里”。

【版录】

(一)清光绪二年(1876)盱南上塘蔡氏刊本

参见《综录》第 232 页。

[补录]

(二)清江西刊本

是刻见杨守敬《增订丛书举要》卷五。较《综录》所列子目录少《纯正蒙求》一卷,而多十九种:

《圣谕广训直解》不分卷
《四书章次串联》三卷 (清)瞿门豩撰
《淳熙荐士录》一卷 (宋)杨万里撰
《陈文恭公手札节要》二卷 (清)陈宗谋撰
《字书三辨》三卷 (清)赵敔撰
《是程集审题要旨》一卷 (清)鲁九皋撰
《骈字分笺》二卷 (清)程际盛撰
《六书辨伪辑要》三卷 (清)王玉禄撰
《鲁给谏奏疏》一卷 (清)鲁兰枝撰
《四川巡阅纪行诗》一卷 (清)吴棠撰
《吾庐集》一卷 (清)陶成撰
《鹤鸣馀阴》一卷 (元)虞集撰
《史苑撷馀》二卷 (明)吴廷模撰
《见闻集》一卷 (清)邓存泳撰
《后汉郡国令长考》一卷 (清)钱大昭撰
《书畴彝训》一卷附《遗编》一卷 (清)蔡悉撰
《蔡文庄公密箴》一卷 (明)蔡清撰
《养春斋诗钞》二卷 (清)涂以辀撰
《会典简明录》一卷 (清)祥河撰

其中《对语》六卷,此作《对语四种》四卷。

(三)清光绪十二年(1886)星沙唐舍刊本

是刻见刘声木《再续补汇刻书目》卷四。子目除《综录》所载外,尚有四种:

《东观奏记》三卷 (唐)悲庭裕撰
《熙朝宰辅录》二卷 (清)潘世恩辑
《迪吉录》不分卷
《阴骘文散体阐义》不分卷

新阳赵氏丛刊一名高斋丛刻，又名新阳赵氏校刻书

(清)赵元益辑

【传录】赵元益(1840—1902)字静涵。江苏上海县(今上海)人。光绪举人。幼时养育于新阳县外家。年弱冠，补新阳诸生。博学好古，积书数万卷，兼精中西医理。后供职于上海译馆，与西方人林乐知、傅兰雅、卫理等翻译制造、测绘、法律、医学等外洋之书。曾以医官随薛福成出使英、法、意、比四国。归国，筑室于春申浦上，聚罕见之书十馀种刊刻于世，名《高斋丛刻》。著有《儒门医学》《内科理法》《济急法》《法律医学》《保全生命论》等，均未见流传。译有《澳大利亚洲新志》，笔述《数学理》。

【叙录】是编凡九种，三十四卷。子目包括《音分古义》二卷附一卷、《资治通鉴刊本识误》三卷、《战国策释地》二卷、《游志续编》一卷、《鸡窗丛语》一卷、《寒夜丛谈》《蕙櫋杂记》一卷、《昌黎先生集考异》十卷、《得一斋杂著四种》十卷。其中元人著述一种，清人著述八种。所收以杂著居多。《昌黎先生集考异》乃宋朱熹考订之作。朱氏以为，唐韩愈文集传至宋代，诸本互异，虽先有方崧卿《韩文举正》一书，参校众本，弃短取长，然亦有讹谬，故复加详考订正，编为十卷。“凡方本之合者存之，其不合者一一详为辨证”。体例首摘正文一二字大书，考注夹于下，又于全集之外别行。《四库全书总目》题名《原本韩文考异》，称是本“出自李光地家，乃从朱子门人张洽所校旧本翻雕，最为精善”。

【辑录】《峭帆楼丛书》附《高斋丛刻总目》，后有跋云：“右书有十四种，我先父所刻也。先父平生无他好，所好者惟书。每遇名校旧钞或罕见本，倾囊购致之。光绪间，择善本付梓，名《高斋丛刻》。高斋者，我先高祖考读书之室也，以是名之，殆寓继述之志耳。板藏沪寓，癸丑夏乱，随室庐俱尽。虽系天命，而余之不克宝守，不得辞其咎矣。今余刻《峭帆楼丛书》，择前刻小种重授剞劂。而全书之刻，力有未逮，乃以总目冠首，援《游志续编》载前编目例也。世有藏弆丛刻印本者，幸勿珍秘，慨付梓人，则前哲遗著赖以流播，是余所深望也。”

【版录】

清光绪中新阳赵氏刊本

参见《综录》第233页。书板已毁。其子诒琛刻《峭帆丛书》时，重刻了《资治通鉴刊本识误》《鸡窗丛语》《蕙櫋杂记》等数种。据诒琛所刻《高斋丛刻总目》，除《综录》所列子目外，尚有五种：《草莽私乘》一卷(明陶宗仪辑)；《桐庵文稿》一卷(明郑敷教撰)；《象数一原》七卷(明龚翊撰)；《国朝诗》十卷外编一卷补六卷(清吴翌凤辑)；《野古集》三卷(明龚翊撰)。

渐西村舍汇刊又名渐西村舍丛刊

(清)袁昶辑

【传录】袁昶(1846—1900)字重黎,号爽秋。浙江桐庐人。光绪进士。官户部主事,累擢徽宁池太广道,江宁布政使。条列时政二万馀言,多议行。官至太常寺卿。生平学说,不主故常,而一返于平实中正。著有《合肥相国寿言》《中江尊经阁藏书目》《金陵杂事诗》《渐西村人初集》《安般簃集》《沤簃拟墨》等十馀种。

【叙录】是编凡四十四种,二百六十二卷。为袁氏官皖时所刊。汇辑古今著述,涉及边疆地理、域外史乘之作最多。其中何秋涛《校正元亲征录》、李文田注《元朝秘史》为研究元史重要之书。另外还收入了袁氏自著之书数种。是编原本分甲、乙、丙三集,凡六十七种,然多有目无书。如丙集《朱子参同契注》《朱子阴符经注》、韬庐子《黄庭经注》、孙鼎臣《刍论》、皇甫湜《皇甫持正集》、茆泮林《淮南万毕术》、汪宗沂《逸礼大谊论》、徐文定《农政全书》等均有稿本而未刻。甲集《于湖文录》,乙集《篆写尔雅》及《北徼卡伦鄂博水道考》《塔尔巴哈台事宜》《一统志》内抄出《西藏》一卷。所附《蕃尔雅》《卫藏图志》《止斋杂著》《参军蛮语》等均未付刊。其已刊未成者,有乙集《题襟续集》《永慕堂藏书碑版目》二种。光绪间汇刊后,得四十四种,二百六十二卷,且不分集。《丛书集成初编》收录。

【版录】

(一)清光绪中桐庐袁氏刊本

参见《综录》第235页。是为汇刊本。

史语

[补录]

(二)稿本

凡四十四种,二百六十二卷。据《中国古籍善本书目》,本藏南京图书馆。仅存七种,二十九卷。

(三)民国二十四年至二十六年(1935—1937)上海商务印书馆《丛书集成初编》本

凡四十二种,二百五十五卷。所据为清光绪袁昶辑刊本。

云自在龛丛书

（民国）缪荃孙辑

【传录】参见《南菁书院丛书》。

【叙录】是编凡三十五种，一百十三卷。全书分五集。主要辑录六朝、唐、宋及清代学者的著述。其中第一至三集为晋至清人著述，涉及地理、目录之学，多为缪氏辑校补正，而又久佚不存之本。第四集为清名家词，凡十三家，十七种，附一种，占全书一半。有单刻本行世，名曰《云自在龛汇刻名家词》。第五集为清佚名《定海遗爱录》及缪氏所辑先世诗文，名曰《旧德集》，乃其修家谱后广为搜辑，成十四卷，付之梓人，以垂永久。

是编收录了不少罕见佚书，且具有较高的学术价值。如唐赵元一《奉天录》记唐德宗时，泾原兵变出奔奉天的事实颇详，《新唐书》多采其说，为研究唐史提供了资料。原书久亡，乾隆间四库馆臣从《永乐大典》辑出，未及进呈，因而《四库全书》未收，流传较少。刘宋张玄之《吴兴山墟名》、刘宋山谦之《吴兴记》、唐李吉甫《元和郡县志》、宋欧阳棐《集古录目》等均为缪氏亲自所辑之佚书。其中《吴兴记》一卷，新旧《唐书》没有著录，佚在唐前。《集古录目》十卷原目一卷，《宋史·艺文志》没有著录，佚在元代。诸书之逸文，或有资于古代地理的研究，或有裨于金石之学。在校勘方面，缪氏继承了前人的成果，并取得了不少新的成果。如《北梦琐言》纠正了不少雅雨堂本的脱误，并从《太平广记》辑出了四卷逸文，为他本所无，成为此书的最完备之本。至于所收清人著述，多为零星小种，缪氏有网罗收辑之功。蒋光煦的《东湖丛记》考订清代掌故极为精博，张琦等十馀家名家词可见清代词学之流派，均各具其价值。

是编刻于清光绪九年至二十七年（1883—1901），因系随得随刻，故版式颇不一致。各书前后附缪氏序或跋，叙其内容要旨，版本源流，颇具功力。

【辑录】《书林清话》称是编“多补刻故书阙文，亦单刻宋元旧本。虽《平津馆》《士礼居》不能过之，孙（星衍）、黄（丕烈）复生，当把臂入林矣”。

【版录】

（一）清光绪中江阴缪氏刊本

参见《综录》第235页。是刻约刊于清光绪二十五年（1899）。据缪氏考证，《续千文》之作者“侍其瑗”应作“侍其玮”。

［补录］

（二）1989年台湾新文丰出版公司《丛书集成续编》本

所据为清光绪间江阴缪氏刻本。其中第四集《名家词》作一种计，凡十九种，一百一十三卷。

藕香零拾

（民国）缪荃孙辑

【传录】参见《南菁书院丛书》。

【叙录】是编收书三十九种，凡一百零一卷。缪氏以曹溶《古书流通约》中之“节宴游玩好诸费，可以成就，古人与之续命，出未经刊布，寿之枣梨，始小帙，讫钜编”三十二字，拟刻罕见之书，以一字为一册，陆续辑刊。1910 年刊成三十九种，有藏书约、史志、方志、别集、年谱、笔记等杂著，均为罕见而有价值之书，其中《藏书约》和《藏书纪要》总结了历代私家藏书的经验；《东观奏记》记述唐宣宗一朝之史事；《刑统赋》是将《宋刑统》提纲挈领以韵文体裁写成法律学的读本。缪氏又从《永乐大典》辑有《宋十三处战功录》《宋中兴百官题名》《曾公遗录》《河南志》《伪齐录》《苏颍滨年谱》等书，虽然均属小帙，汇合则成钜编，对于研究唐、宋、金的历史，极具参考价值。此外，《古泉山馆题跋》可考证明清人翻刻宋版的书，开书目的先河。此丛书的校勘十分认真，对于古籍整理有很高的校勘价值。缪氏对所收各书均撰有题跋，对各书著者、主要内容及版本源流均作了说明。

【版录】

（一）清光绪宣统间刊本

参见《综录》第 236 页。此本有部分子目的书名著录与《综录》略异。兹抄录于后：

《开成石经图考》著录为《唐开成经碑图》

《中兴战功录》著录为《宋十三处战功录》

《宋中兴学士院题名》著录为《宋中兴百官题名》

《元河南志》著录为《河南志》

《唐两京城坊补记》著录为《两京城坊考补》

《苏颍滨年表》著录为《苏颍滨年谱》

《古泉山馆题跋》著录为《木居士书跋》

《强萼圃太守上当事三书》著录为《强萼圃三书》

暨大　中大　北师大　史语　东海

[补录]

（二）1962 年扬州古旧书店用缪氏原版重印本

（三）1982 年江苏广陵古籍刻印社用缪氏原版重印本

对雨楼丛书

(民国)缪荃孙辑

【传录】参见《南菁书院丛书》。

【叙录】是编凡五种,三十五卷。所收均据钞本影刊。包括宋洪迈《南朝史精语》十卷附札记一卷、宋钱佃《荀子考异》一卷、梁钟嵘《诗品》三卷、宋黄休复《茅亭客话》十卷、宋赵与时《宾退录》十卷。其中宋人著述居多,内容涉及史评、诗文评、地理、杂著等。《南朝史精语》于诸书采摘宋、齐、梁、陈四朝史中之语。凡《宋书》四卷、《齐书》三卷、《梁书》二卷、《陈书》一卷。《四库全书总目》入存目,谓是书"其去取多不可解"。《诗品》专论五言诗,自汉至梁代百馀人,论其优劣,分为上中下三品,每品之首,各冠以序。《四库全书总目》称其序"皆妙达文理,可与《文心雕龙》并称"。《宾退录》乃作者生平见闻所及,喜为客述之,客退,或笔于牍,故名。书中尊崇儒学,对邵雍尤为推重。《四库全书总目》谓其"论诗多涉迂谬,于吟咏之事茫然未解。至于考证经史、辨析典故,则精核者十之六七。可为《梦溪笔谈》及《容斋随笔》之续"。缪氏辑刻是丛书的目的是影旧存真,颇有士礼居遗风,为保存古籍珍本及其流传不无裨益。是书板后归吴兴张钧衡,并将其汇入《择是居丛书初集》中。

【版录】

清光绪中江阴缪氏刊本

参见《综录》第237页。是刻约刊于清光绪三十一年(1905)。华南师范大学图书馆藏本著录为"清光绪三十一年(跋)黄冈陶子麟刊本",凡四种。待考。

湖北大　史语

结一庐朱氏剩馀丛书又名结一庐丛书

(清)朱澂辑

【传录】朱澂(? —1890,一作1878)字子清。浙江仁和(今杭州)人。官江苏候补道。朱学勤(修伯)长子。好聚书,尤工搜访,冷摊小市,无所不至。家藏素富,收藏多为宋元善本。著有《结一庐书目》。卒后遗书八十柜,尽归丰润张佩纶(幼樵)所得。

【叙录】是编凡四种,一百一十二卷。澂父学勤,字修伯,咸丰进士,官至大理寺卿军机处行走,笃好典籍,其藏书处曰"结一庐",所藏多得之于长洲顾氏"艺海楼"及同郡劳氏

“丹铅精舍”。澂承父志，继续访求。遂选辑旧刊明钞，校刻行世。计有汲古阁本宋赵明诚《金石录》、明钞本唐刘禹锡《刘宾客文集》、张说《张说之文集》，以及曹氏书仓抄本唐司空图《司空表圣文集》。书后皆附缪荃孙跋语，述刻书原委。是丛书板片后归南浔刘承幹，遂广之为《嘉业堂丛书》。

【版录】

(一)清光绪三十一年(1905)仁和朱氏刊本

参见《综录》第237页。

史语

[补录]

(二)1989年台湾新文丰出版公司《丛书集成续编》本

所据为清光绪三十一年(1905)仁和朱氏刊本。

传砚斋丛书

(清)吴丙湘辑

【传录】吴丙湘(1850—1896)字次潇，又字滇生，号进泉。江苏仪征人。光绪十六年(1890)进士。累官河南候补道。卒年四十七。除辑刻《蛰园丛刻》外，尚有《传砚斋丛书》等。

【叙录】是编凡十种，二十六卷。汇辑清代扬州先贤焦循与徐石麟两家著作，共八种，多有裨于考证。焦循《里堂家训》二卷，尤有益于世教。其馀为焦廷琥《因柳阁词钞》二卷、徐乾学《传是楼宋元板书目》一卷。后者系从《传是楼书目》中析出，乃目录学中之要籍，著录宋元善本四百五十五部。是丛书初刊于光绪十一年(1885)。《丙湘墓表》云：“所辑有《传砚斋丛书》，初集、续集皆搜采前人遗稿未付梓者，其用心远矣。”(《碑传集三编》卷二十)

【版录】

(一)清光绪十一年(1885)仪征吴氏刊本

参见《综录》第237页。《北京师范大学图书馆中文古籍书目》著录为“光绪十一年(1885)仪征吴氏孱守山庄刻本”。

史语

[补录]

(二)1989年台湾新文丰出版公司《丛书集成续编》本

所据为清光绪十一年(1885)仪征吴氏校刊本。

槐庐丛书又名槐庐丛编

（清）朱记荣辑

【传录】朱记荣（约1855—1925）字懋之，号槐庐、孟君、槐卿，别署敬业居士。清江苏吴县（今苏州）人。以贩鬻书籍为业，藏书极多。光绪间侨居松江，筑槐庐以藏书。朱氏好刻书，除重刻孙星衍《平津馆丛书》外，还辑刊《校经山房丛书》《金石全例》《行素堂书目》《行素草堂金石丛书》等。著有《行素堂目睹书录》。

【叙录】是编收书五十六种，二百三十六卷，全书分作五编，每编以四部为序列。大多为清人经说、金石考据之作。此丛书随辑随刊，尤其注重稀见之本的辑刊。其中所刊专类丛书间有重出，如惠栋《十经古义》《金石三例续编》二书皆如此，故《槐庐丛书》实为丛杂之总汇。此丛书多用重订本之世所罕传者，或重校本之实用者，汇而刊之。所收之书大多采自《别下斋丛书》《珍艺宧丛书》《十种古逸书》《平津馆丛书》《岱南阁丛书》等。卷端有俞樾、陈其荣、闵萃祥三家序，杨守敬后序。其自序于闵序之后、杨序之前。诸序跋论丛书发展史及丛书之得失甚详。

【辑录】朱记荣序云："因先以孙渊如观察《平津馆丛书》十集，亟为模雕，并求当世博雅之儒，重加审勘，必致其精。校刊方竣，复为陈丈桂廎怂恿，集刊有用之书，为之搜辑，简择若干种，因各分部，编为《经学丛书》《金石丛书》。又以总聚丛杂者汇为《槐庐丛书》，次第分编，集资锓版，尤以世罕锓本者先为重校刊行。自后访求所获，络续付雕。"又云："今吴中槐庐朱君有志于是，搜辑国朝诸名家著述，所存凡属有用之书，先后刊刻，汇为丛编……鲍、黄、钱、伍诸家与之颉颃，而为艺林所传布，存学海之支流也哉。"

俞樾序云："南宋以来，刻书者每喜任意芟薙，而古书面目转失其真。本朝诸家所刻书则无此病，大率访求善本而精刻之，一字不易，此其超越乎前代者也。朱君既富收藏，又精鉴别，所刻丛书尽善可知。此书一出，吾知其不胫而走矣。"

闵萃祥序云："余友槐庐亦今之好古者也。所校刊书以百计，微显阐幽，敏求不倦。近复遍搜有用之书以及秘藏之本，与夫同志之友，经复商榷，陆续付刊，积若干种，编为二集。鉴别既精，校雠复善。有联珠之美，无片珉之杂。三棘六异，呈其瑰表，砥厄悬黎，萃夫珍祥。虽物之聚必于所好，而所以致之，夫岂易言哉。……余喜君之笃好斯道，尤佩君识力不特传之久远，足与毕氏诸家相辉映，而所以津逮来者，其功不可没。"

杨守敬后序云："读其所刻《槐庐丛书》及《金石丛书》，虽不尽秘册，皆雅才好博，实事求是之书。"

【版录】

清光绪中吴县朱氏槐庐家塾刊本

参见《综录》第238页。是刻半叶十一行二十一字，黑口，左右双边。据杨家骆《丛书大辞典》，朱氏为便于销售，曾将所刊《孙溪朱氏经学丛书初编》十三种，全部散入《槐庐丛书》一至五编中，故其子目间有重出。

暨南大学藏本为朱氏旧藏，朱序末有朱氏印三方。陈其荣序题《槐庐丛编》。各编总目均注明各书之版本：

初编

《李氏易解剩义》 校经庼定本

《尚书馀论》 六艺堂原本

《诗辨说》 别下斋校本

《飨礼补亡》 绛跗阁原本

《公羊逸礼考征》 重校滂喜斋刻本

《弟子职集解》 珍艺宧原本

《穀经笔记》 京师原刻重校本

《世本》 问经堂本

《楚汉春秋》 重校茅氏十种本

《楚汉诸侯疆域志》 重校本

《括地志》 重订岱南阁本

《汉石例》 重校《杨氏丛书》本

《金石例补》 灵芬馆本

《志铭广例》 清白居士集本

二编

《九经古义》 重校旧刻本

《十三经诂答问》 石经阁遗稿

《古易音训》 严厚氏重校本

《京畿金石考》 重校滂喜斋本

《平津读碑记》 重校传经堂本

《平津读碑续记》 同上

《周髀算经》 学津本 附《音义》 同上 附《校勘记》 重校武陵山人本

《数术记遗》 学津本

《九数外录》 重校武陵山人本

《问子堂文集》 重校岱南阁本

《平津馆文稿》 同上

《岱南阁文集》 同上

《五松园文集》 同上
《嘉谷堂文集》 同上

三编
《四礼榷疑》 姚椿校藏本
《尔雅汉注》 问经堂重校本
《宅京记》 文澜阁本
《求古录》 文澜阁本
《汉魏六朝纂例》 别下斋本
《补访碑录》 赵氏原本
《图画精意识》 重校本
《玉溪生诗说》 文达公原写本

四编
《论语孔注辨伪》 十经斋原本
《营平二州地名记》 文澜阁本
《明季实录》《昭代丛书》本
《广川书跋》 津逮本
《金石称例》 重校本
《金石综例》 与园全集本
《石经阁金石跋》 与园本
《甲乙经》 重校本
《中吴纪闻》 汲古阁补校本

五编
《孟子时事略》 心斋十种本
《读孟质疑》 求己堂原本
《金石录补》《涉闻梓旧》本
《金石录补》《续跋》《涉闻梓旧》本
《汉学商兑》 原刻本
《逊志堂杂钞》 吴氏旧钞本
《医学读书记》附《医案》 谢氏重校本
《何氏心传》 何氏家藏本

中大　暨大　史语

求实斋丛书

（清）蒋德钧辑

【传录】蒋德钧(1852—1937)本名伯卣，字少穆，更名德钧，字本寋。湖南湘乡县人。同治十二年(1873)入都乡试，留京。光绪元年乡试取誊录、授候补道衔。光绪八年选四川龙安知府。在任十二年，丁忧回籍。曾递呈文请设湖南时务学堂，聘梁启超、李维格分任中、西教员，是为湖南维新之始。又曾设立两湖轮船公司、机器制造公司，在上海合湘人股设开济轮船公司，并造永清号等船，行驶于湘汉之间。1918年避居北京。著有《求实斋类稿》《小寒山稿》等。

【叙录】是编收书十六种，二十八卷。此丛书辑录清代学者遗著，多为经史要籍。其中多择其实用者抄录之，便于读者查检。如曾国藩《经史百家杂抄》，节录为《经史百家简篇》。又《曾文正公杂著钞》亦蒋氏节抄曾国藩遗书汇成。其馀如《群书治要子钞》《牧令书钞》《义学条规》等均钞自其他实用之书，《求实斋丛书》之名，顾名可以思义矣。

【版录】

清光绪中湘乡蒋氏龙安郡署刊本

参见《综录》第239页。许多书目著录为清光绪十七年(1891)刊本

中大　东研　史语

广雅书局丛书又名广雅丛书

（清）广雅书局辑

【传录】广雅书局(1887—1904)又名广州书局。乃清末继金陵、浙江、苏州、淮南、崇文五大官书局之后，影响最大的一家官办书局。创办人为两广总督张之洞。清光绪十三年(1887)始设，局址位于广州文明门外聚贤坊(今文德路)。内设雕板、印刷、校书等堂馆及藏书楼、藏板楼等。由王秉恩提调局事，南海廖廷相为总校，分任校勘者有屠敬山、王仁俊、叶昌炽等数十人。光绪三十年(1904)书局停办。宣统二年(1910)后，附设于广东省立图书馆，改称广雅版片印行所。十七年间，所刻书籍逾三百种，经史子集俱全。其间尤多清代学者经史著述。所刻包括《广雅书局丛书》《聚珍版丛书》《全唐文》等，皆卷帙浩繁，并以校勘精审著称。

【叙录】是编凡一百五十三种，二千三百卷。本无丛书之名，民国初年，番禺徐绍棨主持广东省立图书馆事，对广雅书局所刻书板进行清理重编，择其版式一律者，汇为《广雅

丛书》。全书分经类、小学、杂著、史学、集部五部分，除少数唐、宋、元、明人著述外，所辑多为清代学者解经解史之著述。其中史学部分以清代学者补正二十一史的志表价值最大，后别出九十馀种汇为《史学丛书》行世。此外，其版有残缺尚待修补者，如赵一清的《三国志补注》，钱大昕的《诸史拾遗》《三史拾遗》，张熷的《读史举正》等四种则不列入。他如诸史纪事本末及《读史方舆纪要》《天下郡国利病书》等，因卷帙浩繁，亦不收入，而别为印行。书前有总目及徐绍棨序。

【辑录】徐绍棨序云："南皮张文襄公督粤，首建广雅书院以课士，岭海文风蒸蒸日上。复于城南南园之侧，建设广雅书局，校刊群籍。尔时，充总校者为南海廖泽群太史廷相，以经术名儒提挈一切，赞襄于其间者皆博学鸿才，海内知名之士。局中前后东西校书堂，屦迹常满，日事铅椠，互相考订。文襄公于政务馀暇，时莅临其间。十峰轩者，即文襄观书之所而特赐嘉名者也。公既振兴文教，凡四方珍异孤本莫不麇聚纷来，复经诸通人辨别，故所刊者无俗本，无劣工。其选择之精，校雠之善，当世久有定论。惟自光绪晚年，书局停办，光阴荏苒，已十馀年矣。况经桑海之变，斯文遭厄。文澜阁为驻军之所(阁在粤秀山，为学海堂藏板地)，冠冕楼已片瓦无存(楼在广雅书院，本藏书之地)，斯局虽岿然存在，然板片坌积，颠倒错乱。瞻望前尘，盖有不堪回首者。棨于民国六年冬董理图书馆事，勉竭驽钝，从事清理。殚二年之力，略有条绪。今择其板式一律者，凡一百五十馀种，汇为《广雅丛书》。"

【版录】

(一)清光绪中广雅书局刊民国九年(1920)番禺徐绍棨汇编重印本

参见《综录》第240页。半叶十一行二十四字，小字双行同，黑口，四周单边。

中大　华南师大　暨大　河北大　史语　东研

[补录]

(二)清光绪中广雅书局刊本

约刊于光绪十六年(1890)。凡九十四种，六百六十四卷。本无丛书之名，民国初，番禺徐绍棨汇编重印，定名《广雅丛书》，子目增至一百五十三种。

(三)1989年台湾新文丰出版公司《丛书集成续编》本

凡一百八十种，二千三百卷。所据为清光绪间广雅书局刊民国九年番禺徐绍棨汇编重印本。

晋纪辑本

(清)汤球辑

【传录】汤球(1804—1881)字笏卿，又字伯玕。安徽黟县人。嘉庆间举人。早年师从同乡著名学者俞正燮、汪文台等人。不愿为官，致力于学术研究，对两晋十六国史书的辑佚用力最勤。所辑除《晋纪辑本》外,尚有《晋书辑本》《晋阳秋辑本》《汉晋春秋辑本》《三十国春秋辑本》《十六国春秋辑补》《十六国春秋纂录校本》等。

【叙录】是编凡七种,七卷。汇辑晋代干宝、陆机、曹嘉之、邓粲,以及刘宋人刘谦之、裴松之等人所撰《晋纪》。诸书均已散佚,汤氏辑为各一卷。其中干宝所撰原二十卷,记司马懿至愍帝五十三年历史。陆机所撰原为四卷,记晋宣帝、景帝、文帝于曹魏当权时事。是书久佚,汤氏所辑仅"《晋书》限断议"及"文帝"两条。曹嘉之所撰原为十卷,记文帝、武帝、惠帝、愍帝、元帝事。邓粲所撰原为十一卷,记东晋元帝、明帝事。刘谦之所撰原为十卷,书已佚,汤氏辑为一卷。裴松之所撰记穆帝、安帝事。另外,陆机尚有《惠帝起居注》一卷。计前所述共七种,七卷,均收入《广雅书局丛书》中。民国二十四年至二十六年(1935—1937)上海商务印书馆据《史学丛书》本排印,收入《丛书集成初编》。

【版录】

(一)清光绪中广雅书局刊民国九年(1920)番禺徐绍棨汇编重印《广雅书局丛书》本

见《综录》第 243 页。

中大　华南师大　暨大　河北大　史语　东研

[补录]

(二)民国二十四年至二十六年(1935—1937)上海商务印书馆《丛书集成初编》本

见《综录》第 379 页。

(三)清光绪二十年(1894)广雅书局复稿本

见《北京师范大学图书馆中文古籍书目》。同函尚有汤氏所辑《汉晋春秋辑本》四卷。

(四)清光绪广雅书局校刊《史学丛书》本

见《丛书集成初编目录》。

灵鹣阁丛书

(清)江标辑

【传录】江标(1860—1899)字建霞,号萱圃、师鄦,自署笘誃。江苏元和(今苏州)人。光绪十五年(1889)进士。历任翰林院编修、湖南学政等职。工诗文,善书画,精于目录版本之学,酷嗜鼎彝文字。藏书处名"灵鹣阁",所藏宋元精椠、名画、古器甚富。著有《钦定四库全书总目提要四部类叙》《沅湘通艺录》《黄荛圃先生年谱》《红蕉词》《宋元本行格表》等。卒后,全部藏书售于盛宣怀愚斋。

【叙录】是编凡五十七种,九十三卷。全书分六集。江氏少时于舅氏毕翼纶(遽秋)家遍读藏书,遂识版本鉴定之学,熟谙宋元刻本、旧钞旧校源流。官湖南使院时,遂将所积之书刊成是编。所收包括金石、诗文、经说、传记、目录、版本诸类。其中清代金石类著述为最多，共十九种。次各家诗文，共十种。次经义小学，次书画目录版本，各六种。次地理传记，次杂说笔记，各四种。而属于泰西政治学术风俗之书，则有八种。所录不囿于一家之说，开辟新的治学领域，在丛书中别具一格。

【版录】

(一)清光绪中元和江氏湖南使院刊本

参见《综录》第246页。约刊于光绪二十三年(1897)。

中大　华南师大　湖北大　史语　台北　近代　东海

［补录］

(二)民国二十四年至二十六年(1935—1937)上海商务印书馆《丛书集成初编》本

所据为清光绪江标校刊本。

(三)1966年台湾艺文印书馆影印本

据清光绪江标校刊本影印。收入《百部丛书》中。见《湖北大学中文古籍书目》。

观古堂汇刻书

(民国)叶德辉辑

【传录】叶德辉(1864—1927)字奂彬、焕彬，号郎园，又署直山、直心。湖南湘潭人，祖籍江苏吴县。光绪进士，授任吏部主事。光绪二十三年(1897)在湖南反对新学，攻击时务学堂，撰《长兴学记驳义》《辅轩今语评》，批驳康有为的《长兴学记》、徐仁铸的《辅轩今语》。光绪二十六年(1900)据唐才常在湖北起兵事，编成《觉迷要录》，以作"康梁逆案之定谳"。宣统二年(1910)因饥民抢米风潮，为清政府削籍。1927年大革命时被杀。其文章宗法桐城古文，生平喜刻书，精于目录版本之学。曾购得宋荦家纬萧草堂、孔继涵家红榈书屋、王士禛池北书库、马国翰玉函山房等故家散出旧藏。四部要籍，无不搜罗宏富，充栋连橱。藏书处有观古堂、丽廔。藏书达二十多万卷，其中清代诗集收藏颇丰。自编《观古堂藏书目》。著有《书林清话》《书林馀话》《郎园读书志》《藏书十约》《游艺卮言》《四库全书总目版本考》等。所辑有《郎园丛书》《观古堂汇刻书》《丽廔丛书》《观古堂所刊书》等。卒后，藏书大都由其子售于日本人山本。

【叙录】是编收书二十一种，凡六十五卷，分为二集。第一集十五种，以经学、目录学等著述为主，经学有阮元《三家诗补遗》、周春《尔雅补注》等注为经学研究之书。第二集多为集部文献，如王彦泓《疑雨集》、严长明《严冬有诗集》等均为稀世之书。

【版录】

(一)清光绪二十八年(1902)长沙叶氏刊民国八年(1919)重编刊本

参见《综录》第247页。

［补录］

(二)清光绪二十四年(1898)长沙叶氏郎园重刊本

此本有“汇刻书”二十一种,“所著书”十六种。

华南师大　暨大

双楳景闇丛书

(民国)叶德辉辑

【传录】参见《观古堂汇刻书》。

【叙录】是编凡十五种,二十五卷;附一种,一卷。书约成于光绪二十九年至宣统三年(1903—1911)间。内容涉及医学、传记、小说、词曲、诗文评等。光绪年间,叶氏游京师,与同侪倡酬饮宴,亦喜丝竹陶情,颇事搜集烟花之录、教坊之记与房中诸书。文人好事,风流儒雅,颇为卫道君子所非议。然所辑《观剧绝句》(清金德瑛等撰)、《木皮散人鼓词》(明贾凫西撰)、《万古愁曲》(清归庄撰)等,实系风雅。至若清舒位《乾嘉诗坛点将录》、明王绍徽《东林点将录》等,虽近于诙谐,但不失为一代掌故,均具有一定的参考价值。

【版录】

(一)清光绪宣统间长沙叶氏郎园刊本

参见《综录》第 248 页。是刻半叶十一行二十二字,黑口,左右双边。据原书,《吴门画舫录》前尚有序跋、题辞多篇。《海沤小谱》为附刻。《观剧绝句》又名《桧门观剧诗》,后尚附诸家题跋。《东林点将录》后尚有《点将录附考》一篇。

暨大(不全)　河北师大　史语　东研

［补录］

(二)清刊本

见杨家骆《丛书大辞典》。较《综录》所列子目多《金虏海陵王秽史》一卷(京本小说第二十一卷),《观古堂校刻唐开元小说六种》(包括《明皇十七事》一卷、《梅妃外传》一卷、《杨太真外传》三卷、《李林甫外传》一卷、《高力士外传》一卷、《安禄山事迹》三卷)。

(三)1989 年台湾新文丰出版公司《丛书集成续编》本

凡十九种,二十三卷。所据为清光绪宣统间长沙叶氏刊本。核其所列子目,实仅十一种。

丽廔丛书

(民国)叶德辉辑

【传录】参见《观古堂汇刻书》。

【叙录】是编凡九种,二十四卷。所收包括唐鱼玄机《唐女郎鱼玄机诗》一卷附录一卷;宋人著述七种:陈田夫《南岳总胜集》三卷,司马光《古局象棋图》一卷、《投壶新格》一卷,洪遵《谱双》五卷附录一卷,李清照《打马图经》一卷,朱河《除红谱》一卷,佚名《三教源流搜神大全》七卷;明周弘祖《古今书刻》二卷。宋人著作过半,内容涉及地理、版刻、游艺、投壶、博戏、杂学等。其中《南岳总胜集》乃《四库》未收之书。首卷列总图、分图及五峰灵迹,又洞天福地以至历代帝王,凡二十七类。中卷叙寺观及所产珍禽、杂药、异花、灵草、灵禽、异兽,纤悉毕载。下卷叙唐宋异人高僧,末附隐逸之士。《四库未收书目提要》称其"征引博而叙述简,深有体要"。又云:"宋史地志传者颇希,此则较唐李冲昭《南岳小录》更为详备,尤足以证《文渊阁书目》作'《南岳集》三册'乃转写脱误耳。"此书流传不广,叶氏据宋本影刊。《古今书刻》上编记明代中央各府、部、院、监、寺及地方十五省一百五十八府、州官署、坊间、私家所刻之书,下编录各地所存石刻碑文,为研究明代刻书、文献及碑石流传存毁情况参考书。《投壶新格》乃游艺之书,司马光整修历代及时行投壶谱,颠倒其例,"更定新格"以"寓其放",使投壶更合封建统治需要。宋王辟之《渑水燕谈录》称:"司马温公既定洛,每对客赋诗、谈文或投壶以娱宾。公以旧格不合礼意,更定新格,足见公之志。虽嬉观之间亦不忘正也。"自晋至宋之投壶旧籍,惟此独存全篇。叶氏据《事文类聚》本影刊。《唐女郎鱼玄机诗》又名《鱼玄机集》,集中录诗五十首,多酬和、写景之作。其语言清浅易懂,诗情致繁缛,颇有可观。叶氏据南宋书棚本影刊。此丛书所收诸书均据宋、明本影刊,底本都是校为难得的版本,弥足珍贵。

【版录】

(一)清光绪中长沙叶氏刊本

参见《综录》第248页。约成于光绪三十三年(1907)。原为八种,十七卷。宣统民国间曾汇印,增加《三教源流搜神大全》七卷。据杨家骆《丛书大辞典》,是刻尚有元王构撰《修辞鉴衡》一卷。另《古局象棋图》又名《七图象棋局》。

湖北　湖北大　史语　近代

[补录]

(二)清光绪中长沙叶氏刊民国八年(1919)重编印本

见《北京师范大学图书馆中文古籍书目》。

郎园先生全书

叶启倬辑

【传录】叶启倬,字尚农。湖南长沙人。叶德辉长子。生平事迹未详。

【叙录】是编凡一百二十九种,三百七十一卷。所收多为叶德辉辑撰和校勘之书。如《宋赵忠定奏议》《宋忠定赵周王别录》等,乃叶德辉所辑;《天文本单经论语校勘记》《曝书亭词校勘记》等,皆叶德辉所校;《观古堂诗文集》《郎园论学书札》等,则为叶氏所著;其他编刊之书尤多。各书刊刻年月不同,多为叶德辉在世时刻印。丛书收其已刊者三十馀种,其历年刊刻的丛书若干种亦一并编入。至于其晚年书稿,或书成待刊,或已用活字排印,均叶德辉卒后由其子启倬汇印。叶启倬家世书香,因将其父生平辑校编刊撰著之作,汇刊为全书,以志世业之所存。内亦有少量宋明清学者的著作,以及叶氏家族部分成员的著作。

【版录】

(一)民国二十四年(1935)长沙中国古书刊印社汇印本

参见《综录》第 249 页。

[补录]

(二)1989 年台湾新文丰出版公司《丛书集成续编》本

所据为民国二十四年(1935)长沙中国古书刊印社汇印本。

豫恕堂丛书

(清)沈登善辑

【传录】沈登善(1830—1903)字谷成,室名豫善堂。浙江桐乡人。同治七年(1868)进士,授翰林院庶吉士。后忧于时局,不图从政,寓居苏州读书著述,游学访友。应聘本邑桐溪书院山长及德清县仙潭书院山长,从事教学凡二十年,晚年避地沪上。其学杂糅经学、佛学和西学。晚年专治易学,著有《需时眇言》《论馀适济》《经正民兴说》《报恩论》,合刊为《沈谷成易学》。另有《沈氏改正揲蓍法》。

《综录》作"沈登善"。姜亮夫《历代人物年里碑传综表》及《中国古籍善本书目》均作"沈善登"。

【叙录】是编凡二十一种,五十三卷。起自《周礼解》,迄于《耄馀诗话》,收录宋、明、清人著述,其中宋人六家、明人四家、清人十家及日本人著述一种。所收诸书,经史子集俱全。经部仅二种，子部之书最多，内容涉及杂学、术数、医学、佛教等。清光绪间刊朱印本，其中十四种为写样本。宋释晓莹撰《罗湖野录》二卷，《四库全书总目》入存目，据浙江鲍士恭家藏本作四卷。是书乃作者"以倦游归，憩罗湖之上，因追忆昔所闻见"。其中多载禅门公案及机锋语句，所载士大夫投赠往来篇什尤多，遗闻逸事，多藉流传。厉鹗撰《宋诗纪事》，多采此书。明胡震亨撰《读书杂录》二卷，乃作者读书笔记，《四库全书总目》入存目，据安徽巡抚采进本题作《读书杂记》。提要称其所证诸史事"皆语有根据，足以资考据。惟其生于明末，渐染李贽、屠隆之习，掉弄笔舌，多伤佻薄。愤嫉世俗，每乖忠厚"。宋韩祗和撰《伤寒微旨论》二卷，作者乃北宋名医，其书《宋史·艺文志》不载，原本久佚，四库馆臣乃从《永乐大典》采掇成帙，共十五篇，间附方论，大抵皆推阐张机之旨，而能变通于其间。其书向惟王好古《阴证略例》中间引其文。宋董汲撰《脚气治疗》二卷，《四库全书总目》据《永乐大典》本题名《脚气治法总要》。提要云："是书《书录解题》作一卷，《宋史·艺文志》亦同。久无传本。今从《永乐大典》所载排纂成帙。以篇页稍繁，分为二卷。上卷论十二篇，大旨谓脚气必由于风湿，风湿兼有冷热，皆原本贤虚。下卷方四十六，考脚气即《素问》所谓厥疾。至唐始有此名，治法亦渐以详备。然李暄及苏敬、徐玉、唐侍中诸家之书，今多不传，独汲此帙尚存，颇为周密醇正。"

【版录】

清光绪中刊本写样本

参见《综录》第 252 页。其中光绪间所刻为朱印本。上海图书馆藏本有清谭献校。

灵峰草堂丛书

（民国）陈矩辑

【传录】陈矩(1852—1939，一作 1842—1929)字衡山。贵州贵阳人。实录馆誊录。随黎庶昌出使日本办理文案，历任四川台州、石泉、三合等县知县，后任成都知府。民国后知犍为县事，后任国学讲习所所长、贵州通志局分纂、贵州文献征辑馆编审。著有《灵峰草堂集》。

【叙录】是编凡八种，十七卷。子目包括汉郑玄笺《毛诗》残三卷、唐佚名《翰林学士集》一卷、清刘心源《奇觚室乐石文述》二卷，其馀为陈矩撰著五种：《灵峰草堂集》四卷、《凫氏为钟图说补义》一卷、《天全石录》一卷、《孟子弟子考补正》一卷、《孟子外书补注》四卷。陈氏自著过半，内含经籍、金石、艺术、别集、总集诸类。其中《翰林学士集》乃诗歌总集，收录唐太宗与许敬宗等翰林学士唱和诗六十首。是书为唐佚名辑，残存仅一卷，陈氏据日本尾张真福寺藏唐卷子影刊。《孟子弟子考补正》一卷，乃陈氏自著以补朱彝尊《孟子弟子考》之不足。陈氏以为朱氏于季孙、子叔二人，不从赵注，不引外书，遂不列于弟子；又拘牵吴氏《列传序》所称十九人，粗拟目次，未及终篇。于是，旁摭《姓谱》《群言拾唾》等书，佐以外书，厘校异同，补拾疏漏，定季孙、子叔、周霄、孟季子为孟子弟子，又据《墨子》定浩生子不害、告子胜为二人，共二十四人。是丛书乃随刊随印，故各本子目多寡不同。

【版录】

清光绪中贵阳陈氏刊本

参见《综录》第252页。据孙殿起《丛书书目拾遗》所列，子目较《综录》少《奇觚室乐石文述》二卷，而多六种：《二李唱和集》一卷，宋李昉、李至撰；《春秋左传杜注校勘记》一卷，据唐卷子本影刊，黎庶昌录；《陶靖节年谱》一卷，宋吴仁杰撰；《历代帝王绍运图》一卷，元释觉岸撰；《黔语》二卷，清吴振棫撰；《红馀籀室吟草初集》三卷附一卷，李端临撰，附，傅范淑撰。又据刘声木《再续补汇刻书目》所列，仅四种。然四种中，孙承泽《双钩落水兰亭》（影日本延喜间刊本）一卷和《文选第五残卷》一卷，为《综录》及孙目所无。

史语

聚学轩丛书

（民国）刘世珩辑

【传录】刘世珩（1874—1926）小名奎元，字葱石，又字檵庵，号聚卿，别号楚园。安徽贵池人。先后侨居江宁、上海。光绪二十年（1894）举人。藏书甚富，所蓄十馀万卷，内有宋刊《玉海》等善本。家藏三代彝器数十种，碑帖六千馀种。其中曾得安徽桐城藏书家萧穆的部分遗藏，又得叶昌炽所藏碑拓三千馀件。毕生致力于刻书校书，所辑印之书有《玉海堂景宋元本丛书》《宜春堂影宋巾箱本丛书》《暖红室汇刻传奇》《赐书堂汇订曲谱》《贵池先哲遗书》《一印一砚庐金石丛书》等。

【叙录】是编凡六十种，二百五十一卷。全书分五集。以《学记》"学以聚之"命名。所收诸书取类近者为一集，博而不杂，考证确凿。其中有戴震、黄本骥、惠栋、卢文弨、章学诚、朱骏声等五十二家清儒著述。内容皆经史及金石之属，均为实用之书，大半为作者手稿、传钞稿或世所罕见之刻本，是晚清所刻的一部体例较为完善、选择较为精审的丛书。卷首有缪荃孙序，对是编评价甚高。另有顾云、范当世序，刘氏自撰《聚学轩丛书缘起》及子目提要。

【辑录】《聚学轩丛书缘起》云："（世珩）性嗜典籍，尤好搜刻丛残。岁癸巳成《聚学轩丛书》，凡八种；乙未成《檵庵丛刻》，凡九种；丁酉成《两间书屋丛钞》，凡十五种。以后岁有所刻，集成都六十种。今者朝廷政教日新，广开学校，讲求欧美东亚时务，艺治实学，乃为五洲舣编译《时务丛书》之选，而古刻日亡，深惧旧学绝续之际，爰以所藏宋本付椠，成

《玉海堂景宋丛书》。惟纂者三刻别署斋名，不免务博好事之讥，兹合前后各刻，重加厘定，统名《聚学轩丛书》。大半传钞稿本，为世希有。刻本亦多罕觏者。得二百五十一卷，作者五十一人，分五集焉。”

缪荃孙序云：“贵池刘子葱石嗜古敏学，殚力搜讨，所蓄亡虑十数万卷。旬辑近儒著述，类皆为经史金石之学者，刻成《聚学轩丛书》若干种，皆外闻所希见。传昔贤之精神，开后学之矩镬。其不至真伪不分，雅俗不辨，删削脱误，为卢抱经学之士所讥乎？”

顾云序云：“《聚学轩丛书》，贵池刘君㰚庵所刊。取类迩而严，博而不杂。遴辑未竟，先成若而卷，皆可传之书。”

范当世序云：“刘子之于世，可谓忧深而思远者矣，乃其述此刻之缘起则曰：‘吾刻《时务丛书》，而深有惧于古刻日亡，旧学绝续之际。’……刘子年未三十已博通中西，而优游及于邃古，非其人耶？”

【版录】

(一)清光绪中贵池刘氏刊本

参见《综录》第253页。是刻约刊于光绪二十九年(1903)。半叶十一行二十一字，黑口，左右双边。书前之《总目》及《提要》，均按经、史、子、集四部分类。

史语　师大　台北　政大

[补录]

(二)1982年江苏广陵古籍刻印社用刘氏原版影印本

版存江苏广陵古籍刻印社。全十一函一百二十册。

暨大

(三)1989年台湾新文丰出版公司《丛书集成续编》本

所据为清光绪二十九年(1903)贵池刘氏刊本。

积学斋丛书

(民国)徐乃昌辑

【传录】徐乃昌(1862—1936)字积馀，号随庵。安徽南陵县人。出身监生。光绪举人。民国后寓居上海。沉湎经籍，劬学不倦。又究心训诂，熟于簿录之学。以积学斋名藏书室，所藏古椠、清人文集甚富。抗战期间，藏书渐佚至尽。编有《藏书志》及《积学斋善本书目》《金石拓本目录》《积学斋书目》。平生所刻丛书凡九部，计一百八十五种，有《鄦斋丛书》《随庵徐氏丛书》《怀豳杂俎》等。

【叙录】是编凡十九种，六十三卷；附一种一卷。所辑以清代扬州人著述为主，内容包括经学、史学、地学、算学等，多可传之书，无偏嗜，无杂糅，以考证为宗。如程际盛《周礼故书考》、张宗泰《孟子七篇诸国年表》《尔雅注疏本正误》、洪颐煊《管子义证》等，均为清代学人精湛之作，与刘世珩《聚学轩丛书》、李盛铎《木犀轩丛书》，同为专取清儒著述之佳作。卷首有缪荃孙序及总目。

【辑录】缪荃孙序，论及丛书之功用甚详。又云："吾友徐君积馀，沉湎经籍，劬学不倦。家宁国，习闻乡先辈赵琴士之遗风，嗜古之念日专，传古之心日切。近出所刻丛书见示，盖专求近儒辑述，取未刻之书为之传播。经学、史学、地学、算学无所不备。书又多可传，无偏嗜，无杂糅，丛书之善，至此极乎？闻君多藏善本，二集之刻又翘首而竣之矣。"

【版录】

(一)清光绪中南陵徐氏刊本

参见《综录》第254页。是刻半叶十一行二十一字，小字双行同，黑口，左右双边。书名页左边镌"南陵徐乃昌刻，元和江标题此书衣，光绪十九年五月记于京师"小字两行。据原书目录，《南陵县建置沿革表》系附刻。

暨大　湖北大　史语　东海　东研

[补录]

(二)仿光绪徐氏刊本

是为仿刻本。子目编次、行款版式与徐氏刻本相同，然刻工粗糙，墨色欠佳。

暨大

(三)1962年扬州古旧书店据徐氏原版重印本

(四)1989年台湾新文丰出版公司《丛书集成续编》本

所据为清光绪间南陵徐氏校刊本。

潜采堂书目四种又名金风亭长书目

(清)朱彝尊撰

【传录】朱彝尊(1629—1709)字锡鬯，号竹垞，又号伕舫，晚称金风亭长、小长庐钓鱼师。浙江秀水(今嘉兴)人。少肆力古学，博极群书，客游南北，所至以搜剔金石为事。康熙中举鸿博，授检讨，修纂《明史》。后入直内廷，引疾罢归，殚心著述。其学长于考证，工古文，诗与王士禛称"南北两大宗"。又好词，与陈维崧称"朱陈"。著有《曝书亭全集》，又辑有《经义考》《明诗综》《词综》《日下旧闻》等书。

【叙录】是编凡四种，四卷。皆朱氏所编书目，包括《全唐诗未备书目》一卷、《明诗综采摭书目》一卷、《两淮盐策书引证书目》一卷、《竹垞行笈书目》一卷。"潜采堂"乃朱氏藏书室，所藏至八万卷。尤以富藏宋、元人集部图书著名。晚年多有散佚。乾隆间开四库全书馆,朱氏后裔尚进献遗书六十九种。《四库全书总目》著录五种,存目二十八种。朱氏编有书目多种,除上述四种外,尚有《潜采堂书目》《潜采堂宋人集目录》《潜采堂元人集目录》《潜采堂宋元人集目》等。清宣统间,番禺沈宗畸将其中四种辑入《晨风阁丛书》,定名《潜采堂书目四种》。

【版录】

(一)清宣统元年(1909)番禺沈氏刊《晨风阁丛书》本

参见《综录》第256页。

[补录]

(二)清抄本

本藏辽宁省图书馆。凡四种,四卷。有清冯登府、唐翰题跋。见《中国古籍善本书目》(史部)。

(三)清刘履芬抄本

题名《金风长书目》。凡五种,五卷。较以上两本多《曝书亭藏书目》一卷。半叶十一行十六或二十一字,细黑口,左右双边。本藏北京图书馆。见《中国古籍善本书目》《北京图书馆古籍善本书目》。

刻鹄斋丛书

(清)胡念修辑

【传录】胡念修(1856—1903)字右阶一作幼嘉,一字灵和,号息园,斋名壶庵。浙江建德人。光绪间诸生,候补江苏道员,累官至知府。家富藏书,旅游所至,不忘访求。著有《卷秋亭词钞》(一名《灵芝仙馆词钞》)。辑有《四家纂文叙录汇编》《向湘楼骈文初稿》等,均刻入《刻鹄斋丛书》。

【叙录】是编凡十三种,五十六卷。收录清代揭暄、邵懿辰、彭兆荪、纪大奎、胡浚、胡敬、汪中、金士麒、方旭等九人著述十种,内容包括历算、经学、杂学、儒学、术数、农家以及诗文集等。末有胡念修所辑《四家纂文叙录汇编》五卷、《问湘楼骈文初稿》四卷,胡念萱辑《息园旧德录》一卷。所收诸书,有其先贤著作,亦有理学名著。然多散见其他丛书,唯其表兄方旭所撰《虫荟》五卷,分录羽、毛、昆、鳞、介虫,可备博物家考证,为他丛书所未收,极为稀见。而胡浚《绿萝山庄骈体文集》十二卷、胡敬《崇雅堂骈体文钞》四卷,则皆胡氏族祖之著述,各附序文,刻入丛书,以壮缥缃。

【版录】

(一)清光绪二十三年至二十六年(1897—1900)刊本

参见《综录》第257页。杭州大学图书馆藏本仅存《璇玑遗述》《复堂文续集》和《董子校本》三种，其中后二种为《综录》所未载。

史语

［补录］

（二）清光绪二十七年（1901）增刊本

是刻在光绪二十三年至二十六年（1897—1900）刊本的基础上，增刻三种：《景定严州续志》十卷，宋郑瑶等纂；《严陵集》九卷，宋董棻撰；《复堂文续》五卷，清谭献撰。共成十六种，八十卷。

（三）1989年台湾新文丰出版公司《丛书集成续编》本

所据为清光绪二十四年刊本。凡十种四十七卷。疑系不全本。

集虚草堂丛书甲集

（清）李国松辑

【传录】李国松（约1877—1928在世）字健父，一作健甫、健埔，号木公，别号枠斋，室名兰雪堂、望云草堂、集虚草堂等。安徽合肥人。从祖李鸿章，祖李鹤章，弟李国筠，子李家煌。光绪举人。1907年襄办皖省学务，充咨议局议长。辛亥革命后寓居上海。曾师事桐城马其昶。好收藏，工诗古文辞。

【叙录】是编凡九种，六十九卷。汇辑清人马其昶、李孚青、姚永朴、徐子苓、郑杲等四人著述。其中马其昶著作占过半数。如《周易费氏学》《中庸篇义》《左忠毅公年谱定本》《庄子故》《屈赋微》等。馀为马其昶妻弟姚永朴《尚书谊略》、徐子苓《敦艮吉斋文钞、诗存》、郑杲《郑东父遗书》。后两种中，前者得桐城派之传，后者则用力于经学，均经马其昶重为辑补编定。而乡先辈李孚青《道旁教人集》乃未刊之遗稿，特为重校付梓。

【版录】

（一）清光绪中合肥李氏刊本

参见《综录》第257页。

华南师大　史语

［补录］

（二）1989年台湾新文丰出版公司《丛书集成续编》本

所据为清光绪间合肥李氏刊本。

有福读书堂丛刻

（民国）吴引孙辑

【传录】吴引孙（1844—1904）字福茨。江苏仪征（今扬州）人。光绪间宦游浙东、广东等十几年。喜购书，家有有福读书堂，藏古籍七千馀种，其中元明刊本和名家旧本十之四五，寻常坊刊家刻及各省书局所刻通行本，居十之五六。吴氏自谓有福读书，必须有所作为，“因念牖民觉世端赖简编，振聩发聋胥资劝戒”，乃于藏书中选辑有关劝戒行善之书刊成《有福读书丛刻》一书。

【叙录】是编凡四种，六卷。随辑随刻，四种本为初刻本，约刊于光绪二十六年（1900），其后又于光绪二十七年（1901）增至十六种，分前、后两编，各为八种。所收大多是宣扬封建伦理道德和劝善迷信之作，后又“因念劝善之书，颇难详备”，又利用公馀时间收辑《省心录》《子史粹言》《孝弟录》等九种。增刊续编，以补二编所未备。全书凡三编，收书二十五种，各书有自序。文字显浅通俗。

【版录】

（一）清光绪中仪征吴氏刊本

参见《综录》第 259 页。

［补录］

（二）清光绪二十七年（1901）吴氏刊本

此本分前后两编，凡十六种。

前编

《圣谕广训集证》一卷　（清）史致谟辑

《文帝孝经》一卷　（清）黄正元辑

《格言联璧》一卷　（清）金缨辑

《治家格言绎义》二卷　（清）戴翊清撰

《六事箴言》一卷　（清）叶玉屏撰（《综录》著录作王鼎撰）

《公门惩劝录》二卷　（清）周炳麟撰

《官绅约》（《综录》著录作《石成金官绅约》）一卷　（清）石天基撰

《课子随笔钞》六卷　（清）张成载撰

后编

《太上感应篇注》二卷　（清）王砚堂注

《关帝觉世经注证》一卷　(清)彭氏辑
《文帝丹桂籍注案》四卷　(清)颜正撰
《文帝蕉窗十则注解》二卷　(清)闵钺注
《戒士文征信录》二卷　(清)刘鉴撰
《文帝欲海回狂宝训集说》一卷　(清)邵志琳辑
《吕祖金刚经心经注解》二卷　题纯阳子注
附《金刚经感应录分类辑要》一卷　(清)王泽生辑
附《好生救劫编》五卷末一卷　常存敬畏斋主人辑

(三)清光绪末年刊本

此本除列有前编、后编外,尚有续编,即三编汇编本。兹将续编子目抄列于后:

续编
《省心录》　(宋)李邦献撰
《子史粹言》二卷　(清)丁晏撰　《丛书书目续编初集》误作丁宴
《孝弟录》一卷　《续录》一卷　(清)李文耕辑
《功过格》一卷　(明)袁黄撰
《延寿录》一卷　常存敬畏斋辑
《救溺要书》一卷　鹤洞子
《重订霍乱论》四卷　(清)王士雄订
《掩埋备览集证》二卷　(清)谈熊江辑
《劝戒录选》十二卷　闽梁氏原本扬州吴氏选刊

以上续编见杜联哲《丛书书目续编初集》以及杨家骆《丛书大辞典》著录。

吴氏囊书囊

(清)吴燕兰辑

【传录】吴燕兰,为吴景果后世子孙。吴景果,字半淞。江苏吴江人。康熙间赐监生,留北京内庭供职,与修方舆之书。康熙五十二年(1713)曾任怀柔县令,主持编纂《怀柔县志》。

【叙录】是编凡三十一种,三十八卷。全书分甲、乙、丙三编。甲编九种,十三卷。收录《啬庵手镜》(清陆文衡撰)、《西江幕游记》(清王树人撰)、《蕉雨吟稿》(清顾佩芳撰)、《半生自纪》(清吴晋锡撰)等书。乙编十种,十卷。收录《金壶醉墨》(清黄钧宰撰)、《使闽日记》(清费延厘撰)、《赵忠节公遗墨》(清赵景贤撰)、《同川纪事百咏》(清任艾生撰)等书。丙编十一种,十三卷;附一种,二卷。收录《躬耻斋格言》(清宗稷辰纂)、《畿辅纪闻》(清沈元溥撰)、《西征日记》(清吴恢杰撰)、《东归日记》(清吴恢杰撰),书末附吴燕兰自撰《侯鲭新录》。所收诸书均为清人著述。内容包括杂史、杂录、琐记、尺牍、农学、典故、地理、别集等。世无刻本,仅有钞本、稿本传世。

【版录】

(一)钞本

参见《综录》第263页。《综录》称本藏上海图书馆。其中乙编标明"见590页",列于"汇编·独撰类"之末,当为1982年新版所增录。

[补录]

(二)稿本

本藏南京图书馆。其中甲编较《综录》所列多《松陵水灾新乐府》一卷(清凌泗撰)。另丙编之《侯鲭新录》二卷为附刻。见《中国古籍善本书目》。

冠悔堂杂录又名冠悔堂丛书

(清)杨浚辑

【传录】杨浚(1830—1890)字雪沧,又字健公,号冠悔道人。福建晋江县人,侯官籍。咸丰二年(1852)举人,授内阁中书,先后担任翰林院国史馆、方略馆校对官。游左宗棠军幕多年,足迹万里,堪称壮游。游历之馀,喜藏书,居福州时开办书肆,收聚孤稀珍善古籍七万馀卷。又酷好作诗,各体诗皆有风骨,七律尤高迈,得李商隐三昧。七古飘逸神骏,仿佛李白。著有《冠悔堂诗钞》《小演岛居随录》等。

【叙录】是编凡十四种,十六卷。起自杨浚辑《疗闲集》,迄于坦溪寓翁撰《燕台花表》。其中杨氏所编辑之书凡九种,十一卷。内容多为杂记小说,亦有少量史部之书以及诗文集等。其中《读史论略》又名《全注读史论略》,乃清杜诏撰。所论上起战国,下迄明末,计二千零四十七年历朝治乱兴亡事迹,帝王作为、臣节、文人风尚亦有论述。《综录》所收,实际为《冠悔堂丛书》的一部分。仅见抄本传世,且各家著录种数多寡不一。

【版录】

清侯官杨氏钞本

参见《综录》第263页。据《中国古籍善本书目》,北京大学图书馆、湖北省图书馆各藏一部《冠悔堂丛书》。全书包括"冠悔堂杂录"二十三种,"谭鲭"四十七种,"日下旧闻选"十一种,"诗獭"二十一种。其中"冠悔堂杂录"较《综录》所列多九种:

《手集名公藏弆》二卷　(清)杨浚辑

《榕阴新检》十六卷　(明)徐𤊹编

《茨村咏史新乐府》二卷附录一卷　(清)胡存仁撰

《南宋乐府》一卷　(□)章鼎香辑

《林松址诗集》二卷附录一卷　(清)杨浚辑

《双芦遗稿》一卷　(清)陈羲撰

《悔馀乐府》四卷　(清)何栻撰

《我愧之集》一卷　(清)何栻撰

《香敆集》八卷　(清)杨浚辑

南渡集

(宋)辛弃疾撰

【传录】辛弃疾(1140—1207)字幼安,号稼轩。历城(今山东济南)人。初为耿京军掌书记,孝宗时以大理少卿出为湖南安抚,治军有声,仕至龙图阁待制,进枢密都承旨,未受命卒。德祐时,追谥忠敏。一生坚决主张抗金。在《美芹十论》《九议》等奏疏中,具体分析当时的政治军事形势,对夸大金力量、鼓吹妥协投降的谬论,作了有力的驳斥。要求加强作战准备,激励士气,以恢复中原。他提出的抗金建议,均未被采纳,并遭到主和派的打击,曾长期落职闲居江西上饶、船山一带。晚年韩侂胄当政,一度起用,不久病卒。其词抒写力图恢复国家统一的爱国热情,倾诉壮志难酬的悲愤,对南宋上层统治集团的屈辱投降进行揭露和批判,也有不少吟咏祖国河山的作品,艺术风格多样,而以豪放为主,热情洋溢,慷慨悲壮,笔力雄厚,与苏轼并称为"苏辛"。但部分作品也流露出抱负不能实现而导致的消极情绪。有《辛稼轩诗文钞存》。

【叙录】是编凡二种,四卷。记靖康之变,徽宗、钦宗被俘北上的经过。起自靖康元年(1126),迄于绍兴二十六年(1156)。主要是叙述二帝北上途中的遭遇,其中不少有关二帝以及后妃的屈辱记述。间亦有兵荒马乱、民不聊生的记叙,反映南渡初期民族矛盾和阶级矛盾激化所造成的社会局面。但不少学者认为此书出于伪托,并非辛弃疾所撰。

【辑录】《四库全书总目》云:"《南渡录》二卷,《窃愤录》一卷。此二书所载,语并相似。旧本或题无名氏,或并题为辛弃疾撰,盖本出一手所伪托,故所载全非事实。……核以正史,无一不谬且妄。……此必南北宋间,乱臣贼子不得志于君父者,造此以泄其愤怨,断断乎非实录也。"

《善本书室藏书志》云:"此二书所载语并相似,旧本或题无名氏撰,或题辛弃疾撰,皆伪托。周密《齐东野语》曾指出其妄，谓靖康间不得志所为。今其书编年舛谬，金国改元亦多不合，赵后赵妃俱无影响，且以徽宗抑释，多为缁流作快辞，盖南渡后释子（僧徒）为之也。”

【版录】

（一）《国粹丛书》本

参见《综录》第266页。此本为清光绪三十二年（1906）依“传是楼”原本排印。国学保存会辑，邓实校录。识语云：“是编皆记徽钦二帝北狩之事，乃宋遗民张氏自虏中南渡携来。其书四卷，不同其名，故直名《南渡录》。观后附《阿计替传》，可见非以高宗之南渡名书也。”（《善本书室藏书志》）

（二）《中国内乱外祸历史丛书》本

参见《综录》第646页。是书收在《中国内乱外祸历史丛书》第九辑，中国历史研究社辑，民国三十六年（1947）上海神州国光社排印。

［补录］

（三）清“传是楼”传钞本

此本见《善本书室藏书志》卷八著录。

（四）清钞本

此本见清沈初《浙江采集遗书总录》丁集。

（五）民国元年（1911）广益书局石印本

此本卷首《南渡录纪略》末有砚云氏识语，谓：“《南渡录》四卷，近见书贾钞本，鱼目混珠，俗而且谬。丙午（1906）秋得‘绛云楼’定本，阅之，真有天渊之别。谨遵录之，复加校定，识者鉴焉。”

古学汇刊

（民国）邓实等辑

【传录】邓实（1877—1951）字秋枚，号君实，笔名野残、枚子、鸡鸣等。广东顺德人，生于上海。曾游学简岸读书草堂，受业于简朝亮。1901年在上海与章太炎、刘师培、黄节等成立国学保存会，创办神州国光社，出版《神州国光集》《国光画刊》《美术丛书》《国粹学报》等。其后又倡建国光书局。1902年主编《政艺通报》。1905年主持国学保存会，提倡旧学，主编《国粹学报》，编辑《国粹丛书》，辑刊《风雨楼丛书》。1911年参加中华民国联合会。晚年嗜爱书画的收藏，有藏书楼名“风雨楼”，藏书近五万册。

【叙录】是编凡六十一种，一百一十五卷。分为二集，每集下又分经学、史学、舆地、掌故、目录、金石、杂记、诗文等八类。邓氏痛惜文物散佚，国学沦亡，力图保存国学，得缪荃孙之赞助，辑刊成是编。其旨意在于“发明绝学，广罗旧闻，故所刊录专主经、史、杂记之有关系而足资考订者，欲读者得此足以增益见闻，助长学识”(《序例》)。所收多为前人未刊或流传较少之书。书前有书目提要，对一些难得的稿本和钞本的内容作简单介绍，叙述精辟，考核订正颇多。其中有不少书具有较高的学术价值和史料价值，如钱大昕《经典文字考异》，钱氏未刊之书，以字的部首为纲，考诸经中文字之异同，方便读者阅读。史学类《宋太宗实录》，是明以前实录流传至今只此八卷。事无钜细，起讫兼详，大臣薨逝附立专传。此书乃钱若水等人所修，具有极高的史料价值。《三垣笔记》为李清官大理寺左丞时三入谏垣所纪事，均系“身所亲见其闻而知之”。此书系李氏后人李审言所传之本，所记为崇祯到隆武时朝章国典时事，内容涉及晚明政治、经济等史实，是研究晚明社会不可少的参考资料。金石类有李遇孙《金石学录》，收录历代金石学者四百人，“虽搜采未备，然体例至精，言金石者不可废”(《古学汇刊书目提要》)。目录类有黄丕烈《士礼居藏书题跋再续记》，除潘文勤刻入《滂喜斋丛书》三百七篇和江建霞刻入《灵鹣阁丛书》七十六篇外，尚有五十篇，可补上述两书所未备。是编所收之书除了能“发明绝学，广罗旧闻”之外，对各书版本之选择也极为重视，故所收大多为罕见的抄本和稿本：

《蜀石经校记》一卷　稿本
《三垣笔记》三卷附识三卷　钞本
《永宪录》一卷　钞本
《士礼居藏书题跋再续记》二卷　稿本
《清学部图书馆善本书目》五卷　稿本
《云台金石记》一卷　钞本
《记桐城方戴两家书案》一卷　钞本
《越缦堂日记钞》二卷　稿本
《云自在龛笔记》一卷　稿本
《西辽立国始末》一卷　稿本
《元婚礼贡举考》一卷　《翰墨大全》本
《翠墨园语》一卷　钞本
《宋太宗实录》八卷　传写本
《未入藏经卷目》一卷　稿本
《阳羡摩崖纪略》一卷　钞本
《蓬山密记》一卷　传写本
《万年少遗诗》一卷　自写本
《岛夷志略广证》二卷　稿本
《毛诗九谷释义》一卷　未刊稿
《石鱼文字所见录》二卷　稿本
《吴潘今乐府》二卷　传写本

《章实斋文钞》四卷　稿本

《国史儒林传序录》二卷　稿本

《牧斋遗事》一卷　钞本

《吴兔床日记》一卷　稿本

《何暖叟日记》一卷　稿本

《仁恕堂笔记》一卷　稿本

《上谷访碑记》一卷　稿本

《郑曼事迹》五卷　传写本

《羽岑山民逸事》一卷　稿本

其中有不少为孤本。上述所列之书均撰写提要，意在使读者“增益见闻，助长学识”。

【版录】

(一)民国元年(1912)上海国粹学报社排印本

参见《综录》第 267 页。

[补录]

(二)民国神州国光社铅印本

读曲丛刊又名诵芬室读曲丛刻

(民国)董康辑

【传录】董康(1867—1947)字授经，自署诵芬室主人。江苏武进(今常州)人。光绪进士。曾任法律馆提调、刑部主事。民国后，历任司法编查会副会长、大理院院长、上海法科大学校长等职。曾在法国国家图书馆敦煌室抄录有关唐代法律史料。后任北京大学法科教授，研究隋唐律令。抗日战争时期，在华北“临时政府”和汪精卫“国民政府”中任职。生平喜搜藏图书，曾七次东渡日本访求古书，藏书处名“诵芬室”，所藏以宋元及明嘉靖以前的古本为主，亦收藏有大量的民间戏曲小说。长于目录学研究，曾辑补《曲海总目提要》《诵芬室丛刊初编二编目录样张》《日本内阁文库藏小说戏曲书目》等。著有《书舶庸谭》《追记前清考试制度》等。

【叙录】是编凡七种，十六卷。收录元明清有关曲话、剧艺之书。包括元人钟嗣成《新编录鬼簿》二卷，明人魏良辅《曲律》一卷，王骥德《曲律》四卷，沈德符《顾曲杂言》一卷，骚隐居士《衡曲麈谭》一卷，徐渭《南词叙录》一卷，清人焦循《剧说》六卷。其中《新编录鬼簿》分六类，载元代已故和在世戏剧、散曲作家生平事迹和作品目录。所记凡一百五十二家，作品名目四百馀种，间有评论。元代戏曲概貌，赖以传世。魏良辅《曲律》，论述昆腔在字、腔、板、眼各方面的演唱技法及其与南北曲唱法的区别，为研究昆腔的重要著作。王骥德《曲律》，系统论述南北曲的源流、宫调、作曲和演唱方法，兼及剧本结构、情节、宾白、科诨等方面，对杂剧、传奇及散曲等作品亦有所评论，是我国第一部较全面、系统的戏曲理论专著。《顾曲杂言》乃从《野获篇》中辑出，凡二十三条，论述南北曲的盛衰及其相互影响，对元、明杂剧和传奇作品有所评价，兼及古剧角色和乐器考证。《四库全书总目》称是书“立说颇为精确。其推原诸剧牌名，自金、元以至明代，缕晰条分，征引亦为赅洽”。《南词叙录》阐述宋、元南戏源流、发展，评价作家、作品，并附宋、元、明南戏作品目录及对南戏名词术语和方言考释，为明代最早研究南戏之著作。《剧说》辑汉、唐以来百五十馀家论曲、剧之言，并有考证论说，包含丰富的戏曲史料。

【版录】

(一)清光绪至民国间武进董氏刊《诵芬室丛刊》本

参见《综录》第268页。收入该丛书第二编。民国六年(1917)刊。据南京大学图书馆编《中国丛书目录及子目索引丛编》所载，民国六年(1917)刊本尚有明徐渭撰《旧编九宫目录》及《十三调南吕音节谱》各一卷，而无王骥德《曲律》与沈德符《顾曲杂言》二种。

史语

[补录]

(二)1983年北京中国书店影印本

据诵芬室原版影印。书签题《诵芬室读曲丛刻》，子目与《中国丛书目录及子目索引丛编》所载相同。

(三)1985年北京中国书店影印本

亦名《涌芬室读曲丛刻》，共一函四册。

石巢传奇四种

(明)阮大铖撰

【传录】阮大铖(约1587—1646)字集之，号圆海、石巢、百子山樵。安徽怀宁县人。万历进士。天启时依附魏忠贤，崇祯时废斥，逃居南京。一度结客谈兵，力求起用，受阴于东林党和复社。弘光时，马士英执政，得任兵部尚书，对东林、复社诸人立意报复。清军陷南京，逃往浙江。后降清，从攻仙霞岭而死(一说为清军所杀)。曾作传奇多种，今知有十种，现存《燕子笺》《春灯迷》《牟尼合》《双金榜》四种。民国八年(1919)武进董康辑入《诵芬室丛刊》，题名《石巢传奇四种》。1954至1955年上海商务印书馆据明本影印，收入《古本戏曲丛刊二集》。阮氏诗文有《咏怀堂全集》。

【叙录】是编凡四种，八卷，乃阮氏传奇剧本集。子目包括《咏怀堂新编勘蝴蝶双金榜记》二卷、《咏怀堂新编燕子笺记》二卷、《咏怀堂新编十错认春灯谜记》二卷、《遥集堂新编马郎侠牟尼合记》二卷。其中《双金榜》写皇甫敦屡遭诬陷，以致妻离子散，后因二子登第，全家才得团圆。《燕子笺》写唐代书生霍都梁与妓女华行云、礼部尚书郦安道之女飞云的爱情故事，以燕子衔诗笺引男女相思，极为曲折。剧中《奸遁》一出刻画恶生鲜于佶的丑态，成为昆曲的保留剧目。《春灯谜》写士子宇文彦一家的悲欢离合故事。《牟尼合》塑造了吃人魔王麻叔谋的形象，抨击了封建官僚机构的弊病。以上阮氏传奇思想格调不高，但结构工巧，曲词典丽，关目热闹，情节曲折离奇，对后世很有影响。《燕子笺》为阮氏代表作，为人所称。梁廷枏《曲话》称其“鸾交两美，燕合双姝，设景生情，具征巧思”。

【辑录】清姜绍书《韵石斋笔谈》评云：“崇祯末年，不惟文气茺弱，即新声词曲，亦皆靡靡亡国之音。阮圆海所度《春灯谜》《双金榜》《牟尼合》《燕子笺》诸乐府，音调旖旎，情文宛转，而凭虚凿空，半是无根之谎，殊鲜博大宏谊之致。”

【版录】

（一）清光绪至民国间武进董氏刊《诵芬室丛刊》本

参见《综录》第 269 页。刊于民国八年(1919)。

［补录］

（二）明末吴门毛恒所刊本

1945 至 1955 年上海商务印书馆据明本影印，收入《古本戏曲丛刊集》中。无总书名。

敦煌石室遗书

（民国）罗振玉等辑

【传录】罗振玉(1866—1940)字叔蕴，一字叔言，号雪堂、贞松老人。祖籍浙江上虞，后居江苏淮安。秀才出身。清末任学部参事。辛亥革命后以清朝遗老自居，长期侨居日本，后归国参与复辟清室的活动。伪满时任监察院院长等职。治学由农业、教育终归于经史、甲骨金石之学。在搜集和整理甲骨、铜器、简牍、明器、佚书等考古资料方面作出很大贡献。编著有《殷墟书契》《流沙坠简》《三代吉金文存》《贞松老人遗稿》等。

【叙录】是编凡十三种，二十二卷。均为敦煌鸣沙山石室里发现的唐代手写之残卷。1900 年，敦煌千佛洞倒塌，石室内许多汉晋简册、唐写本遗书、佛教经卷等各种典籍(大约有三万卷)始被发现。其内容十分丰富，涉及历史、文学、语言、社会、经济、宗教、艺术、科学等方面，是我国极为宝贵的文化遗产。这是一个震惊国内和世界学术界的重大发现，但在当时的历史条件下，并未引起国内足够的重视。而在 1907 年到 1910 年间，先后被英国的斯坦因、法国的伯希和攫取了其中大部分典籍。内多为敦煌遗书的精华，给我国文化造成了巨大的损失。对此，罗振玉深感惋惜，遂努力搜求，得到了流入西方和日本的许多影片，并对其进行了认真的整理、校勘，先后汇编成《敦煌石室遗书》《敦煌石室碎金》《敦煌零拾》《鸣沙石室佚书》《鸣沙石室古籍丛残》等丛书。又将一些唐宋元明孤本、清人未刊遗稿以及其他罕见之书汇编成《吉石盦丛书》《玉简斋丛书》《永慕园丛书》《雪堂丛刻》等丛书。这些珍籍赖之得以流传，且具有很高的学术价值。

《敦煌石室遗书》乃其中的一部分写本残卷，包括《尚书·顾命》《沙州志》《西州志》《慧超往五天竺国传》《温泉铭》《沙州文录》《般若罗蜜多心经》《五台山圣境赞》《老子化胡经》《景教三威蒙度赞》《摩尼经》《沙州石室文字记》。内多为中国久已亡佚之书及一部分佛教、摩尼教的经卷。如《尚书》等为现存本之前的不同传本；《沙州志》乃久佚之书，始于水渠，终于歌谣，叙述详赡，所记域塞、驿路，均为古今地注所不及，在学术上有很高价值；《西州志》所载十一道，唐志及各地志均不载；《慧超往五天竺国传》记周游五天竺行程及其国土、物产、宗教、民风，可资考证者不少；《景教三威蒙度赞》首尾完好，所附景教经目三十种有裨于景教的研究；《摩尼经》残卷亦可考见摩尼教的涯略。所收各书附有罗氏或蒋斧的考证和校记可供参考。

【版录】

清宣统元年(1909)诵芬室排印本

参见《综录》第 269 页。暨南大学图书馆藏有《敦煌石室遗书三种》。民国十三年(1924)上虞罗氏影印本。子目包括《南华真经田子方品残卷》《老子义残卷》《老子天应经》一卷。每种书末均附罗氏跋语，叙书之内容及得书经过。

中大　史语　东研

玉简斋丛书

(民国)罗振玉辑

【传录】参见《敦煌石室遗书》。

【叙录】是编凡二十二种，七十五卷。全书分二集。初集十四种，五十一卷，所收均为史部之书，以边境史乘、见闻游记为多。如明高拱《边略》、清佚名《湟中杂记》等。二集八种，二十四卷，所收多为公私藏书书目。如明朱睦㮮《万卷堂书目》、赵琦美《脉望馆书目》、清佚名《四明天一阁藏书目录》、钱曾《也是园藏书目》、徐乾学《传是楼宋元本书目》、彭元瑞《知圣道斋书目》等。内中不乏今世不传之书，各书所据版本，或旧钞本，或手稿本，或为原刻本，皆珍本秘籍，为研究我国古代目录学的重要资料。历代古籍存佚、流散情形，以及宋元佳刊秘籍名抄的流传，可藉此传世书目略窥其梗。

【版录】

(一)清宣统二年(1910)上虞罗氏刊本

参见《综录》第 270 页。据《续丛书举要》，无第二集。初集子目除《综录》所列外，尚有《复宋蜀大字本孟子音义》二卷、《宋槧本庐山记》五卷。另外，尚有第三集和第四集，兹照录如次，供参考。

三集
《魏三字石经尚书残石》
《蜀石经春秋谷梁传残石》
《北宋嘉祐石经周礼记残石》
《叶石林摹急就章》
《元周伯琦说文字原》
《契文举例》(孙诒让方稿本)

四集
《北宋二体石经礼记檀弓残石》(初出土拓本)
《日本古写本史记殷本纪残卷》(高山寺藏本)
《吏部条法》(日本富冈氏赐枫书楼藏《永乐大典》本)
《渚宫旧事》(旧钞本)
《黄山图经》(旧钞本)
《黄山图》(日本富冈氏藏旧刊本)
《负暄野录》(虞山张氏旧钞本)
《秘府略残卷》(日本内藤氏藏旧钞本)

沈乾一《丛书书目汇编》所列仅十种，二十九卷；附录一卷，不分集。其子目均见《综录》载，初、二集各见五种。然排列次序与《综录》不同：

《汉志武成年月考》一卷 (清)陈吕纲撰 据大兴朱氏旧藏稿本刊
《龙瑞观禹穴阳明洞天图经》一卷 (宋)叶枢撰 据景宋钞《道藏》本刊
《湟中杂记》一卷 (清)佚名撰 据旧钞本刊
《边略》五卷 (明)高拱撰 据知圣道斋藏旧钞本刊
《濮阳蒲汀李先生家藏目录》一卷 (明)李廷相撰 据商邱宋氏藏旧钞本刊
《万卷堂书目》四卷 (明)朱睦㮮撰 据旧钞本刊
《也是园藏书目》十卷 (清)钱曾撰 据旧钞本刊
《传是楼宋元本书目》一卷 (清)徐乾学撰 据传研斋本刊
《知圣道斋书目》四卷 (清)彭元瑞撰 据旧钞本刊
《砚林拾遗》一卷 (清)施闰章撰 据稿本刊
此十种本中山大学图书馆、湖北省图书馆各藏有一部。

[补录]

(二)1989年台湾新文丰出版公司《丛书集成续编》本

凡十种,二十九卷。所据为清宣统二年上虞罗氏校刻本,疑与沈乾一《丛书书目汇编》所载同版。

(三)《罗雪堂校印各书》本

见沈乾一《丛书书目汇编》。收入该丛书庚集。

宸翰楼丛书

(民国)罗振玉辑

【传录】参见《敦煌石室遗书》。

【叙录】是编凡八种,三十卷。乃罗氏于宣统间任职学部时,取其藏书中宋元椠本之稀见难得者,影写付鄂中雕板,拟编为一帙,然甫成五种,而清帝逊位。幸板存鄂渚,未入劫灰,遂于民国三年(1914)重编印行。汰去一种,增刻四种,先后共得八种,因改订目录,汇刊成是编。子目包括《周易举正》三卷、《东汉书刊误》四卷、《宋季三朝政要》六卷、《昭陵碑录》三卷校录劄记一卷补一卷(八种本无)、《三辅黄图》六卷、《一切如来尊胜陀罗尼》一卷、《肇论中吴集解》三卷、《图绘宝鉴》五卷补遗一卷、《二李唱和集》一卷。所收诸书,以影印宋元佳刊为宗。内容涉及经学、地理、金石、传记、佛教以及诗文集等。其中如宋刊本《东汉书刊误》、元刊本《宋季三朝政要》等,最有裨于史乘,其馀亦悉属佳椠。卷首有总目,每书下各注所据版本,另有罗氏识记,述其得书之艰难。

【版录】

(一)清宣统三年(1911)上虞罗氏刊五种本

参见《综录》第270页。

(二)民国三年(1914)上虞罗氏刊重编八种本

参见《综录》第270页。重编时,汰去原刻五种《昭陵碑录》三卷校录劄记一卷补一卷。增刊《东汉书刊误》《三辅黄图》《一切如来尊胜陀罗尼》《图绘宝鉴》四种。

[补录]

(三)《罗雪堂校印各书》本

据沈乾一《丛书书目汇编》,分甲至癸十集。甲集专收殷墟文字,乙集专收西陲古简壁画及遗书,丙集专收日本古写本,丁集专收集古学诸书,戊集专收金石文字,己集专收书画真迹,庚集专收丛刻,辛集专收单行本,壬集专收新刻书,癸集专收东方学会新印书。《宸翰楼丛书》收入该丛书庚集中。

(四)1989年台湾新文丰出版公司《丛书集成续编》本

凡八种,三十卷。所据实为民国三年(1914)上虞罗氏重编八种本。

云窗丛刻

(民国)罗振玉辑

【传录】参见《敦煌石室遗书》。

【叙录】是编凡十种,十四卷。汇辑影印罗氏在日本时所搜辑到的唐人卷帙,以及元人文集、近人稿本、魏齐石刻等。包括《尚书》《慧超往五天竺传》《北巡私记》《云东逸史年谱》《簠斋金石文考释》《芒洛冢墓遗文》《西陲石刻录》《简牍检署考》《伯生诗后》等。其中元人刘佶《北巡私记》乃据莫友芝抄本影印,内记顺帝北狩之事甚详。顺帝北奔,旧史无征,赖有此书略见梗概。柯绍忞《新元史》曾取材于此书。

【版录】

(一)民国三年(1914)上虞罗氏日本京都东山侨舍景印本

参见《综录》第270页。是为袖珍本。凡十种,十四卷。半叶十三行二十二字或十行十五字不等,黑口,左右双边。有"上虞罗氏仿古香斋本印于日本京都"牌记。

暨大　史语　东研

[补录]

(二)《罗雪堂校印各书》本

见沈乾一《丛书书目汇编》。收入该丛书庚集。

雪堂丛刻又名国学丛刊

(民国)罗振玉辑

【传录】参见《敦煌石室遗书》。

【叙录】是编凡五十二种,一百十七卷。所收除少数元、明人著作外,绝大部分为清代学者著述。其中,王国维、罗振玉的著作又占过半。民国初年,罗氏拟校刻群书,月出一册,名曰《国学丛刊》,乃请王国维任编辑之事。王氏即为代撰一序,末谓:"思欲标艺林以寸草,助学海以涓流。……尽发敝箧,聿求友声。聊供研悦之新知,并刊散亡之故籍。"后改名《雪堂丛刻》,于民国四年(1915)刊行,而此序竟付缺。然王氏已将近年旅日著述交罗氏刊入,罗氏亦刊其新作,此即所谓"新知"。至于所辑之大典本、敦煌本、稿本、旧抄本等典籍,如《大元海运记》等,亦在辑选范围内,此即所谓"散亡之故籍"。书前有总目,各书注明所据版本。

【版录】

(一)民国四年(1915)上虞罗氏排印本

参见《综录》第 271 页。

暨大　史语　师大　台北　近代　东海　东研

[补录]

(二)《罗雪堂校印各书》本

见沈乾一《丛书书目汇编》。收入该丛书庚集。

(三)1989 年台湾新文丰出版公司《丛书集成续编》本

所据为民国四年(1915)上虞罗氏排印本。

吉石盦丛书

(民国)罗振玉辑

【传录】参见《敦煌石室遗书》。

【叙录】是编收书凡二十七种,五十二卷。乃罗氏侨寓日本京都时所辑。所收多为日本诸家藏书,或英法博物馆珍藏之敦煌卷子古籍,增益其所自藏之石经残石及宋元刊本,汇成四集而影印传世。均为世所稀见之珍本,极为珍贵。即如近人孙诒让之《契文举例》亦据原稿本影印。是编部分书所据的珍本旧刊,有北宋残本《齐民要术》、北宋天圣本《律音义》、宋刊本《三藏法师取经记》《庐山记》、宋蜀大字本《孟子音义》、旧抄本《渚宫旧事》《负暄野录》《秘府略》残卷、影元抄本《说文字原》等,这些书都具有很高的版本价值和文献价值。其中日本高山寺所藏的宋本《齐民要术》,较我国所传的南宋本为佳,可以订正明版的讹误七百多处。日本高山寺所藏的宋刊《庐山记》为五卷八篇足本,而我国所传的《四库》本、《守山阁丛书》本仅存前三篇,故日藏宋本可以补足《四库》本和《守山阁丛书》本所佚之后五篇以及订正其所存之前三篇的讹误。《秘府略》是依据《修文御览》等书编成的,今《修文御览》久佚,日藏《秘府略》虽为残本,但多存古书,亦应视作艺林珍笈。其他如周伯琦的《说文字原》,流传甚少;宋天圣本《律音义》、《永乐大典》本《吏部条法》为久佚之书,都是不可多得的珍本。此外,还有一些石经残石拓本的影印本,都十分可贵。各书多附有罗氏所撰跋识,除了详明原藏者外,还阐述孤本的校勘价值。罗氏一生在政治上是不可取的,但其传古之功则不可没。

【版录】

民国上虞罗氏景印本

参见《综录》第 271 页。

敦煌零拾

(民国)罗振玉辑

【传录】参见《敦煌石室遗书》。

【叙录】是编凡七种，七卷。所辑为敦煌所出零卷残帙，以唐代诗词小说为多。包括《秦妇吟》一卷、《云谣集杂曲子》残一卷、《季布歌》残一卷、《佛曲三种》一卷、《俚曲三种》一卷、《小曲三种》一卷、《搜神记》残一卷。颇具文学价值，引人注目。其中《秦妇吟》为唐韦庄所撰，描写妇人在黄巢起义时的遭遇。因讳忌诗中"内库烧为锦绣灰，天街踏尽公卿骨"句，未收入韦氏《浣花集》。《全唐诗》亦失载，遂世无传本。王国维于1920年在《敦煌发见唐朝之通俗诗及通俗小说》(《东方杂志》17卷8期)内，率先公布此残卷。此诗不但为研究唐诗增加了新的资料，而且诗中所记黄巢攻占长安的情景也有史料价值。唐佚名撰《云谣集杂曲子》残卷有两种本子：一藏于伦敦不列颠博物院，存词十八首；一藏巴黎图书馆，存词十四首。去其重复，共三十首。隋唐燕乐发达，词亦产生。是编乃我国最早的词集，对于研究唐词以及词的起源、发展演变提供了珍贵的资料。所收诸书均附罗氏跋语，记其原委，考之甚详。民国间，罗氏收入《六经堪丛书》中。

【版录】

(一)民国东方学会排印《六经堪丛书》本

参见《综录》第273页。刊于民国十三年(1924)。

[补录]

(二)民国十三年(1924)东方学会排印本

是编先有单行本，后再收入丛书中。

史语　东研

敦煌石室碎金

(民国)罗振玉辑

【传录】参见《敦煌石室遗书》。

【叙录】是编凡十七种，十八卷。乃敦煌文献辑本。收录敦煌石室所出《毛诗》《春秋左传》《汉书》《老子》《刘子》以及历书、棋经、卜书等残卷。其中唐长孙无忌等撰《唐律疏议》之"名例"，王重民《敦煌古籍叙录》称其有五善：一可考王敬从等删辑之法意；二可辑《开元律》

佚文;三可订刊定官之姓名;四可补史志传之阙;五可论断开元时政。唐孟诜《食疗本草》乃世界上现存最早的食疗专著。是残卷收集本草食物起石榴、止芋,凡得药26味,前后皆阙。体例先主治,次按语,再次处方。原书久佚。此残卷的再现,为探讨古代药学和药学史很有参考价值。各书末多附罗氏识语,抑或兼采王国维跋语。民国间,辑入《东方学会丛书初集》中。

【版录】

民国十三年(1924)东方学会排印《东方学会丛书初集》本

参见《综录》第273页。是编当印于民国十三年至十四年(1924—1925)间。

史语　东研

殷礼在斯堂丛书

(民国)罗振玉辑

【传录】 参见《敦煌石室遗书》。

【叙录】 是编凡二十种,五十九卷。汇印罗氏二十年间所搜得之诸家手稿本、旧钞本、日本藏本以及日本刊本。所收各书,皆世所罕传之典籍。如宋释惠洪《冷斋夜话》,乃据日本五山刊本,王国维曾据此本以校《津逮秘书》本,补两条,改正数百字。清顾苓《金陵野钞》一卷、《三朝大议录》一卷、《南都死难纪略》一卷,皆为罕见之珍本秘笈。书前有总目,无序。所收各书,均附有罗振玉跋语。

【版录】

(一)民国十七年(1928)东方学会排印本

参见《综录》第274页。

暨大　史语　东海　东研

[补录]

(二)1989年台湾新文丰出版公司《丛书集成续编》本

所据为民国十七年(1928)东方学会排印本。

百爵斋丛刊

(民国)罗振玉辑

【传录】 参见《敦煌石室遗书》。

【叙录】 是编凡十四种,二十八卷。辑录唐人著述一家,明人五家,清人八家,皆罕传古籍。如明佚名撰《明本大字应用碎金》、明胡继先辑《杨大洪先生忠烈实录》、清吕元亮撰《赵客亭先生(于京)年谱纪略》等，皆出内阁大库所藏本。唐苏瓌等删定《散颁刑部格》等，则出敦煌石室写本。清万斯同撰《万季野先生遗稿》出传抄稿本。明佚名辑《秣陵盛氏族谱》出明刻本。清劳经原撰《唐折冲府考》乃为罗振玉校补本，并增辑《拾遗》一卷，于唐史为有功。其他或稿本，或抄本，均极珍贵。

【版录】

(一)民国二十三年(1934)上虞罗氏石印本

参见《综录》第274页。是刻当刊于民国二十三年至二十六年(1934—1937)。

史语　东研

[补录]

(二)1989年台湾新文丰出版公司《丛书集成续编》本

注：所据为民国二十三年(1934)上虞罗氏石印本。

聚德堂丛书

(民国)陈伯陶辑

【传录】陈伯陶(1855—1930)字象华，号子砺，晚年更名永焘，又号九龙真逸。广东东莞人。光绪五年(1879)科举解元，十八年(1892)以探花入翰林。曾任国史馆协修，云南、贵州、山东乡试副考官。三十二年(1906)后，任江宁提学使、江宁布政使、广东教育总会会长。辛亥革命以后，避居香港九龙，潜心著述。有《孝经说》《东江考》《老子约》《罗浮指南》，编有《袁督师遗稿》《明季东莞五忠传》等。

【叙录】是编凡十二种，七十二卷。收录明清以来东莞陈氏宗族先贤之著述。包括明人陈琏、陈建、李东阳、陈履等四家五种，清人陈阿平、陈铭珪等二家四种，自著《胜朝粤东遗民录》《宋东莞遗民录》，以及近人苏泽东辑《宋台秋唱》等三种。其中不乏世所推重之典籍，然原诸书多已散佚。陈氏有感于此，遂以旧藏《浮山志》《学蔀通辩》，以及谋于族人辗转求得之孤本，附以自著若干篇，合刊为《聚德堂丛书》。书前有陈伯陶自序及总目。

【辑录】陈伯陶序云："岁辛亥，余避地九龙，邑人以修志请，辞弗获。拾旧志吾宗先达著述，凡数十家，而散佚殆尽。余因采清沟南金淡交等诗文，附所著《宋东莞遗民录》中。继思明代以来，若琴轩之文章、清澜之理学，皆世所推重，而定庵、献孟俱以诗鸣，有传集行世。除琴轩《罗浮志》、清澜《学蔀通辩》《明通纪》，余有旧藏本外，乃辗转求其家楹书，殆皆孤本，而献孟《钵山堂集》竟不可得。因谋之族人，以所得及先君旧稿合刊，附以拙著，为《聚德堂丛书》。"

【版录】

(一)民国东莞陈氏刊本

参见《综录》第276页。约刊于民国五年至十九年(1916—1930)间。据书目所列,《罗浮志》附录一卷和《明通纪》二十七卷并未刊行。

华南师大　暨大　中大　史语

[补录]

(二)1989年台湾新文丰出版公司《丛书集成续编》本

所据为民国间东莞陈氏刊本。

峭帆楼丛书又名峭帆楼丛刻、峭帆楼丛刊

(民国)赵诒琛辑

【传录】赵诒琛(1869—1941)字学南。江苏昆山人。承其先人之后,幼秉庭训,视书如命,每遇奇书,辄晨夕手抄,从不厌倦,积三十年之苦,收藏稿、钞、精校本甚富。著有《顾千里先生年谱》二卷、《峭帆楼善本书目》《赵氏图书馆藏书目录》等。编有小品集二十馀种及丛书数种。又辑有《爨龙颜碑考释》一卷,收入《对树书屋丛刻》。

【叙录】是编凡十八种,五十四卷。诒琛父元益(1846—1902)(字静涵,号高斋),曾得黄丕烈"士礼居"、汪士钟"艺芸精舍"所藏宋元版本及诸家旧钞秘籍甚多,筑"峭帆楼"贮之,并刊行《高斋丛书》(又名《新阳赵氏丛刊》)。赵氏承家学,继续搜求,所藏以乡贤先辈精校抄本、遗稿孤本为最富。先后辑刊《峭帆楼丛书》《又满楼丛书》《对树书屋丛刻》《艺海一勺》等。又与王大隆等合编《八年丛编》。"峭帆楼"地近江南制造局,民国二年(1913)毁于兵火,沪上文献尽佚。然"乱后志犹未灰,陆续开雕",遂成《峭帆楼丛书》。所收包括宋人著述二种,明人七种,馀皆清人著述。内容涉及杂史、传记、地志、笔记、题跋、诗文评、诗文集等。其中宋魏野《钜鹿东观集》收诗三百五十馀首。其诗于宋初尚仍五代旧格,未能及林逋之超诣,而胸次不俗,无凡鄙之气。冲淡亲逸,形容甚切,为隐逸诗中之杰出者。

清张敦仁辑录《通鉴补正略》三卷,乃辑自明严衍《资治通鉴补正》。张氏以其卷帙繁巨,刊刻不易,乃携赴云南任所,在杨海、梁国桢、陈杲协助下,弃衍书所分注,专取其补正《通鉴》原文部分,逐卷汇录,缩巨帙为一小册,八万馀字。虽未尽著其说要,皆从正史考证而来,实有功于《通鉴》。是编卷首有民国三年(1914)陈洙序、民国六年(1917)叶德辉序及《峭帆楼歌》,又有《高斋丛刻总目》及《峭帆楼丛书总目》。

【版录】

(一)清宣统至民国间新阳赵氏刊本

参见《综录》第276页。是刻刊于清宣统三年至民国八年(1911—1919)间。半叶十行二十一字,黑口,左右双边。是书原版藏江苏广陵古籍刻印社。

中大　华南师大　暨大　史语　东研

[补录]

(二)1985年江苏广陵古籍刻印社影印本

凡二函,二十四册。

对树书屋丛刻

(民国)赵诒琛辑

【传录】参见《峭帆楼丛书》。

【叙录】是编凡六种,十一卷。赵氏先世富藏书,因兵乱尽毁,遂竭力以恢复之。凡二十年,架复充牣,先后就所藏刻成《峭帆楼丛书》《又满楼丛书》等,继又刊成是编。包括元陶宗仪辑《草莽私乘》一卷附刻一卷、明周复俊《元史弼违》二卷、龚诩《野古集》三卷、近人陈洙辑《怡松轩金石偶记》一卷,馀为赵氏自著《顾千里先生年谱》二卷、《爨龙颜碑考释》一卷。所收多为金石、碑传、传记等史籍。书前有唐文治序及钱振锽赠诗,均甚推重之。初刊于民国二十六年(1937)。

【辑录】民国二十六年(1937)唐文治序云:"学南痛先人精力所萃而不能长保也,引为大憾,誓必竭力以恢复之。于是,僦屋居苏城。二十年来,节衣缩食,遇书之罕见者,辄倾囊购致,日积月累,而插架复充牣其室,先后有《峭帆楼》《又满楼》丛书二集,今又刊成《对树书屋丛刻》……静涵先生之业虽厄于兵燹,得学南之赓续,济善而盖以光大,可无憾已。"

【版录】

(一)民国昆山赵氏对树书屋刊本

参见《综录》第276页。书板藏江苏广陵古籍刻印社。

[补录]

(二)1986年江苏广陵古籍刻印社影印本

据原版影印。

暨大

(三)1989年台湾新文丰出版公司《丛书集成续编》本

所据为民国二十六年(1937)昆山赵氏原刊本。

枕碧楼丛书

（民国）沈家本辑

【传录】沈家本(1840—1913)字子敦，别号寄移。浙江归安(今湖州)人。清末进士。1893年任天津知府，后任保定知府。1901年任清政府刑部左侍郎、法部右侍郎。1902年任修订法律大臣，并兼任大理院正卿等职。1910年兼任资政院副总裁。1911年任法部左侍郎，又奉命主持修订法律，建议废止凌迟、枭首、戮尸、缘坐、刺字、笞杖等刑罚，禁刑讯，修改《大清律例》，起草《大清新刑律草案》，并主持制订民法和商法草案。著有《沈寄簃先生遗书》，编有《枕碧楼丛书》。他在《枕碧楼丛书》自序中谓："天下之物，以有用于世为贵，世苟知之，知而能用之，使物果足以副所用，则遂为有用之物矣！"认为藏书家贵在把所藏之精要者，叙述其源流，编成目录，使读者能够使用。同时传抄刊刻，珍贵的书籍可以广为流传，就成为有用之物。

【叙录】是编凡十二种，附一种，四十二卷。其中收辑了四种有关研究《刑统赋》之书，其馀为诗文集。刑统，即刑法统类的简称，中国古代封建王朝将本朝刑法汇编释义而定的名称，即所谓"刑名之要，尽统于兹"，最早是唐宣宗大中年间所编的《大中刑法统类》，相沿至宋，现仅存宋太祖建隆年间编《宋刑统》，其馀均失。《刑统赋》为北宋律学博士傅霖所著，是在《宋刑统》的基础上，将律文提纲挈领，以韵文体裁写成律学读本，并自作注释，便于记诵，原本已不可考。沈氏所辑《刑统赋解》《刑统赋疏》《粗解刑统赋》《别本刑统赋解》均为后人就《刑统赋》再作注解而成。是编所收，皆宋元以来之作，世所罕见之旧抄本。沈氏自序云："此编凡得书十二种，皆旧抄本，世所罕见者。"于宣统间陆续付梓。所辑各书多有序跋或提要，便于阅读。

【版录】

(一)民国二年(1913)序归安沈氏刊本

参见《综录》第277页。

中大　华南师大

[补录]

(二)1959年北京中国书店重印本

(三)1985年北京中国书店重印本

暨大

兹将《枕碧楼丛书》总目中各子目所注版本抄录于后：

《南轩易说》　倦圃曹氏旧钞本

《内外服制通释》 绣谷吴氏旧钞本
《刑统赋解》 毗陵董氏钞本
《粗解刑统赋》 璜川吴氏钞本
《别本刑统赋解》 此本从上本分出
《刑统赋疏》 江阴缪氏钞本
《无冤录》 朝鲜钞本
《河汾旅话》 旧钞本
《河南集》 日照许氏钞本
《花续集》 日本钞本
《来鹤亭诗集》 四库馆原本
《玉斗山人集》 四库馆原本

张氏适园丛书初集

(民国)张钧衡辑

【传录】张钧衡(1872—1927)字石铭,号适园主人。祖籍安徽休宁,生于浙江吴兴。光绪二十年(1894)举人。后会试不第,捐主事,分兵部车驾司郎中,在上海经营商业,并着手藏书。1907年,在浙江南浔营造“适园”,以“六宜阁”为藏书处,别署“择是居”。藏书至十万馀卷。内多为宋元古本、抄稿本、黄丕烈校跋本等。辛亥后客寓上海,藏书同“密韵楼”“嘉业堂”齐名。1916年,缪荃孙代撰《适园藏书志》十六卷。子乃熊(字芹伯、芹圃)有所增益。1941年知难以谨守,编《芹圃善本书目》六卷,以备出售。其书现大部分藏于台湾“中央图书馆”。撰有《尚书注疏校勘记》《唐书直笔新例校记》《吴郡志校勘记》等。辑录《建炎以来朝野杂记逸文》以及《适园丛书》《择是居丛书》。

【叙录】是编凡七种,三十三卷。收录明、清两代著述。包括明人尤镗《清贤记》六卷、谈迁《枣林杂俎》六卷附录一卷,清人佚名《残明纪事》一卷、吴骞《尖阳丛笔》十卷、陈梓《陈一斋先生文集》六卷、傅山《傅征君霜红龛诗钞》一卷,近人廖平《今古学考》二卷。其中谈迁之《枣林杂俎》,详记明代掌故;佚名之《残明纪事》,述南明遗事,属明季稗乘,均有助于史事之考证。张氏平居喜好搜集秘笈,视之为旷古公存之珍宝,志于故帙国粹之永传。如贯散钱,如收覆水,用以鼓吹文明,表章幽隐。遂合异为同,化散为整,裒为是编。内有经籍、杂史、杂学、笔记、诗文集等。卷首有张氏所撰《适园丛书总序》及初编总目。

【辑录】张钧衡序云:“岁月不居,行能无算。钻研故纸,未能脉望之成仙;采讨陈编,仅类鞠通之食墨。惟津梁之共逮，为职志之所存。心仪绛云之楼，家近疏雨之馆。中郎帐里不乏奇书，柯古案头尚多秘籍。或传钞于好事，或购买于估人……搜罗既久，录略粗周。旧椠之孤留，即名钞之仅见。识大识小，要皆有为而言；传信传疑，傥亦各行其是。集分十二，文累万千。离之固各成一家之言，萃之即大备八音之奏，窥一斑之豹也。”

【版录】

(一)清宣统三年(1911)上海国学扶轮社排印本

参见《综录》第278页。

暨大

［补录］

(二)1989年台湾新文丰出版公司《丛书集成续编》本

所据为清宣统三年(1911)上海国学扶轮社铅印本。

适园丛书

(民国)张钧衡辑

【传录】参见《张氏适园丛书初集》。

【叙录】是编凡七十八种，六百八十九卷。全书分十二集。张氏喜聚书，所藏旧刻名钞上万卷，其中有丁氏八千卷楼和陆氏皕宋楼所散佚的旧籍。遂择其罕见者汇集成是编。所收多为唐、宋以来经史实用之书。如元吴师道的《敬乡录》，明孙能传、张萱等的《内阁藏书目录》，清黄虞稷的《千顷堂书目》、查继佐的《鲁春秋》、钱谦益的《国初群雄事略》等，向无刻本；唐许敬宗等辑《文馆词林》则是从各处辑出，汇成二十三卷付梓；明黄丕烈的《百宋一廛书录》、清瞿中溶的《汉石经考异补正》，则据原稿本付梓。这些都是难得的足本、善本，多为有关文史而又具有价值之书。是编体例仿《知不足斋丛书》，以得书先后，随辑随印，不分门类。各书后均附张氏跋语，叙述作者生平、版本源流及书之价值。简明扼要，有的书还附有校勘记。卷首有缪荃孙、朱祖谋及罗振玉序。

【辑录】缪荃孙序略云：“适园主人以名孝廉，生吴兴山水之区。熟闻乡先辈鱼计亭、眠琴山馆、芳椒堂之风。手聚旧刻名钞，卷以数万计。择罕见而可传者付诸剞氏，以永其传，以嘉惠于斯世。又以荃孙粗知目录校雠之学，委以监造。时及两载，成此十有六种，分为四集，先以问世。嗟乎！自新学日行，旧学日落，焚坑之祸，寓于无形。而世之守旧学，读古籍者曾有几人？况石印铅字，群趋若鹜，剞劂之匠，往往改业。石铭负填海之心，抱障川之力，招金陵书局之旧人，而与之更始。择本必善，选工必精。原书跋语，虽无关宏旨者，不敢轻削其闲流。移授受之原委，与夫反复订证之苦心，皆为表微，缀之简末。”

朱祖谋序略云：“……张君石铭投袂而起，广收图籍，超越时流，卓然名满天下。所藏之富，不减丁陆。又不自私，择罕见之书付诸梨枣，嘉惠海内后学，其意深矣。……石铭于此规模前哲，先出四十八册以为嚆矢。不分门类，以所得先后，遵《知不足斋》旧例也。……石铭之志远绍以文，而力又足以及之，弁山霅水之间别树一帜，庶可以复吾浙之声誉矣。”

【版录】

（一）民国乌程张氏刊本

参见《综录》第278页。是刻刊于民国二年至六年（1913—1917）间。版藏浙江图书馆，已残缺不全。据原书总目，各书之下，均标明所据版本，兹迻录如下，供参考。

第一集

《百宋一廛书录》一卷　（清）黄丕烈撰　用劳季言钞本

《魏书地形志集释》三卷　（清）温曰鉴撰　拾香草堂稿本

《汉石经考异补正》二卷　（清）瞿中溶撰　稿本

《敬乡录》十四卷　（元）吴师道撰　文澜阁传钞本

《内阁书目》八卷　（明）张萱撰　持静斋钞本

《大唐郊祀录》十卷　（唐）王泾撰　旧钞本

《祝月隐先生遗集》四卷外篇二卷　（明）祝渊撰　拜经楼钞校本

《古泉山馆金石跋》四卷　（清）瞿中溶撰　钧衡辑本

《烬宫遗录》二卷　（明）□□撰　小琅嬛福地校稽瑞楼本

《对客燕谈》一卷　（明）邵宝撰　黄丕烈藏旧钞本

《鲁春秋》一卷　（清）查继佐撰　附张煌言《北征纪略》《使臣碧血》　原稿本

第二集

《千顷堂书目》三十二卷　（明）黄虞稷撰　十万卷楼钞本

第三集

《后村题跋》十三卷　（宋）刘克庄撰　大全集本

《后村诗话》前集二卷后集二卷续集四卷新集六卷　（宋）刘克庄撰　大全集本

《攻媿题跋》十卷　（宋）楼钥撰　旧钞本

《国初群雄事略》十二卷　（清）钱谦益撰　汉唐斋藏钞本

《文馆词林》二十三卷附残简　（唐）许宗敬撰　据杨氏《佚存丛书》、黎氏《古逸丛书》及新出钞本

第四集

《唐大诏令》一百三十卷　（宋）宋敏求撰　明钞互校本

第五集

《广川书跋》十卷　(宋)董逌撰　何义门校本

《广川画跋》六卷　(宋)董逌撰　钱唐丁氏旧藏校本

《朝野杂记》甲集二十卷乙集二卷　(宋)李心传撰　明钞校聚珍本

《东都事略校勘记》一卷　(清)钱绮撰　以未改本校通行本并讹字

《东都事略校勘记》一卷　(民国)缪荃孙撰　以影宋钞本校程舍人本增传十篇、考异两条及文字不同处

《职源撮要》一卷　(宋)王益之撰　日本旧钞本

《续吴郡志》二卷　(明)李诩撰　旧钞本

《万机论》一卷　(魏)蒋济撰　(清)严可均辑

《世要论》一卷　(魏)桓范撰　(清)严可均辑

《政论》一卷　(魏)刘廙撰　(清)严可均辑

《典语》一卷　(吴)陆景撰　(清)严可均辑

《笃论》一卷　(魏)杜恕撰　(清)严可均辑

第六集

《西吴里语》四卷　(明)宋雷撰　旧钞本

《五代史补考》二十四卷　(清)徐炯撰　稿本

《滋溪文稿》三十卷　(元)苏天爵撰　旧钞本

第七集

《得树楼杂钞》十五卷　(清)查慎行撰　稿本

《山谷年谱》三十卷　(宋)黄罃撰　明嘉靖本

《围炉诗话》六卷　(清)吴乔撰　旧钞本

《西昆发微》三卷　(清)吴乔撰　附赵执信《谈龙录》一卷　旧钞本

《沧浪吟集》三卷　(宋)严羽撰　旧钞本

《醉翁谈录》八卷　(宋)金盈之撰　拜经楼钞足本

《湖西纪事》一卷　(清)彭孙贻撰　旧钞本

《虔台节略》一卷　(清)彭孙贻撰　附《彭节愍公家书》一卷　旧钞本

《左传杜解集正》八卷　(清)丁晏撰　颐志斋稿本

《出塞山川图画记》一卷　(清)温睿临撰　八旗军志本

《闽行随笔》一卷　(清)范光文撰　天一阁稿本

《逸经补正》三卷　(清)冯登府撰　小石经阁稿本

《岭海焚馀》三卷　(明)金堡撰　传钞本

第八集

《珊瑚网书录》二十四卷　(明)汪珂玉撰　合校本

《珊瑚网画录》二十四卷　(明)汪珂玉撰　合校本

第九集

《陈后山集》三十卷　(宋)陈师道撰　旧钞过临何义门校本

《还山遗稿》二卷补遗一卷附录一卷　(元)杨奂撰　明嘉靖刻本

《贞一斋杂著》三卷　(元)朱思本撰　旧钞本

《珊瑚木难》八卷　(明)朱存理撰　旧钞本

《春秋礼征》十卷　(清)朱大韶撰　稿本

第十集

《求是斋金石跋》四卷　(清)丁绍基撰　手稿本

《太平治迹统类》三十卷　(宋)彭百川撰　适园校本

第十一集

《孟子师说》七卷　(清)黄宗羲撰　文渊阁本

《简庄疏记》十七卷　(清)陈鳣撰　稿本

《花村谈往》二卷补遗一卷　持静斋旧藏钞本

《藏一话腴》甲集二卷乙集二卷　(宋)陈郁撰　校汲古阁藏本

《广元遗山年谱》二卷　(清)李光廷撰　稿本

《祇欠斋集》八卷　(明)吴蕃昌撰　传钞本

《后汉艺文志》四卷　(清)姚振宗撰　稿本

第十二集

《三国艺文志》四卷　(清)姚振宗撰　稿本

《夷坚续志》四卷补遗一卷　旧钞本

《镫下闲谈》二卷　(宋)□□撰　江郑堂手钞本

《成都氏族谱》一卷　(元)费著撰　古里瞿氏本

《桐谱》二卷　(宋)陈翥撰　古里瞿氏本

《香谱》二卷　(宋)陈敬撰　旧钞本

《吹景集》十四卷　(明)董斯张撰　崇祯己巳(1629)刻本

《深柳堂文集》一卷　(清)沈登瀛撰　稿本

《叠翠居文集》一卷　(清)纪庆曾撰　稿本

《勘书巢未定稿》一卷　(清)温曰鉴撰　稿本

《秋水文丛外集》三卷 (清)张鉴撰 (清)桂荣注 稿本

《鱼计轩诗话》一卷 (清)计发撰 桂琴甫钞本

中大 华南师大 暨大 湖北大 史语 台北 东研

[补录]

(二)1963年至1964年扬州古旧书店与杭州古旧书店联合据乌程张氏原版用木活字补版印本

《国初群雄事略》《建炎以来朝野杂记》《新编醉翁谈录》《左传杜解集正》《太平治迹统类》《岭海焚馀》六种有单行本,1982年江苏广陵古籍刻印社选印出版。1982年中华书局出版《国初群雄事略》点校本。

(三)1989年台湾新文丰出版公司《丛书集成续编》本

所据为民国四年(1915)乌程张氏刊本。

密韵楼景宋本七种又名密韵楼景刊宋本丛书、密韵楼丛书、乐地庵影刊宋丛书

蒋汝藻辑

【传录】蒋汝藻(1876—1954)名孟苹,汝藻为其字,号乐庵。浙江乌程(今湖州)人。清光绪二十九年(1903)举人。宣统中捐资郎中,分发在学部,在上海经营轮船及垦牧事业。先祖传有"俪籯馆"(别称求是斋、茹古精舍)藏书,祖父维培编有《俪籯馆书目》一部,著录善本近二百种。蒋氏承先祖之志,继续访求,遂成上海大藏书家。王国维代编有《密韵楼藏书志》二十卷(稿本未刊)。后因经商亏损,所藏宋元本多归刘体智。明人集部分多归涵芬楼,后部分转归北京图书馆。1949年,其长子祖诒携部分秘籍及稿本《传书堂善本书目》移住台湾。

【叙录】是编凡七种,五十五卷。蒋氏致力实业,爱好藏书。除继有祖传部分遗书外,多得四明范氏、钱塘汪氏、泰州刘氏、泾阳洪氏、贵阳陈氏诸家流散之书。因得宋周密《草窗韵语》珍本,特将藏书室更名为"密韵楼"。收藏宋元珍本、名家钞校本宏富。民国十三年(1924)前后,择其中善者影刊,拟编成《密韵楼丛书》,然仅成七种,包括《吴郡图经续纪》三卷、《曹子建文集》十卷、《歌诗编》四卷、《草窗韵语》六卷、《雪岩吟草甲卷忘机集》一卷、《青山集》三十卷、《窦氏联珠集》一卷。所收以唐宋诗文集为多,均据宋本景刊,颇为珍贵。其中宋朱长文《吴郡图经续记》乃续北宋《大中祥符图经》而得名。全书分封域、城邑、户口、坊市、物产、风俗、桥梁、寺院、山水、治水、园第、事志等二十八门,门类齐全,内容宏富,征引博而叙述简,为我国现存较早的地方志。最早的版本为绍兴四年(1134)苏

州官刻本，今藏台湾。魏曹植《曹子建文集》十卷本，乃宋人所辑，其最早的版本为南宋宁宗嘉定六年(1213)所刊，原藏于铁琴铜剑楼。收赋四十四篇，诗、乐府七十四篇，其他文体九十二篇，合二百十篇。明代诸家所刻十卷本，大率是宋本的后裔。曹诗以五言见长，骨气奇高，词采华茂。散文辞赋亦善，其中《洛神赋》是文学史上的名篇。钟嵘《诗品序》称其为“建安之杰”。唐李贺《歌诗编》系据北宋本景刊。其集宋代所传有五种版本：京师本、蜀本、会稽姚氏本、宣城本、鲍钦止家本(上党本)，而以鲍氏本为胜。这五个本子，正集四卷，均存诗二百十九首，鲍氏本和宣城本有外集一卷，存诗二十三首。《铁琴铜剑楼藏书目录》著录有金刻本，即临安书棚本，据前人考证，实为元蒙哥六年(1256)刊本，故世又称蒙古刊本，《四部丛刊》即据此影印。李诗大量应用乐府形式，对社会腐败现象痛加揭露、讽刺；也有抒发个人感情，写神仙鬼魅、咏物等其他题材的作品，想象力丰富奇特，句锻字炼，色彩瑰丽，对后世影响颇大。宋郭祥正《青山集》因晚年居于当涂青山而得名。是集宋时各书所记均为三十卷，《四库全书》得其完帙，多《续集》七卷。郭氏文章写其亲历亲闻，往往可补正史之不足；写诗有才气，曾被誉为“李白后身”。《四库全书总目》称“其诗好用仙佛语，或偶狎拉杂，而才气纵横，吐言天拔”。唐褚藏言辑《窦氏联珠集》乃窦常、窦牟、窦群、窦庠、窦巩兄弟五人之合集。此集《新唐书·艺文志》有著录。而宋时传本极少，刘克庄《后村诗话》称“未见《联珠集》”。大约在北宋仅有钞写本流传，至南宋始有蕲州雕版。至明末，毛晋汲古阁刊行。窦氏父子兄弟一门多人，同时有诗名，在中唐名噪一时。

【版录】

民国乌程蒋氏乐地庵刊本

参见《综录》第280页。杨家骆《丛书大辞典》题名《乐地庵景刊宋丛书》，民国十三年二月陆续刊本。又云此刻“镂刊精绝，恐为刊本以来所未有，亦无总目录，兹举最多者编为目录著之”。所列子目较《综录》多唐李贯撰《集外诗》一卷、孙存吾编《新编翰林珠玉》六卷。《草窗韵语》共计六稿，每稿各一卷。且编次与《综录》所载不同。

史语　东研

广仓学窘丛书甲类一名学术丛编

姬佛陀辑

【传录】姬佛陀，生平事迹未详。据其《学术丛编》序，末署“睢宁姬佛陀觉弥氏叙”，知系江苏睢宁县人。与罗振玉、王国维等时有往来。所辑有《古石抱守录》一卷、《戬寿堂所藏殷墟文字》一卷、《专门名家集》三集三卷，均收入其所辑刊《艺术丛编》中。

梁羽生《名联谈趣》：姬佛陀，安徽滁州(今滁县)人，原姓潘，家贫，幼时为人放牛。据说他佻挞无赖，乡人呼他为“潘孬”。某日，他和另一放牛娃打架，将那放牛娃打得昏了过去，他以为是被他打死了，逃到北京，得一个太监收养他，认作义子。因他北京话讲得好，迦陵夫人要学北京话，遂有人介绍他做迦陵夫人的北京话教师。一见投缘，结为姐弟(姬佛陀身世有不同说法，这里主要是根据曾任杜月笙秘书的胡叙五的说法)。此人有点小聪明，做了哈同的管家后，结交一班清遗老，多少读了点书，也练得一笔还算不错的书法。但胸中墨水却是极其有限的。他爱附庸风雅，在爱俪园中办了一所仓圣明智大学，“仓圣”者，即仓颉也。他认为仓颉造字，比孔子更“威武”，因此要办个大学纪念他。自任校长。其人“学识”从此事可见一斑。

【叙录】是编凡四十九种，八十三卷。全书分二集，第一集凡二十二种，四十六卷，第二集凡二十七种，三十七卷。据书前《凡例》称，是编原名《学术丛编》，由上海仓圣明智大学发刊，与该校所出之《艺术丛编》相辅而行。月出一册，每册所载自三种至四五种不等。所收诸书，“宗旨专在研究古代经籍奥义及礼制本末，文字源流。以期明上古之文化，解经典之奥义，发扬古学，沾溉艺林”。又称：“本编刊行经学(首重‘三礼’，旁及诸经)、字学、史学诸门新著，兼印行未刊旧籍，或虽已刊而流传甚少者。”(首卷《仓圣明智大学发刊学术丛编条例》)后汇编民国五年至六年(1916—1917)所出二十四册为二集，共四十九种，易名《广仓学窘丛书甲类》。

【辑录】民国五年(1916)姬佛陀序云：“近世以来，始有学报创自西欧，施及东土。或网罗百家，或研钻一术。逌人之所采获，学子之所考订。往往草稿甫定，剞劂已陈。所以通学海之置邮，供同方之讨论。广知识于大宇，得切磋于他山。法至善也。爱俪园主人，产自西土，久客东方。每发思古之情深，知为善之乐德。配罗夫人夙皈正觉，兼嗜外典。二乘秘文，复兹结集；三苍横舍，于焉宏开。复刊是编，以饷学者。海宁王静安征君，噬肯适我，出其著书。上虞罗叔言参事，远自异邦，假以秘书。故书新著，萃于一书。月为一编，岁成总帙。佛陀承乏校事，坐观厥成。冀使子云绝言，尽示其最目；孝公论难，渐得夫道真。于流通学术之道，庶几无憾云。”

【版录】

民国五年(1916)上海仓圣明智大学排印本

参见《综录》第280页。日本东京大学东洋文化研究所有《广仓学窘丛书乙类》(又名《学术丛编》)。民国七年至九年(1918—1920)上海仓圣明智大学石印本。其中第一册至第十二册于民国十六年(1927)重印。又别有《广仓学窘丛刻》十八种，辑者未详。民国上海哈同花园排印本。所收多为小学类之书。

暨大　史语　台北　东研

龙溪精舍丛书

（民国）郑国勋辑

【传录】郑国勋（生卒年未详）字尧臣。广东潮州潮阳县人。曾师事漯川唐晏（震钧），因请唐晏为刻所辑丛书。

徐珂《松阴暇笔·郑尧臣刻书》："《龙溪精舍丛书》，郑尧臣校刻。尧臣名国勋，潮阳人。甫成童，至沪佣于土栈。土栈者，购储鸦片以待转鬻之肆也。月奉薄而性至俭，久之自设栈贩土，逾冠遂致富。宣统二年，有诏禁烟，即辍业。辛亥国变后，震在廷同年钧罢官来沪，尧臣延之至家受业焉。日必读书数小时，尧臣粗解英吉利语言文字，既师在廷，能命笔作国文。丛书之刻，从在廷之言也。年未四十而遽卒，惜哉！"

【叙录】是编凡六十种，四百四十五卷。汇辑两汉以迄民国的重要著作，依经史子集四部分类。其中经部五种，史部二十三种，子部二十九种，集部三种。各书卷首均附《四库提要》，以说明其梗概。所收诸书多为善本或精校本。唐晏所撰《洛阳伽蓝记钩沈》《两汉三国学案》亦收入丛书中。卷首总目均注明所据版本。有郑国勋自序及金坛冯煦、伊通齐耀琳二序。

【辑录】自序云："吾家世居潮阳沙陇市之吉六里，龙溪环焉。溯高密之家风，仰昌黎之教泽。虽不能至，然心向往之。……国勋问学无所底，而秉承义方，窥涉涂径。私念苟取先秦两汉诸书，甄择善本，汇为一编，庶使学者便于省览，不待他求。……余因得请益于漯川唐先生，授经则埻的司农，为文则蠡测韩笔。每慨然于兵燹之后，旧籍日少。微论宋椠元钞，即国初精刊初印之本，价必兼金。缀学之士，考书不易，津逮有待夙愿。适符时家君爰自岭表来申养疴，庭立之馀，乃以刊刻丛书请，欣然允之。……经始于乙卯之秋杪，断手于丁巳之冬。初为书凡五十馀种，以家塾读书之所名之曰《龙溪精舍丛书》，附刻唐先生所著《两汉三国学案》，志师训也。其未出者，容当赓续。"

冯煦序云："今潮阳郑子尧臣所刻《龙溪精舍丛书》，皆先秦旧籍，逮于李唐。不隐僻以炫奇，不纤屑以矜博。或抉剔古义，辟经蓈之荒榛。或卢牟队典，树史宬之别子。盖尽祛五者之失，而视今所谓丛书者倜乎远矣。……尧臣一鸱借异，三豕正伪，依马磨而晨钞，栖蜗庐而瞑写。校雠之审，抗钱卢于往图；甄采之严，凌黄顾于前箓。间出是编，属为弁首。仆识穷窥管，智等挈瓶，偶预胜流，得发帐中之秘；夙耽载籍，更披柱下之藏。循省既终，心神俱服。钩元提要，不数《百川学海》之传；补漏删繁，足赅六艺颛门之业。"

齐耀琳序云："潮阳郑君尧臣，博学笃志，不求闻达。辟地沪上，载书兼两。念故籍之放湮，虑群言之淆杂，甄择陈编，别载伪体，区以四部。断自周秦，以迄六朝。得书数十种，皆取善本而雠校之。刊成，颜曰《龙溪精舍丛书》。其取舍之精，严视前贤纂录，盖犹青之于蓝，冰之于水也。……今郑君斠刊丛书，本其家学，溯其师承，将以嘉惠来学，使之读书稽古，致用捄时。吾愿读是书者，有感于郑君之志，兴起而羽翼之，则不仅中国文学之幸也。”

【版录】

（一）民国六年(1917)序潮阳郑氏刊本

参见《综录》第281页。原版藏上海图书馆。杨家骆《丛书大辞典》有“潮州郑氏编刻本”，子目编次及分类与《综录》不同，且多“嗣刻”二十四种，兹照录如次：

经部

《李氏周易解》十七卷

《尚书大传疏》二卷

《毛诗草木鱼虫疏》二卷

《大戴礼补注》十三卷叙录一卷

《白虎通疏证》十二卷

《方言笺疏》十三卷

《释名疏本证》八卷补遗一卷

《广雅疏证》十卷

史部

《逸周书集训校释》十卷

《竹书纪年》十四卷

《周髀算经》二卷

《书品》一卷

《画品》一卷

《续画品》一卷

《阴符经》一卷

《南方草木状》三卷

《莲社高贤传》十三传

子部

《潜夫论笺》十卷

《刀剑录》一卷

《鼎录》一卷

《玉烛宝典》十一卷

集部

《文章流别论》一卷

《文章缘起》一卷

《诗品》三卷

中大　东研

[补录]

(二)1985年北京中国书店据原版影印本

凡十四函,一百二十册。

(三)上海古籍书店重印本

暨南大学图书馆有两部,均不署刊印年月,亦无重印说明。牌记叶有“上海古籍书店重印”长形朱印一方。据该书目录,未见《综录》所列《两汉纪字句异同考》一卷,查核正文亦无,疑重印时已佚。另《三辅旧事》及《三辅故事》注明附刊,列于《三秦记》之后,《风俗通姓氏篇》则附于《风俗通义》后,《两汉三国学案》作为附刊,列于全书之末。总目所列各书均注明版本。兹抄录如次,供查考。

《韩诗外传》　赵氏亦有生斋校本

《月令章句》　蔡云注本

《春秋繁露》　凌氏蜚云阁本

《释名定本》　璜川吴氏本

《小尔雅训纂》　宋氏浮溪精舍本

(以上经部)

《山海经笺疏》　栖霞郝氏遗书本

《穆天子传》　平津馆本

《校辑世本》　通州雷氏本

《古史考》　平津馆本

《越绝书》《小万卷楼丛书》本

《吴越春秋》　徐氏随轩刻本

《列女传补注》　郝氏遗书本

《新序》　铁华馆仿宋本

《说苑》　卢抱经校本

《楚汉春秋》　茆辑十种本

《汉纪》　襄平蒋氏本

《后汉纪》　襄平蒋氏本

《华阳国志》 廖刻顾校本
《邺中记》 杭刻聚珍本
《古孝子传》 茆辑十种本
《高士传》 明刻本
《三辅黄图》 经训堂本参平津馆本
《三辅决录》 张氏二酉堂本
《辛氏三秦记》附《三辅旧事》《三辅故事》 张氏二酉堂本
《洛阳伽蓝记钩沈》
（以上史部）

《新语注释》
《新书》 抱经堂本
《孔丛子》 程荣《汉魏丛书》本
《盐铁论》附考正 阳城张氏本
《桓谭新论》 孙氏问经堂本
《申鉴》 明黄省曾本
《典论》 汉学堂本
《中论》 元刻本附陈仲鱼校刊
《人物志》 中州彭氏本
《古今注》 茆辑十种本
《独断》 抱经堂本
《论衡》 通津草堂本附诸家校勘
《风俗通义》附《姓氏篇》 用卢抱经《群书拾补》校本
《物理论》 平津馆本
《新论》
《梦书》 郝氏遗书本
《易林》 黄氏士礼居本
《世说新语》 明袁氏佳趣堂本
《金楼子》 鲍氏知不足斋本
《颜氏家训》 抱经堂本
《西京杂记》 抱经堂本
《博物志》 士礼居本
《淮南万毕术》 问经堂本
《列仙传》 郝氏遗书本
《佛国记》《学津讨原》本

《计然万物录》 汉学堂本
《齐民要术》 宋元明清各本参《类聚》《御览》校
《修文御览》 上虞罗氏印本
（以上子部）

《古文苑》 守山阁本
《文心雕龙》 黄注原刻本附李氏补注
（以上集部）

《两汉三国学案》
（以上附刊）

（四）1991 年中国书店影印本
全四册。收入《海王邨古籍丛刊》。
暨大

嘉业堂丛书

刘承幹辑

【传录】刘承幹（1882—1963）字贞一，号翰怡。浙江上虞人。清末任候补内务府卿。民国后迁居上海。自 1910 年起，开始搜集古籍，至 1921 年已拥有藏书六十馀万卷。他在南浔镇鹧鸪溪建筑了嘉业堂藏书楼，为近代最大的藏书楼之一，后为浙江图书馆书库。刘氏所藏，多为罕见之本，有宋刊本、元椠本、抄本、校本及明刻本等。且校刊书籍甚勤，辑刊有《嘉业堂丛书》《吴兴丛书》《求恕斋丛书》《留馀草堂丛书》等。

【叙录】是编收书六十二种，八百零九卷。以经史子集序列，分为四部：经部八种，史部二十七种，子部八种，集部十九种。经史两部均有特色，经部为刘氏所校的唐人经传研究的成果，史部多为元、明、清遗老的著述及其年谱。此丛书所收不少为罕见之书，如南齐顾欢《道德真经注疏》、宋窦仪《刑统》、明叶绍袁《天寥道人自撰年谱》、清屈大均《安龙逸史》均为世间不易获得的典籍，这些书是杨守敬从日本抄得。此丛书所收之书具有多方面的学术价值，其中许多书附有刘氏跋语，对作者生平、书的内容、版本源流学术价值等均有所介绍。缪荃孙《嘉业堂丛书》序云：辑者“取天壤间罕觏之秘帙，名流之旧稿，付之梨枣，以供士大夫之研究。有摹宋刻者、有专收吴兴先哲者、有传近时友朋著述者，书不一式，刻不一家”。正说明此丛书的版本价值。同时，此丛书汇入朱澂《结一庐剩馀丛书》的全部子目，亦丰富了集部的内容。

【版录】

（一）民国七年(1918)吴兴刘氏序刊本

参见《综录》第282页。

［补录］

（二）民国十三年至十六年(1924—1927)吴兴刘氏刻本

中大

（三）1964年上海古籍书店据嘉业堂原版重印本

求恕斋丛书

刘承幹辑

【传录】参见《嘉业堂丛书》。

【叙录】是编凡三十种，二百四十一卷。内容广泛，涉及经学、国故、稗史、年谱、地理、文艺等。大多为清末民初人著述，被认为是有裨于世用者。依照四部编次，计有经部三种、史部十六种、子部三种、集部八种。卷首有吴士鉴序、升允序、刘承幹自序，并附有《求恕斋丛书总目》。丛书名取“己所不欲，勿施于人之义，以警夫世之在高位者，亦因以自警”（升允《求恕斋丛书序》）之意。

【辑录】刘承幹于自序中言及辑刻是编之缘起云：“自辛亥而后，政柄骤移。故家旧族，抱其先业，寄寓沪滨，忧伤憔悴，无可发泄，则托迹嵇、阮，以沉冥自遣。视明季诸贤，固无以异也，时则有江阴缪艺风参议、金坛冯蒿庵中丞。叹时局之沦胥，悼斯文之将丧，相与搜缉旧闻，网罗散佚。同时诸贤如杨芷姓太守、唐元素司马诸君，抱道沦隐，亦各有撰述，余幸得与相周旋，未尝不叹当此文献绝续之交，二三君子适会聚于穷海之滨，不可谓非天心所属意也，乃裒其所著荟刻之。”

【版录】

（一）民国吴兴刘氏刊本

参见《综录》第284页。

暨大

［补录］

（二）1963年上海古籍书店刊本

是本见国务院古籍整理出版规划小组办公室编《古籍整理图书目录》(1949—1991)。

（三）1984文物出版社出版

是本见国务院古籍整理出版规划小组办公室编《古籍整理图书目录》(1949—1991)。

松邻丛书

(民国)吴昌绶辑

【传录】吴昌绶(约1867—1928,一作1868—1924)字印臣,一作印丞,号伯宛,别号甘遯乡人,晚号松邻。浙江仁和(今杭州)人。光绪丁酉(1897)举人,内阁中书。曾为尚书吕海寰、侍郎吴重熹幕僚。治金石掌故之学。藏书室名双照楼,颇多善本,以宋本《东京梦华录》最佳。1917年为筹措女儿嫁资,将明刊本《吕氏春秋》《史通》、旧抄本《劫灰录》等四十部善本售与叶景葵。喜刻书,曾请董康诵芬室代刻,影印宋元明集部小册颇多,备极精美。著有《松邻遗集》《龚定庵年谱》《吴郡通典备稿》等。

【叙录】是编凡二十种,三十五卷。全书分甲、乙两编。所收为元、明、清人著述,其中不少是有关目录学之作,如《南雍志经籍考》《四库全书荟要目》《元西湖书院重整书目》等,均为实用之书目。吴氏在《元西湖书院书目》跋中云:"昌绶既刻《南雍志经籍考》,念此目为吾乡掌故,足以上溯临安监刻之旧,因并刊之,以《元文类》所降指挥附后。"由此可见,吴氏对于乡邦文献是十分重视的。此外,《孝献庄和至德宣仁温惠端敬皇后行状》和《大清孝定景后事略》两书亦具有一定的史料价值。

【版录】

民国七年(1918)仁和吴氏双照楼刊本

参见《综录》第285页。

中大　史语　东研

房山山房丛书

(民国)陈洙辑

【传录】陈洙(生卒年未详)字杏川,号珠泉,别号清华道人。江苏江浦人。贡生。光绪三十一年(1905)应聘入江南制造局任总办,先后参与《谈气爆药新书》《美国宪法纂释》《矿学考质》《种葡萄法》等书籍的翻译、润色、校勘工作。江南制造局翻译馆活动结束后,寓居上海。新阳赵诒琛曾为其题曰:"甲戌(1934)年已六旬,茅屋孤灯,穷年兀兀,著作等身。"所辑《房山山房丛书》,有民国九年(1920)刊本。所著《怡松轩金石偶记》一卷,赵诒琛辑入《对树书屋丛刻》。

【叙录】是编凡十一种,十八卷。陈氏以时移境迁,学章因时势而殊,士人浏览购藏之典籍，其编制之法，亦与昔迥异。复以时局艰危，百端待理，虽守缺抱残，或有裨于世用，亦所乐为。于是汇辑清贤著述，刊成《房山山房丛书》。所收多为金石题跋、清人诗文集等海东文史杂著。如《同文集》乃辑者黄超曾光绪间随使赴日，与日人唱和之作；《康熙朝品级考》足见清代官制；清人万经之《汉魏碑考》、蒋衡之《拙存堂题跋》则属金石目录之作；而严长明之《玉井搴莲集》、陈文述之《岱游集》均堪流传之学人文字。至民国九年(1920)书始刊成。卷首有陈洙自序及总目。

【辑录】陈洙序云："余末学绵力，作辍数年，仅仅成此。视鲍黄伍钱诸先哲所刻，诚不能逮万一……先成一集，后有所刻，姑俟续编。海东旧籍，向亦略涉一二，若赖襄，若冈千仞，若重野安绎，若一色重熙、若川田刚诸人之文史杂著，颇拟择尤选录，兹所刻《同文集》，其嚆矢也。"

【版录】

(一)清宣统至民国间江浦陈氏刊民国九年(1920)汇印本

参见《综录》第297页。凡十一种，十八卷。

[补录]

(二)清宣统至民国间江浦陈氏刊本

凡十种，十卷。半叶十一行二十三字，黑口，左右双边。封面背面镌"民国九年三月江浦陈氏刊成"。据总目，无《综录》所列《媕雅堂诗集》八卷，亦无此书，当为汇印时增入。

湖北　杭大　暨大

(三)1989年台湾新文丰出版公司《丛书集成续编》本

凡十种，十卷。所据为清宣统至民国九年(1920)江浦陈氏刊本，亦无《媕雅堂诗集》八卷。

古书丛刊

(民国)陈琰辑

【传录】陈琰(生卒年未详)字立炎。杭州人。好学嗜书，有感于古书之佚亡，纵有旧椠精刊，亦为有力者所罗致，非寻常学子所能获得。且书之流通，贵在刊刻，以期公之于世，才得以流布。惜近世坊间翻印者，既无法鉴别善本，又无通人校雠，所刊之书，殊多乖错散漫，于是在世界书局老板沈知方等人的支持下，以两万馀元的高价收购了卢青厓抱经楼全部藏书，创设古书流通处，锐意博访藏家，就正通人，斟酌去取，择其要者若干种，经精校以脱影法摹印，刊成《古书丛刊》。此外印行过《知不足斋丛书》，发行《章太炎丛书》《崔东壁遗书》《楝亭十二种》《南宋六十家小集》《百一庐金石丛书》《历代钟鼎彝器款识》和《九宫大成南北词曲宫谱》等书。

【叙录】是编收书十六种，凡一百三十二卷。是书分为二辑，每辑各二集，每集分别收书四种。所收大多为古书善本，并出自名家手校。有周、汉、晋、唐、宋、清人著述，内容兼及四部。第一辑为甲、乙集，书前有邓邦述、宗舜年序和陈琰自撰《缘起》；第二辑为丙、丁集，所选亦精，书前有刘承幹序。每辑卷首均有目录，各书下注明版本。

【版录】

民国十一年(1922)古书流通处景印本

参见《综录》第298页。

中大　华南师大

天苏阁丛刊

(民国)徐新六辑

【传录】徐新六(1890—1938)字振飞。浙江杭县(今杭州)人。上海南洋公学毕业，光绪末年曾赴英法留学。回国后，在财政部任职。曾任北京大学教授、兴业银行总经理、上海公共租界工部局图书委员会主任委员等职。辑有《复盦觅句图题咏》一卷，刊入《天苏阁丛刊》第二集。

【叙录】是编凡十五种，二十七卷。全书分二集，第一集凡五种，五卷，成于民国三年(1914)；第二集凡十种，二十二卷，成于民国十二年(1923)。其父珂，字仲可。喜为倚声，体效玉田，词亦有致，曾编刊《心园丛刊》。徐氏即以其父所纂辑之《天足考略》、所校订之《乐府补题》、所撰述之《纯飞馆词》，以及其亡妹新华所撰《彤芬室文》《彤芬室笔记》等五种，于民国三年(1914)汇而印之，为《天苏阁丛刊》第一集。其中《彤芬室笔记》仅寥寥数则，述其家世极有情致。至民国十二年(1923)，复汇辑成第二集，所收书仍以其父之著作为主。其馀则有清人巫峡逸人撰《五藩梼乘》，叶凤毛撰《内阁小志》《内阁故事》(以上三种世无刊本)，近人高民撰《高云乡遗稿》，以及徐氏所辑《复盦觅句图题咏》(辑录当代名流题其大父《印香中翰觅句图》之文字)等。第二集卷首有蔡元培序。

【辑录】蔡元培序略云："新六尝以其尊人仲可、同年女弟新华之著述，辑为《天苏阁丛刊》一集行世。比续印二集，凡十种。……予所尤嗜者为《可言》。《可言》之记载，以沟通中外、融贯新旧为旨归。而下流社会情状之记载，较之言中上流者为多。……《可言》者，积数十年之闻见及读书所得而成者也。随时记录，略以类从。有立说者，昔之所谓杂学也；有辩证者，昔之所谓杂考也；有议论而兼撰述者，昔之所谓杂说也；有旁究物理、胪陈纤琐者，昔之所谓杂品也。萃而为一书，凡十四卷，可三十馀万言，大观也。"

【版录】

(一)民国杭县徐氏排印本

参见《综录》第298页。刊于民国三年至十二年(1914—1923)。

暨大

[补录]

(二)1989年台湾新文丰出版公司《丛书集成续编》本

所据为民国三年至十二年(1914—1923)杭县徐氏刊本。

清代学术丛书

(民国)黄宝熙辑

【传录】黄宝熙(生卒年未详)。广东香山(今中山)人。肄业于巴黎大学人类学系,长期任职于港英船业公司。其平生所爱,在于中国文化,文字学、文学和书画,都多有涉猎,而书籍、法书和卷轴书画收藏之富,名于海外。家有齐乐轩藏书,现藏香港中文大学中国文化研究所。与钱穆、于右任、张大千、顾青瑶、王季迁、苏立文、吴天任、饶宗颐等诸多学者和艺术家交往。

【叙录】是编凡五种,六十卷。全书分二集。第一集收录清人焦循之《论语通释》一卷、戴望之《颜氏学记》十卷、《管子校正》二十四卷,共三种,三十五卷。第二集收录清人郑珍《巢经巢文集》六卷诗集九卷后集四卷遗诗一卷附录一卷,郑知同《屈庐诗稿》四卷,共二十五卷。

【辑录】书前有泾县胡韫玉(字朴安)序,论述清代学术派别源流,以顾炎武、黄宗羲、颜元、王夫之四人之学为发轫,导有清一代学术之先路。然时处专制之朝,史事批评,动辄取祸,故四家之中,仅顾氏之学得以蔚为大观,思想之发展,较不受政治、社会之牵制,乃能扩而大之,引互而并用之。"惟是前人著述,散见而无归宿,学者读书苦,难逸获。今香山黄君有《清代学术丛书》之辑,因论清代学术之派别如上,以嘉黄君辑书之意,并以质世之读是书者。"

【版录】

(一)民国十四年(1925)序香山黄氏古愚室据刊本景印

参见《综录》第300页。

暨大

[补录]

(二)1989年台湾新文丰出版公司《丛书集成续编》本

据目录,凡八种,五十一卷。所据为民国十四年(1925)香山黄氏古愚室影印本。

涵芬楼秘笈

(民国)孙毓修等辑

【传录】 孙毓修(约 1879—1963)字星如(又作恂如),号留庵,别署小绿天主人、绿天翁、东吴旧孙。家居江苏无锡。早年就读于南菁书院,从缪荃孙习目录版本学。曾在商务印书馆任编政,兼主管涵芬楼古籍采购。精于版本鉴别。平生喜好藏书,置有"小绿天"藏书数万卷,其中有宋元明三朝监本十七史等珍籍。故世后,其部分转为宝山楼。自编有《小绿天孙氏鉴藏善本书目》。王绍曾为之编撰《小绿天善本书辑录》。除主持编印《四部丛刊》《涵芬楼秘笈》外,著有《中国版本源流考》《永乐大典考》《四部丛书录》《图书馆》《江南阅书记》等。编译《无猫国》《童话丛书》《少年丛书》,并翻译欧美文学名著。

【叙录】 是编凡五十一种,一百四十七卷。民国初,张元济主持商务印书馆,建涵芬楼以贮存古籍善本。先后选辑其中宋元善本影印,收入《四部丛刊》等大型丛书中。孙毓修等复以旧抄旧刻零星小种,且世所绝无者,别为是编。全书仿清鲍廷博《知不足斋丛书》例,以八册为一集,凡八十册,共十集。第一、八集各收书四种,第二、五、十集各收书五种,第三、七、九集各收书六种,第四集收书七种,第六集收书三种。所收有不少罕见之秘籍,大多稀如星凤,为其他丛书所不收者。如《脉望馆书目》《各省进呈书目》世所罕见;明佚名之《忠传》为《永乐大典》本,弥足珍贵。是书《文渊阁书目》不载,是《永乐大典》采自《文渊阁书目》之外者。《四库全书总目》入存目,流传绝少。

是编所选之书,以元明人著述居多,唐、宋、清三代著述亦有少数。因全书系仿《知不足斋丛书》之例,故既不以类相从,也不以时为序。内容以笔记杂录和宋元人罕传的文集为多,其属于金石、书目、史籍补编等方面的著述也有参考价值。全书所据底本,多为旧钞本和写本,有的为影宋抄本、唐写卷子本、手稿本、《永乐大典》本,都极为珍贵。各书后附有孙氏跋语,对作者生平、版本优劣、流传情况、内容梗概等作了说明,并间有评论和考证。民国五年至十五年(1916—1926)间,商务印书馆分集影印、排印出版。书前有孙毓修序。

【辑录】 孙毓修序略云:"涵芬楼以公司之力,旁搜远绍,取精用宏,收藏最富。闵古本之日亡,旧学之将绝,出其宋元善本,次第摄印,汇入《四部举要》,成古今未有之丛书。复以旧钞旧刻,零星小种,世所绝无者,别为《秘笈》。仿鲍氏《知不足斋丛书》之例,以八册为一集,月有所布,岁有所传,其用心亦勤矣。"

【版录】

民国上海商务印书馆景印排印本

参见《综录》第 300 页。第一集,民国五年(1916)印;第二、六集,民国十三年(1924)

印;第三集,民国六年(1917)印;第四集,民国七年(1918)印;第五集,民国十二年(1923)印;第七、八集,民国十四年(1925)印;第九、十集,民国十五年(1926)印。

暨大　史语　东海　东研

云在山房丛书

(民国)杨寿枬辑

【传录】杨寿枬(1868—1948)字味云,晚号苓泉居士。江苏无锡人。光绪举人。曾先后入伯父杨宗濂(署山西臬台)和山西巡抚胡蕲生及大学士孙家鼐幕府。民国时期,历任北洋政府盐政处总办、总统府顾问兼财政部次长、段祺瑞政府财政部次长、天津华新纱厂经理等职。1935年后寓居天津,从此不问外事。著有《贯华丛录》《云薖漫录》等,均刊入《云在山房丛书》。

【叙录】是编凡十五种,二十六卷。收录杨氏自著及近人黄体芳、汪曾武、徐沅、顾恩瀚、侯毅、李步青、丁传靖、姚鹏图、冒广生、章廷华、李放十二人杂著。内有小说、传记、杂史等。据郑逸梅称:"杨味云刊印《云在山房丛书》四十种,颇多珍秘之作。尚拟续刊而未刊者,有吴昌绶之《吴郡通典》、沈宗畸之《便佳簃杂钞》、杨寿枢之《壶公书画录》、杨寿枬之《沧粟斋杂记》、傅增湘之《藏园所见宋本题记》、陆增炜之《鸳湖梦影记》、吕凤之《和漱玉词》。"(《艺林散叶》,中华书局1982年版)所列未刊七种已见杨家骆《丛书大辞典》,惟所谓"四十种"则未见著录。

【版录】

民国十七年(1928)无锡杨氏排印本

参见《综录》第302页。台湾文海出版社曾排印其中《檐醉杂记》《竹素园丛谈》《洪宪旧闻》三种,题名《云在山房丛书三种》,收入《近代中国史料丛刊》第十二辑。别有《云在山房类稿》十二种,杨寿枬撰,1930年无锡杨氏刊本。子目包括:

《思冲斋文钞》一卷补钞一卷文别钞二卷
《思冲斋骈体文钞》一卷补钞一卷
《思冲斋诗钞》一卷补钞一卷
《钵社偶存》一卷
《耆摩馆词钞》一卷补钞一卷
《秋草斋诗钞》一卷
《秋草唱和集》二卷续一卷
《藏庵幸草》一卷

《云薖诗话》一卷
《云薖漫录》二卷
《觉花寮杂记》四卷
《贯华丛录》一卷

见施廷镛主编《中国丛书目录及子目索引汇编》著录。北京师范大学图书馆、无锡市图书馆、湖北省图书馆均藏有是书。暨南大学图书馆藏一部。共七册，十四种。一至六册收书十二种，子目如上所列。半叶十二行二十二字，黑口，左右双边。第七册收书二种：《云在山房诗选》和《鸯摩馆词选》，此为其他书目所无。其版式与前六册不同：半叶十三行二十四字，黑口，四周单边。据首页著者《自记》云，《云在山房诗选》系从《思冲斋诗钞》《秋草斋诗钞》中选出，共七十五首。而《鸯摩馆词选》则选自《鸯摩馆词钞》，共十九首。

史语

文渊楼丛书

（民国）宋星五　（民国）周蔼如辑

【传录】宋星五（1872—1919）名玉奎，字星五，又字惺吾。居辽阳城北河工堡。早年屡试不第，晚年饥驱南北。民国元年（1912）应吉林在多禄（澹堪）之聘，于其家教授古文课。1913年任共和编辑处编辑员，编辑《共和宝录》。1914年任清史馆名誉协修，1916年在奉天国文专科学校主讲古文，后入省公署办公牍。20世纪30年代曾主持北平直隶书局。工古文，词笔简劲。殁后，金毓黻辑其遗稿为《宋星五遗著》二卷。

周蔼如（生卒年未详），居上海。与梁章钜、黄炎培等交往。曾创办上海文瑞楼书局（1880—1937），为上海墨色石印机器部工会第一分会主席委员、上海书业同业公会会员，主持书业同义会，专做施医药、施材、埋葬等工作。1930年任上海书业团体整理委员会常委。

【叙录】是编凡五种，五十六卷。文渊楼乃近代莫棠藏书室。棠，字楚生，清藏书家莫祥芝之子、莫友芝侄。曾官广东某地知府。藏书颇精，有孙星衍校本《水经注》，编有《文渊楼藏书目录》。1911年弃职于广东，藏书散失不少。其馀藏书旋于上海渐散。1930年藏书大宗散出，徐世昌、宗子岱、刘公鲁、丁初我等均有部分收藏。民国初，上海文瑞楼书局与北平直隶书局，为保存国粹，历时十馀年，搜集海内孤本，并延聘宋星五、周蔼如悉心辑校影印而成《文渊楼丛书》。所选均为清人著作，包括陈士珂《韩诗外传疏证》十卷，夏燮《校汉书八表》八卷，赵绍祖《读书偶记》八卷，张云璈《选学胶言》二十卷补遗一卷，许巽行《文选笔记》八卷、《密斋随录》一卷。所选均为《四库全书》未及采录之书，依原板加工影印，期以流传精本。《韩诗外传疏证》探本穷源，编次有序。《校汉书八表》多发前人所未发，考据精详，颇有伦序。《读书偶记》亦为考订精审之作。《选学胶言》明选学之源流，集短书之杂览，足资多识。《文选笔记》则为选学之正宗者。所选诸书皆有益艺林，诚难得之珍本。书前有《影印文渊楼丛书缘起》，盐城孙人和序以及总目。

【版录】

(一)民国十七年(1928)上海文瑞楼书局北平直隶书局景印本

参见《综录》第 302 页。

中大

[补录]

(二)1989 年台湾新文丰出版公司《丛书集成续编》本

所据为民国十七年(1928)上海文瑞楼书局北平直隶书局影印本。

百川书屋丛书

(民国)陶湘辑

【传录】陶湘(1870—1939)字兰泉，号涉园。江苏武进(今常州)人，居家天津多年。光绪时补县学生员。官至浙江候补知府、直隶候补道。曾任上海三新纱厂总办。民国后，供职于招商局，又任汉冶萍公司董事，天津中国银行经理。1929 年同陈垣、余嘉锡等十人应聘为故宫博物院图书馆专门委员。晚年自天津移居上海。平生好藏书，尤喜辑刻古籍，所藏极富，累达三十馀万卷。不重宋元古本，以明、清初精本为搜求大宗，其中藏有汲古阁本五百四十种，闵氏套印本一百十部。刻书与董氏诵芬室齐名，所刻古籍约二百五十种，世称善本。编著有《明毛氏汲古阁刊书目录》《宋金元明本词叙录》《故宫殿本书库现存目》《词籍总目提要》《清代殿板书目》《武英殿聚珍板书目》《明吴兴闵板书目》等十馀种。辑刻《宋金元明本词》《喜咏轩丛书》《百川学海》《百川书屋丛书》等。

【叙录】是编凡十一种，三十一卷。全书分正、续二集。正集凡六种，二十三卷，刊于民国十九年(1930)；续集凡五种，八卷，刊于民国二十年(1931)。陶氏辑是书本无一定宗旨，乃杂取各类旧籍汇印而成。所收包括瑟谱、箫谱、画传、家训、印谱、手迹等。如晋崔豹《古今注》，乃据宋嘉定本影印；明杨继盛《杨忠愍传家宝训》、明周茂兰《周端孝先生血疏贴黄真迹》等，均据手迹影印。既有存古之功，也具有较高的观赏价值。

【版录】

(一)民国十九年(1930)武进陶氏涉园景印续编二十年(1931)景印本

参见《综录》第 302 页。

[补录]

(二)1989 年台湾新文丰出版公司《丛书集成续编》本

正、续编均据陶氏涉园影印本。

喜咏轩丛书

(民国)陶湘辑

【传录】参见《百川书屋丛书》。

【叙录】是编凡四十种，一百零四卷。分甲、乙、丙、丁、戊五编。所收之书多为明清图像、图谱、木刻等。陶氏刻意存真，全以影模石印刊出，其中如明代《宣德彝器图谱》《明刻传奇图像》，清代《曹州牡丹谱》《离骚图像》，民国《朱上如木刻四种》均用照相石印，并以玻璃版印图，分别增入，以存其真。此种刊印，为当时先进之印刷术。陶氏藏书极富，是编所收言主要为明清本，其中有毛氏汲古阁本、闵氏套色印本、殿本、开化纸本，每种书均完整无缺，装潢精美。

【版录】

民国武进陶氏涉园石印本

参见《综录》第 303 页。

沧海丛书

(民国)张伯桢辑

【传录】张伯桢(1877—1947)字子幹，号沧海，又号篁溪。广东东莞人。早年受业于康有为，习闻经世之实学，曾助康氏纂辑《孔子改制考》《新学伪经考》。戊戌政变后，赴日本习政法。归国后，任司法部监狱司佥事。晚年信佛，法号仁海居士。曾编《康有为先生学案》，又刻《万木草堂丛书》。遗著有《张篁溪遗稿》《南海先生全书》《南海康先生传》《焚馀草》《篁溪笔记》《沧海丛书》等。

【叙录】是编凡十六种，三十四卷；附八种，八卷。全书分三辑。第一辑凡四种附一种，收录明袁崇焕、张家玉、张家珍等乡贤忠烈之遗著。另有康有为《万木草堂丛书目录》及张伯桢辑《袁督师配祀关岳议案》二种。第二辑凡八种，主要收录张伯桢自著及编纂之书。其馀有康有为辑《哀烈录》及近人释敬安《寄禅遗诗》。第三辑凡四种附七种，所收均为张伯桢自著。内容包括释道传记、方志地理、佛教以及杂著等。其第一、二辑所收诸书，如《袁督师遗集》《张文烈遗集》《袁督师配祀关岳议案》等，志在表彰乡贤忠烈。第三辑则多收佛家言，尤详于藏事，如《达赖喇嘛传》，资料丰富，文字精严，亦非他人所能为。书前有自序及吴闿生等题词。

【辑录】自序略云:“《丛书》之刻胡以‘沧海’名?……游学日本时,东洋学者多主革命,余著《罪言》《政论》两书,惧罹文字祸,易名‘沧海’。生题词称:‘沧海为人磊落有奇气,其文章驰骋有不可一世之概。’”

【版录】

(一)民国二十一年至二十三年(1932—1934)东莞张氏刊本

参见《综录》第306页。

[补录]

(二)1989年台湾新文丰出版公司《丛书集成续编》本

所据为民国二十一年至二十三年(1932—1934)东莞张氏刊本。

邃雅斋丛书

邃雅斋辑

【传录】邃雅斋,在北京西琉璃厂路南。据雷梦水先生《琉璃厂书肆四记》载,为董金榜、刘英豪、郭景新三人伙设。金榜字会卿,河北新城人。英豪字子杰,河北深县人。景新字子章,河北三河县人。董、刘二氏通目录学,前后经刘氏收得宋刊本二十馀种。董氏所收善本亦多,如1939年与人合伙购进南京邓邦述家藏古书,共价四万元,其中大部分皆系钞校本,最著者有《穴研斋钞本》六种。1941年左右,由武汉得明《周益文忠公大全集》一部,原订十六册,有黄丕烈跋,并补钞数处,每册书皮皆有黄氏题字,其后陆损之又手批校一过,一批到底,绝精。1956年献于北京图书馆。1942年,由上海得明兰雪堂仿宋活字本《容斋五笔》,宋洪迈撰,黄棉纸,有严元照批校并题跋,归天津赵元方先生收藏。1946年由山东黄县丁氏家得明蓝墨格写本《册府元龟》一部,白棉纸,书品完好,归天津刘明杨先生藏。1952年得明天顺五年刊本《宋学士全集》一部,计二十六卷,附录一卷,明宋濂撰。1959年由本市得《菊坡丛话》一部,计二十六卷,明单宇编,约明弘治间刻本,归北京图书馆。

【叙录】是编凡八种,二十七卷。汇辑清人焦廷琥、洪颐煊、臧庸、钱塘、汪喜孙、陈奂等撰辑之书。包括《三传经文辨异》四卷、《孔子三朝记》七卷目录一卷、《通俗文》一卷叙录一卷、《史记释疑》三卷、《尚友记》不分卷、《师友渊源记》一卷、《汪孟慈文集》不分卷、《筠轩文钞》八卷。这些书本为广东东莞伦明所藏,伦氏复加鉴别,以精善者,假北京坊贾“邃雅斋”主人董金榜汇聚影印成帙。其中《孔子三朝记》原书久佚,经洪颐煊博采异文,董理其书,别为音义,然传本仍少。其《筠轩文钞》亦为罕见之本。至若臧庸所辑《通俗文》(汉服虔撰),经十载搜罗折衷,始复旧观。所选八种,不论原书为刻为钞,均就摄照影印,不烦剞劂,欲令丛脞细碎之书,勿使散亡,且免改窜或割裂之失。书前有总目及董金榜自序,论及丛书汇辑之宗旨,优劣之评议甚详。

【辑录】民国二十三年(1934)邃雅斋主人董金榜序云:“金榜幼居厂肆,粗识流略。奉通人之几杖,获领教言。窥故家之签轴,谬多记录。不揆梼昧,以订坠拾遗为志。东莞哲儒先生,储藏之富,鉴别之精,并时无两。厨中秘笈,概允相假,因拟次第流布,以兹编为发轫。原书为刻为钞,概就摄印,不烦剞劂,并谢校雠。虽于古人未敢居发潜阐幽之功,庶使学子不虚费笔秃手胝之力尔。”

【版录】

(一)民国二十二年(1934)景印本

参见《综录》第 308 页。书名页有胡适题签。牌记刊有“中华民国二十三年五月印行”“北平琉璃厂邃雅斋”诸字。

暨大

[补录]

(二)1989 年台湾新文丰出版公司《丛书集成续编》本

所据为民国二十三年(1934)影印本。

芋园丛书

黄肇沂辑

【传录】黄肇沂(1902—1975)字咏雩,号芋园。广东南海人。七岁随父到广州求学,二十岁便协助父亲经营米业,到了二十六岁时,他与朋友合股开设广州市第一间利民、国民公共汽车公司,任副经理。这时他既是米业巨贾,又是广州市长途汽车公会主席、广州米糠业同业公会主席、商会委员、南海县参议员、业务委员会主席,在社会上有一定的名气。其以书为载道之舆,因好之深而思竭力以求之。1930 年单独出资捐建横江图书馆,并捐献《万有文库》等书籍。

【叙录】是编凡一百三十种,七百零二卷。分经、史、子、集四部,所收为汉、唐、宋、元、明、清之著述。经部二十六种,系有关《易》《书》《诗》《礼》《春秋》《小学》《论语》等研究成果;史部二十四种,系有关《史记》《汉书》《通鉴》、传记以及金石等研究成果;子部七十一种,多为画作、画评以及医家、天文、算学、书法等;集部九种,为诗、词、文集、诗话等。书前有黄肇沂自序、黄荣康序,并附有丛书总目。初时有方功惠辑刊《碧琳琅丛书》,书刊成而功惠离粤,仅刊十馀部。顺德辛仿苏得其版,其后又为肇沂所得,版多废蚀,修残补缺,历时经年,始告修复。又得黄任恒所藏冯氏翠琅玕馆书板。肇沂遂集此二编,复增益若干种类,汇而印之,署名《芋园丛书》。

【版录】

民国二十四年(1935)南海黄氏据旧版汇印本

参见《综录》第 308 页。

蓉城仙馆丛书

(民国)石荣暲辑

【传录】石荣暲(生卒年未详)字苳年。湖北阳新县人。他在《合河政纪自序》中说:"余自束发受书,承父师之训诲谆谆,以修学、正本、立身、全性为勉。长而随先君之任山西孝义各县任所,每于治事听讼之馀,亦时教以治己治人之道。尝曰:'为政不难,但凭良心上之主宰去做,自得人心而成善政。'"石氏年轻时就受其父处世做官为人刚正的教导,在民国五年任山西兴县县令三年,政绩颇著。他平日留心国事,字里行间表现出爱国情怀。编有《阳新历代书目》。

【叙录】是编凡五种,十三卷。其中所收石氏著作三种均有很高之史料价值:《库页岛志略》,记述该岛之沿革、疆域、民族、矿产、气象、农业、畜牧、水产、森林、实业、交通、财政、习俗十三篇,其中引证不少史料,以说明该岛自汉代开始,已是中国藩属,日俄战后,1860 年为沙俄所占领,第二次世界大战后归苏联。石氏为这块祖国领土被侵占而愤慨。《合河政纪》,记述石氏于民国五年(1916)任山西兴县县令三年的政绩,由于石氏的努力,这个僻陋贫困之邑,终于成为山西省的模范县,但是由于国家政治腐败,尽管石氏的工作能"开诚布公,勉力求治"并且"问心无愧",最后亦难免获咎去职。石氏所辑的《元代征倭记》记述元代二次征伐日本之事,《自序》云:"吾国之征伐日本,仅有元代之二次,虽曾战胜倭人,然均丧师以还,实吾国之大耻也。"又云:"惟其为吾国之大耻,尤不可以不记,记之欲吾国人之雪此耻也。"足见其爱国情怀之深厚。此外,《明代秘籍三种》乃石氏所藏之稀见书籍,其中《草庐经略舆图总论》十五篇"论中国大势,了如指掌,统观历代之兴亡,或由割据而统一,或由统一而偏安。虽曰人事,要亦与地方形势有莫大之关系焉"(《跋》)。其内容主要是以历代战役之胜负与地势险要的直接关系来说明对割据存亡的重要性。其父石鑫所撰《敬畏斋公牍》,系鑫在山西孝义县任县令时的治事公文汇录。《蓉城仙馆丛书》记载了石鑫、石荣暲父子为官的政绩,亦具有一定的史料价值。

【版录】

民国阳新石氏排印本

参见《综录》第 311 页。是书成于 1920 年至 1935 年。

暨大

汉官六种

(清)孙星衍辑

【传录】参见《岱南阁丛书》。

【叙录】是编凡六种，十卷。所收均有关汉代官制之书，且多为汉人所撰。包括汉佚名《汉官》一卷、王隆《汉官解诂》一卷、卫宏《汉旧仪》二卷补遗二卷、应劭《汉官仪》二卷、蔡质《汉官典职仪式选用》一卷，吴丁孚《汉仪》一卷。内容涉及汉代职官建制、隶属、数额、食禄等规定。其中《旧仪》又名《汉官旧仪》，所载多为西汉杂事，包括皇帝起居、官制、名号职掌、中宫及太子制度、二十等爵等。此六种汉官典籍，清有孙星衍、黄奭二家辑本。黄氏辑本，已收入《汉学堂丛书》和《黄氏逸书考》中。孙氏所辑，除此六种外，尚有《汉礼器制度》一卷，汉叔孙通撰，故又有"汉官七种"之称，分别被《平津馆丛书》《后知不足斋丛书》《知服斋丛书》等收录。原并无总书名，至民国间，中华书局将其中六种辑入《四部备要》，始定名《汉官六种》。《丛书集成初编》所收乃据《平津馆丛书》本。近人陈祚龙编有《汉官七种通检》，取句子首字，按笔画顺序排列，书末附录《汉官七种引书篇目索引》及《两汉与中亚形势图》三幅，乃为巴黎大学汉学研究所《汉学通检提要文献丛刊》之一。

【版录】

(一)民国二十五年(1936)上海中华书局《四部备要》本

参见《综录》第 317 页。除排印本外，同年又出版了缩印本，1989 年中华书局又据以影印。无序跋，无总目。

湖北大　暨大

[补录]

(二)清嘉庆中兰陵孙氏刊《平津馆丛书》本

参见《综录》第 148 页。凡七种，十一卷。无总书名。清光绪十一年(1885)吴县朱氏及《丛书集成初编》均据此重刊。

湖北大　暨大

(三)清光绪中常熟鲍氏刊《后知不足斋丛书》本

参见《综录》第 206 页。凡七种，十一卷。收入该丛书第七函。《北京师范大学图书馆中文古籍书目》有《汉官七种》，著录为"光绪九年(1883)后知不足斋校刻本"。

(四)清光绪中顺德龙氏刊《知服斋丛书》本

参见《综录》第 239 页。凡七种，十一卷。亦无总书名。

(五)清刊本

凡一册。半叶十一行二十字，小字双行同，白口，左右双边。亦无总书名。所载七种之编次与他本不同。依次为《汉官》一卷、《汉官解诂》一卷、《汉旧仪》二卷补遗二卷、《汉官典职仪式选用》一卷、《汉官仪》二卷、《汉仪》一卷、《汉礼器制度》一卷。

暨大

(六)民国二年(1913)四川存古书局刊本

见《杭州大学图书馆线装书总目》著录,题名《汉官六种》,清孙星衍辑、刘泽浦等重校,注明子目见《中国丛书综录》之《四部备要》,然按语又称"此刻较《四部备要》本多《汉礼器制度》一卷,同为孙星衍辑"。

丛书集成初编

商务印书馆辑

【传录】商务印书馆,清光绪二十三年(1897)由夏瑞芳、鲍咸恩、鲍咸昌、高凤池等人集资创办于上海。初以印刷为主,后兼营出版。光绪二十八年(1902)延聘张元济主持馆务,建编译所,开始编纂学校用书和翻译出版外国著作。还出版各类辞书和期刊,并逐步出版学术著作和影印善本古籍。至1948年,共出版一万五千馀种,并自1982年起,恢复"日出一书"。馆内附设的东方图书馆(包括庋藏古籍的涵芬楼)藏书达五十万册。1932年"一·二八"事变中该馆被日军炸毁。抗日战争时期总馆迁重庆。1950年底,其发行部门与三联书店、中华书局、开明书店、联营书店联合组织中国图书发行公司。1954年总馆迁北京。现主要出版中外语文辞书、读物和翻译出版外国学术名著等。1981年编辑出版《商务印书馆图书目录》,分别收录该馆1897—1980年所出图书。

【叙录】是编约四千一百种,二万馀卷。商务印书馆于1935年开始陆续编辑出版,共收宋、元、明、清四朝的丛书一百部。这百部丛书,以刊本朝代分,宋代三种,元代一种,明代二十五种,清代七十一种;以丛书性质分,普通丛书八十种,专科丛书十二种,地方丛书八种。原收书约六千种,二万七千多卷,删去重复,实存书约四千一百种,约二万卷。以种数计,多于《四库全书》著录的十分之二,字数则约相当于《四库全书》的三分之一。原拟分订四千册,每册一号,共四千号,计划分十批出齐。后因抗日战争爆发,出书中断,初已出版的计三千四百六十七册,未出者五百三十三册。1985年,中华书局据商务印书馆已出版的三千四百六十七册重印出版,未出的五百三十三册于1991年开始陆续排印。原版另行有《丛书集成初编目录》,新中国成立后上海古籍书店依照出书的实际情况改排了一个重编本,后面附以四角号码编排的《书名索引》和《未出书名索引》,1983年中华书局又重印出版了这个目录,增加了《丛书百部提要目录》。

【辑录】《凡例》云:"初编丛书百部之选择标准,以实用与罕见为主。前者为适应需要,后者为流传孤本。所选丛书,至清刊为止,民国新刊从阙。……一书分见数丛书中,详略不一者，取最足之本；其同属足本，无校注者取最前出之本，有校注者取最后出之本；名同而实异者两存之。”又云：“本书集古今丛书之大成，故定名为丛书集成。我国丛书号称数千部，惟个人诗文集居其半，而内容割裂琐碎实际不合丛书体例者，又居其馀之半。其名实相符者，不过数百部。兹就此数百部中，选其最有价值者百部为初编。”

【版录】

(一)民国二十四年至二十六年(1935—1937)上海商务印书馆排印本

参见《综录》第336页。实际出版了三千四百六十七册，未出者五百三十三册。其中史地类《蒙鞑备录》作者孟珙，应为赵珙，其考证参见《说郛》一百二十号(宛委山堂本)标注。

史语　台“党部”　国防　台北　政大

[补录]

(二)1985年中华书局据商务印书馆原版重印本

先将1937年之前商务印书馆所出的三千四百六十七册重印出版，未出的五百三十三册于1991年陆续排印，至此，《丛书集成初编》完成。

暨大

南北史表

(清)周嘉猷撰

【传录】周嘉猷(1751—1796)字雨胜。浙江钱塘(今杭州)人。乾隆三十六年(1771)，由青城调益都，以城圮而请款缮之。历官山东十馀年，性嗜学博览，仕优而不废学。卒于官。有《南北史表》《齐乘》。

【叙录】是编凡三种，七卷。此书仿欧阳修《唐书·宰相世系表》而作，记北魏道武皇帝登国元年(386)至隋皇泰二年[即唐高祖武德二年(619)]，共二百三十四年。《南北史年表》一卷，记南北八代之政事。关于隋皇泰二年的实际时间，周嘉猷在《南北史年表》中作了考证，称：“大业十四年，炀帝被弑，王世充等立越王侗于东都，改元皇泰，明年夏四月，世充废之，而隋亡。义宁三年当云皇泰二年，唐高祖之武德二年也。”《南北史世系表》五卷，其卷一为东莞刘氏世系，卷二为颍川荀氏世系，卷三为京兆韦氏世系，卷四为赵郡李氏世系，卷五为夏赫连氏世系。周氏于各世系表前分别撰序考证各世系之源流。《南北史帝王世系表》一卷，周氏于此表前有序称：“南北朝帝王之族，齐梁虽易号，而同出一祖，故建国凡八，著姓则七焉，刘氏彭城世胄，推本元王，然自曾祖以上阙而不著，犹存实录。若萧氏之祖，相国陈氏之绍，太丘诞矣。拓拔宇文代兴，朔漠渤海弘农渊源可考。”又考证谓：“彭城刘氏系出楚元王交之后，世为彭城县绥舆里人，晋氏东迁移居晋陵丹徒之京口里,晋有武原令混,宋高祖武皇帝之曾祖也。"《南北史表》卷首有清乾隆四十八年(1783)胡德琳序。

【版录】

(一)《丛书集成初编》本

参见《综录》第379页。是书收在"史地类",系据《史学丛书》本影印。

(二)《二十五史补编》本

参见《综录》第633页。是书收在"南北史部分"。

[补录]

(三)清乾隆四十八年(1783)周闻刻本

半叶九行二十五字,白口,四周单边。

(四)清光绪十八年(1892)广雅书局刻本。

半叶十一行二十四字,白口,四周单边。

玄览堂丛书

郑振铎辑

【传录】郑振铎(1898—1958)笔名西谛、CT、郭源新。原籍福建长乐,出生于浙江永嘉(今温州市)。曾任商务印书馆编辑。与瞿秋白合编《新社会》旬刊。1921年与沈雁冰、叶圣陶、王统照等组织文学研究会。1923年主编《小说月报》。历任燕京大学、清华大学、复旦大学、暨南大学教授。新中国成立后,任中国科学院考古研究所所长、文化部文物局局长、文化部副部长、对外文化联络委员会委员、中国作家协会理事、全国政协委员等职。一生从事学术研究和编辑出版工作,致力于古文献的搜集、整理和出版。曾与张元济等组成"文献保护会",在上海沦陷前后,秘密抢救、收购了大量将外流的珍贵文献。后将所藏图书近十万册,以及日记、手稿、文物等均献给国家。先后编辑有《西谛书目》《劫中得书记》《中国版画史图录》《伟大的艺术传统图录》,主持影印《古本戏曲丛刊》等。著有《插图本中国文学史》《中国俗文学史》《郑振铎文集》等。

【叙录】是编凡六十六种,一千七百七十一卷。郑振铎研究明史,每愤文献不足征,又以元明著述经清室禁焚芟夷,十不存一,遂有志搜访遗书。抗战中又受前国立中央图书馆之托,在沪采集藏家散佚图籍,所得百馀种,其善者刊行。民国三十年(1941)于上海影印出版三十三种,附一种。民国三十六年(1947)由国立中央图书馆影印出版二十一种,附四种,为续集。次年又影印出版十二种,为三集。其中有元人著述一种,清人著述二种附三种,馀均为明人著述。内容以史学为主,包括杂史、传记、奏议、律例、考略、方志、专志、地理、图表等,亦涉及算法、宫谱之类。所据底本,以明刻、明钞及清初有佚文阙叶无从抄补者亦悉听之。所收诸书为研究明史的珍贵资料。

【版录】

(一)民国三十年(1941)上海景印本

参见《综录》第382页。是为正集。凡三十三种,附一种。

史语　政大

(二)民国三十六年至三十七年(1947—1948)国立中央图书馆景印本

是为续集、三集。续集凡二十一种,附四种;三集凡十二种。子目参见《综录》第382、383页。

暨大　史语　政大

[补录]

(三)1955年南京图书馆影印本

只影印第三集。

(四)1986至1987年江苏广陵古籍刻印社据原印本影印

包括正集、续集、三集。

邈园丛书

(民国)罗振常辑

【传录】罗振常(1875—1942)字子经,又字子敬,号心井,自号蟫隐,晚号邈园。振玉弟。本浙江上虞世族,以桑海遗民流寓沪渎(今上海吴淞江),寄居江苏淮安。少艰苦励学,工诗古文辞。后致力于教育事业,在辽东任教数年。回归后,设"蟫隐庐"以藏书,居书肆三十年,遇有宋元精刻、名家抄校等均加以收藏。又精于校勘,于版本源流、文字异同、收藏变迁皆详为稽考。与刘承幹交谊密切,每相遇,则谈论藏书之事,刘承幹叹服其精博。

【叙录】是编凡二十六种,四十四卷。罗振常积善学文,抗志不仕。晚年喜与陈编旧籍为伍,而不废吟咏。遇有秘籍辄录副以存,或重为印行,且精审校雠前贤著述。卒后,其婿吴兴周延年为之董理所印诸书,编列次第,汇成《邈园丛书》。内除振常手稿《洹洛访古记》以缺不录外,所得凡二十六种,其中以明、清人著作居多。书前有周延年序及目录。

【版录】

(一)民国上海蟫隐庐誊写版印三十三年(1944)吴兴周延年汇编本

参见《综录》第385页。

[补录]

(二)1989年台湾新文丰出版公司《丛书集成续编》本

所据为民国三十三年(1944)吴兴周延年编本。

汇编·辑佚类

汉魏遗书钞又名经翼钞

（清）王谟辑

【传录】王谟（约1790年前后在世）字仁甫、仁圃，一字汝上、汝麋，别署汝上老人。金溪（今属江西）人。乾隆三十三年（1768）举人，四十三年（1778）进士。任建昌府教授近二十年。生于乾嘉时代，长于古籍辑佚和史学考证。撰有《江西考古录》《豫章十代文献略》等。辑刊《汉魏遗书钞》《增订汉魏丛书》等。

【叙录】是编凡一百零五种，一百十一卷。王谟在重新编次何氏的《汉魏丛书》之后，深感汉魏以来的古籍亡佚很多，遂网罗遗书，日抄月纂，铢累寸积，始得四五百种，计划辑刻一部巨大的《汉魏遗书钞》。仿何氏《汉魏丛书》例，分作经翼、别史、子馀、载籍四大类，依次刻印，但因部分书版遭火灾被毁而受挫。在辑刻"经翼"之后，认识到地理书籍的重要性，便专事《汉唐地理书钞》的辑刻。故是编只刊成"经翼"四册（第一册《易》《尚书》《诗经》，第二册"三礼"，第三册《春秋》三传，第四册《论语》《孟子》《尔雅》《孝经》及五经通论），未能全部完成。在刊行的百馀种中，大部分为汉代的佚书，魏晋南北朝的佚书也不少，还有少量隋代的佚书。内有《孝经注》《孟子章指》《论语隐义》等书，均失传已久，得此可知其崖略。王氏在编辑整理这部书的过程中，对所收各书进行了认真的考辨订正，在继承他人成果的同时，又有所补正，并将所得记于序录中。

【辑录】书前有嘉庆三年（1798）王谟《经翼钞序》。序云："经翼钞者，钞录汉魏以来说经诸书，以拾注疏之遗，而补其阙也。……汉魏以来，说经诸书日就散佚，以至于磨灭。虽有好学深思之士，欲从而参互考订，而坠绪茫茫，要不过寻什一于千百而已。……每览陆氏《经典序录注解》，传述源流门户，未尝不慨然想见当日群书具在，孔氏、贾氏乃不能多所网罗，而后之学者又一以正义去取为断，任诸书自为存亡，而莫肯为之收拾，岂不重可惜哉？谟于注疏之学，用功本浅，不敢妄下雌黄。惟因钞辑汉魏遗书，得从诸经正义采出十馀种。又遍搜群籍，凡有涉于经学者若东京以下贾逵、许慎、服虔、颖容、马融、卢植、蔡邕、荀爽、王肃、韦昭诸家撰述，靡不甄综。……凡经传支流馀裔，可与注疏相为羽翼者，并钞而录之。"

【版录】

清嘉庆三年（1798）金溪王氏刊本

参见《综录》第386页。暨南大学图书馆藏本凡八十五种。半叶九行二十字，黑口，四周双边。共二十六册。书前有王谟《经翼钞序》，目录为后人抄补，分易经、书经、诗经、三礼、乐书、春秋、论语、孝经、孟子、尔雅、五经十一类。子目编次与《综录》不同，且少十八种，其中第三册少八种，第四册少十种。

湖北大　史语　东研

二西堂丛书一名张氏丛书

(清)张澍辑

【传录】张澍(1781—1847)字伯瀹,一字时霖,号介侯,又号介白。甘肃武威人。嘉庆四年(1799)进士,授翰林院庶吉士,充实录馆纂修。后历任贵州玉屏、四川南溪、江西永新等地知县。博览经史,长于史证、舆地之学。文章钜丽,为时所称。喜藏书,室名二酉堂,尤注重收集整理关陇文献。编撰有《续黔书》《蜀典》《五凉旧闻》《三古人苑》《秦音》《凉州府志备考》《续敦煌实录》《三辅决录》等,并创修或续修玉屏、泸溪等县县志。致力于姓氏谱牒研究,撰有《姓氏五书》。经学、小学著作有《说文引经考证》《一切经音义引说文异同》《易经图解补释》《诗小序翼》等。所辑尚有《太平广记钞》《唐类书钞》《诸葛忠武侯文集》《养素堂诗集》《养素堂文集》等。其手稿现大多收藏于陕西省博物馆。

【叙录】是编凡二十一种,三十一卷。张氏初主讲兰山书院,曾纂《五凉旧闻》四十卷。后专事搜辑关陇作者著述。所辑上自周秦,下至隋唐,得有关陕西、甘肃人著作与陕西、甘肃古代地理书辑佚本凡二十四种。又籍非乡邦,其书孤本罕见者,亦为收集,得十二种。清道光元年(1821)于二酉堂先刻成二十一种,三十一卷,其馀十五种迄未续刻。然西北地方文献略见于此书。内四部兼收,尤以西北古地理书的辑佚本为多,如《三秦记》《凉州记》《敦煌实录》《沙州记》等。卷前各有解题及小序,正文中时出考订。凡作者传记、事迹均一并收入,甚便读者。

【辑录】李慈铭《越缦堂读书记》称:"其《世本》五卷、《三辅决录》二卷、《风俗通·姓氏篇》、《十三州志》俱有可观。《司马法逸文》《子夏易传》,亦足备一家。《三秦记》《三辅旧事》《凉州异物志》,阴铿、李益诗集亦尚能成书。馀如皇甫规、张奂、段颎诸集,周生《烈子》、侯瑾《汉皇德传》、《凉州记》、《沙州记》、《西河旧事》、《西河记》诸书,皆寥寥不足见梗概。"

张澍自序云:"往予讲兰山书院,谭艺之馀,锐心文献。纂《五凉旧闻》四十卷,网罗放失,颇资考证。因慨前贤者著述日就湮沉,乃搜辑关陇作者,肇周、秦、汉,洎于隋、唐,凡得二十四种。即籍非乡邦,其书阙佚,世所鲜传,亦为摭捃,凡得十二种。辄以谀闻,疏通演释。而宦游徽繣,藏弆在笥,不复研寻,盖尘邈矣。嘉庆己卯岁,奉先大夫讳,自蜀返里,旋侨青门,胠箧陈几,旧所丹铅,殆将湽蠹。念昔劬录,巨令销残,付诸剞劂,籍质里儒,匪以亦海内群雅也。"

【版录】

(一)清道光元年(1821)武威张氏二酉堂本

参见《综录》第 387 页。是刻半叶十行二十四字,白口,黑鱼尾,左右双边。书名页题

“道光元年辛巳新镌”“张氏丛书三十六种”。其总目亦三十六种,包括已刻者二十一种,嗣刻者十五种。兹将未刻之书目照录如次,供参考。

贾逵《左传解诂》
赵岐《孟子章指》
诸葛亮《丞相集》(另刻专集)
皇甫谧《帝王世纪》
皇甫谧《玄晏先生集》
挚虞《决疑要注》
刘昞《敦煌实录》
蔡邕《月令章句》
闻人通《汉石渠礼论》
郭舍人《尔雅注》
谯周《五经然否论》
范长生《蜀才易注》
崔灵恩《三礼义宗》
孙毓《毛诗异同评》
刘炫《杜注规过》

以上均一卷。原目不著录卷数及作者朝代。

首都师大　中大　暨大　史语　东研

[补录]

(二)民国二十四年至二十六年(1935—1937)上海商务印书馆《丛书集成初编》本

凡二十种,二十七卷。所据为清道光张澍辑刊本。

(三)1967年台湾艺文印书馆影印本

据清道光张澍辑刊本影印。凡十九种。见《湖北大学中文古籍书目》。

十种古逸书又名梅瑞轩古逸书十种、梅瑞轩十种古逸书

(清)茆泮林辑

【传录】茆泮林(?—1845)字鲁山,号雩水,室名梅瑞轩。江苏高邮人。道光诸生。笃学好古,辑佚古书甚多。著有《梅瑞轩求是偶钞·蠡说漫录》《毛诗注疏校勘记校字补》《周礼注疏校勘记校字补》《老子河上公注》《唐月令注续补遗》《宋孙莘老年谱》,辑有《三

礼经义附录》《楚汉春秋》《司马彪庄子注》《淮南万毕术》《计然万物录》《伏侯古今注》等。

【叙录】是编凡十种，二十八卷，皆汉唐以前人的著述。茆氏用了二十年之力，从群书中辑录这十种久逸不存的著述。阮元为之序，称赞茆氏“博览万卷，手写千篇。裒集之中，加以审择；编次之时，随以考据，可谓既博且精，得未曾有”。阮元推许备至，是因为茆氏所收均为久佚之书。

【版录】

清道光十四年(1834)梅瑞轩刊本

参见《综录》第388页。

玉函山房辑佚书

(清)马国翰辑

【传录】马国翰(1794—1857)字词溪，号竹吾。山东历城人。道光十二年(1832)进士。官至陕西陇州知州。平生嗜书好学，任县令时，俸禄所入，悉以购书。每见异书，必手自抄录，所积五万七千馀卷。书斋名曰“玉函山房”。其从事辑佚工作，取得卓越成就，辑有《玉函山房辑佚书》。著有《玉函山房藏书簿录》《目耕贴》等，后人编有《玉函山房全集》。

【叙录】是编凡五百九十三种，七百三十七卷；附一种，三十卷。马氏深感古籍沦亡，有慨于今世学者所不见。“乃遍校唐以前诸儒撰述，其名氏篇第，列于史志及他书可考者，广引博征。自群经注疏音义，旁及史传类书，片辞只字，罔弗搜辑。”(匡源《玉函山房辑佚书序》)积数十年力而后成《玉函山房辑佚书》。原收录共六百三十二种，七百馀卷。初于陕西官署随得随刊，书未竟而马氏殁。后其妻子丁氏将书版和残存之稿送给章邱李氏，重为印行，始显于世。时已有散佚，复经丁稚璜、文质夫先后补刊，然仍少四十馀种。济南泺源书院山长匡源得其书，编为目录。

凡分经、史、子三编，共三十三类。其中经编最多，共十六类，四百馀种，比较完备。史编最少，仅三类，八种。子编十四类，收书一百七十种，自儒俱无目。史、子两编数量少而舛错无体例，似为未经编定之稿。所收各书，均有马氏所撰序录，后有诸家跋语，对其流传、存佚及其作者作了说明，间有考证。编末所附《目耕贴》三十卷，乃马氏自著。考订经义，采集前人之说，可备参阅。是编所收经学著作范围广、种类多，超过了以前的同类辑佚丛书，因对研究先秦到隋唐的经学具有较高的价值。其子编虽然不是定稿，但其中的农家类，马氏下了不少功夫。这是因他“备闻田间耕作之务”(《农谚》序)，因辑《汉志》所载各佚篇，自《神农书》《范子计然》《养鱼经》《氾胜之书》等近十种，这对于我们研究古代尤其是汉代的农业生产和科学技术史颇有裨益。马氏在编辑此书时，利用了前人的成果，而又有所补苴。如《子夏易传》《周易蜀才注》等依据了张澍的辑本，《周易干氏注》依据了姚士粦、丁杰的辑本，因而所辑较前人完备。

是编乃我国最大的一部私刻辑佚丛书。四库馆臣动用众人之力，从《永乐大典》辑得佚书三百八十馀种，而马氏以一人之力独任其艰，所辑佚书达六百馀种，其毅力令人敬佩。然有人认为此书非马氏所辑，其原稿出自章宗源之手，马氏购得其稿，改序刊行。后来蒋式瑆作《书后三则》，详为考证，证实是书的确出自马氏之手。目录学家王重民也引据了一些材料，证明此书确为马氏所辑。

【辑录】李慈铭《越缦堂读书记》评是书云："寻拾奇零，综理微密，虽多以朱竹垞《经义考》、马宛斯《绎史》、余仲林(余肖客)《古经解钩沉》及张介侯《二酉堂丛书》等为蓝本，而博稽广搜，较之王氏《汉魏遗书(钞)》，详略远判。"

王重民称是书"搜罗的完备，卷帙的繁富，是以前任何人所不及的"，并认为清代辑佚，马氏当推为第一家。于是编存在的一些缺点，不少学者亦提出了批评意见。(《中国目录学史论丛》)

章太炎云："《玉函山房辑佚书》，厥功勤矣，而谬误不少。如《礼运》正义引《五经异义》许慎谨案尹更始、刘更生等议云云，其下继以'玄之闻也'，乃康成驳语，而马辑《春秋谷梁传章句》误作'玄之闇也'，而入之尹氏说中。《续汉书·律历志》注引《博物记》：'刘洪笃信好学，观乎六艺群书，意以为天文数术，探赜索隐，钩深致远，遂专心锐思。'刘洪乃后汉人，而马氏《叙录》乃谓《博物记》为西汉唐蒙所作。盖因《续汉·郡国志》犍为郡南安县有鱼泣津，注引《蜀都赋注》有'道广四五丈，深或百丈，斩凿之迹今存，昔唐蒙所造'；下引《博物记》县西百里，有牙门山。唐蒙斩凿蜀道，其事存于《汉书》。马氏误以'昔唐蒙所造'，连下《博物记》为一语，遂谓《博物记》作于唐蒙，殊为荒谬。若此类者甚众，当为刊正，庶使是书不遗疻痏于后耳。"(《章太炎全集·膏兰室札记》卷三)

孙葆田云："所辑既多，其中抵牾，时亦不免。余尝遍取其书阅之，有一传而两书复见者；有一书所获止三四条而强分为卷者；有所辑或非元书，及元书在当时已散失而以意揣编之者。"(《删定马氏所辑汉儒经解字》)

【版录】

(一)清光绪九年(1883)长沙嫏嬛馆刊本

参见《综录》第388页。是为大字本。半叶九行二十字，白口，四周双边。

首都师大　中大　华南师大　暨大　东研

(二)清光绪十年(1884)章邱李氏据马氏刊版重印本

参见《综录》第388页。

(三)清光绪十年(1884)楚南书局刊本

参见《综录》第388页。

［补录］

(四)清马国翰刊本

马氏所辑，系随得随刊，故各本所列的子目及编次略异。其中有称五百九十四种者，有称六百十四种者，有称六百二十九种者，有称六百三十八种者。除《综录》所列子目外，见于他本的尚有：

经编尚书类

《尚书古文训》一卷　(汉)贾逵撰

《集注尚书》一卷　(晋)李颙撰

《尚书逸篇》一卷

经编周官礼类

《周礼王氏注》一卷　(魏)王肃撰

经编通礼类

《礼论钞》三卷　(刘宋)庾蔚之撰

《礼杂问答钞》一卷　(梁)何佟之撰

《礼论难》一卷　(晋)范宣撰

经编乐类

《钟律书》一卷　(汉)刘歆

《管弦记》一卷

经编论语类

《安昌侯论语》十卷　(汉)张禹撰

经编五经总类

《五经析疑》一卷　(魏)邯郸绰撰

经编小学类

《八体六技》一卷

《女戒》一卷　(后汉)蔡邕撰

《月仪》一卷

《小学篇》一卷　(晋)王义撰

《音谱》一卷　(刘宋)李概撰

《训俗文字略》一卷　(北齐)颜之推撰

《开元文字意义》一卷

《义云章》一卷

《李氏字略》（唐）李商隐撰

子编儒家类

《佚子》一卷

《高祖传》一卷

《孝文传》一卷

《孔臧书》一卷　（汉）孔臧撰

《庄助书》一卷　（汉）庄助撰

《扬子法言宋氏注》一卷　（后汉）宋衷撰

《扬子法言虞氏注》一卷　（吴）虞翻撰

《诸葛武侯集诫》一卷　（蜀汉）诸葛亮撰

《陆氏要览》一卷　（晋）陆机撰

《闵论》一卷　（晋）蔡韶撰

《顾子》一卷　（晋）顾夷撰

《要览》一卷　（晋）吕疏撰

《正览》一卷　（梁）周舍撰

《续说苑》一卷　（唐）刘贶撰

《贾子》一卷

子编农家类

《玉烛宝典》一卷　（隋）杜台卿撰

《园庭草木疏》（唐）王方庆撰

《千金月令》一卷　（唐）孙思邈撰

《齐人月令》一卷　（唐）李淳风撰

《保生月录》一卷　（唐）韦氏撰

《四时纂要》一卷　（唐）韩鄂撰

《种树书》一卷　（唐）郭橐撰

（五）清同治十年(1871)济南皇华书局补刊本

是刻乃山东巡抚丁宝祯补刊本。凡五百九十四种，续补十三种，附二种。半叶九行二十字，小字双行同，白口，四周双边，单鱼尾。

首都师大　中大　史语　台大　师大

（六）清同治十三年(1874)序刊本

见《东京大学东洋文化研究所汉籍分类目录》。

（七）清光绪十年(1884)楚南湘远堂刊本

是为巾箱本。凡六百三十八种,附一种。半叶九行二十字,小字双行同,黑口,四周双边。

湖北大　中大　华南师大

(八)清光绪十五年(1889)李元琎刊本

是刻有马氏所辑《目耕帖续补》十三种,附三种。其目如次:

经编尚书类

《尚书逸续》二卷

《尚书百两篇》一卷　(汉)张霸撰

经编诗类

《孟仲子诗论》一卷　(周)孟仲子撰

经编论语类

《论语燕传说》一卷

《夏侯论语说》一卷　(汉)夏侯胜撰

《王氏论语说》一卷　(汉)王骏撰

经编孟子类

《逸孟子》一卷

经编尔雅类

《逸尔雅》一卷

经编小学类

《小学篇》一卷　(晋)王义撰

史编地理类

《荆州记》三卷　(宋)盛弘之撰

子编五行类

《五行传记》一卷　(汉)许商撰

目耕帖

《大学》一卷　(清)马国翰撰

《中庸》一卷　(清)马国翰撰

附

《玉函山房辑佚书书后》一卷　(清)蒋式瑆撰

《马国翰手稿存目》一卷　(清)蒋式瑆校录

《马竹吾先生全集目录》

(九)清光绪十八年(1892)湖南思贤书局刻巾箱本

是为小字本。凡六百十四种。末附《目耕帖》三十一卷,包括《易经》六卷、《书经》六卷、《诗经》十卷、《周礼》九卷,刻工颇善。

(十)1979年东京中文出版社影印本

全五册。

北京

(十一)1990年江苏广陵古籍刻印社影印本

全八册。

北京

玉函山房辑佚书续编

(清)王仁俊辑

【传录】王仁俊(1866—1913或1914)字捍郑,一字感莼。江苏吴县(今苏州)人。光绪十八年(1892)进士。授翰林院庶吉士。二十年(1894)授吏部主事,后入张之洞幕府。甲午战争时,在上海创办实学报馆。曾赴日本考察学务。三十三年(1907),调任学部图书局副局长兼京师大学堂教习。辛亥革命后寓居上海。其治学尊经卫道,力倡旧学,抵制维新。长于经史、金石文字、目录学及考据学。著述甚富,已刊者有《尔雅疑义》《说文独字成部考》《汉书许注辑证》《辽文萃》《辽艺文志补证》《西夏文缀》《西夏艺文志》等二十四种。尚有《说文考异纂》《小学钩沉补》《汉书艺文志校补》《吴郡著述考》《籀鄦簃文集》等五十六种,未曾刊印。

【叙录】是编凡二百六十九种,二百七十四卷。王仁俊以前,历城马国翰曾辑有《玉函山房辑佚书》五百九十三种,其中经编最多,比较完备,但史、子两编数量少又多舛错。王氏有感于此,依马氏之体例,续其不足,补其阙遗,所辑上起周秦,下迄元明,广罗四部遗佚,先后辑成《玉函山房辑佚书续编》《玉函山房辑佚书补编》《经籍佚文》三种,共收书五百二十三种。内多久已失传之名著,如《别录补遗》《江表传》《金楼子藏书考》等,皆为珍贵的资料。马氏所辑之史编,仅有八种,而王氏所辑史、地、志、传之遗佚,则较马氏多出一百馀种。又如马氏子编中未收之兵家、医家、释道三大类,以及其他各类中之未经辑佚者,王氏均予续补。其间尚附有王氏按语,阐微挈领、亦颇裨参稽。王氏所辑与马氏的

《玉函山房辑佚书》同为我国辑佚类中的巨著，后先辉映，历来为士林所称誉。然世无刊刻，仅有稿本一部，现存上海图书馆。1989 年，经顾廷龙先生推荐，上海古籍出版社始合编影印出版，题名《玉函山房辑佚书续编三种》。原稿目录与正文有出入者，如有文无目，或有目无文等，概予注明，以清眉目。书末附王氏传略及书名、作者索引。《续编》卷前有光绪二十年(1894)王仁俊自叙。

【辑录】王仁俊《王函山房续编自叙》云："历城马氏国翰辑唐以前佚书凡五百八十馀种，为卷六百有奇。其有目无书者阙四十馀种，其散见各叙所谓已有著录者，如陆希声《周易传》之类九种，今亦无之。匡君源所谓待后之君子搜补焉。仁俊幼嗜搜辑奇书硕记，露钞雪纂，马编之外时多弋获，忆自戊子之春，洎乎甲午之秋，多历年所。盖尝西游鄂渚，南浮岭峤，北陟幽燕。水陆轮蹄，捆载此稿，引申触悟，发箧密书。凡《古逸丛书》刻于日本，《大臧音义》传于雒东狮谷，获睹异册，旁引秘文，日事捃撷，遂成斯编。揆厥名类，不在马后，仍题'玉函'者，依元例也，称'续编'者，别于马书之《补编》也。频年奔走，敢言卒业，略传征据，特取照记。简丝数米，烦而不訾。再有续闻，必勤斠录。博学方闻之士，尚希匡我不逮也。"

【版录】

(一)稿本

参见《综录》第 395 页。稿本仅有一部，现藏上海图书馆。

［补录］

(二)1989 年上海古籍出版社《玉函山房辑佚书续编三种》本

据上海图书馆所藏稿本影印出版。包括王仁俊辑《玉函山房辑佚书续编》《玉函山房辑佚书补编》《经籍佚文》三种。附录《十三经汉注四十种辑佚书》《吴县王捍郑先生传略》以及书名、作者索引。

暨大

玉函山房辑佚书补编

(清)王仁俊辑

【传录】参见《玉函山房辑佚书续编》。

【叙录】是编凡一百三十八种，一百三十八卷。继《续编》之后，王氏又辑史部之书一百二十五种，子部之书十二种，集部之书一种，共一百三十八种，以补《续编》之不足。全书不分类，以史部之书为最多列于前，馀附于后，大概系随得随刊，未经编次。

【版录】

(一)稿本

参见《综录》第 398 页。本藏上海图书馆。

［补录］

（二）1989年上海古籍出版社《玉函山房辑佚书续编三种》本。

参见《玉函山房辑佚书续编》条。

暨大

经籍佚文

（清）王仁俊辑

【传录】参见《玉函山房辑佚书续编》。

【叙录】是编凡一百十六种，一百二十一卷。所收经编十五种，史编二十二种，子编七十八种，集编一种。是编虽名《经籍佚文》，实则辑补马氏《玉函山房辑佚书》之遗阙者。

【版录】

（一）稿本

参见《综录》第399页。本藏上海图书馆。

［补录］

（二）1989年上海古籍出版社《玉函山房辑佚书续编三种》本

参见《玉函山房辑佚书续编》条。

汉学堂丛书

（清）黄奭辑

【传录】参见《清颂堂丛书》。

【叙录】是编凡二百十七种，二百二十九卷。黄氏世为盐商，家富藏书，以读书稽古为乐，一生专事辑佚古书。汉唐以来，艺文、经籍诸志著录的古籍大多亡佚不存，黄氏以数十年之力进行辑佚，随得随刊，汇为丛书，都二百八十馀种。但未经行世，只印样本一部以备校勘。咸、同年间，太平天国战事起，黄氏亦旋离世，书板散失。光绪中，某书贾遂请人为之略事鸠香，舍其不完整及漶漫过甚者，题名《汉学堂丛书》刊行。所收为汉至六朝之佚书。全书分："经解"八十六种，下分易、书、诗、礼、春秋、五经总义、小学等类；"通纬"五十六种，下分河图、洛书、易、书、诗、礼、乐、春秋、论语、孝经等类及附谶；"子史钩沉"七十五种，下分子部儒家、兵家、法家、农家、医家、天文、术数、艺术、杂家、道家和史部正史、编年、别史、杂史、传记、时令、地理、职官、政书等类。绝大部分为一种一卷。

民国十一年(1922)江都王鉴在粤中得此书板,共二百二十六种,后又续增补刊至二百八十五种,易名《黄氏逸书考》刊行。事隔十年,江都朱长圻辗转得其书板,延请叶仲经校勘,并得黄氏手稿二十馀册,遂据以补订讹谬,费时四年,刊行于世。计"汉学堂经解"一百一十二种,"通纬"七十二种,"子史钩沉"八十四种,"通德堂经解"十七种,共二百八十五种,所收较他本完备。

是编收书数量虽不及《玉函山房辑佚书》,但多能纠正其错误,补充其不足,"一南一北,同时相互辉映"。黄氏辑书的态度是所取必据旧本,谨严不苟,有些书几乎做到了只字不遗,因而很多书优于其他各家辑本。史部之书种类较《玉函山房辑佚书》有明显的增多。其中关于汉晋的内容就有近三十种,对于我们了解有关资料可免翻检之劳。

此书另一版本题《黄氏逸书考》,曹书杰极辩其伪:黄奭"平生以辑刊古佚书为业,总数近三百种,全部书版雕刻甫竣,适逢太平军战争,未及正式汇印而卒。今传本题名两异,皆为后世印行者所臆题,与诸家序跋、时人记称有歧。据笔者知见,其辑佚书有《逸书考》《黄氏逸书考》《汉学堂逸书考》《汉学堂丛书》等四名"。经过考证认为"《汉学堂逸书考》之名可信","汇印黄氏辑佚书,应以《汉学堂逸书考》统全书"。(《黄奭辑佚书书名辨——〈汉学堂丛书〉〈黄氏逸书考〉名伪论》,《图书馆学研究》1989 年第 6 期。)

【辑录】书前有王鉴、朱长圻、叶仲经之序及凡例、目录等。朱序称:"甘泉黄右原先生出江郑堂门下,阮文达尤亟称之。故其著述博赡,有根柢。所辑《逸书考》网罗至数十百种,尤极翔洽。"叶序云:"尝辑《经解逸书考》《通纬逸书考》《子史钩沉逸书考》,又辑《尔雅古义》《通德遗书》等。与马氏一南一北,同时互相辉映。虽数量未迨马氏,至于疵纇,每则较马氏为少,其优于各家辑本者,盖可得而言矣。"

【版录】

(一)清道光中甘泉黄氏刊光绪中印本

参见《综录》第 400 页。是为清末某书贾所印,题名《汉学堂丛书》。据民国本朱长圻序云:"清季光绪间,有书客某请于先生仲子澧,为之略事鸠舂,舍其不完整及漶漫过甚者,仅存二百二十馀种,并妄更名为《汉学堂丛书》。"可见是非黄氏原本。日本东京大学东洋文化研究所藏本著录为"清光绪十九年子澧集成刊本",疑即是刻。

首都师范大学图书馆藏本卷首有光绪十九年(1893)仪征刘富曾序云:"(奭)以搜逸掇残,补阙表微为事,辑有《汉学堂逸书考》二百八十馀种,延江都陈穆堂先生任校雠之事。雕镌甫成,先生捐馆舍。粤寇犯郡,举家避乱,版庋樊汉镇僧舍者二十馀年,寺僧不知珍护,日渐零落。先生哲嗣辉山茂才,以资购版归,方思补其阙佚而遽归道山。辉山哲弟叔符茂才,深惧日久散失,又以全书印本流传殊鲜,遍求原刻序目不可得,无从刊补,因就版片完好者,属余兄良甫重编目录,印行传世,计存二百一十五种。闻穆堂先生校本,兵燹后为人购藏,叔符他日访求得之,不独见存之帙讹误可以据改,即所缺之数十种,亦得补刊,以复旧观。是则海内承学之士所深愿者矣。先生别辑《高密遗书》,阮文达公弁言中叙述先生渊源师法特详。原版亦多残缺,叔符盖亦即卷帙完善者,先以印本行世,使为郑学者得所宗法,庶慰先生编纂之勤也夫。”

(二)清道光中甘泉黄氏刊民国十四年(1925)王鉴修补印本

参见《综录》第404页。是为王鉴修补本。增益子目五十九种,合计二百八十五种,题名《黄氏逸书考》。

王鉴序略云:“光绪年间,有书客请于叔符为之经理印行,讳言板缺以冀易售。沿张香涛《书目答问》之误,名曰《汉学堂丛书》,张实未见原书也。叔符《通德堂经解跋尾》谓为‘汉学堂逸书考’。‘逸书考’是也,‘汉学堂’则误矣。叔符能读父书,不应悖谬若是,此跋必为雁作。按原书分四类:属于经者曰‘汉学堂经解’;属于纬者曰‘通纬’,‘谶’附焉;属于子史者曰‘子史钩沉’;属于郑氏之学者曰‘通德堂经解’。各类篇首下方统曰‘逸书考’,是不得以‘汉学堂’概全书也,明矣。比时样本尚存,叔符欲俟补刊完全,再为行世。遽尔印行,非其意也。故一切听客所为,无何叔符又作古人,板亦售出,样本亦散失。曩在粤中有以此板求售者,因购得之,仅存二百二十六种。叔符曾示手钞原目以之相校,缺五十馀种,窃意此五十馀种必尚在人间,冀旦暮获之。数年以来,果续得残板数十种,惟缺叶甚多,姑留以有待同里秦君曼青(更年)博雅士也。癸亥春间得样本于沪上,飞函见告,嘱将所缺叶数开示钞录见惠,于以复还旧观,统计二百八十五种,亟命孙承霖分任校雠,以付剞劂。凡再期而蒇事,名曰《黄氏逸书考》,庶不悖先生本旨。”

中大 华南师大 史语

(三)民国二十三年(1934)江都朱长圻据甘泉黄氏原版补刊印本

参见《综录》第404页。是为朱长圻补刊印本,亦名《黄氏逸书考》。除王氏所印二百八十五种外,又增益吴谢承《后汉书》一卷、晋曹嘉之《晋纪》一卷,以及《综录》所列附六种。书前有朱长圻、叶仲经序,叙是书源流甚详。

朱长圻序略云:“惟王氏对于校勘颇疏,且忽促蒇事,缺版断叶之处举未是正,学者病焉。民国二十年秋,江淮大浸,版复圮于水,乃展转再归于圻。清检后,不期残失近千馀番。惟念乡邦文献所系,有未忍恝然者。适知友叶君促经夙擅版本目录之学,与谋及此,慨以雠校为己任,历时二载,征引不厌求详,务祛黄王两家,因陋就简,诸弊遂使神明焕然,顿还旧观。且质诸南通周君雁石,又于扬州故家获得先生手稿二十馀册,靡特补订讹缪不少,且王氏所印行之二百八十五种外,复溢出谢承《后汉书》、曹嘉之《晋纪》二种,并以付梓。……溯自甲戌始,丁丑迄,工迨四易寒暑,杀青有日,因略述其缘起如此。”

叶仲经序略云:“壬申春,邑人朱君甸清辗转获其残版于王氏,思为理董之。惟凌乱无序,废年馀之力,始稍还旧观。但缺叶几至千馀,因谋及于下走。余缅乡邦文献,乃付之若存若亡之间,不得与《玉函山房》媲美,此承学之士所羞也。缘不揣祷昧,遂发箧取黄氏原引之书,逐叶补苴完善,暨王氏所有烂版,亦且命工重刻。……顾朱君尚歉然不自满,于是再请南通周雁石氏董复校之任,或有所疑,更躬亲考订,思致误之由而后已顷者。”

据以上两序，朱氏补刊印本当成于民国二十三年至二十六年(1934—1937)间。所收之书较他本全，且讹谬少，当以此本为最善者。

［补录］

(四)清道光中甘泉黄氏刊本

是为黄氏原刻本。当成于黄氏卒前，未经行世，只印样本一部以备校勘。据王鉴序称："(黄氏)曾辑佚书二百八十馀种，工甫竣，值咸丰兵燹，避乱乡居，板存萧寺，先生旋捐馆舍。寺僧不知护惜，散失数十种。……(黄氏)长君辉山(灏)、次君叔符(澧)两君言，当日编辑时，每成一种即以付刊，现存样本一部，仍有刊成而未经印样者如干种。"王、朱二氏辗转所得，并以补刊印行者，即是刻也。样本之外，仍有已刊而未印者十馀种，故全目未列。光绪年间印行时所编目录，并非黄氏之旧。原板现存江苏广陵古籍刻印社。

(五)清光绪仪征阮氏重编刊本

是刻题名《汉学堂丛书》。陈穆堂校订，版同《黄氏逸书考》。《北京图书馆古籍善本书目》有黄奭所辑《汉学堂知足斋丛书》一部，凡四集二百十四种，二百十四卷。清刻本。所收包括："知足斋丛书"六十六种，六十六卷；"通纬"五十五种，五十五卷；"子史钩沉"八十八种，八十八卷；"汉学堂经解"五种，五卷。其部分子目与《综录》所列相同。

(六)1958年扬州古旧书店用民国二十三年(1934)补刊本原版重印本

(七)1984年江苏广陵古籍刻印社据清道光中甘泉黄氏原版及民国江都朱氏补刊本重印本

凡一百二十四册。题名《黄氏逸书考》(原名《汉学堂丛书》)。书前有王鉴、朱长圻、叶仲经序及凡例、总目。

暨大

(八)1995年哈尔滨出版社影印本

据民国二十三年(1934)江都朱氏补刊本影印。

高密遗书

(汉)郑玄撰　(清)黄奭辑

【传录】郑玄(127—200)字康成。北海高密(今属山东)人。世称"后郑"，以别于郑兴、郑众父子。曾入太学习今文《易》和公羊学，又从张恭祖学《古文尚书》《周礼》《左传》等，最后从马融学古文经。玄游学归里，聚徒讲学，弟子众至数百千人。因党锢事被禁，潜心著述，以古文经说为主，兼采今文经说，遍注群经，成为汉代经学的集大成者，称郑学。在整理古代历史文献上颇有贡献。所著《尚书大传注》《丧服变除》《孝经解》《论语注》等，汇为《高密遗书》。

黄奭，参见《清颂堂丛书》。

【叙录】是编凡十一种，十一卷。郑氏著述凡百馀万言，八十馀种，多散佚。清道光中，甘泉黄奭将存者辑入《汉学堂丛书》中，题名《高密遗书》。子目包括《郑司农（玄）年谱》一卷（清孙星衍撰、阮元补订、黄奭案）、《尚书大传注》一卷、《毛诗谱》一卷、《答临孝存周礼难》一卷、《鲁礼禘祫义》一卷、《丧服变除》一卷、《三礼目录》一卷、《驳五经异义》一卷、《孝经解》一卷、《论语篇目弟子》一卷、《论语注》一卷。所收除郑氏年谱外，馀均为郑氏治经之文。其中《尚书大传注》乃黄氏所辑郑玄之注文，体例与孔广林、袁钧辑本相同。所辑之"传"文，与袁本相比各有详略，所辑郑注则比袁本稍详。《毛诗谱》以欧阳修之补《谱》为本，又从孔颖达《毛诗正义》所录，加以校正而成。《驳五经异义》凡百馀万言，反驳许慎之说。

【辑录】阮元序略云："（奭）日事搜讨，从汉唐以来各书中，得高密遗书盈尺之稿。稿本有已刻者《六艺论》《周易注》《尚书注》《尚书大传注》《毛诗谱》《箴膏肓》《释废疾》《发墨守》《丧服变除》《驳五经异义》《答临孝存周礼难》《三礼目录》《鲁礼禘祫义》《论语注》《郑志》《郑记》等，为《高密遗书》十数帙。其《尚书义问》等书及纬书未刻者，尚十数帙。其稿皆巾箱小本，细书狭行，朱墨纷杂。偶得一条，即加注贴签，且写且校，其有他人已先辑者与自所辑者亦各自有分别。"又云："高密起两汉之末，开六朝之先。唐宋且勿论矣，三礼之注，《毛诗》之笺，至今全备，炳如日星。……然片言只字，散在各书。明目细心者尚可追寻，皆袁绍逼会都昌赴难之残烬，圣经贤传之绪馀。朱子得其一义，即可正朝廷之大礼，开礼经纲目之先路，拾残补逸，可谓博且勤矣。"

【版录】

（一）清道光中甘泉黄氏刊光绪中印《汉学堂丛书》本

参见《综录》第 404 页。

首都师大

［补录］

（二）清道光二十三年（1843）黄奭刊本

凡十六种，十六卷；附三种，三卷。黄奭校。半叶九行十七字，白口，四周单边。子目较《综录》所列多七种：《六艺论》《周易注》《尚书古文注》《尚书中候》《箴左氏膏肓》《发公羊墨守》，附《郑志》（魏郑小同等撰）。均各为一卷。另《孝经解》《年谱》两种作为附刊。见《北京图书馆古籍善本书目》。

汇编·郡邑类

畿辅丛书又名畿辅丛书初编

（清）王灏辑

【传录】王灏（1823—1888）字文泉。直隶定州（今河北定县）人。咸丰二年（1852）举人。曾官京曹。

【叙录】是编凡一百七十六种，一千五百三十卷。王氏有资财，官京曹时，在张之洞、黄彭年等支持下，广收畿辅先哲遗著，藏弆日富，因招黄国瑾、钱恂为之校定。先有《采访畿辅先哲遗书目》之刻，后设局保定开雕，由王树枏、胡景桂主持其事。书未刊完而王氏病殁。光绪三十二年（1906），京师琉璃厂书贾就已刊者集资汇印，另刊总目，武进陶湘重为编订印行。全书计经部二十二种、史部二十二种、子部三十一种、集部三十九种。内含六家遗书汇刻，即《永年申氏遗书》十三种、《颜习斋遗书》四种、《李恕谷遗书》十二种、《孙夏峰遗书》六种、《尹健馀先生全集》九种、《崔东壁遗书》十四种。综其前后卷数，则为一千五百三十卷。所收诸书，起自先秦，迄至清朝，均为校勘精良，流传较少的著述。其中有不少著作为此丛书首次收录，以诗文集居多。如明人的《东田文集》《诗集》《金忠洁集》《花王阁剩稿》，清人的《玉晖堂诗集》《积书岩诗集》《寒松堂集》《居业堂文集》《笥河文集》《知足斋文集》等。有的著述为《四库全书》未收，有的则是出自《四库全书》之后。有些书虽为《四库全书》所收，然都增辑了遗文，较《四库全书》本完整。是丛书的刊行，当时许多学者参加了校勘工作，因而质量较高，并提供了不少新的校本，为后来的《丛书集成初编》和一些点校本所采用。

【辑录】缪荃孙题识云："文泉豪富好事，在京广购书籍，海陵陈研香年丈书尽归之，皆钞刻秘帙，遂延贵筑黄再同国瑾、归安钱彦劬恂分校，开局保定。……文泉书未刻完而殁，外间无印本。光绪甲午，李顺德师督直隶学，抽印三十五种。畀荃孙一分始见此书，窃意生今之世，征求本地名贤著述而传播之，并全部收入不加删节，实为有功先贤，嘉惠后学。……一省之大，京畿人物之众，刊书一百十八部，为种二百二十二，为卷一千五百四十五。格既清朗，字少讹夺，与钱唐丁氏所刻《武林掌故丛编》《往哲遗书》相埒，北地更为罕见矣。书无总目，陶君就书估所编为之排比，并名之曰'初编'，如有能赓续之，尤学人所共望矣。"

陶湘题识云："王灏文泉氏汇刻，光绪己卯开雕，刻未竟而灏卒。所以各书之序目跋记忽略忽详，灏之题跋或无或有，校对亦未完善。丙午以后，北京书肆集资汇印，另刊总目，讹错尤甚。今就书肆所汇印者重加编订，按四部分录，其有汇一姓或一人所著者另录汇刻一类。各书之序目跋记，有则详载，无则缺如，撰人籍里，悉照原刻录入，仍名《畿辅丛书》。而曰'初编'者以明所刻未尽，且原刻各书首行之下，或注'初编''二编'，或竟不注，特以'初编'表出之，亦作者之本意也。"

【版录】

(一)清光绪五年(1879)定州王氏谦德堂刊本

参见《综录》第408页。是书于光绪五年至十八年(1879—1892)在保定刻成,但因辑者遽殁而未曾印行。

中大　华南师大

[补录]

(二)清光绪三十二年(1906)武进陶氏重编印本

是为陶湘据北京琉璃厂书贾集资汇印本重新编订印行。半叶十行二十二字,黑口,左右双边。

首都师大　暨大　东研

(三)民国二十四年至二十六年(1935—1937)上海商务印书馆《丛书集成初编》本

凡一百七十种,一千五百三十卷。所据为清光绪王灏辑刊本。

尹健馀先生全集

(清)尹会一撰

【传录】尹会一(1691—1748)字元孚,号健馀。直隶博野(今河北博野县)人。雍正进士,累擢襄阳府,有惠政,官至吏部侍郎。为学务在力行,于古今人学术纯驳,审择之而未尝攻斥。著有《四鉴录》《增订洛学编》《小学纂注》《抚豫条教》《从宜录》《讲习录》《吕语择粹》《近思录集解》《尹氏家谱》《读书笔记》以及诗文集等。

【叙录】是编凡九种,六十一卷。收录尹氏文集、笔记、奏议、尺牍、年谱以及儒学著作等。包括《尹少宰奏议》十卷、《健馀先生文集》十卷、《四鉴录》十六卷、《吕语集粹》四卷、《健馀札记》四卷、《健馀先生读书笔记》六卷、《健馀先生抚豫条教》四卷、《健馀先生尺牍》四卷、《尹健馀先生(会一)年谱》三卷。尹会一著述多其门人为之整理,清乾隆年间就有刊本行世,至光绪五年(1879),王灏始收入《畿辅丛书》中。

【版录】

(一)清光绪五年(1879)定州王氏谦德堂刊《畿辅丛书》本

参见《综录》第409页。《尹健馀先生年谱》卷首有《尹健馀先生全集目录》。

[补录]

(二)清乾隆十六年(1751)刊本

见杨家骆《丛书大辞典》著录。题名《健馀先生全集》,凡七种。尹氏门人王击玱编辑。其子目与《综录》出入较大。兹转录如次:《文集》十卷、《奏议》十卷、《尺牍》四卷、《条教》四卷、《语录》四卷、《小学纂注》□卷、《近思录集解》□卷。

(三)清乾隆间刊本

亦见杨家骆《丛书大辞典》著录。题名《健馀全集》,凡十二种。所收子目较接近《综录》,但仍有出入:

《文集》十卷　清乾隆十五年(1750)立诚堂刊
《别集》(即尺牍)四卷　清乾隆十六年(1751)敦崇堂刊
《奏议》十卷　清乾隆十六年(1751)敦崇堂刊
《健馀诗草》三卷　清乾隆十四年(1749)海门山馆刊
《读书笔记》六卷　清乾隆十五年(1750)敦崇堂刊
《健馀札记》四卷　清乾隆十五年(1750)刊
《语录》四卷　清乾隆十五年(1750)刊
《抚豫条教》四卷　清乾隆十五年(1750)刊
《尹会一年谱》四卷　(清)吕炽撰

另行三种:
《士鉴录》四卷　清乾隆十三年(1748)刊
《女鉴录》四卷　清乾隆十三年(1748)刊
《吕语集粹》四卷　(明)吕坤撰　(清)尹会一辑　清乾隆三年(1738)刊

山右丛书初编

(民国)山西省文献委员会辑

【传录】山西省文献委员会,1934年10月间成立,12月20日公布《山西省文献委员会组织章程》,宗旨是"征集、编纂、保存本省今昔文献",包括各种书志、图片、民俗歌谣、先贤遗迹遗像等。设委员九人至十五人,常务委员三人,编纂若干人。委员长郭象升,委员张淑林、常赞春、常旭春、孙晋升等。1935年编《山西献征》,印行《童子佩觿》《二妙集》《午亭山人诗稿》等。

【叙录】是编凡三十八种,三百五十一卷。民国初年,阎锡山(1883—1960)任山西省政府主席,筹组"山西省文献委员会",自任总裁,贾景德等为委员,常乃德、方闻等为编纂,选编自唐至清山西名贤著作,汇印成《山右丛书初编》。全书不分类,然以经、史、子、集四部为序编排。原拟有续编之辑,或因抗战军兴而未成。然山西一省名贤遗书多借此以传。其中宋毕仲游《西台集》原集已佚,乃从《永乐大典》辑出,诗文诸体俱全。其文大多雄伟博辩，有珠泉万斛之致。《从戎始末》乃作者张道濬为表其家门而作，记崇祯四年至六年(1631—1633)，张氏母霍氏守城拒陕西义军王佳胤，及张氏与紫金梁、老回回、八金刚等人战斗之详细始末。内容与正史相合，为确切史实无疑。清耿文光之《万卷精华楼藏书记》乃私藏目录，成于光绪十四年(1888)，依《四库全书总目》分类，凡四部四十五类，各书撰有提要，汇集诸家评论，间附考证，各门类撰有总论，略述分类去取之意。自谓"所收者皆善本，所辑者皆精语，而谆谆不已者，皆古人著书之大体，读书之要法"。正体现了耿氏编撰的宗旨及此目的价值。是丛书前无编例，亦无序文。

【版录】

(一)民国排印本

参见《综录》第 410 页。前后无序跋，亦无总目。每书均有阎锡山之题签。

暨大

［补录］

(二)1986 年山西人民出版社影印本

全十六册。

(三)1989 年台湾新文丰出版公司《丛书集成续编》本

所据为民国山西文献委员会辑铅印本。

辽海丛书

金毓黻辑

【传录】金毓黻(1887—1962)原名毓玺，号静庵，斋名静晤室、千华山馆。辽宁辽阳人。北京大学文科毕业。曾任辽宁省政府委员兼教育厅厅长、伪满奉天图书馆副馆长、《满洲学报》主编、伪奉天通志馆总纂等职。1946 年，尝随东北视察团前往东北，并兼教育部辅导委员会委员，清理战时文物损失委员会东北区代表，视察东北文物。后改任国史馆纂修。1952 年调任中国科学院历史研究所第三所研究员。在东北文献和地方史的研究方面致力尤多。编著有《渤海志长编》《辽海丛书总目提要》《中国史》《东北古印钩沉》《辽海书征》《东北文献零拾》《东北通史》《中国史学史》《宋辽金史》《明清内阁大库史料》《文溯阁四库全书书前提要》等。

【叙录】是编凡八十五种，四百十一卷。议编于二十年代，印行于三十年代。金氏承谢荫昌倡刊《东北丛书》之志，取法前人编辑郡邑掌故、文征诸书之长，更能周咨博访，勤于搜求，所得殊多，且于书籍之外，兼及碑志印信泉币明器之属，计前后所搜之书，仿《知不足斋》《粤雅堂》诸丛书之例，分十集次第付印。先以未印刊之家藏稿本及传钞本，次以虽刊印而久经绝版者，再以虽有传本而绝不可缺者，如有数种版本，则取其最足本刊入。

此外，若原书已佚，又无法辑佚者，则别撰有《辽海经籍考》，预悬存目，以待征访。历经三载，遂汇成《辽海丛书》。所收多为清人及近人著述，唐宋元明著作亦有少数。群籍大致分为三类：一为专著。乃辽海先正著述，且能卓然成家，篇章完具者。二为杂文。乃前代方志，传体极少，体似专著，义同杂志者。三为文征。乃原书已佚，由他书缀集者。内有许多世所罕见，流传极少的书。其中不少是从未刊刻的珍贵稿本和抄本，且所选之书力求完本、足本，具有较高的学术价值。各集分别列总目，且注明所据版本，书后附有各书提要，对书的作者、版本、流传及价值作了简要说明。卷首有《辽海丛书刊印缘起》及《凡例》。

【辑录】《辽海丛书刊印缘起》云："辽海一隅，刻书之风未盛，然不可谓绝无著录也。……曩者武进谢氏（荫昌）于长奉天教育之日，曾倡刊《东北丛书》，惟未闻写定例目。……三四年前，辽阳金氏（毓黻）欲赓谢氏之志，编印《辽海丛书》，勤于搜求，所得殊夥，且于书籍之外，兼及碑志印信泉币明器。例目大略写定，苦于无资，未及付刊。岁月荏苒，以至今日当务之急殆谓此矣。刊刻地方丛书，为今日之急务，刊刻《辽海丛书》，尤为吾侪之急务。……凡刻一地方之丛书，必以一地方为范围，此定例也。在吾辽海则不然，谓宜立四例以括之。四例维何？一曰专著，二曰杂志，三曰文征，四曰存目。……四例既立，更榷大名。吾侪校刊丛书而命名曰'辽海'，何也？考《魏书·库莫奚传》云：'乃开辽海戍和龙。'《北史·突厥传》云：'其地东至辽海，以西至西海万里。'《唐书·薛仁贵传》谓：'仁贵威震辽海。'此'辽海'一名之所由出也。宋人之《乘轺录》载辽馆伴刘经之语曰：'辽海即辽东也。'……顷间，辽海同人集资刻书，搜得多种，分集刊行，杀青之期限以二载，此为创举，至可喜也。"

【版录】

（一）民国二十年至二十三年（1931—1934）辽海书社排印本

参见《综录》第413页。

暨大　首都师大

［补录］

（二）1985年辽沈书社影印本

篇序略有改动。另附李文信《李氏辽海丛书批注》于后。

（三）1989年台湾新文丰出版公司《丛书集成续编》本

所据为民国二十年至二十三年（1931—1934）辽海书社排印本。

虞山丛刻

（民国）丁祖荫辑

【传录】丁祖荫（1871—1930）字之孙，一作芝荪，号一行，又号初国、初我，别署缃素楼主人。江苏常熟人，晚年移居吴县。少年就读于江阴南菁书院。清光绪二十年（1894）

后，联合志同者设立中西学堂，又独创丁氏小学。辛亥革命后，历任常熟、吴县县长。长期致力于地方教育、财政及治理水利等公共事业，政绩冠江苏全省，曾获金鹤奖章。精版本、校雠之学。喜聚书，见好书必搜购，多得同乡旧家藏书，以旧山楼赵氏藏书为大宗。又得莫棠铜井文房旧藏之精善本，内名校名钞颇多。筑有“缃素楼”，藏至一万馀卷。有稿本《丁氏书目》二册。抗战初藏书散出，其中稀世珍本《古今杂剧》六十四册，二百四十二种，经郑振铎搜求，归入北平图书馆。著有《常熟金石志》《常熟艺文志》《常熟旧志列传目稿》《一行集》等。辑刊《虞山丛刻》十一种，《虞阳说苑》三十二种。

【叙录】是编凡十一种，三十八卷。丁氏素喜聚书，于乡邦文献尤为留意，所得清初常熟先哲遗书若干种，遂参酌众本，手自校雠补缀，于民国四年至八年(1915—1919)编成《虞山丛刻》。全书分为甲、乙、丙三集。甲集中之《天启宫词》《崇祯宫词》《霜猿集》三种，均属明代宫词；《吾炙集》和《东山酬和集》则为钱谦益所辑。乙集收毛晋著作二种及张宗芝等辑《以介编》，取铁琴铜剑楼及汲古阁写本或刊本。丙集收明龚立本《松窗快笔》《烟艇永怀》及毛晋《虞乡杂记》三种。所收诸书，皆未经刊刻，或虽有刻本而与他本不同且极具价值之抄本。书前目录标注版本。

【版录】

(一)民国常熟丁氏刊本

参见《综录》第417页。约刊于民国四年至九年(1915—1920)。是书分甲、乙、丙三集。《天启宫词》至《东山酬和集》五种为甲集。《和古人诗》至《以介编》三种为乙集。《松窗快笔》至《虞乡杂记》三种为丙集。

中大

[补录]

(二)1989年台湾新文丰出版公司《丛书集成续编》本

所据为民国四年至八年(1915—1919)常熟丁氏刊本。

虞阳说苑

(民国)丁祖荫辑

【传录】参见《虞山丛刻》。

【叙录】是编凡三十二种，三十七卷。全书分甲、乙两编。甲编二十种，二十五卷，民国六年(1917)刊；乙编十二种，十二卷，民国二十一年(1932)刊。所收为明清之际虞阳(今江苏常熟)人之著述，内容涉及杂史、杂传、地理、小说等。其中以小说、地理居多。

【版录】

民国虞山丁氏初园排印本

参见《综录》第418页。《中国古籍善本书目》著录有《虞阳说汇》及《海虞杂志》二书，所列子目多与是编相同，现将其分别介绍如下，供对照参考。

《虞阳说汇》二十九种，三十卷。题清菰村渔父编，清抄本，上海图书馆收藏。其子目如次：

《笔梦》一卷
《虞山清议》一卷
《家儿私语》一卷
《祝赵始末》一卷
《明伦堂述言》一卷
《纂定海角遗编》二卷
《海虞被兵记》一卷
《书老生蒙难事》一卷
《牧斋遗事》一卷
《阁讼记略》一卷
《虞书》一卷
《后虞书》一卷
《养疴客谈》一卷
《虞山杂志》一卷
《赵氏杂记》一卷
《过墟志感》一卷
《思庵闲笔》一卷
《虞谐志》一卷
《三风十愆记》一卷
《潮灾纪略》一卷
《鹊南杂录》一卷
《熙怡录》一卷
《粤西从宦略》一卷
《云峰偶笔》一卷
《海角遗编》一卷
《群芳董狐》一卷
《恭纪御试》一卷
《河东君殉家难事实》一卷
《冯默庵遗文》一卷

《海虞杂志》有两家图书馆收藏，同为清抄本，均无编辑者姓名。南京图书馆藏本凡二十五种，二十八卷：

《虞山妖乱志》三卷　明冯舒撰
《张汉儒揭钱瞿奏稿》一卷　明张汉儒撰
《顾仲恭为钱瞿呈稿》一卷　明顾大韶撰
《阁讼记略》一卷
《思庵闲笔》一卷
《虞邑三风十愆记》一卷
《虞谐志》一卷
《牧斋迹略》一卷
《祝赵始末》一卷
《老生蒙难》一卷
《恭纪御试》一卷　清陶贞一撰
《虞山杂志》一卷
《海角遗编》一卷　题清漫游野史撰
《潮灾纪略》一卷　题清古虞野史氏撰
《养疴客谈》一卷　题清近鲁草堂主人撰
《过墟志感》二卷　题清墅西逸叟撰
《邑侯于公政迹纪略》一卷　清戴兆祚撰
《柳南随笔》一卷
《笔梦》一卷　题明据梧子撰
《顾仲恭讨钱岱檄》一卷　明顾大韶撰
《明伦堂述言》一卷　明翁嗣圣撰
《虞山清议》一卷
《金姬传》一卷　明杨仪撰
《蜀道纪闻》一卷　清苏本洁撰
《程禹开家书》一卷　明程嵋撰

复旦大学图书馆藏本凡十三种，十四卷：

《笔梦》一卷　题明据梧子撰
《顾仲恭讨钱岱檄》一卷　明顾大韶撰
《阁讼纪略》一卷
《张汉儒揭钱瞿奏稿》一卷　明张汉儒撰

《顾仲恭为钱瞿辨冤呈稿》一卷　明顾大韶撰

《牧斋遗事》一卷

《海角遗编》一卷　题清漫游野史撰

《过墟志感》二卷　题清墅西逸叟撰

《思庵闲笔》一卷　清严虞惇撰

《祝赵始末》一卷

《老生蒙难》一卷

《邑侯于公政迹纪略》一卷　清戴兆祚撰

《潮灾纪略》一卷　题清古虞野史氏撰

江阴丛书

(民国)金武祥辑

【传录】金武祥(1841—1924)原名则仁,乳名淮生,号粟香,又号菽乡。江苏江阴人。与缪荃孙为表兄弟,两人互能文章声气,奇赏疑析。搜诗之功,缪氏之力为多。金氏嗜书出其天性,至老弥笃,而于乡邦文献,考索勤勤,有如性命。著有《赤溪杂志》《漓江杂记》《漓江游草》《粟香随笔》《陶庐杂忆》等,辑有《表忠录》《思忠录》《霞城唱和集》《冰泉唱和集》《江阴丛书》《粟香室丛书》等。

【叙录】是编凡三十二种,一百十八卷。金氏嗜书,至老弥笃,而于乡邦文献,尤为留意。遂从其《粟香室丛书》中抽出江阴文献三十二种,刊成《江阴丛书》。所收诸书,除宋人著作一种,元人一种,明人七种外,其馀过半为清人诗文笔记。各书编排略以时代先后为次。书前有长沙王先谦序,称是编"自宜斋野乘以次诸书,上之原本道术,根柢忠孝;次亦足资多识,益文词;爱古存今,旁搜曲护,用心之厚,长逝者所托命也"。

【版录】

(一)清光绪宣统间江阴江氏粟香室岭南刊本

参见《综录》第420页。

[补录]

(二)1989年台湾新文丰出版公司《丛书集成续编》本

所据为清光绪三十三年(1907)江阴金氏粟香室岭南刊本。

京口掌故丛编初集

(清)陶骏保辑

【传录】陶骏保(1878—1911)字璞青,一作璞卿。江苏丹徒人。早年就读于南京陆师学堂,后在福建武备学堂任教。1906年随徐绍桢赴南京,在第九镇编练新军,旋任新军第九镇第一任正参谋,后升任该镇宪兵司令。嗣随端方搜捕革命党人,被保升二品衔。1911年武昌起义,随林述庆策动光复镇江,任镇江都督府参谋。12月13日,被陈其美召至沪军都督府以扣压枪弹,导致秣陵关起义失利之罪名被枪杀。擅填词,遗有词多首。

【叙录】是编凡六种,七卷。收录有关江苏镇江掌故传说,除宋胡舜申《己酉避乱录》之外,馀皆清人著述。《己酉避乱录》一卷附清陈懋恒撰《校勘记》一卷,是为宋建炎年史料,记金兵入侵事。法芝瑞《京口偾城录》一卷、杨棨《出围城记》一卷、佚名《镇城竹枝词》一卷、朱士云《草间日记》一卷,是四种为鸦片战争史料,记道光间英人入侵,丹徒城破,官吏偾事之状,以及英侵略者淫掠之惨状。作者皆身居围城中,耳闻目睹,因而所记极详。卞乃譝《从军纪事》一卷,乃太平天国运动史料,记卞氏在咸丰间,随余万清在镇江丹徒一带防御太平军事。所收诸书,对研究丹徒地方历史和帝国主义侵华史多有可供参考之处。

【版录】

(一)清光绪三十四年(1908)丹徒陶氏刊本

参见《综录》第421页。据杨家骆《丛书大辞典》,《京口偾城录》后尚有《后论》一卷,《镇城竹枝词》后附《祭海都统文》一卷,《从军纪事》后附《从军图序》一卷(古润周伯义)。另一部题丹徒陈懋恒辑,陶骏保刊。所列子目较《综录》多《庚申遇贼记》一卷(清欧阳苏撰),注明"续刊",未知刊行否。

华南师大

[补录]

(二)1987年江苏广陵古籍刻印社影印本

全二册。

太昆先哲遗书首集

(民国)俞庆恩辑

【传录】俞庆恩(1885—1930)字凤宾。江苏太仓人,寓居昆山。毕业于上海圣约翰大学医科。辛亥革命时,曾在南京组织救护队为革命军救死扶伤。1912年赴美宾西法尼亚大学医学院进修,三年后获公共卫生学博士学位。素以医学治生,但嗜爱刻书,为使乡邦文献得以流布,不至散佚,而刊成《太昆先哲遗书首集》。俞氏对此书的刊刻极为重视,虽身患重疾,仍丹铅在手,深宵不倦,惜首集装订成帙,已身殁而不及亲见。

【叙录】是编凡十种,三十七卷。所收均为明清稀见之著述。《凡例》说明此丛书辑刊之宗旨在于"匡救人心,裨益世道",所以其编次"不以时代先后",但符合这一宗旨则有先后序次,同时"继之以诗文等类,略示区别"(《凡例》)。书前有首集目录,有唐文治序,方还敬跋,随后是俞氏所撰之《印行缘起》《编撰凡例》《编纂馀言》,此外,尚有俞鼎文三人合撰跋。俞氏晚年对此丛书之辑刊,非常重视,认为这是"先哲之嘉言懿行,有足资观感者,有可当模范者,有能陶淑性情者,皆治心之药石也"。为使旧钞旧本得以流传,免于湮灭,于是裒集太仓、昆山二县文献,辑成这部地方性的丛书,尚拟筹备续集,惜首集尚未刊成,俞氏已殁。是编所采选之版本或原刊或旧抄或稿本,皆世所稀见。俞氏在《太昆先哲遗书编纂凡例》中声称:"是编各书,每书独立可以分阅,故全书不依时代排列;是编序次,不拘时代先后,但首列匡救人心,裨益世道之遗著,继之以诗赋著等类略示区别;是编每种冠以著者传略,以志景仰,惟一时不易检觅者,暂付缺如。"

【版录】

民国太仓俞氏世德堂排印景印本

参见《综录》第424页。是本卷首目录所载诸书名下均分别注明原版本,兹抄录如下:

《五子绪言》 辑本

《勤斋考道日录》 原刊本

《呓语偶存》 旧抄本

《养正录》 稿本

《朱柏庐先生大学讲义》《中庸讲义》 旧抄本

《从先维俗议》 明刊本

《吴梅村先生编年诗笺注》 旧钞本

《爱莲居诗钞》 稿本

《浣花庐诗钞》 稿本

《浣花庐赋钞》 稿本

安徽丛书

(民国)安徽丛书编审会辑

【传录】1931年3月,徐乃昌与寓居上海的工商界、学术界的皖人黄宾虹、程霖生、吴镜云等人,与安徽学人江彤候、程演生等人在上海组建安徽丛书编审会,共影印出版了六期《安徽丛书》及《安徽清代名家词》共41种,381卷。

徐乃昌(1968—1943)字积馀,号随庵,又号众丝。安徽南陵县人。是近代以藏书、刻书、访碑,以及收藏金石书画古物闻名海内的大出版家、编辑家。

【叙录】是编凡七十七种,三百三十卷。安徽具有悠久的文化渊源,数千年来,在经学、史学、诸子百家之学等方面,皆蔚然成派。有清一代学术昌盛,而安徽学者如戴震、江永、黄生、程瑶田、凌廷堪等对经学、小学皆有极大创见,为学术之宗。然所著之书大半流传不多,因而编辑了这部《安徽丛书》。全书分六期,民国二十一年至二十三年(1932—1934)分别刊印第一至第三期,民国二十四年(1935)刊印第四、五期,次年刊成第六期。是编之印行,旨在流传古籍,故所选多为版本罕见或流传稀少之书。六期中,除少数为明人著作外,均为清人研治补学之作。其中以戴、程、凌、江、黄五家为主,尤以戴、程、凌三家收书为最多,且多为流传不多而又有价值之书,且搜集比较完备。诸书悉用原本影印,经义、史学俱全,蔚为钜观。第一期前有程源铨序及安徽丛书编审会名誉会员名单。

【辑录】程源铨序云:"吾皖襟江带淮,控吴楚之会。数千年来,理学、经学、文章、艺术,以及九流百家之学皆蔚然成派。海内矜式,流风所扇,方策日新,方今欧美各国咸尊绍前闻,研求中国邃古文化不遗馀力。而神州云扰,经籍土苴,抱残守阙,继往开来,负荷析薪,伊谁之责?虽拮据劳费,又恶容已乎?……地近则观感易兴,壤接则见闻易洽。它日各省闻风兴起,搜遗辑逸,庶几山岩复壁。旷世希见之书,布衣韦带辛勤一得,不随兵燹蟫蠹澌然俱尽,而吾国固有文化亦将发皇光大,为世界之所骇瞩,炳炳麟麟,晔煜千古,岂不祎欤!"

【版录】

(一)民国景印本

参见《综录》第424页。

首都师大　中大　华南师大　暨大

［补录］

(二)1989年台湾新文丰出版公司《丛书集成续编》本

所据为民国二十一年(1932)安徽丛书编审会辑影印本。

戴东原先生全集

(清)戴震撰

【传录】参见《戴氏遗书》。

【叙录】是编凡二十五种,一百一十二卷,编入《安徽丛书》第六期。其中多为手稿未见之本。是编各书系据《微波榭丛书》本《聚学轩丛书》本等十一种版本影印。《考工记图》有程瑶田手批、周幔亭题记,《孟子字义疏证》有莫友芝圈识,《经考附录》附有罗更校记一卷,《戴东原先生年谱》内附行状、传、墓志铭各一卷。《戴东原先生全集》所收书较《戴氏遗书》多十三种:《尚书义考》二卷、《中庸补注》一卷、《绪言》三卷、《经考》五卷、《经考附录》七卷、《勾股割圆记》三卷、《策算》一卷、《屈原赋注》十二卷、《屈原赋注初稿》三卷、《戴先生遗墨》一卷、《戴先生年谱》一卷、《戴先生所著书考》一卷。

【辑录】胡朴安序云:"此先生治学方法更进一步而抵于成也。由声音以求文字,由文字以求诂训,由诂训以求典章制度,由典章制度以求义理。与专讲义理蔑视诂训所谓宋学者不同,与专讲诂训蔑视义理所谓汉学者亦不同。此先生之学所以高于乾嘉诸儒而其治学方法则为乾嘉诸儒所未能尽也。夫治学之目的在于求义理,而义理必由声音文字诂训、典章制度而来,始免宋儒空谈义理之弊。《礼记·中庸》云:'博学之,审问之,慎思之,明辨之,笃行之。'此为治学者一定之程序。而先生之淹博识断,精审诂训与义理并重,即本《中庸》治学之程序而用力,此先生之学所以博且精也。"

【版录】

(一)《安徽丛书》本

参见《综录》第425页。是书收在《安徽丛书》第六期。民国二十五年(1936)影印。《年谱》末附钱大昕《戴东原传》一卷、洪榜《行状》一卷、王昶《墓志铭》一卷,《综录》均漏著。

暨大

［补录］

(二)清刊本

见丁日昌《持静斋书目》卷三。

泾川丛书

(清)赵绍祖　(清)赵绳祖辑

【传录】 赵绍祖(1752—1833)字绳伯,号琴士。安徽泾县人。廪生。曾任滁州及广德训导。主讲池州秀山、太平翠螺二书院。博学能文,于学无所不究,尤深于史及金石之学。于地方文献致力甚多。辑其族人诗为《赵氏渊源集》,汇集泾先辈所著书数十种为《泾川丛书》,修《安徽省志》。著有《四书集注管窥》《新旧唐书互证》《通鉴注商》《金石文钞》《古墨斋金石跋》《安徽金石略》《泾川金石记》《读书偶记》《消暑录》《琴士诗文钞》《古墨斋诗钞》等十馀种。

赵绳祖,清同光间皖南人。生平事迹未详。

【叙录】 是编凡四十四种,五十八卷;续七种,二十七卷。泾县为江南望邑,代有名人。赵氏取其先辈赵青藜所藏乡贤遗著汇辑成编。所收明清两代以查铎、萧良幹、翟台、董杰四大家为代表的泾县学者著述四十四种,又续以明左镒,清赵良霨及赵氏自撰之书凡七种。全书以谈性理者为最多,有关政事如奏疏、史论等次之,笔记杂录之类也不少,还有一些关于泾川地方的一些书如《泾川诗话》《泾川金石记》等,所收皆为"文章政事之可传,经学性理之有益于身心者"。各书之末,附有赵绍祖跋语,或记全书大旨,或记刊刻源流。所署皆嘉庆初年,为其陆续刊刻年代。

【辑录】 卷首有道光十二年(1832)阳湖赵仁基序,当为全书刻竣之时。泾川文献得此一编,可得概览。序略云:"泾在大江以南为望邑,历代以来固多名人,而自明中叶以后,尤遽于经史性理之学,查、翟、萧、董诸公其卓卓尤表见者。迨入本朝,著述尤多,而星阁赵先生为近时一大宗。顾诸公之书多藏于家,后生或未见得见,见矣或未备,备矣或不能知所择,则非诸先生所以嘉惠后学之始愿也。琴士征君,星阁先生之从孙也。以博学能文名海内。暇则取先辈遗书自明迄今凡数十种,皆择其文章政事之可传,经学性理之有益于身心者,各述其大旨于后而刻之,以为《泾川丛书》。于是泾邑数百年来嘉言懿行悉萃是编。"

【版录】

(一)清道光十二年(1832)泾县赵氏古墨斋刊本

参见《综录》第 426 页。

(二)民国六年(1917)翟凤翔等据清道光赵氏本景印

参见《综录》第 426 页。是为巾箱本。书末有民国六年(1917)翟凤翔后跋。略云:"曩于甲寅之岁,与洪君幼琴、查君敬吾集资重印《嘉庆县志》,印成而敬吾适有金台之役,爰出旧藏赵琴士先生所辑《泾川丛书》正续编,丐敬吾携去,谋赓续付印。于是,王君植轩及哲嗣志襄、京兆陈君省吾亟为赞成。赵氏子姓尤踊跃从事,各输印资若干,并寓书远近,共襄斯举。旅芜邑人如查君衡仲、吴君怡生、凤君吉庭亦各集资有差,仍付西泠印社影印,纸墨精好,视原本无异。……凤翔不敏,尝欲搜集嘉道以来遗文逸著,次第刊布,蔚为钜观。学识不逮,境地亦稍稍限之,乃先以是编印行而助之成者,如响应声。"

中大　暨大　湖北大

[补录]

(三)清道光十二年(1832)刊《古墨斋集》本

见杨家骆《丛书大辞典》著录。列于《古墨斋集》后,并注明"别刊行",不知何据。

(四)民国二十四年至二十六年(1935—1937)上海商务印书馆《丛书集成初编》本

所据为清道光赵绍祖等校刊本。

(五)1967年台湾艺文印书馆影印本

凡五十一种。见《湖北大学中文古籍书目》。

武林掌故丛编

(清)丁丙辑

【传录】丁丙(1832—1899)字嘉鱼,号松生,晚号松存。浙江钱塘(今杭州)人。诸生。同治间浙抚左宗棠委办善后,荐授江苏知县,不赴。其父兄皆好藏书。与兄有"双丁"之称。继祖父丁国典,设嘉惠堂、八千卷楼,毕生聚书不倦,尤注意收集地方文献掌故。丁氏经营三十馀年,得书四万多卷,筑楼设室,分排次第存放。其八十千卷楼的藏书被颂为"甲两浙""甲东南"。曾与兄丁申补抄文澜阁《四库全书》一万八千馀册,所用底本大都借自藏书家,较库本为优。编有《八千卷楼书目》二十卷,此为八千卷楼藏书之总目,共著录一万五千馀种;又编《善本书室藏书志》四十卷,著录八千卷楼所藏宋元刊本一百四十种,精抄精校本、稿本及其他善本约为二千种。辑刊《国朝杭郡诗辑》《武林往哲遗著》《西湖集览》《西泠词萃》等。著有《庚辛泣杭录》《北隅缀录》《三塘渔唱》《续东河棹歌》等,另有未刊稿若干种。

【叙录】是编凡一百九十二种,六百零一卷。武林即今之杭州,吴越、两宋以来为一大都会。有关其郡邑沿革、山川城色、物产风土等方面的记载极为丰富,但多为小品,丛残琐屑,散佚不少。不像经义史学,传授有所源流,可以永久不坠。而刻书者也以经义史学有关学术大者为重,对于一郡之掌故,往往不够注意。然而征文考献,又不能不有所取,如不加搜罗,则散佚不传。丁氏有感于此,对武林掌故尤加留心,遂搜集宋元以来有关武林之著述,汇为《武林掌故丛编》。书于清光绪三年(1877)陆续开雕,至光绪二十六年(1900)刻竣。

全书分二十六集。前十集每集十种,其馀各集多寡不一。凡"疆域之形势,耆旧之言行，民俗之沿习，物产之流通，儒林文苑之所传留，僧庐道观之所缘起"，无不搜罗入集。为研究武林一地方之政治、经济、文化、地理、历史、民俗提供了丰富的资料。如周淙《乾道临安志》乃南宋最早的一部地志，记当时宫阙、官署、城中桥梁、园林坊庵较为详晰，间附载政绩。虽为不全之本，但全书体例完善，考武林掌故者当以此书为道选。周密《武林旧事》仿《东京梦华录》例，记述南宋都城临安的朝廷典礼、山川景物、民情世俗及市民阶层的物质文化生活，多为著者耳闻目睹，尤详于乾道、淳熙之间三朝的授受故事，真确可信而又富有词采。厉鹗《东城杂记》所载古杭东城的名胜、古迹、文物以及诗文、词的题咏等，无不博雅清丽，引人入胜。其中记有不少宋、元、明间的异闻佚事，颇有史料价值和文学价值。是编所收各书，都能选择善本，精加校勘，并以关于武林掌故内容为中心，而不拘作者是否为武林籍，这一点和其他地方丛书不同，成为地方丛书的一个流派。书前有袁昶、俞樾、谭钟麟三人序，均致推崇之辞。

【辑录】袁昶序略云："丁君聚鲭都为汇刻，盖将以备补图经、考郡故者之伐山鬻海焉，其嘉惠匪细矣。然莫为之前，后贤虽欲赓续哀辑而无所资，莫为之后，前贤虽有苦心妙墨，终归零落。作者既非一手，纂集复艰且勤，殆相得而弥章哉。"

俞樾序略云："武林为东南大都会，山川之秀，人文之美，都邑之盛，海内想望若天堂。……自宋以来，著述益夥。……其书或传或不传，而从未有荟萃诸家之书为一巨编者，则吾于钱塘丁之书叹观止矣。丁氏藏书之富甲于大江以南。……自以生长武林，尤留意是邦掌故。今年秋，示余《武林掌故丛编》十集，每一集为十种。……两丁君之用心乎。自庚申辛酉之乱，缥囊缃帙，半付劫灰。承平以来，搜访遗文，存者仅矣。两丁君购觅文澜阁遗书，得十之二三，言于大吏，次第钞补，俾浙东西承学之士复窥石渠天禄之藏，其有裨于两浙文教已不浅矣。乃又博观精选，成此巨编。言武林掌故者，舍此何观焉。此抱残守阙之苦心，亦即敬梓恭桑之雅意乎！"

谭钟麟序略云："钱塘丁松生征君，博闻多识，嗜书成癖，文澜阁所藏皆其所搜罗也。兹复辑《武林掌故丛编》凡十册，远寄陇中，且嘱为序。盖凡余昔日足迹之所至与夫履其地，而低回想望于数百年以前者莫不载焉。公退之，暇时一流览，恍置身第一峰头，山色湖光，袭人襟袖，足以当卧游而豁病目。"

【版录】

(一)清光绪中钱塘丁氏嘉惠堂刊本

参见《综录》第427页。是刻当刊于光绪三年至二十六年(1877—1900)。半叶十行二十字，白口，四周双边。其中《乾道临安志》为清竹书堂重刊宋本，半叶十一行二十字，白口，四周双边。

首都师大　中大　暨大　东研

[补录]

(二)1967年台北京华书局用光绪中钱塘丁氏嘉惠堂刊本影印本

见《东京大学东洋文化研究所汉籍分类目录》著录。

(三)1985 年江苏广陵古籍刻印社影印本

全二百四十册。

(四)1989 年台湾新文丰出版公司《丛书集成续编》本

所据为清光绪十二年(1886)钱塘丁氏嘉惠堂刊本。

武林往哲遗著

(清)丁丙辑

【传录】参见《武林掌故丛编》。

【叙录】是编凡五十二种,三百一十二卷;附刻四种,三十卷;后编十种,一百三十六卷。丁氏曾与兄申重雕散毁之《国朝杭郡诗辑》《续辑》和《三辑》,然仍以为前代遗什,未克兼采,遂取己所藏者为本,复以天一阁本校勘之,以补缀其遗闻逸事。并延翁长森、何勉亭襄助之,汇印成《武林往哲遗著》前编五十二种,附刻四种。至光绪二十六年(1900),其后裔补刻《后编》十种。全书以时代为序,不分部类。所收起于李唐,终于明季,皆著名之武林先哲遗著,包括诗文、杂说、笔记之类。

【辑录】书前有丁丙自序及总目。略云:"吾杭山川清淑,人文蔚起。昔蒲氏宗孟辑诗,集三千馀家,为《钱塘集》。书久佚失,仅见其目于潜氏《临安志》。国朝吴氏城仿其体例,为《杭郡诗编》,旋亦散亡。吴氏颢踵而辑之,颢孙振棫再辑《续编》,版毁于兵。丙与先兄申不揣固陋,继之《三辑》,重雕其初、续。书成,先兄不及见矣。而前代之遗什,尚未兼采也。吴氏允嘉先有《武林耆旧集》,自唐迄明,零篇只语,靡不搜录。卢氏文弨更辑《武林杂录》数十帙,稿本虽存,排比匪易。犹子立诚曰:'与其汇集丛残,曷若先雕完整,寿之枣黎,藉以敬止。'……又烦翁铁梅、何勉亭两君助益之,起李唐,终胜国,凡成五十种,名《武林往哲遗著》,而以有明杭学,校官二家附焉。嗣有所刻,待之后编。"

【版录】

(一)清光绪中钱唐丁氏嘉惠堂刊本

参见《综录》第 432 页。是刻为丁丙侄子立诚、立中校勘,光绪二十三年至二十六年(1897—1900)刊成。半叶十一行二十一字,白口,左右双边。据原书目录,《湖山类稿》和《水云集》作一种,《山村遗集》和《稗史》作一种,《筠谷诗集》附于《李草阁诗文集》之后,《始丰稿》及《东轩集选》为附刻。

暨大　东研

[补录]

(二)1985 年江苏广陵古籍刻印社影印本

全一百二十册。

湖北大

(三)1989年台湾新文丰出版公司《丛书集成续编》本

仅有前编五十二种。所据为清光绪间唐丁氏嘉惠堂刊本。

檇李遗书

(清)孙福清辑

【传录】孙福清(1823,一作1826—?)字补璇,号介廷,又号稼亭,又号拙斋居士,室名望云仙馆。浙江嘉善人。咨部优行廪膳生,肄业诂经精舍。道光二十九年己酉(1849)科浙江选拔第一名。咸丰元年(1851)举人。曾私淑张履祥,与方濬师、李光庭等交游。历官大理寺评事,宰山西阳城、襄垣,广东阳山、新兴,皆有惠政。同治十二年癸酉(1873)作《新州元旦》自注谓:"予今年正五十。"著有《望云仙馆遗稿》,辑刻《檇李遗书》二十馀种。

【叙录】是编凡二十七种,八十卷。所收均为明清两代檇李(今嘉兴)学者的著作。其中有文集、诗集、词集,也有诗话、赋话、画论等。孙氏刊刻此丛书意在保存和流布这些地方文献。他在张履祥《杨园先生未刻稿》跋云:"此未刻稿者若干卷,向藏嘉兴沈廉仲司马处,福恐其久而散佚,因为详校付梓,以广其传。"他还认为地方文献的流布,也是表彰乡先贤潜德之举。他在跋曹庭栋《老老恒言》中称赞曹氏著书有"寿世寿民,老吾老以及人之老"的愿望,故他"爰重校付梓,以广流传"。孙氏这一类的跋语,还见之于朱彝尊《鸳央湖棹歌》、方薰《山静居画论》、周之镆《薇云室诗稿》、黄宪清《拙宜园词》、彭孙遹《延露词》等书中。

【版录】

清光绪四年(1878)秀水孙氏望云仙馆刊本

参见《综录》第433页。孙氏在许多书中所撰跋均署光绪六年(1880)。

湖州丛书

(清)陆心源辑

【传录】参见《十万卷楼丛书》。

【叙录】是编凡十二种,七十五卷。收录清代湖州徐养原、严元照、杨凤苞、施国祁、施补华五人著述。然一郡邑撰述当不止此,疑刻而未毕。

徐养原(1758—1825)字新田,号饴庵。德清人。嘉庆副贡生。精三礼,墨守郑氏而多所发明,通六书、古音、历算、舆地、氏族之学。丛书中收其《周官故书考》《论语鲁读考》及《仪礼古今文异同》等三部考证古今之作。

严元照(1773—1817)字久能,一作九能、修能。归安人。诸生。聚书数万卷,多宋元版本。丛书中收其《尔雅匡名》《娱亲雅言》《悔庵学文》及《柯家山馆遗诗》等四种。

杨凤苞(1754—1816)字传九,号秋室。归安人。嘉庆时诸生。熟明季事。丛书中仅收《秋室集》一部,然陆氏独为之作叙,介绍其生平、著述以及该书流传雕板始末。

施国祁(1750—1824)字非熊,号北研。乌程人。诸生。工诗词古文。其为文议论纵横,时露精悍之色。丛书中收其《礼耕堂丛说》《史论五答》及《吉贝居暇唱》等三种。

施补华(1836—1890)字均甫。乌程人。同治举人,山东道员。丛书中仅收其《泽雅堂文集》一部。

【版录】

(一)清光绪中湖城义塾刊本

参见《综录》第434页。约刊于光绪十一年(1885)。有的藏本仅七种或八种。

首都师大　中大　华南师大

[补录]

(二)1989年台湾新文丰出版公司《丛书集成续编》本

所据为清光绪间湖城义塾刊本。

吴兴丛书

刘承幹辑

【传录】参见《嘉业堂丛书》。

【叙录】是编凡六十六种,八百五十六卷。刘氏尝以浙之东西均各为保其乡邦文献,刻先贤遗著,而《湖州丛书》,寥寥四家,似未完足,又其深具乡曲爱憎之见,取舍颇偏。因举湖州一郡七属,尽四部之撰述,以十馀年之力,于民国十二至十八年(1913—1929)刊成《吴兴丛书》,广为流传。全书以经、史、子、集四部分类排列,计经部七家十三种,一百五十六卷;史部九家十种,一百八十五卷;子部七家八种,八十五卷;集部二十九家三十五种,四百零一卷。其中除宋人著述五种,元人一种,明人十种之外,馀均为清人著述。集部之书最多,占整部丛书的半数以上。内诗文别集和诗文评之著述,具有较高的文学价值。是编之校雠与审定,实由缪荃孙主其事。所选版本之多为精校足本或未刊稿本,间亦用刻本。各书多附有跋文,对版本来源及作者的生平、履历、志趣、学识、学术渊源和书的主旨等作了简明的叙述,并兼有评论。书前有叶昌炽序、自序及总目。

【辑录】自序略云:“钱塘丁氏、归安陆氏藏书先后散佚,其馀诸家亦间为馀所有者。两间宝气之所萃不能久聚,理固然欤,独其丛书尚流布于人间。惟陆氏仅刻十馀种而止,余颇思赓续成之。顾斯事体大,非旦夕所能奏功。癸丑岁,购得《吴兴备志》稿本,同人怂恿授刻,嗣即接刊谈钥《吴兴志》等书,迄今十有馀年。……计成经部七家一百五十六卷,史部九家一百八十五卷,子部七家八十五卷,集部二十九家四百一卷。庶几继陆氏之所刻而足成其所未备。”

叶昌炽序略云:“翰怡盛年嗜学,当横流之日,毅然以斯文为己任。海上书舶,悬金以待其至,通部故家之所藏不胫而自出。又得艺风前辈、芷姓同年为之鉴别,校雠精审,正定可传。”

【版录】

(一)民国吴兴刘氏嘉业堂刊本

参见《综录》第 435 页。是刻半叶十一行二十一字,黑口,左右双边。版藏浙江图书馆。

湖北师大　暨大

［补录］

(二)1964 年上海古籍书店据吴兴刘氏嘉业堂原版重印本

是为木板线装本,凡六十四种,八百五十卷。全二百四十册。

首都师大

(三)1986 年文物出版社据刘氏原版重印本

(四)1986 年上海古籍书店据刘氏原版重印本

(五)1989 年台湾新文丰出版公司《丛书集成续编》本

凡六十六种,八百五十六卷。所据为民国间吴兴刘氏嘉业堂刊本。

绍兴先正遗书

(清)徐友兰辑

【传录】徐友兰(1842—1905)字佩之,号叔葆,又号孑民居亭主人,室名八杉斋、铸学斋、融经馆等。浙江会稽(今绍兴)人。光绪七年(1881)捐资为户部员外郎,一年后辞职,留心于工商,创办缫丝厂。与罗振玉、朱祖荣等创办上海农会和《农学报》。家有述史楼,喜藏书和金石书画,先后积藏达十万馀卷。编有《述史楼书目》等,著有《群书拾补识语》一卷,辑刊《绍兴先正遗书》《融经馆丛书》等。

【叙录】是编凡十五种,一百七十二卷。全书分四集。徐氏以为自清乾隆间纂修《四库全书》之后，近百年来，宋元旧本，往往间出，方闻之士，挺生其间，千古绝学，多有绍述。其间著作殆逾万卷，而能付梓者，十不得七，零星草稿，束诸高阁。若不幸经历兵燹，旧稿故纸，将付劫灰。故效“海虞”“汲古”“岭南”“粤雅”之启发坠简，网罗旧闻，辑得十五种，于光绪十三年至十九年(1887—1893)间分四集印行。所收诸书，除第三集之《澹生堂藏书目》为明人祁承㸁所著外，其馀皆为清人撰述。各书均附徐氏跋语，此乃“远仿《直斋解题》之作，近用《曲园录要》之例”。书前有徐氏《征刻绍兴先正遗书启》。

【版录】

(一)清光绪中会稽徐氏铸学斋刊本

参见《综录》第439页。是刻半叶十行二十三字，白口，左右双边。书口下方镌“古越徐氏校本”“会稽徐氏重刊”“越中徐氏刻本”诸字。

暨大

[补录]

(二)1989年台湾新文丰出版公司《丛书集成续编》本

所据为清光绪十三年至十九年(1887—1893)会稽徐氏铸学斋刊本。

台州丛书一名名山堂丛书

(清)宋世荦辑

【传录】宋世荦(1765—1821)字卣勋，号确山。浙江临海人。乾隆举人。以教习官陕西扶风县知县。著有《周礼故书疏证》《仪礼古今文疏证》《游唐王山记》《确山骈体文》《红杏轩诗钞》《文则校语》等。

【叙录】是编凡九种，九十二卷。全书分甲、乙两集。甲集凡四种，二十卷；乙集凡五种，七十二卷。宋氏平生研求经训，熟于谐声假借之例。尤喜博采遗闻，广搜轶典，以流传先哲遗著。是编即其官扶风知县时所辑刊。子目包括：甲集：明王士性《广志绎》五卷、宋戴复古《石屏诗集》十卷、清冯甦《见闻随笔》二卷、宋陈骙《文则》二卷附宋氏《校语》一卷。乙集：宋陈耆卿《赤城志》四十卷、宋林表民辑《赤城集》十八卷、清冯甦《滇考》二卷、明金贲亨《道南书院录》五卷和《台学源流》七卷。所选宋人著述四部、明人二部、清人三部，均为流传极少或世所罕见之书。如宋人著述中，《石屏诗集》用天一阁藏弘治本，《文则》用旧钞本，《赤城志》用传抄明弘治本。明清人著述亦不多见，且有较高的价值。如《广志绎》为作者宦游所至，搜考遗闻编纂而成。凡山川险易、民风物产，无不详核。《四库全书总目》仅存其目。《滇考》《见闻随笔》二书，记明末诸王及吴三桂滇中称帝诸事，为考晚明史者奉为圭臬。此书虽有刊本，但已残缺，宋氏得传抄本，重校付印。一部小型地方丛书，其收书虽少，但校勘审慎，并开浙中乡贤丛书刊刻之先声。清末民初，杨晨又将所搜得的宋元明见存各文集，重加整理，抄存辑补，进行校勘，编成《续台州丛书》《台州丛书后集》和《台州丛书己集》。至此，属籍台州的宋元两代文集，基本略备，弥补了宋氏《台州丛书》之不足。

【版录】

（一）清嘉庆道光间临海宋氏刊本

参见《综录》第440页。杨家骆《丛书大辞典》著录此书不分集，子目与《综录》相同，惟编次有异。其中《道南书院录》和《台学源流》二种为附刻。另又列《名山堂丛书》于后，亦分甲、乙两集。甲集子目与《综录》所载相同，乙集仅列《赤城集》及《滇考》二种。

首都师大　中大　华南师大　东研

［补录］

（二）1989年台湾新文丰出版公司《丛书集成续编》本

仅甲集七种，八十卷。所据为嘉庆道光间临海宋氏刊本。提要云："原书签题《台州丛书甲集》，本有分集续出之意，竟未之果。"

续台州丛书

（民国）杨晨辑

【传录】杨晨（1845—1922）字蓉初，又字定甹，号定夫，又号定叟。浙江黄岩人。光绪三年（1877）进士，官至山东道监察御史。藏书处名崇雅堂，藏有古籍万馀卷，又藏有岳飞手迹。著有《诗考补订》《三国志札记》《河西杨氏家谱》《三国会要》《路桥志略》《台州艺文略》《台州金石略》《崇雅堂文稿》等十馀种。

【叙录】是编凡十种，九十二卷。台州一地，诗文理学俱盛，代有才人，且多有专集。唯年经久远，传钞多佚，文献零落。至宋世荦始刊为丛书之后，两浙各地，闻风而起，其尤盛者仍推台人。如临海叶书之《荫玉阁丛书》、黄岩王棻之《台州丛书续编》，皆刊行于清季。民国以后，杨氏又锐意访求郡贤著述，重为校理辑补，先后辑成丛书三刻：光绪二十四年（1898）刊《续台州丛书》十种，九十二卷；民国四年（1915）刊《台州丛书后集》十七种，四十七卷；民国八年（1919）刊《台州丛书己集》十二种，五十一卷。是编子目包括：宋车似庆《五经论》一卷、明项霦《孝经述注》一卷、明陈选注《孝经正义》一卷、清杨鹰扬《参易发凡》一卷、宋车垓《双峰先生内外服制通释》七卷、元陈应润《周易爻变义蕴》四卷、明谢铎《伊洛渊源续录》六卷、宋李庚等辑《天台集》十五卷、明谢铎修《赤城新志》二十三卷、明谢铎辑《赤城后集》三十三卷。内有宋人著述三部、元人一部、明人五部、清人一部。其规模及收录范围远远超过了宋氏的《台州丛书》。

【版录】

清光绪二十四年(1898)翁氏刊本

参见《综录》第 441 页。

台州丛书后集

(民国)杨晨辑

【传录】参见《续台州丛书》。

【叙录】是编凡十七种,四十七卷。承《续台州丛书》而辑。总目仅列十六种,实则包括明陈函煇所撰《小寒山自序年谱》(又名《孤忠遗稿》),共计唐、宋、元人著述各二种,明人三种,清人八种。书前有杨晨自序。

【版录】

(一)民国四年(1915)黄岩杨氏刊本

参见《综录》第 441 页。《杭州大学图书馆线装书总目》著录为"清咸丰五年刻本"不知何据。

[补录]

(二)民国石印本

(三)1989 年台湾新文丰出版公司《丛书集成续编》本

所据为民国四年(1915)黄岩杨氏刊本。

仙居丛书第一集

(民国)李镜渠辑

【传录】李镜渠(1900—1951)字秋禅。浙江仙居人。曾就读于临海省立六中和南京高师,后又东渡日本深造。20 世纪 30 年代起在省教育厅、参议会、国民党省党部任秘书等职。撰写文稿并任省通志馆分纂。1935 年倡议创办中山小学。1937 年,日寇侵华危难中任民生中学董事长。1947 年倡导利用民中旧址筹建私立正谊中学。著有《项子迁诗考异》一卷。

【叙录】是编凡十二种,七十四卷。收录唐代至明代浙江仙居往贤遗著。仙居县,古号安洲,属台州。台州素有"小邹鲁"之称,丛书刊刻风气颇盛,自嘉庆间宋世荦辑刊《台州丛书》起,此后踵事增华者颇众。然李氏以为,仙居自唐宋以来,名贤辈出,著作宏多,而以往所编丛书收是邑著述仅《项子迁诗》《湖山集》《丹邱生集》寥寥三种而已。遂广搜遗佚,董理旧闻,"独以抱残守阙,表微阐幽自任",乃出其"兰雪草堂"累世所藏,并访求乡贤遗著孤本,辑为《仙居丛书第一集》。郡邑丛书中,以一邑为限者,此为首创。全书略以时代为次,不分部居。各书原刻序跋题记概予录存,若原书有疑义,则参稽他本。其有非邑人所作而有关仙居掌故者,亦予甄录。书前有石桥褚传诰、慈溪陈训慈及临海项士元三人序,又有王荦题词及李镜渠自序。

【版录】

(一)民国二十四年(1935)排印本

参见《综录》第 441 页。

首都师大　暨大

[补录]

(二)1989 年台湾新文丰出版公司《丛书集成续编》本

所据为民国二十四年(1935)排印本。

续金华丛书

(民国)胡宗楙辑

【传录】胡宗楙(1867—1935)字季樵,室名梦选楼。浙江永康人。光绪间举人,民国间实业家。其父凤丹先取所藏刻成《金华丛书》六十八种,七百三十卷。胡氏继承父志,博访乡邦文献,辑成《续金华丛书》六十种,以补前辑之未备。著有《东莱吕太史文集考异》《倪石陵书考异》《鲁斋王文宪公文集考异》《渊颖吴先生集考异》《敬乡录考异》等。

【叙录】是编凡六十种,五百零八卷。先是凤丹(字月樵)以金华一郡,撰述最富,遂设退补斋书局,就家中旧藏,汇刻成《金华丛书》,凡六十八种。宗楙朴学醇谨,孳孳不倦。承父志续刻六十种,以补前辑之未备。所收自晋迄明之历代遗书,多为《四库全书总目》著录,亦有未收者,如《金华唐氏遗书》等。内容包括羽翼经传、关系政要,以及天文、医算、诗话、论文集等。所选版本皆旧钞或原刊,至于其父已刊之书,亦重加校雠,补其遗阙。全书以经、史、子、集四部分类,每类之下再以时代先后为序。书前总目标注所据版本。卷首有傅增湘序、自序及凡例。

【辑录】湘序云:"永康胡月樵先生观督鄂中领官局,复以金华一郡撰述最富,征诸《四库总目》。自唐以来,凡百六十五种,辑为提要八卷,就所藏弆,次第开雕。比解组还浙,刻书之志不懈益勤,成《金华丛书》六十八种。……比岁,晤公子季樵于京师,朴学醇谨,孳孳不倦,续刻《金华丛书》得五十有八种。凡前辑之缺卷逸文,咸加斠补,或博访秘钞古刻,重付雕镌。搜香之富,校雠之精,匪特继承先志。而于文事凋敝之馀,补缀阙遗,网罗邦献,其诣力殆百倍前人,抑更有进者。……先生父子于宏编秘笈,甄采靡遗,是不惟一郡之华而上下千载。理道宗传,隐相系属,当时惟永嘉学派差足抗衡,而瑞安刊本仅二刘、横塘、竹轩、水心、浪语诸集,犹未尽餍读者之志。视此钜编,盖远逊矣。"

【版录】

(一)民国十三年(1924)永康胡氏梦选楼刊本

参见《综录》第443页。是刻半叶十四行二十六字,黑口,四周单边。《赜斋稿》《齐山稿》二种附于《继志斋集》后。各书所据版本如次:

经部

《周易窥馀》十五卷　《四库全书》本

《书集传或问》二卷　《通志堂经解》本

《义门郑氏家仪》一卷　明刊本

《左氏传续说》十二卷　文澜阁本

《春秋经传辨疑》一卷　《四库全书》本

史部

《孙威敏征南录》一卷　旧钞本

《敬乡录》十四卷附考异一卷　旧钞本

《金华贤达传》十二卷　结一庐藏孝义堂本

《金华先民传》十卷　抱经堂藏明钞本

《义乌人物记》二卷　明嘉靖刊本

《金华赤松山志》一卷　《四库全书》本

《职源撮要》一卷　杨惺吾藏日本度会县校钞本

子部

《丽泽论说集录》十卷　宋刊本

《格致馀论》一卷　明刊《古今医统正脉》本

《局方发挥》一卷　明刊《古今医统正脉》本

《丹溪先生金匮钩玄》三卷　明刊《古今医统正脉》本

《重修革象新书》五卷　旧钞本

《地理葬书集注》一卷　元刊本

《栾城先生遗言》一卷　《百川学海》本

《野服考》一卷　旧钞本

《物异考》一卷　《说郛》本

《历代制度详说》十五卷　旧钞本

《齐谐记》一卷　玉函山房本

《善慧大士传录》三卷附录一卷　傅氏刻本

《周易参同契通真义》三卷　明刻《金丹正理大全》本

集部

《绛守居园池记注》一卷　明弘治刊本

《默成文集》四卷　《四库全书》本

《东莱吕太史文集》十五卷别集十六卷外集五卷附录三卷附考异四卷　宋刊本

《金华唐氏遗书》十四卷　张作楠重编本

《香山集》十六卷　文澜阁本

《倪石陵书》一卷附考异一卷　旧钞本

《癖斋小集》一卷　《南宋群贤小集》本

《灵岩集》十卷　八千卷楼旧钞本

《云溪稿》一卷　吕氏刻本

《敏斋稿》一卷 吕氏刻本

《鲁斋王文宪公文集》二十卷附考异一卷　双鉴楼藏明正统刊本

《学诗初稿》一卷　《南宋群贤小集》本

《史咏诗集》二卷　八千卷楼藏本

《存雅堂遗稿》五卷　《四库全书》本

《紫岩于先生诗选》三卷　天福山房钞本

《竹溪稿》二卷　吕氏刻本

《渊颖吴先生集》十二卷附录一卷附考异一卷　元至正刊本

《金华黄先生文集》四十三卷　影钞元至正本

《柳待制文集》二十卷附录一卷　元至正本

《吴礼部文集》二十卷附录一卷　汪鱼亭藏旧钞本

《屏岩小稿》一卷　文澜阁本

《药房樵唱》三卷　旧钞本

《樵云独唱诗集》六卷　汪孟慈藏旧钞本

《白石山房逸稿》二卷补录一卷　八千卷楼钞本

《尚䌹斋集》五卷　《四库全书》本

《继志斋集》二卷　明万历刻本

《膭斋稿》一卷　明万历刻本

《齐山稿》一卷　明万历刻本

《竹涧先生文集》八卷奏议四卷　明嘉靖刊本

《少室山房类稿》一百二十卷　明刊本

《庚溪诗话》二卷　《百川学海》本

《吴礼部诗话》一卷　鲍氏刻本

《龙川词》一卷补一卷　汲古阁本

《竹斋诗馀》一卷　《六十名家词》本

《燕喜词》一卷　四印斋本

首都师大　暨大　东研

[补录]

(二)1983年江苏广陵古籍刻印社据梦选楼原版校补影印本

共十一函一百二十册。

湖北大　暨大

(三)1989年台湾新文丰出版公司《丛书集成续编》本

凡五十八种，四百九十六卷。所据为民国十三年(1924)永康胡氏梦选楼刊本。

永嘉丛书

(清)孙衣言辑

【传录】孙衣言(1814—1894)字琴西，一字劭闻，晚号遁叟。浙江瑞安人。道光进士。端雅好学，喜谈经济，搜辑其乡邦文献甚勤。官至太仆寺卿，乞休归，有《逊学斋诗文钞》。

【叙录】是编凡十三种，一百九十一卷。孙氏文辞遒劲，素以振兴永嘉学派自任，故搜辑乡邦先哲遗著不遗馀力，自南北藏书家辗转抄得宋人文集若干种，悉令其子诒让(1848—1908，字仲容，号籀庼)精心雠正，而后付梓。全书以宋人诗文集居多，清人著述只有二种。其中宋有刘安上、刘安节、许景衡、薛季宣、林季仲、陈傅良、叶适、刘黻、王致远等九家十种，清有谷诚、孙希旦等二家二种。所选多为久无刊本或原刻欠佳之本。书前并无总目，故坊间增损，种集不一。

【版录】

(一)清同治光绪间瑞安孙氏诒善祠塾刊本

参见《综录》第444页。是刻半叶十三行二十二字，黑口，左右双边。

中大　首都师大　暨大

[补录]

（二）清同治光绪间瑞安孙氏诒善祠塾刊光绪二年至八年（1876—1882）武昌书局汇印本

是书系随刻随印，种数无定，以十五种本为最多见。《综录》所未收如下二种：

《礼记集解》六十一卷　（清）孙希旦撰

《习学记言》五十卷　（宋）叶适撰

（三）1989 年台湾新文丰出版公司《丛书集成续编》本

凡十三种，一百九十卷。所据为清同治光绪间瑞安孙氏诒善祠塾刊本。

敬乡楼丛书

（民国）黄群辑

【传录】黄群（1883—1945）字溯初。浙江永嘉县人。为梁启超弟子，国会议员，参加过民国公会。从事藏书三十年，得宋、元、明、清旧椠四百馀种，均属乡贤遗著，其中有宋、元、明清仅存之椠本，诸家收藏之传抄未刊之书近百种，也有孙诒让《温州经籍志》所未著录者，或著录而实已散佚者，辟"敬乡楼"藏储之。收藏乡先哲字画亦甚夥，如明人何丹邱山水立轴、清陈用斋兰竹山水及书法多种。藏书之外又延请学者校辑刊成《敬乡楼丛书》。

【叙录】是编收书三十八种，凡二百七十三卷。此丛书之辑刻，目的在于表征，凡所刊之书，必视世无刊本，或刊后复佚，不再流传者；或刊本虽存，而其中多缺佚者，乃校勘付梓。而辑校亦极为矜慎，取先有别本可互勘者才采用，校勘亦极为精审。民国十七年（1928）延诸刘景辰为之校理。从自藏书中选印十种，为《敬乡楼丛书》第一辑；翌年，复梓行八种，为第二辑；至民国二十年（1931），黄氏因事入都，由刘绍宽继其辑校之事，选印十种为第三辑；迨民国二十四年（1935），复由黄氏选印十种为第四辑。四辑所收书，计宋人十种，元人四种，明人十六种，清人九种。各辑之前均有总目及《校勘正误表》。此丛书内容广泛兼及经、史、子、集四部。

【版录】

民国永嘉黄氏排印本

参见《综录》第 444 页。

浦城遗书一名浦城宋元明儒遗书

(清)祝昌泰等辑

【传录】祝昌泰(1783—1850)字躬瞻,号东岩。福建浦城人。家豪于赀,好礼乐善,尚义急公,曾以数万金捐充鳌峰、南浦两书院,又独力捐修县城,创建文昌阁,改造浮桥等。由国学生援例捐刑部郎中,后又加捐知府,故人称“东岩太守”。留意风雅,筑“有斐园”于越山之麓,与祖之望、梁章钜时常过从宴游。留心乡邦文献,在祖之望、梁章钜的协助下,捐资校刊《浦城遗书》十数种。

【叙录】是编凡十四种,一百零七卷。收录宋元明清浦邑先哲遗书。由乡人刑部尚书祖之望(1755—1814,字载璜,一字舫斋,晚字子久)倡刊。清嘉庆间,祝氏乞养归里,以“吾邑独少藏书家”为憾,遂补葺遗书。后经祝氏汇集梓行,并由梁章钜点校。嘉庆十六年至十七年(1811—1812)先成《留香室丛刊》十种,至十九年(1814)增刊《詹元善先生遗集》《真子四书集编》《四朝闻见录》《谢参军诗钞》四种,汇编为《浦城遗书》。所选先达遗书,如《武夷新集》《西崑酬唱集》《何博士备论》《春渚纪闻》《四书集编》《真山民集》《杨仲弘集》等皆四库馆及文澜阁藏本。《四朝闻见录》乃出自《知不足斋丛书》本。其馀则为浦城旧家所藏。至于自浦城迁外邑或外邑迁浦城者之著述,亦皆刊入。各书以时代先后排列,卷首均附作者小传。书前有祖之望及梁章钜二序。

【版录】

(一)清嘉庆中浦城祝氏留香室刊本

参见《综录》第 445 页。

首都师大　东研

[补录]

(二)1989 年台湾新文丰出版公司《丛书集成续编》本

所据为清嘉庆间浦城祝氏留香室刊本。

三怡堂丛书

张凤台辑

【传录】张凤台(1857—1925)字鸣岐。河南安阳人。光绪二十一年乙未(1895)科贡生,赐进士。曾任河北省元城、吴桥、束鹿等县知县,吉林省长春府知府,东三省总督衙门参议。入民国后,任河南巡按史、参政院参政以及省长等职。著有《鹿岩乡土志》,创办河南通志局并自任总裁,督修《林县志》等,提倡学术,流传旧籍,贡献颇大。

【叙录】是编凡十七种,一百七十五卷。张氏以河南乃中原文物旧邦,素喜发扬乡邦文献,遂辑豫贤撰述,汇为《三怡堂丛书》。所收大多为宋、元、明、清学者之遗稿、诗文等。其中宋人二种,元人二种,明人七种,清人六种。所选之书,多为难得罕见之本。如明李濂所辑《汴京遗迹志》,仅有四库本;清郑廉《豫变纪略》,清乾隆焚禁之书,向无刻本。此外,明孟洋《孟有涯集》、王祖嫡《师竹堂集》二种均为罕见之本。

【版录】

(一)清光绪至民国间河南官书局刊本

参见《综录》第445页。是书系随刻随印,子目除《综录》所载外,尚有:

《师竹堂尺牍》二卷　(明)王祖嫡撰

《报庆纪行》一卷　(明)王祖嫡撰

《王师竹年谱》一卷附录一卷　(民国)刘海涵撰

[补录]

(二)1989年台湾新文丰出版公司《丛书集成续编》本

凡十六种,一百五十六卷。所据为清光绪至民国间河南官书局刊本。

(三)1990年中国书店影印本

凡六函六十册。

湖北丛书

(清)赵尚辅辑

【传录】赵尚辅(1848—1899)字翼之。四川万县人。光绪八年(1882)进士。记颂淹雅,词华典赡。以翰林编修督学湖北,倡实学,厘文体,杜绝请托,风骨峻嶒。其德行、文章、诗词,在湖北、蜀川一带广为流传。

【叙录】是编凡三十一种,二百九十卷。乃赵氏官湖北学政时所辑。编成于光绪十七年(1891)。所收皆明、清两代湖北人著述。其中经部之书最多,凡十五种,史部五种,子部十种,集部最少,仅《楚辞》一部。内所收明人著述,以郝敬(四种)、陈士元(五种)为最多。全书除《楚辞》(王逸章句)为要籍之外,它如《江汉丛谈》《四书逸笺》《绎志》《读书说》《蠕范》等亦值得注意,于学术不无裨益。全书收录重要典籍不多,但原书刊本流传稀少,故有可使其不致湮没之功。是编前后无序跋,书名页背题"光绪辛卯三馀草堂藏板"。

《御定易经通注》后,有"提督湖北省学政翰林院编修臣赵尚辅谨付梓"一行。每书均有校字、复校、续校人姓名,计二十八人之多,足见其校勘之慎审。

【版录】

(一)清光绪十七年(1891)三馀草堂刊本

参见《综录》第445页。是刻半叶十行十八字,黑口,四周单边。

《湖北大学中文古籍书目》著录有清光绪元年(1875)湖北崇文书局刊本。凡三十三种。

暨大　华南师大　东研

[补录]

(二)民国二十四年至二十六年(1935—1937)上海商务印书馆《丛书集成初编》本

所据为清光绪赵尚辅校刊本。

(三)1969年台湾艺文印书馆影印本

据清光绪赵尚辅校刊本影印。凡二十七种。见《湖北大学中文古籍书目》。

湖北先正遗书

(民国)卢靖辑

【传录】卢靖(1856—1948)字勉之,号木斋。湖北沔阳(今仙桃)人,生于老河口。光绪举人。曾任天津武备学堂算学总教习。历知直隶赞皇、南宫、定兴、丰润等县,保升多伦厅同知。后署直隶、奉天提学使,民国后从事工商业。晚年隐居天津、北平。主张废科举,兴学校。创办天津、保定图书馆及各种专门学校、中小学堂多所。又喜藏书,建"知止楼"蓄书十馀万卷。在天津经营实业时,刊印书籍,大量捐赠以振兴教育事业。1928年捐建南开大学图书馆,并以"木斋图书馆"命名。1936年创办北平私立木斋图书馆。著有《代数术补草》《合声易字》《古辞令学》《四库湖北先正遗书提要》等。曾刊刻《慎始基斋丛书》《沔阳丛书》及是编。

【叙录】是编凡七十五种,七百二十卷。全书以经、史、子、集四部分类。其中经部十种,史部十种,子部三十种,集部二十五种。所收皆湖北先贤著述。卢氏藏书,志在经世。尤精算术之学,因念"新旧绝续之交,水火兵戈,乘除纷扰,往籍湮晦,文献沦亡",遂与弟弼(1876—1967,字慎之)"搜罗乡贤之遗著,汇为一省之丛编"。初,卢氏原拟搜罗散佚,择要刊布。然恐学识不逮,徒为识者所哂,故所收惟《四库全书》著录之书。各书皆选善本,其无传本者,则借印文津阁本。至于《湖北丛书》已收者,人所习见或有单行本者,以及与物理科学相背,瞀惑学人,阻滞进化者,均不刊入。书前有卢靖、卢弼序及例言、总目、《四库湖北先正遗书提要》等。

【辑录】卢靖序略云:“会新旧绝续之交,水火兵戈,乘除纷扰,往籍湮晦,文献沦亡,失今不图,后将无及。遗山中州之集,稚雨山左之钞,前哲典型,高风未邈。自忘衰朽,愿效涓尘,搜罗乡贤之遗著,汇为一省之丛编。启来学之观摩,彰九幽之潜德。抱兹闳愿,积有岁,年老病侵,寻卒,卒未果,至今年始得奋勉为之。幸吾弟慎之助我搜讨,复承海盐张君菊生、江安傅君沅叔、吴兴刘君翰怡、蒲圻张君乾若、潜江甘君药樵、汉阳李君星桥、周君退舟,各出善本相假,而《湖北先正遗书》第一辑七百馀卷始观厥成。噫,自创议迄今,已五更寒暑矣。虽然此七百馀卷特四库著录者耳,其附存目及存目所未及者,尘霾蠹蚀,为类尚繁。区区之意,尚拟博访旁搜,赓续刊布,兹编特嚆矢焉耳。”

卢弼序云:“兄有《湖北先正遗书》之辑,往复商榷,初拟搜罗散佚,择要刊布。兄谓吾辈学识不逮古人,萧兰并撷,珉玉杂陈,徒为识者所哂。四库所收,世有定评,乃先就著录者,选择善本为第一辑。其流传绝少之本,则假文津阁本印行。凡经之属十,史之属十,子之属三十,集之属二十五,都七十五种,为卷七百二十。……睹是辑之成,岂特吾兄弟之幸,实以识斯文之幸也。”

【版录】

(一)民国十二年(1923)沔阳卢氏慎始基斋景印本

参见《综录》第 446 页。

中大　首都师大　暨大　湖北大　东研

[补录]

(二)1989 年台湾新文丰出版公司《丛书集成续编》本

所据为民国十二年(1923)沔阳卢氏慎始基斋影印本。

沔阳丛书

(民国)卢弼辑

【传录】卢弼(1875—1967)字慎之,号慎园。湖北沔阳(今仙桃)县人。卢靖弟。自幼好学不倦,早年肄业于湖北经心、两湖书院。曾两次东渡日本留学。光绪三十四年(1908)回国,应学部试,获法政科举人。民国时期任国务院秘书长、政事堂秘书、平政院评事等职。五十岁后辞官,潜心学术研究,刊行善本书籍,收藏善本曾达数十万卷。馀暇浏览群籍,博涉旁探。对目录学、版本学和校雠学颇有研究。与兄合编《四库湖北先正遗书提要》,著有《三国志集解补》《慎园文选》等。

【叙录】是编凡十二种,九十卷。卢弼喜藏书,以表彰先哲、保存文献为己任。助兄刊刻《湖北先正遗书》。之后又汇集明、清先贤遗著,编成《沔阳丛书》。所收诸书,除《沔阳州志》《内方先生集》《市隐园集》为明人著作外,其馀均系清人遗著。书前有卢弼自序及总目。

【版录】

(一)民国沔阳卢氏慎始基斋刊本

参见《综录》第 447 页。

[补录]

(二)1989 年台湾新文丰出版公司《丛书集成续编》本

所据为民国间沔阳卢氏慎始基斋刊本。

湖南丛书

(民国)孙文昱等辑

【传录】孙文昱(1882—?)字季虞。湖南湘乡人。曾任湖南大学教授,改编江永《四声切韵表》为《四声切韵类表》,试图反映古今韵部的分合情况。著有《周易总义考证》《周礼总义考证》《学林考证》《小学初告》《经学概论》等。

【叙录】是编凡十种,七十一卷。刊于民国十四年至十五年(1925—1926)。所收皆湘籍先贤著述。计有唐人二种,宋人四种(《综录》漏收一种),清人四种。其中宋易祓《周易总义》《周礼总义》,宋王观国《学林》三种,皆附孙氏所撰之考证。旁征群籍,参考异同,正伪补脱,有功于学者甚多。书前无总目,亦无序及编例。

【版录】

(一)民国湖南丛书处刊本

参见《综录》第 448 页。是编由湖南丛书刊印处刊印。凡十种。《综录》漏收《大隐居士集》二卷(宋邓琛撰)。

[补录]

(二)1989 年台湾新文丰出版公司《丛书集成续编》本

所据为民国十五年(1926)湖南丛书处刊本。

豫章丛书又名陶辑豫章丛书

(清)陶福履辑

【传录】陶福履(1853—1911)原名福祝,字华峰,一字稚箕、绥之,号画峰,一号君赐。江西新建(今南昌)人。光绪十八年(1902)进士,历任湖南慈利、沅江、益阳知县,所至有政声,工诗文,致力经世之学,并搜求江西先哲遗著,不遗馀力,光绪十一年(1885)刻《远堂集》。著有《常谈》一卷、《怡云词》二卷。

【叙录】是编凡二十六种，二十八卷。全书分三集。收录清代豫章(江西别称)乡贤著述。陶氏笃好汉学，以豫章故人才渊薮，北宋以还，代多名人，而阮元刻《皇清经解》多藉江人之力，顾独无江人一书。因辑江人经说，所得殊多。后不欲囿于一门，乃更推之四部，于光绪二十年(1894)刊成是编。其中第一集十二种，十八卷；第二集十种，十一卷；第三集四种，十九卷。豫章文献，略见一斑。所收诸书，各附小序，以说明是书梗概。诸书多为短篇小品，虽无甚要籍，但原本颇不易得，收辑之功不可没。

别有民国胡思敬辑同名丛书，参见《综录》第 448 页。

【版录】

(一)清光绪中新建陶氏刊本

参见《综录》第 448 页。《丛书集成初编目录》收一、二集。凡二十二种，二十八卷。提要略云："是书刻于光绪二十年，喻震孟序。……所录各书，福履多自为小序，冠之简耑。第一集凡十二种，第二集凡一十种。豫章文献，略见一斑。"据此，陶氏原辑实只二集二十二种。又是编刊者《综录》作"新建陶氏"，但诸家著录均作"泾县朱氏"，疑《综录》所列第三集系泾县朱氏所增，待考。

［补录］

(二)民国二十四年至二十六年(1935—1937)上海商务印书馆《丛书集成初编》本

所据为清光绪陶福履校刊本。所收一至二集，凡二十二种，二十八卷，无《综录》所列第三集。

(三)1970 年台湾艺文印书馆影印本

据清光绪陶福履辑刊本影印。凡二十二种，亦无第三集。见《湖北大学中文古籍书目》。

豫章丛书

(民国)胡思敬辑

【传录】胡思敬(1870—1922)字漱唐，晚号退庐居士。江西新昌(今宜丰)人。光绪进士。补吏部考功司主事，授广东道监察御史。辛亥革命后，奔走于各遗老、军阀之间，力图复辟。晚年究心宋学、经史。曾为经、史、集中诸多著作写校勘记。著有《退庐文集》《退庐诗集》《退庐笺牍》《退庐疏稿》等，均收入《退庐全书》中。另辑有《问影楼丛刻初编》《问影楼舆地丛书》等。

【叙录】是编凡一百零八种，七百七十卷。清光绪中，新建陶福履曾辑刊《豫章丛书》三集二十六种。胡氏认为品种少，篇幅小，且限于清代江西人著述(明人著述仅一种)，不足以反映江西文化历史，故沿用其书名而重加辑刻。据该丛书《略例》，以下十一类书不收：一、屡经翻刻已通行者。二、书虽未经通行而同时有人认刻者。三、已入近人丛刻者。四、已入本集者。五、撰人品学不端者。六、官书非出一人之手者。七、未经名人论定者。八、卷帙过繁重者。九、书涉伪托者。十、籍贯不明者。十一、续作应附原书者。由于辑者规定的不收原则，如宋欧阳修、王安石、曾巩、黄庭坚等江西历史上的著名大家之著述均未收录，似乎也不足反映该省历史文化面貌。然其所辑已包括唐宋元明清五朝江西先哲著述，且多为累世罕见珍秘。全书不分类，大体以经史子集为次。各书后均附胡氏、魏氏的题识、跋语及校记等。书前有民国十二年(1923)《四库著录江西先哲遗书钞目》，足资参考。

【版录】

(一)民国南昌豫章丛书编刻局刊本

参见《综录》第448页。是刻刊于民国四年至十年(1915—1921)。半叶十行二十字，黑口，左右双边。

暨大　湖北大

[补录]

(二)民国十二年(1923)南昌退庐图书馆校刊本

中大　华南师大

(三)1985年杭州古籍书店南昌古旧书店合影印民国南昌豫章丛书编刻局刊本

是刊《总目》附在全书之末，单独一册。前无序跋，亦无《略例》，子目与《综录》同。

暨大

(四)1989年台湾新文丰出版公司《丛书集成续编》本

所据为民国十年(1921)南昌豫章丛书编刻局刊本。

鄱阳五家集又名鄱阳五先生合集

(清)史简辑

【传录】史简(生卒年未详)字文令。江西鄱阳(今波阳县)人。事迹未详。

【叙录】是编凡五种，五卷；附一种，一卷。所收均为鄱阳籍先贤之诗文集。计有宋代二家：《芳洲集》三卷，黎廷瑞撰。廷瑞字祥仲，宋咸淳辛未(1271)进士，授迪功郎，肇庆府司法参军。《松巢漫稿》三卷，徐瑞撰。瑞字山玉，号松巢，宋末元初人，尝为鄱邑书院山长，集末附其从子韬《仰山集》。元代三家：《乐庵遗稿》二卷，吴存撰。存字仲退，延祐元年(1314)举人，官至饶州路鄱阳县主簿。《寓庵诗集》二卷，叶兰撰。兰字楚庭，号醉渔，元太常寺礼仪院奉礼郎，末附叶懋《仅存集》一卷。懋字德新，兰之父，元时官嘉兴路总管。明代一家:《春雨轩集》四卷,刘炳撰。炳字彦昺,洪武初献书言事,授中书典签,出为大都督府掌记,除东阿知县。除此之外,书末附录近人魏元旷所撰《校勘记》一卷,胡思敬撰《校勘续记》一卷。

【辑录】是编《四库全书总目》入存目,凡十五卷,所据为江西巡抚采进本。提要略云:"是编辑其乡人之诗,自宋末至明初,凡五家。……所录以诗为主,间亦及诗馀及赋。考五家之中,惟刘炳全集有传本,已著于录。其馀四家及所附录二家,则刊本殊稀,颇赖此刻以存。其诗大都谐雅可诵,非夸饰风土,滥盈卷帙者比也。"

【版录】

(一)民国南昌豫章丛书编刻局刊《豫章丛书》本

参见《综录》第451页。

[补录]

(二)清康熙间钟陵罗文达刊本

(三)清康熙八年(1669)清风堂自刊本

是刻凡五种,五卷。子目编次亦与《综录》略异。见杨家骆《丛书大辞典》著录。

清江三孔集又名三孔清江文集、三孔先生清江文集

(宋)王蓬辑

【传录】王蓬,南宋宁宗时人。曾任临江太守。南宋宁宗庆元四年(1198)编集孔氏兄弟遗文为《清江三孔集》。

【叙录】是编凡三种,四十卷。南宋宁宗庆元年间(1195—1201),王蓬任临江太守(治所在江西清江)。北宋时,临江新喻县(今江西新馀市)孔文仲(字经父,嘉祐六年进士,官中书舍人)、孔武仲(字常父,嘉祐八年进士,官礼部侍郎)、孔平仲(字毅父,治平二年进士,官金部郎中),三兄弟皆有文名。文仲策论,平仲史学较优。三孔因与苏轼、苏辙同时,并以文章名世,故黄庭坚有"二苏联璧,三孔分鼎"之语。南渡后,三孔遗文散佚,王氏始访求搜集,得文仲二卷,武仲十七卷,平仲二十一卷,遂合而刻之。陈振孙《直斋书录解题》曾予著录,凡四十卷。《宋史·艺文志》著录为"孔文仲《三孔清江集》四十卷"。《四库全书总目》据两江总督采进本收入,四十卷。民国六年(1917)胡思敬收入《豫章丛书》,凡三十四卷,附《校勘记》一卷。书前有庆元五年(1199)周必大序。

【辑录】《四库全书总目》略云:"文仲诗仅七首,然吕祖谦《宋文鉴》载其《早行》古诗一首,乃佚而不收,《文鉴》编于孝宗淳熙四年,《舍人集》编于宁宗庆元四年,在其后二十一年,不应不见,岂蓬有所去取耶?武仲《侍郎集》,青词、斋文同题曰'制',于例未安,似非原目。平仲《郎中集》中古律诗例外,别出《诗戏》三卷,皆人名、药名、回文、集句之类,盖仿《松陵集》

杂体别为一卷例也。案王士禛《居易录》,载宋荦寄《三孔文集》,通仅五卷,惜其已非庆元之旧。士禛、荦皆家富图籍,而所见尚非完帙,则此本岿然独全,亦深足宝重矣。”

王蓮序称:“瞻乔木而慕先贤,即奠谒其像于学宫,又博访遗文而刻之,虽曰存一二于千百,然读之者知为有德之言而非雕篆之习也。总成三十卷。”

【版录】

(一)民国六年(1917)南昌豫章丛书编刻局刊《豫章丛书》本

参见《综录》第451页。是本凡三十四卷,附校勘记一卷。其中卷一至二为孔文仲《舍人集》,卷三至十九为孔武仲《宗伯集》,卷二十至三十四为孔平仲《朝散集》,末附胡思敬《校勘记》一卷。《藏园订补郘亭知见传本书目》卷十六著录。傅氏跋云:“余曾据吕氏讲习堂写本校一帙,补异字佚文至多。后又用朱象玄旧藏明写本校,补平仲集佚文六卷。”

[补录]

(二)旧钞本

凡四十卷。莫友芝《郘亭知见传本书目》卷十六云:“路氏有旧钞本。”

(三)明写本

题名《三孔先生清江文集》。凡四十卷,附《孔氏杂说》一卷。墨格,十行二十字,黑口,四周双边。见《藏园订补郘亭知见传本书目》卷十六。卷一至二为孔文仲集,卷三至十九为孔武仲集,卷二十至四十为孔平仲集。傅氏跋云:“前庆元五年周必大序。后有同年王蓮跋。《杂说》后有淳熙庚子沈诜跋。钤有明朱象玄、清郁松年印。此本抄工秀美工整,流传有序,较世行本多六卷,为《三孔集》传世最善之本。”是本今藏北京图书馆。存二十二卷,包括孔平仲文一至二十一卷及《孔氏杂说》一卷。

(四)清写本

题名《三孔先生清江文集》。凡四十卷。半叶十行二十二字。见《藏园订补郘亭知见传本书目》卷十六。傅氏跋云:“分卷与上本同,后有庆云五年权发遣临江军王蓮跋,即其任职临江时命学官属吏重编定者。按今本《三孔集》中,平仲集缺六卷,王蓮跋亦残缺,此二本均有之,且可据王跋知《三孔集》成书之由,甚可贵也。”

(五)清吕氏讲习堂影抄元刊本

题名《三孔先生清江文集》。凡三十卷。半叶九行二十二字(《北京图书馆古籍善本书目》作九行二十字,无格)。见《藏园订补郘亭知见传本书目》卷十六。傅氏跋云:“版心有‘讲习堂’三字。有庆元五年周必大序。卷中‘留’‘启’二字缺笔,避吕氏家讳。钤‘保中藏书之章’。”本藏北京图书馆。

(六)清写本

题名《三孔先生清江文集》。凡三十卷。半叶十四行二十四。见《藏园订补郘亭知见传本书目》卷十六。傅氏跋云:“卷中多有空格,是从旧本照录所致。钤揆叙谦牧堂藏印。”

(七)清写本

题名《三孔先生清江文集》凡三十卷。半叶九行十八字,无格。见《藏园订补郘亭知见传本书目》卷十六。今藏北京图书馆。有鲍廷博校并跋。

(八)《四库全书》本

凡四十卷。所据为两江总督采进本。

岭南丛书

(清)吴兰修辑

【传录】吴兰修(1789—1873)字石华。广东嘉应(今梅县)人。嘉庆举人。署番禺县学训导,后补信宜县学训导,举学海堂学长,兼粤秀书院监院。工诗文词,兼通算学,尤精考据。藏书颇富,颜其室曰"守经堂"。曾任阮元主持修刻的《广东通志》《皇清经解》的编校、监修。著有《南汉纪》《南汉地理志》《南汉金石志》《荔村吟草》《桐华阁词》等。

【叙录】是编凡四种,十三卷。收录宋明间粤中人记述岭南舆地、海事、风俗、礼节、掌故等著述。所收除宋方信孺《南海百咏》一卷外,其馀三家皆明人著作,包括黄佐《泰泉乡礼》七卷首一卷、黄衷《海语》三卷、姚虞《岭海舆图》一卷。《南海百咏》见《四库未收书提要》和《宛委别藏》著录。取南海古迹,每事作七言绝句一首,注文所记多五代南汉刘氏事实,引书今多不传。明人三种均收入《四库全书》。《泰泉乡礼》记述乡间之礼制风俗,简明扼要。《海语》分为四类:风俗类凡二目,物产类凡二十九目,畏途类凡五目,物怪类凡八目,共计四十四目。书中记佛朗机事与《明史·满加剌传》稍有出入,而是书成于嘉靖初,可订史传之误。《岭海舆图》凡十二幅,首为全省图,次十府图,末南夷图。每图有叙,述其沿革形势、州县、户口、田粮课税、官兵马匹等。其叙事详今略前,详要塞略山川,详兵马钱粮略职官,详武备略文事,在志乘中别为体例。

【版录】

清道光中刊本

参见《综录》第 451 页。《海语》三卷,《广东通志》作一卷。

岭南遗书

(清)伍元薇　(清)伍崇曜辑

【传录】伍元薇(1810—1863)改名崇曜,字良辅,号紫垣。广东南海人。生平事迹参见《粤雅堂丛书》。

【叙录】是编凡五十九种,三百四十八卷。伍氏有志于辑理乡邦文献,广收明清间广东学者著述。辑刻《粤十三家集》之后，又将诗文之外的先哲遗著汇辑成《岭南遗书》。全书分六集，第一集凡六种，刊于道光十一年(1831)；第二集凡十一种，刊于道光二十五年(1845)；第三集凡十种；第四集凡七种(附二种)、第五集凡二十种，均刊于道光三十年(1850)；第六集凡五种，刊于同治二年(1863)。经、史、子部之书较多，集部诗文仅两种。作者自汉至清，尤以明清学者著述为多，主要有陈献章、丘濬、湛若水、张萱、吴兰修等。所收诸书“或传抄于延阁，或购赏于名山。或如秋水之未完，或似荆州之难借。或类编之既采，或职志之偶存。或文字舛讹，或篇第褫落。大加搜写，参订异同……类聚而求，翻缉疏录，常景耽好，以必得为期”(伍崇曜《岭南遗书序》)。

内颇多罕见之本，如《双槐纪钞》为明代野史中难得之书；《翰林记》为明代记翰林典故之仅存之本，《广东通志·艺文略》未载；《昭代经济言》，《四库全书》没能采进，存目中亦不见。《异物志》《交州记》《始兴记》都是久已亡佚之书，而由曾钊重辑，对研究广东地理风土都有较高的价值。全书由谭莹总司校勘，其参考了多种书籍，悉心勘对，补充了一些残缺，纠正了不少错讹。各书均附有跋语，其体例基本和《粤雅堂丛书》的跋语一样，颇有参考价值。书前有伍氏自序及总目。

刘锦藻《皇朝续文献通考·经籍考》纪是书云：“崇曜既赐乡举，乃与名流讨论著述，刊有《粤雅堂丛书》《广东十三家集》《楚庭耆旧遗诗前后集》。是编于道光辛卯始付劂氏，续成六集。视李调元之《函海》、赵绍祖之《泾川丛书》于乡邦文献同爇心香，良可宝也。”按是书目录分为六集，与刘氏所云合，然据伍氏自序，则谓辛卯(1831)年付刊者，仅第一集，至丁未(1847)而第二、三、四集始成。五、六集均无伍氏序跋，考其开雕之期，则五集在道光庚戌(1850)，六集在同治癸亥(1863)。前后总负校勘之责者，均谭莹一人。其第一集序署名元薇，至第二集后则署崇曜，盖刊第二集时，崇曜已改名。

【版录】

(一)清道光同治间南海伍氏粤雅堂文字欢娱室刊本

参见《综录》第451页。半叶十一行二十二字，黑口，四周单边。

中大　北师大　湖北大　暨大　静嘉堂　国会

[补录]

(二)清同治二年(1863)伍氏粤雅堂刊本

是为伍氏照旧板重刻。半叶十一行二十二字，黑口，四周单边。板存广雅书局。

华南师大

(三)民国二十四年至二十六年(1935—1937)上海商务印书馆《丛书集成初编》本

凡六十种，二百四十三卷。所据为清道光伍崇曜校刊本。

(四)1968年台湾艺文印书馆影印本

据伍崇曜校刊本影印。凡五十五种。见《湖北大学中文古籍书目》。

广东丛书

(民国)广东丛书编印委员会辑

【传录】广东丛书编印委员会。民国间,广东文物展览会之设和《广东文物》出版之后,1940年,李汉魂、叶恭绰、简又文等人"有感于地方文献保存之需要",遂有编印《广东丛书》之举。由中国文化协进会主持其事,成立广东丛书编印委员会,延请当时儒学名流分任选择校勘。

【叙录】是编凡十四种,一百十七卷。收录唐、宋、明、清之粤省先正著作。民国间由番禺叶恭绰(1881—1968,字裕甫,号遐庵)发起,后经当时广东省政府主席李伯豪以省库倡刊,遂由中国文化协进会主持其事,并设立广东丛书编印委员会,延请诸鸿儒硕学分任选择校勘,乃相与博访周咨,征求善本,裒为一编,始民国三十年(1941)分集陆续印行。欲以之"扬吾粤之光荣与雄奇,以诏天下后世","有裨于实用者至大"。全书共三集,第一集凡八种,八十卷,民国三十五年(1946)刊成;第二集凡三种,二十卷;第三集凡三种,十七卷,均于民国三十七年(1948)刊成。所收诸书,以有关广东文献者为限,并先采集广东人士之著述,但不录时人之作。所选版本,悉为罕见难得者。书前有李汉魂及叶恭绰序,附略例、书目和编印委员会职员表。

【版录】

(一)民国商务印书馆长沙景印排印本

参见《综录》第452页。民国三十年至三十七年(1941—1948)陆续排印。

中大　华南师大

[补录]

(二)1989年台湾新文丰出版公司《丛书集成续编》本

仅收第一集。凡七种,七十八卷。所据为民国三十五年(1946)上海商务印书馆影印本。

云南丛书

(民国)赵藩　(民国)陈荣昌等辑

【传录】赵藩(1851—1927)字樾村,一字介庵,别名蝯仙。白族。云南剑川人。举人出身。辛亥革命时曾为云南独立效力。1913年被选为众议员,后力赞讨袁护国运动。曾任广州护法军政府的交通部长。1920 年辞职回滇著书。著有《岑襄勤公年谱》《滇中兵事记》《向湖村舍诗集》等。

陈荣昌(1860—1935)字小圃,号虚斋。云南昆明人。光绪九年(1883)进士,任翰林院庶吉士、编修。十四年(1888)任贵州学政,继任国史馆协修、武英殿纂修。二十二年(1896)回昆,任经正书院山长、高等学堂总教习等职。三十一年(1905)赴日本考察学务,回滇后从事教育改革,创办工业、农业、师范等专科学校。辛亥革命后,任云南国学专修馆馆长、《云南丛书》名誉总纂、民国《续修昆明县志》总纂等。入民国后,辞不为官。工书,清挺雄直,而不乖泥古法。曾辑《滇诗拾遗》六卷、《二艾遗书》二卷,著有《虚斋文集》《虚斋诗集》等。

【叙录】是编凡一百九十六种,一千一百三十卷。云南自张盛传经之后,代有作者,且多具专书。名山石室,藏贮甚众。然几经盗贼兵燹之厄,或为物所限,多湮没弃置。民国三年(1914),云南总督唐继尧深有此念,以为"收拾丛残,表彰先哲,亦有司事也。爰拨定款,聘通人,俾之从事搜辑,精加校订,刊为丛书,亦犹《畿辅》《湖北》《金陵》诸丛书例也"。遂挽赵藩、陈荣昌等,收罗残编,网罗散佚,汇为《云南丛书》。全书分初、二两编。各编以经、史、子、集四部分类。民国三年(1914)始陆续刊行,至十三年(1924)告竣。所选皆明清以来云南先哲著述。书前有唐继尧序及总目。

【版录】

(一)民国云南丛书处刊本

参见《综录》第 454 页。有的书目著录为"清光绪民国间云南图书馆刊本"。半叶十行二十一字,小字双行同,黑口,四周双边。《诗法萃编》有单刻本,凡二十卷,较《综录》著录多五卷。

东研

[补录]

(二)1989 年台湾新文丰出版公司《丛书集成续编》本

所据为民国三年至五年(1914—1916)云南丛书处刊本。

汇编 · 民族类

震泽先生别集

(明)王永熙辑

【传录】王永熙(生卒年未详)字景雍。江苏吴县人。文恪公四世孙。诸生。有至性,不求闻达,笃于孝弟。弟永焘殁,永熙抚其七岁孤学伊,既长,分授如己子。好施与,能急人之急,族党婚丧不逮者,力赞成之。崇祯十四年(1641)饥疫,洊起道殣相望,永熙出收恤之,给棺一具,钱百文。发家中粟施贫乏者,活人无数。顾不乐以长者自居,或往谢之,则闭户不见。其隐德,尤人所不可及者。

【叙录】是编凡四种,六卷。王氏汇其曾祖父鏊(字济之,成化举人,历官户部尚书,文渊阁大学士)所撰《震泽长语》二卷、《震泽纪闻》二卷,父禹声(万历进士,历知承天府)所撰《续震泽纪闻》一卷、《郢事纪略》一卷等共四种合而刻之,题名《震泽先生别集》。其中《震泽长语》乃鏊退休归里随时笔录所记之书,分经传、国猷、官制、食货、象纬、文章、音律、音韵、字学、姓氏、杂论、仙释、梦兆十三类。《四库全书总目》称其"文词醇正,持论颇有根据"。

【版录】

(一)明万历中震泽王氏刊本

参见《综录》第 457 页。是刻刊于万历三十六年(1608)。半叶十行二十字,白口,四周单边。王鏊著述,除是编所收两种外,尚有《震泽集》三十六卷,《四库全书》已著录。明董其昌校刊本题名《王文恪集》(鏊,谥号文恪),明正德、嘉靖间刊本题名《震泽先生集》,均为三十六卷。有的书目将《王文恪集》或《震泽先生集》视为《震泽先生别集》之异名,不妥。

北京　北大　文学所　旅大　南京

(二)民国十年(1921)鲟溪王氏刊本

参见《综录》第 457 页。

高邮王氏遗书

(民国)罗振玉辑

【传录】参见《敦煌石室遗书》。

【叙录】是编凡七种,二十二卷。子目包括:罗振玉辑《高邮王氏六叶传状碑志集》六卷。清王念孙著述四种:《輶轩使者绝代语释别国方言疏证补》一卷、《释大》一卷、《古韵谱》二卷、《王石臞先生遗文》四卷《丁亥诗钞》一卷,清王安国撰《王文肃公遗文》一卷补遗一卷,清王引之撰《王文简公文集》四卷附录一卷。所收除罗振玉所辑一种外,均为高邮王氏一姓所著之诗文集及杂著。

【版录】

(一)民国十四年(1925)上虞罗氏排印本

参见《综录》第458页。据杨家骆《丛书大辞典》,尚有《群经字类》二卷(清王念孙撰)。《释大》作七卷。

中大　华南师大　史语　东研

[补录]

(二)民国五十六年(1967)台北文海出版社用民国十四年(1925)上虞罗氏排印本影印

是为《国学集要》之一。

东研

丛睦汪氏遗书

(清)汪篁辑

【传录】汪篁(1837—1888)字铁珊,一作铁山。浙江钱塘(今杭州)人,先世由歙迁杭。事迹未详。辑有《春星堂续集》十卷,收入《丛睦汪氏遗书》中。

【叙录】是编凡二十种,八十三卷。乃汪氏辑其先世诗文著述,起汪师韩辑《春星堂诗集》,迄汪箴《征信录》。所收包括汪汝谦、汪鹤孙、汪振甲、汪德容、汪援甲、汪师亮、汪贤衢、汪绪宜、汪科显、汪篁、汪箴、汪世隽、汪师韩、汪大任等十四人诗文集及杂著。清乾隆中,篁高伯祖师韩先梓行八种,至道光初年,篁先大父续刊十四种于珠江,其馀各稿丛杂,其先大夫拟刊未果。原已刻书板后因战乱而遗弃无存,历世遗著亦均付劫灰。同治十三年(1874),遗稿失而复得,时已刊者类多漫漶,未刊者仅存九种,篁"每念遗训深惧废堕",遂四方搜辑,综计先后所得凡二十种,于长沙先行付梓。其未得之稿十九种则编存书目,以待续刊。此二十种包括乾隆中初刊八种及道光初年续刊十四种中之五种,之外,篁增刊了七种。

【辑录】书前有光绪十二年(1886)郭嵩焘、薛振铚二序。又有总目及汪篁《总目述略》,叙是书刊刻经过甚详。序略云:"汪铁珊太守辑其先世诗文著述,起明万历之世,迄我朝道光、咸丰间,汇为巨册,题曰《汪氏遗书》。……上湖先生主东南坛坫,曾裒辑其高祖然明先生逮下三世梅坡、毅亭、云尺、沤亭诸先生遗诗为《春星堂集》十卷,并所著书八种付之梓。迨道光初年，裔孙水亭先生后搜集上湖先生遗著及历代诗文、杂说，刊于珠江，于是汪氏家集遂盛行于世。……上湖先生刻其先世遗诗历数传，而水亭先生继之又历数传，而太守于劫灰之馀，搜罗先绪，附以群从诗集约二十馀种，刻为《汪氏遗书》，而见于序目、散佚待续者尚十馀种。积八九世之留贻，更历两朝三百馀年之久而勿替，足见汪氏积累之厚，屡经兵燹而泽之，流传转增多于旧刻，太守绍之心勤而盖笃，尤人世之难能也。"

薛振钰序略云："吾乡丛睦汪氏，其先自新安迁杭，寄于商籍，代有闻人，曰丛睦，其旧屋坊名也。至韩门先生，尝以先世《春星堂集》三毁于火，版本俱失，竭力搜罗，重付剞劂，复其旧观。所惜等身作述，仅刻拙文集及杂记数种。二集续梓于道光初年，板藏羊城澥中，流播较少。此外遗稿多未刊行。自浙省两次沦陷，凡故家坊肆所庋藏，无论板刻纸钞，悉付祖龙一炬。只于顾刻书目略存其名而已。吾友铁珊直刺，丛睦裔也。……尤汲汲网罗先世散失，不坠遗型为念。岁乙酉，将有重刻《汪氏丛睦遗书》之举，时振钰乞假修墓，返擢故乡，爰钞示篇目，属为购求。所至虽多书肆，然绝无旧刻。版本家藏书，吾杭惟丁氏、董氏称最盛，而又立约不外假，非大力者不能违其说，仅捡《武林掌故》及《昭代丛书》中所刻数种，以资考订。今年春，乃出其访求所获与夫先世遗稿，凡间关出诸劫灰中者，虽丛残断烂，悉皆精选复校，录成定本，以缵先绪。仍分初、续两集付诸手民。其俟再续刊刻之书，备列子目，冀尝夙愿。……因审是书重刊颠末，谨识其繇，并就其家乘纪载，叙系填讳，各为传略，弁诸简端。其原书有待搜访补刻者，则附于本支传后，俾读者每展一卷，了然得其生平梗概。"

【版录】

(一)清光绪十二年(1886)钱唐汪氏长沙刊本

参见《综录》第 458 页。是刻半叶十二行二十四字，黑口，左右双边。据该书总目，尚有十九种逸而未刻之书，兹转录如次，供参考。

《双清阁帖考》十二卷　(清)汪汝谦撰

《棣萼堂文集》二卷　(清)汪玉立撰

《听雪轩尺牍》四卷　(清)汪玉立撰

《悔岸斋诗文集》四卷　(清)汪继昌撰

《羁音集》四卷　(清)汪文孙撰

《栖碧堂集》二卷　(清)汪鹤孙撰

《碧台集》八卷　(清)汪麒孙撰

《烟艇杂编》八卷　(清)汪麒孙撰

《坦桥胜说》十二卷　(清)汪师韩撰

《春秋三传注解补正》六卷　(清)汪师韩撰

《诗四家故训》四卷　(清)汪师韩撰

《语孟疏注辨异》二卷　(清)汪师韩撰
《平于南雅》一卷　(清)汪师韩撰
《清晖小识》一卷　(清)汪师韩撰
《四书疏注通纂》八卷　(清)汪大任撰
《远春集》一卷　(清)汪贤衢撰
《西游诗纪》一卷　(清)汪科进撰
《艺兰室存稿》二卷　(清)汪科达撰
《啸轩诗稿》二卷　(清)汪范撰

首都师大　暨大　史语

[补录]

(二)清乾隆刊本

见《中国人民大学图书馆文献参考书目录(丛书部分)》。是刻乃汪师韩之初刊本，只刻成八种，四十五卷：

《春星堂诗集》十卷　(清)汪汝谦、汪鹤孙、汪振甲、汪德容等撰
《上湖纪岁诗编》四卷续一卷　(清)汪师韩撰
《上湖分类文编》十卷　(清)汪师韩撰
《观象居易传笺》十二卷　(清)汪师韩撰
《孝经约义》一卷　(清)汪师韩撰
《韩门缀学》五卷续一卷　(清)汪师韩撰
《谈书录》一卷　(清)汪师韩撰
《诗学纂闻》一卷　(清)汪师韩撰

《综录》第501页所收汪师韩《上湖遗集》，亦乾隆刊本，子目较是刻仅少《春星堂诗集》十卷。

另，北京图书馆、清华大学图书馆藏有《汪韩门四种》十三卷，亦乾隆刊本。半叶十三行二十六字，小字双边三十八字，白口，四周单边。子目包括：

《韩门缀学》五卷续编一卷
《诗学纂闻》一卷
《谈书录》一卷
《上湖纪岁诗》四卷续编一卷

重印江都汪氏丛书

秦更年等辑

【传录】秦更年(1885—1956)原名松云,字曼青,又字曼倩、曼卿,号婴暗,又号婴暗居士。江苏江都人,晚年久寓上海。就业金融界,历任广州大清银行、长沙矿业银行、中南银行总行文书主任。1954年被上海文史馆聘为馆员。曾客寓长沙,得从叶德辉游,遂精版本目录学。家富藏书,尤精鉴赏,石药簃为其藏书处。平生致力于收藏古书与稀见近刻及碑帖、钱币,精于诗词、书画、篆刻等。所仿刻宋本,纸墨刀法几乱真;所考订皆称精审,所刻书有“善本”之目。著有《汉延熹西岳华山庙碑续考》《婴暗诗存》《婴暗题跋》《婴暗杂著》等文、诗、杂著多种,辑《姚黄集辑》一卷,收入《古今文艺丛书》第三集。

【叙录】是编凡十三种,四十七卷。收录江都汪中、汪喜孙父子之著述。其中汪中八种,汪喜孙五种。初,喜孙汇刻其父及自著书七种,包括《年谱》《述学》《广陵通典》《遗诗》《汪氏学行记》《孤儿编》《从政录》。至咸丰初元,海内麇沸,喜孙汇刻之本罕见全帙,秦更年等有感于此,遂搜访遗书,于南陵徐氏积学斋假得《汪氏丛书》家刻七种,又爰取学海堂以次各刻凡六种,共十三种,由陈乃乾等出资刊行,取名《重印江都汪氏丛书》。

所选以汪中著述为主,其子著述次之。汪中(1744—1794)字容甫,乾隆四十二年(1777)拔贡生。少孤贫好学,曾助商贾贩书,得遍读经史群书,卓然成家。曾游安徽学使朱筠、两湖总督毕沅幕,为时所重。又与王念孙、钱大昕、程瑶田、刘台拱为友,相与切磋学问。乾隆五十八年(1793)被聘检点扬州文汇阁。次年,应聘到杭州检点文澜阁《四库全书》。其为学赅博,经传诸史,旁逮医药、农艺之书,无不博览。尤长于史,凡古今制度沿革、民生利病,皆博问而详究之。是编所收其《述学》(内外篇),乃考三代典礼及文字训诂、名物象数之作;《广陵通典》乃其治舆地之作;《大戴礼记正误》《春秋列国官名异同考》《国语校文》《旧学蓄疑》等,乃其治经史之作。

是编所收汪喜孙著述仅五种。汪喜孙(1786—1847)一名喜荀,字孟慈,嘉庆举人。由员外郎出为怀庆知府。承父学,博览群书,于文字声音训诂,尤所究心。是编选录其为父所编《年谱》《年表》以及所作传记、杂著等,可资参考。

【辑录】丛书卷首有民国十四年(1925)秦更年序,目录后有陈乃乾叙跋。序略云:“孟慈汇刻之本罕见全帙,余友南陵徐君积馀有此。尝语好汪学者,借印流传,近乃得。吾友秦君曼青,为容甫乡里,与吾及门尹君石公及海宁陈君乃乾鸠资影印。……曼青卒以馀言,多方求获。于是,汪氏父子著书,凡当孟慈之世有刻本者,毕致于是,况其后出之本搜罗略备,直谓之全书可矣。……顾刊行各本,海内藏书家犹多未备。今年春,丹徒尹硕公自京师来沪。一日,聚于海宁陈乃乾寓斋,二子于汪氏之书与余有同嗜,互述所见,各有阙略，而于《遗诗》，皆仅见翻本，《年谱》则皆未之见也。相与叹聚书之难，而谋所以广其传者不容复缓。因属乃乾更事搜访，果于南陵徐氏积学斋假得《汪氏丛书》，家刻七种具在，惊喜过望，爰取学海堂以次各刻凡六种，都十有三种，并付影印，方氏《述学校勘记》附焉，于是，孟慈家刻遂得睹其全帙。”

【版录】

(一)民国十四年(1925)上海中国书店景印本

参见《综录》第459页。暨南大学图书馆藏本扉页印有“中国学术丛书第一种”诸字。

中大

［补录］

(二)清道光汪喜孙刊本

是为初刻本，题名《江都汪氏丛书》，乃汪喜孙所辑刊。收录其父及自著书各四种，共三十八卷。汪中四种包括：《述学内篇》三卷外篇一卷补遗一卷别录一卷、《容甫先生遗诗》五卷补遗一卷附题辞一卷、《春秋述义》一卷、《广陵通典》十卷。汪喜孙四种包括：《汪氏学行记》六卷、《孤儿编》三卷、《从政录》四卷、《容甫先生年谱》一卷。至民国十四年(1925)秦更年等编辑重印时，增至十三种，四十七卷。

北京、教研所、复旦、天津等馆所藏均有残缺。参见《中国古籍善本书目》(丛部)。

史语

绩溪胡氏丛书 又名世泽楼丛刊

(清)胡培系辑

【传录】胡培系(1813—1888)字子继，号子经、坞霞。安徽绩溪人。贡生。洪杨难后，以军功授宁国府教谕。少时受业于父。父卒后，入徽州府紫阳书院。时族人胡培翚以朴学倡海内，培系沐其风教，与里学者程秉钊交厚，学业益深淳。以岁贡生授宁国府教谕。其学长于三礼。著有《仪礼宫室提纲》《小檀室笔谈》《大戴礼笺证》《教士尔言》《十年读书室文存诗存》，辑有《皇朝经世文续钞》《风雨怀人录》《绩溪金紫胡氏家藏录》《绩溪金紫胡氏书目》。

【叙录】是编凡四种，十八卷。收录清代绩溪胡培翚、胡秉虔、胡澍三家文钞、字书、韵书、医书等。胡培翚(1782—1849)字载屏，一字竹村。嘉庆进士，官户部主事。其学长于礼经，阅数十年，成《仪礼正义》一书。丛书收其《研六室文钞》十卷补遗一卷。凡文八十馀篇，多为说经之作。凡无关经义者，概不收录。所论多为平日研经所得，故精确创辟者为多，文辞明畅，议论和平。胡秉虔，字春乔，一字伯敬。丛书收其二种：《说文管见》三卷《古韵论》三卷，各为字书和韵书。胡澍(1825—1872)字荄甫，一字甘伯，号石生。咸丰举人。官户部郎中。通声音训诂之学。精篆刻,嗜蓄书,兼通医术。丛书收其《黄帝内经素问校义》一卷,乃以元代熊氏本、明代《道藏》本及唐以前载籍勘正宋刻《内经》而成。

【版录】

清同治光绪间世泽楼刊本

参见《综录》第 460 页。《综录》所收凡四种,十八卷。刘声木《续补汇刻书目》所载同。孙殿起《丛书书目拾遗》著录,题名《世泽楼丛刊》,子目除《综录》所列外,尚有六种:

《教士迩言》三卷　(清)胡培系撰　清光绪七年(1881)刊

《绩溪金紫胡氏所著书目》二卷　(清)胡培系辑　清光绪十年(1884)刊

《胡少师年谱》二卷　(清)胡培翚原辑　胡培系补辑　清光绪十年(1884)刊

《丛笔轩遗稿》三卷附录一卷　(清)孙采芙撰　清光绪十三年(1887)木活字本(采芙为培系之室)

《文选笺证》三十二卷　(清)胡绍煐撰　清光绪十三年(1887)木活字本

《斋中读书》一卷　(清)胡肇昕撰　清光绪元年(1875)刊

《事状》一卷(《黄帝内经素问校义》附)　(清)胡培系撰

朴学斋丛书第一集又名朴学斋丛书

(民国)胡朴安辑

【传录】胡朴安(1878—1947)原名有忭,学名韫玉,字仲明,后改字朴安。安徽泾县人。胡氏生于著述世家,笃于孝友之情,擅于考据之学。清末在上海加入同盟会和南社。曾为南社和《国粹学派》《民立报》编辑。后任上海国民大学及持志大学国文系主任。1932 年主持《民国日报》编务。抗日战争初期,任上海《政论社》社长,抗战胜利后任及上海通志馆馆长。1947 年 7 月 9 日病逝。主要著作有《中国文字学史》《中国训诂学史》《周易古史观》《庄子章义》《墨子解诂》《太古政说考》《中华全国通俗志》《文字学研究法》等。

【叙录】是编收书二十五种,三十三卷。本丛书为胡氏一家之诗文,起自朴安祖父以下三世。其弟怀琛之著述十五种为此丛书之中坚。其有关《老子》《庄子》《列子》《淮南子》等方面的研究论文,颇有学术价值。朴安撰《家乘》于书末,书前柳亚子、陈柱、高燮各为序,并有总目。附朴安自著书目拟作《朴学斋丛书第二集》候选书目,但因辞世未能辑成第二集。胡氏有感于国家多故,干戈云扰,文献沦亡,自 1938 年起,择家藏先人以下遗著,辑刊是书。其间虽猝患脑溢血,而致瘫痪,但仍坚持工作,辑刊成《朴学斋丛书》。

【版录】

民国二十九年(1940)安吴胡氏排印本

参见《综录》第 461 页。

富阳夏氏丛刻

(清)夏震武　(清)夏鼎武撰

【传录】夏震武(1853—1930)字伯定,号灵峰、涤庵。浙江富阳人。同治十三(1874)进士,任主事。宣统二年(1910)被选为浙江教育总会会长。旋任浙江两级师范学校监督。嗣在乡讲学。著有《悔言》《人道大义录》《衰说考误》《大学演义》《孟子讲义》等。夏鼎武,字清叔。震武仲弟。所著《诗序辨》《读礼私记》等,与兄之著作合刊为《富阳夏氏丛刻》。

【叙录】是编凡七种,二十一卷。为清代浙江富阳人夏震武、夏鼎武兄弟著作之合集。其中震武四种:《悔言》六卷、《悔言辨正》六卷首一卷、《衰说考误》一卷、《寤言质疑》一卷。鼎武三种:《诗序辨》一卷、《读礼私记》一卷、《庭闻忆略》二卷附《竹坡先生遗文》一卷(辑)。所收多为子部儒家类之书。初刊于清光绪八年至十六年(1882—1890)间,民国九年(1920)捐入浙江图书馆。书前有总目,无序跋。

【版录】

(一)清光绪中刊本

参见《综录》第 462 页。是刻半叶九行二十字,白口,左右双边。

中大

[补录]

(二)1982 年江苏广陵古籍刻印社用原板重印本

全四册。

湖北大　暨大

江都陈氏丛书又名陈氏丛书、陈氏八种、江都陈氏所著书

(清)陈本礼　(清)陈逢衡撰

【传录】陈本礼(1739—1818)字嘉会,一作嘉惠,号素村。江苏江都人。幼好学诗文,家多藏书,室名"瓠室",收储宏富。勤于考订,丹黄不释手。偶得宋本精椠,尤珍藏之。

著有《屈辞精义》《汉乐府三歌注》《协律钩元》《急就探奇》，总名《瓠室四种》。

陈逢衡(1778—1848)字履长，一字穆堂。本礼子。诸生。精于考据之学。继承父业，广事搜求，秘本尤多。著有《竹书纪年集证》《逸周书补注》《穆天子传注补正》《读骚楼诗初集二集》等，后合父书刊为《江都陈氏丛书》。

【叙录】是编凡八种，一百零五卷。乃清江都陈氏父子之合集。其中收录本礼著书三种。《屈辞精义》六卷，乃其以四十馀年之力所成。从中可见作者思想进展情况，对屈赋认识程度、治学认真态度及其治学方法与过程，颇有参考价值。1987年，江苏广陵古籍刻印社将是书与《汉乐府三歌注》《急就探奇》以及《协律钩元》合编影印出版，题名《江都陈氏四种》。是四种书清时已有刊本行世，名曰《瓠室四种》。丛书收录逢衡著述四种，包括《竹书世年集证》五十卷、《逸周书补注》二十二卷、《穆天子传注补正》六卷、《读骚楼诗初集》四卷二集四卷，所载皆其考据经史所得，以及诗文、杂著等。内《竹书纪年集证》五十卷，考订颇为精详，乃集清代研究《竹书纪年》之大成。初，逢衡以孙晴川、徐文靖两家纪年之书尚未精当，遂旁搜博采，细加详释。始以群书订《竹书纪年》之讹，继以《竹书纪年》证群书之误。所引诸书及各家著述，除经史外，皆标明姓氏书目；而出自己见者，加"衡案"二字以为别。古今学者于《竹书纪年》有详述考辨，议论精当者，汇为《集说》；列作者随事驳正之重要者七十七条，而知其书之梗概，作为《叙略》。又辑录他书援引，而今本无者一百二十则，汇为《补遗》，并于条下标明出自某书某卷。

【版录】

清嘉庆道光间递刊本

参见《综录》第463页。台湾大学图书馆藏本著录为"清道光间裛露轩刊本"，凡六种。待考。

左海续集一名小琅嬛馆丛书

(清)陈寿祺撰

【传录】陈寿祺(1771—1834)字恭甫，号左海，晚年自号隐屏山人。清闽县(今属福建)人。嘉庆四年(1799)进士，授编修，历典粤、豫乡试，丁父忧归不复仕。阮元延课诂经精舍，继主讲清源、鳌峰书院。福建儒学宗程、朱义理，自寿祺始研汉字，解经得两汉大义。诗文沈博绝丽。又擅长辑佚古籍，喜收藏，藏书楼名"小琅嬛"。有《左海全集》。子乔枞(1809—1869)字朴园，一字树滋，道光举人，曾任江西临江、抚州知府，承其父志，研治经学，成为汉学大儒，其著述均收入《左海续集》。

【叙录】是编凡十二种，八十四卷。为陈乔枞考经之作。其父寿祺有《左海全集》，此书名《左海续集》，以示承袭家学，继父遗志。寿祺曾搜集汉儒旧说，与《毛诗》相印证，与经义相比附,著《齐鲁韩三家诗遗说》,还未完稿便去世。乔枞继承父志,续著《鲁诗遗说考》《齐诗遗说考》《韩诗遗说考》。汉代郑玄因有古今文经学两派互相攻击,各言各是,遂以古文为宗,兼采今文之说以附其意,综合今古文两派观点,自成一家之言,使说诗者略知 所归。于是经学者多从郑氏学。陈乔枞网罗历代旧说,与群书相比较,以证明郑氏之说,著《毛诗郑笺改字说》《诗经四家异文考》《齐诗翼氏学疏证》《诗纬集证》《今文尚书经说考》等书。此外又著《礼记郑续考》《礼堂经说》等书,以详明其经学理论。

【版录】

(一)清道光同治间刊本

参见《综录》第 464 页。

华南师大

[**补录**]

(二)清光绪八年(1882)福建重刊本

此本题名《小琅嬛馆丛书》。

河南程氏全书一名二程全书,又名二程全集、二程集、二程子全书

(宋)程颢 (宋)程颐撰 (宋)朱熹辑

【传录】程颢(1032—1085)字伯淳,世称明道先生。河南洛阳人。嘉祐进士。为鄠(今陕西户县)、上元主簿。神宗熙宁初,官至太子中允、监察御史里行。程颐(1033—1107)字正叔,世称伊川先生。官至崇政殿说书、西京国子监管勾监事。兄弟二人俱师事周敦颐,与张载、邵雍相问难,史称"理学五子",同为北宋唯心主义理学创立者。二程著述后世合辑为《二程全书》。

【叙录】是编凡六种,六十五卷。乃二程理学著作之汇编。包括《程氏遗书》二十五卷附录一卷、《程氏外书》十二卷、《程氏文集》十二卷遗文一卷附录一卷、《周易程氏传》四卷、《程氏经说》八卷、《程氏粹言》二卷。《综录》著录为宋朱熹辑。另一说,称前二种为门人所记,朱熹编辑,后四种为宋杨时编辑。材料较复杂,可靠性较差。宋时,《遗书》《外书》《经说》《文集》,号称"程氏四书"。明弘治间,李瀚序行本统编为六十五卷,不免稍失旧观(详后)。后石门吕氏取前四书,并补入《易传》《粹言》刊行,题名《二程全书》。析之则各分卷数,合之则衰成巨帙。此为通行之本,较其他本为佳。

二程著作,较集中地反映了他们所创立的唯心主义理学。在宇宙观上,提出以理作为世界万物的本体,它既是自然界最高原则,也是社会最高原则。认为理既能生万物,又能统辖万物。理在气先,理是第一性的,气可以消灭。鼓吹"天地万物一体之仁",通过"物我合一"去论证"天人合一"。在认识论上,提倡格物致知。认为格物即穷究物理,但

不是明物之理,而是明心之理。即认识天理,以防止人们“因物而迁”。反对闻见之知,轻视感性知识,注重内心的封建道德修养,鼓吹神秘主义的诚、敬。在人性论上,主张性善。性即是理。提出天理与人欲对立,生性与气禀对立。宣扬“在天为命,在义为理,在人为性。主于身为心,其实一也”。又宣扬礼即天理,“无人欲即皆天理”,这是同道、释合流的僧侣主义人性论。

【版录】

(一)明成化十三年(1477)张瓒刊本

参见《综录》第 465 页。是刻只有《二程遗书》二十五卷附录一卷。半叶九行二十字,黑口、左右双边。

(二)明万历三十四年(1606)嘉兴徐氏刊本

参见《综录》第 465 页。是刻凡六十八卷,题名《二程全书》。

东研

(三)清康熙中石门吕氏宝诰堂刊本

参见《综录》第 465 页。是为吕留良所刻。佳。

北师大

(四)清同治到民国间传经堂刊《西京清麓丛书》本

参见《综录》第 260 页。题名《二程全书》。清光绪十八年(1892)刊。

(五)清光绪中刊泾县洪氏公善堂汇印《洪氏唐石经馆丛书》本

参见《综录》第 207 页。题名《河南程氏全书》。所据为同治十年(1871)六安涂氏求我斋刊本。

(六)民国二十五年(1936)上海中华书局刊《四部备要》本

参见《综录》第 318 页。题名《二程全书》,据江宁刻本校刊。

湖北大

[补录]

(七)元至治二年(1322)临川谭善心校刊大字本

宋淳祐六年(1246)古汴赵师耕刊大字本《遗书》《外书》于明教堂,世谓“麻沙本”。同年,东川李袭之又刻之于春陵,世称“春陵本”。临川谭氏所刻,即依赵、李二本,又增刻《文集》及《经说》,标题编次一遵朱子之旧,此即宋时所谓“程氏四书”。半叶十行二十字。

(八)明弘治十一年(1498)平阳陈宣刊本

是刻凡六十五卷。题名《二程全书》。世称“李瀚序刊本”。为康绍宗重编,彭纲校正,李翰序。半叶十行二十一字,黑口,四周单边。无《综录》所列《周易程氏传》及《程氏粹言》二种。

北京

(九)明嘉靖三年(1524)李中、余祐刊本

凡五十一卷。题名《二程子全书》。只收《河南程氏遗书》二十五卷附录一卷、《外书》

十二卷、《文集》十二卷遗文一卷。半页十行二十字,黑口,四周双边。

北京图书馆收藏二部,其中一部有傅增湘校并跋。跋见《藏园订补郘亭知见传本书目》云:"《遗书》余据影写宋刊本诸儒鸣道集校,又据宋刊十一行本校。《外书》据北京图书馆藏宋刊大字残本校卷一至八。"

(十)明万历二十年(1592)蒋春芳刊本

凡六十五卷。题名《二程全书》。所收与明弘治十一年(1498)平阳陈宣本同。半叶十行二十一字,白口,四周双边。

(十一)明河南祠堂刊本

凡六十八卷。所据为明徐必达刊本。刻板不佳。

(十二)明阎禹锡刊本

凡五十一卷。无《经说》。

(十三)明金立敬重刊本

亦无《经说》。

(十四)清同治十年(1871)六安涂宗瀛求我斋重刊本

凡六十六卷。板藏金陵书局。其中《遗书》《外书》《文集》悉依谭氏刻本校订,《经说》参用弘治本,《易传》(弘治本无)校以嘉靖建宁本,《粹言》则校以正谊堂张氏本。校刻较佳。

史语

(十五)清同治十六年(1877)六安斋刊本

(十六)清光绪三十四年(1908)淡雅书局重刊本

北师大　暨大

(十七)清长沙小嫏嬛山馆翻刻吕氏宝诰堂本

凡六十五卷。书名页镌"二程全集",下镌"御儿吕氏宝诰堂刻,星沙小嫏嬛重校刊"长方篆字印记。是刻讹脱较多,但不至公然删改。半叶十一行二十二字,小字双行同,黑口,左右双边。中山大学图书馆藏本首二册为康有为批点。

首都师大

(十八)清永宁程湛等刊本

是刻任意删节原文,其他谬误难以枚举。

(十九)清同治光绪间刊《六安求我斋所刻书》本

收录《二程全书》六十八卷。同治十年(1871)刊。见杨家骆《丛书大辞典》。

(二十)《唐宋无诸名公集》本

《唐宋元诸名公集》又名《古文正集》。为明崇祯间吴县葛鼒(字端调)评辑。刊刻年月未详。书前有杨延枢、顾湘、钱谦益三序。

(二十一)1981年中华书局铅印本

题名《二程集》。王孝鱼点校,为《理学丛书》之一。

双砚斋丛书又名群碧楼丛刻

(民国)邓邦述辑

【传录】邓邦述(1868—1939)字正暗,号孝先。江苏江宁(今南京)人。光绪二十四年(1898)进士。历任翰林院编修、吉林民政司使等。光绪二十七年(1901)入端方幕府,并学习考订、鉴赏、版本、目录、金石学。光绪三十一年(1905)受命出国考察,次年回国居北京。民国初,应赵尔巽之聘,为清史馆纂修,与金兆蕃撰太祖至世宗五朝本纪。1921 年迁居江苏吴县,专事著述。曾受岳父影响,立志藏书,不惜举债高价搜购善本。有群碧楼,藏书累达三万八千卷,内以史、集两部为多。其中宋刻本一千馀卷,馀多为元刻本、旧钞名校本。后因生活无着,于 1927 年将大部分藏书售给中央研究院,改"群碧楼"为"寒瘦山房"。去世后所藏图书售给苏州集定斋、北京景文阁、东来阁、文殿阁。目录学著作有《群碧楼善本书录》《寒瘦山房鬻存善本书目》《双沤居藏书目初编》,另著有《群碧楼诗钞》《沤梦词》《六一消夏词》等。

【叙录】是编凡六种,二十九卷。收录江宁邓廷桢、邓嘉纯、邓嘉缜三人著述。廷桢(1776—1846)字嶰筠。嘉庆进士。道光间官两广总督。后又历任甘肃布政使、陕西巡抚等职。丛书收其《双砚斋诗钞》十六卷《词钞》二卷、《诗双声叠韵谱》一卷、《许氏说文双声叠韵谱》一卷、《双砚斋笔记》六卷,共四种。嘉纯,字笏臣。丛书收其《空一切盦词》一卷。嘉缜(1845—1915)字季垂。丛书收其《晴花暖玉词》二卷。

【版录】

(一)民国十一年(1922)江宁邓氏刊本

参见《综录》第 468 页。板存江苏广陵古籍刻印社。邓廷桢所著四种后增刊《青嶰堂文集》,成《双砚斋集》。

[补录]

(二)1986 年江苏广陵古籍刻印社影印本

一函十二册。见国务院古籍整理出版规划小组办公室编《古籍整理图书目录》(1949—1991)。

顾氏家集又名会稽顾氏家集

(民国)顾燮光辑

【传录】顾燮光(1875—1949)字鼎梅,号石言。浙江会稽(今绍兴)人。清光绪廪贡生。善书汉隶,能画花卉,尤精碑版学。著有《古志汇目初集》《汉刘熊碑考》《梦碧簃石言》《两浙金石别录》《河朔新碑目》《河南古物调查表证误》《袁州石刻记》以及《非儒非侠斋诗文集》等。其有关金石著述,多已收入《非儒非侠斋金石丛著》。

【叙录】 是编凡十种,二十四卷;附一种,二卷。收录清会稽顾廷纶、顾淳庆、顾家树、顾寿桢、顾迪光等人著述。顾廷纶(1767—1834)字郑乡,号凤书。丛书收其《玉笥山房要集》四卷附文一卷、《北征日记》一卷,附顾燮光辑《滦水联吟图题诗汇存》一卷续编一卷。顾淳庆,字古生,号鹤巢(一作鹤樵)。丛书收其《鹤巢诗存》一卷、《鹤巢老人语录》一卷、《衍洛图说》一卷、《学医随笔》一卷。顾家树,字号未详。丛书收其《介卿遗草》一卷。顾寿桢(1836—1864)字祖香,一字伯苍。丛书收其《孟晋斋文集》五卷外集一卷附录一卷、《周列士传》一卷。顾迪光,字华伯。丛书收其《漱尘室集诗》四卷文一卷。所收诸书,以诗文集、杂著居多。

【版录】

(一)民国十八年(1929)会稽顾氏金佳石好楼排印本

参见《综录》第469页。《孟晋斋文集》及《周列士传》二种有合刻单行本,总名《孟晋斋集》。有清同治五年(1866)见素抱朴斋刊本、清阳湖吕俊孙曼叔刊本。见杨家骆《丛书大辞典》。

[补录]

(二)仿宋聚珍本

题名《会稽顾氏家集》。不著录卷数。见杨家骆《丛书大辞典》。

本成果受2013年广东省学科建设专项资金资助

历史文献与传统文化丛刊

中国丛书综录选注

（下册）

罗志欢 撰

齊鲁書社

汇编·独撰类

王安石全集又名临川先生文集、临川集、王临川全集、王文公文集、王荆公文集

(宋)王安石撰

【传录】王安石(1021—1086)字介甫,号半山。抚州临川(今江西抚州)人。庆历二年(1042)进士。熙宁二年(1069)为参知政事,次年拜相。推行新法,后遭反对。七年罢相,以观文殿大学士出知江宁府。次年复相,九年再辞,退居江宁半山园。通经学、小学,曾与子雱及吕惠卿等重新注释《周礼》《尚书》《诗经》,成《三经新义》一书,颁之学官。另有《易义》《洪范传》《左氏解》《礼记要义》《论语解》《老子注》等,其书多已散佚。晚居金陵,作《字说》,多不从许慎《说文》和传统说解而自创新说,为"荆公新学"之一,书今不传。又工诗词,善属文。其诗遒劲清新,词虽不多而风格高峻。散文雄健峭拔,为"唐宋八大家"之一。

【叙录】是编凡五种,一百四十五卷。子目包括《王安石年谱》四卷附《遗事》一卷(清顾栋高撰)、《王安石文集》六十二卷《拾遗》一卷、《王安石诗集》三十八卷《拾遗》一卷、《周官新义》十六卷《考工记解》二卷、《唐百家诗选》二十卷(辑)。王安石官登相位,封荆国公,死谥文。后人称他为王荆公、王文公、王临川,因以名集。是编所收,王氏诗文集宋时已刊行。陈振孙《直斋书录解题》著录一百卷,晁公武《郡斋读书志》著录为一百三十卷。《宋史·艺文志》及焦竑《国史经籍志》均著录为一百卷。诗文集包括古诗、律诗、挽辞、集句、四言诗、赋、铭、赞、书、疏、奏议、状、札子、内制、外制、祭文、神道碑、墓表、墓志等,约六十万字。《四库全书》《四部丛刊》《四部备要》均有收录。1959年中华书局出版《临川先生文集》;1962年中华书局上海编辑所用"食旧德斋"所藏宋版龙舒刻本,补以日本宫内省图书寮所藏同一刻本影印了《王文公文集》;1974年上海人民出版社出版线装本《王荆公诗注》。

是编乃民国二十四年(1935)上海大东书局所刊印。除诗文集外,增刊了清人顾栋高撰《王安石年谱》《周官新义》及《唐百家诗选》三种,全书共一百四十五卷,是迄今最完备的本子。王安石不但是宋代杰出的政治家,而且是杰出的文学家。为文风格雄健峭拔,理辨透辟。其议论文成就最高,思想深刻,直陈己见,言简意深,锋芒毕露,逻辑严密,雄辩有力,形成气盛神旺、劲健奇峭的风格。记叙文数量极多,以墓志铭和"记"体文最为出色。有叙有议,章法严谨,文笔精美,深婉有致。抒情文以祭文为多,情真意挚,感叹歔欷。其诗精而富有意境,内容能反映社会现实。不少咏史、怀古的诗篇,也都寄托着政治理想和批判精神。其词传世不多,但质量颇高,能"一洗五代旧习"。是编所收《唐百家诗选》又名《王荆公唐百家诗选》。选录唐代诗人一百零四人,诗一千二百馀首。按作者时代先后排列。其取舍标准不同于一般选家,旨在阐发一般诗人,不因人而废诗。故李白、

杜甫、王维、白居易等名家均不入选。王安石为文坛卓识之士，慧眼独具，所选甚精，在诸多的唐诗选本中独树一帜。其大量文学创作和独特文风，对扫荡西昆体残馀影响颇为有力，对宋代文学的发展起了推动作用，被誉为唐宋八大家之一。其文现实性、政治性之强，又实居八大家之冠。

【版录】

民国二十四年(1935)上海大东书局排印本

参见《综录》第470页。凡一百四十五卷，除诗文集外，增刊《王安石年谱》四卷附《遗事》一卷、《周官新义》十六卷《考工记解》二卷、《唐百家诗选》二十卷。王安石诗文集宋时已刊行，以后刊刻者甚众，兹所知见者胪列如次：

(一)宋刊本

凡一百卷。题名《王文公集》。半叶十行十七字，白口，左右双边。版心上记字数，下记刻工人名。是本仅存七十六卷，又目录二卷。厚白纸印，纸背为宋人简札。据傅增湘所记，是为内阁大库佚出之书，刘启瑞藏。又一帙存卷一至七十，日本帝室图书寮藏。“二书相补，可得完帙。其卷次与《临川集》异。刘本余曾校于万历光启堂本上，以卷次不同，终难得其本真。刘氏索值二万元以上，力不克举。乃以玻璃版片倩商务京馆为摄影，庶异时与寮本配全印行，为王集留一异本。”(《藏园订补郘亭知见传本书目》卷十三)

(二)宋绍兴十年(1140)临川郡守桐庐人詹太和校定重刊本

凡一百卷。题名《临川集》。有豫章黄次山序。见《四库全书总目》。据《郘亭知见传本书目》：“宋刊元印，每页二十四行，行二十字。”明嘉靖抚州刊本即源出此本，又刻入元人吴澄序。《四部丛刊》《四部备要》据以印行。

(三)宋绍兴二十一年(1151)两浙西路转运司王珏刻元明递修本

凡一百卷目录二卷。题名《临川先生文集》。半叶十二行二十字，白口，左右双边。宋讳“构”字注“御名”。有绍兴辛未王珏跋九行，刊于浙西。版经元明递修，后入南监。有吴澄序，称危素搜诸本增补校订，比临川、金溪、麻沙、浙西诸本颇为备悉云云。永乐十五年杨士奇集诸家论说录于总目后，密行小字。卷末有“嘉靖丁亥秋仲国子监补刊完”版记二行。见《藏园订补郘亭知见传本书目》。

傅增湘跋称：“此书余所见凡三四帙，自藏一帙，均明补明印，明补版黑口，四周双阑或左右双阑，无一为宋印者。明代刊本均从此本出。”北京图书馆藏本为黄廷鉴校。

(四)宋绍兴二十一年(1151)两浙西路转运司王珏刻元明递修本

是刻半叶十二行二十字，白口，间细黑口，左右双边。见《北京图书馆古籍善本书目》。

(五)明嘉靖二十五年(1546)应云鹫刊本

凡一百卷。题名《临川王先生荆公文集》。半叶十一行二十二字，细墨口，四周双边。版心题“荆公文集”。有嘉靖丙午陈九学后叙，章衮书后及应氏识语，言取家藏旧本雠校翻刻云云。见《藏园订补郘亭知见传本书目》。北京图书馆藏本有岷玙子跋。

(六)明嘉靖三十九年(1560)何迁刊本

凡一百卷,目录二卷。题名《临川先生文集》。半叶十二行二十字,白口,左右双边。版心题"临川集几"。前有嘉靖三十九年王宗沐序,言德安吉阳何先生巡抚江西,刻公集于抚州云云。次为黄次山序,卷后又有嘉靖二十五年陈九学后序,章衮书后,及临川县知县应云鸑序。然其行款又从宋本而不从应本。王重民先生考证后称:"余疑是集初为应侯所刻,何氏巡抚抚州时,攘为己功,不过嘱王宗沐另冠新序而已。"见《中国善本书提要》《藏园订补郘亭知见传本书目》及《北京图书馆古籍善本书目》。

(七)明万历四十年(1612)王凤翔光启堂刊本

凡一百卷,目录二卷。题名《新刻临川王介甫先生文集》。半叶十行二十字,白口,四周单边。有万历四十年李光祚序云:"其玄孙凤翔,别号荆岑者,往往镌名家文集于金陵,遍行海内。"北京图书馆藏本为傅增湘校。

(八)1959年中华书局上海编辑所排印本

凡一百卷,补遗一卷。题名《临川先生文集》。以临川本为底本校点,并附各家所辑诗、文、词佚篇一卷。见国务院古籍整理出版规划小组办公室编《古籍整理图书目录》(1949—1991)。

(九)1962年中华书局上海编辑所影印本

题名《王文公文集》。用食旧德斋所藏宋版龙舒刻本,补以日本宫内省图书寮所藏同一刻本影印。见张俊、李道英主编《中国古代文学名著辞典》。

张子全书

(宋)张载撰

【传录】张载(1020—1077)字子厚,学者称横渠先生。陕西眉县人。嘉祐二年(1057)进士,官至崇文院秘书,同知太常礼院。因长期讲学关中,其学派称"关学",与濂、洛、闽并称宋代理学四大学派。著作甚多,后人将其著作编为《张子全书》。

【叙录】是编凡七种,十三卷,又拾遗一卷,附录一卷。所收张氏理学著作包括《西铭》《东铭》(以上合一卷)、《正蒙》二卷、《经学理窟》五卷、《易说》三卷、《语录抄》一卷、《文集抄》一卷、《拾遗》一卷、《附录》一卷。其中《正蒙》《易说》《文集抄》中的文章为张载手书的著作,其馀为历年讲学的记录。《西铭》原为《正蒙·乾称篇》的首段,朱熹为之作注,独立成篇,列于卷首。《正蒙》乃订正蒙昧之意,倡言"太虚即气",是张载最重要的哲学著作。明清之际王夫之《张子正蒙注》对它作了解说和阐发。张载在政治上主张实行井田制,均贫富,主张利民。在宇宙观上,以"虚"为本体,以为"虚者,天地之祖,天地从虚中来","天地之道,无非以至虚为实"。主张"万物皆有理","事无大小,皆有道在其间";并以"众人之心同一”为义理，而“天下义理，只容有一个是，无两个是”。在社会观上，主张变通，“变而通之以尽利”，“功业见乎变”。在认识论上，主张穷理尽性，以为“穷理亦当有渐，见物多，穷理多，如此可尽物之性”，又以客观事物作为认识的来源，主张“人本无心，因物为心”。张载的唯物主义哲学思想，同程、朱唯心主义理学在思想体系上截然不同。他的学派，是宋代理学中的唯物主义学派，对后代唯物主义哲学的发展有重大影响。

【辑录】《四库全书》据编修励守谦家藏本抄录，亦十四卷附录一卷。提要云：“此本不知何人所编，题曰《全书》，而止有《西铭》一卷、《正蒙》二卷、《经学理窟》五卷、《易说》三卷、《语录钞》一卷、《文集钞》一卷，又《拾遗》一卷。又采宋元诸儒所论及行状等作为《附录》一卷，共计十五卷。自《易说》《西铭》以外，与史志卷数皆不相符。又《语录》《文集》皆称曰‘钞’，尤灼然非其完帙。盖后人选录之本，名以《全书》，殊为乖舛。然明徐时达(《四库简明目录标注》作‘徐必达’)所刻已属此本，嘉靖中吕柟作《张子钞释》，称文集已无完本，惟存二卷。康熙己亥，朱轼督学于陕西，称得旧稿于其裔孙五经博士绳武家，为之重刊。勘其卷次篇目，亦即此本。则其来已久矣。”

《四库全书总目》称：“张子之学，主于深思自得，本不以著作繁富为长。此本所录，虽卷帙无多，而去取谨严。横渠之奥论微言，其精英业已备采矣。”

【版录】

(一)清嘉庆十一年(1806)郿县故里刊本

参见《综录》第470页。

(二)清光绪三年(1877)夏州李氏刊本

参见《综录》第470页。

(三)清康熙至乾隆间刊《朱文端公藏书》本

参见《综录》第496页。所据为高安朱氏刊本。半叶九行二十一字，花口，四周单边。此外，尚有清光绪二十三年(1897)朱衡等重刊本。

(四)清同治至民国间传经堂刊《西京清麓丛书》本

参见《综录》第260页。凡十五卷，附一卷。刊于清光绪十七年(1891)。

(五)《四库全书》本

参见《综录》第94页。

(六)民国二十五年(1936)上海中华书局排印《四部备要》本

参见《综录》第318页。所据为高安朱氏刊本。

[补录]

(七)明万历三十四年(1606)徐必达刊《合刻周张两先生全书》本

徐必达，《四库全书总目》作“徐时达”。是刻收周敦颐《周子全书》七卷、张载《张子全书》十五卷。均为朱熹注。半叶十行二十字，白口，四周双边。见《北京图书馆古籍善本书目》。

(八)明万历四十八年(1620)沈自彰凤翔府官刻本

见赵国璋、潘树广《文献学辞典》，吴枫《简明中国古籍辞典》。

(九)清康熙五十八年(1719)高安朱轼刊本

宋朱熹注。见《北京师范大学图书馆中文古籍书目》《杭州大学图书馆善本书目》。

(十)清康熙六十一年(1722)刊本

宋朱熹注。见《北京师范大学图书馆中文古籍书目》。

(十一)清嘉庆十一年(1806)上元叶世倬补刊本

凡十四卷,附录一卷。见《郘亭知见传本书目》。

(十二)清同治九年(1870)刊本

见阳海清《中国丛书综录补正》。

(十三)清光绪九年(1883)临潼横渠书院补刻乾隆本

见《北京师范大学图书馆古文古籍书目》。

(十四)清抄本

凡十五卷。半叶十行二十字,小字双行同,白口,四周双边。见《北京图书馆古籍善本书目》。

(十五)1932年至1958年上海商务印书馆刊《国学基本丛书》本

朱熹注。1935年4月初版,7月再版。见《湖北大学中文古籍书目》。

(十六)1978年中华书局《张载集》本

以多种版本校勘,补遗。书前有张岱年《关于张载的思想和著作》一文。书后附录有关张载的行状、史传载记及各种版本的叙录等。见国务院古籍整理出版规划小组办公室编《古籍整理图书目录》(1949—1991)。

朱子遗书又名紫阳丛书

(宋)朱熹撰

【传录】朱熹(1130—1200)字元晦,一字晦庵、遁翁,别号考亭、紫阳。江西婺源人,侨居福建建阳。绍兴十八年(1148)进士。累官转运副使、焕章阁待制、侍讲、秘阁修撰,终宝文阁待制。少时师事李侗,为二程四传弟子,继承发展了二程理气之说,建立了完整的客观唯心主义理学体系,世称程朱理学。晚年主讲考亭、紫阳书院,因人施教,弟子众多,其学风对后世影响甚大。其整理文献,注释古籍,疑古文《尚书》之伪,不信《诗序》,多有新解。后人将其诗文及生徒问答编为《晦庵先生朱文公文集》《朱子语类》等。

【叙录】是编凡十五种,一百一十三卷。重要著作有《论语或问》《孟子或问》《伊洛渊源录》《国朝诸老先生论语精义》《孟子精义》《易学启蒙》《诗序辨》《孝经刊误》等,朱子思想,内中尽有体现。其中《伊洛渊源录》记周敦颐以及程颐、程颢门下弟子言行事迹,以二程思想为详。身列程门而言行并不显著,亦具录其姓名字号备考。旨在以前贤矜式后人。书成于乾道九年(1173)。自始,宋人谈道学者分为两派,门户分明,水火相争。《宋史》道学、儒林诸传皆据此书。除朱熹著述外,尚有托名黄瑞节《朱子阴符经考异》《朱子周易参同契考异》二种,又辑宋谢良佐《上蔡先生语录》(朱熹辑)、宋石嶅辑《中庸辑略》两种。

【版录】

(一)清康熙中御儿吕氏宝诰堂刊本

参见《综录》第470页。杨家骆《丛书大辞典》著录有初刻、二刻之分。初刻至《上蔡先生语录》止,馀为二刻。另《朱子阴符经考异》作《阴符经注》,《朱子周易参同契考易》作《参同契注》。

首都师大　史语

(二)清同治至民国间传经堂刊《西京清麓丛书》本

参见《综录》第260页。凡十二种,二百四十八卷;附一种,一卷。清贺瑞麟辑。清光绪十二年(1886)刊。题名《朱子遗书重刻合编》。收入该丛书正编。子目较康熙吕氏宝诰堂本少《孟子精义》《朱子阴符经考异》《朱子周易参同契考异》三种,另无《论语或问》《孟子或问》,而有《四书或问》三十九卷,附《朱子遗书重刻记疑》一卷。《易学启蒙》四卷后尚有《启蒙五赞》一卷。

[补录]

(三)清额勒精额王秉必校刻白鹿洞本

凡十七种。题名《紫阳丛书》。全书分初刻、二刻。从《国朝诸老先生论语精义》始为"二刻"。子目较《综录》所列少《近思录》一种,多《大学或问》二卷、《中庸或问》三卷。另《延平李先生师弟子答问》作《延年答问》,《朱子阴符经考》作《阴符经注》,《朱子周易参同契考异》作《周易参同契注》。《国朝诸老先生论语精义》作二十卷。见杨家骆《丛书大辞典》。

庐陵周益国文忠公集又名文忠集、益国周文忠公全集、周益文忠公集、周文忠公全集、周文忠大全集、周益国公全集、周益国公大全集、平园集

(宋)周必大撰

【传录】周必大(1126—1204)字子充,一字洪道,自号平园老叟。吉州庐陵(今江西吉安)人。绍兴进士。孝宗时除起居郎,应诏上十事,皆切时弊。权给事中、秘书少监、中书舍人。言事不避权贵。任枢密使时,创诸军点试法,整肃军政。孝宗淳熙末年拜左丞相,封济国公,推荐朱熹入朝。光宗时封益国公。后以观文殿大学士出判潭州。庆元初以少傅致仕。著书八十馀种,如《玉堂类稿》《玉堂杂记》《二老堂诗话》等,后人汇编为《益国周文忠公全集》。

【叙录】是编凡十三种,二百卷。乃其子纶所编。陈振孙《直斋书录解题》、《四库全书

总目》等皆著录。全集包括《省斋文稿》四十卷、《平园续稿》四十卷、《省斋别稿》十卷、《词科旧稿》三卷、《掖垣类稿》七卷、《玉堂类稿》二十卷、《政府应制稿》一卷、《历官表奏》十二卷、《奏议》十二卷、《奉诏录》七卷、《承明集》十卷、《杂著述》十三种二十三卷、《书稿》十五卷、《附录》五卷。周必大与陆游、杨万里、范成大交谊均深。今存诗六百馀首。其诗多善状物。因其掌内外制时间很久,故朝廷不少重要文章均出自他手。他为当时人文集所作序极多,可借以考察宋代文献著述情况。题跋多卷,偏重于史料考据,材料丰富。另为同时缙绅士大夫所作墓志碑传亦极多,反映各人生平史实。周必大为南渡后台阁之冠,岿然负一代重名。著作之富,自杨万里、陆游以外未有能及之者。

【版录】

(一)清道光二十八年(1848)欧阳棨瀛塘别墅刊咸丰元年(1851)续刊本

参见《综录》第471页。凡十三种,二百卷,首一卷附录五卷。半叶十行二十四字,白口,左右双边。道光二十八年(1848)刊成十一种,咸丰元年(1851)续刊《杂著述》二十三卷、《书稿》十五卷、《附录》五卷。北京图书馆藏本有傅增湘校并跋。

[补录]

(二)宋刊本

凡二百卷。题名《文忠集》。半叶二十行十六字。见《藏园订补郘亭知见传本书目》。

(三)宋开禧二年(1206)周纶编刊本

凡二百卷。附年谱一卷、附录五卷。题名《周益文忠公集》。半叶十行十六字,白口,左右双边。见《藏园订补郘亭知见传本书目》。傅氏跋云:"版心上记字数,下记刊工人名,其刊工与庆元二年周必大所刊《欧阳文忠公大全集》多同,当即周氏自刊于吉州者也。卷中避宋讳至'廓'字。周氏家讳凡'必大'名及其曾祖'衎'、祖'说'、父'利建'名讳皆缺末笔。"又云:"按:此即莫氏著录之上海郁松年宜稼堂旧藏宋本也。自郁转归陆心源皕宋楼,清末随陆氏藏书俱归日本岩崎氏静嘉堂。"北京图书馆藏本存二卷(即《书稿》卷一至卷二)。

(四)明祁氏澹生堂抄本

凡二百卷,附年谱一卷、附录五卷。题名《周益公文集》。半叶十行二十字,白口,蓝格,左右双边。见《郘亭知见传本书目》《北京图书馆古籍善本书目》。

(五)明绿格写本

二百卷,附年谱一卷、附录五卷。半叶十二行二十七字,白口,左右双边。见《藏园订补郘亭知见传本书目》。傅氏跋云:"存《思陵录》二卷。卷首小题在上,大题在下,犹存宋刊旧式,上题'思陵录上',下题'周益文忠集□□□□□',贾人挖去卷次,以充全帙。钤揆叙印。"

(六)明抄本

卷数、书名同上。半叶九行二十四字,细黑口,黑格,四周双边。北京图书馆藏本有张本渊跋。其中《省斋文稿》卷一至卷八、卷二十五至卷二十八,《省斋别稿》卷一至卷四,

《玉堂类稿》卷十七至卷二十,《政府应制稿》,《奏议》卷一至卷七配清末赵氏旧山楼抄本。见《北京图书馆古籍善本书目》。

(七)明抄本配清抄本

卷数、书名同上。半叶九行十七字,蓝格,细蓝口,四周单边。北京图书馆藏本为黄丕烈校跋并抄补,陆拙生校并跋,周星诒跋。见《北京图书馆古籍善本书目》。

(八)清初蓝格写本

卷数、书名同上。半叶九行二十字。存《平园续稿》四十卷。见《藏园订补郘亭知见传本书目》。

(九)清抄本

卷数、书名同上。乃四库底本。半叶十行二十字或二十一字,无格。见《北京图书馆古籍善本书目》。《郘亭知见传本书目》有《文忠集》二百卷,著录为"四库依抄本",疑即是本。

(十)清金氏文瑞楼抄本

卷数、书名同上。半叶十行二十一字,白口,左右双边。见《北京图书馆古籍善本书目》。

(十一)清抄配本

卷数、书名同上。半叶十一行二十四字,黑格,白口,左右双边。见《北京图书馆古籍善本书目》。

(十二)清江西刊本

凡二百十五卷。合附录二十九种。见《郘亭知见传本书目》。

(十三)《四库全书》本

凡二百卷。所据为浙江鲍士恭家藏本。提要云:"是集即史所称'平园集'者是也。开禧中,其子纶所手订。以其家尝刻《六一集》,故编次一遵其凡例。"

(十四)民国二十六年(1937)吉安刘氏《宋庐陵四忠集》本

参见《综录》第880页。凡二百卷,首一卷,附录五卷。题名《周文忠公全集》。其馀三家为:欧阳修《欧阳文忠公全集》、胡铨《胡澹庵先生文集》、文天祥《文信国公全集》。

真西山全集又名真文忠公全集、西山全集、西山先生真文忠公全集

(宋)真德秀撰

【传录】真德秀(1178—1235)字景元,后改希元,世称西山先生。建宁浦城(今属福建)人。宋庆元进士。学术继承朱熹,与魏了翁齐名。他知金有必亡之势,曾上书请停付岁币。加强军备,兴淮南屯田,强兵足食,以谋自强。因被史弥远排斥,屡任外官。端平元年(1234)被召入京,反对收复两京。临安谚谓:"若要百物贱,须待真直院,及至唤得来,搅做一锅面。"以讥其无补时政。次年任参知政事兼侍读,不久病卒。曾谓"天下未尝

有无理之器,无器之理";"若舍器而求理,未有不蹈于空虚之见"。庆元党禁弛,程朱理学得以复盛,多赖其力。有《真文忠公集》。

【叙录】是编凡七种,一百五十三卷。真氏学宗朱熹,故其著述均力崇朱子之绪论。全集中重要的几种著述:《大学衍义》,因《大学》之义推而衍之,皆征引经训,参证史事,旁采先儒之论,以明法戒。其大旨在于正君心、肃宫闱、抑权幸。企图以儒家所谓诚意、正心、修身、齐家、治国的理论解决理宗朝政治上的问题。《读书记》分类诠录,身心性命、天地五行以及先儒授受源流,无不加以详明。名言绪论,征引极多,皆有裨于研究。至于致治之治,《衍义》所未及详者,亦有所补充。《心经》集圣贤论心格言,而以诸家议论为之注。《政经》采典籍中论政之言列于前,而以行政之迹列于后,题曰"传",以区别之。《文章正宗》分辞令、议论、叙事、诗歌四类,录《左传》《国语》以下至于唐末的著作,持论甚严,大意主于理论而不论文。顾炎武评曰:"真希元《文章正宗》所选诗,一扫千古之陋,归之正旨。然病其以理为宗,不得诗人之趣。"(《日知录》)其《续集》都是北宋时文章,缺诗歌、辞命二门。《西山文集》除所载诗文之外,有《对越甲乙稿》《经筵讲义》《翰林词草》三种自分卷帙,其馀为序、记等著作。

【辑录】《四库全书总目》云:"德秀生朱子之乡,故力崇朱子之绪论。其编《文章正宗》,持论严刻,于古人不贷尺寸。而集中诸作吹嘘释、老之焰者,不一而足,有不止韩愈《罗池庙碑》为刘昫所讥、《与大颠诸书》为朱子所摭者,白璧微瑕,固不必持门户之见,曲为隐讳,然其他著作,要不失为儒者之言,亦不必竟以一眚掩也。"《四库全书总目》对真德秀的文章作了评价:"德秀虽号名儒,其说亦卓然成理,而四五百年以来,自讲学家以外,未有尊而用之者,岂非不近人情之事,终不能强行于天下欤。然专执其法以论文,固矫枉过直,兼存其理以救浮华冶荡之弊,则亦未尝无裨。"

【版录】

(一)清康熙中家祠重刊同治中印本

参见《综录》第471页。

[补录]

(二)清真氏家祠拱极堂刊本

此本所收之《西山真文忠公读书记》甲集三十七卷,乙集四十卷,丙集二十二卷,丁集二卷。《综录》所载仅四十卷,疑所收为乙集。又此本《西山真文忠公年谱》之著者为清代真采。以上见施廷镛主编《中国丛书目录及子目索引汇编》。

北师大

兹将《真西山全集》所收的重要版本及其收藏单位列后:

《大学衍义》

(1)元刻本,四十三卷　二十册

每半叶十一行,每行二十一字,黑口,左右双边。

北京

(2)元刻本,四十三卷　六册

每半叶九行,每行十七字,白口,四周双边。

(3)明刻本,四十三卷　三十六册

每半叶十行,每行二十字,白口或黑口,四周双边。

北京

(4)明刻本,四十三卷　二十八册

每半叶十一行,每行二十一字,小字双行同,黑口,左右双边。

北京　科学

《西山先生真文忠公文集》

(1)明嘉靖刻本,五十一卷　十二册

每半叶十行,每行十八字,大黑口,四周双边。

北京

(2)明正德十五年(1520)刻本,五十五卷

每半叶十行,每行十八字。黑口,四周双边。

北京

(3)明万历二十五年(1597)景贤堂刻本,五十五卷

每半叶十行,每行二十字,白口,四周双边。

北京

(4)明万历二十五年(1597)景贤堂刻本崇祯十一年(1638)重修本

每半叶十行,每行二十字,白口,四周双边。

北京　人大

《西山真文忠公读书记》

(1)宋开庆元年(1259)福州官刻元修本

甲集三十七卷,乙集下二十二卷,丁集二卷,每半叶九行,每行十六字,小字双行十四字,白口,左右双边。

北京

(2)宋福州学官元明递修本

甲集三十七卷,每半叶九行,每行十六字,白口,左右双边。

北京

《西山先生真文忠公文章正宗》

(1)元刻本,二十四卷

每半叶十行，每行二十字，黑口，左右双边。

北京

(2)元刻明修本，二十四卷

每半叶十行，每行二十字，小字双行同，细黑口，左右双边。

北京

(3)明嘉靖五年(1526)安正书堂刻本，二十四卷

科学

白石道人四种

(宋)姜夔撰

【传录】姜夔(约 1155—1209)字尧章。饶州鄱阳(今江西鄱阳县)人。平生未仕。寓居浙江吴兴(今湖州市)之康武，与白石洞天为邻，自号白石道人。长于音律，博学，善诗文，工书法，尤以词精深。其诗初学黄庭坚，后走上独创道路。其词现存八十馀首，多游记与咏物之作。由于精于音律，其自制曲词为宋词家所无与比肩。代表作有《长亭怨慢》等。

【叙录】是编凡七种，十六卷。收录姜氏诗词、诗说、评论、书谱等。包括《白石道人诗集》二卷集外诗一卷、《诸贤酬赠诗》一卷投赠诗词补遗一卷、《白石道人诗说》一卷、《白石道人歌曲》四卷别集一卷、《白石诗词评论》一卷补遗一卷、《白石道人逸事》一卷集事补遗一卷、《白石道人续书谱》一卷。姜氏乃南宋著名诗人、词人。其诗今存一百八十馀首。诗作精于造语，气格浑厚。诗名在当时仅逊于尤袤、杨万里、陆游和范成大。然其诗名又向为其词名所掩。其词今存八十馀首，词作重格律，多写景咏物之作。咏物与抒情结合，常以意境寄托心情。题材虽多不出婉约派传统，但其词风神潇洒，有一股隽雅峭拔之气，是典型的婉约派词，而又有所创新，别具一格，对后代词人发生过很大影响。其中《白石道人诗说》共收三十条，论创作之法，语词不多，透彻简明，其自度曲，注有旁谱，词与谱并存，具有音乐文献价值。

【版录】

(一)清乾隆八年(1743)江都陆氏刊二十一年(1756)歙县江春补刊本

参见《综录》第 471 页。陆本原仅有诗集、诗说、歌曲三种。陆氏卒后，板归歙人江春，江氏于乾隆三十六年辛卯(1771)增刻逸事、评论、投赠诗若干条，但亦无《续书谱》。

是刻有乾隆三十六年江春序云："此集刻自陆氏渟川，渟川旧雨襟契，向联吟社，今墓草已宿，而此版归我，为之慨然。陆氏本故有集事、评论各如干条，投赠诗文如干首。族子云溪病其未备，广搜博采，所得复多于前。逭暑馀暇，因与汪子雪礓重加审订，附锓于末。汪与吾侄皆喜倚声，盖善学白石者。"据此，《综录》著录为乾隆二十一年补刊，疑

有误。

(二)清同治十年(1871)桂林倪鸿刊本

是书题名《白石道人四种》始于倪氏。其四种指《诗集》《诗说》《歌曲》《续书谱》。是刻半叶九行二十一字,白口,左右双边。书前有同治十年倪鸿《白石道人集序》、乾隆八年陆钟辉《姜白石诗词合集序》、乾隆三十六年江春序。书末有乾隆二十一年姜文龙《白石道人合集跋》。

倪鸿序云:"《白石诗集》一卷附诗说一卷、《歌曲》四卷、《别集》一卷、《续书谱》一卷,四库皆著录。其通行者有陆氏钟辉刻本、姜氏文龙刻本、江氏春刻本。姜本、江本皆出于陆本,然陆本无《续书谱》,姜本则有之。江本亦无《续书谱》,而有《评论补遗》《集事补遗》《投赠诗词补遗》。今刻陆本三种及姜本《续书谱》、江本《补遗》,并增《四库简明目录》《诂经精舍集·姜夔传》。其《歌曲》旁注《字谱》,临写陆本,无一笔舛误。白石尚有《绛帖平》一书,当续刻之也。"

暨大

玉海又名王氏玉海

(宋)王应麟撰

【传录】王应麟(1223—1296)字伯厚,号深宁居士,学者称厚斋先生。浙江庆元(今宁波)人。淳祐元年(1241)进士。宝祐四年(1256)再中博学鸿词科。历官西安主簿、太常博士、秘书郎、著作郎、起居舍人兼国史编修、实录检讨、礼部尚书兼给事中等。少颖悟,九岁通六经。后从学王野,致力于典章制度之学。学问渊博,于经史百家、天文地理等皆有研究,尤精于史地考证。著有《困学纪闻》《小学绀珠》《词学指南》《通鉴答问》《姓氏急就篇》《诗地理考》《四明文献集》《诗考》等二十馀种。

【叙录】是编凡二百卷,附刻十四种,六十二卷。南宋通儒硕士,多自"博学鸿词"科出,故王氏辑古今诗词文粹、历史故事、巨典鸿章、诸子百家、成语典故等编成是书,以备预试之用。书成,其稿失而复得,中多缺误,后经其孙王厚为之重加整理校补编次后刊行。全书分天文、律历、地理、帝系、圣文、艺文、诏令、礼仪、车服、器用、郊祀、音乐、学校、选举、官制、兵制、朝贡、宫室、食货、兵捷、祥瑞等二十一门二百四十馀类。采书引文必注书名,制作更改,详记月日。各书多附提要,概述方式撮叙事实,间有考证,体例与一般类书不同。明刘鸿川曾据是书编成《玉海纂》二十二卷。据《增订四库简明目录标注》等书载,至元三年(1337)刊原板于浙东,原本不存。至元六年(1340)庆元路儒学刊《玉海》,并附十三种,半叶十行,行二十字,并仿赵体书。至正十一年(1351)王氏校补印本,补刻六万馀字。明代成化、弘治间原板归南京国子监,正德、嘉靖时递有修补,讹处甚多。万历十五年(1587)赵用贤补校四千馀叶，旧本存不及半。清康熙二十六年(1687)李维钱复补三千馀叶。乾隆三年(1738)康基田又修补，世称“三朝本”。嘉庆十年(1805)与江宁藩库刊本“二十一史”板俱毁于火。光绪九年(1883)浙江书局重刊，以文澜阁《四库全书》本为底本，校以元本及所引之书，附张大昌《校补玉海琐记》。1978年台湾大化书局据台湾“中央图书馆”藏五种善本、日本京都建仁寺两足院所藏珍本影印出版，定名为《中日合璧本玉海》。

【辑录】《四库全书》据两江总督采进本收录，凡二百卷附《辞学指南》四卷。提要称其“胪列条目，率钜典鸿章。其采录故实，亦皆吉祥善事，与他类书体例迥殊。然所引自经史子集，百家传记，无不赅具。而宋一代之掌故，率本诸实录、国史、日历，尤多后来史志所未详。其贯串奥博，唐宋诸大类书未有能过之者”。又叙其版本源流云：“其书元时尝刊于庆元路，版已久佚。今江宁有南京国子监刊本，以应麟所著《诗考》《诗地理考》《汉艺文志考》《通鉴地理通释》《王会篇解》《汉制考》《践阼篇解》《急就篇解》《小学绀珠》《姓氏急就篇》《周易郑注》《六经天文编》《通鉴答问》等书附梓于后。案：明贝琼《清江集》有所作应麟孙王厚墓志，称应麟著《玉海》，未脱稿而失。后复得之，中多阙误。厚考究编次，请于阃帅锓梓，并他书十二种以传。据此，则诸书附梓，实始于元代。惟琼称庆元初刻之，时附书十二种，而今为十三种。庆元刊书原序，亦言公书锓于郡学者凡十有四，《玉海》其一。则十三种为不误。或《清江集》传写之讹欤。又卷首载浙东道宣慰司刊书牒文，称《玉海》实二百卷，而今本乃合《辞学指南》为二百四卷。婺郡文学李桓序所列卷目，已与今同。疑即当时校刻者所附入。相沿已久，今亦仍之。至他书之附刻者，则各从其类，别著于录焉。其曰《玉海》者，本于张融集名，实则仿梁武所集《金海》之例，而变其称也。”

【版录】

(一)元刊明正德嘉靖万历崇祯补刊清康熙二十六年(1687)吉水李振裕补刊印本

参见《综录》第472页。元刊本。明在南京国子监。自正德、嘉靖而下，递有补换三叶。至清康熙二十六年(1687)吉水李振裕重修刊印。复补三千馀叶。

书前李氏序略云：“浚仪王厚斋先生博极群书……撰集类书二百卷，号曰《玉海》。……书刻于浙东，元至元六年始成，计五千板，号乃逾万。明初南雍亦有刻本，岁久，朽蚀者过半。万历中，祭酒赵公用贤鸠工补刊，是书赖以不泯。洎革命之秋，南雍废为县学，典守者遂溺其职，日销月铄，其朽蚀亦复过半。海内所藏又往往厄于兵火，士大夫欲购是书而不可得，喟焉惜之。……于是谋诸郡邑，出学租节省之馀，以给剞劂之费。计阙板三千一百六十，悉为补刊。其文之漫灭者，亦皆依善本填刻，多至每板数十字。是役也，创始于丙寅，历二载乃成。”

(二)清光绪九年(1883)浙江书局刊本

参见《综录》第472页。是刻半叶十行二十字，白口，左右双边。附刻除《综录》所列外，尚有清张大昌《校补玉海琐记》二卷。另光绪九年系开雕时间，《王深宁先生年谱》所署时间为“光绪庚寅冬刻”，“庚寅”为光绪十六年(1890)。据此，是刻当刊于光绪九年至十六年(1883—1890)间。《重刻玉海例言》云：“是书久无善本，兹刻谨遵文澜阁钞本，以旧元刻本校之。并检原引之书空阙均已校补，其无可补者仅阙卷一百二十二第十一号叶，又阙四五字，计十馀处，详附后《校补玉海琐记》。”

王重民《中国善本书提要》云：“是书明、清两代无善本，清季浙江书局重刻时，始就皕宋楼所藏元刊印本补完。”

湖北大　暨大

(三)清光绪十年(1884)成都志古堂刊本

参见《综录》第 472 页。

[补录]

(四)元刊本

此板于至元三年(1337)刊于浙东，原本不存。明成化、弘治间刊版尚存南京国子监。见《郘亭知见传本书目》《增订四库简明目录标注》。

(五)元至元六年(1340)庆元路儒学刊本

凡二百卷，《辞学指南》四卷。总之以二十一门，析之为二百六十一类。半叶十行二十字，小字双行同，白口，四周单边有耳。并仿赵体书。自是刻至清代历次递修本皆有《辞学指南》四卷。书前有胡助、李桓序及薛元德后序。

元至元四年(1338)胡助序略云：“先生平日著书特多，《玉海》其最钜者……顾非一家之力所能刊行。浙东帅府都事牟君应复，首建议缮写校雠，将锓诸梓。事未就而牟君去。今宣慰都元帅也乞里不花公实来开阃承宣，嘉惠学者。于是力行前议，召工庀事，征费于浙东郡县学及书院岁入之羡有差。郡守张公荣祖临莅提督，命教授王君宏，学正薛君元德董其役，凡二年而后成。”

莫友芝《郘亭知见传本书目》卷十云：“元印棉纸宽大者极精美，丰顺丁禹生有之，少附刊诸件。上海郁泰峰有明初印，并附十三种，备者亦可观。成、弘后板归南监，正德乙卯戴镛修补四百三十五板，犹不甚劣。至嘉靖乙卯更修补，则与原本殊矣。郘亭仅有嘉靖修本。元本目录后列庆元路儒学刊造《玉海》书籍提调等官衔名。”

北京图书馆藏本存一百十卷。

(六)元至元六年(1340)庆元路儒学刊至正十一年(1351)王氏修补本

补刻六万馀字。前有阿殷图(野堂)序及王介后序。见王重民《中国善本书提要》。

阿殷图序略云：“至正九年，余来守四明。公事之暇，因得遍观郡学书籍。其所谓《玉海》者，宋尚书王公厚斋之所著述也。惜其间讹误者多，历十馀年未有能正之者。余乃命公之孙厚孙重加校雠，得误漏六万字，鸠工修补，再阅月而成。”

王介序略云：“今季夏因阅《玉海》数百卷，于鲁鱼亥豕之缪命参校而正订之者数万言，使学者无惑于讨论。”

(七)明正德十四年(1519)戴镛修补本

修补四百三十五板，犹不甚劣。见《增订四库简明目录标注》《郘亭知见传本书目》。

(八)明嘉靖三十四年(1555)修补本

见《增订四库简明目录标注》《郘亭知见传本书目》。内称：“至嘉靖乙卯更修补，则与原本殊矣。”

(九)明万历十五年(1587)赵用贤修补本

旧本存不及半,赵氏补校四千馀叶。后有赵氏万历己丑(1589)跋,记修补甚详。见《增订四库简明目录标注》。

赵氏跋略云:“《玉海》一书,篇帙繁浩,独南雍自国初时有刻本,岁久朽蚀者过半。正德、嘉靖中,累有补辑,而校勘未备,讹舛为多。万历乙酉,金华溆阳赵先生始议大加修刻,未几擢去,所属梓者,仅四百馀叶。丁亥秋,用贤亦谬得承乏,乃通核其文之漫灭者,尚四千有奇,而阙者五十八叶。于是遍索白下及三吴藏书家,凡半岁所,几得其全。今所缺特二三而已,遂复以戊子之春仲,更为缮刻。越明年己丑夏,凡得四千四百,通前刻,盖几五千叶,实居半矣。先是少司成余公参定,得四之一已,而祥符玉阳张先生继来,乃总任校阅之事,故逾年而此书焕然,几还旧观。”

(十)清乾隆三年(1738)江宁知府修补本

是为张华年、熊本等补刊。内有二氏序跋。

张华年序略云:“书成于宋,镂版于元。其在江南者,版藏上元学中,历久废缺。康熙年间补刊一次,迄今不数十年,又复朽蠹残缺,已为废版。予典郡金陵,修谒上元文庙,接见诸广文,询及学宫所藏书籍,因具悉是书废兴本末,慨然有志修复。适大方伯晏公暨监司王、孔二公,俱以名贤秉政是邦具述,所以三公同捐资,倡举以予敦事。因购求原本校对,几不可得,阅二年,始得善本。邑中熊太史南州先生任校雠之责,郡绅汪子维周鸠工董成,诸僚佐及绅士辈亦各踊跃赞襄,不数月而版成。补残整旧,粹然完璧。”

湖北大

(十一)清乾隆五十四年(1789)康基田修补本

见康基田序。嘉庆十一年(1806)序称:“乾隆己酉,余承宣江宁,视旧版多有朽蚀,补其缺失,复为善本。”此本后毁于火。

(十二)清嘉庆十一年(1806)江宁藩署清畏轩重刊本

是刻半叶十行二十字,白口,四周单边。校勘颇精,惟刻工不佳。朱修伯云,中缺二十馀叶,未能访求补完。见《增订四库简明目录标注》。

康基田序略云:“嘉庆乙丑夏月,尊经阁不戒于火。余复任江藩,即鸠工重建,规模差宏于旧。东西更增学舍,立书院,仍名曰‘尊经’,复古而责实也。而《玉海》之板贮阁中为灰烬,南北更无他刻,海内后进稽古之士无所资籍,余甚惜焉。适江宁守张古愚得浙东至元初刻善本,余乃招副贡陈勉甫、上舍胡圣畿食宿瞻园,取古愚之本,参考经史,往复雠校。有元以来,原本空缺,舛误甚多,上下求索,补填二万馀字,视浙东补刻更加周备。付工雕板,五阅月功成。盖自是《玉海》之书始得完善。”

中大　北师大　湖北大　暨大

(十三)清道光六年(1826)长白觉罗氏刊本

见《藏园订补郘亭知见传本书目》。

(十四)《四库全书》本

凡二百卷，附《辞学指南》四卷。所据为两江总督采进本。入子部类书类。

(十五)1964 年台湾华文书局影印本

凡八册。所据为元至元六年(1340)庆元路儒学刊本。见赵国璋、潘树广主编《文献学辞典》。

(十六)1978 年台湾大化书局影印本

据台湾"中央图书馆"藏五种善本、日本京都建仁寺两足院所藏珍本影印，定名《中日合璧本玉海》。见赵国璋、潘树广主编《文献学辞典》。

(十七)1985 年江苏广陵古籍刻印社影印本

凡十五函一百四十册。见国务院古籍整理出版规划小组办公室编《古籍整理图书目录》(1949—1991)。

(十八)1987 年上海书店出版社、江苏古籍出版社影印缩印本

所据为清光绪九年(1883)浙江书局刊本。

张古城先生文集又名张古城先生全集、古城集、古城文集

(明)张吉撰

【传录】张吉(1451—1518)字克修，号翼斋，又号默庵、怡窝，晚自号古城。江西馀干县人。成化十七年(1481)进士。历官工部主事、肇庆府同知，累官至贵州左布政使。屏绝人事，穷诸经及宋儒之书。著有《贞观小断》《三朝奏议》《陆学订疑》以及诗文集等。

【叙录】是编凡五种，七卷，首一卷。乃张氏诗文总集。包括：首一卷、《三朝奏议》一卷、《陆学订疑》一卷、《贞观小断》一卷、《文略》一卷、《诗集》二卷。末附《补遗》一卷，均为杂文。《四库全书总目》著录。提要略云："明正德初年，姚江之说兴，而学问一变。北地信阳之说兴，而文章亦一变。吉当其时，犹兢兢守先民矩矱。高明不及王守仁，而笃实则胜之。才雄学富不及李梦阳、何景明，而平正通达则胜之。……以刚正之气，发为文章，固不与雕章绘句同日而论矣。"

【版录】

(一)清康熙三十年(1691)刊本

参见《综录》第 473 页。是刻为《四库全书》底本。半叶十行二十二字，白口，四周双边。《综录》所列《文略》一卷、《补遗》一卷，其中《补遗》当为全集之补遗，宜排在全编之末。《四库全书总目》称："是编第一卷为《三朝奏议》，第二卷为《陆学订疑》，第三卷为《贞观小断》，第四卷为《文略》，第五、第六卷为诗，末有《补遗》。"

［补录］

（二）清康熙四十年（1701）杨氏刊本

凡六卷，《补遗》一卷。题名《古城文集》（清杨榆校订）。半叶十行二十二字，白口，四周双边。见《中山大学图书馆古籍善本书目》。

（三）清康熙三十年（1691）杨榆刻康熙四十九年（1710）增修本

凡六卷，《补遗》一卷，首一卷，共八卷。

北大　北京文物　福建师大　中大

（四）清八千卷楼钞本

凡六卷，《补遗》一卷。题名《古城集》。见《增订四库简明目录标注》。

（五）民国江南图书馆精钞本

凡六卷，《补遗》一卷。题名《古城集》。见《增订四库简明目录标注》。

（六）《四库全书》本

凡六卷，《补遗》一卷。题名《古城集》。所据为江苏巡抚采进本。

王文成公全书又名王文成公全集、王文成全书、王阳明全集、阳明全书

（明）王守仁撰

【传录】王守仁（1472—1529）字伯安，自号阳明子。浙江馀姚人。弘治十二年（1499）进士，官至南京兵部尚书。其学以良知良能为主，谓格物致知，当自求诸心，不当求诸事物。故于宋儒特推重陆九渊，而以朱子《集注》《或问》之类为中年未定之论，世称为姚江派。尝筑室阳明洞中，学者称阳明先生。所著大部分收入《王文成全书》。

【叙录】是编凡七种，三十八卷。首三卷为语录，载《传习录》三卷附《朱子晚年定论》，为其生前门人徐爱等辑；次为《文录》五卷、《别录》十卷、《外集》七卷、《文录续编》六卷，凡二十八卷，收录奏疏、杂著、序记等各项诗文，乃其殁后门人钱德洪陆续辑刊；后七卷为《年谱》三卷附录二卷、《世德记》一卷附录一卷，系钱德洪、王畿所纂辑。诸集分别行世。至明隆庆六年（1572）谢廷杰汇辑诸集而合刻之。王氏是明代著名哲学家。《传习录》乃其讲学文字，反映了他的哲学思想。他曾因触忤宦官刘瑾，被贬贵州龙场驿丞，后又巡抚南赣，平定宁王朱宸濠之乱。集中许多作品记述了这些生活经历。其诗多独抒胸臆，或对现实有所揭露，或表现内心的矛盾与痛苦。其古文不依傍门户，平易畅达，自成一格，颇受后人好评。

【版录】

（一）明隆庆六年（1572）谢廷杰刊本

参见《综录》第 473 页。是刻半叶九行十九字，白口，四周双边。前有隆庆壬申徐阶

序，称巡按谢廷杰刊于南京。《四库全书总目》亦云："其初本各自为书。隆庆壬申，御史新建谢廷杰巡按浙江，始合梓以传。仿《朱子全书》之例以名之。"

（二）清同治光绪间刊本

参见《综录》第473页。

［补录］

（三）明初刊本

凡二十八卷。计《正录》五卷、《外录》九卷、《别录》十四卷。见《增订四库简明目录标注》。

（四）明嘉靖十四年（1535）闻人诠刊本

凡二十四卷。计《文录》五卷、《外集》九卷、《别录》十卷。半叶十行二十字，白口，左右双边。另有一刻，其中《别录》为十四卷，行款版式同。见《北京图书馆古籍善本书目》。

（五）明刊本

凡二十四卷。计《文录》五卷、《外集》九卷、《别录》十卷。半叶十行二十一字，白口，四周双边。见《北京图书馆古籍善本书目》。《藏园订补郘亭知见传本书目》有"明嘉靖三十六年胡宗宪吴中刊本"，半叶九行十九字，白口，四周双边。卷数及编次亦相同。

（六）明隆庆郭朝宾刊本

《增订四库简明目录标注》有"隆庆两刊"，是否与是刻有关系？待考。见阳海清《中国丛书综录补正》。

（七）明万历二十四年（1673）刊本

见《中国丛书综录补正》。另崇祯八年（1635）叶绍容编有《阳明要书》八卷附录五卷。乃取王氏《全书》摘其要语而成，《四库全书总目》入存目。

（八）清康熙初王贻乐刊本

凡十六卷。乃王守仁五世孙贻乐所重编。《四库全书总目》入存目，为浙江巡抚采进本，题名《王阳明集》。提要云："守仁全集刻于明嘉靖中，久而版佚。国朝康熙初，贻乐为滕县知县，乃重为掇拾，定为此本。然视原集已阙其半。其目分《论学书》《南赣书》《平濠书》《思田书》《杂著书》，亦颇琐屑。又因有李贽所作年谱，而遂以'卓吾鉴定'题其前，尤为依托。迥不及原本之完善也。"

（九）清康熙十二年（1673）俞氏刊本

凡二十卷，附《传习录》一卷、《语录》一卷。《四库全书总目》入存目，题名《阳明全集》。此本乃清俞嶙所编。删除了钱德洪本"正录""外录""别录"之目，并为一集，更其旧第。首载年谱，次为书四卷，序一卷，记一卷，说、杂著一卷，赋、骚、诗一卷，墓志铭、墓表、墓碑、传、碑、赞、箴、祭文一卷，奏疏七卷，公移三卷，末为《传习录》一卷、《语录》一卷。见《增订四库简明目录标注》《郘亭知见传本书目》。

（十）清康熙二十八年（1689）序刊本

凡二十卷。《四库全书总目》入存目，题名《阳明文钞》，所据为江西巡抚采进本。提要略云："是编康熙己巳江都张问达所编。以《传习录》《大学或问》为首，奏疏、序记、诸讲学书及论说、杂著、赋、诗、公移次之,而终以《阳明年谱》。"

中大

(十一)清乾隆三十八年(1773)《四库全书荟要》本

凡三十八卷。题名《王文成全书》。收入该书集部。乾隆三十八年(1773)于敏中、王际华等奉敕撷《四库全书》中菁华,编为《荟要》。篇式如《全书》之例。至乾隆四十五年(1780)缮成二部。一部储御花园摛藻堂,一部储长春园味腴书室。咸丰十年(1860)英法联军焚圆明园,长春园味腴书室同时俱烬。惟摛藻堂一部独存,完善无阙。见杨家骆《丛书大辞典》。

(十二)清光绪三十二年(1906)《晦堂全集》本

凡十卷。题名《王文成全书》。收入该书"删纂类"。见杨家骆《丛书大辞典》。

(十三)民国八年(1919)浙江图书馆补刊本

凡三十八卷。据其目录,依次为:卷一至卷三为语录,载《传习录》;卷四至卷八为文录,载书、序、记、说、杂著等;卷九至卷十八为别录,载奏疏、公移等;卷十九至卷二十五为外集,载赋、骚、诗、书、序、记、说、杂著、墓志铭、墓表、墓碑、传、碑、赞、箴、祭文等;卷二十六至卷三十一为续编;卷三十二至卷三十四为附录,载年谱;卷三十五至卷三十六为年谱附录;卷三十七至卷三十八为世德纪及附录。

暨南大学图书馆藏本原为章太炎旧藏,有章氏手批。半叶九行二十一字,白口,左右双边。第四册六、二十五、二十六及六十七、六十八诸叶版心下端镌"民国八年浙江图书馆补刻"诸字。其行款版式与清同治、光绪间刊本相同,当为同板。

(十四)民国八年至二十五年(1919—1936)上海商务印书馆《四部丛刊》本

参见《综录》第 292 页。

(十五)民国十七年(1928)刊本

凡三十八卷。编次与民国八年(1919)浙江图书馆补刊本相同。见阳海清《中国丛书综录补正》。

(十六)民国二十五年(1936)上海中华书局《四部备要》本

参见《综录》第 318 页。

六如居士全集又名唐六如全集、六如居士集、唐伯虎集、唐伯虎先生集

(明)唐寅撰

【传录】唐寅(1470—1524)字伯虎,一字子畏,自号六如居士。江苏吴县(今苏州)人。弘治中乡试第一。筑室桃花坞,日与客般饮其中。画入神品。诗文初尚才情,晚年颓然自放。有画谱及诗文集。

【叙录】是编六种,二十三卷。明嘉靖十三年(1534),袁袠曾辑《唐伯虎集》二卷,所收多早年作品,包括乐府、诗三十二首,赋二篇,杂文十五篇。万历三十五年(1607),何大成广为搜辑,并增附外编,成书二十二卷。万历四十年(1612),曹元亮复为增辑,所收作品达一百五十多篇。至清嘉庆六年(1801),长沙唐仲冕复辑刻《六如居士全集》,收集了《诗文集》七卷补遗一卷、《外集》六卷、《画谱》三卷、《制义》一卷、《墨亭新赋》一卷、《花坞联吟》四卷。1985年,北京中国书店又据大道书局1925年版影印出版。唐寅善画工诗,与文徵明、祝允明、徐祯卿并称"吴中四才子"。其诗多为题画、纪游之作,不避俚俗,自胸臆挥洒而出,别具天趣。

【辑录】钱谦益《列朝诗集小传》称:"伯虎诗少喜秾丽。初学唐,长好刘、白,多悽怨之词。晚益自放,不计工拙,兴寄烂熳,时复斐然。"

【版录】

(一)清嘉庆六年(1801)长沙唐仲冕刊本

参见《综录》第473页。《花坞联吟》四卷尚有补一卷。暨南大学图书馆藏本半叶十一行二十字,黑口,左右双边。书名页、版心、总目及各卷卷端均题《六如居士全集》。

中大　华东师大　史语

[补录]

(二)明嘉靖十三年(1534)袁袠序刊本

袁氏序略云:"《唐伯虎集》二卷,乐府诗总三十二首,赋二首,杂文一十五首。内《金粉福地赋》阙不传,伯虎他诗文甚多,体不类此。此多初年所作,颇宗六朝,惟游金、焦、匡庐、严陵、观鳌山诸诗及《啸旨后序》,乃中季所作,亦可入选,故附入选。"

(三)明万历三十五年(1607)何大成序刊本

见《唐伯虎先生集》二卷、《外编》五卷、《续刻》十二卷、《六如唐先生画谱》三卷。半叶九行二十字,白口,四周双边。何氏序略云:"伯虎集既成,有客过而问曰:'子之集唐生文备矣。乃其残膏剩馥,风流辉映,至今骚人墨士以为美谈,忍令湮没弗传,可乎?'……因是,旁搜逸艳,并辑其志铭,暨诸名公赠答,厘为若干卷,题曰《外编》,附刻卷末,以贻同好。"

上海图书馆藏本有清顾椈批并跋。

北京　北大　南京　浙江　重庆

(四)明万历四十年(1612)曹元亮翠竹山房刊本

是刻半叶八行十八字。包括《唐伯虎集》四卷、《外集》一卷、《纪事》一卷。曹氏序略云:"胥台先生袠,重先生文,已刻乐府、杂文、赋四十七首,为世片玉。而海虞何君立氏,复稍加补葺,然终非完豹也。今所集二十二种,百五十馀篇,大都皆先生中年作。……先生善画,恨不得于画见先生,今于兹集见之矣。谨校阅付梓。"见《藏园订补郘亭知见传本书目》。

北京　北大　上海　广东　华南师大

(五)民国上海国学昌明社石印本

见《中山大学图书馆古书目录甲编》。

(六)1925年大道书局印本

见张俊、李道英主编《中国古代文学名著辞典》。

(七)1985年北京书店影印本

凡十四卷。题名《唐伯虎全集》。所据为1925年大道书局印本。收录《诗文集》六卷并补遗、《轶事》四卷、《制义》一卷、《画谱》三卷。卷首为历刻原序,包括袁宏道、袁袠、何大成、曹元亮、张鼐、唐仲冕诸人。诗文按体分类,卷一为赋、乐府,五、七言古诗;卷二为五、七言律诗;卷三为五、六、七言绝句;卷四为词、曲;卷五为书、序、记;卷六为碑铭、墓志铭、墓碣、墓表、祭文、诏辞、疏文、启、论、赞、联句。轶事包括志传、遗事、诗话、题跋各一卷。见国务院古籍整理出版规划小组办公室编《古籍整理图书目录》(1949—1991)。

王浚川所著书

(明)王廷相撰

【传录】王廷相(1474—1544)字子衡,号浚川。河南仪封(今兰考)人。弘治进士。官至兵部尚书。《明史》本传称廷相博学好议论,以经术称,于星历、舆图、乐律、河图、洛书及周、程、张、朱之书皆有所论驳。然其说多乖僻。

【叙录】是编凡七种,四十二卷。未详辑者,亦无总目录。所收包括《浚川内台集》三卷续集七卷、《慎言》十三卷、《雅述》二卷、《浚川奏议集》十卷、《浚川公移集》三卷、《浚川驳稿集》二卷、《丧礼备纂》二卷。内有仪制、刑法、奏议、公牍、礼教、杂说以及诗文集等。其中《内台集》乃王氏为都御史所作,故以"内台"为名。凡诗二卷、词一卷、杂著一卷、奏疏一卷、杂文二卷。《慎言》和《雅述》论诸儒之失,为研究王氏哲学思想的重要资料。《四库全书总目》称前者虽多偏执,犹不大悖于圣贤,而后者则颇多乖戾。《四库全书总目》还收其《王氏家藏集》六十八卷,内含《王氏家藏集》四十一卷、《慎言》十三卷、《雅述》二卷、《内台集》七卷、《丧礼备纂》二卷,均入存目。王廷相为明代"前七子"之一,特别推崇李梦阳。其古体诗中有对宦官的尖锐揭发,也有对求仙的讥刺。其近体诗较为逊色,仅少数五绝尚称清新。钱谦益《列朝诗集小传》谓其五、七言古诗"才情可观",但也"摹拟失真";"今体诗殊无解会,七言尤为笨浊"。

【版录】

(一)明嘉靖中刊本

参见《综录》第474页。是刻七种。各书行款版式不一,有半叶十行二十字,白口,四周单边者;有半叶十行十八字,白口,左右双边者。

[补录]

(二)明嘉靖隆庆间刊本

是刻凡九种,八十三卷。较《综录》所列子目,多《王氏家藏集》四十一卷。另《浚川内台集》三卷续集七卷，析为《内台集》七卷和《浚川内台集》三卷二种，故有九种之称。见《中国古籍善本书目》。上海、复旦大学、天津、东北师大、南京、浙江、天一阁文物保管所、中大等馆有藏本，然各家均不全。

甘泉全集又名湛甘泉集

（明）湛若水撰

【传录】湛若水（1466—1560）字元明，号甘泉。广东增城人。弘治十八年（1505）进士，选授翰林院庶吉士、编修。历任南京国子监祭酒，礼部侍郎，南京礼、吏、兵三部尚书。少师事陈献章，后与王守仁同时讲学，各立门户。两人甚为相得，“共以倡明圣学为事”（《王文成公全书·年谱》）。他认为“心也者，包乎天地万物之外，而贯乎天地万物之中者也，中外非二也”（《心性图说》）。指出他与王守仁“心学”的区别是：“吾之所谓心者，体万物而不遗者也，故无内外；阳明之所谓心者，指腔子里而为言者也，故以吾之说为外。”（《答杨少默》）认为“天理皆发见于日用事物之间”，主张“随处体认天理”，“体认兼知行”，“知行并进”。正德七年（1512）曾出使安南，册封国王，后因服母丧和养病，一直居家讲学。嘉靖元年（1522）复被起用，十九年（1540）致仕。晚年致力于讲学著述。湛氏久仕高级学官，生平所建书院甚多，从学弟子甚众，据罗洪先《湛甘泉墓表》称：“相从士三千九百馀。”湛氏著述繁富，就罗洪先《墓表》和洪垣《墓志铭》中存录的书目，可分为三类：一为阐述自己心学思想和时事出处之作，有《心性图说》《樵语》《雍语》《明论》《新论》《新泉问辨》等，由其门人编纂成《甘泉先生文集》。二为厘定儒家经典之作，有《四书训测》《古本小学》《春秋正传》《二礼经传测》《古易经传测》《尚书问》《诗经厘正》《古乐经传》《节定仪礼燕射纲目》等。三为衍述儒家修身、治国、平天下理论之作，有《圣学格物通》等。但湛氏著述遗佚颇多，如《二礼经传测》六十八卷，《古乐经传》三卷仅见于《四库全书总目》，完书迄今未见。

【叙录】是编凡三种，一百七十卷。其《春秋正传》收于《四库全书总目》卷二十八中，馆臣评价颇高，谓“此书大旨以《春秋》本鲁史之文，不可强立义例，以臆说汩之，惟当考之于事，求之于心，事得而后圣人之心，《春秋》之意皆可得，因取诸家之说厘正之。……谨严不支”。其书取名“正传”，意即“正诸传之谬。其体例先引三传，次列诸儒之言，而以己意为之折衷，颇与刘敞《权衡》相近”。（均见《四库全书总目》卷二十八）此书卷首有《正朔月数论》，认为“春王正月为周之春月”，因为“夏商之馀，民各因其故俗，而列国或各建正朔以自异，容或有不同者”。此说亦颇有根据。《圣学格物通》乃嘉靖七年（1528）湛若水任南京礼部侍郎时进献之书，此书体例略仿丘濬《大学衍义补》，杂引诸儒及明帝训示二千馀条，分别以己意发明之，诚如他所说：“事皆取诸大训格言，义则附以浅见薄识。”（《圣学格物通·进书疏》）湛氏对“格物”与“致知”关系的处理，是以“致知”并于“格物”，而以格物统贯诚意、正心、修身、齐家、治国、平天下六条，旨在借“立志正心”“敬天畏民”“立教兴化”“选贤任能”“抑末薄赋”等儒家传统的论题，来阐发自己的心学观点。《湛甘泉先生文集》是其门人所编纂的，主要内容是论述湛氏自己的心学思想以时事出处。其中主要篇章有《心性图说》《樵语》《雍语》《明论》《新论》《新泉问辨》《问题录》《金陵问答》《金台问答》《约言》《语录》等，尚有少量的诗文。此集散佚不全，湛氏门人洪垣于万历七年(1579)重刻时序云：“先生原集四十八册，今存惟十五册。”《明论》十卷全佚，《非老子》《遵道录》等均残缺。尽管如此，此集尚能反映湛若水的心学思想及其主要观点。

【版录】

清同治五年(1866)资政堂刊本

参见《综录》第474页。

俨山外集

(明)陆深撰

【传录】陆深(1477—1544)初名荣，字子渊，号俨山。上海人。弘治进士。嘉靖中为太常卿，兼侍读。世宗南巡，其掌行在翰林院印，进詹事府詹事。少为文章有名。工书，仿李邕、赵孟頫。赏鉴博雅，为词臣冠。有《南巡日录》《春雨堂杂钞》《俨山集》等。

【叙录】是编凡二十三种，四十卷。收录《传疑录》《河汾燕闲录》《春风堂随笔》《知命录》《金台纪闻》《愿丰堂漫书》《溪山馀话》《玉堂漫笔》等，皆其笔记、杂著之文。书前有嘉靖乙巳(1545)徐献忠序，言其子陆楫校，援中表黄子标诠次云云。末有何良俊后序。《四库全书总目》据浙江汪汝瑮家藏本著录，作三十四卷。谓旧刻本四十卷，以不欲收歌颂先朝之文及避忌而汰去《圣驾南巡日录》《大驾北还录》《淮封日记》《南迁日记》《科场条贯》《平胡录》六种六卷，别后其目，实存三十四卷。

【辑录】《四库全书总目》略云：“其中惟《史通会要》摭刘知几之精华，隐括排纂，别分门目，而采诸家之论以佐之，凡十有七篇，专为史学而作。《同异录》为进御之本，采择古人嘉言，撮其大略。分上下二篇，上曰典常，下曰论述，专为治法而作。《古奇器录》皆述珍异。《书辑》皆论六书八法。其馀则皆订证经典，综述见闻，杂论事理。每一官一地，各为一集。部帙虽别，体例则一。虽谰言琐语，错出其间。而核其大致，则足资考证者多。在明人说部之中，犹为佳本。”

【版录】

(一)明嘉靖二十四年(1545)刊本

参见《综录》第474页。是为陆楫编刻本。北京图书馆藏本原为傅增湘所藏。半叶十行二十字，白口，左右双边。全编分八帙，共四十卷。第一帙至《春风堂随笔》，凡三种；第二帙至《知命录》，凡五种；第三帙至《玉堂漫笔》，凡四种；第四帙至《科场条贯》，凡三种；第五帙至《中和堂随笔》，凡二种；第六帙至《春雨堂杂钞》，凡三种；第七帙至《古奇器录》，凡三种；第八帙《书辑》，凡一种。见《北京图书馆古籍善本书目》。

［补录］

（二）明嘉靖间刊《俨山集》本

是刻亦半叶十行二十字，白口，左右双边。内收《文集》一百卷、《外集》四十卷、《续集》十卷。见《中山大学图书馆古籍善本书目》。

《四库全书总目》亦云："锦序及师道跋并称尚有《外集》四十卷，通此二集为一百五十卷。"

木钟台全集又名木钟台集

（明）唐枢撰

【传录】唐枢（1497—1574）字惟中，号一庵。浙江归安（今湖州）人。嘉靖五年（1526）进士，授刑部主事，以疏请明正妖贼李福达罪而被斥罢官，归家讲学著书四十年。唐氏早年学于湛若水，精究"随处体认天理"与"致良知"之说，调停王、湛两家之学，认为"王、湛两家之学俱无弊矣"。但是他提出"讨真心"三字作为修养目标，这不但没有继承和发挥其师湛若水的"随处体认天理"，反而近于王守仁"致良知"之说，诚如黄宗羲所评论的"真心"即"良知"也，"讨"即"致"也。于王学尤近。唐氏重深造实践，"又留心经世略，九边及越、蜀、滇、黔险阻厄塞，无不亲历，蹑屩茹草，至老不衰"（《明史》本传）。

【叙录】是编凡三十一种，三十二卷。分作三集：初集十种，十卷；再集十种，十一卷；杂集十种，十卷；附《年谱》一卷。其学出于湛若水之门，而其著述则多以王守仁学说为依据，例如《六咨言》是衍述致良知之作，《嘉禾问录》为讲述致心性的理论，《辖圜窝杂著》乃专言心学之书，无不宗王守仁致良知之说。唐氏亦有部分著述融合禅儒，例如《因领录》词多涉佛理，提倡禅宗，悍然无忌，《宋学商求》在评论宋儒时，近于禅者则誉，不近于禅者则毁，《积承录》引《圆觉经》及支道林、刘静春之言以诠释性命之旨。《四库全书总目》云："枢之学纯出于禅，所言大抵空虚幻杳。"（《唐集辑要》提要）此外唐氏在经学研究方面也有其特点，反映在对《易》《周礼》《春秋》的著述中，《易修墨守》以连山为文王卦图，以归藏为伏羲方图；《周礼因论》以民极为周礼本原，是本叶时《礼经会元》之说；《春秋读意》论《春秋》不以为不应褒贬看圣人，只备录是非，使人自见，以救宋儒穿凿之失。四库馆臣又认为唐氏"其学援儒入墨，纯涉狂禅，所刻《木钟台集》无非恣肆之论"，殆因之收于《四库》存目中。

【版录】

(一)清咸丰六年(1856)唐氏书院刊本

参见《综录》第474页。

[补录]

(二)明嘉靖、万历间刊本

此本题《木钟台集》,其中《未学学引》,此本作《未学学》;《感学篇》,此本作《素史氏感学篇》;《六咨言》,此本作《六咨言集》。《唐一庵先生年谱》作者李乐为明代人。

科学　上海　山西大

(三)明嘉靖、隆庆间杨子龙刊本

北京图书馆藏本存十二种,十三卷。每半叶九行,每行十八字,白口,四周单边。

(四)嘉靖三十七年(1558)钞本

王重民《中国善本书提要》著录为"《木钟台集》不分卷,钞本。九行,十八字。有钱镇嘉靖三十七年序"。王氏称:"此本题为'木钟台集未经补刻十五种',曰《景行馆论》,曰《易修墨守》,曰《春秋读意》,曰《周礼因论》,曰《法缀》,曰《感学篇》,曰《疑谊偶述》,曰《未学学》,曰《偶客谈》,曰《六咨言》,曰《答言》,曰《酬物难》,曰《列流测》,曰《游录》,曰《激衷小拟》。按《四库总目》著录枢所撰理学书凡十七种,内《木钟台集》一种,又包括二十九种,与其馀十六种或同或否。此十五种内惟《未学学》一种未见,若非由于标题不同,殆即未刊稿矣。此本《列流测》末有'吴兴朱樽刊'五字,则亦从刻本钞出。《存目》所据本二十九种者,似缺一种。末附《疏稿》两篇,钱镇撰《唐一庵先生墓志铭》一篇。"

梓溪文钞一名舒文节公全集,又名舒梓溪先生集

(明)舒芬撰

【传录】舒芬(1484—1527)字国裳。江西进贤县人。明正德间进士第一,授修撰。时武宗数微行,舒氏疏谏,不报。世宗即位,以大礼案下狱。不久,遭丧母归,病卒,年四十四。舒氏为人负气峻厉,以倡明代绝传之学为己任。贯通诸经,尤精于《周礼》,学者称"梓溪先生"。万历中,追谥"文节"。撰有《梓溪文钞》《成仁遗稿》等。

【叙录】是编凡二种,十八卷。分为内、外两集,《外集》十卷,前九卷为杂文,末一卷为诗、赋、乐府。《内集》八卷包括《易笺问》一卷、《太极释义》一卷、《通书绎义》一卷、《东观录》一卷、《周礼定本》四卷。各书均有单本流行,《四库全书总目》已分别为之著录,但不收《外集》,不知何故。此书有六篇序跋:嘉靖三十年(1551)黄佐序、张鳌序,嘉靖三十二年(1553)万虞恺序,万历四十八年(1620)漆彬序、萧上达跋、舒瑮跋。

【版录】

(一)明万历四十八年(1620)刊本

参见《综录》第475页。是本半叶九行十八字,白口,四周双边。

美国会 “中央” 史语

[补录]

(二)明天启间刊崇祯间重印本

是本半叶九行十八字,白口,四周双边。

原题“进贤樊良枢尚默甫较”。按“较”字有剜改痕迹,因为原作“校”,此本印于崇祯间。又《附录》载敕命行实及旧集序跋等文。

北大

(三)明天启间刊清康熙间重印本

是本之“玄”字阙末笔(康熙帝名玄烨)避讳,为康熙间印本。

美国会

(四)清乾隆七年(1742)舒香据明万历四十八年刊本考订重印本

是本半叶九行十八字,白口,四周双边。

中大

吾学编

(明)郑晓撰

【传录】郑晓(1499—1566)字窒甫,号淡泉翁。浙江海盐人。嘉靖二年(1523)进士。援兵部职方主事,历仕考功郎中,南京吏部尚书、兵部尚书等职。长于史学,通经术。习国家典故,熟知边塞军事形势。著述甚富,有《今言》《古言》《禹贡图说》《郑端简文集》等。

【叙录】是编凡十四种,六十九卷。仿正史体例,记洪武至嘉靖各朝事迹。全书分纪、传、表、述、考等共十四篇。凡关系大政者,以岁系月,各为一记。计有《大政记》《皇明逊国记》《同姓诸王表》《异姓诸侯表》《直文渊阁诸臣表》《两京典诠表》《名臣记》《逊国臣记》《天文述》《地理述》《三礼述》《百官述》《四夷考》《北虏考》等。统记一代史实,当时颇称简当。所收材料丰富,对研究明代政治、文化、人物、史地、交通有重要参考价值。然由于系随写随刻,叙事断限不一,或止于正德,或止于嘉靖,更有续编至万历者。郑氏所著书清代列入四库存目,流传不广。是编亦列入毁禁之列。明嘉靖万历间收入《郑端简公全集》中。郑氏另有《吾学编馀》一卷,为时事、时政之见闻札记,于诸事多能据笔直书,可补《吾学编》之未备。

【版录】

(一)明嘉靖至万历间刊《郑端简公全集》本

参见《综录》第475页。《中国古籍善本书目》著录为“明嘉靖万历间项笃寿万卷堂刻本”。

[补录]

(二)明隆庆元年(1567)郑履淳刊本

是为初刻本。半叶十行十九字,白口,左右双边。见《藏园订补郘亭知见传本书目》。

北京　中大　台大

(三)明万历二十七年(1599)郑心材刊本

半叶十行十九字,白口,左右双边。

北京　北师大　中大　史语

(四)明刊本

半叶十二行二十四字,白口,四周单边。见《北京图书馆古籍善本书目》。

高文襄公集

(明)高拱撰

【传录】高拱(1512—1578)字肃卿。河南新郑人。嘉靖二十年(1541)进士。官至吏部尚书、中极殿大学士。谥文襄。事迹具《明史》本传。著有《春秋正旨》《问辨录》《防边纪事》《伏戎纪事》《献忱集》《外制集》《玉堂公草》等,大部分收入《高文襄公集》。

【叙录】是编凡十种,六十四卷。收录《东里高氏世恩录》五卷、《献忱集》五卷、《外制集》一卷、《病榻遗言》四卷、《程士集》四卷、《玉堂公草》一卷、《本语》六卷、《南宫奏牍》二卷、《纶扉稿》二卷、《掌铨题稿》三十四卷。多刻于清康熙二十五年至二十八年(1686—1689)。每类前各有题词。《明史·艺文志》作《献忱集》五卷、《诗文集》四十四卷。《四库全书总目》入存目。据安徽巡抚采进本,作四十四卷。较《综录》所列少《东里高氏世恩录》和《玉堂公草》二种,而多九种。提要云:“四十四卷中有文无诗,殊不可解。”

【版录】

(一)清康熙中新郑高有闻笼春堂刊本

参见《综录》第475页。

[补录]

(二)明万历刊本

是刻凡十一种,六十六卷。半叶九行十八字,白口,四周双边。其子目较《综录》所列少《东里高氏世恩录》《玉堂公草》二种,多《政府书答》四卷、《春秋正旨》一卷、《日进直讲》

五卷。山东省博物馆收藏。见《中国古籍善本书目》。

(三)明万历四十二年(1614)马之骏等刊本

是刻凡十八种,四十四卷。半叶十行二十字,白口,左右双边。较《综录》所列,少《东里高氏世恩录》和《玉堂公草》二种,而多六种:《绥广纪事》一卷、《春秋正旨》一卷、《大学直讲》一卷、《中庸直讲》一卷、《论语直讲》三卷、《问辨录》五卷。又《献忱集》《病榻遗言》《程士集》各二卷,《本语》作三卷,《掌铨题稿》作十四卷。河南省图书馆收藏。见《中国古籍善本书目》。《北京图书馆古籍善本书目》所载明万历刻本之卷数、行款版式与是刻相同。

《四库全书总目》入存目。提要称:"又别本《高文襄公集》四十二册,无卷数,以《问辨录》居首。内多《土蛮纪事》《靖夷纪事》二种,馀皆相同。疑为初刻之本也。"

(四)清汇印本

凡二种,八十九卷。见《中国科学院图书馆藏中文古籍善本书目》。子目包括《高文襄公集》八十四卷[清康熙二十五年至二十八年(1686—1689)高氏笼春堂刻本]、《东里高氏世恩录》五卷[清康熙二十九年(1690)高有闻刻本]。前者分元、亨、利、贞四集,抄录其子目如次:

元集

《外制集》一卷　清康熙二十八年(1689)刻

《玉堂公草》一卷　清康熙二十七年(1688)刻

《纶扉稿》二卷　清康熙二十七年(1688)刻

《献忱集》五卷　清康熙二十八年(1689)刻

《南宫奏牍》二卷　清康熙二十六年(1687)刻

《政府书答》四卷　清康熙二十五年(1686)刻

《程士集》四卷　清康熙二十七年(1688)刻

亨集

《掌铨题稿》三十四卷　清康熙二十六年(1687)刻

利集

《日进直讲》五卷　清康熙二十八年(1689)刻

《问辨录》十卷　清康熙二十五年(1686)刻

贞集

《春秋正旨》一卷

《边略》五卷　清康熙二十七年(1688)刻

《本语》六卷　清康熙二十五年(1686)刻

《病榻遗言》四卷　清康熙二十八年(1689)刻

归云别集

(明)陈士元撰

【传录】陈士元(1516—1597)字心叔,号养吾。湖北应城人。嘉靖甲辰(1544)进士。官至滦州知州。著有《易象钩解》《五经异文》《姓汇》《名疑集》《江汉丛谈》等。多已收入《归云集》中。

【叙录】是编凡十种,七十四卷。乃《归云集》之一。包括《姓汇》四卷、《姓觿》十卷、《名疑集》四卷、《古俗字略》五卷、《汉碑用字》一卷、《俗用杂字》一卷、《梦占逸旨》八卷、《论语类考》二十卷、《孟子杂记》四卷、《易象钩解》四卷、《易象汇解》二卷、《五经异文》十一卷。每种卷端标题之下方镌“归云别集”诸字。内容涉及姓氏、字书、术数以及经学等。《四库全书总目》分别收录其中八种,《姓汇》谓姓氏之源由来已久,因推本于五帝,分列世系,兼综而条贯之。《姓觿》乃据摭姓氏诸书,依韵编辑,略载源流支派。《名疑集》上自三皇,下迄元代,博采史传及百家杂说。凡古人姓名异字及更名更字与同姓名者,皆汇萃之。《古俗字略》乃仿颜元孙《干禄字书》之例,而小增损之。亦以韵分字。《论语类考》皆考证《论语》名物典故,分十八门。提要称其:“较明代诸家之书,殊有根柢,特以专考《论语》,不备《四书》,故不及应旂书之盛传。实则有过之无不及也。”《孟子杂记》第一卷叙孟子事迹,后三卷发明孟子之言。提要称:“其所援引亦皆谨严有礼,不为泛滥之厄言。”《五经异文》考订五经文字异同,大抵以许慎《说文》、陆德明《经典释文》为主,而据摭杂说附益之。《易象钩解》专阐经文取象之义。《四库全书总目》所收大部分入存目,流传不广。

【版录】

(一)明万历中刊本

参见《综录》第475页。

(二)清道光十三年(1833)应城吴毓梅刊本

参见《综录》第475页。

[补录]

(三)明万历十一年(1583)、十七年(1589)自刊本

见《中国古籍善本书目》。是刻较《综录》多《外集》十种六十七卷。兹录《外集》子目如次:

《隄疾恒谈》十五卷

《楚故略》二十卷

《象教皮编》六卷

《广禹贡楚绝书》二卷

《荒史》六卷

《世历》四卷

《江汉丛谈》二卷

《俚言解》二卷

《诸史夷语音义》四卷

《岳纪》六卷

北京　北大　祁县　史语

（四）清道光十三年（1833）应城吴毓梅刊同治十三年（1874）补刊本

是刻凡十种，七十四卷。子目与《综录》所列相同。见王宝先《台湾各图书馆现存丛书目录》。

史语

孙文恭公遗书

（明）孙应鳌撰

【传录】孙应鳌（1527—1584）字山甫，号淮海。贵州清平卫（今凯里）人。嘉靖三十二年（1553）进士。授户科给事中，出补江西佥事。累迁郧阳巡抚。万历初，入为大理卿，迁礼部右侍郎。官至南京工部尚书。著有《淮海易谭》《律吕分解》《学孔精言舍汇稿》等。所著多收入《孙文恭公遗书》。

【叙录】是编凡七种，二十四卷。所收包括《淮海易谭》四卷、《四书近语》六卷、《教秦绪言》一卷、《幽心瑶草》一卷、《学孔精舍诗钞》六卷、《补辑杂文》一卷附录一卷、《孙山甫督学文集》四卷。内容涉及经学、礼教、诗文、杂著等。其中《淮海易谭》乃谓天地万物，在在皆有易理，在乎人心之能明。《四库全书总目》入存目，提要云："其说虽以离数谈理为非，又以程子不取卦变为未合。而实则借易以讲学，纵横曼衍，于易义若离若合，务主于自畅其说而止，非若诸儒之传惟主于释经者也。"孙氏有《学孔精言舍汇稿》原本十六卷，《四库全书总目》收录十二卷，入存目。是编仅录其《学孔精舍诗钞》六卷。非足本。

【版录】

（一）清光绪六年（1880）独山莫氏刊本

参见《综录》第 476 页。

（二）清宣统二年（1910）国学扶轮社排印本

参见《综录》第 476 页。

史语

［补录］

(三)清抄本

凡六种,二十卷。清莫祥芝校。其中序、小传、补辑杂文配清光绪刊本。子目较《综录》少《孙山甫督学文集》四卷。《增订丛书举要》收光绪六年本亦无此书。见《中国古籍善本书目》,北京师范大学图书馆收藏。

王奉常杂著又名王敬美所著书

(明)王世懋撰

【传录】王世懋(1536—1588)字敬美,别号麟洲。江苏太仓人。世贞弟。嘉靖己未(1559)进士,累官太常寺少卿。《明史·文苑传》附见其兄世贞传中。好学善诗文,名亚其兄。著有《王奉常集》《艺圃撷馀》《窥天外乘》《学圃杂疏》《三郡图说》《名山游记》等,多已收入《王奉常杂著》中。

【叙录】是编凡十四种,二十四卷。所收以随笔、杂记为主。明万历间分刊汇印。《四库全书总目》皆分别著录,大都入存目,流传不广。其中《三郡图说》一卷,又名《饶南九三府图说》,乃王氏官分守九江道时所作,"三郡"指饶州、南康和九江,凡地之衡僻、俗之浇淳、民之利病,皆撮举其大概。《闽部疏》一卷,乃王氏官福建提学副使时之阅历,记闽中诸郡风土岁时及山川鸟兽草木等。《学圃杂疏》一卷,分花、果、蔬、瓜、豆、竹六类,皆记其圃中所有及所见所闻,各疏其品目及栽植之法。《澹思子》一卷,乃讲学之书。《读史订疑》一卷,乃考证之文,而所言不囿于史事。《远壬文》一卷,乃训导子弟之作。提要谓"词虽浅近,而切中物情"。《窥天外乘》一卷,叙明代故事,而参以论断。《二酉委谭》一卷,乃王氏随笔杂记,多记神怪之事。《关洛纪游稿》二卷,乃万历九年(1581)王氏官陕西提学副使,旋以昙阳子事为台谏所弹,乃移疾自洛阳东归时所作,上卷为游记三篇,下卷为诗七十七首。《四库全书总目》称:"世懋名亚于其兄世贞,而澹于声气,持论较世贞为谨严。"朱彝尊《静志居诗话》云:"敬美才虽不逮哲昆,习气犹未陷溺。"

【版录】

(一)明万历十三年(1585)刊本

参见《综录》第476页。据《四库全书总目》,《名山游记》凡一卷,内所列与《综录》同,然《综录》则每记各为一卷,共八卷。

[补录]

(二)明万历刊本

见《中国古籍善本书目》。凡十四种,十九卷。半叶九行十七字,白口,四周双边。与《综录》所列比较,子目编次不同。又《学圃杂疏》作二卷拾遗一卷,《名山游记》止一卷。

1956年,郑振铎得前翰文斋藏本。《西谛书目》云:"是书是四库底本,有翰林院印。其中《学圃杂疏》三卷是全本，与丛书所收者不同，乃余所久访未获者。”此本今藏北京图书馆。

上海　南京　“中央”

朱秉器全集

(明)朱孟震撰

【传录】朱孟震(1530—1593)字秉器，号郁木山人。江西新淦(今新干)人。隆庆二年(1568)进士，官至副都御史，巡抚山西。有《河上楮谈》《汾上续谈》《浣水续谈》《游宦馀谈》以及诗文集等，均已收入《朱秉器全集》。

【叙录】是编凡五种，十四卷。子目包括《朱秉器文集》四卷、《诗集》四卷、《河上楮谈》三卷、《汾上续谈》一卷、《浣水续谈》一卷、《游宦馀谈》一卷。其中小说类杂录之书四种六卷，诗文集各四卷。内容多为旧闻轶事，杂谈琐记等。《四库全书总目》多已录入存目。《河上楮谈》叙述旧闻轶事，间或评论诗文，考证典籍，亦颇喜谈神怪。《汾上续谈》所记多琐事，“惟安南国试录一条，叙述颇详，足资考证”。《浣水续谈》乃万历十三年(1585)朱氏官四川按察使时所作，故以“浣水”为名。其书杂撮而成，往往不著时代，亦不著出典。“惟松柏滩观音寺一条，考询遗老，绘画地图。核其坟塔名氏，师弟世系，知所谓雪庵和尚者在有无疑似之间，特为明确。”《游宦馀谈》乃朱氏摭耳目所及，撰成一篇，初分五卷，后并为一卷，所录多琐事，末附《西南夷风土记》二十六条，颇为详明。

【辑录】《四库全书总目》评其诗文曰：“文不出当时习尚，诗则音节谐畅，而意境不深。”

【版录】

明万历中刊本

参见《综录》第476页。是刻半叶九行或十行十八字，白口，四周单边或四周双边。北京图书馆藏本之《文集》卷三至四配抄本。

旅大　西安文管会　“中央”

顾端文公遗书又名顾端文遗书

(明)顾宪成撰

【传录】顾宪成(1550—1612)字叔时，别号泾阳，学者称泾阳先生。江苏无锡人。万历进士。以耿直著称。官至吏部文选司郎中。万历二十二年(1594)革职还乡，与弟允成和高攀龙等在东林书院讲学。讲习之馀，他们往往讽议朝政，裁量人物，受到士大夫支持,形成清流集团。由是东林名大著,被称为东林党,后遂成朋党之祸。卒溢端文。有《小心斋劄记》《泾皋藏稿》《东林商语》《四书讲义》等,多已收入《顾端文公遗书》。

【叙录】 是编凡十四种,六十五卷;附一种,八卷。清康熙间,其曾孙贞观汇刻凡十二种,三十七卷,附年谱四卷。依次为《小心斋劄记》十八卷、《证性编》六卷、《东林会约》一卷、《东林商语》二卷、《虞山商语》三卷、《经正堂商语》一卷、《志矩堂商语》一卷、《仁文商语》一卷、《南岳商语》一卷、《当下绎》一卷、《还经录》一卷、《自反录》一卷,末附《年谱》四卷。至光绪三年(1877)泾里宗祠增刊《泾皋藏稿》二十二卷,附刊顾允成《小辨斋偶存》八卷。康熙本所刊十二种,均为顾氏所著儒学性理之书。

【辑录】《四库全书总目》入存目,提要云:"外别有《以俟录》《泾皋藏稿》《大学重订》《大学质言》《大学通考》五书。在初刻十种内者,与未刻之《桑梓录》皆不列于是编。以卷帙颇繁,尚待续刻故也。"

【版录】

(一)清康熙中刊本

参见《综录》第477页。是刻凡十二种,三十七卷,附年谱四卷。半叶十行二十字,下黑口,左右双边。见《中国古籍善本书目》。

科学　复旦　武威博　南大

(二)清光绪三年(1877)泾里宗祠刊本

是刻凡十四种,六十五卷。增刻《泾皋藏稿》二十二卷。

高子全书

(明)高攀龙撰

【传录】 高攀龙(1562—1626)字存之,又字云从、景逸。江苏无锡人。万历进士。熹宗时,官左都御史,因反对魏忠贤,被革职。与顾宪成在无锡东林书院讲学,时称"高顾"。后魏忠贤党羽崔呈秀派人往捕,投水而死。著有《周易孔义》《四书讲义》《朱子节要》《就正录》《高子文集》等,多已收入《高子全书》中。

【叙录】 是编凡八种,五十一卷。包括《周易孔义》三卷、《春秋孔义》十二卷、《四书讲义》一卷、《东林书院会语》一卷、《程子节录》四卷文集抄一卷、《朱子节要》十四卷、《就正录》一卷、《高子文集》六卷诗集八卷。所收多为高子讲学之文。《四库全书总目》多有收录。其中《春秋孔义》乃斟酌于左氏、公羊、谷梁、胡安国四家之传,无所考证,亦无所穿凿,意主于以经解经,凡经无传有者不敢信,传无经有者不敢疑,故名曰《孔义》,明为孔子之义而非诸儒之臆说。《程子节录》取二种语录,择其精粹,先辨性、次论学、次治事、次释经,每类各为一卷,末载文集钞及附录各一卷。

别有《高子遗书》十二卷附录一卷。其门人陈龙正编定。全书分为语、札记、经解、说、辨、赞、讲义、会语、诗、疏、揭、问、书、序、碑、传、记、谱、训、墓志、墓表、行状、祭文、题跋、杂书等类，附录所收为志状年谱。《四库全书总目》收录。主要版本有：明崇祯五年(1632)钱士升、陈龙正刊本；清康熙二十八年(1689)张夏翻刻本；清同治刊本；清光绪二年(1876)周士锦重刊本；清光绪中无锡刊本。

【辑录】《四库全书总目》称其："出赵南星之门，渊源有自。其学以格物为先，兼取朱、陆两家之长。操履笃实，粹然一出。"又云："其讲学之语，类多切近笃实，阐发周密。诗意冲澹，文格清遒，亦均无明末纤诡之习。"

【版录】

(一)清乾隆七年(1742)华希闵刊本

参见《综录》第478页。是刻凡八种，五十一卷。半叶九行十九字，白口，四周单边。《中国古籍善本书目》著录。

南开　山东师大

[补录]

(二)明崇祯刻清华希闵剑光阁重修本

是刻凡七种，四十卷，半叶九行十九字，白口，四周单边。较乾隆本少《高子文集》六卷、《诗集》八卷，另《就正录》作四卷。见《中国古籍善本书目》。上海图书馆收藏。

冯少墟集一名冯恭定公全书

(明)冯从吾撰

【传录】冯从吾(1556—1627)字仲好，号少墟，学者称少墟先生。陕西长安人。万历进士。改庶吉士。又改御史。以上疏言事廷杖，历迁左副都御史。以争红丸、梃击事乞归。起工部尚书，以疾辞，后竟削夺。及阉党败，诏复官，谥恭定。事迹具《明史》本传。著有《冯氏族谱》《元儒考略》《关学编》《冯少墟文集》等，多已收入《冯少墟集》中。

【叙录】是编凡六种，二十二卷，附续集四卷。其集初刻，止于万历四十年(1612)。天启间，其次子嘉年增以万历四十一年至天启元年(1613—1621)之著述，类序重刻。凡二十二卷，自卷一至卷十二为语录，卷十三至卷十八为诗文，卷十九为族谱，卷二十为家乘，卷二十一至卷二十二为关学编。末附续集四卷，包文集、汇草、附录各一卷。冯氏生平著述绝大部分已汇于此集。

【辑录】《四库全书总目》著录，所据为江苏巡抚采进本。提要略云："其中讲学之作，主于明理。论事之作，主于达意。不复以辞采为工。然有物之言，笃实切明。虽字句间涉俚俗,固不以弇陋讥也。”

【版录】

(一)明万历四十五年(1617)刊本

参见《综录》第478页。凡二十二卷,附续集一卷。由张维任等刊刻。

(二)清康熙十二年(1673)盩厔李氏刊本

参见《综录》第478页。

史语　师大

[补录]

(三)明万历四十年(1612)毕懋康刊本

是为初刻本。凡二十二卷。半叶九行十八字,白口,四周单边。见《四库全书总目》《增订四库简明目录标注》《郘亭知见传本书目》。

(四)万历四十七年(1619)刘必逵刊本

是刻凡二十卷。半叶九行十八字,白口,单鱼尾,四周单边。见《中国人民大学图书馆古籍善本书目》。

(五)明天启元年(1621)冯嘉年刊本

是刻凡二十二卷。半叶九行十八字,白口,四周单边。在毕懋康刻本基础上加以增修,刊刻。《四库全书总目》所收即是刻。见《北京图书馆古籍善本书目》《增订四库简明目录标注》《郘亭知见传本书目》。

(六)清康熙十二年(1673)洪琮刊本

是刻凡二十二卷,续集不分卷。半叶九行十八字,白口,单鱼尾,四周单边。目录末镌“康熙癸丑仲秋望日重刊”。见《中国人民大学图书馆古籍善本书目》。

(七)《四库全书》本

凡二十二卷。所据为江苏巡抚采进本。见《四库全书总目》。

(八)清康熙十四年(1675)洪琮刻光绪二十二年(1896)马天佑补修本

是刻凡二十二卷,续集五卷。见《中国科学院图书馆中文古籍善本书目》。

山草堂集又名山草堂全书

(明)郝敬撰

【传录】郝敬(1558—1639)字仲舆,号楚望。湖北京山人。万历己丑(1589)进士。历官缙云、永嘉二县知县,擢礼科给事中,迁户科,寻谪宜兴县丞,终江阴县知县。《明史·文苑传》附见《李维桢传》。著有《九经解》《小山草》《啸歌》《四书制义》等。

【叙录】是编凡二十八种,一百五十三卷。全书分内、外二编。内编有《谈经》《易领》

《问易补》《学易枝言》《毛诗序说》《春秋非左》等十六种，所收以经籍为主。外编有《批点左氏新语》《批点史记琐琐》《批点前汉书琐琐》等十二种，所收以史籍为主。《四库全书总目》著录其中若干种，多入存目，流传不广。如《易领》专释卦序之义；《谈经》一名《经解绪言》，此乃提其《九经解》之大要；《时习新知》旧名《知言》，书中于周子《太极图说》、张子《正蒙》、邵子《皇极经世》及二程子、朱子无不肆言诋斥。借姚江之学以攻宋儒，而又斥良知为空虚，以攻姚江。《小山草》首载佛书，次则辨论经旨之文。末为杂著、尺牍、家乘等。《批点史记琐琐》取《史记》疑义略为考证训释，然多臆撰。

【版录】

明万历崇祯间郝洪范刊本

参见《综录》第478页。据《中国古籍善本书目》，是刻外编尚有《批选唐诗》二卷、《蜡谈》六卷。

是书北京图书馆、清华大学图书馆、中国社会科学院图书馆、上海辞书出版社图书馆、吉林省图书馆、无锡市图书馆等单位有藏，但鲜有全本者。

袁中郎集又名袁中郎十集

(明)袁宏道撰

【传录】袁宏道(1568—1610)字中郎，号石公。湖北公安人。明文学家。万历进士，官吏部郎中，考功员外郎。与兄宗道、弟中道并称三袁，为公安派的创始者，在三袁中宏道成就最大。其思想受李贽的影响较深，重视小说、戏曲和民歌在文学中的地位；诗文不满李攀龙等的模拟、复古主张，强调抒写"性灵"，企图在一定程度上突破传统思想的束缚。作品真率自然，多写闲情逸致，部分篇章反映民间疾苦，对当时政治现实有所批判。有《袁中郎全集》。

【叙录】是编凡十种，十六卷。明周应麟编。其中《狂言》《狂言别集》，袁中道认为是别人伪撰。但刘大杰在校编此两书的后记云："细读此中文字，如《喜禅问答》《分娩口号》《山居斗鸡记》诸篇，俱似中郎真笔。但书中亦确有赝作混入。如《狂言别集》中之《山居杂记》有'余幼而无父'之句，此即为赝作之明证，盖中郎非幼年无父之人也。"袁氏的诗文，俚俗诙谐，平浅易解，多针砭时政。"屈指悲时事，停杯忆远人。"(《敝箧集·登高有怀》)袁氏由于重视"性灵"或"性情"因而并不十分强调"理"，而特别强调自然天真或自然趣味。他认为"今之诗文不传矣，其万一传者，或今闾阎妇人孺子所唱'擘破玉''打草竿'之类，犹是无闻无识，真人所作，故多真声。……任性而发，尚能通于人之喜怒哀乐、嗜好性欲，是可喜也"(《叙小修诗》)。他反对后七子的拟古主义，认为"文之不能不古而今也，时使之也。……袭古人语言之迹，而冒以为古，是处严冬而袭夏之葛者也"(《雪涛阁集序》)。袁氏的诗自然地流露个性,语言不事雕琢,流利洁净。但是袁氏以为“心灵无涯,搜之愈出”,因而忽视了社会实践对作家的决定意义。袁氏及其“公安派”对清代文学如郑燮的散文、袁枚的诗文和诗论均有一定的影响。

【辑录】《四库全书总目》云:“三袁者,一庶子宗道,一吏部郎中中道,一即宏道也。其诗文变板重为轻巧,变粉饰为本色,致天下耳目于一新,又复靡然而从之。然七子犹根于学问,三袁则惟恃聪明,学七子者,不过赝古,学三袁者,乃至矜其小慧,破律而坏度。名为救七子之弊,而弊又甚焉,观于是集,亦足见文体迁流之故矣。”四库馆臣忽视三袁打破拟古主义文学上陈腐的革新意义,诬其为“破律而坏度”,这一评论,实欠公允。其后近代文学家郁达夫反对馆臣对三袁的指责,在《重印袁中郎全集》中云:“公安袁氏,兄弟三人,独能于万历诗文疲颓之馀,自树一帜,洗尽当时王(世贞)、李(攀龙)的大言壮语,矫揉造作。以振衰起绝而论,他们的功业,也尽可以与韩文公比比了。然而《袁中郎集》的不见流传者(乾隆中被禁毁),当然又是清初馆阁诸公的袍巾头巾,在那里作梗。”

惟清代李慈铭的见解与众不同,其《越缦堂读书记》云:“公安之派,笑齿已冷,皆谓轻佻纤俗之习,创自石公。今观其全诗,俚恶者固不免,如唐人小婢偷红纸、娇儿弄白髯之类,迁流愈下,几同谐谑。然佳处亦自不乏,静细之思,幽隽之语,触目皆是。中郎一门风雅,出处可观,其得盛名,良非无故。后人固不可专学此种,而论诗宜平心审定,公是公非,自有千古,不可执其瑕颣,因噎废食,遂至埋没古人。”

【版录】

(一)明刊本

参见《综录》第479页。此本为明周应麟所辑刊,题名《袁中郎十集》十种,十卷。其中《狂言别集》应为二卷,《综录》误作一卷。此本每半叶九行,每行二十字,白口,左右双边。

首都　北师大　北师院　科学　文研所　华东师大　上海师大　南开大学　吉大　山东　山大　苏州　杭大　安徽博　河南　武陟　湖北　四川　史语　“中央”

[补录]

(二)明万历三十年(1602)袁无涯书种堂刊本

此本书为十五种,五十三卷。题名《袁中郎集》。所收子目较周应麟本多五种:《潇碧堂集》二十卷、《瓶花斋集》十卷、《解脱集》四卷、《锦帆集》四卷、《去吴七牍》一卷。

书种堂系宏道门人袁无涯书斋,无涯字叔度,曾校刻《潇碧堂集》《锦帆集》《解脱集》诸书,各卷末均镌有“门人袁叔度无涯校梓”。此本每半叶九行,每行十八字,白口,白鱼尾,四周单边。

(三)明万历三十三年(1605)刊本

此本十四种,五十七卷。题名《袁使君集》,所收子目较周应麟本多四种:《锦帆集》四卷、《瓶花斋集》十卷、《解脱集》四卷、《袁石公遗稿》六卷。

半叶九行十八字,白口,左右双边。天一阁藏本缺《狂言》二卷、《狂言别集》二卷。

(四)明万历四十五年(1617)金陵大业堂刊本

此本凡二十四卷。题名《梨云馆类定袁中郎全集》,何伟然编。书林周文炜刊。宏道诗文分体合编,故云“类定”。半叶八行十八字,无直格,白口,四周单边。封面镌有“大业堂周如山刊”,正文卷端镌有“南雍周文炜如册镌”。

人大　科学　北师大

(五)明万历四十七(1619)新安刊本

此本二十三卷。题名《袁中郎先生全集》,明袁中道编。半叶九行十九字。剞劂极精,下书口记云“新安黄应义刻”。书前有毕懋康序、袁中道序。袁序云:“先是家有刻不精,吴刻精而不备。近时刻者愈多,集以《狂言》等赝书,唐突可恨,予校新安,始取家集字栉句比,稍去其少年未定之语,按年分体,都为一集。”

北京

(六)明崇祯二年(1629)武林佩兰居刊本

此本四十卷。题名《新刻钟伯敬增订袁中郎全集》。钟惺增订,杨汝楫校刻。半叶九行二十字,白口,四周单边。有雷思沛序、杨汝楫序。陆之选《缘起》云:“先生遗稿八卷,未见梓行,今悉补入,以供世赏。”可见此本已补入八卷,所收作品较多。

人大　北师大　中大　科学

(七)清道光九年(1829)袁宪健据《梨云馆类定袁中郎全集》本复刻本

台大

(八)民国二十四年(1935)时代图书公司出版

此本共分六卷。题名《袁中郎全集》,刘大杰校编。林汝堂、阿英、郁达夫、周作人、刘大杰等人各有序。收书最全。各卷含子目多种:卷一为尺牍(含《锦帆集》《解脱集》《瓶花斋集》《潇碧堂集》);卷二为《游记》《场屋后记》《广庄》《碑记》;卷三为传记、序文、笔记、《瓶史》《觞政》《德山麈谈》;卷四为拟古乐府、五古、七古、五绝、七绝;卷五为五律、五言排律;卷六为七律、杂文、《狂言》《狂言别集》。

北师大　华南师大　暨大

(九)1935 年上海中央书店铅印本

此本六卷。题名《袁中郎全集》。

北师大

(十)1936 上海世界书店铅印本

此本六卷。题名《袁中郎集》。

北师大

王季重九种集又名王季重先生集九种

(明)王思任撰

【传录】王思任(1574—1646)字季重,号遂东。浙江山阴(今绍兴)人。万历乙未(1595)进士。累迁袁州推官。有能声,鲁王监国时,历礼部右侍郎。郡城失守,遂隐居不仕。工画,仿米家数点,云林一抹,饶有雅趣。有《奕律》《百家论钞》等。

【叙录】是编凡九种,九卷。包括《避园拟存诗集》《杂序》《时文叙》《历游纪》《游唤》《律陶》《庐游杂咏》《游庐山记》《奕律》,各一卷。王思任是晚明重要作家,为人孤傲耿介,具有强烈的民族气节。集中所收诗文或记游览,或论文艺,或酬答友人,大都嬉笑怒骂,恣口放言,肆无忌惮。而又务臻险秀,警悚出奇,表现了作者适情任性的生活情趣和傲岸不羁的思想性格。钱谦益《列朝诗集小传》称其"才情烂漫,无复持择,入鬼入魔,恶道岔出"。

【版录】

(一)明清晖阁刊本

参见《综录》第479页。是刻半叶八行十八字,或六行十六字,白口,四周单边。见《北京图书馆古籍善本书目》。

据《中国科学院图书馆藏中文古籍善本书目》,全书共六卷。卷一为《避园拟存诗集》,卷二为《王季重杂文序》,卷三为《王季重时文叙》,卷四为《王季重历游纪》,卷五为《律陶》《游庐山记》《王季重庐游杂咏》《弈律》,卷六为《游唤》。

北大　清华　华东师大　山西大

[补录]

(二)明末刊本

题名《王季重先生文集》。凡十三种,十三卷。较九种本多《尔尔集》一卷、《传》一卷、《杂记》一卷、《志状铭》一卷。北京图书馆藏本半叶九行二十一字,白口,左右双边。仅存二至八卷。湖南省图书馆藏本有王礼培跋。见《中国古籍善本书目》。

首都　科学　文学所　上海　重庆

(三)民国二十四年至三十七年(1935—1948)上海贝叶山房《中国文学珍本丛书》本

题名《王季重十种》。子目较九种本多《杂记》和《尔尔集》二种。少《时文叙》一卷。刊于1936年。分上、下二册。见上海图书馆编《中国近代现代丛书目录》。

(四)1987年浙江古籍出版社《两浙作家文丛》本

任远校点。据上海贝叶山房《中国文学珍本丛书》本校点重印。见国务院古籍整理出版规划小组办公室编《古籍整理图书目录》(1949—1991)。

一斋集又名一斋先生集

（明）陈第撰

【传录】陈第(1541—1617)字季立，号一斋。福建连江人。万历时诸生。后召至都督俞大猷幕下。起家京营，出守古北口，历官游击将军。在镇十年，致仕归。善诗及音韵，又喜藏书，自少至老，足迹遍天下。遇书辄买，若惟恕失，故不择善本，亦不争价钱。所居世善堂，藏书达万馀卷。著有《毛诗古音考》《伏羲图赞》《尚书疏衍》《屈宋古音义》《寄心集》《五岳游草》等。

【叙录】是编凡十二种，三十五卷。包括《伏羲图赞》《尚书疏衍》《毛诗古音考》《屈宋古音义》《松轩讲义》《谬言》《书札烬存》《意言》《五岳游草》《两粤游草》《寄心集》《一斋陈先生考终录》等。内容涉及经学、杂学、游记以及诗文等。《四库全书总目》收录其中四种。《伏羲图赞》二卷，"是书上卷，于奇偶之数，皆以黑白为阴阳，两仪、四象、八卦，皆规方而为圆，于先儒所传卦画方位、先后天方圆诸图，一一辨其所失。下卷为《图赞》二十一，末附《图向》一篇"。《尚书疏衍》四卷，陈氏自序称："余少受尚书家庭，读经不读传注。……口诵心惟，得其义于深思者颇多。……因复取古今注疏，详悉读之。意所示者标之，意未安者微释之，句读未是者正之，其素得于深思者附著之，间又发挥之言外，以俟后世冀修已。"提要称："其作是书，虽其初不由训诂入，而实非师心臆断，以空言说经者比。"《毛诗古音考》四卷，书中首次提出了上古音与今音的不同。列《诗经》韵字四百馀条，以《诗经》及古代其他韵语为证，探求古音韵，实开清代古音学之先路。《屈宋古音义》三卷，陈氏既撰《毛诗古音考》，"复以《楚辞》去风人未远，亦古音之遗"，乃取屈原、宋玉等所撰共三十八篇。其中韵与今殊者二百三十四字，各推其本音，与《毛诗古音考》互相发明。《两粤游草》一卷，诗文各半，乃万历二十六年至二十八年(1598—1600)游广东时所作。《寄心集》六卷，乃焦竑为之选定，均为四言、五言古诗。《五岳游草》七卷，大抵记游之咏，而杂诗亦散见其中。《四库全书总目》称其："韵书妙有神解，遂为言古音者之开山。诗则信笔而成，非所擅长。"

【版录】

（一）明万历中会山楼刊本

参见《综录》第 479 页。是书清代入《禁毁书目》。明万历二十三年至四十五年(1595—1617)间曾分年、分种刊行，故其子目行款、字数不一。每书前均有陈氏序跋。

上海　浙江　天津　福建

[补录]

（二）明崇祯间刊本

见孙殿起《清代禁书知见录》。

(三)清康熙刊本

是刻题名《一斋先生集》。见阳海清《中国丛书综录补正》。湖北省图书馆收藏。

(四)清道光二十八年(1848)陈氏重刊本

见阳海清《中国丛书综录补正》。

(五)清刊本

见杨家骆《丛书大辞典》。较《综录》少《寄心集》和《一斋陈先生考终录》二种。

大雅堂订正枕中十书一名李卓吾先生秘书八种、大雅堂藏书，又名大雅堂订正枕中书、枕中十书、大雅堂杂著

(明)李贽撰

【传录】 李贽(1527—1602)原姓林,名载贽,后改姓名。号卓吾,又号宏甫,别号温陵居士。泉州晋江(今属福建)人。曾任国子监博士、南京刑部员外郎、云南姚安知府。认定六经、《论语》《孟子》等儒家经典只是当时弟子的随笔记录,并非“万世之至论”,终被统治者以敢创乱道,“惑世诬民”罪名逮捕,后自杀。哲学观点没有摆脱王守仁和禅学的影响。但公开以“异端”自居,提出“穿衣吃饭即是人伦物理”的见解,主张重视功利。坚持“心外无物”,认为人的是非乃“无定质”“无定论”。继承并修正王守仁“良知”说,提出“童心”说。在文学方面,反对复古摹拟,主张创作必须发抒己见,并重小说、戏曲在文学上的地位,在当时颇有影响。曾评点《水浒传》。著有《李氏焚书》《续焚书》《藏书》《李温陵集》等。

【叙录】 是编凡十种,十卷。大多为李氏杂记。相传李贽被逮时将此书寄存于陕西三教寺老僧处,为袁宏道所发现。

【辑录】 袁宏道序云:“己酉,予主陕西试,事毕,复谢圣天子恩命,夜宿三教寺,偶于古寺高阁敝箧中获其稿,读之不觉大叫惊起。招提老僧执光相顾,予遽询曰:‘是稿何处得来?’老僧曰:‘乡者温陵卓吾被逮时寄我物也,嘱以秘之枕中,毋令人见。’予曰:‘嘻! 奇哉! 不意今日复睹卓吾也,卓吾其不死矣!’”

又释如德序云:“吾闻卓老被收,以书嘱三教寺老僧曰:‘善为秘枕中,三年后必有识吾书者。’在今未三年,而卓吾书复大行,四方求者亦如饴,是书竟为中郎袁先生得。”

王重民《中国善本书提要》云:“一年以前,余读北京图书馆藏本,心知其伪而不欲作辨;今日读此,则以为不但无此事,此书此序,亦皆托也。”

【版录】

(一)明博极堂刊本

参见《综录》第480页。是本刊于万历间,题名《大雅堂订正枕中十书》。半叶八行十八字,白口,四周单边。

清华　科学　文学所　历博　上海　辽宁　浙江　广东　广东社科

（二）清康熙十二年（1673）序刊本

是本中有二子目属明版，题名《李卓吾先生秘书八种》（一名《大雅堂藏书》）。北图著录为“明刻清康熙重修本”。半叶八行十八字，白口，四周单边。

北京

［补录］

（三）明刻本

是本见王重民《中国善本书提要》，美国国会图书馆藏。

（四）明刻积秀堂印本

是本缺卷三。

科学

（五）明天启刊本

广东

（六）清乾隆二十一年（1756）积秀堂重刊本

湖北

王百谷全集又名王百谷集

（明）王穉登撰

【传录】王穉登（1535—1612）字百谷，一作伯谷。江苏武进（今常州）人。少有文名，善书法。嘉靖末，游京师，入太学。晚年召修国史，未行而卒。事迹具《明史·文苑传》。著有《吴郡丹青志》《马湘兰传》《荆溪疏》《吴社编》《客越志》《虎苑》《弈史》以及《燕市集》《青雀集》《金昌集》《晋陵集》《青苕集》等，共二十馀种，大部分已收入《王百谷全集》。

【叙录】是编凡二十一种，四十二卷。子目包括《晋陵集》《金昌集》《燕市集》《客越志》《延令纂》《采真篇》《法因集》《虎苑》《生圹志》《苦言》《竹箭编》《明月篇》《雨航纪》《越吟》《屠先生评释谋野集》等。内容有诗文集、书画艺术、方志义例及生物志书等。《四库全书总目》收录其中二种，均入存目。《吴郡丹青志》一卷，收神品一人，妙品四人附四人、能品四人、逸品三人、遗耆三人、栖旅二人、闺秀一人，各为传赞。提要称其“词皆纤佻”。《吴社编》一卷，专纪吴中里社之事。提要云：“其神名五方贤圣，乃淫祀之尤者，而谓本于《搜神记》。”末附顾文龙书，谓穉登是编“有悯时之怀、先事之虑”。

【版录】

（一）明万历中刊本

参见《综录》第480页。《综录》所列仅十种十九卷，实不止此数。郑振铎收藏有十馀种,《西谛书目》列八种十五卷。跋云:“一九五八年四月二十日,晨起,天阴欲雨。效贤阁送书十数种来,中有洪楩刻本《六臣注文选》,明嘉靖金陵刻本《唐荆川集》及此书。价皆甚廉,因收之。《百谷诗文杂著》凡二十一种,此仅八种,不及其半。然求全不易,即有此八种亦足自慰。旧有《明月编》《青雀集》《野谋集》三种,合之则共得十一种矣。”

[补录]

(二)明万历四十七年(1619)金陵叶应祖刊本

见《中国古籍善本书目》。题名《王百谷集》。凡二十一种,四十二卷。较《综录》所列多十一种:《客越志》二卷、《延令纂》二卷、《法因集》四卷、《虎苑》二卷、《生圹志》一卷、《苦言》一卷、《竹箭编》二卷、《明月篇》二卷、《雨航纪》一卷、《越吟》二卷、《屠先生评释谋野集》四卷。

北大　上海　南京　福建师大　重庆　“中央”

(三)明万历江阴郁氏玉树堂刊本

是刻凡二十种,三十八卷。题名《王百谷集》。见杜信孚《明代版刻综录》。

几亭全书又名陈氏几亭集

(明)陈龙正撰

【传录】陈龙正(1585—约1645)字惕龙,号龙致、发蛟,又号几亭先生。浙江嘉善人。崇祯进士。授中书舍人,后左迁南京国子监丞。福王立南京,用为祠祭员外郎,不就。卒,私谥文洁。有《几亭政书》《学言》《随时问学再集》《家矩》《因述》《几亭文录》《几亭外书》等。

【叙录】是编凡五种,六十二卷;附一种,二卷。包括《学言》三卷、《学言详记》十七卷、《政书》二十卷、《文录》二十卷、《因述》二卷,末附清陈揆撰《陈祠部公家传》二卷。除是编外,明崇祯年间曾刊行《几亭初集》四种二十二卷,《几亭再集》四种二十卷,以及《几亭再集》三种十九卷。内容涉及儒学、杂学以及诗文集等。《四库全书总目》收其《救荒策会》和《程子详本》二书,均为是编所未收。

【版录】

清康熙三年(1664)刊本

参见《综录》第481页。是刻半叶十行二十一字,白口,四周单边,无直格。《中国古籍善本书目》著录为“清康熙四年云书阁刻本”。

北京　北大　党校　文学所　北京文物　上海　复旦　东北　师大　南京　浙江

几亭再集

(明)陈龙正撰

【传录】 参见《几亭全书》。

【叙录】 是编凡三种,十九卷。包括《续学言》三卷、《随时问学再集》八卷、《几亭续文录》八卷。所收均为续作,之前已有《初集》四种二十二卷行世。参见《几亭全书》条。

【版录】

明崇祯十一年(1638)序刊本

参见《综录》第481页。较是刻稍早的尚有《几亭初集》和《再集》。其子目如次:

初集

《学言》三卷

《几亭外书》九卷

《随时问学》六卷

《文录》四卷

再集

《学言》一卷

《几亭外书》三卷

《随时问学》八卷

《文录》八卷

参见《中国古籍善本书目》。

北京　上海　山西文物　浙江

西郭草堂合刊又名跻新堂集

(明)乔中和撰

【传录】 乔中和(生卒年未详)字还一。河北内丘人。万历二十六年(1598)拔贡,任垣曲知县,崇祯间官至太原府通判。史称"狡吏畏惧,黎民怀念"。归乡后,于太子岩东侧开挖石屋，谓曰“乔家洞”，静隐其间，以著述为事。治经学，通音韵。著有《易说》《说畴》《图书衍》《元韵谱》《大易通变》《葩经旁意》《古大学注》《大九数》《阴符经注》《乔还一外集》等，均收入《西郭草堂合刊》。

【叙录】是编凡八种，二十八卷；附三种，六卷。包括《元韵谱》一卷、《图书衍》五卷、《古大学注》一卷、《葩经旁意》一卷、《说畴》一卷、《说易》十二卷、《大易通变》六卷、《大九数》一卷，末附《阴符经注》一卷、《从祀乡贤录》一卷、《乔还一先生馀稿括抄》四卷。内容涉及经籍术数以及经文注等。《四库全书总目》收录其中五种，均入存目，流传不广。《说易》首列图说，依次为卦象、彖传、爻象、文言、系辞、说卦、序卦、杂卦等类，末为附录。《图书衍》为四书讲义。《元韵谱》一卷，《四库全书总目》作五十四卷。提要略云：“是书以上平为阳，下平为阴，上声为阴，去声为阳，入声则阴极而阳生。删三十六母为十有九，四重之为七十六。去蒙音四，得七十有二。而七十二母之中又析之为柔律、柔吕、刚律、刚吕。又据律法十二宫分十有二佸，以佸统母，以母统各韵之字。凡始英终谷五十有四韵，条分缕析，似乎穷极要眇。而实则纯用俗音，沈、陆以来之旧法，荡然俱尽。”《说畴》共分五目：正误（皆踵宋元诸儒错简之说，颠倒经文之序），释次（明五行之序），广形（推衍五行之类），辨是（以十为洛书，九为河图，申刘牧之说），卜繇（以雨霁蒙驿克错综相乘为二十有五，分属五方，每方得五九四十五畴，各系以词，如《易林》之体）。《大易通变》一名《焦氏易林补》，取焦赣《易林》删其词之重复者，而以己意补缀其阙，凡千馀首。

【版录】

（一）清光绪五年（1879）刊本

参见《综录》第 482 页。

［补录］

（二）明崇祯刊本

见《中国古籍善本书目》。题名《跻新堂集》。凡七种，二十三卷；附一种，四卷。较《综录》所列子目，少《大易通变》及附三种，而多附《越吟》四卷（明乔钵撰），又《元音谱》作《元韵谱》，并多《释目》一卷，《说畴》作《洪范说畴》。

北京　北大　人大　故宫　北京文物　华东师大　天津　天津师大　吉林　南京　福建师大

（三）清顺治中内丘乔氏家刊本

见阳海清《中国丛书综录补正》。题名《跻新堂集》。子目同崇祯本。《北京图书馆古籍善本书目》著录有《乔中和集》五种，九卷。清初刻本。半叶九行十八字，白口，四周单边。子目包括：《图书衍》五卷、《古大学注》一卷、《洪范说畴》一卷、《元韵谱》一卷、《葩经旁意》一卷。

梅花渡异林一名支子固先生汇辑异林，又名异林

（明）支允坚撰

【传录】支允坚（约 1635 年前后在世）字子固，号梅坡居士、支山道人。生平事迹待考。

【叙录】是编凡四种，十卷。所收均为一些轶事趣谈，所见颇为浅陋，多为趣味性之作，刻意造异，以迎合某些人的口味，没有什么学术价值。《四库全书总目》云："《轶史随笔》论多琐屑，时寓不遇之感，而识趣颇卑，如论刘穆之金柈贮槟榔，段文昌金莲花盘濯足之类，皆不胜企羡，又论飞燕合德无损于汉，妲己、妹喜皆不白之冤，殊为偏僻。至于薛嵩梦虱报恩，西王母论汉武帝语，小说诬词，皆竟据为实事，尤不足取。《时事漫记》多载委巷之谈。《轶语考镜》掇拾饾饤，如宋人二结之类，点窜《列子》而不竟其说，不知何取。《艺苑闲评》皆诗话之流，而所见亦浅。"四库馆臣所评，虽寥寥数语，亦能一针见血，指出是编不足之处。

【版录】

明崇祯中金阊书林刊本

参见《综录》第 482 页。

三山存业十编又名听潮居存业

（清）原良撰

【传录】原良，字鸣喜。江西乐安人。顺治中贡生。官宁都县训导。笃志圣贤之学，致力于"慎独"二字。年八十馀，孜孜好学。著有《桑稠汇纪》以及诗文集等。

【叙录】是编凡十种，十卷。每种一编，每编一卷。各立四字标目：一为《明宗正学》，上部多讲学之语，下部乃杂论经义。二为《身世要则》，多论世故，附有读书作文十六则。三为《史会大纲》，论世运盛衰。四为《友古特评》，品藻历代人物功过是非曲直。五为《群古对观》，摭古之相类者论之。六为《左国补议》，仿吕祖谦《左氏博议》，多斟酌评议之言。七为《读馀志略》，多为读书纠谬考证之文，大致如王世贞《读书后》。八为《玄圃馀珍》，剽掇旧事，略加评断。九为《韵林随笔》，皆原良所作诗话、诗评。十为《山野寤言》，皆自撰治国安邦富民之策。《四库全书总目》入存目，题名《听潮居存业》，所据系江西巡抚采进本。

【版录】

(一)清康熙中刊本

参见《综录》第483页。

[补录]

(二)清家刊本

是刻见杨家骆《丛书大辞典》。全书分十编,除《综录》所收子目外,尚有嗣刊《诗集》和《文集》二种。

舜水遗书又名朱舜水全集、舜水先生文集

(明)朱之瑜撰

【传录】朱之瑜(1600—1682)字鲁屿,号舜水。浙江馀姚人。诸生。不求仕进,明末屡征不就。清顺治二年(1645)清兵陷南京,往居于舟山,图恢复明室。舟山陷,辗转日本、交趾间,仍从事抗清。顺治十五年(1658)赴日本,老居国外未归。在日本时,水户藩主德川光国请其讲学。朱氏精研六经,学无不通,有裨于日本学术不鲜。卒后日本学者私溢文恭先生。著有《安南供役纪事》《阳九述略》《舜水文集》等,后人编为《舜水遗书》。

【叙录】是编凡四种,二十八卷,附录一卷。包括《舜水文集》二十五卷、《改定释奠仪注》一卷、《阳九述略》一卷、《安南供役纪事》一卷,书末附录一卷。是编之前,先有日本加贺侯文学五十川源刚伯所编《朱征君集》十卷行世,日本贞享元年(1684)欲以校补,未竟而卒,是本称"加贺本"。另又有日本水户侯权中纳言从三位西山源光国所编《朱舜水先生文集》二十八卷,日本正德五年(1715)其子纲条刻于西京,是本称"水户本"。至民国二年(1913),汤寿潜又令会稽马浮取上述二本加以重编。书前有汤寿潜序及总目,后有日本安积觉《朱舜水先生文集后序》。

【辑录】民国二年(1913)马浮跋云:"日本槧《朱舜水先生文集》二十八卷,门人水户侯权中纳言从三位西山源光国编,日本正德五年(清康熙五十四年),其子纲条刻于西京,彼邦谓之水户本。先是加贺侯文学五十川源刚伯尝从舜水受学,亦编录遗文为《朱征君集》十卷。以贞享元年(康熙二十二年,后舜水殁六年,舜水以康熙十七年卒,当日本延宝七年也)上之加贺侯,侯好之,欲因以校补,未竟而侯卒,传本罕见。至近年稻叶岩吉始得加贺本,取以参校水户本。互有出入,乃以二本合刊。其已见水户本者削之,但存其目。二本皆无诗,又取张廷枚《姚江诗存》所录《泊舟稿》附之,题曰《朱舜水全集》。是为新本。寻水户、加贺二本,类次陵躐,颇乏体要。新本晚出,裒录较完,而因仍旧贯,三本错列,读者憾焉。今颇有所删定,厘为文集二十五卷,正其讹舛,使就纪理。其《释奠仪注》一卷、

《阳九述略》一卷、《安南供役纪事》一卷，名在乙部，旧入文集不当，今悉别出，总为《舜水遗书》。又按今井弘济、安积觉撰《舜水先生行实》云：'先生尝为水户上公撰《学宫图说》，日本初建文庙，依以营构。'今集中乃无是书，盖已亡佚，谨附著其目于此。"

【版录】

(一)日本正德二年(1712)刊本

参见《综录》第483页。是刻即马浮跋中所称"水户本"。由朱氏门人(日本)源光国所编，其子纲条刻于西京。约日本正德五年(清康熙五十四年)刻竣。

(二)民国二年(1913)汤寿潜排印本

参见《综录》第483页。书前有汤寿潜序及马浮之跋文。汤氏序有"爰令女夫故会稽马浮奉彼中所刊先生遗集重加编定，别为类目"等语。所据为日本稻叶岩吉校刊本。

史语　国防

[补录]

(三)日本旧写本

见《藏园订补郘亭知见传本书目》。题名《舜水先生文集》，凡二十八卷。

(四)日本稻叶岩吉校刊本

约稍早于民国二年(1913)汤寿潜印本。取"加贺本"以参校"水户本"，"互有出入，乃以二本合刊。其已见水户本者削之，但存其目。二本皆无诗，又取张廷枚《姚江诗存》所录《泊舟稿》附之，题曰《朱舜水全集》"。参见民国二年(1913)马浮跋。据此跋，尚有《学宫图说》一种，已佚。

孙夏峰全集又名孙夏峰大全集、孙夏峰遗书

(清)孙奇逢撰

【传录】孙奇逢(1584—1675)字启泰，号钟元，晚号岁寒老人。直隶容城(今属河北)人。万历庚子(1600)举人。明亡后隐居，顺治、康熙间屡征不起。晚年移居苏门之夏峰村，辟兼山堂，读《易》讲学，世称夏峰先生。与黄宗羲、李颙并称清初三大儒。初学陆(九渊)、王(守仁)，晚通朱子之说，遂成为两派的调和论者。主要著作有《理学宗传》《四书近指》《读易大旨》《畿辅人物考》《中州人物考》等，均已收入《孙夏峰全集》。

【叙录】是编凡十三种，一百四十七卷。乃其后人汇辑而成。包括《读易大旨》《书经近指》《四书近指》《畿辅人物考》《中州人物考》《游谱》《理学宗传》《孝友堂家规》《夏峰答问》《夏峰先生集》等。内容涉及经学、人物传记、理学及诗文集等。《读易大旨》五卷，乃其人清后流寓河南时所作。自序云："至苏门始学《易》，年老才尽，偶据见之所及，撮其体要，以示门人弟子，原非逐句逐字作解，故曰《大旨》。"《四库全书总目》称其"所训释，皆先列己说，后附旧训。

其平生之学,主于实用,故所言皆关法戒,有足取焉”。《四书近指》二十卷,于四子之书挈其要领,统论大旨,间引先儒之说以证异同。《中州人物考》八卷,分为理学、经济、忠节、清直、方正、武功、隐逸等七类,所记均为明代河南人物,人各为传赞。

【版录】

(一)清康熙中刊道光至光绪间递刊重印本

参见《综录》第483页。

[补录]

(二)清道光二十五年(1845)刊本

凡十三种。题名《孙夏峰遗书》。见《杭州大学图书馆线装书总目》。

《畿辅丛书》收录《孙夏峰遗书》二十二卷,包括《夏峰先生集》十四卷、《夏峰先生语录》二卷、《夏峰先生答问》二卷、《孝友堂家规》一卷、《孝友堂家训》一卷,附《孙夏峰先生年谱》二卷。

溯园全集

(清)贾开宗撰

【传录】贾开宗(1595—1661)字静子。河南商丘人。明诸生。少负才放纵。不事生业。孙传庭知县事,极相引重。东平侯列泽清镇淮阴,奏为翰林院孔目掌书记,开宗察其有异趣,不就职。以白衣从军,后辞归,与同里侯方域交,潜心学问,于星象占纬兵食图籍,各有论说。自号野鹿居士。其著述后人编为《溯园全集》。

【叙录】是编凡三种,七卷。包括《溯园文集》四卷、《诗集》一卷、《溯园语商》一卷、《秋兴八首偶论》一卷。除诗文集外,其馀为有关儒学性理及诗评等方面的著作。

【版录】

(一)清道光九年(1829)贾洪信刊本

参见《综录》第483页。

[补录]

(二)清康熙五年(1666)家刊本

见杨家骆《丛书大辞典》。其中《偶论》作二卷。

黄梨洲遗书又名黄梨洲先生遗书

(清)黄宗羲撰

【传录】黄宗羲(1610—1695)字太冲,号南雷,学者称梨洲先生。浙江馀姚人。父尊素为“东林”名士,被魏忠贤陷害,他受遗命问学于刘宗周。十九岁入都讼诉,以铁锥毙伤仇人。领导“复社”成员坚持反宦官权贵的斗争,几遭残杀。清兵南下,他招募义兵,进行武装抵抗,被鲁王任命为左副都御史。明亡后隐居著述,屡拒清朝征召。学问极博,对天文、算术、乐律、经史百家以及释道之书,无不研究。史学成就尤大,所著《明儒学案》,开浙东史学研究的风气。在哲学上,反对宋儒“理在气先”之说,认为“理”不是实体,只是“气”中的条理和秩序。文学方面,强调诗文必须反映现实,表达真情实感;不满明七子摹拟剽窃之风。著作有《宋元学案》《明儒学案》《明夷待访录》《南雷文案》等,后人编成《黄梨洲文集》。黄氏自编有《明文海》。

【叙录】是编凡八种(含《年谱》),四十三卷。《明儒学案》为我国最早的有系统地研究学术思想史的专著,此书开浙东史学研究的风气。其内容根据明代学者的文集语录,分析宗派,立学案十九。但以王守仁学派为中心。初期以吴与弼、薛宣、陈献章为主;中期以王守仁为主;末期以顾宪成、刘宗周为主,叙述学者二百馀人,每人先列小传,后载语录。对各人生平经历、著作、思想以及学术的传授,都有扼要的叙述。《明夷待访录》有《原君》《原臣》《原法》等二十一篇,内容大胆揭露了封建君主专制的毒害,指出“为天下之大害者,君而已矣”;为了一个君主,“乃兆人万姓崩溃之血肉曾不异乎腐鼠,岂天地之大,于兆人万姓之中独私其一人一姓乎?”(《原君》)

《南雷文定》《南雷文案》所载有传状、碑志、哀祭、赋、序、记、书、杂文、寿序等。靳治荆《〈南雷文定〉序》云:“今观先生之文,有褒讥予夺、微显阐幽者,一圣贤中正之矩也;有痛哭流涕、感动微发者,一忠孝旁薄之气也;有研析精微、发挥宏钜者,一穷理尽性、彰教辨治之本也。若其力厚思深,包举万有,海涵地负,睥睨千秋,要皆有实际可循,而非徒工鞶帨者所得而埒也。”刘师培《论近世文学之变迁》则认为:“馀姚黄氏,亦以文学著名,早学纵横,尤长叙事,然失之于芜,辞多枝叶。且段落区分,牵连钩贯,仍蹈明人陋习。”《南雷诗历》,或写景言情,或咏古思怀,充满故国之悲,怀旧之感,坚贞之志,表现了崇高的民族气节。其论诗主张“情至”,反对摹拟。《赐姓始末》记叙郑成功收复台湾事,表现爱国精神。《今水经》列诸水之名,共为一表,黄氏言:“此书不袭前作,条贯诸水,名之曰《今水经》,穷源按脉,庶免空言。”(《今水经·序》)《四库全书总目》则云:“宗羲生于馀姚,又未亲历北方,故河源尚剿《元史》之说,而滦河之类亦沿《明一统志》之旧,松花、黑龙、鸭绿混同诸江,尤传闻仿佛,不尽可据。”《黄梨洲遗书》虽为后人所辑,但所收书大多经黄氏晚年手自删削。

【版录】

(一)清光绪三十一年(1905)杭州群学社石印本

参见《综录》第484页。

中大

［补录］

(二)清抄本

是本题《黄梨洲先生遗书》,仅收二种二卷。子目有:《明夷待访录》一卷、《思旧录》一卷。半叶十行二十字,无格。北京图书馆藏本有清戴望校并跋。

(三)清醉竹轩抄本

是本亦题《黄梨洲先生遗书》仅收书三种三卷。子目有:《明夷待访录》一卷、《留书》一卷、《思旧录》一卷。

山西文物局

(四)1985年至1986年浙江古籍出版社点校整理本

见国务院古籍整理出版规划小组办公室编《古籍整理图书目录》(1949—1991)。

梨洲遗著汇刊

(清)黄宗羲撰

【传录】参见《黄梨洲遗书》。

【叙录】是编凡三十三种,八十三卷;附年谱三卷。书成于清末民初,编辑者乃吴江薛凤昌。薛氏少慕黄氏之学,以为“国朝儒者道德文章足以楷模百世,矜式士林者。厥惟楚中王船山、吴中顾亭林、越中黄梨洲三先生为最。顾、王先生遗书得邓湘皋先生为之汇辑……独梨洲先生著述之盛行于世者,仅《明儒学案》而已。此外诸著,或散见于各丛书中,或未曾刊行,仅见抄本者,或并抄本而不一见者。东鳞西爪,散佚居多”。有感于此,遂广为搜辑,得属于文者七种,属于史者十五种,属于杂著者八种,都三十种,五十七卷。后又访得《孟子师说》《南雷文定四集》《海外恸哭记》等,共三十三种,八十三卷。又以诸家所撰之像赞、碑传、年谱等列为首卷,黄氏之遗著略具矣。所收包括经籍、杂史、传记、地理、儒学、金石、历算以及诗文集等。其中《明夷待访录》抨击封建专制,乃我国思想史上具有影响的名著。它如《行朝录》《海外恸哭记》等则多为有关南明的历史资料。《南雷文定》为黄氏手定之稿,多为人物碑传志状之作。所收诗文,感情真挚,表现了崇高的民族气节。《黎洲遗著汇刊》所收,不过黄氏著述之半,但在民国以前这已是对黄氏著述前所未有的汇编。1985年浙江古籍出版社出版了《黄宗羲全集》第一册,1986年出版第二册。

【辑录】据卷首宣统二年(1910)吴江薛凤昌撰《汇刊梨洲先生遗著缘起》称,黄氏著述之犹未得者甚多。如"经学则有《易学象数论》《授书随笔》《春秋日食历》《律吕新义》《孟子师说》《深衣考》等。史学则有《宋史丛目补遗》《子刘子行状》《四明山志》《补唐诗人传》《黄氏宗谱》等。历学则有《授时历注》《大统历推法》《授时历假如》《西历假如》《回历假如》《气运算法》《勾股图说》《开方命算》《测圆要义》等。杂著则有《忠端祠神弦曲》《姚江文略》《姚江琐事》《台宕纪游》《病榻随笔》《黄氏丧制》及自著年谱等"。

【版录】

(一)民国四年(1915)时中书局排印本

参见《综录》第484页。是本凡二十种,六十八卷。是书有几种刊本,收书种数、卷数略有不同。

[补录]

(二)清宣统二年(1910)上海时中书局铅印本

见《北京师范大学图书馆中文古籍书目》、杨家骆《四库大辞典》。据杨家骆《丛书大辞典》所列子目,较《综录》少《南雷文定四集》《海外恸哭记》和所附《黄梨洲先生年谱》三种。另附有《未刊书目》,凡三十馀种,其中注明"已刊"者四种:《宋元学案》一百卷、《明儒学案》六十二卷、《姚江逸诗》四卷、《明文海》四百八十一卷。

(三)1919年上海扫叶山房排印本

凡十九种,五十七卷;附增刊三种,十一卷。子目参见《综录》。见《杭州大学图书馆线装书总目》。

(四)民国十六年(1927)上海扫叶山房排印本

见阳海清《中国丛书综录补正》。

(五)1967年台湾文海出版社《明清史料汇编》本

是为影印本,收入该丛书第六集。所列凡二十九种,较《综录》少《孟子师说》《南雷文定四集》《海外恸哭记》以及附录《黄梨洲先生年谱》四种。其中《南雷文定》前集、后集、三集作三种计。《行朝录》十卷,分列九种,包括《隆武经年》一卷、《赣州失事记》一卷、《绍武争立记》一卷、《鲁纪年》二卷、《舟山兴废》一卷、《日本乞师记》一卷、《四明山寨记》一卷、《永历纪年》一卷、《沙洲定乱记》一卷。

杨园张先生全集一名张杨园先生集,又名杨园先生全集、杨园全书、张杨园先生全书、汇刻杨园先生全书、张杨园先生全集

(清)张履祥撰

【传录】张履祥(1700—1764)字考夫,号念芝。浙江桐乡人。居邑之杨园村,学者称杨园先生。明诸生,从刘宗周学。明亡不仕,隐居讲慎独之学。张氏"学初自阳明入,后

读小学《近思录》有得，悟其失。及谒念台(刘宗周号)归，肆力于程朱之书。觉念台所为《人谱》，于程朱犹有出入，乃辑《刘子粹言》，于师门有补救之力。晚评阳明《传习录》，条分缕析，详揭阳儒阴释之弊”(《清儒学案·杨园学案》)。乃专意程朱，立身端直，躬习农事。清康熙十三年卒，年六十四。著述颇富，后人辑成《杨园先生全集》。

【叙录】是编凡十七种，五十七卷。所收书的内容是以程朱理学观点教诲后学。“其书多儒家之言。”《四库全书总目》对是编所收各书的内容分别作了简介：《愿学记》一卷，共一百十九条，皆其劄记讲学之语。《问目》一卷，共三十八条，皆其受业刘宗周时，录以就正之词。中载“山阴刘先生批”者，即宗周也。《初学备忘》二卷，皆训导后进之言，意在兼启童蒙，故词多浅近。《经正录》一卷，辑朱子训学斋规。《白鹿洞学规》，司马光《居家杂仪》及朱子增损《吕氏乡约》合为一编。《近古录》四卷，采明陈良谟《见闻记训》、耿定向《先进遗风》、李乐《见闻杂记》、钱衮《厚语》，各采其所记嘉言善行，分立身、居家、居乡、居官四门。《见闻录》二卷，记近时之嘉言善行。《丧祭杂说》一卷，皆纠时俗违礼之失。《学规》一卷，凡《澉湖塾约》十四条、《东庄约语》五条。《答问》一卷，皆其门人张嘉珍问而履祥答，前为答张佩璁别楮，皆谕丧祭之礼，后为答张佩璁所问，皆杂考经史疑义。佩璁即嘉珍字也。《门人所记》一卷，则嘉珍与姚瑚、姚琏录履祥之语。《训子语》二卷，凡分十二纲，一百四十五条，盖履祥晚始得子，惧弗及教诲，故留以训之。《农书》二卷，多就桐乡物土言之。履祥初讲蕺山慎独之学，晚乃专意于程朱，立身端直，乡党称之，其书多儒家之言。而《近古录》《见闻录》等率传记之流，《农书》又农家之流，言非一致，难以概目曰儒家，故著录于杂家类焉。

【辑录】张履祥尝曰：“人须有恒业，无恒业者，始于丧心，终于丧身。许鲁斋谓‘儒者以治生为急，治生尤以稼穑为先’。”(《清儒学案·杨园学案》)

祝洤于《目次》后附识语云：“《经正录》者，先生经世之大方也，于此可见修道之权衡，礼教之次第焉，故经冠全书；次之以《愿学记》《问目》《备忘录》进学之序，盖如此，诗书则德辉之著也；又次之，以《初学备忘》《学规善诱》之教，盖如此，《训子语》《答问》及《门人所记》则因材之笃也。《见闻录》《近古录》知取善之宜广，《近鉴》示远恶之宜早；崇德修慝，而惑亦不可以无辨，故《丧祭杂说》次之；然而正其德必厚其生，治生以农桑为本，故《农书》终焉。”

【版录】

(一)清康熙中刊本

参见《综录》第484页。此本凡十四种，四十四卷，《学规》一卷，附于《经正录》后。较《综录》所列子目少《杨园诗》一卷、《杨园书》四卷。

(二)清同治九年(1870)山东尚志堂刊本

参见《综录》第484页。

华南师大　史语

[补录]

(三)清乾隆二十一年(1756)朱芬据祝氏稿本刊本

此本虽有雷鋐序，而实为嘉兴朱芬(蘅佩)所刻。朱序云：“辛酉(乾隆六年)省试，余以夺解被放，遂不复事举子业。……明年，濮川陈先生见赠《张杨园先生文钞》，言言切实近里，大旨以穷理笃行为主。读之，始觉从入有路，乃往恳全集。陈先生曰：'只存此钞，惟袁花祝孝廉处有全集本。'因惠书贲访，相见极欢。祝先生曰：'某不自揣，搜罗杨园先生遗书，删辑得若干卷，虑其散失，藏之箧中，志欲梓之以惠后学，而力不能，君如能之，亦先生一知己也。'余曰：'诺。'祝先生再拜而以全稿手授焉。……力未能全刊，先刊其《备忘》四卷，自戊辰迄壬申，遂陆续开雕，至丙子而竣事……以全集呈督学雷公请序。"这里，朱芬详明亲刻此书的经过。乾隆四十七年(1782)屈桥年序亦云："辛丑冬购得《张杨园先生集》，板惜多残缺，因照原本鸠式修补，始为原书。考先生全集刻本，旧有数种，此则嘉兴贡士朱蘅佩(芬)前辈所刻，而学使雷公序以行者。"《增订四库简目录标注》以及《藏园订补郘亭知见传本书目》均称"宁化雷鋐刊"，实误。

(四)清嘉庆二十三年(1818)屈氏修补刊本

此本系据朱芬刻本修补。嘉庆二十三年周镐序云：是本"凡十六种。择斋之言先生全集原板久毁无传，是本虽经祝氏删节，要其精粹之处，毫无阙欠，平湖屈乐馀明经从嘉兴朱氏购得遗板，复加修补，其子芥舟茂才布之烟墨，以惠同学"。

此本半叶十行二十四字，黑口，左右双边。兹将祝氏所编《目次》以及各书原来删辑情况抄录于后：

《经正录》第一　原本
《愿学记》第二　遗稿删存
《问目》第三　遗稿删存
《备忘录》第四　录遗附，节删
《诗》第五　旧为文集删存
《书》第六　旧为文集删存
《初学备忘》第七　删存
《学规》第八　旧附见文集
《训子语》第九　原本
《答问》第十　旧入文集删存
《门人所记》第十一　旧为《训门人语》节取
《言行见闻录》第十二　删存
《近古录》第十三　删存
《近鉴》第十四　节取
《丧祭杂说》第十五　遗稿，杂录附
《农书》第十六　原本
雷鋐序　清乾隆二十一年(1756)
朱芬序

祝淦《汇订杨园先生全书序》 清乾隆六年(1741)
凌渝安序
李宗传序 清乾隆二十二年(1817)
周镐《张杨园先生全集序》 清嘉庆二十三年(1818)
屈桥年序 清乾隆四十七年(1782)
陈梓《杨园先生文钞序》《张杨园先生小传》

暨大

(五)道光二十一年(1841)独山莫氏影山草堂刊本

此本见《藏园订补郘亭知见传本书目》。

夏为堂集又名夏为堂别集

(清)黄周星撰

【传录】黄周星(1611—1680)字九烟,一字景明,改字景虞。湖北江夏(今武昌)人。原上元籍。少育于湘潭周氏。崇祯进士,官户部主事。疏请复姓,国变后遁迹湖州以终。有《百家姓新笺》《复姓纪事》《衡岳游记》《洒社刍言》《试官述怀》《惜花报》《制曲枝语》以及诗文集等。多已收入《夏为堂集》。

【叙录】是编凡九种,十卷。包括《夏为堂别集文》一卷、《夏为堂别集诗》一卷、《夏为堂人天乐传奇》二卷、《试官述怀》一卷、《惜花报》一卷、《散曲》一卷、《制曲枝语》一卷、《复姓纪事》一卷、《百家姓新笺》一卷。所收各书除诗文外,馀为有关姓氏、传奇、词曲之书。

【版录】

清康熙中刊本

参见《综录》第485页。《中国古籍善本书目》著录为“清康熙二十七年朱日荃、张燕孙刻本”。题名《夏为堂别集》。半叶九行或八行十九字至二十一字不等,白口,左右双边或四周单边。据是书卷端,《综录》所列前三个子目分别题《文》《诗》《人天乐传奇》。

别有《黄九烟先生诗文杂钞》八种,八卷。上海图书馆收藏。清康熙刻本。包括《夏为堂略刻》一卷、《园铭》一卷、《龙沙八百地仙姓名歌》一卷、《潇湘八景诗》一卷、《复姓纪事》一卷、《秋波六义》一卷、《逋草》一卷、《百家姓新笺》一卷。

北京 上海 南京

亭林遗书一名顾亭林先生遗书，又名亭林先生遗书汇辑

（清）顾炎武撰

【传录】顾炎武（1613—1682）初名绛，字宁人，别号亭林。因居亭林镇，学者称亭林先生。又曾自署蒋山佣。江苏昆山人。明诸生。少时参加“复社”反对宦官权贵。清兵南下，参加抗清斗争。事败，遍游华北，图谋恢复明室。晚岁卜居华阴，卒于曲沃。顾氏自幼博览群书，学识渊博，于国家典制、郡邑掌故、天文仪像、河漕、兵农以及经史百家、音韵训诂之学，无不探究原委。晚年治经侧重考证，开清代朴学风气。著有《日知录》《天下郡国利病书》《石经考》《韵补正》《音学五书》，及诗文集等五十馀种。

【叙录】是编凡二十三种，六十二卷；附录三种，四卷。据张舜徽《顾亭林学记》载，顾氏著述已刊者三十一种，未刊者二十二种。清康熙间，吴江潘氏遂初堂先刊十种，题名《亭林遗书》，对其著述进行了初步的整理。至光绪十一年（1885），吴县朱记荣因慕顾氏之学，本着表彰先贤，矜式来者之意，重刊潘氏所行之十种，又搜辑了一些未刊之本和一些零种单帙，传而不显者。随得随刊，得十馀种。计经部一种、史部七种、子部二种、集部五种，并附吴映奎所撰《顾亭林先生年谱》、全祖望所撰《亭林先生神道表》和沈岱瞻所辑《同志赠言》等，题名《顾亭林先生遗书》。光绪三十二年（1906）又曾汇印，增刻《圣安纪事》二卷，合为二十三种，六十二卷，附录三种，四卷，遂成是编。内容涉及经、史、音韵、考古、杂录、文集、诗集、馀记、佚诗等。杜联喆《丛书书目续编初集》收有《亭林先生著述总目》，所列包括已刻与未刻之书，可作参考。汇印本有清光绪十一年（1885）陈其荣《亭林遗书后序》。总目后有席威跋语，叙是书源流甚详。

【辑录】陈氏序略云：“第先生著述凡数十种，传世者固多，而散佚亦复不少，今汇而刻之。览是编者，尤足以考见生平之行谊，与其考核之精详，及朋友所以引重者焉。”席氏跋云：“右亭林先生著述之可考者如此。蒙按平定张石洲撰次先生年谱，云本之上元车秋舲，车又本之昆山吴止狷，而吴氏则本之先生抚子衍生。张谱已刊入《粤雅堂丛书》，兹特将吴谱校刊，从其朔也。顾张谱胪列各种外，云尚有先生勘定之书，曰《西安府儒学碑目》，见先生文集；曰勘定《家训》《近儒名论甲集》，见先生手迹；曰纂录《易解》，程、朱各自为书，见《答汪苕文书》；曰纂录《南都时事》，见《与戴耘野书》；曰点定荀悦《汉纪》，见潘稼堂《重刻汉纪序》；曰《区言》五十卷、《治河事》一袟，见何义门《菰中随笔序》；曰《备录》，见《江左十五子诗选注》；又尝欲编辑《姓氏书》，见《日知录》。呜呼！先生当明社既屋，高首阳之节，访求遗民逸老，足迹遍穷边绝塞，王氏山史所谓‘义士不合于时，以游为隐者也’。迹其操行之峻，撰述之富，与楚中王船山先生相辉映。而王先生遗书经湘乡相国及介弟沅圃爵帅开局校雠，克观厥成。近彭尚书复创建船山书院，为后世楷模，彬彬称盛。独先

生撰著，每散见于各丛书及单行本，未有全书，蒙窃憾焉。夫表章先贤，矜式来者，乡邦后进之责也。况先生国史立传，袖然居首，生平著作，列入《四库》，学术之纯正，实为有宋朱子后一人，开汤、陆之先声，为儒林之冠冕，正子舆氏所谓百世之师也。不揣固陋，广为搜辑，惟卷帙既繁，集资非易，谨先将已刻者行世，余当陆续刊布，用摅私淑之愿云。”

【版录】

(一)清吴江潘氏遂初堂刊本

参见《综录》第485页。是刻题名《亭林遗书》。凡十种，二十七卷。清康熙间刊行。《中国古籍善本书目》著录。南京图书馆藏本为清石韫玉、汪全德校，邹福保跋。

科学　祁县　江西　江西党校　湖北　湖南　川博　史语

(二)清蓬瀛阁刊吴县朱记荣增刊光绪三十二年(1906)汇印本

参见《综录》第485页。题名《顾亭林先生遗书》。凡二十一种，四十卷。朱氏在蓬瀛阁本的基础上增刊十种，所增即《综录》所列之“补遗”部分。汇印时又增刻《圣安纪事》二卷。

[补录]

(三)清蓬瀛阁刊本

题名《顾亭林先生遗书》。凡十种，二十七卷。书名页镌“蓬瀛阁校刊”诸字。半叶十一行二十字，小字双行三十字，白口，左右双边。

暨大

(四)清光绪十一年至三十二年(1885—1906)朱氏槐庐家塾刊本

题名《亭林先生遗书汇辑》。清席威、朱记荣编。凡二十三种，六十二卷；附录三种，四卷。子目编次与《综录》不同，且多《明季实录》一卷、《历代帝王宅京记》二十卷、《营平二州地名记》一卷、《顾氏求古录》一卷。附录三种为《顾亭林先生年谱》一卷附录一卷(清吴映奎撰)、《亭林先生神道表》一卷(清全祖望撰)、《同志赠言》一卷(清沈岱瞻辑)。北京图书馆藏本有傅增湘校并跋。见《中国古籍善本书目》《北京图书馆古籍善本书目》《藏园订补郘亭知见传本书目》。

(五)民国上海文瑞楼石印本

题名《亭林遗书》。据朱氏槐庐家塾本石印。子目少《历代帝王宅京记》二十卷。又《韵补正》作二卷，《菰中随笔》作三卷。暨南大学图书馆有藏。

安雅堂全集

(清)宋琬撰

【传录】宋琬(1614—1674)字玉叔，号荔裳，别署二乡亭主人。山东莱阳人。顺治四年(1647)进士。授户部主事，累官浙江按察使。被诬下狱，释放后长期闲居。晚年又任四川按察使。其诗辞意凄清，与施闰章齐名，时号“南施北宋”。亦工词。所著有《二乡亭词》《入蜀集》《安雅堂书启》以及诗文集等，均已刊入《安雅堂全集》。

【叙录】是编凡七种，二十卷。刊于顺治至乾隆间。包括《安雅堂诗》(不分卷)、《安雅堂文集》二卷重刻文集二卷、《安雅堂书启》一卷、《安雅堂未刻稿》八卷、《入蜀集》二卷、《二乡亭词》三卷、《祭皋陶》一卷。所收皆为宋氏诗文集以及词曲等。宋氏诗原有三十卷本，久已散佚。《四库全书总目》著录有《安雅堂诗》《安雅堂拾遗诗》，均无卷数，《安雅堂拾遗文》二卷，而无文集之目，后附《二乡亭词》四卷，均入存目，所据为大理寺卿陆锡熊家藏本。提要云：“所谓《入蜀集》者，其后人亦无传本。此本题《安雅堂诗》者，不分卷数。有来集之、蒋超二序，皆题顺治庚子，盖犹少作。题《安雅堂拾遗诗》者，与其文集、词集皆乾隆丙辰其族孙邦宪所刻。掇拾残剩，非但珠砾并陈，亦恐真赝莫别，均不足见琬所长。”《清史稿·艺文志》著录有《安雅堂诗》不分卷、《文集》四卷、《未刊稿》十卷。《四部备要》收录有《安雅堂诗》一卷、《未刻稿》五卷、《入蜀集》一卷。宋氏生逢乱世，仕途多艰，故其创作多抒写个人的坎坷身世和凄苦心情，含有悲愤激宕之意。古诗歌行苍劲雄健，悲愤激荡；近体诗对仗工整，词采豪壮；绝句清丽多姿，近于晚唐。晚年，诗风愈见苍老雄肆，广为称道。宋氏亦工文，集中文字，以序诗之篇较多，其次为题跋、书启。《池北偶谈》云：“康熙以来，诗人无出南施北宋之右，宣城施闰章愚山，莱阳宋琬荔裳也。……宋浙江后诗，颇拟放翁。五古歌行，时闯杜、韩之奥。康熙壬子春，在京师求余定其诗笔为三十卷。其秋，与余先后入蜀。余归之，明年，宋以臬使入觐。蜀乱，妻孥皆寄成都，宋郁郁没于京邸，此集不知流落何地矣。”

【辑录】《渔洋诗话》云：“(康熙)庚辰，余官刑部尚书。荔裳之子思勃来京师，以《入蜀集》相示，亟录而存之。集中古选歌行，气格深稳，余多补入《感旧集》。”沈德潜《清诗别裁集》称：“宋以雄健磊落胜，施以温柔敦厚胜，又各自擅场。”

【版录】

清顺治至乾隆间刊本

参见《综录》第 486 页。

谢程山全书

(清)谢文洊撰

【传录】谢文洊(1615—1681)字秋水，号约斋、程山先生。江西南丰人。明末诸生。清兵入关后，遂丢弃功名，入广昌香山，一心学禅佛。初喜阳明之学，后一意程朱，辟程山学舍于城西，名其堂曰尊洛。著有《大学中庸切己录》以及讲义数十篇。又有《初学先言》《大臣法则》《左传济变录》《谢程山集》等。

【叙录】是编凡十二种，五十九卷。包括《谢程山集》十八卷首一卷附录三卷、《程山谢明学先生年谱》一卷、《学庸切己录》二卷、《读易绪言》二卷、《风雅伦音》二卷、《左传济变录》二卷、《养正篇》一卷、《初学先言》二卷、《程门主敬录》一卷、《大臣法则》八卷、《兵法类案》十三卷、《大学稽中传》三卷。所收有经籍、史传、儒学、兵法以及诗文集等。谢氏平生以讲学为主，亦擅诗词。诗风质朴无华，情真意切，多表现在外族入侵下，社会动荡，空有报国之心而无能为力的愤慨。也有感叹自己身处乱世，命运多舛，虽胸怀锦绣却一事无成的诗章。《四库全书总目》著录其中二种，均入存目。《学庸切己录》皆随文讲解，旁采大全诸儒之说，而参以己见，其体颇似语录。《谢程山集》初为目录三卷、《讲易义》三卷、书简三卷，为其门人甘京、黄采所编。乾隆十年(1745)，其孙鸣谦与涂登、陈道重新收集杂文遗稿，编成文集十八卷。

【版录】

(一)清光绪十八年(1892)谢镛刊本

参见《综录》第 486 页。

[补录]

(二)清道光三十年(1850)谢昌贤等刊本

题名《谢程山先生全集》。见杨家骆《四库大辞典》。

(三)清宣统二年(1910)南丰刘氏校刊本

见杨家骆《丛书大辞典》。卷末附录《序例》一卷、《谢文洊年谱》一卷。据刘声木《再续补汇刻书目》，尚有《程山遗书》八种，清康熙五十年(1711)仪封张伯行尊洛堂刊本。所载子目与《综录》不同，依次为《程山十则》一卷、《讲义》一卷、《大学切己录》一卷、《中庸切己录》一卷、《程山三世诗》四卷首一卷、《非成斋偶刻》一卷(清谢鸣谦撰)、《愧屋文稿》一卷、《程山年谱》一卷(清谢鸣谦撰)。

魏贞庵遗书

(清)魏裔介撰

【传录】魏裔介(1616—1686)字石生，号贞庵，又号昆林。河北柏乡人。顺治进士。由庶常政给谏，累官吏部尚书，保和殿大学士、太子太保。顺治间，任言官，康熙帝时，因有党附鳌拜之嫌，被解职。生平膺于穷理尽性之指。著有《约言录内外篇》《圣学知统录》《知统翼录》《致知格物解》《论性书》《重订周程张朱正脉》《薛文清读书录纂要》《易经大全纂要》《四书精义汇解》《悍心篇捷解》《孝经注义经世编》《屿舫集》《兼济堂集》《希贤录》等书。

【叙录】是编凡二种，七卷。乃裔介子荔彤所编。包括《论性书》二卷、《樗林偶笔》二卷续笔二卷闲笔一卷。《论性书》摘录《书》《易经》《孝经》《论语》《左传》《礼记》《中庸》《孟子》《老子》《孔丛子》《子华子》《荀卿子》《论衡》以及唐宋以来儒学著作中有关论述性理方面的内容，且衷以己说，末自附《性说》二篇。《樗林偶笔》上卷多记讲学之语，下卷皆论史事；《续笔》皆引先儒名言，间或抒载个人见解，偶录明代史事；《闲笔》皆论息心养生之道。此书一名《樗林三笔》。《四库全书总目》著录，均入存目。另分别著录其著作十馀种。

【版录】

清康熙中龙江书院刊本

参见《综录》第 486 页。据杨家骆《丛书大辞典》，《樗林续笔》之后尚附有《演连珠》一卷。

西堂全集又名尤太史西堂全集、尤西堂全集

(清)尤侗撰

【传录】尤侗(1618—1704)字同人，展成，号悔庵、艮斋，晚自号西堂老人。江苏长洲(今苏州)人。顺治中以乡贡任永平推官，康熙十八年(1679)授翰林院检讨，又晋为侍讲。所作诗文传诵遍人口，世祖称为“真才子”。后入翰林，圣祖称为“老名士”。曾参与修《明史》。所著有《西堂杂俎》《艮斋杂记》《鹤栖堂文集》《西堂馀集》《西堂曲腋》诸书，凡百馀卷。

【叙录】是编凡三十一种，一百三十四卷；附一种，六卷。全书分为《西堂文集》《西堂诗集》《西堂乐府》《西堂馀集》四集。其中《文集》二十四卷，收《西堂杂俎》一至三集，各八卷；《诗集》十二种三十卷，收《西堂剩稿》《西堂秋梦录》《西堂小草》《论语诗》《外国竹枝词》等；《乐府》六种六卷，收《读离骚》《桃花源》《吊琵琶》等；《馀集》十种七十二卷，收《年谱图诗》《小影图赞》《性理吟》等，后附清汤传楹撰《湘中草》六卷。尤侗诗文，以才子自命。多写生活琐事，少数作品对当时社会状况有所反映。《西堂杂俎》多骚赋铭赞、应俗游戏之作，故名“杂俎”，不标“文集”。其自序云：“雕虫之技，悔已难追。鸡肋之馀，弃复可惜者，盖亦自有不嫌之情，姑过而存之耳。”乾隆时被列为禁书，故其集不入《四库全书》。《清史稿·艺文志》著录《西堂全集》六十六卷、《百末词》六卷，《清史稿艺文志补编》又著录《艮斋倦稿文集》十五卷、《钧天乐》二卷。其生平经意之作，多收入《艮斋倦稿文集》中。《拟明史乐府》《外国竹枝词》等，歌咏明代史事，描述清初各少数民族的生活习俗，别具一格。

【辑录】《西堂全集序》称尤侗诗：“如万斛泉，随地涌出，时出世间，辩才无碍，要为称其心之所欲言。”沈德潜《清诗别裁集》谓其：“少岁时，专尚才情，诗近温、李；归田以后，仿白乐天。……四十至六十时诗，开阖动荡，轩昂顿挫，实从盛唐诸公中出也。”《清史列

传·文苑传》云:“其诗词古文,才既富赡,复多新警之思。体物言情,精切流丽,每一篇出,传诵遍人口。”

【版录】

(一)清康熙中刊本

参见《综录》第486页。约刊于康熙三十三年(1694)。半叶十行二十一字,白口,四周单边。《中国古籍善本书目》著录。凡四种,一百二十八卷;附一种,六卷。其中《钧天乐》作二卷,《明史拟稿》后无《艺文志》五卷。

北大　考古所　祁县　温州　安大　洛阳　安阳　宜昌　广东　暨大　云南　史语　台大

(二)民国上海文瑞楼石印本

参见《综录》第486页。《北京师范大学图书馆中文古籍书目》著录。题名《尤西堂全集》。

[补录]

(三)清善成堂刊本

见《北京师范大学图书馆中文古籍书目》。

(四)清两仪堂刊本

见阳海清《中国丛书综录补正》。

(五)清乾隆十九年(1754)刊本

见杨家骆《四库大辞典》。

施愚山先生全集又名施愚山全集、愚山集

(清)施闰章撰

【传录】施闰章(1618—1683)字尚白,号愚山,又号蠖斋。安徽宣城(今宣州)人。顺治六年(1649)进士,授刑部主事,历湖西道参议。康熙时,举博学鸿词,授翰林院侍读。为人孝友纯笃,以文学饰吏治,所至有惠绩。晚年好延誉后进,四方士多归之。其学主于体仁,文章醇雅。尤工于诗,风格朴素,间有反映社会现实之作,与宋琬齐名,号“南施北宋”。有《学馀堂诗文集》《试院冰渊》《青原志略补辑》《矩斋杂记》《蠖斋诗话》等。

【叙录】是编凡五种,九十卷;附一种,六卷。包括《施愚先生学馀文集》二十八卷、《学馀诗集》五十卷,康熙四十七年(1708)曹寅楝亭刊;《施愚山先生别集》四卷(内含《蠖斋诗话》二卷、《矩斋杂记》二卷);《施愚山先生年谱》四卷,清施念曾撰;《施氏家风述略》一卷续编一卷,续编,清施彦恪撰;《施愚山先生外集》二卷(内含《砚林拾遗》一卷、《试院冰渊》一卷),乾隆三十年(1765)刊。附录清施瑮撰《随村先生遗集》六卷。施氏以诗、古文辞鸣

于清初，其著述于《清史稿·艺文志》《四库全书总目》多有著录。所收《别集》中，《蠖斋诗话》别择未精，瑕瑜参半。《四库全书总目》入存目，提要略云："闰章诗深婉蕴藉，世推作手，而诗话乃多可议。"《矩斋杂记》亦入存目，是书多记见闻杂事，兼涉神怪，类小说家言。《外集》中，《砚林拾遗》乃奉使广东时记所见端溪石品。《试院冰渊》乃历年典试序文及条约。《文集》和《诗集》均按体编次。观集中诗文，闰章论诗，推崇唐人，反对宋诗，主张"言有物"。中年所作，对清初社会政治状况有真实反映。一些写景抒情之作，意境悠深，气象浑厚，诗意盎然，最能体现施诗的艺术特色。晚年之作，多抒写其士大夫孤芳自赏的情绪。集中以诗文序跋为最多，然大多内容平庸，佳作不多。传志之属，善恶无溢，可供稽考。辨析理学及论修史之作，朴宜说理，动合矩矱，较为工致。

【辑录】王士禛《池北偶谈》称其"温柔敦厚，一唱三叹，有风人之旨"。闰章长于五言。朱庭珍《筱园诗话》谓其"五古温柔清婉，善学魏晋六朝，殊近自然。五律则盛唐格调，中唐神韵，兼而有之，造诣不在中山、文房之下"。王士禛爱其五言诗，为作《摘句图》，载于《池北偶谈》。闰章古文，学习欧、苏，"为文意朴而气静"(《清史稿·文苑传》)。朱庭珍《筱园诗话》评曰："愚山文非专门，亦颇清雅，此又诗人之兼工文者也。"

【版录】

(一)清康熙至乾隆间刊本

参见《综录》第487页。

[补录]

(二)清康熙四十七年(1708)刊本

据杨家骆《丛书大辞典》，子目包括《文集》二十八卷、《诗集》五十卷、《诗话》二卷、《杂著》二卷、《明史传稿》七卷、《剩圃诗集》六卷。

(三)清乾隆四年(1739)重编刊本

是刻与《综录》所载完全相同。见《增订四库简明目录标注》。

(四)清乾隆十二年(1747)刊本

凡九十六卷。见《增订四库简明目录标注》。

(五)清汇印本

见《中国科学院图书馆藏中文古籍善本书目》。其子目及刻书年月如次：

《施愚山先生学馀文集》二十八卷诗集五十卷　清康熙四十七年(1708)楝亭刻本

《施愚山先生别集》四卷　清乾隆施念曾刻本

《施愚山先生外集》二卷　清乾隆刻本

《施愚山先生年谱》四卷　清施念曾撰　清乾隆施念曾刻本

《施氏家风述略》一卷　清施闰章撰　续编一卷　清施彦恪撰　清乾隆施念曾刻本

《随村先生遗集》六卷　清施瑮撰　清乾隆四年(1739)刻本

船山遗书又名船山全书、王船山遗书、王船山丛书

(清)王夫之撰

【传录】王夫之(1619—1692)字而农,号薑斋。祖籍江苏高邮,后迁湖南衡阳。明崇祯十五年(1642)举人。明亡,在衡山举兵起义,阻击清军南下。战败退肇庆,任南明桂王政府行人。以反对王化澄,几陷大狱。到桂林依瞿式耜,旋桂林覆陷,式耜殉难,乃决心隐遁。晚年居衡阳之石船山,世称“船山先生”。筑土室曰“观生居”,杜门著书四十年。对四部书均有深入研究,尤精于经学、史学、文学、佛学等。王氏博学广识,著作等身,经学著作有《周易稗疏》《诗经稗疏》《书经稗疏》《春秋稗疏》《四书稗疏》《礼记章句》等,子学著作有《老子衍》《庄子解》《说文广义》《诗经叶韵辨》《楚辞通释》等,史学著作有《读通鉴论》《宋论》《永历实录》《莲峰志》等,哲学著作有《周易外传》《尚书引义》《读四书大全说》《张子正蒙注》《思问录内外篇》等,其书稿后人多已编入《船山遗书》。

【叙录】是编凡七十种,三百五十八卷。据年谱载,王氏著书共百馀种。先是道光二十二年(1842),其裔孙世佺始刊刻《船山遗书》十八种,百五十卷,由新化邓显鹤主其事,刊于长沙。道光二十八年(1848)俞焜补刻衡阳学署所藏王氏遗著五种。咸丰四年(1854)王氏刻板毁于兵燹,流传未广。同治四年(1862),曾国荃等谋重刻,广为搜辑,合长沙刻本重编,于金陵刻成五十三种,三百二十二卷。光绪十三年(1887),衡郡船山书院在曾氏刊本的基础上补刻五种,九卷。民国二十二年(1933),上海太平书局排印《船山遗书》,增收至七十种,三百五十八卷,并附刘毓崧撰《王船山丛书校勘记》二卷。是乃依据历年刻本而集其大成者。所收计经部二十二种,一百五十五卷;史部四种,七十七卷;子部十四种,五十四卷;集部三十种,七十二卷。1988年起,岳麓书社出版《船山全书》,收存世王夫之著作七十二种,三百七十二卷,末附其传记、年谱及有关杂录、编辑纪事等,此乃目前王夫之著述搜罗最为完备的本子。除此之外,尚有《四部丛刊》据金陵本影印其中诗、文、词、诗话,为《薑斋诗文集》。1962年中华书局据金陵本、衡阳本和太平洋书局本编成《王船山诗文集》,可资参考。

是编最重要的著述有《周易外传》《尚书引义》《续四书大全说》《张子正蒙注》《思问录内外篇》《噩梦》《黄书》等。这些著作,在哲学上总结和发展了中国传统的朴素唯物论和辩证法。王氏亦善诗文,工词曲。丛书收录《薑斋诗文集》《潇湘怨词》《龙舟会杂剧》等。其为文善能阐发名理。文章气节,与顾炎武、黄宗羲鼎足而三。为诗学六朝初唐,取径甚高。内容或追怀往事,寄托其亡国之痛;或感慨平生,表达其抗清心志;或描述人民苦难,寄予他深切的同情,都较深刻地反映了当时的民族矛盾和社会生活。为词信笔所至,抱怀故国,芳悱缠绵,神契楚骚。其他诸如史学、天文学、历法、数学、地理学等均有所研究,

可见其博涉多通。

【辑录】邓显鹤《船山著述目录跋》略云:"衡阳王先生著书五十二种,已见三十八种,都三百二十三卷。著录于《四库》者,曰《周易稗疏》四卷、《考异》一卷,曰《尚书稗疏》四卷,曰《诗稗疏》四卷、《考异》一卷,曰《春秋稗疏》二卷,凡六种。存目于《四库》者,曰《尚书引义》六卷,曰《春秋家说》三卷,凡二种。旧已刊者,曰《周易大象解》一卷,曰《春秋世论》二卷,曰《四书稗疏》一卷、《考异》一卷,曰《老子衍》一卷,曰《庄子解》三十三卷,曰《楚辞通释》十四卷,曰《正蒙注》四卷,曰《思问录》二卷,曰《俟解》一卷,凡十种。外《文集》《诗集》《诗馀》《诗话》复有数卷,皆奇零不成部帙,馀俱钞本。其未见者存佚不可知。"又论其遗书云:"其时海内硕儒,北有容城,西有盩厔,东南则昆山、馀姚,而亭林先生为之魁。先生刻苦似二曲,贞晦过夏峰,多闻博学,志节皎然,不愧顾、黄两先生。"(《清诗纪事初编》)

章太炎藏本题记云:"《船山遗书》二百八十八卷,伪清两江总督曾国藩刻于江宁。先生秉乾元之德,直废兴之际,潜耀制作,纲维华夏。今之光复,自其《黄书》《噩梦》出也,继大禹、尼父以后,盖一人耳。"

【版录】

(一)清道光二十二年(1842)新化邓显鹤长沙刊本

参见《综录》第487页。是刻凡十八种,一百五十卷,主要为经学著作。书刊于道光十九年至二十二年(1839—1842)。衡阳王世佺聘邓显鹤等审阅,聘邹汉勋编校。卷首牌记称"道光二十二年湘潭王氏守遗经书屋刊",每卷末又有"七世孙世佺半溪谨刊"。

道光二十二年邓显鹤《船山著述目录跋》云:"道光己亥寓长沙,时方辑《沅湘耆旧集》,征求先生遗诗。一日,先生裔孙有居湘潭名世佺者,介其友欧阳君兆熊访余于城南旅寓,以先生诗集来,且具道先生六世孙承佺具藏先生各种遗书于家,世佺将谋筹诸梨枣,余大喜过望。次年春,遂开雕于长沙,以校雠之役属吾邑人邹汉勋。其后二年,次第刊成……"

同治本曾国藩序云:"道光十九年,先生裔孙世佺始刊刻百五十卷,新化邓显鹤湘皋实主其事,湘潭欧阳兆熊晓晴赞成之。"

(二)清同治四年(1865)湘乡曾国荃金陵刊本

参见《综录》第487页。是刻凡五十三种,三百二十二卷。当刊于同治三年至五年(1864—1866)。半叶十行二十三字,黑口,左右双边。为曾国藩、曾国荃兄弟所刊。《重刊船山遗书凡例》云:"此书开雕于同治甲子,未及三载而事已竣。由安庆而金陵,而扬州,而长沙,俱以书局自随,一时江介名宿,分任审阅编校之役。"

同治五年(1866)刘毓崧《校勘记》自序云:"衡阳王氏《船山丛书》,其目录可考者七十五种,稿本访得六十一种。湘乡爵相及介弟爵帅捐俸授梓,自甲子春至丙寅夏,刻成五十三种。此三年中,延致诸同人或校稿本,或校写本,或校刻本,毓崧亦在局中专司复校。"

书前曾国藩序云:"咸丰四年,寇犯湘潭,板毁于火。同治初元,吾弟国荃乃谋重刻,而增益百七十二卷……开局于安庆，藏事于金陵，先生之书于是粗备。”

华南师大

(三)民国二十二年(1933)上海太平洋书店排印本

参见《综录》第487页。凡七十种，三百五十八卷。本书发起重刊者为谭延闿、胡汉民、于右任、陈铭枢、何键、冯玉祥等三十人。张秉文主其事并董其成，英侯为总勘，张告吾、李蕴平分任辑校。自民国十九年起至二十二年十一月全部竣事，历时四载。

《重刊船山遗书纪略》称：“本书编辑依据新化邓氏显鹤刻本(清道光二十二年刊于长沙)、湘乡曾氏国藩刻本(清同治四年刊于金陵)、浏阳刘氏人熙补刻本(自清光绪十九年迄民国六年，间随得随刻，先后刊于长沙)，及长沙、湘潭、衡阳坊间各散刻本，并船山先生手稿之获见者，参订综合，集其大成。”

[补录]

(四)清道光二十八年(1848)俞焜补刻衡阳学署原刊本

是刻仅五种：《老子衍》《庄子解》《楚辞通释》《张子正蒙二卷》《船山俟解》。这五种为衡阳学署所藏王氏遗著，原为王敔所刻，通称衡阳学署本。

(五)清光绪十三年(1887)衡郡船山书院补刻湘乡曾氏原刊本

暨南大学图书馆藏本为章太炎旧藏，有章氏手批及题记。是刻在湘乡曾氏刊本的基础上补刻五种：《龙源夜话》一卷、《忆得》一卷、《薑斋文集补遗》二卷、《薑斋诗分体稿》四卷、《薑斋诗编年稿》一卷。此五种在目录中均注明“补刻”，其中《薑斋文集补遗》《薑斋诗分体稿》《薑斋诗编年稿》三种，书名页有“光绪丁亥仲夏船山书院补刻”牌记。版式与曾氏刊本相同。据卷首目录所列：凡经部二十三种，已刻二十种，共百九卷；未刻一种(《四书训义》)，三十八卷；未见二种(《尚书考异》《四书评解》)，无卷数。凡史部四种七十五卷。凡子部十七种，已刻十一种，共五十一卷；未刻一种(《相宗络索》)，三卷；未见六种(《近思录释》《吕览释》《淮南子注》《搔首问》《三藏法师八识规矩论赞》)，无卷数。凡集部三十三种，已刻二十五种，共四十八卷；未刻六种(《南窗外记》一卷、《夕堂永日八代文选评》十九卷、《夕堂永日八代诗选评》六卷、《夕堂永日四唐诗选评》七卷、《夕堂永日明诗选评》七卷、《词选》一卷)，二十二卷；未见四种(《买薇稿》《浣涛园初集》《夕堂永日八代文选评》《船山制义》)，无卷数。

(六)清光绪十九年至民国六年(1893—1917)浏阳刘人熙刊本

是刻系随得随刻，先后刊于长沙。见民国二十四年(1935)上海太平洋书店再版本卷首《重刊船山遗书纪略》。

(七)民国二十三年至二十四年(1934—1935)上海太平洋书店再版本

据民国二十二年(1933)排印本再版。发起人为章炳麟、戴传贤、韩复榘等六人。仍依初版版式，虽页数略有增益，而版本一如旧观。章炳麟、戴传贤、韩复榘各为之序。

暨大

聪山集

(清)申涵光撰

【传录】申涵光(1619—1677)字孚孟,一作符孟、和孟,号凫盟,又号聪山。河北永年人。顺治中恩贡生。少以诗名河朔间,与殷岳、张盖称"畿南三才子"。因父殉国难,遂绝意仕进,累荐不就,晚年名益盛。其诗以少陵为宗,而兼采高岑、王孟之长。有《荆园小语》以及诗文集等,编为《聪山集》。

【叙录】是编凡四种,十三卷;附二种,二卷。包括清刘佑辑《聪山诗选》八卷,《聪山文集》三卷,《荆园进语》一卷,《荆园小语》一卷;附录清申涵煜、申涵盼撰《申凫盟先生年谱略》一卷,《墓志铭》《乡贤录》合一卷。《清史稿·艺文志》著录。《四库全书总目》入存目。其子目被收入《畿辅丛书·永年申氏遗书》。《丛书集成初编》亦有著录。涵光为明遗民,论诗主"性情",以为"性情之真者,可以格帝天,泣鬼神"(《清史稿·文苑传》)。其诗多反映民间疾苦,功力颇深。王士禛称其开创了"河朔诗派",《清史稿》谓其"吞吐众流,纳入炉冶。一以少陵为宗,而出入于高岑王孟诸家"。其文亦深淳有法,传志之文,流畅洁润,多可诵读。如《荆园进语》辩及修养学问,语简而意赅;《荆园小语》皆阅历有得之言,以教子弟。

【版录】

清康熙二年(1663)刊本

参见《综录》第488页。《中国古籍善本书目》著录四种,十三卷;附二种,二卷。附录中除年谱外,尚有《墓志铭》《乡贤录》合一卷。《四库全书总目》所据为直隶总督采进本。提要称:"是编首列年谱、传志一卷,次文三卷,诗八卷。附《荆园小语》一卷、《荆园进语》一卷,皆所作语录也。"其编次略异。

近代史所　上海　南开　齐齐哈尔　浙江　庐山

张篑山三种

(清)张贞生撰

【传录】张贞生(1623—1675)字幹臣,号篑山。江西庐陵(今吉安)人。顺治十五年(1658)进士。累官翰林院侍读学士。以理学名,初主良知之说,后与魏象枢、熊赐履往来讲学,乃一宗朱熹,以慎独主敬为归。家居构我师祠,又捐宅诚意书院。以原官起补卒。

著有《庸书》《圣门戒律》《玉山遗响》《唾居随录》《崇祀录》等。后人刊其后三种为《张篑山三种》。

【叙录】是编凡三种，十一卷。包括《玉山遗响》六卷，《唾居随录》四卷，《崇祀录》一卷。内容涉及地理、儒学、传记等。《玉山遗响》首载所作诗，次为对联记、茅屋随札（即山中之日记）以及他人所作诗赋传记。此乃其家居一年之内，流连山水，随笔记之，以示其意之所寓。所录皆诗文，其体例则在游记地志之间。《唾居随录》乃其家居之时，于玉山下葺颓垣为唾居，随意会所至，或披阅有得，陆续笔记成帙，故名曰《随录》。全书共九百八十三条，所录皆讲学之语。讲理论性，持论颇为平正，多切近人情。文句多沿用明代陈继儒等人对偶长句的文俗。《四库全书总目》收录此二书，皆入存目。此外，尚有《庸书》二十卷，亦入存目。提要云："是集为其子世坤、世坊所刊。卷一为讲义十条，二卷至十五卷为文，十六卷至二十卷为诗，末附馆试赋一首。"据《玉山遗响》序称，张氏尚有文集若干卷未刊世。

【版录】

（一）清康熙中讲学山房刊本

参见《综录》第488页。中国社会科学院历史研究所藏本，较《综录》所收，多《庸书》二十卷，而无《崇祀录》。见阳海清《中国丛书综录补正》。

北京文物

［补录］

（二）清康熙十八年（1679）刻《庸书》本

凡三种，三十四卷。是为张世坤、张世坊所刻。子目包括：《庸书》二十卷，《庸书续编》十卷（《唾居随录》四卷、《王山遗响》六卷），附《正气录》三卷、《崇祀录》一卷。见《中国科学院图书馆藏中文古籍善本书目》。

安静子集

（清）安致远撰

【传录】安致远（1628—1701）字静子，一名如磐，字拙石，号缄庵。山东寿光人。康熙十一年（1672）贡生。自顺治乙酉至康熙甲子（1645—1684），十五年屡试不第，偃蹇失意而终。著有《玉碢集》《纪城文稿》《纪城诗稿》《吴江旅啸》《蟚音》等，后人编为《安静子集》。

【叙录】是编凡五种，十四卷；附一种，二卷。包括《玉碢集》四卷、《纪城文稿》四卷、《纪城诗稿》四卷、《蟚音》一卷、《吴江旅啸》一卷，附清安箕撰《绮树阁诗稿》一卷、《赋稿》一卷。所收皆为安氏诗文，《四库全书总目》入存目，所据为山东巡抚采进本。其中文集九卷，包括《玉碢集》四卷、《纪城文稿》四卷、《蟚音》一卷。诗集四卷总名为《纪城诗稿》（又名

《纪城诗草》),包括《柳村杂咏》二卷、《岳江草》一卷、《倦游草》一卷。词集一卷,即《吴江旅啸》一卷。安致远曾与李澄中、李焕章齐名,颇得同亮工赏识。诗文各有所宗,集中有自序称:“诗喜摩诘(王维),文摹庐陵(欧阳修),爱其从容闲雅,不事钩棘。”其诗如五律《当涂将归留别葛谦斋》,七律《过郑州》《登青州北城楼》等,冲逸渊静,确带王维遗风。其古文纡徐唱叹,不染明末纤诡之习,颇有欧阳修几许神韵。其词如《临江仙·有忆》,语浅情深,自然畅达。集中有安致远自序。

【版录】

清同治二年(1863)自锄园刊本

参见《综录》第489页。《安青子集》较早的版本当刊行于乾隆以前,惜不传。据《四库全书总目》(入别集类存目)所载山东巡抚采进本,全书共十三卷,分为文集九卷,诗集四卷,词集一卷,并无附录,编次与《综录》略异。

《北京图书馆古籍善本书目》著录有《纪城文稿》四卷、《诗稿柳村杂咏》二卷、《倦游草》一卷、《岳江草》一卷。清康熙刻本。半叶九行十八字,白口,四周单边。又《玉硊集》四卷、《鼟音》一卷、《寿圹碑辞》一卷、《吴江旅啸》一卷,附《绮树阁赋稿》一卷、《诗稿》一卷(清安箕撰),亦清康熙刻本。半叶九行十八字,黑口,四周单边。

西河合集又名毛西河先生全集

(清)毛奇龄撰

【传录】毛奇龄(1623—1716)字大可,一字齐于。本名甡,字初晴,后更今名。又以郡望西河,称西河先生。浙江萧山人。明末诸生。康熙时任翰林院检讨,充明史馆纂修。博极群籍,精于经史及音韵学,尤崇古文经学,辨正图书,抨击异学。又好诗异说,敢于立言。擅长骈文、散文、工词,并从事诗词的理论批评。著述甚富,凡一百馀种,四百九十馀卷。《四库全书总目》收其书四十馀种。殁后其门人子侄编为《西河合集》。

【叙录】是编凡一百十八种,四百九十六卷。乃其门人及诸子所编。全书分经集、文集两部分。经集有《仲氏易》《古文尚书冤词》《毛诗写官记》等四十九种,文集有各体诗文及《萧山县志刊误》《诗话》《词话》等六十八种,又附门人徐昭华撰《徐都讲诗》一卷。《清史稿·艺文志》著录《西河集》一百八十九卷。《四库全书总目》著录《西河文集》一百七十九卷。提要称:“奇龄著述之富,甲于近代。殁后,其门人子侄编为《西河合集》,分经集、史集、文集、杂著四部,凡四百馀卷。……此本为康熙庚子其门人蒋枢所编,但分经集、文集二部。经集自《仲氏易》以下凡五十种,已别著录。文集凡二百三十四卷……其当编于集部者,实文一百一十九卷,诗五十三卷,词七卷,统计一百七十九卷。”奇龄博学雄辩,诗初受知于陈子龙,后复有变化,由初唐而上窥齐梁。其诗奇丽窈渺,思路绵邈,为世所称。

然内容多为应酬之作，思想比较贫乏。作者自云：其诗“酬应者十九，宴游者十一，登临感寄无闻焉”。张维屏《国朝诗人征略》亦曰：“名家古诗多存寿诗者，殆无过毛西河。”奇龄亦擅骈、古文，内容多序跋、传志、书札、辩议之作。论学说经之作，如《送阎潜丘归淮安序》《复章泰占质经问》等，可资参考。经集中《太极图说遗议》对于宋代易学，自陈抟至周敦颐一派，与释道合流，剖析极为详明。《尚书广听录》辨三代史实，对于名物典故的考据也间有可取。文集中《后鉴录》是研究明末农民战争的珍贵史料，《蛮司合志》详载各土司始末，对研究西南各少数民族历史可资参考。其他篇章，亦多有可观。

【辑录】《四库全书总目》称：“奇龄之文，纵横博辨，傲睨一世，与其经说相表里。不古不今，自成一格，不可以绳尺求之。然议论多所发明，亦不可废。其诗又次于文，不免伤于猥杂。而要亦我用我法，不屑随人步趋者，以馀事观之可矣。”

李慈铭《越缦堂读书记》云：“阅《西河合集》中书牍、笺、引、题跋、书后、碑记及《萧山三先生传》《越中先贤传》，西河纵横浩博，才气无双。……诸类中以尺牍、杂笺两卷为最佳，寥寥短章，意态百出，多有魏晋人隽永之致；且异闻创解，溢出不穷，实较胜于苏黄，而亦时有江湖小说气。碑记如《息县雷迹碑记》《旌表徐节妇贞节里碑记》《范督师祠记》《观音阁种柳记》《郡太守平贼碑记》《严禁开燔郡南山碑记》，亦皆不愧名作。”

《清人文集别录》云：“观集中文字，隽辨不穷，纵横浩博，足以发人神智者虽多，然其沾沾自喜，好肆讥诃，不可为训之处，亦复不少。后人无其才识，而徒效其疏狂，则又启学者轻薄之渐矣。”

【版录】

（一）清康熙中李塨等刊本

参见《综录》第 489 页。

师大　史语

（二）清乾隆三十五年（1770）陆体元据康熙中李塨等刊本修补重印。

参见《综录》第 489 页。

［补录］

（三）清康熙书留草堂刊本

见《中国古籍善本书目》。半叶十行二十字，小字双行同，白口，四周单边。文集中首一卷为《文例》。据《中国人民大学图书馆古籍善本书目》，乾隆十年（1745）毛健曾据此板重印。

中共北京市委图书馆藏本凡一百十七种，四百九十二卷。有清徐时栋跋。

北大　复旦　华东师大　山东　温州　安大　湖北　武汉　湖北财经　暨大

（四）清嘉庆元年（1796）萧山陆氏凝瑞堂补刊本

凡一百一十九种，四百九十五卷。题名《毛西河先生全集》。见阳海清《中国丛书综录补正》，张俊、李道英主编《中国古代文学名著辞典》，《北京师范大学中文古籍书目》。

台大　东研

世德堂遗书

(清)王钺撰

【传录】王钺(1623—1703)字仲威,号任庵。山东诸城人。顺治十六年(1659)进士,因母亲年老,不赴官。1669年,母殁。选为广东西宁(今郁南)县令。后举“博学鸿词”不第。家居二十馀年卒,年八十一。王钺善诗文,著述颇丰,凡十多种,大多收入《世德堂遗书》,王氏另有《世德堂集》四卷。

【叙录】是编凡七种,二十一卷。所收多为杂著、笔记。其《粤游日记》为官粤时之笔记,《读书蕞残》记录读书的心得,亦颇有创见。《朱子语类纂》为王氏一生研究朱学的著述,其学宗朱,但无所发明。王氏长于散文,通畅详赡,在清人中自成一格。

【版录】

清康熙五十三年(1714)刊本

参见《综录》第490页。

汉阳魏氏遗书

(清)魏晋封撰

【传录】魏晋封(生卒年未详)字赏延。湖北汉阳(今武汉)人。崇祯九年(1636)举人。工举业,兼善诗歌。年三十二卒。著有《竹中记》《西除集》各一卷,后人合刻为《汉阳魏氏遗书》。

【叙录】是编凡二种,二卷。包括《竹中记》一卷,《西除集》一卷。《竹中记》专载张献忠荼毒武汉左镇,纵兵殃民遗事。附《战城南》《哀江南》诸篇,以写其愤,足补史乘之遗。《西除集》则载其诗文。

【版录】

(一)民国十八年(1929)罗田王葆心石印本

参见《综录》第490页。

[补录]

(二)稿本

本藏湖北省图书馆。为王葆心校订。见阳海清《中国丛书综录补正》。

丁野鹤先生诗词稿又名丁野鹤集

(清)丁耀亢撰

【传录】丁耀亢(1599—1669)字西生,号野鹤,别号紫阳道人、木鸡道人。山东诸城人。明末诸生。清顺治中贡生。入清后,曾官容城教谕、惠安知县。从事小说及戏曲创作,亦能诗。著有《续金瓶梅》《赤松游》《表忠记》等。

【叙录】是编凡八种,二十卷。包括《逍遥游》二卷,《陆舫诗草》五卷补遗一卷,《椒丘诗》二卷,《丁野鹤先生遗稿》三卷(包括《江干草》一卷、《归山草》一卷、《听山亭草》一卷),《化人游》一卷,《赤松游》三卷,《表忠记》二卷,《家政须知》一卷。所收有诗集、传奇、礼教诸书,丛书虽冠以诗词稿之名,实际并非全属诗词,如《家政须知》是家训之类著作,而《表忠记》等则为传奇剧本。《四库全书总目》收录《丁野鹤诗钞》五种十卷,入存目。包括《椒丘集》二卷(起甲午终戊戌,官容城教谕时所作),《陆舫诗草》五卷(起戊子终癸巳,皆其入都以后所作),《江干草》一卷(起己亥终庚子),《归山草》一卷(起壬寅终丙午),《听山亭草》一卷(起丁未止己酉)。前二种为丁氏自刻,馀为其子慎行所续刻。是编因版本不同,总名及收书亦有不同。

【版录】

(一)清康熙中煮茗堂刊本

参见《综录》第 491 页。

[补录]

(二)清顺治年间刊本

凡八种,题名《丁野鹤集》。见杨家骆《四库大辞典》。《北京图书馆古籍善本书目》著录为"清顺治康熙递刻本"。所列子目数与《综录》同,子目题名略异:《化人游词曲》《赤松游传奇》《杨忠愍蚺蛇胆表忠记》。

(三)清顺治至康熙间刻本

凡五种:《逍遥游》二卷、《陆舫诗草》五卷、《椒丘诗》二卷、《丁野鹤先生遗稿》三卷、《家政须知》一卷。九行二十一字,白口,左右双边。

北京　中科院　山东博物

(四)清康熙刻本

凡五种,十卷。包括《逍遥游》二卷、《化人游词曲》一卷、《赤松游传奇》三卷、《杨忠愍蚺蛇胆表忠记》二卷、《西湖扇传奇》二卷。见《北京图书馆古籍善本书目》。

秋水集

(清)冯如京撰

【传录】冯如京(约1665年前后在世)字修隐,又字修武,号秋水,又号紫乙。山西代州(今代县)人。孙传庭门人。顺治中拔贡。历官永平知府、按察副使、参政,榆林、西宁、金衢道,江南布政使,以广东左布政使致仕。卒年六十八。邓之诚《清诗纪事初编》谓"其文事迹议论俱无可征,诗格清稳,称意而言,于同时云间、楚中两派,皆无所染,不趋风气,可谓自好之士"。著有诗文若干卷,后人编为《秋水集》。

【叙录】是编凡四种,十六卷。乃冯氏诗文集。计诗八卷,文七卷,宫词一卷。卷一为五言古诗;卷二、三为五言律诗;卷四为五言绝句、五言六句、五言排律;卷五为七言古诗、古乐府;卷六、七为七言律诗;卷八为七言绝句、七言排律、杂体;卷九至卷十一为文、奏疏、序;卷十二为赋、纪、疏、碑记、题辞、墓志铭等;卷十三为宫词;卷十四为《粤槎日记》;卷十五、十六为《北征纪略》。书前有冯士标序,卷十五前有祝基阜跋。其诗颇为清丽,尤工五言,时有佳句。其文则逊于其诗。

【辑录】《四库全书总目》入存目,所据为御史戈岱家藏本。提要云:"诗文皆有批评,为其宗人士标所点定。《粤槎日记》者,乃自江南之广东任时,纪其行役所见。《北征纪略》则自广入觐时所作也。"

【版录】

清乾隆五年(1740)清晖堂刊本

参见《综录》第491页。据《北京师范大学图书馆中文古籍书目》,尚附有《翠滴楼诗集》五卷(清冯云骕撰)。

张亟斋遗集一名张力臣先生遗集

(清)张弨撰

【传录】张弨(1626—1694)字力臣,号亟斋。江苏山阳(今淮安)人。博学嗜古,尤其喜好研究金石文字。精六书,工画花鸟。晚年以耳聋而废,而考证弥勤。顾炎武《音学五书》乃张弨所写定。有《昭陵六骏图赞》《瘗鹤铭辨》等,后收入《张亟斋遗集》。

【叙录】是编凡五种,五卷;附录一卷。包括《济州学碑释文》一卷、《瘗鹤铭辨》一卷、《唐昭陵六骏赞辨》一卷、《栈行图诗》一卷、《汉隶字原校本》一卷、《附录》一卷。除《栈行图诗》为诗别集外，馀均为金石和字书。“昭陵六骏”是陕西醴泉东北唐太宗昭陵前六块浮雕石刻，刻于唐贞观十年(636)。《昭陵六骏图赞》的作者历来说法不一，或以为太宗御撰，或以为殷仲容撰；或以为欧阳询书，或以为殷仲容书，赵崡诸家，辗转讹异。张弨因亲至其侧，绘图勘验，以赵明诚《金石录》为据，考定“六马赞”为欧阳询书，诸降将姓名为殷仲容书。至于赞文为谁所撰，张弨没有认定。又张弨七十岁时，曾至镇江焦山下拓“瘗鹤铭”，共得六十九字，较北宋黄长睿、董逌所载，多得八字。所撰《瘗鹤铭辨》一卷，其考辨亦较顾元庆所书为详。《四库全书总目》著录此二种，均入存目。

【版录】

清同治四年(1865)望三益斋刊本

参见《综录》第491页。此书为张弨同邑丁晏编辑。

汤文正公遗书又名汤潜庵全集

(清)汤斌撰

【传录】汤斌(1627—1687)字孔伯(一作孔白)，号荆岘，又号潜庵。河南睢州(今睢县)人。顺治六年(1649)进士。官至工部尚书。谥文正。其学源出孙奇逢，而能持新安荆溪之平，大旨主刻励实行，讲求实用，尤精易理，亦能诗文。著有《洛学编》《睢州志》《汤子遗书》等。后人编有《汤文正公遗书》《汤文正公全集》。

【叙录】是编凡六种，三十三卷。包括《潜庵先生拟明史稿》二十卷、《潜庵先生遗稿》五卷、《潜庵先生疏稿》一卷、《洛学编》五卷、《困学录》一卷、《潜庵先生志学会约》一卷。所收为史稿、传记、奏议以及诗文等。其中《洛学编》记述自汉至明中州一带名儒生平及学术思想。全书分为前编和正编。前编记汉杜子春、郑兴、郑众、服虔，唐韩愈，宋穆修。正编记宋程颢、程颐以下十三人，附录二人；元许衡以下三人，附录一人；明薛瑄以下二十人，附录七人。并各评其学问行谊。虽以宋儒为主，亦不废汉唐、元明诸儒所长，世人称为公允。后人尹会一编有《续编》，补入清代孙奇逢等人；郭程先又编《补编》，补入宋至清八人。

【辑录】广东高要苏廷魁《重刻汤子遗书例言》称：“先生友人篑山田氏(兰芳)尝评辑《遗稿》五卷，阎梅公中丞(兴邦)又加评梓行。先生裔孙又补刻《疏稿》《家书》《年谱》，均未进呈。兹并采入，以补未备。”

【版录】

(一)清道光七年(1827)刊本

参见《综录》第491页。据阳海清《中国丛书综录补正》，湖北沙市市图书馆藏有《汤文正公家书》五种九卷。题“家塾藏板”，半叶九行二十字，白口，四周双边。子目较《综录》多《潜庵文正公家书》一卷，无《潜庵先生拟明史稿》和《洛学编》。

［补录］

（二）清道光据乾隆三年（1738）怀涧堂刻本补刊

见《杭州大学图书馆线装书总目》。题名《汤潜庵全集》。子目较《综录》所载多《家书》一卷。

汤文正公全集又名汤子遗书

（清）汤斌撰

【传录】参见《汤文正公遗书》。

【叙录】是编凡四种，三十九卷。包括《汤子遗书》十卷首一卷续编二卷、《潜庵先生拟明史稿》二十卷、《乾坤两卦解》一卷、《洛学编》五卷。其中《汤子遗书》乃诗文集，为王廷灿所编。卷一为语录，卷二为奏疏，卷三为序文，卷四为碑记，卷五为书牍，卷六为赋颂议辨，卷七为传志述状，卷八为杂文，卷九为告谕，卷十为诗词。另有附录一卷。其诗自然淡雅，文以奏议有名当时。

【辑录】《四库全书总目》著录，所据为河南巡抚采进本。提要云："斌在国初，与陆陇其俱号醇儒。陇其之学，笃守程朱，其攻击陆王，不遗馀力。斌之学源出容城孙奇逢，其根柢在姚江，而能持新安、金溪之平。大旨主于刻励实行，以讲求实用，无王学杳冥放荡之弊。故二人异趣而同归。今集中所载语录，可以见其所得力。……集中诗赋杂文，亦皆彬彬典雅，无村塾鄙俚之气。至其奏议诸篇，规画周密，条析详明，尤昭昭在人耳目者矣。盖其著述之富，虽不及陆陇其，而有体有用，则斌尤通达于治体。"

苏廷魁序略云："余自承宣陟巡河来中州近十年矣，居公之邦，慕公之为人，间取其遗书读之，岁久漫漶，罕觏善本。前以《洛学编》模千本示诸生，未及其全，刘汉台大令权刺睢州，复于公裔孙家得公《明史稿》二十卷，《家书》《墓志》等文者为一编，怂恿付梓。"

田兰芳序略云："公卒之三月，其子溥搜得常所迫不得已者，凡为诗文若干卷，在史局有《明史稿》若干卷，在苏州有《奏疏》若干卷，嘱余是正而刊之。"

【版录】

（一）清同治九年（1870）苏廷魁等刊本

参见《综录》第491页。据暨南大学图书馆藏本，半叶十行十九字或二十字，白口或下黑口，左右双边或四周单边不等。《洛学编》前四卷为汤斌辑，末卷为尹会一续辑。前有乾隆三年（1738）尹会一《续洛学编序》。除此之外，全书末附有《汤子春秋增注》八卷（清陈继修编订），民国十二年（1923）刊，贤良祠藏板，疑为书贾拼凑。

［补录］

(二)清同治九年(1870)汤氏祠堂刊本

题名《汤子遗书》。见《北京师范大学图书馆中文古籍书目》。凡三十二册。

(三)清树德堂刊本

亦题名《汤子遗书》。见《北京师范大学图书馆中文古籍书目》。凡三十六册。

息斋藏书

(清)中庵子撰

【传录】中庵子,名裴希度(生卒年未详),字晋卿,号中庵。山西阳曲人。明崇祯七年(1634)进士,官监察御史。入清后任太常寺少卿。著有《儒经撮要》《四子丹元》《心圣直指》等,编为《息斋藏书》。

【叙录】是编凡八种,十二卷。皆其讲学之文。卷次为:卷一《儒经撮要》;卷二《道统中一经》;卷三、四、五《四子丹元》;卷六《学镜约》;卷七《心圣直指》;卷八、九、十《嘉言存略》;卷十一《公馀证可》;卷十二《麈谭摘》。卷首有《凡例》,谓卷一至卷十皆古圣贤人之言论,间有裴氏阐述个人见解,揭示其深奥内涵,卷十一、十二记自己与友朋书信交往及名人的教诲,中间多杂夹与蔚州魏象枢《书向》辨论之言。其中《道统中一经》多以二氏之言互证;《四子丹元》举濂溪、明道、象山、阳明,不及朱子,可见其宗主陆、王,而抑程、朱。《四库全书总目》入存目,所据为山西巡抚采进本。

【版录】

清康熙二年(1663)刊本

参见《综录》第 492 页。中国科学院图书馆有藏本。凡十二卷。一函四册。

王渔洋遗书又名王渔洋全集、渔洋山人著述、渔洋著述、渔洋全书

(清)王士禛撰

【传录】王士禛(1634—1711)字贻上,号阮亭,自号渔洋山人。山东新城(今桓台县)人。顺治十二年(1655)进士。由扬州司理累官刑部尚书。谥文简。因避世宗讳,故传刻其书者皆改为士正。乾隆中追赐今名。王士禛诗为一代宗匠,与朱彝尊并称朱王。善古文,兼工词。其干济风节,多有可传,皆为诗名所掩。著有《带经堂集》《渔洋诗文集》《精

华录》《粤行三志》等数十种。大部分已收入《王渔洋遗书》。

【叙录】是编凡三十八种，二百七十三卷。所收多为王氏的诗文集、古人诗文选以及杂著等。其中包括王士禛诗集七种、诗集精华一种、文集一种，杂著十五种，唐人诗选三种，明人诗选四种，友朋兄弟诗选四种，又王士禛曾祖以下三世撰著五种。王士禛为诗宗唐代王维、孟浩然一路，长于描绘山水风光和抒发个人情怀，以典丽博雅，注重神韵为海内所称。杂著中的《居易录》《香祖笔记》《池北偶谈》等内容丰富，涉及广泛。或辨证古书，品评诗文；或阐发名物源流，记述典制掌故；或论文章流别，析经史疑义；或旁及名人言行、时事、神异等，都是很有价值的笔记。

王士禛著述甚多，《四库全书总目》著录了二十六种。是编原并无总书名和总目录，故各家题名不一。所收子目有相当一部分并非王士禛之著述，然王氏当时被尊为一代宗匠，其所选编唐、明诗选等也极为流行，如《唐人万首绝句选》等，因而也被收录。所以是编为研究王士禛的较集中之资料。

【辑录】《历仕录》后，有康熙四十一年(1702)王士禛后序云："先曾祖大司徒公遗书，如《谏议疏稿》若干卷，公尝自刻之；《基命录》《惺心楼三编》《念祖约言》三书，则先伯祖大司马、先祖方伯赠少司徒刻之，皆藏家塾。惟《历仕录》一卷，乃公致政后自述生平服官之梗概，及师友交谊以垂示子孙者，未授剞劂。兵燹之馀，副墨仅存，士禛藏诸箧中数十年矣。顷摘数条载入《池北偶谈》第五卷，然全帙未及登梓。壬午初冬乃稍加校订，刻诸京师。至于先方伯著书尤富，版在常熟毛氏汲古阁者已多散轶，惟《群芳谱》一书，亦归吴中质库。士禛于二千里外多方赎归，告诸家庙，不啻宝玉大弓焉。谨略述缘起于此，俾吾子孙知祖宗手泽传家之不易，当世守之，勿有陨坠，否则祖宗之罪人尔矣，可不惧欤！"可见王氏曾致力搜求祖辈著述，汇于家庙。

【版录】

(一)清刊本

参见《综录》第492页。《北京师范大学图书馆中文古籍书目》著录，题名《王渔洋三十六种》。杨家骆《丛书大辞典》著录，题名《渔洋山人著述》，凡三十五种。子目较《综录》多《二如亭群芳谱》二十八卷(明王象晋撰)，少《睡足轩诗选》《徐诗》《阮亭选古诗》三种。《华泉先生集选》附有《边仲子诗集》一卷。《渔洋山人精华录》作十二卷，《北归志》作二卷。不题《粤行三志》，而有《粤行志》一卷。另《广州游览志》《渔洋诗话》《五代诗话》《古夫于亭杂录》《古欢录》等五种为"别行"。

[补录]

(二)清汇印本

题名《新城王氏家集》。凡四十种，二百五十九卷。康熙间刻本。子目较《综录》多《二如亭群芳谱》三十卷首十四卷(明王象晋辑，明崇祯刻本)。编次与杨家骆《丛书大辞典》所列相同，亦无《阮亭选古诗》。见《中国科学院图书馆藏中文古籍善本书目》。

(三)清康熙刊本

凡三十八种，二百七十三卷。南京图书馆藏本有清叶凤毛校并跋。见《中国古籍善本书目》。

北大　清华　复旦　天津　新疆科学　广东　广东社科

安溪李文贞公解义三种又名安溪李文贞公经义三种、安溪先生解义三种

(清)李光地撰

【传录】李光地(1642—1718)字晋卿，号厚庵。福建安溪人。康熙九年(1670)进士。改庶吉士，授编修。谥号文贞。三藩之乱时，郑经从台湾进军福建。他适请假在乡，遣使带蜡丸入京，献用兵之计。又组织地主武装，镇压当地农民起义军，得到康熙皇帝的赞赏。还京后，建议攻台，荐施琅为将，深得康熙信任。累官至直隶巡抚、文渊阁大学士。他治程朱理学，曾奉命主编《性理精义》《朱子全书》等。著有《榕村全集》等。

【叙录】是编凡三种，四卷。包括《离骚经》一卷附《九歌》一卷、《参同契注》一卷、《阴符经注》一卷。《四库全书总目》均入存目。

屈原《离骚》，王逸注本称《离骚经》，李氏为之注。正文分《离骚经》和《九歌》。《离骚经》共分十七节加以注解，末有李光地《后叙》《附记》各一篇。《九歌》仅收《东皇太一》至《山鬼》九篇，删去《国殇》《礼魂》二篇，硬凑“九”数，实属武断之举。每篇分若干节，篇末对该篇加以总的解说。卷末附有李氏跋一篇。《四库全书总目》所据为安徽巡抚采进本，作《离骚经注》一卷、《九歌注》一卷。提要称：“所注皆推寻文意，以疏通其旨，亦颇简要。”

《参同契》又名《周易参同契》《古文周易参同契》。道家丹经，旧题东汉魏伯阳撰，李氏为之注。明代杨慎称掘地得石函，中有《古文参同契》，并称内《参同契》三篇及《后序》一篇为东汉魏伯阳著，《参同契笺注》三篇及《后序》一篇为东汉徐景休著，《三相类》二篇及《后序》一篇为淳于叔通补遗。其后有学者认为杨慎之说不足信，怀疑杨慎是据《旧唐书·经籍志》之言，使《三相类》分别于《参同契》，伪造古本。《四库全书总目》所据为安徽巡抚采进本，题名《参同契章句》。提要称：“光地是书又阴祖其说，惟慎以《三相类》为淳于叔通补遗，光地则以为亦伯阳著，与《唐志》相合，较为有本耳。书中分章，大概亦与杨本同，惟不载徐景休《笺注》。又厘《三相类》为三篇，而于二书之后各列《炉火说》一篇，与杨本异，则不知光地又何所据也。”

《阴符经》一书，其文简古，其意玄奥，特别是“五贼”“三盗”等说，尤为奇崛。最早为此书作注的是唐代李筌，宋代学者曾疑其为李筌所作，可知李筌所注最近经义。李光地《阴符经注》，虽然注文意义纯粹，可补他注之罅漏，又较李筌注文顺畅，但与李筌旨意颇

远，经文中的语句次序，也有颠倒动移之处，后世学者对此不甚赞同，其书流传也不广泛。《四库全书总目》所据为安徽巡抚采进本。

【版录】

(一)清康熙五十八年(1719)清谨轩刊本

参见《综录》第493页。上海图书馆藏本有清沈岩批校。见《中国古籍善本书目》。

[补录]

(二)清康熙五十七年(1718)门人杨朝麟刊本

见杨家骆《丛书大辞典》。

(三)清康熙六十一年(1722)居业堂刊本

题名《安溪先生解义三种》。见《北京师范大学图书馆中文古籍书目》。

(四)清教忠堂刊本

亦名《安溪先生解义三种》。"教忠堂"乃安溪李兆庆之室名。见杨家骆《四库大辞典》。

李文贞公全集

(清)李光地撰

【传录】参见《安溪李文贞公解义三种》。

【叙录】是编凡三十九种，一百五十八卷。大多为李氏研究经学著述，部分被收入《四库全书》，其馀一类为李氏的辑注书，如《握奇经订本》一卷为注书，《二程子遗书纂》二卷、《外书纂》二卷、《古文精藻》二卷、《韩子粹言》一卷、《朱子语类四纂》五卷等均为编辑他人之著述。还有一类为李氏子孙之著述，如他的长子李钟伦所著《经书源流歌诀》一卷、《三礼仪制歌诀》一卷。他的次子李清植所著《淛啰存愚》二卷。此外，则是宋代理学者所著书。李光地奉旨主编《性理精义》《朱子大全》等书，故是集之编者亦将经李氏所校订之程朱著述编入是集，如宋周敦颐撰、朱熹注《太极图解》一卷，宋程颢《论定性书》一卷，程颐《颜子所好何学论》一卷。李氏长于理学经术，其学源于朱熹，而能有所变通，不拘泥门户之见，其诂经兼取汉唐之说，其讲学亦酌取陆、王之义。故李氏的著述，在一定程度上反映清人经学的研究状况。

【版录】

清乾隆元年(1736)李清植刊嘉庆六年(1801)补刊印本

参见《综录》第493页。是编所收书三十九种，其中有三十四种与《榕村全书》所收相同，徐五种则为《榕村全书》所无者，兹抄录于后：《太极图解》一卷、《通书》一卷、《西铭》一卷、《论定性书》一卷、《颜子所好何学论》一卷。

榕村全书又名李文贞公全书、重编榕村全集

(清)李光地撰

【传录】参见《安溪李文贞公解义三种》。

【叙录】是编凡四十五种(含附十种),二百四十六卷。所收书中有三十二种与《李文贞公全集》所收相同。其中较重要的为《四书解义》《周易通论》《周易观象》《诗所》《尚书七篇解义》《春秋毁馀》《孝经全注》《古乐经传》等,都是自撰的经学著作和诗文著作,其馀则为李氏所辑的程朱理学家遗著等。

【版录】

清道光九年(1829)李维迪刊本

参见《综录》第494页。是编所收子目大多与《李文贞公全集》子目相同。但有十三种则为《李文贞公全集》所无者,兹抄录如下:

《春秋毁馀》四卷　(清)李光地撰
《历象本要》一卷　(清)李光地撰
《榕村韵书》五卷　(清)李光地撰
《榕村诗选》八卷首一卷　(清)李光地辑
《程墨前选》二卷　(清)李光地辑
《名文前选》六卷　(清)李光地辑
《易义前选》五卷　(清)李光地辑
《周易纂训》二十一卷　(清)李钟伦撰
《文贞公年谱》二卷　(清)李清植撰
《仪礼纂录》二卷　(清)李清植撰
《榕村谱录合考》二卷　(清)李清馥撰
《道南讲授》十三卷　(清)李清馥辑
《律诗四辨》四卷　(清)李宗文撰

窦静庵先生遗书

(清)窦克勤撰

【传录】 窦克勤(1653—1708)字敏修,号敬庵(一作静庵),又号遁斋。河南柘城人。康熙二十七年(1688)进士。官翰林院检讨。逾年归,创立朱阳书院,倡导程朱理学。著有《理学正宗》《孝经阐义》《事亲庸言》等,收入《窦静庵先生遗书》。

【叙录】 是编凡十二种,七十一卷。包括《事亲庸言》《理学正宗》《寻乐堂家规》《寻乐堂学规》《泌阳学条规》《嵩阳酬和集》等。所收除传记、诗文外,多为儒家性理、礼教、杂学之书。窦氏曾官汝阳教谕,致力于教育,并创立书院,所以多学规之作,而《事亲庸言》谈事亲如事天,事天如事亲,盖儒理学之立身处世、致君泽民,无不寓于事亲之中。《理学正宗》则以朱熹为宗,列上起宋周子、二程,下迄明薛瑄等共十五人,人各一传,并取其语录、答问及著作之切于讲学者录之,附以己见,阐明理学之正宗源流。《四库全书总目》入存目。所据为河南巡抚采进本。

【版录】

(一)清康熙中朱阳窦氏刊本

参见《综录》第 495 页。

[补录]

(二)清康熙元年(1662)窦容庄等朱阳书院家刊本

见杨家骆《丛书大辞典》。《事亲庸言》及《理学正宗》各有首一卷,《崇祀乡贤名宦录》作一卷。

(三)清康熙年间求善居刊本

凡九种,四十三卷。较《综录》多《寻乐堂诗稿》一卷、《学规十七则》一卷。而无《寻乐堂日录》《悲饥诗》《劝善歌》《告先师文》《寻乐堂学规》五种。见杨家骆《四库大辞典》。

此木轩全集又名此木轩全书

(清)焦袁熹撰

【传录】 焦袁熹(1661—1736)字广期,号南浦。江苏金山(一作华亭,今属上海)人。康熙三十五年(1696)举人,不赴会试。康熙五十二年(1713),李光地、王顼令以其学实通经而荐之,以双亲年高而推辞。后授山阳教谕,仍乞终养不赴。焦袁熹致力古诗文辞,笺疏经籍，潜心训诂。诗亦富于独创，不同流俗。著有《春秋阙如编》《此木轩纪年略》《此木轩四书说》《此木轩诗文集》等。

【叙录】是编凡十九种，五十五卷，首一卷。包括《此木轩读四书注疏》《此木轩杂著》《此木轩诗》《此木轩论制义汇编》等。内容涉及经学、理学、术数、杂著以及诗文集等。《四库全书总目》著录有《春秋阙如编》八卷、《此木轩四书说》九卷、《此木轩经说汇编》六卷、《杂说》无卷数、《此木轩纪年略》五卷。大部分入存目。提要称："其古文乃韩愈、苏轼之亚流，与归有光伯仲之间耳。其诗早岁学李昌谷；中年学元微之，类元和体，变高古浅近；晚学杜少陵，则沉郁苍凉，又似王维。时有禅意，恬淡冲虚，似不食人间烟火者。"

【版录】

清抄本

参见《综录》第495页。据阳海清《中国丛书综录补正》，上海图书馆藏本子目较《综录》多八种：《此木轩经说汇编》□卷（存卷六至八）、《此木轩经世辑论》五卷、《丙子后未刻文》不分卷（残）、《此木轩唐四言古诗读本》一卷、《此木轩唐五言古诗读本》五卷（存卷一、二）、《此木轩唐五言律诗读本》二卷、《此木轩唐七言律诗读本》二卷（存卷下）、《此木轩明诗七律选》二卷（存卷下）。另外，《此木轩读四书注疏》作八卷，不残。《此木轩诗》十六卷，实存卷一、二。《此木轩论诗》作《此木轩论诗汇编》八卷，不残。《此木轩论制义汇编》作四卷，不残。《此木轩选四六文》二卷，不残。

杨家骆《丛书大辞典》有《此木轩全集》三种，清嘉庆九年（1804）自刊本，子目包括《杂著》八卷、《四书说》九卷、《年谱》□卷。所收寥寥，疑为零本。

孙殿起《丛书书目拾遗》有《此木轩丛刊》五种，清乾隆嘉庆间随刻随印本。子目包括《此木轩诗钞》八卷[清嘉庆十年（1805）大中堂刊]、《此木轩直寄词》二卷[清乾隆十七年（1752）刊]、《春秋阙如篇》八卷[清嘉庆十二年（1807）刊]、《此木轩四书说》九卷[清乾隆间刊]、《此木轩杂著》八卷[清光绪八年（1882）扫叶山房刊]。

空明子全集 又名空明子集

（清）张荣撰

【传录】张荣（1659—?）字景桓，号玉峰，又号空明子。华亭（今上海松江）人。曾任崇明训导。卒年、事迹未详。康熙五十七年（1718）尚在世，作《六十生日》诗。见《空明子诗集》。

【叙录】是编凡六种，二十六卷。包括《空明子文集》十卷诗集八卷、《空明子杂录》二卷、《空明子茸城赋注》一卷、《空明子崇川节妇传》三卷、《空明子崇川独行传》一卷、《空明子崇川赠言》一卷。所收除诗文外，还有传记、地理杂志以及杂著等。《四库全书总目》著录《空明子诗集》十卷又八卷、《文集》六卷又二卷、《杂录》一卷、《诗馀》一卷，入存目，所据为江苏巡抚采进本。提要称："自序谓生平共得古文杂作六百馀首，诗三万馀首，诗馀一千五百馀首，歌谣三百馀首。康熙甲午检出，尽付祖龙。仅存三十分之一，即是编也。词意多放旷不羁。"

【版录】

(一)清康熙中刊本

参见《综录》第496页。杨家骆《丛书大辞典》著录为"康熙间精刊"。所列子目及卷次与《综录》有异，兹抄录如次：《诗集》十卷(前集)，《诗集》八卷(后集)，《诗集》八卷(续集)，《诗馀》一卷，《文集》二卷(前集)，《文集》二卷(后集)，《文集》六卷(续集)，《杂录》一卷，《杂录》一卷(续)，《苇城赋注》一卷，《崇川世孝录》一卷，《赠言》一卷。附刊《挹青轩诗词》二卷(姑苏华浣芳)。

[补录]

(二)清雍正刊本

凡六十五卷。半叶十一行二十一字，黑口，左右双边。见《北京图书馆古籍善本书目》。

杨氏全书

(清)杨名时撰

【传录】杨名时(1661—1737)一作杨时，字宾实，号凝斋。江苏江阴人。康熙三十年(1691)进士。历官庶吉士，顺天学正，贵州布政使，云贵总督云南巡抚，礼部尚书。卒谥文定。杨氏为李光地所取之士，故其学多出自李氏，所诠释之经传，纯以义理为宗，不涉象数，于程朱则持谨慎态度，不表示异议，亦不随意认同。《四库全书总目》称赞他"在宋学中，可谓明白而笃实"(《周易劄记》提要)。除《易义随记》《诗义记讲》外，其他著述，多收在《杨氏全书》。

【叙录】是编凡八种，三十六卷。包括《易经劄记》三卷、《诗经劄记》一卷、《四书劄记》四卷、《经书言学指要》一卷、《大学讲义》二卷、《中庸讲义》一卷、《程功录》四卷、《文集》十二卷《别集》六卷《附录》二卷。其中《文集》《别集》收杨氏奏疏、序跋以及制诗赋等。《附录》二卷，系后人所撰有关史传。

【辑录】《四库全书总目》对《杨氏全书》所收之书分别作了评述，兹将其中主要的几种书的评语摘录于后，以供参考。

《周易劄记》提要："其《易》学多得之光地，虽说卦传及附论启蒙之类，颇推衍先天之图，尚不至于支离附会，至其诠解经传则纯以义理为宗，不涉象数，大抵于程朱之义，不为苟异,亦不为苟同。”

《诗经劄记》提要:“乃其读诗所记,大抵以李光地诗为宗,而斟酌于小序朱传之间。其论‘关雎’,从小序求贤之说,最为明允。其论‘郑风’不尽淫诗,而圣人亦兼诗以示成,论亦持平。而谓郑声即郑诗,力驳郑樵之说,则殊不然。……”

《四书劄记》提要:“是编乃其读四书所记也。《大学》不标古文之名,亦不显言古本改本之是非,而皆用李光地古本之说,故其首条曰:‘文贞公以知止属志学,以静安属主敬,能虑能得属致知力行,知所先后为知本知至,此解确不可易。其以格物为明善,不取王守仁格庭前一竹之说,亦不主朱子补传之说。《论语》如谓之吴孟子句及“非礼勿视”四句,虽以时文为说,而大致主于阐明义理,多所心得。《中庸》立论切实,如云鬼神之为德章,以前说子臣、弟友、妻子、父母,忽然说到鬼神,似乎隐怪,不知如何接逗。……’”

《程功录》提要:“是编乃其讲学劄记,体例全仿薛瑄《读书录》,然中间颇涉杂论。第四卷中剖析铅汞之说,尤于儒无关,其亦邹䜣主《参同契》意耶?以大旨醇实,故仍列之儒家焉。”

【版录】

清乾隆十九年(1794)江阴叶廷甲水心草堂刊本

参见《综录》第 496 页。

朱文端公藏书又名藏书十三种、朱文端公全书、朱文端公著述、高安朱文端公著述、朱文端公遗书

(清)朱轼撰

【传录】朱轼(1665—1736)字若瞻,号可亭。江西高安人。康熙三十三年(1694)进士。知潜江县,有惠政,行取授刑部主事,督学陕西。累官至文华殿大学士,兼吏部尚书。曾与怡贤亲王共治畿辅营田水利,蓄泄得宜,溉田六千顷。卒谥文端。有《周易传义合订》《春秋钞》《礼记纂言》《温公家范》《历代名臣传》等,均收入《朱文端公藏书》。

【叙录】是编凡十三种,一百七十六卷;首一卷,附录一卷。所收除《周易传义合订》《春秋钞》《仪礼节略》为朱氏著述外,其馀均为朱氏所辑、校、句读、评点之书,内容涉及经学、传记、家训、儒家著述等。《周易传义合订》乃因程颐《易传》、朱熹《易本义》互有异同,故互相参照编为一本,使其不再两说均可,以致互有异同,各有歧义,而两义各有发明,能够并行不悖的,仍然全部收录,并附有诸儒之论。诸儒之论确实有胜过程颐《易传》、朱熹《易本义》者,则舍去程、朱之说,而从诸儒之论,朱轼自己的见解也附于其后。此书朱轼在世时未能刊行。乾隆二年(1737),两广总督鄂弥达校刻。乾隆为其作序,称此书简明精当,博广而无枝蔓,钩深探赜而不穿凿附会。《四库全书总目》著录。《春秋钞》不全录《春秋》经文,凡有所论说者,则摘取经文作为标题,并在其下注明了自某年。作者在《叙》

中称“惟恪守胡《传》,间有词旨未畅及意有所未安者,始安陈管窥之见”。书中驳正胡安国《春秋传》之处不一而足。《四库全书总目》入存目,所据为江西巡抚采进本。提要称:“虽驳胡《传》,实仍在胡《传》门径之中,不及所作《周易传义合订》远矣。”《仪礼节略》分冠、昏、丧、祭四大纲,于丧、祭二礼尤详。大旨以朱子家礼为主,杂采诸儒之说而断以己意,意盖欲权衡于今古之间,故于今礼多所纠正,于古礼亦多所变通。《四库全书总目》入存目,所据为江西巡抚采进本,题名《仪礼节要》。提要云:“是书别有一本,仅三卷,乃轼之初稿。此本成于康熙己亥,盖其后来定本云。”

【辑录】清光绪二十二年(1896)黄卓元《重刻朱文端公遗书十三种序》云:“公治事之暇,著书十馀种。其《周易传义合订》则录入《四库全书》。……《春秋钞》《孝经管窥》《礼记纂言》各类则录《全书》存目中,尤邃于《礼》。其督学陕西,刊《张子全书》,谓以《礼》为教。巡抚浙江,俗尚侈靡,订《礼略》《家训》《家范》等书训之。……其传名臣,传循吏,传名儒,非公之隐隐自命也欤。诸书板行已久,咸丰乙卯,贼毁之。庚申岁,襄阳单文怡公督学江右,尝为征刻事,未集,解任去。光绪丙申,公裔孙茂才、衡等拟集众资,先刻十三种寿世,请于瑞州江太守复为征刻,捐百金为之倡书局,缪芷汀观察亦乐督校刊之役。”

【版录】

(一)清康熙至乾隆间刊本

参见《综录》第496页。王宝先《台湾各图书馆现存丛书目录》著录为清乾隆二年鄂弥达校刊本。凡十九种。

台大　史语

(二)清光绪二十三年(1897)朱衡等重刊本

参见《综录》第496页。是编题名不一。书名页右上端题《高安朱文端公校辑》,中间题“藏书十三种”,左边为书目,卷首有清光绪二十二年(1896)黄卓元“重刻朱文端公遗书十三种序”,总目卷端又题“高安朱文端公著述书目”。

是刻乃重刊本。半叶九行二十一字,小字双行同,白口,四周单边。

暨大

徐位山六种 又名徐位山先生丛书、徐位山先生六种

(清)徐文靖撰

【传录】徐文靖(1667—1756)字位山,又字禺尊(一作容尊)。安徽当涂人。雍正举人,乾隆时举鸿博不遇,复荐经学。官至翰林院检讨。晚年一直在故里“翠螺书院”主讲。一生务古学,考据经史,讲求实学,著述甚富。有《管城硕记》《经言拾遗》《禹贡会笺》《天下山河两戒考》等。

【叙录】是编凡六种，八十七卷。徐氏著作大部分已在十九世纪前半期的水灾和政治变故中散佚无存，但《徐位山六种》仍然行世。是书收有徐文靖六种著作，第一部名为《天下山河两戒考》十四卷图一卷，第二部名为《竹书纪年统笺》十二卷前编一卷杂述一卷，第三部名为《禹贡会笺》十二卷图一卷，第四部名为《管城硕记》三十卷，第五部名为《经言拾遗》十四卷，第六部名为《志宁堂稿》不分卷。所收经、史、子、集俱全。内容涉及经学、天文、地理、笔记、杂著、诗文等。

《天下山河两戒考》卷一至卷八乃文靖广采群书所注之文，卷九至卷十四则其所续补，亦引群书为之注。《四库全书总目》入存目，所据为安徽巡抚采进本。

《竹书纪年统笺》作于孙之騄考订《竹书纪年》以后，亦因伪沈约注为之引证推阐，首仿司马复补《史记》例，作伏羲神农纪年，题曰前编，而自为之注；次为杂述，述竹书源流；其笺则仿诸经注疏之例，发明于各条之下；其引证诸书，皆著出典，较孙之騄为切实；而考证地理，订正世系，亦较騄为详晰。《四库全书总目》著录，所据为安徽巡抚采进本。

《禹贡会笺》首例《禹贡》山水总目，以《水经》所载为主，附论于下；次为图十八幅，各有说解。书中先引蔡沈《书集传》，然后为之笺注。全书以前人研究为基础，又遍引群书有关《禹贡》山川地理者，详加考订，创获良多，于蔡传之误亦多所补正。书成于胡渭《禹贡锥指》之后，因其所言而推寻其所未至，故较渭书更为精密。《四库全书总目》著录，所据为兵部侍郎纪昀家藏本。

《管城硕记》乃徐氏读经、史、子、集各类著作之札记。自经史以至诗文辨析考证，每条以引原书为纲，各条参以论辨，略似《学林就正》之体，而且考订较为详细，大致与《笺疏》相近。《四库全书总目》著录，所据为两江总督采进本。提要称："其推原诗礼诸经之论，旁及子史说部，语必求当，亦可谓博而勤矣。"

《经言拾遗》(一作《周易拾遗》)不全载经文，每遇疑义则举经文以释之。先引诸家，后附案语，所引以程子为多，然亦不拘于此。

《志宁堂稿》凡诗三卷、赋一卷。志宁堂是作者室名，盖取伪《古文尚书·旅獒》篇"玩人丧德，玩物丧志。志以道宁，言以道接"语义名之。诗非徐氏专长。

【版录】

(一)清雍正乾隆间志宁堂刊本

参见《综录》第496页。《中国科学院图书馆藏中文古籍善本书目》著录为"清志宁堂汇印本"。其中《志宁堂稿》作四卷。全书共九十卷。

(二)清光绪二年(1876)刊本

《杭州大学图书馆线装书总目》著录为"清光绪二年当涂县署刻本"，题名《徐位山先生丛书》。据杨家骆《丛书大辞典》，所列有《诗赋全集》一卷，而无《志宁堂稿》。

史语　台大

任氏遗书又名任钓台先生遗书、钓台遗书

(清)任启运撰

【传录】任启运(1670—1744)字翼圣。江苏荆溪(今宜兴)人。居近古钓台,世称钓台先生。雍正十一年(1733)进士,授翰林院检讨。乾隆朝累官中允、侍讲学士、都察院左佥都御史、宗人府宗丞。精理学,宗朱熹,治经考据精核。研究仪礼,发郑玄所注之未发。著述颇富,有《周易洗心》《朝庙宫室考》《肆献祼馈良礼纂》《四书约旨》《经传通纂》以及诗文集等,大部分已收入《任氏遗书》。

【叙录】是编凡八种,五十卷。所收除《清芬楼遗稿》乃其文集外,馀均为经籍。其中尚书类二种:《尚书章句内外篇》七卷、《尚书约注》四卷末一卷;有关制度名物二种:《朝庙宫室考》一卷、《天子肆献祼馈食礼纂》三卷;周礼类一种:《田赋考》一卷;礼记类一种:《礼记章句》十卷;四书类一种:《四书约旨》十九卷。

《尚书章句》以伏生所传《今文尚书》为内篇,凡五卷,以古文溢出文者为外篇,凡二卷。内篇成于康熙五十七年(1718),外篇成于乾隆八年(1743),前后相距二十多年,可见任氏用力之勤。

《尚书约注》先列目录于卷首,每篇之下,都注明伏生本、梅颐本,对于伪古文的辨别十分明晰。其注解文字也多采纳众家之说,折衷以己意。

《朝庙宫室考》于李如圭《释宫》之外,别为类次,分为十三目。于宫室之门、观、朝、庙、寝、塾、宁屏、名物、等威、门大小广狭、明堂、方明坛、辟雍等逐一考证,颇为详核。《四库全书总目》著录,所据为江苏巡抚采进本。提要称:"启运能研究钩实,使条理秩然。虽间有疵谬,而大致精核,要亦不愧穷经之目矣。"

《天子肆献祼馈食礼纂》以《仪礼》中特牲、少牢《馈食礼》皆士礼,又据三礼兼采其他传记中王礼之说加以推演。不得于经,则求诸注疏以补之,共五篇。每篇之内又各有节次,每节先撮己说之要以陈之,而后自注其说之出处,最后附载经传,与黄榦所续之祭礼相比尤见其精密。《四库全书总目》著录,所据为两江总督采进本。提要称:"启运考正薛图之误,俱精核分明,存而录之,与《续仪礼通解》亦可以详略互考焉。"

《礼记章句》以朱子《经传通解》一书中丧、祭二礼续诸黄氏,其于《礼记》不为完书。《四库全书总目》入存目,所据为江苏巡抚采进本。

《四书约旨》乃任氏就平时与门人讲论之札记加以整理而成,实为举业而作,书中除阐发义理之外,亦间有考证。《四库全书总目》入存目,所据为礼部尚书德保家藏本。

《清芬楼遗稿》卷一乃论《周易》,卷二为经筵讲义,卷三为人物论,卷四为传记及箴言。《遗稿》初刊于嘉庆二十二年(1817),重刊于光绪十四年(1888)。

【版录】

(一)民国二十年(1913)刊本

参见《综录》第497页。

[补录]

(二)清嘉庆十四年(1809)刊本

题名《任钓台先生遗书》。见《北京师范大学图书馆中文古籍书目》。入经丛类,凡二册。

(三)清嘉庆二十二年(1817)家刊本

凡六种,六十卷。与《综录》所列子目互有异同:《周易洗心》十卷、《宫室考》十四卷、《肆献祼馈食礼》三卷、《礼记章句》十卷、《四书约旨》十九卷、《清芬楼遗稿》四卷。见阳海清《中国丛书综录补正》。据《增订四库简明目录标注》,尚有《钓台全书》《任钓台清芬楼六种》之名,惟未详其子目。或与是刻有关? 待考。

(四)清嘉庆间上海彭元瑞刊本

凡七种,七十卷。题名《钓台遗书》。子目较嘉庆二十二年本多《孝经章句》十卷。见杨家骆《丛书大辞典》。

文道十书

(清)陈景云撰

【传录】陈景云(1670—1747)字少章。江苏吴县人。康熙时为吴江县诸生。少从何焯游,后来成为何氏的高足。曾应京兆试,落选后留寓藩邸,设馆教书,历时三年。后以母老辞归,居家著述,以著终生。其博通群籍,深于史学,尤长于考订。卒后门人私谥文道先生。著有《纲目订误》《两汉订误》《三国志校误》《韩柳文校误》《文选校正》《通鉴胡注举正》《纪元要略》及文集等。

【叙录】是编原有十种,清乾隆时,其子陈黄中只印成四种十二卷:《纲目订误》四卷、《纪元要略》二卷附补一卷、《通鉴胡注举正》一卷、《韩集点勘》四卷。未刊六种为:《柳集点勘》(一作《柳文校误》)、《两汉举正》(一作《两汉订误》)、《三国志举正》(一作《三国志辨误》《三国志校误》)、《文选举正》(一作《文选校正》)、《群经刊误》、《读书纪闻》。其中《纲目订误》采摭诸家所未及,悉引据前史原文,互相考证,对朱熹《通鉴纲目》之疏漏舛误,指摘精确,补遗勘订,足正传讹。《四库全书总目》著录,所据为江苏巡抚采进本。《纪元要略》纪汉迄明帝王建元及历年,又分据诸朝各为纪载,彼此互注。其子黄中又摭历代僭伪之号,附以外国,为补遗一卷。《四库全书总目》入存目,所据为江苏巡抚采进本。提要称其所记"不分大书、附书,体例最公。然皆史传所习,取便检阅而已"。《通鉴胡注举正》订正胡三省《资治通鉴音注》之误，凡六十三条，以地理居多，颇为精核。然此乃残缺之稿，多所挂漏。《四库全书总目》著录，所据为浙江巡抚采进本。《韩集点勘》取廖莹中世彩堂所注《韩集》，纠正其错误，汇编成帙。《四库全书总目》著录，所据为浙江巡抚采进本。提要略云："今观所校，考据史传，订正训诂，删繁补阙，较原本实有精密。"

【版录】

清乾隆十九年(1754)陈黄中朴茂斋刊本

参见《综录》第 497 页。《中国科学院图书馆藏中文古籍善本书目》著录为"清乾隆十九年蒋良骐刻本"。又《纲目订误》一作《纲目辨误》，《纪元要略》一作《纪元考略》，《通鉴胡注举正》一作《通鉴胡注正误》，《韩集点勘》《柳集点勘》合称《韩柳文校误》。

史语　台大

沈归愚诗文全集又名沈归愚全集、归愚全集、归愚诗文全集

(清)沈德潜撰

【传录】沈德潜(1673—1769)字确士，号归愚。江苏长洲(今苏州)人。一生困于场屋，屡试未获，至乾隆四年(1739)始得进士，而年将七旬。高宗称之为"老名士"，命值上书房，擢礼部侍郎。谥文悫。工诗，为著名诗论家。所著诗文，多已收入《沈归愚诗文全集》，又曾选辑《古诗源》《唐诗别裁》《国朝诗别裁》等书。

【叙录】是编凡十四种，七十五卷。刊于乾隆十六年至三十二年(1751—1767)间。子目包括《沈德潜自订年谱》一卷、《归愚文钞》二十卷馀集八卷、《说诗晬语》二卷、《归愚诗钞》二十卷、《矢音集》四卷、《归田集》三卷、《八秩寿序寿诗》一卷、《九秩寿序寿诗》一卷、《归愚诗钞馀集》十卷、《黄山游草》一卷、《台山游草》一卷、《南巡诗》一卷、《归愚诗馀》一卷、《浙江通省志图说》一卷。沈氏生际承平，论诗强调格律，以"温柔敦厚"为宗，主"格调"之说。所为诗，中岁之前，多精心结撰之作；晚年性情所至，称心而言。内容多为统治者歌功颂德之辞，亦间有少数反映现实的篇章。所辑《古诗源》《唐诗别裁》等，均体现其主张。沈诗古体宗汉魏，近体宗盛唐，风格醇古平正，在当时影响甚大。其古文则稍逊，集中多为短制，可观者较少。《国朝名家诗钞小传》评云："归愚积学工文，古文词跌宕夷犹，谨守尧峰家法，无敢逸出范围。"沈氏著述，《四库全书总目》仅著录其与他人合撰的《西湖志纂》十二卷，《清史稿·艺文志》著录有《归愚诗文钞》五十八卷。

【版录】

(一)清乾隆中教忠堂刊本

参见《综录》第 497 页。

山西师大　史语

[补录]

(二)清汇印本

凡十五种，九十卷。较《综录》所列多《竹啸轩诗钞》十八卷，且子目编次亦不同。《归田集》三卷为清高宗弘历等撰。见《中国科学院图书馆中文古籍善本书目》及杨家骆《丛书大辞典》。

澄怀园全集

(清)张廷玉撰

【传录】张廷玉(1672—1755)字衡臣，一字砚斋，晚号澄怀。安徽桐城人。康熙三十九年(1700)进士，官至保和殿大学士，军机大臣。雍正时，设军机处，规制均出其手。乾隆时，深得信任，加太保，以年老得免早朝。前后居官五十年，卒谥文和。《明史》即在他任总裁时告成。其著编为《澄怀园全集》。

【叙录】是编凡四种三十一卷，为张廷玉自编。子目包括《澄怀园文存》十五卷，皆乾隆十三年(1748)以前作；《澄怀园载赓集》六卷，皆乾隆元年(1736)以后作；《澄怀园语》四卷，乃其所作笔记；《澄怀老人自订年谱》六卷，自叙至乾隆十四年(1749)七十八岁而止，所记以仕历及所受恩宠为主，间及家事。《四库全书总目》入存目。

【版录】

(一)清乾隆十三年(1748)刊本

参见《综录》第497页。

[补录]

(二)清通政司使张若渟家刊本

见《四库全书总目》。入存目，凡三十七卷。子目较《综录》所列多《澄怀园诗选》十二卷，皆雍正十三年(1735)以前所作，而少《澄怀老人自订年谱》六卷。

(三)清刊《张氏家集》本

见谢巍《中国历代人物年谱考录》、来新夏《近三百年人物年谱知见录》。

(四)清汇印本

见《中国科学院图书馆藏中文古籍善本书目》。凡四种二十八卷。子目较《综录》所列亦多《澄怀园诗选》十二卷，而无《澄怀园文存》。

(五)清光绪十七年(1891)张绍文云间官舍重刊本

见杨家骆《丛书大辞典》。所载子目较《综录》多首一卷、《诗存》(缺卷数)，而少《澄怀园载赓集》六卷。同书又有题名《澄怀园集》者，子目略同，然卷数有异。其中《文存》十五卷、《诗选》十二卷、《澄怀园语》一卷、《自订年谱》二卷。暨南大学图书馆藏《澄怀园文存》十五卷，清光绪十七年(1891)张绍文云间官舍重刊本。半叶十行十九字，黑口，四周双边。

鹿洲全集

(清)蓝鼎元撰

【传录】蓝鼎元(1680—1733)字玉霖，别字任庵，号鹿洲。福建漳浦人。少孤力学，通达治体。雍正间由贡生官至广东普宁知县、广州知府，尝佐蓝廷珍讨朱一贵于台湾。工诗古文，喜讲学，尤喜讲经济，于时事最为留心。所著《平台纪略》《棉阳学准》《女学》《修史试笔》《鹿洲公案》等，均收入《鹿洲全集》。

【叙录】是编凡八种，四十三卷。子目包括《鹿洲初集》二十卷，为其友旷敏本所编，集中所论诸事，皆言之有据，文笔条畅，多切事理。《平台纪略》一卷，记康熙辛丑(1721)平定台湾朱一贯始末。《东征集》六卷，皆征讨朱一贯时所写的公牍、书檄、书禀、条陈、告谕及杂著等。《鹿洲公案》二卷，记述其知普宁县时所审理案件始末。《修史试笔》二卷，凡为传三十六篇，记述从唐房玄龄、杜如晦至五代王朴三十六人事迹，并各缀以断论。《棉阳学准》五卷，乃一部地方封建教学规范，为雍正戊申(1728)，鼎元以普宁知县署理棉阳(今浙江潮阳)，因经理其学校，作是书以训导士子。《女学》六卷，乃一部约束妇女的封建礼教规范，摘录经典、史传中有关内容及格言，按朱熹《小学》体例，分(妇女)德、言、容、功四类，间缀鼎元的有关论述。此外，尚收录有《鹿洲奏疏》一卷。《四库全书总目》著录前七种，大部分入存目。光绪本卷首有《鹿洲初集》旧序及福建漳州素位堂主人所撰各书提要。

【辑录】《鹿洲初集》序云："鹿洲经济之儒，文章之匠也。……其为文如万斛之泉，随地涌出，而无不逢其源，凡以摅其心志之所欲宣也。是故刊有道之碑，殉阵骂贼必录也；表柏舟之节，投环割股必录也。风俗之贞淫必纪之，欲跻叔季于淳古也；形势之要害、士马之强弱必纪之，欲奠封疆于磐石也；海洋之情状，蛮徼之咽喉必纪之，直欲使禹迹之所未经，庄跻之所不到，尽与享王之列也。"

【版录】

(一)清雍正十年(1732)刊本

参见《综录》第 498 页。

祁县

(二)清同治四年(1865)广东纬文堂刊本

光绪本有蓝佐《重修鹿洲集跋》，称是刻"卷数减少，字多舛错"。

(三)清光绪五年(1879)蓝谦修补刊本

据《综录》,是刻凡七种,三十卷。无《女学》六卷。

史语　台大　东海

[补录]

(四)清雍正间福州刊巾箱本

据阳海清《中国丛书综录补正》,此为原刊本,较《综录》所收少《鹿洲公案》二卷、《鹿洲奏疏》一卷。

(五)清汇印本

见《中国科学院图书馆藏中文古籍善本书目》。凡七种,四十二卷。较《综录》所列少收《鹿洲奏疏》一卷,且编次略异。其中《女学》为清康熙刻本,馀皆为清雍正刻本。据王宝先《台湾各图书馆现存丛书目录》,台湾省立台北图书馆有"清雍正四年刻本",凡七种,疑即是刻。

(六)清光绪六年(1880)蓝佐据原版再补刊本

据暨南大学图书馆藏本,凡八种,四十三卷。卷首有书名页(补刻),题"闽漳素位堂代印行";有福建漳洲素位堂主人所撰各书提要,依次为:《鹿洲初集》《鹿洲公案》《棉阳学准》《东征集》《女学》《修史试笔》《鹿洲奏疏》《平台纪略》;有《鹿洲小图》及鹿洲自题;有《鹿洲初集》旧序以及光绪六年(1880)蓝鼎元七世孙蓝佐所撰《重修鹿洲集跋》。半叶九行二十字,白口,左右双边,无界行。

蓝佐跋云:"七世祖玉霖公著有《鹿洲全集》,行世已久,士林得之者颇珍拱璧。自道光年间板被白蚁穿灭,而原板散佚大半,慕者咸皆叹惜。虽粤省前有依样刻本,但卷数减少,字多舛错,佐因觅购原版,再补刊其不全者,力犹未逮,兹得族伯有容助力倾资,共费醵金,而板却成完帙。"

《杭州大学图书馆线装书总目》著录有"清光绪六年刻本",凡八种。疑即是刻。

梅庄杂著又名谢梅庄杂著

(清)谢济世撰

【传录】谢济世(1689—1756)字石霖,号梅庄。广西全州(今广西壮族自治区全州县)人。康熙五十一年(1712)进士,授检讨,雍正年间任御史,直声振天下,因弹劾河南总督田文镜被遣戍,居塞外九年,又以注释《大学》,不宗程朱之学,坐怨望论死,后得旨赦免。高宗继位,授湖南粮道,复坐事解职。事白,改授驿盐道。著有《应匪十经》《史评》等,多收入《梅庄杂著》中。

【叙录】是编七种,十二卷。内容兼及四部,文章多针砭时政语。其中《西北域记》为谢氏被遣戍塞外时之作，记叙青海、蒙古等地的风土人情、地势胜迹、农副特产等，极为翔实，且饶有风趣。文章亦极为精练，具有较高的史料价值。

【版录】

（一）清光绪十年（1884）寄生草堂刊本

参见《综录》第 498 页。

［补录］

（二）清道光五年（1825）谢延祧刊本

见孙殿起《贩书偶记》卷十五。

北师大　史语

（三）清同治十一年（1872）刊本

秋水堂遗集

（清）庄亨阳撰

【传录】庄亨阳（1686—1746）字元仲，号复斋。福建南靖人。康熙五十七年（1718）进士。乾隆间知徐州府，为官刚直，不畏强权。在徐州三年，两遇荒年，勤于赈济，百姓得安。后官至淮徐海道。著有《历法问答》《庄氏算学》以及诗文集等，后人编为《秋水堂遗集》。

【叙录】是编凡三种，二十二卷，包括《秋水堂文集》六卷馀集一卷诗集六卷、《庄氏算学》八卷、《历法问答》一卷。庄氏诗文，《四库全书总目》收有《庄元仲集》一卷，入存目。全书仅收文十二篇，乃其官淮徐道时所上河防条议。《庄氏算学》"乃其自部曹出董河防，于高深测量之宜，随事推究，设问答以穷其变"，并随手记之，其后人将遗稿汇辑付印成帙，内大旨皆遵《数理精蕴》，而参考《几何原本》《梅氏全书》等书，分条采摘，各加剖析，颇称明显。《四库全书总目》著录，所据为福建巡抚采进本。提要称是书："简而不漏，括而不支，可为入门之津筏。"虽无创新之意，却有引导之功，实为初学者启蒙读物。

【版录】

清光绪十五年（1889）南靖庄氏刊本

参见《综录》第 498 页。是为庄亨阳裔孙翥轩所刊。《庄氏算学》有道光二十八年（1848）重刊本，题作《秋水堂算法》。现存上海徐家汇藏书楼。

杨家骆《丛书大辞典》所载与《综录》略异。子目如次：《文集》六卷、《诗集》六卷附《馀集文》一卷《诗》一卷、《秋水堂算法》三卷、《秋水堂历法》一卷。

科学

道腴堂集

（清）鲍鈐撰

【传录】鲍鈐(1690—1748)字冠亭，一字西冈，号辛圃（一作辛浦），自号梦崦居士，晚号待翁。山西应州（今应县）人。隶汉军，乾隆间由贡生历官嘉兴府海防同知。著有《道腴堂脞录》《雪泥鸿爪录》《裨勺》以及诗文集等，编为《道腴堂集》。

【叙录】是编凡九种，六十五卷。包括《道腴堂诗编》三十卷续十二卷、《道腴堂杂编》八卷、《道腴堂脞录》一卷、《道腴堂杂著》一卷、《俊逸亭新编》一卷、《小簇园新编》一卷续编二卷、《雪泥鸿爪录》四卷、《裨勺》一卷、《亚谷丛书》四卷。内容涉及地志、杂学、小说以及诗文杂著等。《四库全书总目》没有著录。《清史稿·艺文志》著录《道腴堂诗编》三十卷诗续十二卷。鲍氏自刻于清雍正乾隆间，传本极少，仅北京图书馆收藏。

【版录】

清雍正乾隆间刊本

参见《综录》第498页。是为鲍氏自刻本。半叶十四行二十五字，白口，四周单边。

杨家骆《丛书大辞典》有《道腴堂全集》，刻书年月未详。子目除《综录》所列外，尚有《销夏日录》一卷、《续触》一卷，附刻《茶山老人遗集》二卷（元沈贞撰）、《钝翁说铃》一卷（清汪琬撰）。

杨潭西先生遗书又名潭西全集

（清）杨陆荣撰

【传录】杨陆荣（生卒年未详。著作多撰于1717年至1722年前后）字采南，号潭西。江苏青浦（今属上海）人。诸生。拜同县王原为师，原妻以女，并得原传授，研究经史，潜心著述。著有《易互》《五代史志疑》《三藩纪事本末》《潭西诗集》等，多已收入《杨潭西先生遗书》中。

【叙录】是编凡六种，四十一卷。包括《潭西诗集》二十一卷、《五代史志疑》四卷、《易互》六卷、《禹贡臆参》二卷、《经学臆参》二卷、《殷顽录》六卷。书成于康熙、乾隆年间，所收内容涉及经籍、史书、读史笔记、传记以及诗歌等。《四库全书总目》著录其中三种，均入存目，所据均为江苏巡抚采进本。《五代志疑》成书于康熙五十九年(1720)，是摘《五代史》疏漏或谬误而作。提要称其“以意研求，摘其疏谬。……其馀不过争文句之繁简，论进退之当否”。《易互》卷一为卦互，卷二为爻互，卷三为卦爻互，卷四、五为杂说，卷六为辑参，乃关于经文及句读之异同者，大抵是本于何楷、黄道周之馀论。《禹贡臆参》于经文之下详载蔡沈集传，并同时采录《地理今释》以纠正蔡传之误，亦间附己说，其说与蔡传多有不同，常引诸书加以考据。《殷顽录》皆为明季诸列传。此外，《四库全书总目》著录尚有《三藩纪事本末》四卷。

【版录】

清康熙乾隆间刊本

参见《综录》第499页。是刻半叶九行二十一字或十九字，白口，左右双边。《潭西诗集》二十一卷，有清雍正刻本。

杨家骆《丛书大辞典》著录，题名《潭西全集》，所列子目较《综录》多《三藩纪事本末》四卷。

汪双池先生丛书又名汪双池遗书、双池丛书、汪双池丛书、汪子遗书

(清)汪绂撰

【传录】汪绂(1692—1759)初名烜，字灿人，号双池。婺源(今属江西)人。汪绂家贫，曾至江西景德镇做佣工，以画碗之役为生。后又至闽中为塾师，从游者甚众，父殁方归。乾隆中以诸生终。其少年聪颖，博览群书，于天文、舆地、阵法、术数、乐律无所不晓。二十岁后著书十馀万言，尽焚之。自后凡有述作皆从反身切已而出，博采两汉六代诸儒疏义，终以宋代五子之学为归。著述甚丰，以《理学逢源》最负盛名。所著尚有《周易诠义》《四书诠义》《春秋集传》《礼记章句》《乐经律吕通解》《戊笈谈兵》《医林纂要探源》以及诗文集等二十馀种，大部分已收入《汪双池先生丛书》。

【叙录】是编凡二十种，二百五十二卷；附二种，五卷。所收之书经、史、子、集俱全，其中以经籍和子籍居多。经籍有《周易诠义》《书经诠义》《诗经诠义》《礼记章句》《春秋集传》《乐经律吕通解》等十二种；史籍有《山海经存》《双池先生年谱》等；子籍有《理学逢源》《戊笈谈兵》《策略》《医林纂要探源》等；集籍有《双池文集》《浙刻双池遗书十二种》等。《周易诠义》十五卷，首为易学源流、周子太极图说等，卷一至十二为经传，卷十三、十四为易学启蒙。汪氏以为明初程传、朱义并行，程传、朱义两失，故依吕祖谦所定古本正之，全录本义正文，其与朱异或见谓不可从者，悉以辨正，次引宋元明清诸儒以申朱氏易学。《戊笈谈兵》十卷，乃汪氏教授生徒，讲习礼射卒伍之作。前三卷述周天图说、七曜灾祥、云雨风角、遁甲奇门等，为天时，论天文气象等自然现象与军事胜负的关系，言多精详。中三卷记宇内舆图、形势更革、州郡财赋、水陆路程等，为地利，论天下山川形势，战略要地，设兵布防等，多中肯之论。后四卷论司马孙吴、黄尉李姜、古今阵法等，为人和，对《武

经七书》的源流、真伪、内容等,一一考辨评说,对于兵书的考镜源流,辨析真伪,用力颇多,自备一家之说,可为研究兵法者参考。《四库全书总目》仅收录《参读礼志疑》二卷。《清史稿·艺文志》著录汪氏著作二十馀种。

【版录】

清道光至光绪间刊光绪二十三年(1897)长安赵舒翘等汇印本

参见《综录》第499页。《北京师范大学图书馆中文古籍书目》有《双池遗书》八种,光绪二十二年(1896)长安赵氏浙江刻本。

渠亭山人半部稿又名杞园集

(清)张贞撰

【传录】张贞(1636—1712)字起元,号杞园。山东安丘人。清康熙壬子(1672)拔贡。举鸿博未试,官翰林院孔目。其治学严谨,博览群书,文章精练。长书法,其篆刻曾学周栎园,后另辟路径,独树一帜。著有《渠亭》《潜州》《娱老》诸集。

【叙录】是编凡四种,五卷。包括《渠亭文稿》《或语》《潜州集》《娱老集》。每集各一卷,末附《遗稿》一卷,后合为《杞园集》。所收均为张氏诗文集。《清史稿·艺文志》收录其著述七种。《四库全书总目》仅收录《杞纪》二十二卷,入存目,所据为河南巡抚采进本。提要略云:"是书以安丘东北界接高昌诸邑,为杞园旧地。爰采史传之有关于杞者,综其条目。……王士禛序,称其有良史才。以安丘一隅,上溯太康斟鄩之故居,下迄国朝数千年事迹,所采之书凡四百馀种,可谓勤矣。"

【版录】

(一)清康熙中刊本

参见《综录》第500页。《北京师范大学图书馆中文古籍书目》著录,分为"初至四刻"。杨家骆《丛书大辞典》所载有"另刊"六种:《耳梦录》四卷、《安丘乡贤小传》一卷续一卷、《全城纪略》一卷、《立后记》一卷、《杞纪》二十二卷略例一卷、《浮宅图》一卷。

[补录]

(二)清汇印本

见《中国科学院图书馆藏中文古籍善本书目》。凡四种,五卷。子目包括:

《渠亭山人半部稿》一卷　清康熙二十八年(1689)刻后印本

《或语》一卷　清康熙三十二年(1693)刻后印本

《潜州集》一卷　清康熙张氏峡云笼树楼刻后印本

《娱老集》一卷遗稿一卷　清康熙张氏续梦堂刻本

若庵集

（清）程庭撰

【传录】程庭（1672—1727）字且硕，号若庵。祖籍安徽歙县岑山渡，侨寓扬州。是当时的大盐商。康熙六十寿辰时，他曾随地方官员进京祝寿，其行旅笔记《停骖随笔》记录了这一盛事的全过程，对畅春园作了详细描述，成为研究这一盛事以及了解这座名园极有价值的历史文献。著有《若庵集》。

【叙录】是编凡五种，五卷。所收有文一卷、诗一卷、词一卷，又有日记二种：其一为《停骖随笔》一卷，系程氏于康熙五十二年（1713）至京师祭祀祈福时所撰的日记等，并附有诗词；其二为《春帆纪程》一卷，是自扬州至歙县，往返所作，亦附有诗词。是编为《四库全书总目》著录，入存目。

【版录】

（一）清康熙六十年（1721）刊本

参见《综录》第500页。每半叶十行，每行十九字，白口，左右双边。

［补录］

（二）清刻本

见《北京图书馆古籍善本书目》。

道古堂外集

（清）杭世骏撰

【传录】杭世骏（1695—1772）字大宗，号堇甫，自号秦亭老民。浙江仁和（今杭州）人。雍正元年（1723）举人，乾隆元年（1736）召试博学鸿词，授编修。参与校勘武英殿十三经、二十四史，纂修《三礼义疏》。后以言事忤旨罢归，杜门著书。晚年主讲广东粤秀书院、扬州安定书院。室名道古堂，藏书十万馀卷。学识渊博，长于小学、史学及文学。著述颇富，有《石经考异》《续礼记集说》《汉书疏补》以及诗文集等。

【叙录】是编凡十四种，三十七卷。所收主要为杭氏考订经史之作。清乾隆间，补史亭刊印十种，二十六卷。卷一至卷三为《鸿词所业》，卷四为《经筵讲义》，卷五、六为《石经考异》，卷七至卷十三为《史记考证》，卷十四为《礼经质疑》，卷十五为《经史质疑》，卷十六为《诸史然疑》，卷十七至卷二十二为《三国志补注》，卷二十三为《晋书补传赞》，卷二十四至卷二十六为《榕城诗话》。全书以史籍为主，考证较为详确。道光初，书板归钱塘汪大钧，光绪二十二年(1896)汪氏补刻重印，删去《鸿词所业》和《经筵讲义》，而增刻《续方言》二卷、《汉书蒙拾》三卷、《续汉书蒙拾》二卷、《文选课虚》四卷。凡十二种，三十三卷。民国间，汪大钧又将其刻入《食旧堂丛书》中，题名《道古堂外集十二种》。另外，乾隆年间，杭宾仁于羊城刻其七种，十八卷，成《杭大宗七种丛书》。《清史稿·艺文志》著录其著作二十一种。《四库全书总目》收其四种：《续方言》二卷，采《十三经注疏》《说文》《释名》诸书，以补扬雄《方言》之遗；《三国志补注》六卷，是书补裴松之《三国志注》之遗，末附《诸史然疑》一卷，皆纠史文之疏漏；《石经考异》二卷，乃因顾炎武《石经考》犹有采摭未备，辨正未明，故为纠讹补阙；《榕城诗话》三卷，入存目，是书乃雍正十年(1732)世骏以举人充福建同考官所作，故以榕城为名。其论诗以王士禛为宗。

【版录】

(一)清乾隆五十三年(1788)补史亭刊本

参见《综录》第 500 页。是刻凡十种，二十六卷。

(二)清光绪二十二年(1896)钱塘汪大钧刊本

参见《综录》第 500 页。是刻又名《疲乏古堂外集十二种》，为汪氏校刊，北京琉璃厂藻玉堂印行。

［补录］

(三)民国十四年(1925)钱塘汪氏刊《食旧堂丛书》本

参见《综录》第 299 页。题名《道古堂外集十二种》。

沈乾一《丛书书目汇编》载有《道古堂杂著》十三种，小琅嬛仙馆重刊本。原刻附于全集后，其所列子目与《综录》互有出入，兹录如后：《石经考异》二卷、《诸史然疑》《两汉蒙拾》二卷、《晋书补传赞》《文选课虚》四卷、《续方言》二卷、《榕城诗话》三卷、《道古堂文集》四十八卷、《诗集》二十六卷、《岭南集》□卷(别行)、《续礼记集说》一百卷(传钞本、浙江书局刊本)、《词科掌录》□卷(别行)、《三国志补注》六卷(别行)。

徐氏杂著又名徐灵胎先生杂著

(清)徐大椿撰

【传录】徐大椿(1693—1771)原名大业，字灵胎，晚号洄溪老人。江苏吴江人。祖父徐釚，为翰林检讨，曾纂修《明史》。父徐养浩，精水利之学，曾聘修《吴中水利志》。大椿自幼习儒，旁及诸子百家，凡天文、史地、历算、音律、兵法、水利、诗文、武技等无不探究，尤嗜《易经》与黄老之学。年弱冠，补邑诸生。旋改习武，精于技击及枪棍之法，可举三百斤之巨石。其不慕荣禄，厌恶作八股文章。所撰《时文叹》一篇，揭露八股文的弊端，颇为生动。年近三十，因家人多病而致力医学，攻研《本草》《内经》《难经》《伤寒》《千金》《外台》及历代名医之书。久之，妙悟医理，遂悬壶于世。徐氏一生著述极多，所著医书绝大部分收入《徐灵胎医学全书》。医书之外，尚有《道德经注》《阴符经注》《乐府传声》《洄溪道情》等，编为《徐氏杂著》。

【叙录】是编凡四种，五卷。包括《道德经注》二卷，徐氏认为“老子旧注人人异说，而本旨反晦。乃寻绎经文，疏解其义”，遂分《老子》为上下二篇，参考诸本，取词意通达者释经。《四库全书总目》称“其训诂推求古义。取上下融贯者。其所诠释，主于言简理赅，大旨与张尔岐《老子说略》相同，而研索较深，发挥较显。在《老子》注中，尚为善本”。《阴符经注》一卷，《四库全书总目》附于《道德经注》之后，谓其“诂以易理，义亦可通，惟其凡例诋呵古人”。《乐府传声》一卷，阐述沈宠绥、魏良辅等人的戏曲音乐理论，详述昆曲五音、四呼、阴阳四声的唱法，以及出声、收声、归韵的方法，提出“正字音、审口法”为唱曲的基本原则，并以为体会曲情和顿挫得宜，是感人传神的关键。《洄溪道情》一卷，共三十八首，除寓意劝诫外，还有酬赠、写景、悼亡、讽世之作，扩大了道情的题材，风格清新自然，是道情中具有特色的作品。

【版录】

(一)清光绪中著易堂书局排印本

参见《综录》第501页。杨家骆《丛书大辞典》题名《徐灵胎先生杂著》。子目较《综录》多《太乙神针》一种。

[补录]

(二)清同治三年(1864)彭树萱善成堂刊《徐灵胎十二种全集》本

参见《综录》第723页。附于医书之后。

(三)清光绪十四年(1888)江左书林刊本

是刻题名《徐灵胎先生杂著》。见《北京师范大学图书馆中文古籍书目》。

(四)清光绪十九年(1893)上海图书集成印书局刊《徐氏医书八种》本

参见《综录》第723页。附于医书之后。

空山堂全集

(清)牛运震撰

【传录】牛运震(1706—1758)字阶平，号真谷，又号空山。山东滋阳(今兖州)人。雍正十一年(1733)进士。官平番知县。其学博涉群书，通经义，工文章，对金石考据功力尤深。著有《空山易解》《空山堂春秋传》《金石经眼录》以及诗文集等。

【叙录】是编凡八种，一百一卷。书成于清乾隆嘉庆间，收有经籍五种，史评二种，以及诗文集各一部。包括《诗志》八卷、《周易解》九卷、《春秋传》十二卷、《论语随笔》二十卷、《孟子论文》七卷、《空山堂史记评注》十二卷、《读史纠谬》十五卷、《空山堂文集》十二卷诗集六卷。《四库全书总目》收录《空山易解》《空山堂春秋传》二种，均入存目。《空山易解》务在将汉、晋、唐、宋易学通而为一，但大旨主理不主数，故对于卦气、值日及虞翻半象、两象等说都加以排抑。提要谓其“仍一家之学，不能疏通众说也”。《空山堂春秋传》论《春秋》经义，不信《左传》《公羊》《谷梁》之说，书中对“三传”的驳诘随处可见，其风格颇近宋刘敞、孙复二家。提要云：“由其记诵淹通，足以济其博辨，故异论往往而生也。”至于其文集，收有书、序、记、传、墓志、行状、题辞、宦稿等。诗集收录诗数百首。

【版录】

(一)清嘉庆二十三年(1818)空山堂刊本

参见《综录》第 501 页。

[补录]

(二)清乾隆嘉庆间刊嘉庆二十三年(1818)牛氏空山堂汇印本

子目编次与《综录》略异，且多三种：《考工记论》一卷，附刊《集古录》十卷(宋欧阳修撰)、《金石录》三十卷(宋赵明诚撰)。

据杨家骆《丛书大辞典》，尚列有《金石图》无卷数，清褚峻摹、清牛运震补说(另刊)；《大学注》一卷(未刊，见原稿本)；《中庸注》一卷(未刊，见原稿本)；《论语注》二十卷(未刊，见原稿本)。

上湖遗集又名上湖遗书、汪氏七种

(清)汪师韩撰

【传录】汪师韩(1632—1705)字抒怀，号韩门。浙江钱塘(今杭州)人。雍正十一年(1733)进士。官至翰林院编修。著有《诗学纂闻》《谈书录》及诗文集等，均收入《上湖遗集》。

【叙录】是编凡八种，三十六卷。所收有经籍、杂著、诗评以及诗文等。包括《上湖纪岁诗编》四卷、《上湖诗纪续编》一卷、《上湖分类文编》十卷、《诗学纂闻》一卷、《谈书录》一卷、《韩门缀学》五卷续编一卷、《观象居易传笺》十二卷、《孝经约义》一卷。其中《谈书录》乃汪氏之札记，中间夹有考证与议论，其馀则记载一些杂闻琐事，如杨六郎、宋江等人的轶事。《观象居易传笺》自序谓学汉儒之学，欲证汉儒之支离穿凿，补朱子之未详言者，其辨析颇为精密、周详。《孝经约义》就文义约略分为四大节，第一节自“仲尼居”至“甚哉孝之大也”，总揭孝有始终之；第二节自“子曰夫孝天之经也”至“此大乱之道也”，大略明德之本；第三节自“子曰教民亲爱”至“又焉得为孝乎”，大略明教之所从生；第四节自“子曰昔者明王”以至终篇，大略明始中终之义。题曰约注，只疏大旨，不欲词费，比较显明。清光绪十二年(1886)钱塘汪氏将此八种收入《丛睦汪氏遗书》。

【版录】

(一)清乾隆中刊本

参见《综录》第 501 页。是刻半叶十三行二十六字,小字双行三十八字或三十九字不等,白口,四周单边。《韩门缀学》《诗学纂闻》《谈书录》《上湖纪岁诗编》合称《汪韩门四种》,有乾隆刻本。

《中国古籍善本书目》收录。上海图书馆藏本有清佚名校。

[补录]

(二)清光绪刊本

参见《综录》第 458 页。据暨南大学图书馆藏本,是刻半叶十三行二十六字,白口,四周单边。

岣嵝丛书

(清)旷敏本撰

【传录】旷敏本(1699—1782)字鲁之。湖南衡阳人。乾隆元年(1736)进士,选庶吉士。未及散馆,因病辞归,专事著述与讲学,不复入仕。后游幕于两粤制军、豫章抚军、粤东县署、楚北学使诸处。约于 1754 年前后受聘为岳麓书院山长,专以经学课士。晚年"以经学教授里中",又"日以著述为事"。以所居近衡山,而衡山古之岣嵝山也,故自名岣嵝主,学者称"岣嵝先生"。著有《岣嵝杂著》《岣嵝韵语》《岣嵝时艺》《声韵订讹》以及诗文集等,汇为《岣嵝丛书》。

【叙录】是编凡九种,二十三卷。所收有音韵、史钞、杂著以及诗文集等。包括《岣嵝删馀文草》一卷、《岣嵝删馀诗草》一卷、《岣嵝文草杂著》一卷、《岣嵝韵语》八卷、《岣嵝仿古》一卷、《岣嵝韵笺》五卷、《岣嵝时艺》一卷、《岣嵝鉴撮》四卷、《声韵订讹》一卷,内多为旷氏所撰诗文。而《岣嵝韵笺》乃小学之属,是书首载《论例》《转例》,次依今韵部目分隶韵字,依字释义。其论通转,则杂采《通志·七音略》《通韵》《韵略》等,分古韵为六部,上、去、入亦自各为六类,与平声相配。注释音义,凡系《佩文韵府》中所有之字,俱于本字下加注点;韵书中一字两载者,今止一载而分注音义于下;诸韵前后重出之字,其义异者,则于前韵中注"又入某韵义异",其义同者,则但于后韵中注"见某韵"。凡云"见某韵",又训"某义"者,皆"某义",又云"见某韵"者,酌用。是书仅摘录《佩文韵府》习见之学而已。

【版录】

清乾隆中旷氏刊本

参见《综录》第 502 页。据刘声木《再续补汇刻书目》,有《岣嵝全集》十二种,清乾隆四十七年(1782)孙信等定性山房刊圈点本。较《综录》编次卷数略异,且多《易述》《周易旁训》《春秋旁训》三种,均缺卷数。孙殿起《丛书书目拾遗》亦载,惟首列《岣嵝集》内编六卷外编三卷,为刘目所无。

首都师大

潘相所著书又名潘子全集、潘氏丛书、譼文书屋全集

(清)潘相撰

【传录】潘相(1713—1790)字润章,号经峰。湖南安乡人。乾隆二十八年(1763)进士。官至濮州知府、昆阳州知州。清代经学家,于《尚书》《毛诗》《春秋》均有著述。如著有《经学八书》《澧志举要》《譼文书屋集》等,汇为《潘相所著书》。

【叙录】是编凡七种,六十七卷;附二种,三十一卷。所收有经籍、方志、杂著以及诗文集等。包括《经学八书》八种四十卷、《澧志举要》三卷、《事友录》五卷、《吾学录》五卷、《琉球入学见闻录》四卷、《譼文书屋集略》八卷尺牍略一卷、《约六斋制艺》不分卷,附《鲸浒课艺》一卷(清潘承炜撰)、《俎豆集》三十卷(清潘承焯撰)。内以经籍居多。如《经学八书》中,《周易尊翼》乃作者读本义启蒙程传,并博采众家,辑群说附于本义后而成,谓以大传为准绳。《尚书可解辑粹》仅十六篇,且不对经文进行逐字逐句的注释,其中所谈《尧典》之天文,考定《禹贡》之地理,较为详尽。《毛诗古音参义》论音多本陈第《毛诗古音考》、顾炎武《诗本音》之说。《周礼撮要》意在合一篇之精义,铨次纲目,分别先后,条列支干,既便学者明析《周礼》大旨,又便举子记诵经义,用心殊苦。《礼记厘编》参综旧篇,酌情分为八类,厘核分明,颇便初学。《春秋比事参义》共列八条,对每一条目都各为论说,大体上采用公羊家及何休的观点。《春秋尊孟》大旨在于推演孟子及张载、郝敬之意,列举鲁僭王礼、晋僭王权、楚僭王号之事。《春秋应举辑要》从《春秋》中选取一些科举考试可能出题的句子,且阐明每题的要点。另外,《吾学录》乃政书之属,既录贵族之礼,亦载僧道里巷之俗。

【版录】

(一)清刊本

参见《综录》第502页。

[补录]

(二)清乾隆四十一年(1776)汲古阁刊本

题名《譼文书屋全集》。子目较《综录》所载少《澧志举要》《鲸浒课艺》二种,《礼记厘编》十卷尚有首一卷附录一卷,《约六斋制艺》作二卷。见杨家骆《丛书大辞典》。

北京图书馆藏有《琉球入学见闻录》四卷,清乾隆刻本。半叶九行二十一字,小字双

行同，白口，四周双边。《轡文书屋集略》八卷，亦乾隆刻本。半叶十一行二十三字，小字双行同，白口，左右双边。

(三)清乾隆时人家刊本

题名《潘氏丛书》。子目较《综录》少收附刻《鲸浒课艺》一卷，《毛诗古音参义》作四卷，《春秋应举辑要》作十卷，《礼记厘编》作一卷，《澧志举要》三卷尚有补一卷。见杨家骆《丛书大辞典》。

(四)清光绪十五年(1889)重刊本

据阳海清《中国丛书综录补正》，湖北省图书馆藏本，封面镌"光绪己丑重刻潘子全集"，并列有十八种子目书名。《综录》未收《入祀乡贤稿》，该馆藏本亦缺如云。

潘龙庵全书又名潘龙庵著书三种

(清)潘士权撰

【传录】潘士权(1701—1772)字龙庵，号三英。湖南黔阳人。附贡生。乾隆六年(1741)考补天文生，署太常寺博士。精天文、数学、音律之学。著有《学庸一得》《洪范乐元音》等，汇为《潘龙庵全书》。

【叙录】是编凡三种，十五卷；附一种，一卷。子目包括《大乐元音》七卷、《洪范注补》五卷、《学庸一得》三卷，附《历算合要》一卷(清李光地撰)。《四库全书总目》收二种：《大乐元音》七卷，山东巡抚采进本，入存目。是书成于乾隆己丑(1769)年，前五卷依琴定乐，依据《管子》以下徵之数一百八、下羽之数九十六立旨，其由琴声推诸乐，与江永《律吕新论》所见略同，第六卷附以琴谱曲谱，第七卷附以历学音调，类例颇详。《洪范补注》五卷，两江总督采进本，亦入存目。提要称："是编增补蔡沈之书，而于原书之外复多所附益。"其中首卷为畴词、蔡沈原本，士权增补甚多；二卷为蔡氏内篇，分章析节，阐其大旨；外篇三卷则皆士权自撰，合蓍龟卜筮五行封气声音律吕交互言之。

【版录】

清乾隆十年(1745)刊同治十三年(1874)补刊本

参见《综录》第503页。杨家骆《丛书大辞典》著录。题名《潘龙庵著书三种》。其中《历算合要》(又名《历象本要》)系附刊，题"真宁范锡篆撰"。另《学庸一得》三卷尚有图一卷。

频罗庵遗集

（清）梁同书撰

【传录】梁同书(1723—1815)字元颖。尝得元人贯酸斋书“山舟”二字，遂以自号，并以颜其斋，世称山舟先生。晚自署不翁，九十外又署新吾长翁。浙江钱塘(今杭州)人。乾隆十二年(1747)举人。乾隆十七年(1752)会试落第，特赐进士，选庶吉士，官至侍讲。后服亲丧归，不复仕。嘉庆间重赴鹿鸣书院讲学，赏侍讲学士衔。同书性耿介，不谐于俗。初法颜柳，继用米法，晚益变化，纯任自然，名满天下。又能诗，尤精赏鉴。所著多散佚，存者其子编为《频罗庵遗集》。

【叙录】是编凡七种，十六卷。乃诗文集。梁氏生前所作随散无定本，卒后，其子玉绳为之搜罗分类，梓以行世。包括《诗》三卷、《集杜》二卷、《文》四卷、《题跋》四卷、《直语补证》一卷、《日贯斋涂说》一卷、《笔史》一卷。其文抒发胸臆，寓清旷闲怡情致。其馀诸编，颇资考订。其意不是著述，聊以自适而已。其中《直语补证》专补翟灏《通俗编》之缺，或补语词，或补证释，“直语”指街巷厘语而征引于经史杂说者，故书中辑录多为成语、口头语，计四百馀条。每条皆引据出处，较少论及音读及字体同异，搜罗虽不富，而考证颇确，为翟书之助也。书前有许宗彦、张云璈所撰梁氏传各一篇，有总目，光绪本有王先谦序。

【辑录】王先谦序略云：“镇海鲍生景溪重刊梁山舟先生遗集，凡诗五卷，文、题跋各四卷，《直语补证》《日贯斋涂说》《笔史》各一卷。介余友萧君敬甫乞为序。……先生于诗文，以不乐为人役，不恒作。其存者皆绝去摹拟，发挥胸臆，多夷愉清旷之致。《补证》诸编，颇资考订，其意匪以为著述也，取自适而已。”

【版录】

(一)清嘉庆二十二年(1817)仁和陆贞一刊本

参见《综录》第 503 页。

首都师大

［补录］

(二)清光绪十三年(1887)镇海鲍景溪重刊本

暨南大学图书馆藏本。牌记镌“蛟川修绠山庄藏板”。卷首有光绪十三年(1887)长沙王先谦《频罗庵遗集序》。半叶十行二十一字，花口，左右双边。

首都师大

清白士集

(清)梁玉绳撰

【传录】梁玉绳(1744—1819)字曜北，号谏庵，自号清白士。浙江钱塘(今杭州)人。梁诗正的孙子，梁同书的儿子。同杭世骏、钱大昕等相交游。年未四十，弃举子业，专心撰述，有成就，尤以治史为最著。有《史记志疑》《吕子校补》《清白士集》等。

【叙录】是编凡六种，二十九卷；附一种，四卷。包括《人表考》九卷、《吕子校补》二卷、《元号略》四卷附补遗一卷、《志铭广例》二卷、《瞥记》七卷、《蜕稿》四卷，附《庭立记闻》四卷(清梁学昌辑)。《清史稿·艺文志》收录其七种。其中《人表考》又名《汉书古今人表考》。《吕子校补》乃玉绳参与校雠《吕氏春秋》时，续得剩义二百六十馀条，因编纂成卷。内不少可正前说之误，如论《纪览》，论《序》之次第，及管、蔡、周公之长幼，均可补前者之不足；又引《初学记》以证垂于术，引《南史》以证阳门之扇等，立说令人信服。《志铭广例》乃为补正王行《墓铭举例》、黄宗羲《金石要例》二书而作，共录碑刻体式六十五例，书法二十三例。全书以志铭为目，但所举之例，又超出志铭之外。《瞥记》为考证经史之笔记。《蜕稿》前三卷为诗，其《史记志疑》等著作，可全面反映梁氏之学术成就。

【版录】

清嘉庆道光间刊本

参见《综录》第504页。清蔡云著有《清白士集校补》若干卷。包括《汉书人表考校补》一卷、《吕子校补献疑》一卷、《元号略补遗》一卷、《续汉书人表考校补》一卷、《续吕子校补献疑》一条、《读瞥记校补》四条、《补校庭立纪闻》两条、《元号略续校补》三条。是书分别收入《元和蔡氏所著书》《聚学轩丛书》中。

北京图书馆藏本为“清嘉庆刻本”。有李慈铭校注。半叶十二行二十四字，小字双行同，白口，左右双边。见《北京图书馆古籍善本书目》《中国古籍善本书目》。

首都师大

西涧草堂全集

(清)阎循观撰

【传录】阎循观(1724—1768)字怀庭，号伊蒿。山东昌乐人。乾隆三十一年(1766)进士。官吏部考功司额外主事。初好佛氏，后读宋儒之书，乃一以程朱为宗。曾与潍县韩梦周讲学于程符山。治经归于自得。著有《困勉斋私记》《尚书读记》《毛诗读记》《春秋一得》《名人小传》《见闻随笔》以及诗文集等,后人编有《西涧草堂全集》。

【叙录】是编凡四种,十四卷;附一种,二卷。所收有读经札记、游记、性理以及诗文等。子目包括《西涧草堂集》四卷诗集四卷、《困勉斋私记》四卷、《尚书读记》一卷、《春秋一得》一卷,附《钝斋诗集》二卷(清阎循厚撰)。其中《西涧草堂集》四卷,为阎氏所著古文,共五十七篇,阎氏殁后,其同学韩梦周为之搜辑编次,并序而刊之。《四库全书总目》入存目,提要称"其文谨严,颇不苟作"。《困勉斋私记》四卷,乃其儒学札记。初分为《困勉斋私记》《困勉斋记忘》《求心录》三书,阎氏殁后,韩梦周删除繁复,重新编定为四卷,总名之曰"私记"。全书之旨是为学要"主敬克已",要时时提醒此心,刻苦自立,不要贪图一时的虚名。《四库全书总目》入存目。《尚书读记》一卷,乃其读书偶记,阎氏殁后,韩梦周录为此帙而刊行之,凡七十六条,所解经或有异说,部分存所依据,其他则多属循文生义。《四库全书总目》入存目。《春秋一得》一卷,重在阐发孔子笔削《春秋》之意,对胡安国的某些说法有所驳正,持论尚称平允明白。《四库全书总目》入存目,提要称"是编于笔削大义多所发明"。

【版录】

清乾隆三十八年(1773)树滋堂刊本

参见《综录》第504页。《中国科学院图书馆藏中文古籍善本书目》著录,凡四种,十三卷。较《综录》所列子目,少《春秋一得》一卷和附《钝斋诗集》二卷。

杨家骆《丛书大辞典》著录为"乾隆三十八年癸巳家刊本"。凡九种,较《综录》所列多《毛诗读记》《论语谱》《名人小传》《见随笔》四种。

清献堂全编又名赵鹿泉全集

(清)赵佑撰

【传录】赵佑(1727—1800)字启人,号鹿泉。浙江仁和(今杭州)人。乾隆十六年(1751)进士。由编修历官左都御史。文望与窦光鼐埒,同以制举业名天下。著有《尚书质疑》《春秋三传杂案》《诗细》《四书温故录》以及诗文集等,汇成《清献堂全编》。

【叙录】是编凡八种,五十七卷。所收除诗文集外,均为经部之书。子目包括《诗文集》十卷、《尚书质疑》二卷、《尚书异读考》六卷、《草木疏校正》二卷、《春秋三传杂案》十卷、《读春秋存稿》四卷、《读细》十二卷、《四书温故录》十一卷。《清史稿 · 艺文志》皆有著录。其中《尚书质疑》多取毛氏之说,对旧说抱审慎之态度,对《尚书》中的某些具体经文的解释,也有独到之处。然是书意在贬朱熹,而扬自己,偏激与弊病甚多。《尚书异读考》乃从《尚书》的注疏、释文及诸家讲义中摘出与蔡传相出入者,折衷为之考订。《草木疏校正》以《诗》《尔雅》的疏、《释文》为主，并诸家别录，校正三国时吴陆玑《毛诗草木鸟兽虫鱼疏》题目之失实，文字之误窜等，又经丁杰、孙志祖点勘校正，实为陆氏疏之善本。《春秋三传杂案》乃作者读《春秋》之心得，依经传次序条录，于传注不一家之言，见解独到，持论平允。《读春秋存稿》为作者读《春秋》有所见解，随时笔录而成，大体上在于补传注之漏辞，订《谷梁》之错简，每条都详加考订，引据广博，行论平允，有较高的学术价值。

【版录】

(一)清乾隆五十二年(1787)刊本

参见《综录》第504页。所《中国古籍善本书目》，上海图书馆藏本题名《赵鹿泉全集》。凡六种，三十二卷。子目较《综录》所列少《诗细》《四收温故录》二种。

[补录]

(二)清乾隆刊本

见《中国科学院图书馆藏中文古籍善本书目》。凡八种，五十七卷。其中《诗文集》八卷作《清献堂集》十卷，《四书温故录》包括《学庸》一卷、《论语》五卷、《孟子》四卷、《孟子章指》一卷。子目编次亦与《综录》有异，疑为后出之本。据杨家骆《丛书大辞典》，子目编次与此相同，然多出《逸书考》《读书杂识》《朱传异同考》，均注明"续出"者。

别有《清献堂集》，亦题乾隆五十二年(1787)刊本。子目与《综录》不同:《诗集》二卷、《文集》八卷、《四书温故录》□卷、《山左试牍》□卷、《江西试牍》□卷、《上江试牍》□卷、《福建试牍》□卷。见杨家骆《丛书大辞典》。

汪龙庄遗书又名汪龙庄先生遗书

(清)汪辉祖撰

【传录】汪辉祖(1730—1807)幼名鳌，字焕曾，号龙庄，晚号归庐。浙江萧山人。乾隆四十年(1775)进士。授湖南宁远知县，署道州知州，又兼摄新田县事。后因事被劾去官。归里闭户读书。曾积书数万卷，皆手自校雠。早年学刑名家言，治事廉平，善治狱，著《学治臆说》《佐治药言》。又精通史事，长于名姓之学，著《元史本证》《读史掌录》《史姓韵编》《九史同姓名略》《二十四史同姓名录》《二十四史希姓录》《辽金元三史同名录》等书。工诗文，为文质而有法，诗寄兴深远，有《龙庄四六稿》《独吟草》《辛辛草》《题衫集》《楚中杂咏》《归庐晚稿》诸集。

【叙录】是编凡四种十卷。刊于乾隆五十年至五十六年(1785—1791)。包括《佐治药言》一卷续一卷、《春陵褒贞录》一卷、《善俗书》一卷、《越女表征录》六卷。内容涉及传记、官箴、善书等。其中《佐治药言》乃取"良药苦口利于病"之意，是书凡四十则，主要内容谈及待人处事、个人修养、刑律、狱案、理政等。汪氏归里之后，凡偶有记忆，即命子继坊起草为文，又总结出二十六则，寄给其孙甥兰启续入前编，此为续一卷。清光绪中，江苏书局又辑刊若干种，为《龙庄遗书》。除《佐治药言》相同外，馀为《学治臆说》《病榻梦痕录》《双节堂庸训》三种。

【版录】

（一）清乾隆中双节堂刊本

参见《综录》第505页。杨家骆《丛书大辞典》有《双节堂杂录》，刊刻年月未详。所列子目为《综录》载《汪龙庄遗书》及《龙庄遗书》之总和。另有《九史同姓名略》七十二卷、《史姓韵编》六十四卷，二书皆注明“别行”。

［补录］

（二）清同治十一年（1872）温陵郡斋刊本

题名《汪龙庄先生遗书》，凡六册。见《首都师范大学图书馆藏普通古籍目录》。

龙庄遗书又名龙庄全书

（清）汪辉祖撰

【传录】参见《汪龙庄遗书》。

【叙录】是编凡四种，十五卷。清同治间刊，乃汪氏《汪龙庄遗书》之外的另一部丛书。所收子目除《佐治药言》相同外，馀均不同，有《学治臆说》二卷续说一卷说赘一卷、《病榻梦痕录》二卷录馀一卷、《双节堂庸训》六卷。内容涉及官箴、传记、家训等。其中《学治臆说》《佐治药言》两种，乃汪氏为幕僚及县官时佐治听讼经历。《病榻梦痕录》乃自定年谱，编年记述数十年幕职及县官佐治听讼经历。《双节堂庸训》盖仿《颜氏家训》而作，旨在教育子孙后代。清同治十年（1871），慎明堂重刻时将此四种析为八种，题名《重刻汪龙庄先生》。

【版录】

（一）清光绪中江苏书局刊本

参见《综录》第505页。据《北京师范大学图书馆中文古籍书目》，是刻系复同治望三益斋本。

［补录］

（二）清同治元年（1862）盱眙吴氏望三益斋刊本

题名《汪龙庄先生遗书》。见《北京师范大学图书馆中文古籍书目》。

杨家骆《丛书大辞典》亦有是刻，删其重复，实为《汪龙庄遗书》与《龙庄遗书》所列子目之总和。另有《九史同名略》七十二卷、《史姓韵编》六十四卷、《元史本证》五十卷，均注明“别行”。

(三)清同治十年(1871)慎明堂重刊本

是刻将原四种析为八种,题名《重刻汪龙庄先生遗书》。见《杭州大学图书馆线装书总目》。

中大

(四)清同治十一年(1872)温陵郡斋刊本

亦名《汪龙庄先生遗书》。凡六册。见《首都师范大学图书馆藏普通古籍目录》。

(五)清光绪十二年(1886)山东书局重刊本

书名页题《汪龙庄先生遗书》。牌记镌"光绪十二年孟冬山东书局续刊"诸字。凡六册。卷首有目录,所列子目与《综录》相同,惟将四种析为八种。半叶十行二十四字,黑口,左右双边。

是刻卷首有光绪十二年(1886)张曜序,略云:"萧山汪龙庄先生少治法家言。……著书数种,曰《佐治药言》,曰《学治臆说》,曰《庸训》,曰《病榻梦痕录》。《药言》《臆说》《庸训》,言也;《梦痕录》,行也。平易切实,中材可勉。而至其为教,家人父子之教也,其为文,布帛菽粟之文也。贺耦耕制军辑《皇朝经世文编》,采《药言》《臆说》者数十条,其书之贵重于世久矣。……今奉恩命,调抚山东,会书局刊先生遗书成,合《庸训》《梦痕录》都为一集,用叙简端,以发明先生遗书之意,并以志不敏所得力云。"

首都师大

澹宁斋集

(清)杨际昌撰

【传录】杨际昌(1719—1804)字鲁藩,号葭渔,又号蓬莱居士。浙江山阴人,祖籍山东蓬莱。乾隆六年(1741)举人,以授徒行医为终。著有《兰室丛谈》《国朝诗话》以及诗集等,刊为《澹宁斋集》。

【叙录】是编凡八种,九卷。乃杨氏诗文集。内有《国朝诗话》二卷,收诗评若干;《在渊草》一卷,收七言古五首、五言律二十八首、七言律五十首、七言绝句十七首;《傲嬉草》一卷,收壬申、癸酉所作二十四首;《醉月草》一卷,收甲戌所作二十七首;《碧梧草》一卷,收乙亥所作十七首;《北海草》一卷,收丙子正月至十一月所作二十七首,词四阕;《梦魇草》一卷,收丙子十一月至戊寅六月所作三十四首;《兰室丛谈》一卷,收文一百七十九篇,内容丰富,古往今来文史人物无所不谈。据集中所署时间,其诗文多成于乾隆十七年至二十三年(1752—1758)间。卷首无总目,卷次以标题示出。

【版录】

清乾隆二十四年(1759)似园刊本

参见《综录》第505页。据《中国古籍善本书目》,清华大学图书馆藏本凡八种十二卷，其中《在渊草》作四卷。

杨家骆《丛书大辞典》著录。题名《澹宁斋全集》，乾隆二十四年似园自刊写字本，所列子目为《诗集》八卷、《国朝诗话》二卷、《兰室丛谈》。

埜柏先生类稿又名宋埜柏先生类稿、怀古堂全集

(清)宋在诗撰

【传录】 宋在诗(1695—1777)字雅伯，号宜亭，别号埜柏，晚年更号文垣。山西安邑(今运城)人。康熙六十年(1721)进士。雍正元年(1723)由翰林院庶吉士，提督四川学政，改吏部主事，宜至鸿胪寺少卿，受先儒理学及曹于汴《仰节堂集》影响，以进德修业，躬行实践自励。著有《见闻琐录》《论语赘言》《说孟》以及诗文集等，汇为《埜柏先生类稿》。

【叙录】 是编凡八种，十六卷。包括《怀古堂偶存文稿》四卷、《怀古堂偶存诗稿》二卷、《见闻琐录》三卷、《论语赘言》二卷、《说孟》一卷、《说左》一卷、《读诗遵朱近思录》二卷、《忆往编》一卷附行状墓志。所收涉及经籍、传记、杂著、诗文稿等。经籍中，《说左》重在议论，对《左传》触类引申，间阐述己见。武作成《清史稿艺文志补编》收录《读诗遵朱近思录》《说左》《见闻琐录》三种。

【版录】

(一)清乾隆三十年(1765)刊本

参见《综录》第 505 页。

[补录]

(二)清乾隆十七年(1752)自刊本

凡十一种，题名《宋埜柏先生类稿》。除《综录》所列子目外，尚有《四书要义》《先儒实行纪略》《宋氏历代传人录》三种。见杨家骆《丛书大辞典》。

(三)清道光七年(1827)郭淳章蛟川官舍刊本

亦八种，题名及子目同上刻。见杨家骆《丛书大辞典》。

(四)清刊本

题名《怀古堂全集》。除《综录》所载子目外，尚列有八种未刊书目：《四书要义》《左传便览》《先儒实行纪略》《宋氏历代传人录》《消闲随笔》《消暑偶录》《杜诗选》《晚琐录》。见杨家骆《丛书大辞典》。

绿溪全集

(清)靳荣藩撰

【传录】 靳荣藩(1726—1784)字介人,号绿溪。山西黎城人。乾隆进士。曾官河南新蔡知县。靳氏熟于明史,著有《吴诗集览补注》,于吴伟业诗中有犯忌之处多为删除,然征引掌故,颇为详博。所著诗文等汇为《绿溪全集》。

【叙录】 是编凡五种,八卷。子目包括《绿溪初稿》一卷、《绿溪诗》四卷(诗风仿效吴伟业)、《绿溪语》一卷(记读书游览可记之事)、《咏史偶稿》一卷(咏明代史事)、《绿溪词》一卷。《清史稿·艺文志》收录其《吴诗集览》《谈薮》二种,《补编》又有《潞郡旧闻》。

【版录】

清乾隆四十二年(1777)刊本

参见《综录》第 506 页。

潜研堂全书一名嘉定钱氏潜研堂全书,又名潜研堂丛书

(清)钱大昕撰

【传录】 钱大昕(1728—1804)字晓征,又字及之,号辛楣,又名竹汀,晚称潜研老人。江苏嘉定(今属上海)人。乾隆十九年(1754)进士。授编修,历充乡会试考官,提督广东学政,官至少詹事。曾与修《续文献通考》《续通志》等。乾隆四十年(1775)起,先后主讲钟山、娄东、紫阳等书院。治学涉猎极广,精于史学、经学,兼通历算、金石诸学,尤长于校勘考订之学,撰有《廿二史考异》。诗词有名于时,被推为"吴中七子"之一。藏书亦富,有"潜研堂",以收藏金石碑帖著名,藏至二千二百七十馀种,编有《金石文字目录》《金石文跋尾》等。又于音韵训诂尤多创见,其说散见于《潜研堂文集》和《十驾斋养新录》中。又有志重修元史,补《艺文志》《氏族表》,并以所得资料,撰成《元诗纪事》。著述多收入《潜研堂全书》。

【叙录】 是编凡二十种,二百七十卷。原稿本有三十三种,初刻于乾隆嘉庆间。道光二十年(1840)钱师光重修付印时只成十六种,其中十七种未刊行。至光绪十年(1884),长沙龙氏又补刻《声类》《宋辽金元四史朔闰考》《疑年录》《恒言录》四种,成二十种,二百七十卷。按经、史、子、集分类编次,计经籍一种四卷、史籍十五种一百六十三卷、子籍三种三十三卷、集籍一种七十卷,内容涉及经史、文字、音韵、训诂、天算、舆地、氏族、官制、

典章、金石等。其中主要著作有《声类》四卷，是书搜辑古籍中之异文、别名、音训等，以声纽贯通之，略依《尔雅》类别编辑而成，凡古今异纽等皆注明之，颇精审。《廿二史考异》一百卷，是书集作者多年考史所得而成，重点考订历代典章制度、地理沿革及辽金国语、蒙古世系等，与《十七史商榷》《廿二史札记》并称清代考史三大名著。《元史氏族表》三卷，最早指明蒙古人与色目人之间的区别，是一部考证精确、论述翔实的民族史志，为元史重要参考资料。《元史艺文志》四卷，取当时文士撰述，别为编次，以补《元史》之阙，所补史部之正史、实录、编年、杂史类尤为可贵。《十驾斋养新录》二十卷，乃其读书笔记，内容包括经学、小学、史学、地理、金石、词章等的考释，体例略同于顾炎武《日知录》，作者精于经义，兼通数理、金石，论证颇为精密。《恒言录》六卷，收录汉语方言俗语八百馀条，每条征引出处，考证源流。《潜研堂全集》七十卷，其中文五十卷，诗十卷（收乾隆初至三十五年之诗），诗续集十卷（收乾隆三十六年至嘉庆九年之诗）。文多关经史小学，造诣极深；诗溯源汉魏，出入唐宋（钱大昭语），与当时性灵派异趣。卷首有阮元《国史儒林传拟稿·钱大昕传》，《传》后有道光二十年(1840)钱师光跋语。

【辑录】段玉裁《潜研堂文集序》略云："其文尤非好为古文以自雄坛坫者比也，中有所见，随意抒写，而皆经史之精液。其理明，故语无鹘突；其气和，故貌不矜张。其书味深，故条鬯而无好尽之失，法古而无摹仿之痕，辨论而无叫嚣攘袂之习。"

钱大昭《潜研堂诗续集序》评其诗云："溯源汉魏，出入唐宋，腹贮万卷而不屑以挦扯涂抹为事，胸有智珠而不肯以纤缛佻巧为能，舂容渊雅，蔚为大宗。"

【版录】

（一）清乾隆嘉庆间刊道光二十年(1840)钱师光重修印本

参见《综录》第506页。是刻凡十六种，乃钱师光重修本。其跋称："先大父宫詹公著书数百卷锓板行世，其最初刻之《考异》《跋尾》诸书，今已五六十年矣。二十年前，先君子谨题《潜研堂全书》字样，汇编总目，修板印行，比来东南承学之士，好读吾先大父书者，几于家署一编，故刷印尤繁，诸书俱有漫漶之板，爰于戊戌秋偕犹子庆曾为量加修葺，并重刻《国史儒林传拟稿》而印行焉。"

（二）清光绪十年(1884)长沙龙氏家塾刊本

参见《综录》第506页。是刻题名《嘉定钱氏潜研堂全书》。在道光二十年(1840)钱师光重修印本的基础上，补刻四种（参见《综录》中注明"光绪本"者，其中《风俗通逸文》系误录，实未刊行），共二十种。半叶十行二十二字，黑口，左右双边。

据暨南大学图书馆藏本，总目所列《恒言录》作十卷，《廿二史考异》后附有《修唐书臣表》一卷。另尚有十三种未刊之目：

经

《经典文字考异》三卷

《唐石经考异》一卷

史

《南北史隽》一卷

《唐学士年表》一卷

《五代学士年表》一卷

《宋中兴学士年表》一卷

《天一阁碑目》二卷

《吴兴旧德录》四卷

《先德录》四卷

《日记》六十卷

《金石文字目录附识》一卷

子

《风俗通义逸文》二卷

集

《词垣集》四卷

亦园亭全集又名孟瓶庵遗书

(清)孟超然撰

【传录】孟超然(1731—1797)字朝举,号瓶庵。福建闽县(今闽侯县)人。乾隆进士,累官吏部郎中,督学四川,以廉正称。归主鳌峰书院,其学以惩忿窒欲、迁善改过为修身立命之门。著有《丧礼辑略》《诚是录》《焚香录》《求复录》《使粤日记》以及诗文集等,汇为《亦园亭全集》。

【叙录】是编凡五种,二十八卷。包括《孟氏八录》八种十三卷、《使粤日记》二卷、《使蜀日记》五卷、《瓶庵居士诗钞》四卷、《瓶庵居士文钞》四卷。内容涉及游记、性理、家训、杂考、善书以及诗文钞等。《清史稿·艺文志》收录十种。

【版录】

(一)清嘉庆二十年(1815)刊本

参见《综录》第506页。此乃孟氏弟子陈寿祺等为之校刊。

[补录]

(二)清嘉庆二十年(1815)陶舫书校刊本

是刻题名《孟瓶庵遗书》,子目与《综录》同,惟编次略异。见杨家骆《丛书大辞典》。

雨峰全集

(清)齐翀撰

【传录】齐翀(生卒年未详)字雨峰。江西婺源人。乾隆二十八年(1763)进士,候选知县。曾官湖北枣阳、广东电白知县,南澳厅同知。著有《雨峰诗钞》,曾纂修《南澳志》十二卷。

【叙录】是编凡四种,十三卷。收录《雨峰诗钞》八卷文钞一卷、《杜诗本义》三卷、《三晋见闻录》一卷、《思补斋日录》一卷。内容涉及杂志、杂说、诗文等。武作成《清史稿艺文志补编》收其《南澳志》十二卷。

【版录】

(一)清道光中齐学裘刊本

参见《综录》第 507 页。

[补录]

(二)清光绪二年(1876)齐学裘扬州随安室重刊本

是刻较《综录》所列,少《杜诗本义》二卷,多《闻见随笔》《闻见续笔》二种。见杨家骆《丛书大辞典》。

经韵楼丛书又名段氏丛书

(清)段玉裁撰

【传录】段玉裁(1735—1815)字若膺,号懋堂。江苏金坛人。乾隆二十五年(1760)举人。以教习得知县,历任贵州玉屏,四川富顺、南溪、巫山等县知县。年二十八入京师,师事戴震,是乾嘉学派中著名学者。年四十六辞官归苏州,杜门著书。所著《说文解字注》,为研究《说文》以及文字训诂学的重要参考书。又深通音韵学,继承顾炎武、江永二家古韵分部而改进之,著《六书音韵表》,分古韵为六类十七部,"支""脂""之"三部分立,是对古韵分部的重大贡献。著述宏富,有《古文尚书撰异》《诗经小学》《周礼汉读考》《毛诗故训传定本小笺》等,汇为《经韵楼丛书》。

【叙录】是编凡八种,一百一十二卷;附一种,一卷。刻于乾隆道光间。所收之书除少量碑传书记外，馀皆为经史小学之研究，其中又以说经为多。包括《经韵楼集》十二卷、《仪礼汉读考》一卷、《古文尚书撰异》三十二卷、《毛诗故训传定本小笺》三十卷、《周礼汉读考》六卷、《春秋左氏古经》十二卷五十凡一卷、《声韵考》四卷。此外还收入其师戴震《戴东原集》十二卷，附段玉裁《覆校札记》一卷及《戴东原先生年谱》一卷。其中《经韵楼集》乃后人为之编辑，大多为考据注释等说经之作。《仪礼汉读考》乃未成稿，只有《士冠礼》一篇，其摘取经文和注作为纲，进行疏通证明。《古文尚书撰异》考证广博，尤于《尚书》字体之异，提出自己的见解，多能切中要害。《清史稿·艺文志》著录十馀种。

【版录】

清乾隆道光间金坛段氏刊本

参见《综录》第 507 页。《声韵考》的作者当为戴震，《综录》未注明。

杨家骆《丛书大辞典》有清刻本，子目编次与《综录》不同。其中《戴东原集》为附刊。

章氏遗书又名章学诚遗书

(清)章学诚撰

【传录】章学诚(1738—1801)字实斋，号少岩。浙江会稽(今绍兴)人。乾隆四十三年(1778)进士。官国子监典籍。先后主讲定州定武、保定莲池、归德文正等书院。又入湖广总督毕沅幕府，赞助编纂《续资治通鉴》，主修《湖北通志》。毕生精力用于讲学，著述和编修方志。其反对繁琐考据，强调史学要经世致用，提出"六经皆史"的理论，把哲学与史学结合起来；继承刘向、郑樵的目录学理论和方法，总结提出以"辨章学术、考镜源流"为核心的目录学理论，阐明"互著""别裁"在分类著录中的功用，较早提出编制索引及具体方法；论文，反对泥古保守，批判了当时桐城派流弊。著述甚富，有《文史通义》《校雠通义》《方志略例》《永清文征》，以及文集等，汇为《章氏遗书》。

【叙录】是编凡十七种，五十一卷。其中"外编"十种，二十一卷。学诚著述宏富，由于生前不见重于时，多未刊行，临终将全稿托友人萧山王宗炎代为校订编次，王宗炎只写定一目，分为三十卷，未及付刊而卒。道光十二年至十三年(1832—1833)，章学诚次子华绂始刊是书于开封，仅成《文史通义》八卷、《校雠通义》三卷，不及全稿三分之一，世称"大梁本"。道光末，南海伍崇曜将此二书收入《粤雅堂丛书》初编第五集，影响较大。1921 年，浙江省图书馆将所藏钞本十八册编为二十四卷刊行，亦未完备。1922 年，吴兴刘承幹从嘉兴沈曾植处得章氏原稿，依王宗炎编目补订刊行，又补辑外编十八卷、补遗一卷，遂汇刻成是编，最为详备，世称"嘉业堂本"。所收之书，内容涉及史评、传记、方志、目录、礼教、杂说、杂考以及诗文等，章氏之学，于此略备。其中主要著作有《文史通义》九卷，分内外篇。内篇“大梁本”五卷,“嘉业堂本”六卷,皆泛论文史,尤侧重于史,提出“六经皆史”的著名观点,其包括从《易》《书》《诗》《礼》开始,通义经解,继尔原道、原学、博约、言公、史德、史释、史注、天喻和师说等。外篇两本皆三卷,“大梁本”多论方志纂修之文,阐明了方志的性质、内容和体例,奠定了方志学的基础;“嘉业堂本”则多为“驳议序跋书说”,其包括例议、撰著、书后、篇后、赠答、论书、家书、杂说等。是书集中反映了章学诚的学术造诣,总结了其杰出的史学成就,为刘知几《史通》以后最为著名的史学史论著。《校雠通义》四卷,亦分内外篇。内篇三卷,凡十八章一百二十八篇,阐明目录学宗旨,提出“辨章学术、考镜源流”的论断,考证《汉书·艺文志》,纠郑樵、焦竑之误,且分析其得失。外篇一卷,乃“嘉业堂本”所增,收序跋及文杂论二十一篇,于目录编制创“互著”“别裁”二法,为章氏阐述目录学系统思想之专著。章氏学术思想,主要体现在这两部著作之中。是编现存为十七种本(足本),另有七种本和单刻本,卷首有钱塘张尔田、元和孙德谦及吴兴刘承幹序,又有《例言》《目录》等。

【辑录】张尔田序略云:“实斋先生著述宏富,易箦时,以全稿属萧山王谷塍编定。今所行世《文史通义》《校雠通义》盖不及全稿三分之一,且多其子姓丐人窜改,识者病之。吴兴刘翰怡京卿得嘉兴沈寐叟丈所藏先生原稿,则谷塍所编次皆在焉。又益以未刻诸书,鸠缉最录,合若干种若干卷,于是先生之学赅备。”

刘承幹序略云:“先生之学,其缜密繁博或不逮吴皖淮鲁诸儒远甚,即其文事僾蔓亦不如容甫辈之渊雅。然识足以甄疑似,明正变,提要挈纲,卓然有以见夫经史百家之支与流裔而得大原,则有非诸儒所能谛言者。盖吴皖淮鲁诸儒之学精于核,而先生之学则善于推;吴皖淮鲁诸儒之学审于析,而先生之学则密于综;吴皖淮鲁诸儒所用以为学之术径,惟先生能会其通,亦惟先生能正其谬。以唐宋以下言之,吴皖淮鲁诸儒实为古学之功臣,而以国朝一代言之,则先生又为吴皖淮鲁诸儒之诤友。二者如两曜之丽乎。”

《例言》称:“先生遗书钞本,原有‘戊午钞存’‘庚辛闲草’诸目,盖当时稿本必分年铨次,各自为篇。今目录系萧山王谷塍先生所编,凡三十卷。其《和州志》《永清县志》则仅以篇计,不分卷数。今析《和志》为卷三,《永清志》为卷十,合之《信摭》五种,定为补编十八卷,加以目录一卷及补遗、附录,都为五十卷云。”

李慈铭《越缦堂日记》云:“道光壬辰其子华绂所刻,不知何时板归于郡绅周以均,故印行绝少。近年以均死后,其子某及其从子福清谋铲去章氏之文,更刻以均所著《制艺》。仲修、子缜等知之,力向福清阻止,遂以闻当事,购归浙江书局为之补刻印行。此亦实斋之厚幸也。”

【版录】

(一)清道光十二年至十三年(1832—1833)章华绂刊本

参见《综录》186页。是刻凡二种。始刻于开封,世称“大梁本”。《粤雅堂丛书》初编第五集收录。

(二)清光绪中沈登善刊《豫恕堂丛书》本

参见《综录》252页。凡三种,三卷。题名《章氏遗书三种》。包括《乙卯札记》一卷、《知非日札》一卷、《论修史籍考要略》一卷。

(三)民国十一年(1922)吴兴刘氏嘉业堂刊本

参见《综录》508页。凡十七种,五十一卷。依王宗炎编目补订,凡三十卷,又增辑外编十八卷,补遗一卷,附录一卷,王秉恩撰《章氏遗书校记》一卷,世称"嘉业堂本"。

(四)民国二十五年(1936)商务印书馆排印本

参见《综录》508页。凡十七种,五十一卷。

[补录]

(五)清光绪间王秉恩精校贵阳刊本

凡二种,十一卷。即《文史通义》八卷、《校雠通义》三卷。见沈乾一《丛书书目汇编》。

(六)1982年北京文物出版社用嘉业堂旧刊原版重印本

是本外编较《综录》多二种:《历代纪年经纬考》一卷、《历代纪元韵览》一卷。

暨大

(七)1985年北京文物出版社影印本

题名《章学诚遗书》。

崔东壁遗书又名崔东壁先生遗书、东壁全书

(清)崔述撰

【传录】崔述(1740—1816)字武承,号东壁。直隶大名(今属河北)人。乾隆二十七年(1762)举人。嘉庆间任福建罗源、上杭等县知县。早年讲究制艺词章,三十岁后,以群经传记注疏往往与经文有异,遂改治经史。考辨先秦古史,一切取信于经,对战国以下书,以为均不可尽信,对近代史学界怀疑古书古史的风气,颇有影响。一生著述三十馀种,八十馀卷,有《考信录》《王政三大典籍考》《读风偶识》《五服异同汇考》以及诗文集等,后人汇为《崔东壁遗书》。

【叙录】是编凡十九种,七十三卷。分前后两编,前编八种,五十四卷;附二种,二卷。后编九种,十七卷。主要著作有《考信录》三十六卷,乃其以毕生精力撰成的辨伪巨著,全书分为前录、正录、后录、翼录四部分。"以经为主,传注之与经合者则著之,不合者则辨之,而异端小说不经之言,则辟其谬而删削之。"凡所举例,均予以详细的考证与分析,不拘泥于先儒的观点,独抒己见,不主故常,以求明求真。是书对近代经史学界影响很大。《古文尚书辨伪》二卷,专辨《古文尚书》之伪,许多地方与明梅鷟、清阎若璩的观点暗合,且有发二家所未发者。《五服异同汇考》三卷,评列古今五服之制,沿革之异,故于唐《开

元礼》、宋《朱子家礼》、明《孝慈录》及如萧嵩、魏仁浦等之议皆详著之。崔氏为学虽以尊经卫道为宗旨,但主张怀疑、辨伪、考信,其著作对后来古史辨学派影响很大。崔氏晚年曾将自己的著作三十四种,八十八卷,编定为《薄皮茧》一书，身后其门生陈履和于嘉庆二十二年至道光六年(1817—1826)刻成十九种,五十四卷,这是最早的《东壁遗书》。1903年日本史学会曾印行那珂通世校点本。1924年上海古书流通处又据道光陈氏本影印。其后陆续征得崔氏佚文及其妻子、弟妹等著作多种,经顾颉刚重新编订,收入"后编"中,1936年上海亚东图书馆排印出版。1983年上海古籍出版社据以重排出版。上海古书流通处影印本卷首有汪廷珍、萧元桂、杨道生、陈履和等序,又有《考信录自序》《崔东壁先生行略》以及《例言》《总目》等。

【辑录】汪廷珍序略云:"其考据详明如汉儒,而未尝墨守旧文而不求夫心之安也;儒,而未尝执虚理而不核夫事之实也。……其书为古今不可无之书,其功为世儒不可及之功也。"

萧元桂序略云:"是书黜百家之妄,存列圣之真,诚古今不可无之书。"

陈履和序略云:"丙子夏,省吾师于彰德,未至而先生卒。家人闻叩门,曰:'是石屏陈孝廉乎?'手《全书》及《遗嘱》哭授余。《遗嘱》曰:'吾生平著书三十四种,八十八卷,俟滇南陈履和来,亲授之。'手泽心精,不忍注视。谨再拜柩前,奉以如京,将次第刻焉,以永其传。……读已刻诸录,亦可以见先生之学博而约,大而精矣。"

【版录】

(一)清道光四年(1824)陈履和东阳刊本

参见《综录》第508页。是为最早的版本。据是书总目,子目止于附《遗经楼文稿》,凡十九种,五十四卷。半叶十二行二十三字,白口,四周单边。

书末《遗经楼文稿》中有陈履和《敬书〈广丰县志·先君子传〉后》及《广丰县志·循吏传》一则,均署"道光五年正月二十五日",据此,陈氏东阳本当刻于嘉庆二十二年至道光六年(1817—1826)之间。

《北京图书馆古籍善本书目》有《东壁先生书钞四种》十一卷。清嘉庆二年(1797)陈履和映薇堂刊本。半叶八行二十三字,小字双行同,白口,左右双边。包括《补上古考信录》三卷、《洙泗考信录》六卷、《经传禘祀通考》一卷、《三正异同通考》一卷。

据书前序跋,崔氏生平著述除《综录》所载外,尚有十四种未刊书:《小草集》五卷、《细君诗文稿》一卷、《荍田剩笔》二卷(《综录》收残稿一卷)、《桑梓文献志》二卷、《水木本源志》二卷、《存箧书》一卷、《大怪谈》一卷、《桑梓外志》二卷、《涉世杂谈》一卷 、《荍田杂录》二卷、《荍田琐记》二卷、《荍田缀语》二卷、《见闻杂记》四卷、《知味录》二卷。

(二)民国十三年(1924)上海古书流通处据清道光陈氏本景印

参见《综录》第508页。十九种,五十四卷。牌记有"东阳刻后百年岁次甲子春月海宁陈氏翻印乃乾署首"诸字。

暨大　史语　东海

(三)民国二十五年(1936)上海亚东图书馆排印本

参见《综录》第 508 页。是为顾颉刚编订本,分前后两编,前编系陈氏旧刻,后编乃顾氏增辑崔氏佚文及其妻子、弟妹著作多种。

史语

[**补录**]

(四)清光绪元年(1875)上海龟山别墅刊本

题名《崔东壁先生遗书》。见《北京师范大学图书馆中文古籍书目》。

(五)清光绪五年(1879)定州王氏谦德堂刊《畿辅丛书》本

参见《综录》第 410 页。凡十四种,四十三卷。子目即《综录》所列《考信录》十二种三十六卷、《读风偶识》四卷、《五服异同汇考》三卷。

(六)1903 年日本史学会那珂通世校点本

(七)1930 年北京文化学社铅印本

是为努力学社标点本。见《北京师范大学图书馆中文古籍书目》。

(八)1983 年上海古籍出版社据亚东本排印本

顾颉刚编订本。书前增刊了顾氏序言,概述了古代辨伪学的发展历史,全面评价了崔述的学术成就;书末有崔述年谱、近代学者对《考信录》的评论等附录资料,并有名目索引。

暨大

心斋十种

(清)任兆麟撰

【传录】参见《述记》。

【叙录】是编凡十种,二十卷;附一种,一卷。任氏所辑校之书甚多,是书则以自著为主。包括《夏小正补注》四卷、《石鼓文集释》一卷、《尸子》三卷附录一卷(任兆麟校定补遗)、《四民月令》一卷(汉崔寔撰,任兆麟辑)、《襄阳耆旧记》三卷(晋习凿齿撰,任兆麟订)、《文章始》一卷(梁任昉撰,任兆麟校)、《寿者传》三卷(明陈懋仁撰,任兆麟订)、《孟子时事略》一卷、《心斋集诗稿》一卷附《弦哥古乐谱》一卷、《纲目通论》一卷。内容涉及传说、史评、传记、金石、乐谱、诗稿等。其中几种为久佚之书,任氏考证群书,重加校辑。其自著之《孟子时事略》考孟子一生其时其事,以七篇为主,参以《史记》等书,采其确核者,贯穿时事,旁推交通,历历可考。《纲目通论》则为初学者介绍三代两汉应诵读之书。

【版录】

清乾隆中震泽任氏忠敏家塾刊本

参见《综录》第 509 页。是书刊于乾隆五十年至五十三年(1785—1788)。北京图书馆藏本有《述记》二卷(清任兆麟撰)。另《襄阳耆旧记》作二卷。半叶九行十七字,白口,左右双边。

有竹居集又名有竹居全集

(清)任兆麟撰

【传录】参见《述记》。

【叙录】是编凡三种,十六卷。乃任氏诗文集。所收有《林屋诗稿》四卷、《心斋文稿》九卷、《杂著》三种三卷(包括《声音表》一卷、《孟子时事略》一卷、《苍颉篇》一卷)。其中《苍颉篇》乃其兄大椿所辑,兆麟重为更定。其家藏有墨竹画,因名其集。集中论文云:"世之为文者,多架空议论。纵横排荡,支离诡谲,究无实理可寻。或剌取典藻,绨章绘句,以骋奇炫博为事;又或掇拾宋儒语录,敷衍成章,甚且猎取藏典,扬释氏之糟粕。"由此可见其为文之风格。其诗又曾选入《国朝十家诗钞》中。《清史稿·艺文志》收录其著述十馀种。

【版录】

清嘉庆二十四年(1819)两广节署刊本

参见《综录》第 509 页。《杭州大学图书馆线装书总目》著录,题名《有竹居全集》。共十五卷,附《苍颉篇》二卷、《三苍》二卷。刘声木《再续补汇刻书目》亦收有此两种子目。

古香堂丛书又名古香堂十三种丛书

(清)王初桐撰

【传录】王初桐(1730—1821)原名丕烈,字于阳,又字耿仲、无言,号竹所,又号思玄。江苏嘉定(今上海)人。诸生。乾隆中官齐河县丞,历署新城、淄川、平阴、寿光、潍县及宁海州同。曾以召试二等,四库馆誊录。天才藻丽,尤工倚声。著述颇富,有《鲁齐韩诗谱》《夏小正正讹》《开化礼正讹》《尔雅郑樵注纠谬》《五经文字九经字样考证》《续资治通鉴长编考证》《水经注补正》等书。

【叙录】是编凡十三种,二十八卷。诗集八种(含词二种)、杂著五种。但是杂著中亦有诗集。其《柳絮集》是其妾李湘芝的诗作。《选声集》是王氏选馀的词作。《齐鲁韩诗谱》是研究经义的成果。《北游日记》是记王氏由家至京沿途见闻。《猫乘》是收集所有有关猫的故事和诗词。王氏的诗作不刻意求工，但音节优美，体裁亦颇为雄伟。其文章亦颇秀丽。是编随辑随刊，故各子目刻刊日期不一。

【版录】

清乾隆嘉庆间刊本

参见《综录》第509页。《中国古籍善本书目》著录为清乾隆五十八年至嘉庆十二年(1793—1807)刻本，十三种，三十一卷。是编初刊于乾隆五十八年，题名《古香堂六种》，子目有：《海右集》四卷、《济南竹枝词》一卷、《杯湖欸乃》三卷、《杏花村琴趣》一卷、《北游日记》四卷、《柳絮集》一卷(清李湘芝撰)。

嘉庆间增刻七种：

诗

《白门集》二卷

《金台集》一卷

《百花吟》一卷

《十二河山集》二卷

杂著

《鲁齐韩诗谱》四卷

《选声集》二卷 (清)王初桐撰 《附录》一卷 (清)王大晋、王永思撰

《小嫏嬛词话》三卷

较《综录》所列子目少《猫乘》一卷，多《小嫏嬛词话》三卷。

又《综录》所列《杯湖款乃》，"款"应为"欸"。"欸乃"，摇橹声。柳宗元《渔翁》诗："烟销日出不见人，欸乃一声山水绿。"杯湖在湖北鄂城西樊山郎亭之间。

永报堂集又名永报堂全集

(清)李斗撰

【传录】李斗(1750—1817)字北有，号艾堂，一作艾塘。江苏仪征人，定居扬州。博学工诗，兼通数学音律。所撰笔记《扬州画舫录》具有很高的戏曲史料价值。其传奇、乐府及诗集等汇为《永报堂集》。

【叙录】是编凡四种，三十二卷。包括《永报堂诗集》八卷、《艾堂乐府》一卷、《扬州画

舫录》十八卷、《传奇》二种六卷(《奇酸记传奇》四卷、《岁星记传奇》二卷)。其中《扬州画舫录》颇为世人重视,其书以地为经,以人、事为纬,详考乾隆时代扬州城市沿革、园林名胜、奇观祠宇、梨园酒肆、先贤名士、风俗文化、营造法式、诗词楹联等,类似《东京梦华录》《洛阳伽蓝记》,实为一部扬州地方志书。所撰传奇二种,流传甚少。《奇酸记传奇》取材于《金瓶梅》。

【版录】

清乾隆嘉庆间刊本

参见《综录》第510页。杨家骆《丛书大辞典》著录为"清嘉庆十二年(1807)郰自然庵自刊本",题名《永报堂全集》。

天香全集又名舒白香丛刊、舒白香杂著

(清)舒梦兰撰

【传录】舒梦兰(1759—1835,一作1758—1837)字香叔,又字白香,晚号天香居士,室名天香馆。江西靖安人。嘉庆时秀才,精研词韵,有《白香词谱》。所著《游山日记》以及《秋心》《南征》诸集,汇为《天香全集》。

【叙录】是编凡十一种,三十一卷;附一种,二卷。乃舒氏之诗文集。包括《秋心集》一卷续一卷、《南征集》一卷、《骖鸾集》三卷、《婺舲馀稿》一卷、《和陶诗》一卷、《香词百选》一卷、《游山日记》十二卷、《古南馀话》五卷、《湘舟漫录》三卷、《花仙小志》一卷(清许元淮辑)、《双丰公挽诗》一卷,附《联壁诗钞》二卷(清舒亮秩、舒亮衮撰)。所收以诗文集居多,馀为传记、游记、词曲等。舒氏编有《白香词谱》四卷,清谢朝徵笺,收入《四部备要》及《半厂丛书初编》中。《清史稿·艺文志》著录《白香词谱》一卷、《古南馀话》五卷、《湘舟漫录》五卷。

【版录】

(一)清嘉庆十八年(1813)莲根诗社刊本

参见《综录》第510页。

[补录]

(二)清嘉庆六年(1801)长夏士经堂自刊本

是刻题名《舒白香丛刊》。较《综录》所列子目,多《店语悼亡》一卷,少《骖鸾集》三卷,《联壁诗钞》二卷列于书首,其他子目编次亦异,《婺舲馀稿》、《和陶诗》、《香词百选》(写字本)及《古南馀话》四种有圈点批评。《游山日记》一名《天香随笔》,《双丰公挽诗》一名《綖山集》。见杨家骆《丛书大辞典》。

(三)清刊本

是刻题名《舒白香杂著》。子目较《综录》少附《联壁诗钞》二卷。见杨家骆《丛书大辞典》。

纪慎斋先生全集又名纪慎斋先生集、慎斋全集、纪慎斋全集、双桂堂全集

(清)纪大奎撰

【传录】纪大奎(1746—1825)字向辰，号慎斋。江西临川人。乾隆四十四年(1779)举人。历任山东商河、馆陶，四川什邡、合州等知县。所至有政声。少习易学，尽通阴阳历算壬遁之术。著有《观易外编》《易问》《古律经传附考》《老子约说》《地理末学》《考订河洛理数便览》以及诗文集等，汇成《纪慎斋先生全集》。

【叙录】是编凡十八种，八十九卷；附一种，二卷。嘉庆十三年(1808)先刻成十一种，六十三卷；附一种，二卷。至咸丰二年(1852)又成续集七种，二十六卷。所收书涉及易经、律吕、儒学、家训、历算、术数、道教以及诗文等。其中《观易外编》六卷，开卷为天地摩荡图、河图洛书、先后天表里诸图，末为周子太极图，朱子卦变图等，凡九十馀图。纪氏易学出于刘牧《易数勾隐图》，而参以邵子先、后天之说，其推演虽详，然流弊甚多。《易向》六卷，乃其门人刘凤友对《观易外编》之质疑问难，答之，按类记其未问者以示弟子大毕，大毕述而录之成帙。卷一论先天乾坤之摩荡，太极阴阳之动静，卷二以下则举六十四卦以发挥包体之说。《古律经传附考》五卷，首列《礼记》月令，次采《吕氏春秋》仲夏纪古乐编，以为或谓周公作月令，或云吕氏所作。然《吕氏春秋》十二纪皆首列月令，故其文殊不类。《老子约说》四卷，纪氏认为《道德经》之要旨，在于篇首两节，其终旨不出篇首五百馀言之中，并撰续篇附于末，以阴阳易理为主，反复加以推衍。全书以易理推衍注释《老子》，其所述虽未免附会之嫌，但议论尚精辟。《清史稿・艺文志》著录十馀种。

【版录】

(一)清嘉庆十三年(1808)刊本

参见《综录》第511页。“续集”刊于咸丰二年(1852)。

［补录］

(二)清同治九年(1870)刊本

题名《纪慎斋先生集》。凡十三种，四十六卷。所收书未及《综录》之数，然有四种为《综录》所无:《双桂堂古文》二卷、《纪公行述》一卷、《敬义堂家谱》二卷、《双桂堂诗稿》一卷。见阳海清《中国丛书综录补正》。

杨家骆《丛书大辞典》著录一部，刊刻年月未详。所列子目较《综录》多《慎斋外集》四卷，另《薛文清公读书录钞》及《甑峰先生遗稿》二种为附刻。各子目卷数出入较大:《双桂堂稿续编》作九卷、《敬义堂家训》作一卷、《笔算便览》作一卷、《周易参同契集韵》作二卷、《仕学备馀》作二卷。

续刻北江遗书又名北江遗书

(清)洪亮吉撰

【传录】洪亮吉(1746—1809)字君直,一字稚存,号北江。先世居安徽歙县,后落籍江苏阳湖(今常州)。乾隆庚戌(1790)进士,授编修。嘉庆时,以批评朝政,遣戍伊犁,不久赦归,改号更生居士。与黄景仁友善。博览群书,通经史、音韵、训诂及地理之学,论学之作颇多。工诗文,其骈文颇负时誉,经学与孙星衍齐名,诗与黄景仁并称。著书凡二百六十馀卷,有《春秋左传诂》《公羊谷梁古义》《六书转注录》《三国疆域志》《十六国疆域志》《遣戍伊犁日记》以及诗文集等,后人先后辑有《北江全集》《续刻北江遗书》《洪北江全集》等。

【叙录】是编凡六种,十四卷;附一种,二卷。因承乾隆、嘉庆间所刊《北江全集》而辑刻,故名。包括《晓读书斋杂录》八卷、《遣戍伊犁日记》一卷、《天山客话》一卷、《外家纪闻》一卷、《拟两晋南北史乐府》二卷、《附鲒轩外集唐宋小乐府》一卷,附《史目表》二卷(清洪饴孙撰)。其中《晓读书斋杂录》八卷,皆洪氏戍还后读书随笔所记。凡分四录,录各二卷。初、二录为杂考经史诸子;三录上卷为《黔中录》,下卷为《塞外录》;四录复为杂考。洪氏最精地理,次则《说文》,故是书多言舆图,辨析甚细。其言小学,亦深究字源。《续修四库全书总目提要》谓其"精密之处固有,而粗疏之处,亦正不少"。《天山客话》一卷,为洪氏在戍所条记山川、物产、遗闻、琐事,共五十馀则,也无所考证发明。是编道光壬寅(1842)刻于姑苏,书前有弈经序,称是书为洪氏幼子子龄所手录本,族子子香刊行之,又载《未刻书目》,有《北江诗话》《四史发伏》《左传故》《左传诂》《地理通释》五种。《清史稿·艺文志》收录其书二十馀种。

【版录】

清道光刊本

参见《综录》第511页。据《越缦堂读书记》,道光二十二年(1842)刻于姑苏。北京图书馆藏本即为李慈铭校注本,半叶十一行,行二十二字,小字双行同,黑口,四周单边。见《北京图书馆古籍善本书目》《中国古籍善本书目》。

洪北江全集又名洪北江遗集、洪北江先生遗集、北江全集

(清)洪亮吉撰

【传录】参见《续刻北江遗书》。

【叙录】是编凡二十三种,二百二十二卷。洪亮吉著述甚多,乾隆、嘉庆间,贵阳学署等刻有《北江全集》行世,然仅近十种,并非全本。道光间又刻有《续刻北江遗书》七种,内附其子洪贻孙著述一种,多为零星小品。至光绪时,其曾孙洪用懃广为搜集,刊成《洪北江全集》。除收入乾嘉、道光时所刻之书外,又增刻《卷施阁文》甲集续一卷补遗一卷、乙集续编一卷、《更生斋文》续集二卷、《更生斋诗》续集十卷、《北江诗话》六卷、《六书转注录》十卷、《春秋左传诂》二十卷等。全书编排较有次序,首附门人吕培所编《洪北江先生年谱》;次为洪氏诗文集,共十五种,如《卷施阁诗文》《更生斋诗文》等;次为经史杂著十种,如《六书转注录》《春秋左传诂》《史目表》等;最后为舆地之书七种,如《乾隆府厅州县图志》《十六国疆域志》《遣戍伊犁日记》等。内容涉及音韵、训诂、史评、传记、方志、游记、杂学以及诗文等。洪氏著述以是编最为完备。洪氏论诗主张"自写性情",内容多写山水景物,亦间有反映现实之作,时与黄景仁齐名。其《卷施阁诗文》为其被谪前所作,《更生斋诗文》则放归后所写。朱庭珍《筱园诗话》评曰:"洪稚存以经学考据专长,诗学选体,亦有笔力。时工锻炼,往往能造奇句。惜中年以后,既入词馆,与张船山唱和甚密,颓然降格相从,放平为之,遂染叫嚣粗率恶习。"洪氏古文,以涉及舆地与文字者较精,论及天地、鬼神、人口、寿夭等。骈偶之作,内容以序跋、碑志、书启之类为多。吴鼒谓其文:"朴质若中郎,遒宕若参军,肃穆若燕公。"(《卷施阁文乙集题词》)。书前有苏完恩锡、吴元炳序及《授经堂重刊遗集目录》《授经堂未刊书目》。

【辑录】光绪三年(1877)苏完恩锡序略云:"先生少孤力学,自为诸生时,其诗文已风行海内。及居朱竹君学使幕府,与邵二云、王伯申诸先生交,乃更从事诸经正义及《说文》《玉篇》之学,而诗文益日以进。……先生于声音、训诂及古今地理之学尤所长也。统观先生之书,洵乎经术、文章两擅其胜者矣。然全书未尽刊行,其已刊版者,又以粤贼之乱焚毁,海内承学之士以不得见先生之书为恨。先生曾孙彦哲大令议先以诗文集在鄂刊刻,以衍先泽而惠来学。昌黎云:'固宜长有人,文章绍编划。'其大令之谓乎。"

光绪四年(1878)吴元炳序略云:"洪北江先生,乾隆间负盛名。少尝读其《卷施阁集》,沈博绝丽,有万殊之体,而尤以志行气节,为儒林引重。刘彦和所谓英华出于性情,其素所蓄积然也。……于经通小学,于史通地理学,经术、词术并登峰而造极。吴山尊序其文,谓朴质若中郎,遒宕若参军,肃穆若燕公,信哉!传世者极夥,已风行海内,家有其书。兵燹后,旧板都毁。今其后裔耕娱搜罗遗佚,将次付手民……"

【版录】

(一)清乾隆嘉庆间刊本

参见《综录》第 511 页。题名《北江全集》。凡八种,一百四十卷;附一种,一卷。只收史籍及诗文。

《中国科学院图书馆藏中文古籍善本书目》著录为“清汇印本”。子目相同,惟编次略异,其中《乾隆府厅州县图志》著录为“清嘉庆八年刻本”,《更生斋文集》《诗集》《诗馀》著录为“清嘉庆七年洋川书院刻本”。

(二)清光绪中洪用懃授经堂刊本

参见《综录》第 511 页。《授经堂重刊遗集目录》后有跋云:“以上共二百二十二卷。光绪丁丑(1877)四月开雕,迄已卯(1879)闰三月工竣。其未刊书集另具目录,购获另梓。”据此,是刻刊于光绪三年至五年(1877—1879)无疑。洪用懃(字彦哲),洪亮吉曾孙。其重刊未毕,后板归湖北官书处,并于光绪十五年(1889)据以重印。其中《更生斋诗馀》二卷,包括《冰天雪窖词》一卷、《机声镫影词》一卷。

据书前《授经堂未刊书目》,洪氏未刊之书有:《毛诗天文考》《公谷古义》《四史发伏》《后汉书补注》《两汉同姓名录》《宋书音义》《西夏国志》《宋元通鉴地理通释》《宁国府志》《怀庆府志》《延安府志》《泾县志》《登封县志》《固始县志》《澄城县志》《淳化县志》《长武县志》等。

史语　近代

(三)清光绪十五年(1889)湖北官书处据授经堂本重印本

据暨南大学图书馆藏本,书前有光绪已丑(1889)十月湖北官书处序云:“先生曾孙彦哲大令重刊是集当光绪初元间,集资不足,称贷告竣,迨后仍抵售于人。今本处出资购其原板,归之公家,以广流传。将见嘉惠士林,不胫而走,且益慰博雅者快睹之意。所有助资襄校姓氏,概未删除,悉存其旧。”是刻半叶十一行二十二字,黑口,四周双边。

澹静斋全集又名澹静斋文钞

(清)龚景瀚撰

【传录】龚景瀚(1747—1802)字海峰。福建闽县人。乾隆三十六年(1771)进士。嘉庆间历官合州知府、兰州知府。其人知兵略,工诗文,精考据,于《周礼》《诗经》尤有心得。著有《祭仪考》《邶风说》《离骚笺》以及诗文集等,后人汇为《澹静斋全集》。

【叙录】是编凡五种,二十四卷;附二种,五卷。包括《澹静斋文钞》六卷文钞外篇二卷诗钞六卷(附清龚受谷撰《壶山书屋诗略》二卷、清龚丰谷撰《听雨山房诗存》二卷诗存外篇一卷)、《祭仪考》四卷、《澹静斋说裸》一卷图一卷、《邶风说》二卷、《离骚笺》二卷。内容以经籍笺注为主，馀为诗文。其中《邶风说》分篇为说，参以己意，按之情事，无一字不求其贴切。书首有自序，称将以次及十五国风，而因循未暇，其说实有前人所未及者，不忍弃之云云。《澹静斋说裸》释祭礼甚详。《离骚笺》主要"笺其大义脉络"，注重对《离骚》整体的把握，不似王逸、洪兴祖、朱熹之注偏重于"随文训诂，未能贯通其意义也"。每句下多采用王、洪、朱诸说注释，亦引邵瑸、吴仁杰诸家说，时加按语。每章每节，均归纳大义。龚氏亦工古文词。其诗有奇气，无绮丽语。文章不同流俗，源于六经，师于班、马，斟酌秦汉，卓然大家。

【版录】

(一)清道光六年(1826)恩锡堂刊本

参见《综录》第512页。

[补录]

(二)清道光二十年(1840)重刊本

见《北京师范大学图书馆中文古籍书目》。

(三)清同治间重刊本

凡七种，二十四卷。题名《澹静斋文钞》，约重刊于同治八年(1869)。见杨家骆《四库大辞典》。据郑振铎《西谛书目》，无《综录》所列之附录二种，《澹静斋文钞》《文钞外篇》《诗钞》分作三种计算。

杨家骆《丛书大辞典》著录亦无附录二种，但较《综录》多列四种：《孔志》三卷、《循化厅志》八卷、《读书录》(未刊)、《访古录》(未刊)。

三影阁丛书又名简松草堂全集

(清)张云璈撰

【传录】张云璈(1747—1829)字仲雅，一字简松，号复丁老人。浙江钱塘(今杭州)人。乾隆举人。嘉庆十二年(1807)谒选授湖南安福知县，后调任湘潭知县，政绩显著，人称"张佛子""张青天"。归后以著述自娱，或登山玩水，或与诸文士赋诗谈笑。考据明审，著述颇丰，有《选学胶言》《四寸学》《蜡味小稿》《复丁老人草》《简松草堂文集》等，后人汇为《三影阁丛书》。

【叙录】是编凡八种，七十六卷。包括《选学胶言》二十卷补遗一卷、《四寸学》六卷、《金牛湖渔唱》一卷、《蜡味小稿》五卷、《复丁老人草》二卷、《简松草堂文集》十二卷附录一卷诗集二十卷、《三影阁筝语》三卷、《知还草》五卷。内容涉及游记、杂学、文选、词曲及诗文等。其中《四寸学》乃取荀子"口耳四寸"之意，即口耳之学，内所摘录之文选、杂述、丛考等，涉及音韵、经史类较多。《三影阁筝语》为词集，共一百六十三阕。其词清雅圆融，但略显浅薄。《简松草堂文集》收其文一百六十九篇,包括赋、碑铭、传、序、记、论、说、议、书、跋、文、疏、杂文诸类,集前有姚椿撰《湖南湘潭知县张君墓志铭》,述其行谊著述甚详。

【版录】

(一)清道光中孙之杲刊本

参见《综录》第512页。杨家骆《丛书大辞典》有“清道光间简松草堂刊本”。题名《简松草堂全集》,凡七种。另有四种称“未见”:《归艎草》一卷、《复丁老人草》二卷、《选藻》八卷、《垂绥录》十卷。

[补录]

(二)清嘉庆二年(1797)自刊本

见杨家骆《丛书大辞典》。较《综录》所列子目多四种:《归艎草》一卷、《选藻》八卷、《垂绥录》十卷、《异字同音义》(阙卷数)。

珍艺宧遗书

(清)庄述祖撰

【传录】庄述祖(1750—1816)字葆琛。江苏阳湖(今常州)人。乾隆庚子(1780)进士。官至山东昌乐、潍县知县。在任明畅吏治。后乞归,闭门著书、侍养父母。述祖少传其父存与之学,属常州学派。精于经学及儒学,擅长考证,亦能诗。研求精密,对于世儒不太注意的问题,往往覃思独辟,洞见本末。著有《尚书今古文考证》《毛诗考证》《弟子职集解》《石鼓然疑》以及诗文钞等,后人汇为《珍艺宧遗书》。

【叙录】是编凡十一种,四十卷。包括《明堂阴阳夏小正经传考释》十卷、《尚书今古文考证》七卷、《毛诗考证》四卷、《毛诗周颂口义》三卷、《五经小学述》二卷、《历代载籍足征录》一卷、《弟子职集解》一卷、《汉鼓吹铙歌曲句解》一卷、《说文古籀疏证目》(一名《古文甲乙篇》)一卷、《石鼓然疑》一卷、《珍艺宧文钞》七卷诗钞二卷。其中《尚书今古文考证》对《尚书》今古文作多方考证,然可取之处不多。《毛诗考证》乃考证《毛诗正义》《释义》《石经》之异同。庄氏以为《连山》亡,尚有《夏小正》,还略可稽求义类,于是著为《明堂阴阳夏小正经传考释》十卷。是书荟萃古说,条理明晰,且合校众书,疏通章句,使《夏小正》清晰可读。《五经小学述》乃阐释《五经》中字义、读音之作,其言较为证实和公允。庄氏承其家学,治经重在大义,著述皆义理宏达,为前贤未有。

【版录】

清嘉庆道光间武进庄氏脊令舫刊本

参见《综录》第512页。

犊山类稿

(清)周镐撰

【传录】 周镐(1754—1823)字怀西,号犊山。江苏无锡人。乾隆四十四年(1779)举人,官至漳州知府,署汀漳龙道。生平勤问学,至老不衰。著有《读书杂记》以及诗文集等。

【叙录】 是编凡五种十三卷。包括《犊山文稿》六卷、《课易存商》一卷、《读书杂记》一卷、《随笔杂记》一卷、《犊山诗稿》四卷。内容涉及游记、杂说、诗文等。其中《课易存商》乃《易》之传说,此书不章解句释,每卦只一二条,皆先问后答。全书皆阐义理,不言卦象,以程传朱义为宗,兼取他家之说,以补程朱未详。

【版录】

(一)清光绪十年(1884)同邑荣汝楫木活字排印本

参见《综录》第 513 页。

[补录]

(二)清嘉庆二十二年(1817)刊本

凡五种,十三卷。见《杭州大学图书馆线装书总目》。

(三)清嘉庆海防官署刊本

见杨家骆《丛书大辞典》。子目较《综录》所列多《时文稿》(无卷数)一种。

沈氏群峰集又名沈氏遗书、沈氏全书

(清)沈清瑞撰

【传录】 沈清瑞(1758—1791)初名沅南,字吉人。江苏长洲(今苏州)人。乾隆五十二年(1787)进士。沈氏少慧,读书强记,一时有小鸿博之誉。其睿智过人,被诸城刘墉称为"此生如芝草凤凰,清时之瑞也",故改名为清瑞,字芷生。工诗文,善散曲。年未四十卒。所著后人编为《沈氏群峰集》。

【叙录】 是编凡八卷。乃其甥林衍潮所录,友石韫玉检校。包括《沈氏群峰集》五卷外集一卷、《韩诗故》二卷。正集卷一、二收古今体诗二百零四首,卷三词八十六阙,卷四赋二十九篇,卷五杂文二十二篇;外集收《绿春词》三十首;末为《韩诗故》,专门考证韩(婴)诗之学,其态度审慎,方法谨严,成一家言,有较高的参考价值。其"诗若文,皆祖称齐梁,而出入乎初唐四杰之间"。在编辑体例上,诗不分古今,文则前散后整,以归其类。《清史稿·艺文志》著录《群峰集》五卷。除此之外，沈氏著述见于他目者尚有《孟子逸语》《史记补注》《樱桃花下银箫谱》（散曲集）等。书前有嘉庆元年（1796）石韫玉序及附录林衍潮书，叙是编刊刻经过甚详。

【辑录】石韫玉序略云："亡友芷生既殁之后六年，余始获集其诗古文词而刻之。……余既闻芷生之殁，急就其家征遗草。而芷生在时，未尝收拾丛残，零落散失者什九。余因遍告其所亲为之搜访。昨岁，其甥林子衍潮始录其集，寄我于湘中。余以瓜代将归，未及料理，兹乃检校而剞劂之。定为诗二卷、词一卷、赋一卷、奇耦文合一卷、外集词曲一卷，又《韩诗故》二卷，别为一集。其《王世本》《春秋世系考》《史记补注》《孟子逸语》等书及梓。若其诗文，则余所知而亡轶者尚多，观此，亦可以知其馀矣。"

【版录】

（一）民国二十二年（1933）沈恩孚排印本

参见《综录》第 514 页。

暨大

（二）清嘉庆元年（1796）家刊本

据嘉庆元年（1796）石韫玉序称："亡友芷生既殁之后六年，余始获集其诗古文词而刻之，既成，不禁慨然……"可知嘉庆元年当有一刻。

敦艮斋遗书又名敦艮斋遗文

（清）徐润第撰

【传录】徐润第（1760—1827）字德夫，号广轩。山西五台县人。乾隆六十年（1795）进士，授内阁中书，曾两任施南府同知。后告老回乡，授徒自给，在晋中、晋南一带教学，人称"广轩先生"。潜心易学，精通周易。究心阳明学派，文亦清劲。子继畬作《瀛环志略》，世尤称重。著有《说易》《杂言》《中庸私解》等，后人汇为《敦艮斋遗书》。

【叙录】是编凡十七卷。乃徐润第讲授儒学宗旨的手稿、画图，并缀以说明，以启悟后代和门生。其门人恐日久散佚，遂录而存之，后又辑诸生各钞所存，共得若干卷，内容大同小异，经说居多。此集卷一为《说易》，卷二、三为《图说》，卷四、五为《臆说》，卷六为《杂言》，卷七为《中庸私解》，卷八为《逍遥游释》，卷九至卷十四为《札记》，卷十五、十六为《杂篇》，卷十七为《遗文》。徐氏之学，深得于周子主静之传，"溯其源于艮背，默契心融，旁推交通，独有心得，谓孔孟诗书"（《敦艮斋遗书》序）。

【版录】

清道光二十八年（1848）徐继畬刊本

参见《综录》第 515 页。润第子继畬刻于福建抚署。

首都师大

焦氏丛书又名焦氏遗书

（清）焦循撰

【传录】焦循(1763—1820)字理堂(一作里堂)，晚号里堂老人。江苏甘泉(今扬州)人。嘉庆六年(1801)举人。与阮元齐名，阮督学山东、浙江，俱招往游。后应礼部试不第，托足疾不入城市者十馀年。筑“雕菰楼”，读书著述其中。博学强记，于经史、声韵、训诂之学都有研究，尤精于算学及《易》学。其治《易》不拘守汉魏成说，而以数理解释《周易》，更由治《易》的方法通释诸经。他的哲学体系也即建立在数学和《易》学的基础上。他反对俗见，重视地方戏曲，加以考索。著有《易通释》《易章句》《六经补疏》《孟子正义》《里堂学算记》以及诗文集等，汇为《焦氏丛书》。

【叙录】是编凡十种，一百二十四卷。所收主要有三类书：一为易学著作，包括《雕菰楼易学三书》四十卷、《易话》二卷、《易广记》三卷；二为经学著作，包括《六经补疏》二十卷、《群经宫室图》二卷、《禹贡郑注释》二卷、《孟子正义》三十卷；三为数学著作，有《里堂学算记》十六卷。最后为表彰先正之《北湖小志》六卷首一卷，末附焦廷琥所撰《先府君事略》一卷。焦氏为经学大家，其《孟子正义》尤为著名。是书系为赵岐《孟子章句》所作的疏，对经注多所阐明，赵注蒙经学之蔽处，亦一一指明，所论多当。焦氏著述甚多，往往别行，是编所未备。据裔荣《雕菰楼易学三书》跋称，焦氏尚有《注易日记》《孟子长编》《书义丛钞》等，诸书均未见著录。书前有魏纶光序。

【辑录】是编初刻于嘉庆道光间，咸丰间战乱，锓板散失。至光绪二年(1876)衡阳魏纶光于坊间购得一百二十四卷，遂修理刊。魏氏自叙刻书经过云：“光绪丙子夏，补刊《十三经》，工未竟，适于坊间购得焦氏遗书百廿四卷。……惜兵燹后，版多残缺，先生之后嗣因无力修整，慨然以先人之遗书不克广传于世为憾，爰出以授余，乞为刊补。余悯其志，谅其行，酬以重金，而检其中之剥落遗失者，重刊劖劂。阅数月而工竣，仍成完璧。”

【版录】

(一)清嘉庆道光间江都焦氏雕菰楼刊本

参见《综录》第516页。

(二)清光绪二年(1876)衡阳魏氏刊本

参见《综录》第516页。是刻书名页题《焦氏丛书》，目录页则题《焦氏遗书》。书前有光绪二年(1876)魏氏纶光序亦云：“于坊间购得《焦氏遗书》百廿四卷。”半叶十行二十一字，小字双行同，黑口，左右双边。

据暨南大学图书馆藏本，目录所列凡十一种，一百二十四卷，较《综录》多《李翁医记》二卷。是书板框较高，半叶十行二十字，白口，左右双边。另《先府君事略》之后，又附有《后记》(循弟征撰)、《刻诗品叙》(焦循撰)、《诗品》(唐司空图撰)，以及嘉庆二十四年

(1819)阮亨、裔荣《雕菰楼易学三书跋》各一篇,均为半叶九行二十字,黑口,左右双边。

湖北大

[补录]

(三)民国十八年(1929)上海受古书店重修印本

见《北京师范大学图书馆中文古籍书目》。

不远复斋遗书

(清)潘世璜撰并辑

【传录】潘世璜(1764—1829)原名世章,字黼堂,号理斋。江苏吴县(今苏州)人。乾隆六十年(1795)进士,授翰林院编修。后以散馆改主事,补户部浙江司,又兼户部云南司主事。不久继母逝世,丁忧回乡,从此不再复出。辑有儒学著作多种,汇为《不远复斋遗书》。《清史稿·文艺志》有《须静斋云烟过眼录》一卷。

【叙录】是编凡六种,十七卷。包括《周程张子合钞》一卷、《朱子节要钞》六卷、《得心编》一卷、《高子讲义》一卷、《薛子读书录钞》四卷、《一得录》四卷。所收书潘氏著述只一种,馀均为宋周敦颐、程颢、程颐、朱熹,明薛瑄、高攀龙等。其中《高子讲义》即从高攀龙的遗书中辑录而成,内有《论语》三十一条,《中庸》二条,《孟子》十九条,书中所说,平常之中弥见精实。

【版录】

(一)清道光十八年(1838)刊本

参见《综录》第516页。

(二)清光绪六年(1880)潘遵祁刊本

参见《综录》第516页。是为世璜子遵祁所刊。

[补录]

(三)清同治间重刊本

见阳海清《中国丛书综录补正》。

宛邻书屋丛书又名宛邻张氏丛书

(清)张琦撰

【传录】张琦(1764—1833)初名翊,字玉可,后更字翰风,号宛邻。江苏阳湖(今常州)人。嘉庆十八年(1813)举人。历知章丘、馆陶等县,所至有名绩。工诗古文及分隶,为常州派词人，尤精医学及舆地之学。有《立山词》《战国策释地》《素问释义》《古诗录》以及诗文集等，汇为《宛邻书屋丛书》。

【叙录】是编凡十种，三十六卷；附一种，一卷。内有张琦著述五种，馀为其族人编撰之书。张氏自著五种为《战国策释地》二卷、《素问释义》十卷、《宛邻诗》二卷、《立山词》一卷、《宛邻文》二卷、《宛邻书屋古诗录》十二卷（辑），另外收录清张䌌英撰《纬青遗稿》一卷、清张曜孙辑《明发录》一卷、清张惠言辑《词选》二卷附录一卷、清董毅辑《续词选》二卷，附清汤瑶卿撰《蓬室偶吟》一卷。内容涉及杂史、传记、医学以及诗文集等。其中《战国策释地》乃其历史地理学著作。《素问释义》乃其医学著作，篇目次序王冰注本，但不用王氏之说，而是兼采诸家之说，附以已见，去伪存真，重为诠释。《宛邻书屋古诗录》乃继沈德潜《古诗源》之后独具别裁的古诗选，所录诗上始西汉，下迄隋朝八百年间一百七十一家，一千二百七十三首诗，包括乐府诗辞、歌谣、杂曲。广征博引，加以注解，作诗之原因、背景，作者生平事迹等情况则附于文后，颇便阅读。《立山词》收词五十七阕，张氏词宗主温、韦，措辞委婉，情致缱绻。

【版录】

（一）清道光中阳湖张氏宛邻书屋刊本

参见《综录》第 516 页。

［补录］

（二）清道光十年至十二年（1830—1832）张氏宛邻书屋刊本

见《北京图书馆古籍善本书目》。凡十三种，七十五卷。子目较《综录》所列少《宛邻诗》《立山词》《宛邻文》《明发录》四种，而多七种：

《赖古斋文集》八卷　（清）汤修业撰

《东海记》一卷附录一卷　（清）王曦撰　附录　（清）孙星衍等撰

《长沙药解》四卷　（清）黄元御撰

《庄氏慈幼二书》一卷　（清）庄一夔撰

《伤寒悬解》十四卷首一卷末一卷　（清）黄元御撰

《四圣心源》十卷　（清）黄元御撰

《素灵微蕴》四卷　（清）黄元御撰

陕西师大（有残缺）

传经堂丛书

(清)洪颐煊撰

【传录】洪颐煊(1765—1833)字旌贤,号筠轩,晚号倦舫老人。浙江临海人。嘉庆六年(1801)拔贡生。入赀为直隶州州判,署广东新兴县事。精研经训,熟习天文,贯串子史。嘉庆间曾客孙星衍粮道署。阮元督两广,知颐煊文学优,延之入幕,常向其诹谘经史。家藏善本书三万馀卷,碑帖千馀种。曾取平津馆收藏碑读之,撰成《平津馆读碑记》,后盖以自得增为《续记》《再续》《三续》,又有《读书丛录》《礼经宫室答问》《汉志水道疏证》《诸史考异》等,汇成《传经堂丛书》。

【叙录】是编凡十二种,九十三卷。丛书收洪氏著作有:《礼经宫室答问》二卷、《管子义证》八卷、《读书丛录》二十四卷、《平津馆读碑记》八卷续记一卷再续一卷三续二卷、《筠轩文钞》八卷诗钞四卷、《台州札记》十二卷、《孔子三朝记》七卷目录一卷(注)、《国朝名人词翰》二卷(辑)。馀均为洪氏父子兄弟等人如洪枰、洪震煊、洪坤煊的著作。内容除经史外,还有地理杂志、金石、诸子以及诗文等。其中,洪氏所著《礼经宫室答问》上卷为宗庙一,附图三,下卷为路寝二、明堂三、大学四,附图四。书中荟萃经传注疏群说言宫室者,而有所折衷。《管子义证》则删《管子》的重复部分,附上自己的见解而成。《读书丛录》《筠轩文钞》多考订经史之作。《台州札记》则记台州掌故之书。

【版录】

清嘉庆道光间临海洪氏刊本

参见《综录》第516页。杨家骆《丛书大辞典》所列子目较《综录》多五种:《诸史考异》十八卷(嗣出)附录、《校正穆天子传》七卷、《校正竹书纪年》二卷、《经典集林》三十二卷、《汉志水道疏证》五卷。

西斋三种又名西斋杂著

(清)博明撰

【传录】博明(约1726—1787)字希哲、晰斋、西斋。本姓博尔济吉特氏。满洲镶蓝旗人。乾隆十七年(1752)进士。授翰林院编修,充庶吉士,参与编纂《续文献通考》。曾任广东副考官,累官云南迤东道、迤西道,后降兵部员外郎。博学多识,于经史诗文、书画艺术、马步骑射、翻译国书源流以及蒙古、唐古忒诸字母,无不贯串娴习。所著编成《西斋三种》。

【叙录】是编凡三种，七卷。包括《西斋诗辑遗》三卷、《西斋偶得》三卷、《凤城琐录》一卷。《西斋诗辑遗》为其外孙所辑，另二种为杂著。《西斋偶得》皆辩证考订之作，多记金石字音掌故。《凤城琐录》则为其任官凤凰城时所撰，多记山川形势以及其他琐事，后附据朝鲜贡员所述该国典故而编纂的《朝鲜遗事》及《朝鲜世系考》，有一定的史料价值。

【版录】

（一）清嘉庆六年（1801）刊本

参见《综录》第517页。子目书名叶题"嘉庆辛酉孟春镌"。半叶十行二十二字，小字双行同，白口，四周双边，单鱼尾。

［补录］

（二）民国二十三年（1934）《国学文库》本

据嘉庆本重印。收入《西斋偶得》及《凤城琐录》二种，题名《西斋杂著二种》。

灵芬馆集 又名灵芬馆全集

（清）郭麐撰

【传录】郭麐（1767—1831）字祥伯，号频伽居士。江苏吴江（今苏州）人。嘉庆间贡生。家贫，怀才不遇。客居江淮间，晚年侨居嘉善以终。工诗古文辞。自幼好词，以花间派为宗，可与陈维崧、朱彝尊比肩。醉后画竹石，别有天趣。著有《金石例补》《樗园销夏录》《国志蒙拾》以及诗词集等，汇有《灵芬馆全集》。

【叙录】是编凡十种，九十二卷。子目包括《灵芬馆诗集》三十九卷、《灵芬馆词》三种六卷、《灵芬馆杂著》十四卷、《金石例补》二卷、《江行日记》一卷、《樗园销夏录》三卷、《灵芬馆诗话》十八卷、《爨馀集》一卷、《国志蒙拾》二卷、《爨馀丛话》六卷。内容涉及史志、金石、杂著、诗文评、词曲、诗文集等。其中《灵芬馆词》乃其一生所作词之总集。郭氏论词推许南宋姜夔、张炎一派，于清代词人则奉朱彝尊为教主，故其词皆轻圆宛转、委曲传神，具有很高的艺术造诣。《樗园销夏录》为其所撰之杂记，其中诗话最多，也有少部分方言及琐事，作者虽不长于考证，但书中诗词评论等项，多有可取之处。书前有屠倬《灵芬馆诗集序》。

【版录】

（一）清嘉庆道光间刊本

参见《综录》第518页。是刻半叶十二行二十二字，白口，左右双边。

暨大　湖北大　史语　台大

［补录］

(二)清嘉庆道光间刊光绪五年(1879)许增补刊本

是为许增重订本。除《综录》所列子目外,又补刻《爨馀词》一卷,清光绪五年(1879)娱园刊。见阳海清《中国丛书综录补正》。

方植之全集

(清)方东树撰

【传录】方东树(1772—1851)字植之,别号副墨子。安徽桐城人。诸生。幼承家范,主治经史。受学于姚鼐,为桐城派作家。以反汉学为旗帜,极力宣扬程朱理学。其散文明白通达,能诗。有《大意尊闻》《汉学商兑》《书林扬觯》《昭昧詹言》以及诗文集等,汇为《方植之全集》。

【叙录】是编凡十四种,六十八卷。首为《方植之先生年谱》一卷,次为《书林扬觯》《汉学商兑》《陶诗附考》《山天衣闻》《大意尊闻》《昭昧詹言》等。内容涉及目录、儒学、楚辞、诗文等。其中《汉学商兑》三卷,专为反驳江藩《汉学师承记》,纠清代汉学之失而作。首溯叛道罔说之源,次辨依附经义小学似是而非者,再次为总论。全书仿朱熹《杂学辨》的体例,摘录清代汉学家的诸种观点,然后一一加以辨驳。主旨是排斥考证而崇尚义理,义理又独宗朱熹,朱熹以外也多所斥,对王阳明尤甚。此书之刊行,立即得到清代宋学家的赞扬,梁启超称此书为清一代一极有价值之书。并且因此书刊行,汉学、宋学之争日起。《陶诗附考》一卷,考陶渊明世系、不仕异代及书甲子三事。此书考证,多持异论,而其巧辨博征,实足以推倒一时。《昭昧詹言》二十卷,乃方东树所撰之诗话,以诗体分类,每体各列名家论之。论诗所据,主要以王士禛《古诗源》、姚鼐《今体诗钞》及刘大櫆《历代诗约选》《盛唐诗选》《唐诗正宗》等,所采各家之说,以姚鼐、姚范为主。

【版录】

清光绪中刊本

参见《综录》第521页。杨家骆《丛书大辞典》有《仪卫轩全书》,清同治光绪间刊。所列除《方植之全集》全部子目外,尚有多种。且编次,各子目版本亦异。兹抄录如次:

《仪卫轩文集》十二卷外集一卷(即骈文)附录一卷(即年谱)　清同治戊辰(1868)刊

《仪卫轩诗集》五卷　清同治戊辰(1868)刊

《仪卫轩遗书》(三种)　清同治戊辰(1868)刊

《未能录节录》一卷　清同治戊辰(1868)刊

《语心证璞节录》一卷　清同治戊辰(1868)刊

《感应篇畅隐节录》一卷　清同治戊辰(1868)刊

《大意尊闻》三卷附录一卷　清同治戊辰(1868)刊(以上四种,一名《仪卫轩全集》)

《汉学商兑》三卷(中卷分上下)　清同治十年(1871)望三益斋刊　光绪十年(1884)宁乡成氏重刊中箱本　近刊《刊误补义》一卷别行

《书林扬觯》二卷　清同治十年(1871)望三益斋重刊　光绪十七年(1891)重刊附《刊误补义》一卷别行

《仪卫轩遗诗》二卷《王馀集》一卷(即诗)　清光绪己丑(1889)刊

《考槃集》三卷[自卷三起至卷五止,卷三、卷四古体诗,卷五近体诗,则初刊本卷四、卷五并无卷数。同治八年(1869)方宗诚刊本改作四、五等卷,附《仪卫轩遗诗》后,并另搜得诗数首亦附焉。]

《考槃集文录》十二卷　清光绪甲午(1894)刊

《考槃集杂稿》六种　清光绪庚寅(1890)刊

　《陶诗附考》一卷

　《解招魂》一卷

　《跋南雷文定》一卷

　《辨南雷文定移史馆论不宜立理学传书》一卷

　《未能录》一卷

　《进修谱》一卷

《半字集》二卷　清光绪己丑(1889)刊

《山天衣闻》一卷　清光绪己丑(1889)刊

《向果微言》三卷(下卷分上下)

《昭昧詹言》十卷　题副墨子撰　清光绪辛卯(1891)刊

《续昭昧詹言》八卷　题副墨子撰　清光绪辛卯(1891)刊

《昭昧詹言续录》无卷数　题副墨子撰　清光绪辛卯(1891)刊

《援鹑堂笔记刊误》一卷补遗一卷　题非有道士撰　清光绪元年(1875)重刊

《一得拳膺录》二卷　题非有道士撰　清光绪元年(1875)重刊

《感应篇畅隐》三卷序略一卷　题非有道士撰　清光绪元年(1875)重刊

《崇祀乡贤录》一卷(行略附)年谱一卷　(清)郑福照撰

《鹤鸣集》六卷　(清)方绩撰

《待定录》一百卷

《最后微言》十馀卷(未见)

《老子章义》二卷(未见)

《阴符经解》一卷(未见)

《书林扬觯》无卷数(另刊)　清道光辛卯(1891)仪卫轩刊

话山草堂遗集又名话山草堂全集

(清)沈道宽撰

【传录】沈道宽(1772—1853)字栗仲。宛平(今属北京)人。嘉庆九年(1804)举人,二十年(1815)中进士。曾官湖南桃源知县,后因事去官,侨寓长沙、扬州。工诗文书画,善琴棋,旁及星命之学。所著诗文杂著汇为《话山堂遗集》。

【叙录】是编凡十三卷。包括《话山草堂诗钞》四卷词钞一卷文钞一卷,《话山草堂杂著》五种七卷(包括《六义郛郭》一卷、《八法筌蹄》一卷、《六书糠秕》三卷、《论语比》一卷、《操缦易知》一卷)。所收除诗词文集之外,馀多为谈书画操琴之作。如《六书糠秕》三卷,辨正《玉篇》《广韵》之谬误,求其无戾于《说文》。上卷曰篇韵类隔,辨析声音之理;中卷曰篇韵正误,考订其援引之谬说,点画之讹舛;下卷曰正误拾遗,纠正俗书、讹体、误音、歧笔。《论语比》一卷,书中称天子教人始终一个"学"字,处世接物只一个"礼"字。沈氏认为夫子之道,尽在《论语》一书中,后世的立言身之说,都是乖牾的,他都加以讥讪,其中诋毁最甚者是程伊川。除诗文集外,丛书收有《词钞》一卷,共收词一百三十阕,慢词居三分之二,多用屯田、清真、白石之调,但并不宗主一家。

【版录】

清光绪三年(1877)润州榷署刊本

参见《综录》第521页。杨家骆《丛书大辞典》有"清沈敦兰校刊本",题名《话山草堂全集》,子目编次与《综录》有异,《词钞》列于最后。沈敦兰,道宽子。

家荫堂汇刻又名家荫堂全集

(清)周际华撰

【传录】周际华(1773—1846)字石藩。贵州贵筑(今贵阳)人。嘉庆六年(1801)进士。历官贵州遵义、都匀府学教授,河南辉县知县,陕州知州,江苏高淳、兴化、江都知县,兼泰州知州。其为官倡修水利,教民种桑育蚕,辄自出资置织器教之。毁淫祠,兴义学。《清史稿》列其入循吏传。所著编为《家荫堂全集》。

【叙录】是编凡八种,十卷;附一种,一卷。子目包括《共城从政录》一卷、《海陵从政录》一卷、《广陵从政录》一卷、《省心录》一卷、《感深知己录》一卷、《一瞬录》一卷、《家荫堂诗钞》一卷文钞一卷、《家荫堂尺牍》一卷家言一卷,附《渭川札存》一卷(清陈璜撰)。所收书内容以杂学为主，馀为官箴、尺牍、诗文集等。其中《一瞚录》一卷，乃周氏自著之年谱。

【版录】

(一)清道光十九年(1839)贵筑周氏家荫堂刊本

参见《综录》第 521 页。

[补录]

(二)清咸丰八年(1858)重刊本

亦名《家荫堂汇刻》。较《综录》所列子目多《风檐世草》一卷(时文)，另《从政录》仅一卷，《家言》作《家书》，子目编次亦异。见杨家骆《丛书大辞典》。

(三)清咸丰八年(1858)周灏重刊本

是刻为周际华第六子灏所重刊，题名《家荫堂全集》。见杨家骆《丛书大辞典》。

石经阁丛书

(清)冯登府撰辑

【传录】冯登府(1780—1841)字云伯，号柳东，又号勺园。浙江嘉兴人。嘉庆二十五年(1820)进士。官宁波府教授、翰林院庶吉士。工诗，兼喜倚声，尤熟掌故。中年游闽，修《盐法志》《福建通志》，名震海峤。有汉、魏、蜀、唐、北宋、清诸代《石经考异》《三家诗异文疏证》《十三经诂答问》等，均刻入《皇清经解》中。又汇有《石经阁丛书》《石经补考》《种芸仙馆词三种》。

【叙录】是编凡七种，七卷，收录清朱彝尊辑书目三种:《全唐诗未备书目》一卷、《明诗综采辑书目》一卷、《两淮盐策书引证群书目录》一卷；无名氏《宋金交聘表》一卷；冯氏自著三种:《风怀诗补注》一卷、《酌史岩摭谭》一卷、《石经阁日抄》一卷。《清史稿·艺文志》著录其著作十馀种。

【版录】

钞本

参见《综录》第 522 页。冯登府撰辑之书甚多，诸家目录所列总书名、子目数量以及版本等均不一致：

(1)《石经阁集》十一种，二十五卷。稿本。上海图书馆藏。见《中国古籍善本书目》。子目有：

《石经补考》(存卷一至三)

《论语问答》一卷

《石经阁诗略》(存卷六至十)
《石经阁自定诗絜》(存卷三)
《拜竹诗龛诗存》(存卷一、五)
《拜竹诗龛诗存续集》(存卷一)
《拜竹诗堪集外诗》(存卷二至五)
《小槜李亭诗录》(存卷三至六)
《钓船笛谱》一卷
《书画碑帖目》一卷
《石经阁杂著》二卷

(2)《石经阁集》六种,二十六卷。清道光十一年至十七年(1831—1837)刊本。上海图书馆藏。见《中国古籍善本书目》。子目有:

《石经阁文初集》四卷　道光十一年(1831)刻本
《石经阁文初集》八卷　道光十一年(1831)刻本
《月湖秋瑟》二卷　道光十四年(1834)刻本
《花墩琴雅》二卷　道光十四年(1834)刻本
《浙江砖录》四卷　道光十四年(1834)刻本
《拜竹诗堪诗存》六卷　道光十七年(1837)刻本

(3)《石经阁丛书》二十种,一百五十三卷。不著版本。见沈乾一《丛书书目汇编》。子目有:

《石经补考》十二卷
《三家诗异文疏证》六卷补三卷
《金石综例》四卷
《清芬集》八卷
《曝书亭外集》七卷　(清)朱彝尊撰
《拜竹诗龛诗存》四卷附《钓鱼船笛谱》一卷续二卷
《种芸仙馆词》四卷
《石经阁文集》八卷续集一卷
《论语异文疏证》十卷
《唐宋词科题名》一卷
《玉台书史补》六卷
《福建盐法志》三十卷

《闽中金石志》十四卷
《金屑录》四卷
《石馀录》四卷
《浙江砖录》一卷(一作四卷)
《梵雅》一卷
《酌史岩摭谭》十卷
《梅里词辑》六卷
《十三经诂答问》六卷

(4)《勺园全书》十三种,七十四卷。题自刊本。见杨守敬《增订丛书举要》。子目有:

《石经补考》十二卷
《三家诗异文疏证》六卷补遗三卷
《论语异文考》十卷
《金石综例》四卷
《邝砚倡酬集》一卷
《浙江砖录》四卷
《曝书亭外集》八卷　(清)朱彝尊撰
《石经阁文集》八卷
《拜竹诗龛诗存》十卷续集二卷
《钓船笛谱》一卷
《月湖秋瑟》二卷
《种芸仙馆词》二卷
《邝砚倡和集》一卷

修本堂丛书

(清)林伯桐撰

【传录】林伯桐(1778—1847,一作 1775—1844)字桐君,号月亭。广东番禺人。嘉庆六年(1801)举人。会试未第,拣选为知县,不久改为教职。道光中任肇庆府、德庆州学正,卒于任上。其人砥行清醇,持身端谨。治经学宗汉儒,践履则服膺朱熹。阮元督粤,延为学海堂学长,从游者众,使粤中学风蔚然。著有《毛诗通考》《史记蠡测》《学海堂志》

以及诗文集等,汇为《修本堂丛书》。

【叙录】是编凡十种,九十三卷。子目包括《毛诗通考》三十卷、《毛诗识小》三十卷、《冠昏丧祭仪考》十二卷、《史记蠡测》一卷、《供冀小言》一卷、《修本堂稿》五卷、《月亭诗钞》一卷、《古谚笺》十一卷、《学海堂志》一卷、《公车见闻录》一卷。其中前三种综贯群经,对汉学多有发明。如《毛诗通考》实则考郑笺异义,传笺不同,大抵申毛义,自谓庶几不失家法,殆亦近之。《毛诗识小》所论均系大义,不免与书名相违耳。《冠昏丧祭仪考》分为三种:一为《品官家仪考》,二为《士人家仪考》,三为《人家冠昏丧祭考》,各为四卷。林氏以通礼、会典语官书讲习元素,不易通晓,而流俗沿讹袭谬,当为纠正,故特考究古今典制及礼家诸说,撰为是书,使其易知易行。其他如《史记蠡测》《供冀小言》《修本堂稿》等,皆辨析义理,卓然可传。《学海堂志》则记叙阮元创立书院、建置沿革及从学诸生事迹甚详,谈学海堂掌故,当以此书为宗。

【版录】

清道光二十四年(1844)林世懋刊本

参见《综录》第522页。《综录》失收《郑氏诗谱考正》一卷。据张之洞《书目答问》,林氏尚有《诗考补注》二卷补遗一卷,《修本堂丛书》无此目。

首都师大　东研　东洋　国会

安吴四种又名包慎伯安吴四种

(清)包世臣撰

【传录】包世臣(1775—1855)字慎伯,一字诚伯,号倦翁,又号小倦游阁外史。安徽泾县人。嘉庆十三年(1808)举人。曾任江西新喻知县,因劾去官。复随明亮征川、楚,建谋不见用,遂归,晚年寓居江宁。关心时政,对农政、漕运、盐政、货币、鸦片,以及鸦片战争后外国商品侵略对中国自然经济的破坏等问题,均有论述。工书,精行、草、隶书,用笔以侧取势。提倡北碑,对后来书风变革,颇有影响。所著汇为《安吴四种》。

【叙录】是编凡四种,三十六卷。泾县古名“安吴”,包氏所居近安吴故治,人称世臣为“包安吴”,因以名其书。清道光二十四年(1844)初刊,咸丰元年(1851)重刊,三年(1853)板毁于兵灾。同治十一年(1872)其子诚重刊于湖北,此后刊本甚多。所收四种包括《中衢一勺》三卷附录四卷,书言河漕盐及水利之事,共文二十首,附录皆杂文及日记之属。《艺舟双楫》六卷附录三卷,内有论文四卷、论书二卷,皆志铭、传记、杂文之属。其论书乃平日论书尺牍、单篇论文,倡导学习北碑,实开清代碑学之风,为学者所重。《管情三义》八卷,内有赋三卷、诗三卷、词一卷、《浊泉编》一卷,乃道光乙未(1835)赴官江西时所作之日记及诗词赋等。《齐民四术》十二卷,内有农三卷、礼三卷、刑二卷、兵四卷,乃取其书序传志等文之涉于四事者及所作《说储》之杂篇类编而成。

【辑录】包诚跋云："道光初，有《中衢一勺》之刻，时释碧溪好书，为刻论文论书诸作名曰《艺舟双楫》。先大夫出游日久，习知民间疾苦，时时与当道论说，而信从者少。至道光甲辰就旌德谭氏讲席，方裒生平著述，集为《管情三义》《齐民四术》。旧刻《中衢一勺》《艺舟双楫》更加增益，名曰《安吴四种》。先用聚珍板印行五百部，嗣因讹字较多，咸丰辛亥重付剞劂，印二百部，版存金陵，癸丑毁于兵燹，书遂罕见。不肖弟兄学业谫陋，不能读父书，思绵手泽，乃觅得原书，在鄂再刊梨枣，发坊以广流传。集内附录之文，半系显微阐幽，诸公后辈炽昌，当亦垂念斯文与为不朽矣。"

李慈铭《越缦堂读书记》略云："是书划分四类，以事为经意，谓还集为子，不屑同于文人学士，陈义甚高。然《中衢一勺》《艺舟双楫》等名，乃涉于辞赋佻巧，为南宋晚明江湖习气，不特非汉人所有，即六朝唐人，亦恐不为。……慎伯以经济自负，纵横博辩，足称霸才。其书论治河、海运、救荒、保甲、治兵、治夷之策甚备，又述《农政》上下二篇，言农桑种植之事，多有得诸实用。又自乾隆以至咸丰，经历四朝，熟于世变，其言皆足以警发。然厚自炫褛，以为古今绝出，一简之中，无不贬人而扬己，则其中无蕴蓄，已可概见。……至于经学实未有所得，而亦盛自夸诩。……自命其传志之文，下笔千秋，义法甚严。今观其文，芜冗俚杂，全以公牍方言入文，同于市肆帐簿。……惟纪载详尽，多有裨于文献，筹河、议刑、歼夷诸论，尤足为同世者所取资，其学不足言，其书则不可少耳。"

【版录】

(一)清道光二十六年(1846)白门倦游阁木活字排印本

参见《综录》第 523 页。

(二)清咸丰元年(1851)刊本

参见《综录》第 523 页。

(三)清同治十一年(1872)包诚刊本

参见《综录》第 523 页。

二思堂丛书

(清)梁章钜撰

【传录】梁章钜(1775—1849)字茝林(一作茝邻)，一字闳中，号退庵。福建长乐人。嘉庆七年(1802)进士。历礼部主事、军机章京，道光间官至江苏巡抚，兼署两江总督。曾五任苏抚，于江苏地方利弊，了然胸中。用人理财独特大体。又博学能诗，著述颇丰，有《经麈》《夏小正通释》《论语旁证》《三国志旁证》《文选考证》《清书录》《称谓录》《金石书画题跋》《浪迹丛谈》以及诗文集等七十馀种。

【叙录】是编凡六种，五十一卷。子目包括《退庵自订年谱》一卷、《退庵随笔》二十二卷、《南省公馀录》八卷、《古格言》十二卷（辑）、《闽川闺秀诗话》四卷、《农候杂占》四卷。所收各书，内容包括传记、政书、农家、杂学、典故、诗文评等。此只是梁氏著述的部分，亦非其重要著作。《退庵自订年谱》自记至道光二十四年（1844），时年七十，尚缺五年未续。谱记道光二十一年（1841）江淮水灾，可资参考。《退庵随笔》乃随笔记录所见所闻，并寓有劝善黜恶意义，《古格言》与此旨意相同，辑录有益于身心修养语录等。《南省公馀录》乃梁氏任礼部员外郎之后所作，记述清代前期礼部的典章制度、历史掌故。梁氏原意效仿明代的《礼部志稿》，但其体例近于笔记杂录，远不能与《礼部志稿》匹敌。礼部俗称"南省舍人"，故以名其书。

【版录】

清光绪元年（1875）福州梁氏刊本

参见《综录》第523页。暨南大学图书馆藏本，半叶九行二十二字，黑口，左右双边。书名页镌"光绪元年校刊""二思堂丛书""福州梁氏藏板"。背面为目录，末署"校对无讹，勿许翻刻""精刊于浙江书局"。

据《退庵自订年谱》，梁氏著述已刊行，而未收入丛书者尚有三十馀种。

浮溪精舍丛书

（清）宋翔凤撰

【传录】宋翔凤（1776—1860）字于庭（一作虞廷）。江苏长洲（今苏州）人。嘉庆举人。官湖南新宁县知县。治西汉今文经学，是常州学派的代表人物之一。一生辑著颇丰，有《论语说义》《过庭录》《论语郑注》《孟子赵注补正》《小尔雅训纂》等，汇为《浮溪精舍丛书》。

【叙录】是编凡十九种，六十七卷。所收除宋氏辑著之外，尚有其外祖父庄存与和业师庄述祖的几种著作。各书内容以经学为主，兼收词曲、诗文等。宋氏少从舅父庄述祖受业，遂得闻庄氏今文学之家法绪论。生平长于治西汉今文经学，兼通训诂名物。曾取群籍所见《周易》经文文字异同，疏通证明，成《周易考异》一卷；比较《尚书》今文二十八篇与伪书序、郑之本，成《尚书谱》一卷；谓《大学》为《礼记》四十九篇之一，首尾完具，脉胳贯通，无经传之可分，无缺亡之可补，成《大学古义说》二卷；以《小尔雅》依循古文，罕见凌杂，成《小尔雅训纂》六卷。所辑之书中，《论语郑氏注》十卷是此类书中较为晚出而又辑录极为完备之书。此外，所辑尚有郑玄《论语孔子弟子目录》一卷、刘熙《孟子刘注》一卷、戴圣《汉甘露石渠礼议》一卷、刘向《五经通义》一卷等。是丛书有多种版本，所收子目互有异同。如其重要经学著作《论语说义》十卷、读书笔记《过庭录》十六卷等，有收有不收者。

【版录】

(一)清嘉庆二十五年(1820)书业刊本

参见《综录》第523页。《北京图书馆古籍善本书目》有宋翔凤撰《浮溪草堂丛书》四种,七十五卷。清嘉庆道光间宋氏浮溪草堂刻本。《中国古籍善本书目》收录。子目有:《帝王世纪集校》十卷、《四书古今训释》二十卷、《四书纂言》三十七卷、《忆山堂诗录》八卷。

[补录]

(二)清道光咸丰间刊本

凡十九种。存十二种,五十三卷。半叶十行二十一字,小字双行同,白口,左右双边。见《北京图书馆古籍善本书目》。

据《中国古籍善本书目》,收藏是刻者尚有上海图书馆(不全)、吉林大学图书馆(全)。其中《四书释地辨证》和《月令说义》两种原注未刻。较《综录》所列子目,有九种不同:

《尚书记七篇》七卷《世俘》一卷《大誓》三卷　(清)庄述祖撰
《论语说义》十卷　(清)宋翔凤撰
《孟子赵注补正》六卷　(清)宋翔凤撰
《大学古义说》二卷　(清)宋翔凤撰
《月令说义》(未刻)
《新语》三卷
《帝王世纪》十卷
《过庭录》十六卷
《自治官书》一卷

孙殿起《丛书书目拾遗》著录,子目除《综录》及《中国古籍善本书目》所列之外,尚有七种:

《尔雅释服》一卷
《浮溪草堂诗集》四卷　(清)宋简撰
《梅村诗话》一卷　(清)吴伟业撰
《复社纪事》一卷　(清)吴伟业撰
《诗纪匡谬》一卷　(清)冯舒撰
《狂夫言》一卷　(清)谢弼臣撰
《四书纂言》三十七卷

张南山全集

(清)张维屏撰

【传录】张维屏(1780—1859)字子澍,号南山,晚号松心子、珠海老渔。广东番禺人。道光二年(1822)进士。历官湖北黄梅、广济县知县。以不愿收漕告病,大吏异之,令署襄阳同知。寻丁父忧,服阕,改官江西。历署袁州同知、吉安通判、南康府知府,假归不复出。晚年为学海堂学长,学识渊博,精通经史,通医学。未通籍时,已负诗名,尝与同邑林伯桐、黄乔松、梁佩兰,香山黄培芳,阳春谭敬昭,南海孔继勋等,筑云泉仙馆于白云山麓,据蒲涧濂泉之胜,汀州伊秉绶题曰"七子诗坛"为之铭记。及告归,复于花埭西筑听松园,榜其堂曰松心,著书其中。著有《听松庐诗钞》《听松庐诗话》《松轩随笔》《老渔闲话》《国朝诗人征略》等,汇为《张南山全集》。

【叙录】是编凡十二种,一百四十六卷。所收有《松心文钞》十卷、《松心诗集》二十二卷、《国朝诗人征略初稿》六十卷、《听松庐诗钞》十六卷、《松心诗录》十卷、《松心杂诗》不分卷、《听松庐骈体文钞》四卷、《听松庐诗话》一卷、《艺谈录》二卷、《花甲闲谈》十六卷、《桂游日记》三卷、《春游唱和诗》不分卷。内容涉及游记、杂录、传记以及诗文等,其中以诗歌居多。张维屏学诗于杜甫、韩愈、苏轼等人,深得其法,而后"不执成见,不囿偏隅,随感而通,因物以付"。其诗虽多为官场应酬之作,然亦有些诗作触及了当时的社会矛盾,使其在当时已有诗名。此外,张氏著述已结集刊行者尚有《松心诗集》《松心十录》等。

【版录】

(一)清道光咸丰间刊本

参见《综录》第523页。约刊于道光十年至咸丰七年(1830—1857)间。

国会

[补录]

(二)清嘉庆十六年(1811)刊本

凡十二种。见《杭州大学图书馆线装书总目》。

(三)清家刊本

见杨家骆《丛书大辞典》。较《综录》所列子目多《松心诗话》《松心十集》《松轩随笔》《老渔闲话》《国朝诗人征略初稿续编》五种。而少《松心诗集》《听松庐诗话》二种。

又有《张南山所著书》四十九种。清嘉庆至光绪间刊。《张南山全集》未收录者甚多。

王菉友九种又名王菉友著述九种

(清)王筠撰

【传录】王筠(1784—1854)字贯山,号菉友。山东安丘人。道光元年(1821)举人。官山西宁乡知县。博涉经史,尤深《说文》之学,善于发明许书义例,综合诸家(尤其是段玉裁、严可均、桂馥三家)之长,为后学指示门径,是清代"说文四大家"之一。著有《说文新附考校正》《说文系传校录》《说文篆韵谱校》《文字蒙求》《文字蒙求广义》《说文部首读补注》等,此外,还有经学著作数种。

【叙录】是编凡九种,四十二卷。子目包括《禹贡正字》一卷、《毛诗重言》一卷、《夏小正正义》一卷、《四书说略》四卷、《说文系传校录》三十卷、《毛诗双声叠韵说》一卷、《教童子法》一卷、《菉友蛾术编》二卷、《弟子职正音》一卷。内容涉及《尚书》、《大戴礼记》、四书、小学以及诸子百家、儒学、杂学等方面,其中以经籍居多。《禹贡正字》以《汉书·地理志》为主,兼采他书而成。王氏运用其文字学的学识,旁征博引,匡正了一些唐人改字之谬。《毛诗重言》与《毛诗双声叠韵说》是研究联绵词的重要资料。《夏小正正义》主要依靠黄叔琳注本来作解释,其对金履祥、张尔岐及黄说全谬者删之,是非互见者辨之,全谬而易惑后人者亦辨之。论其大体,则远超过黄叔琳注本。《四书说略》则为启蒙初习举业者,语言浅显,且每就制艺说法,解说注重义理。《说文系传校录》乃在汪宪《系传考异》的基础上,参之大徐诸本及《说文五音韵谱》《玉篇》《广韵》《汗简》诸书,断以己意而成。书前有王氏自序及其另记三则,以校大徐部目列于卷端,以所校《系传》正文次之,并附校大徐各条。王氏精于《说文》,其著述中,影响较大的几部,如《说文释例》《说文句读》《文字蒙求》等,反未收入是编。

【版录】

(一)清道光咸丰间刊本

参见《综录》第524页。《北京图书馆古籍善本书目》收有《王菉友著书》四种四卷,清咸丰二年(1852)贺蕙、贺蓉、贺荃刻本,清王筠订补。半叶九行二十字,小字双行同,白口,四周双边。子目有:《夏小正正义》一卷、《弟子职正音》一卷、《毛诗重言》一卷、《毛诗双声叠韵说》一卷。

首都师大　史语

[补录]

(二)清刊本

题名《王菉友著述九种》。较《综录》多《菉友臆说》一卷,少《说文系传校录》三十卷。见《续修四库全书总目提要》。

秋芸馆全集又名秋芸馆集

(清)吴勤邦撰

【传录】吴勤邦(生卒年未详)字襄士,号铁梅。浙江乌程(今吴兴)人。嘉庆二十四年(1819)举人,道光十二年(1832)官内江知县。晚年归里,专心读书,注释《易》书。所著汇成《秋芸馆全集》。

【叙录】是编凡五种,十二卷。子目包括《秋芸馆诗稿》六卷、《春秋随笔》一卷、《素书辑注》一卷、《秋芸馆古文稿》三卷、《秋芸馆骈体文稿》一卷。内容涉及经学、兵书以及诗文等。其中《春秋随笔》共三十七条,都是吴氏平昔的读书心得,随笔载记而成。其书大抵因事立论,自出己见较多,偶尔也杂取先儒之说,而不专主一家,意在折衷三传,所论大体平正。据吴氏自跋称,《周易》《尚书》《诗经》皆有纂述,后见阮元辑《皇清经解》对各书阐发无遗,于是不再付刊,只将《素书辑注》及《春秋随笔》刊行于世。

【版录】

(一)清道光二十七年(1847)刊本

参见《综录》第 525 页。

[补录]

(二)清同治八年(1869)重刊本

题名《秋芸馆集》。《秋芸馆诗稿》列于最后。见杨家骆《丛书大辞典》。

林文忠公遗集

(清)林则徐撰

【传录】林则徐(1785—1850)字元抚,一字少穆,晚号俟村老人。福建侯官(今福州)人。嘉庆进士。曾与龚自珍、魏源、黄爵滋等人提倡经世之学,任河东河道总督时曾尽力修治黄河。后任江苏巡抚,以兴修白茆、浏河等水利。道光十八年(1838),在湖广总督任内,严厉禁烟,成效卓著,为禁烟派代表人物。十二月受命为钦差大臣,前往广东查禁鸦片。次年三月到广州。为了解西方情况,派人翻译外交书报,编成《四洲志》。主张对外商分别对待,孤立烟贩,与总督邓廷桢协力查办,严令英美烟贩缴出鸦片二百三十七万斤,在虎门海滩当众销毁;并积极筹办海防,创办义勇,屡次打败英军的武装挑衅。道光二十年(1840)一月任两广总督。六月鸦片战争爆发后,严密设防,使英军在粤无法得逞。

十月，因受投降派诬害被革职。道光二十一年(1841)被派赴浙江筹划海防，不久被充军新疆，曾在新疆兴办水利，开辟屯田。后起用陕西巡抚，擢云贵总督，因病辞职回籍。道光三十年(1850)受命钦差大臣，赴广西镇压人民起义，途中病逝于广东普宁。林氏能诗文。著有《林文忠公政书》《信及录》《林则徐集》等。

【叙录】是编凡四种，四十一卷。《林文忠公政书》为林则徐最重要的著作，此书收录《东河奏稿》一卷、《河苏奏稿》八卷、《湖南奏稿》五卷、《使粤奏稿》八卷、《两广奏稿》四卷、《陕甘奏稿》一卷、《云贵奏稿》十卷，共一百五十一篇。有关禁烟、抗英斗争问题，分别载于湖南、使粤、两广奏稿各卷中，是研究鸦片战争、林氏思想的重要资料。《畿辅水利议》编辑各书有关实用水利设施办法之资料以供参考。《滇轺纪程》记充任云南乡试正考官，沿途见闻。《荷戈纪程》则为遣戍伊犁，记沿途的见闻。此丛书为研究林则徐的重要资料。

【版录】

(一)清光绪中三山林氏刊本

参见《综录》第525页。

[补录]

(二)1962年至1965年中华书局出版

此本为新中国成立以来中山大学历史系中国近代现代史教研组、研究室整理出版的《林则徐集》，其中有以下几种书：

《日记》1962年4月出版，收辑林则徐从嘉庆十七年(1812)至道光二十五年(1845)期间的日记。其中嘉庆二十四年(1819)的日记是以光绪三年(1877)宣南寓斋刻本《滇南纪程》作底本整理，其馀均据侯官林氏所藏原稿抄本校点排印。

《公牍》1963年10月出版，收录林则徐自嘉庆二十五年(1820)至道光二十五年(1845)间所撰各项公牍，共二百十七篇。本书以抄为底，并据其他两种版本作了校勘。

《奏稿》1865年3月出版，收录林则徐奏稿587个摺片，按其发文先后排列，分为十四卷。

西沤全集

(清)李惺撰

【传录】李惺(1787—1864)字伯子，别号西沤。四川垫江人。嘉庆二十二年(1817)进士，官翰林院检讨，迁国子监司业，调詹事府左春坊左赞善。乞养归课后主锦江讲席二十年，后与一道士遍游山水。其人于学术无所不通，淹贯百家而不设门户之见。著有《药言》《冰言》《西沤制艺》《西沤试帖》《老学究语》以及诗文集等，后人汇为《西沤全集》。

【叙录】是编凡八种，十九卷。其中外集四种，九卷。子目包括《文》六卷、《邪加诗稿》二卷、《制艺》一卷、《试帖》一卷；外集有《药言》一卷《药言剩稿》一卷、《冰言》一卷补一卷、

《铜狍馆劄书》二卷、《劄书补》二卷附《老学究语》。是书乃李氏卒后，由其门人编次付梓，较忠实原著。内容涉及经济、蒙学、杂说以及诗文等。其中以酬应之作居多，其鸿篇巨制大多散佚，时文及试帖随附。其著诗和古文，清俊高澹，一扫浓纤之习。

【版录】

(一)清同治六年(1867)眉州刘鸿典等刊本。

参见《综录》第526页。

史语

[补录]

(二)清同治七年(1868)天瑞堂刊本

见杨家骆《四库大辞典》。又杨家骆《丛书大辞典》著录为“清同治七年李氏家刊本”，不分正集外集。《综录》所列前四种，总名《西沤诗文集》。

朱氏群书

(清)朱骏声撰

【传录】朱骏声(1788—1858)字丰芑，号允倩。江苏吴县人。嘉庆二十三年(1818)举人。道光时官黟县训导，后因呈《说文通训定声》一书，赏国子监博士衔。寻擢扬州府学教授，引病未赴官。朱氏博学多通，尤精文字训诂。专明转注、假借之旨，对《说文》和训诂的研究颇有贡献。一生著述颇丰，有《古今韵准》《春秋平议》《离骚赋补注》等。

【叙录】是编凡六种，二十五卷。子目包括《说文通训定声补遗》十八卷、《夏小正补传》一卷、《仪礼经注一隅》二卷、《春秋左传识小录》二卷、《小尔雅约注》一卷、《离骚赋补注》一卷。所收以经籍居多。《说文通训定声补遗》乃补《说文通训定声》之文，《说文通训定声》刊版后，朱氏曾亲自校勘，补遗八百馀条，书于简端。光绪八年(1882)其子孔彰校刻遗书，仍依十八部录补订之文，别次一编，使习者易于检校。《夏小正补传》亦为补《夏小正》之文，朱氏折衷诸说，为之补缀，以明其经义。《春秋左传识小录》采辑众家之说，参以自己的意见，以六书解释《左传》字义，尤为精辟。《小尔雅约注》取陶宗仪《说郛》、何镗《汉魏丛书》、丁氏绵眇阁本、郎奎金堂策槛本、陈赵鹄听鹿堂本、顾元庆文房本等，钩稽异同，审慎裁补，对于文字假借通转之义，诠释最多，颇多精确之论。《离骚赋补注》则精于音韵、词义、词法、句法的研究，将《离骚》归纳为一百八十韵，又归纳出如“朝”“夕”“灵修”等五十七字及各自所复用次数，重复句六句，及复调长句等，这些归纳都比较准确。

【版录】

清光绪八年(1882)临啸阁刊本

参见《综录》第526页。

朱慎甫先生遗集又名朱慎甫先生四种

(清)朱文秋撰

【传录】朱文秋(1788—1839)字慎甫。湖南浏阳人。据《清史列传》,朱氏少颖敏,年十六弃举子业,闭户潜修,笃志性命之学,以宋五子为归。其学以诚为本,以敬为宗,以精义集义为程途,以明体达用为究竟,后益殚心《易象》《春秋》,故凡历算、方舆、律吕及诸子百家靡不研究。曾与江陵训导胡大章、监利王心柏交往,善化贺长龄欲聘其为掌辞。所著《大义粹言》《春秋本义》《三传备说》俱佚,存者后人编为《朱慎甫先生遗集》。

【叙录】是编凡四种,六卷。所收有关易经传说者有《易图正旨》一卷,论著者有《从学札记》一卷、《五子见心录》三卷,末为《慎甫文存》一卷。武作成《清史稿艺文志补编》只录其《五子见心录》三卷。

【版录】

(一)清光绪十五年(1889)甘肃藩署刊本

参见《综录》第526页。是为重刻本。

[补录]

(二)清咸丰甘肃藩署刊本

参见《综录》第526页。见《西谛书目》卷二著录。

(三)清咸丰三年(1853)长沙丁取忠刊本

参见《综录》第526页。见杨家骆《丛书大辞典》著录。除《综录》所列子目外,尚附四种佚文目录:《大易粹言》《春秋本义》《中庸笺玩》《圣学罪译》。

方学博全集又名生斋遗书

(清)方坰撰

【传录】方坰(1792—1834)字思臧,号子春。浙江平湖(今嘉兴)人。嘉庆二十一年(1816)举人,官至武义、钱塘训导。少从武康徐熊飞为诗,兼治古文训诂,后笃志程朱之学。其事迹详《清史列传》。著有《读易日识》《春秋说》《生斋自知录》以及诗稿等,后人编为《方学博全集》。

【叙录】是编凡五种,二十八卷;附二种,二卷。子目有《生斋读易日识》六卷、《生斋自知录》三卷、《生斋日识》一卷续一卷、《生斋文稿》八卷(附方金彪撰《寅甫日记》一卷、《寅甫小稿》一卷)、《生斋诗稿》九卷。所收主要是杂著及诗文稿。其中《生斋读易日识》说易皆以易辞证反身克己之功,而不在于解易,所举易说多宗于程朱所论,亦有所发明。是书于各卦内容都有深切剖析,系作者平生研易所得,惜仅及《无妄》,盖未竟之作。此外,方氏曾欲录周、程、张、朱及勉斋、北山、敬轩、敬斋、杨园、清献遗言,兼取念庵、景逸为《学准》一书,未成而殁。

【版录】

(一)清光绪元年(1875)武昌藩署刊本

参见《综录》第 527 页。

史语

［补录］

(二)清刊本

题名《生斋遗书》。所收子目较《综录》少《寅甫日记》一卷。另有《春秋说》四卷,注明“未刊”。《生斋文稿》八卷尚有《续刻》一卷。见杨家骆《丛书大辞典》。

佳梦轩丛著又名佳梦轩丛书、墨香书屋丛书

(清)奕赓撰

【传录】奕赓(1809—1848)自号长白爱莲居士、墨香书屋主人、鹤侣主人、天下第一废物东西等。满洲正黄旗人,庄亲王之子。自道光十一年至十六年(1831—1836)官三等侍卫,二十三年(1843)移居沈阳。所著编为《佳梦轩丛著》。

【叙录】是编凡十一种,二十一卷。子目包括《东华录缀言》六卷、《清语人名译汉》二卷、《歌章祝辞辑录》二卷、《谥法续考》一卷、《本朝王公封号》一卷、《封谥翻清》一卷、《侍卫琐言》一卷补一卷、《管见所及》一卷补遗一卷、《寄楮备谈》一卷、《煨柮闲谈》一卷、《括谈》二卷。所收以史部之书居多,兼收子部杂录及别集等。其中《东华录缀言》为校雠之作。《清语人名译汉》将清初至乾嘉译法不一的清人名更定为统一的译名。《歌章祝辞辑录》则摘录《清会典》《通礼》《钦定满洲祭神祭天典礼》等书有关清朝吉礼、嘉礼中歌章祝词而成。《谥法续考》乃续王士禛《国朝谥法考》之作,起自康熙三十四年(1695),止于道光二十五年(1845),分为三十门。《本朝王公封号》记清一代宗室外藩、异姓王公贝勒封号以及侯伯嘉名。《侍卫琐言》乃奕赓入值内宫所见闻之礼仪制度等。《官见所及》《煨柮闲谈》《寄楮备谈》均按编年载记清朝中掌故、旧闻、轶事及仪制等,尤以宫廷内族的杂事居多。《括谈》除记载清廷遗事、琐谈外,主要以记载清代朝政公规、章服制度、礼贤下士的事例、会典、通礼等为主。此类著述,有裨于了解清宫廷生活、朝政始末等。清时,是丛书只有稿本传世,民国二十一年(1932),燕京大学图书馆以重金从旧家购得稿本。初无

总名，以书中有“佳梦轩”之名，因以名书。各书皆未署姓名，惟于序跋中分题“爱莲居士”“墨香书屋主人”“鹤侣主人”等，后稿本经薛瀛伯详校，于民国二十四年(1935)编入《燕京大学图书馆丛书》出版。书前有田洪都序，叙得书经过、各书内容及作者考证甚详。

【辑录】田洪都序略云：“洪都谬主柱下之藏，尝以孤本秘笈，流传最少，浸即于亡，心焉闵之。因节缩经费，为传刻之资。秘本中史乘尤足参稽，故先后刻成若干种，属于乙部者居多。……清儒讳言当代史事，遂并典章制度无人注意及之，成书独少。三百年史事，官书而外，舍八旗人著述，殆将无征。若昭梿《啸亭杂录》最为人所称道，然所详者纪事而已。至若多闻多见，足释疑滞，以视奕赓之书，似犹不逮。乃任其淹没不传，岂非憾事。洪都因以《东华录缀言》先为刊布，馀将次第授梓……”

【版录】

(一)稿本

参见《综录》第528页。1952年燕京大学并入他校后，稿本归北京大学图书馆收藏。见《中国古籍善本书目》著录。

(二)民国二十四年(1935)北平燕京大学图书馆铅印本

参见《综录》第528页。列为《燕京大学图书馆丛书》之一。

首都师大

袖海楼杂著

(清)黄汝成撰

【传录】黄汝成(1799—1837)字庸玉，号潜夫。江苏嘉定(今属上海)人。廪贡生。道光时选泗州训导，未赴。家富好施，笃志好古，博学明识。又博洽工文章，尤好言经济。有《日知录集释刊误》《袖海楼文稿》等，后人汇为《袖海楼杂著》。

【叙录】是编凡四种，十二卷。子目有《袖海楼文录》六卷、《古文岁实考校补》一卷、《古今朔实考校补》一卷、《日知录刊误合刻》四卷。内容涉及历算、杂学以及文稿等。其中《袖海楼文录》乃黄氏卒后，其友毛岳生为之校订刊刻。卷一为说，凡七篇；卷二为序，凡九篇；卷三为书后、记，凡九篇；卷四为书，凡七篇；卷五为行状、志铭、传，凡五篇；卷六为祭文、赠序、寿序，凡十三篇。书前有蒋彤序，称其文：“气疏而达，辞博而宏，义辨而伟，情挚而厚。不斤斤于绳准，而规范自合。其于当世得失，乡国利病，尤考之详而论之切。”《古今岁实考校补》《古今朔实考校补》各一卷。戴震曾著《古今岁朔实考》一书，钱大昕又为之补。黄汝成序曰：“尝问算术于陈君怡生，又尝学历于毛生翁，颇得涂轨。间读是书，尚不瞀瞶，乃因其术数研以形算。《岁实考》中钱先生所未补者，《朔实考》中钱先生所未具者，皆博考史传，参列诸法，兼述旧闻，阐彼奥赜。”遂撰成是书，既为之释其疑滞，又为之广征史籍，补其阙略，其所校尤为精审。《日知录刊误合刻》乃黄氏为其所撰《日知录集释》一书之刊误，核其脱文讹字，援引经史传记，钩贯奥赜，证其同异，书极精博。是编前有道光十八年(1838)武进李兆洛序及秦汝卓目录跋。

【辑录】李兆洛序略云："吾友黄君潜夫，诚竺暗默，为学务于实而不趋于名，其诚暗者不合于时者也。务实又非时之所需，幸席丰厚，年不四十而逝。尊甫子仁裒其所未定之稿若干卷，属其友毛君生甫订而刻之。"

秦汝卓跋略云："先生研心六艺，博志九流，蔚为篇章，多穷奥邃论。说经传则许郑是宗，发挥书序则韩柳为鹄。而又性资高亮，内行淳笃，惟事撰述以为体用。……壮年既纂成《日知录集释》三十二卷、《刊误》四卷、《岁实、朔实考校补》各一卷，又思补作《春秋外传义疏》，盖于名物训诂，尤心达其微眇者矣。……先生既殁，乃悉呈诸舅氏，舅氏益综核诸纂，命为编次。文既遗佚，书多未成，所录存者仅此而已。"

【版录】

(一)清道光十八年(1838)嘉定黄氏西溪草庐刊本

参见《综录》第 529 页。

湖北

(二)民国二十九年(1940)北京燕京大学图书馆据清道光本景印

参见《综录》第 529 页。

首都师大　暨大　史语

［补录］

(三)1979 年上海古籍书店据道光本影印

见《湖北大学中文古籍书目》。

武陵山人遗书又名顾氏遗书、金山顾氏遗书

(清)顾观光撰

【传录】顾观光(1799—1862)字宾王，又字漱泉，号尚之。江苏金山(今属上海)人。世医出身，少攻举子业，三试不第，后承世业为医。博学多识，通经传史子百家，尤究极古今中西天文历算之术。此外，凡近时新译西术，如代数、微积分等皆有所纠正，于舆地、训诂、六书、音韵、宋儒性理，以至二氏术数之学皆能调彻本末。又喜校订古书，缀辑其散佚，所辑古人逸书不下数十种。所著有《六历通考》《回回历解》《算剩初编》《伤寒杂病论补注》《七国地理考》等书，后人将其所著编为《武陵山人遗书》。

【叙录】是编稿本凡二十六种，二十六卷，副本六种，六卷；刻本凡十种，十六卷，续刊二种，八卷。刻本子目有《六历通考》一卷、《九执历解》一卷、《回回历解》一卷、《算剩初

稿》一卷续编一卷馀稿二卷、《九数外录》一卷、《神农本草经》四卷、《周髀算经校勘记》一卷、《伤寒杂病论补注》一卷、《吴越春秋校勘记》一卷、《华阳国志校勘记》一卷;续刊有《七国地理考》七卷、《国策纪年》一卷。其中《神农本草经》侧重揭明本经真面及原编次序,将药物分为上、中、下三品,依次记其药名、性味、主治病症及药物的别名、生长环境等,其记药物三百六十五种。是编所收各书,除历算之外,多为顾氏校勘之文。清光绪九年(1883)独山莫祥芝初刻于上海,成十种,十六卷,后金山高桂续刊二种,八卷。至民国四年(1915)金山高煌据莫氏版并高桂续刊二种修补汇印。刻本之外,尚有稿本传世,所收之书较刻本为多。刻本卷首有莫祥芝及高煌序,张文虎、高煌著顾氏传及《总目》等。

【辑录】高煌序略云:"《武陵山人遗书》为上海邑令独山莫公祥芝所刊。去任时,将版赠山人之子瘦泉先生,会我先君子亦校刊山人书两种,曰《七国地理考》,曰《国策编年》,版藏于家,先生以所居卑湿,属制架并藏焉。无何,瘦泉先生殁,其后人索之以归,乃不数年而零落不完。又更大水,存者亦多烂坏。同里俞君恕堂,戚君稚堂劝煌筹款,为顾氏后人稍置生业,作为购藏。时光绪二十六年也。检阅版片,散佚者十馀张,烂坏者二十馀张,一一修补,今幸无缺失,余因以叹不朽盛业易就泯灭,既镂版以行世矣。"

李慈铭《越缦堂读书记》云:"(顾观光)所著述甚多,兹刻共十二种。其学精于历算,李壬叔极推之。所刻七种皆算学也。又精医学,所辑《神农本草经》,较问经堂辑本,条理尤密。"

【版录】

(一)清光绪九年(1883)独山莫祥芝上海刊本

参见《综录》第 530 页。

史语　东海

(二)民国四年(1915)金山高煌据莫氏版并高桂续刊二种修补汇印本

参见《综录》第 530 页。总目卷端题《顾氏遗书》。半叶十行二十二字,白口,左右双边。续刊二种有合刻本,题名《顾氏二种》,有清宣统间刊本。

暨大

[补录]

(三)稿本

见《中国古籍善本书目》,本藏上海图书馆。凡二十六种,二十六卷,副本六种,六卷。较《综录》所列,少《九数外录》《神农本草经》《伤寒杂病论补注》《七国地理考》四种,而多以下子目:《七纬拾遗》不分卷、《吴越春秋逸文》一卷、《列女传校勘记》一卷、《文子校勘记》一卷、《内经素问灵枢校勘记》一卷、《灵枢经校勘记》一卷、《宋本伤寒论注》一卷、《诸家算术摘抄》不分卷、《日躔历指》一卷、《西月日补遗》一卷、《读时宪书识疑》一卷、《星度表九执历术》一卷、《流质重学节录》一卷、《铜发贡图》一卷、《古书逸文》(存一卷上)、《群书逸文》一卷、《杂抄》不分卷、《武林山人遗稿》一卷,副本六种六卷(《吴越春秋校勘记》一卷、《列女传校勘记》一卷、《华阳国志校勘记》一卷、《文子校勘记》一卷、《周髀算经校勘记》一卷、《六历通考》一卷)。

伯山全集

(清)康发祥撰

【传录】康发祥(1788—1840)字瑞伯,号伯山。江苏泰州人。著有《伯山诗钞》《伯山文钞》《三国志补义》等,后人编为《伯山全集》。

【叙录】是编凡四种,四十三卷。所收书多为康氏诗文集。其中《三国志补义》则为史部之书。康氏以为陈寿《三国志》抑扬过当,裴松之注征引论说亦有缺漏偏解之处,其书以志名,而又独缺史志,逐采辑清代补注多种,编成是书,内有《蜀书》二卷补遗一卷附录一卷、《魏书》五卷补遗一卷、《吴书》三卷。康氏乃考其事实,正其谬误,颇为详赡。

【版录】

清道光同治间泰州康氏刊本

参见《综录》第531页。子目包括:《伯山文钞》一卷、《伯山诗钞》四种十六卷(内有《癸巳集》七卷、《由庚集》一卷、《爱日集》一卷、《望云集》七卷)、《小海山房诗集》一卷、《三国志补义》十三卷、《伯山诗话》后集四卷续集二卷再续集二卷三续集二卷四续集二卷。《综录》将《小海山房诗集》一卷系于《伯山诗钞》下,误。

白云山房集

(清)张象津撰

【传录】张象津(1738—1824)字汉渡,号莪石,别号雪岚。山东新城(今桓台)人。乾隆四十五年(1780)举人。铨选知县,改授济宁直隶州学正,贻赠儒林郎。乡谥"文博",门人谥"文贞先生"。著有《考工释车》《离骚经章句义疏》以及诗文集等,汇成《白云山房集》。

【叙录】是编凡四种,十三卷。子目包括《白云山房诗集》三卷文集六卷、《考工释车》一卷、《离骚经章句义疏》一卷、《等韵简明指掌图》一卷论一卷。内容涉及经传、音韵、楚辞以及诗文等。其中《考工释车》对车制之长短尺寸,讲解特详。张氏以为,周制车名甚繁,不外大车、小车二端,乃取《考工记》中论车者,加以注释,于小车注释尤详,大车附见于后,遂成此书。其书征引繁博,条分缕析,正文顶格写,有注有疏,依次低格写。《离骚经章句义疏》先录朱熹小序,再疏《离骚》正文。全书分《离骚》为十九节,三大段,大抵本朱熹之说，而与屈复说相左。注释极简略，重疏解章节大义。《等韵简明指掌图》有图一卷、论一卷。书分十二摄，又分开合正副韵。张氏自序称："今年诸孙幼稚者，欲使知平仄，其才敏钝不一，不可口传，欲为简明图，取《字典》等韵图复加寻绎，忽若别有所见，乃为此图而各为记以附之。"可知这部等韵图是仿照《康熙字典》卷首所附韵图编制的。

【版录】

(一)清道光十六年(1836)张绳武等拜经堂刊本

参见《综录》第531页。是为补刻本。

[补录]

(二)清道光九年(1829)家刊本

见杨家骆《丛书大辞典》。又据杨家骆《四库大辞典》，是编当有附刻三种。

经图汇考 又名小园经图汇考

(清)毛应观撰

【传录】毛应观(生卒年未详)字盥三。山西夏县人。举人出身。道光十五年(1835)接替郭锳任娄县知县，十八年(1838)由罗才懋接任。著有《宰娄随笔》《经图汇考》等。

【叙录】是编凡三种，四卷。卷一为《天文祛异》，卷二为《地理征今》(分前后两卷)，卷三为《井田计亩》。全书原为十卷，只印成前三卷，据毛氏自序，尚未印行者有：卷四《律吕定音》、卷五《宫室辨位》、卷六《器用考形》、卷七《礼仪指画》、卷八《象数心诠》、卷九《衣服绘古》、卷十《饮食错珍》。其中《天文祛异》列恒星七政二道九行诸图，并详论岁差、斗差、里差等及其所推测之度数，而驳正《天元历理》《天文大成》诸书之谬。毛氏言天文多本除光启、利玛窦之说。《地理征今》列《禹贡》"职方"的九州，春秋七国的疆域，下至秦汉以后郡县的变更，而注有清各省各府州县于其下。毛氏言地理谓九州之浸惟扬曰五湖，其馀八州则皆川，所说多允惬。《井田计亩》用开方法，自一井至于万井或分或合，以及朝市、廛里、计军、大阅诸事，图各有考。书前有祁寯藻序，毛应观自序，后有王鋆跋。

【版录】

清道光十九年(1839)小园刊本

参见《综录》第531页。

北大　华东师大

新化邹氏学艺斋遗书又名邹氏学艺斋遗书、学艺斋遗书、邹叔子遗书

(清)邹汉勋撰

【传录】邹汉勋(1805—1853)字叔绩,一字绩父,号叔子。湖南新化人。咸丰元年(1851)举人。三年(1853),洪杨事起,从江忠淑援南昌有功,以知县叙用,又从江忠源守安徽庐州有功,迁直隶州同知。承其父文苏、母吴氏之教,于学无所不究。对于经训、史家、志乘、天算、历律、地理、形势、名物、制度、音韵、小学、金石、字画无所不通,以博学名于世。著有《读书偶识》《五韵论》以及诗文集等,后人编为《学艺斋遗书》。

【叙录】是编凡五种,十四卷。包括《读书偶识》八卷、《五韵论》二卷、《颛顼历考》二卷、《文集》三卷诗一卷、《红崖刻石释文》一卷。内容涉及杂学、小学、金石、历算以及诗文等。其中《读书偶识》乃邹氏居高平山时,读《易》《诗》《书》《礼》《春秋》《尔雅》诸经之所得,多能补前辈所未及。《五韵论》凡五音二十五论、二十声四十论、八呼二十论、十五类三十论古音之学的著作。邹氏心精力果,于地理、音韵尤所擅长,故为文能多所发明。其诗平衍,格调不高。邹氏本朴学之士,其所长在学而不在诗文。

【版录】

(一)清光绪四年(1878)攸县龙汝霖南昌刊本

参见《综录》第532页。

[补录]

(二)清道光十三年(1833)刊本

见《北京师范大学图书馆中文古籍书目》。

(三)清同治间邹世繇刊本

凡八种,三十卷。题名《邹叔子遗书》。世繇,汉勋子。见杨家骆《丛书大辞典》著录。所列子目较《综录》稍有出入,兹录如次:《读书偶识》十卷附一卷、《五韵论》二卷、《颛顼历考》二卷、《红崖碑释文》一卷、《南高平物产记》二卷、《学艺斋文存》八卷、《学艺斋诗存》二卷附《诗馀》一卷、《学艺斋外集》一卷。

(四)清光绪五年(1879)会稽赵氏刊本

凡六种。题名《学艺斋遗书》。见王宝先《台湾各图书馆现存丛书目录》。

史语

(五)清光绪九年(1883)邹代钧刊本

凡七种。题名《邹叔子遗书》。较《综录》所列多《南高平物产记》《诗集》《外集》三种。见《北京师范大学图书馆中文古籍书目》《杭州大学图书馆线装书总目》著录。

史语　东海

石泉书屋全集

(清)李佐贤撰

【传录】李佐贤(1807—1876)字仲敏,号竹朋,别号石泉、贻隽,室名石泉书屋、得壶山房、吾庐。山东利津人。道光十五年(1835)进士。授翰林院编修,官福建汀州知府。嗜古精鉴,亦能画竹。著有《石泉汇》《吾庐笔谈》《石泉书屋类稿》以及诗文集等,后人辑有《石泉书屋全集》。

【叙录】是编凡六种,一百四十五卷。所收书有《石泉书屋类稿》八卷诗钞六卷律赋二卷尺牍二卷馆课诗二卷制艺二卷制艺补编一卷、《古泉汇》六十四卷(《首集》四卷、《元集》十四卷、《亨集》十四卷、《利集》十八卷、《贞集》十四卷)、《书画鉴影》二十四卷、《武定诗续钞》二十四卷、《吾庐笔谈》八卷、《坦室遗文》一卷杂著一卷。内容涉及钱币、书画、杂录以及诗文等。其中《石泉书屋类稿》收录论说传记、序跋、行述行略、墓表志铭、金石题跋、书画题跋以及铭赞联等。内所载金石、书画题跋二卷,乃其精华所在。《古泉汇》"首集"为凡例、总目、历代著录及李氏之古泉臆说、节录名家泉说等;"元集"收古币;"亨集"收古刀;"利集"收圜法正品;"贞集"收异泉杂品。总共著录五千馀品。每品各图其形,并系以考证。自有泉币谱志以来,惟是书既详且博。《武定诗续钞》收二百八十二人,诗二千零二首。其体例一仍前钞,于诗人之字号、籍贯、科目、官阶、著作俱列小传。《吾庐笔谈》除了经史摘录评引、诗话之外,主要记载一些联语、神怪之事。是编刊于清咸丰八年至光绪元年(1858—1875)间。

【版录】

清咸丰至光绪间利津李氏刊本

参见《综录》第 532 页。

倚晴楼集

(清)黄燮清撰

【传录】黄燮清(1805—1864)原名宪清,字韵甫,又字韵珊,号吟香诗舫主人。浙江海盐人。道光十五年(1835)举人,后多次会试不第。转至江西虔州(今赣州)李蔼如幕下为宾。咸丰二年(1852)入仕,为实录馆誊录,后累任宜都、松滋两县知县,有政声。少以词曲名世,中年以往益肆力于诗书文章,壮又却尘息影读老庄之书,而溺于神仙杳渺之说。

后工乐府,亦颇有成就。著有《倚晴楼诗集》《拙宜园词》《倚晴楼七种曲》《国朝词综续编》等。编为《倚晴楼集》。

【叙录】是编凡三种,五十六卷。包括《倚晴楼诗集》十二卷续编集四卷诗馀四卷、《倚晴楼七种曲》十二卷、《国朝词综续编》二十四卷。所收以诗歌、乐府以及词为主。其中《倚晴楼诗集》以年为序,前集始于道光癸未(1823),终于道光庚戌(1850);续集始于咸丰戊午(1858),终于同治甲子(1864)。清胡凤丹评其诗有"澜翻潮涌,诗中之昌黎也","情真语挚,诗中之香山也","忧愁抑郁,诗中之少陵也","仁者之心,其言蔼如,诗中之漫叟也"。黄氏诗作在当时有一定的影响。《倚晴楼七种曲》包括七种传奇:《茂陵弦》二卷,写司马相如与其妻卓文君一生事;《帝花女》二卷,写明崇祯皇帝女长平公主事;《脊令原》二卷,乃改编《聊斋志异》所载曾友于事;《鸳鸯镜》一卷,出自《池北偶谈》之同名故事;《凌波影》一卷,写曹植遇洛神故事;《桃溪雪》二卷,写清康熙初年,耿精忠于福建谋叛,浙江永康烈妇吴绛雪遭难事;《居官鉴》二卷,写王文锡居官清廉事。此七种传奇又名《韵珊外集》,原皆附于《倚晴楼诗集》中,后经其婿重编刊行。

【版录】

清咸丰同治间海盐黄氏拙宜园刊本

参见《综录》第533页。《倚晴楼七种曲》除丛书本外,见于各书目的单刻本有:清道光十四年(1834)自刊本;清云鹤山馆刊本;清光绪七年(1881)刊本;清光绪三十三年(1907)刊本。

首都师大

遵义郑征君遗著又名巢经巢集

(清)郑珍撰

【传录】郑珍(1806—1864)字子尹,晚号柴翁,别号子午山孩、五尺道人。贵州遵义人。道光十七年(1837)举人,选荔波县训导,咸丰间告归。同治初补江苏知县,未行而卒。学宗许郑,治经学、小学,亦工书善画。其诗风格奇崛,时伤艰涩,与独山莫友芝齐名,并称"郑莫""西南巨儒"。所著有《仪礼私笺》《说文逸字》《说文新附考》《巢经巢经说》《郑学录》等。

【叙录】是编凡四种,二十一卷;附一种,四卷。所收皆诗文。包括《巢经巢文集》六卷、《巢经巢诗集》九卷后集四卷、《巢经巢遗诗》一卷《附录》一卷,附《屈庐诗稿》四卷(清郑知同撰)。其中《巢经巢文集》卷一为经说,卷二为考、问答,卷三、四为书札、记序,卷五为纪事、题跋、书后,卷六为附录,包括传、表、行状、铭、赞及其他杂文。咸丰二年(1852)望山堂自刻郑氏手定诗集九卷,收诗止于咸丰元年(1851)。光绪二十年(1894)高培谷于资州刻其遗文五卷、诗四卷。民国四年(1915)陈夔龙以望山堂本为诗前集,以高氏所刻诗为诗后集,增辑遗诗一卷。以高氏所刻文加《经说》一卷为文集。又以郑氏所撰碑传文数种为附录,以郑知同《屈庐诗稿》为附刻,汇刊为《遵义郑征君遗著》。高氏所刻文集无《经说》一卷。郑氏文守韩柳家法,谨严峭洁,不落宋以后体势。其议论之文,亦非常人所能规仿,于地理水利,辨析明了,关系一省舆地之学。其诗前集九卷,凡诗四百九十二首;后集四卷,凡诗二百六十首;遗诗一卷,凡诗六十四首。除前集为郑生前手定外,馀皆卒后,遗孤及戚友搜补付梓。郑氏为晚清宋诗派代表作家。其诗宗奉杜甫、韩愈、孟郊、黄庭坚。题材广泛,内容充实,兼奇奥、平易之风。

【版录】

(一)民国三年(1914)花近楼刊本

参见《综录》第 533 页。

华南师大

[补录]

(二)民国十四年(1925)序香山黄氏古愚室影印《清代学术丛书》本

参见《综录》第 300 页。收入刻丛书第二集。子目相同,惟无总书名。

(三)民国二十五年(1936)上海中华书局《四部备要》本

参见《综录》第 322 页。收入刻丛书集部之清别集。多《逸诗》一卷,少郑知同《屈庐诗稿》四卷。无总书名。

巢经巢全集

(清)郑珍撰

【传录】参见《遵义郑征君遗著》。

【叙录】是编凡十五种,九十卷;附四种,八卷。所附《屈庐诗稿》等乃其子郑知同的著作。郑氏较重要的著作均已收入《全集》中。其中《巢经巢经说》一卷,内容以推明服制之微,阐明人道重要为宏旨。是书基本奠定了郑学的基础。《仪礼私笺》乃郑氏对《仪礼》的考证之文,卒后由其子搜集详校。《轮舆私笺》二卷,以郑玄《考工记注》为本,反复推寻,求得郑注关于车制之真解,然后平列各家之说,考证其失误之处。书后附郑知同撰图一卷。《说文新附考》六卷,乃考辨大徐本新附字之作。《汗简笺正》八卷,乃考辨宋郭忠恕《汗简》的重要著作。郑氏抉其底蕴,为之笺证,揭真赝所由来。郑氏诗文共有二十馀卷。是编收有《文钞》四卷、《诗钞》十五卷。其《诗钞》有前集九卷,后集四卷。乃郑氏自己编定,咸丰二年(1852)望山堂初刻。以年为序。录入道光六年至咸丰元年(1826—1851)间的诗作四百九十二首。是作者二十一岁至四十六岁时的作品。郑氏诗作学杜甫,实则与黄庭坚相类，讲究无一字无来历。凡所遭际山川之险，跋涉之窘艰，友朋之聚散，室家之流离与盗贼纵横，人民涂炭等事，一见于诗，故一览而顿感可骇可愕，可歌可泣，波澜壮阔，皆趣深厚，时人评价甚高。卷首有前溪吴鼎昌、湘潭刘千俊等序，以及传、墓表、行述、年谱、书目等。

是编由郑氏同邑赵恺倡刊，并负责校雠、编订，湘潭刘千俊筹划，前溪吴鼎昌捐资付梓。

【辑录】书前吴鼎昌序云："先生为清代钜儒，著述宏博，学问文章非仅为黔省杰出，在吾国学术史上固已特树一帜。所作如《仪礼私笺》《郑学录》《亲属记》《经说》，或阐明古代礼制，以厘正近世学说，或考镜经术源流，为来贤树一准的。如《说文逸字》《说文新附考》《汗简笺正》，则有功于文字学，跨越钮非石、苗先麓诸家，不徒衍段、王馀绪。其《轮舆私笺》《凫氏图说》，为工程学之专著。《樗茧谱》裨利实业，堪以倡导母教录敦纯孝之思，播雅见表扬文献之谊。馀事为诗文，并雄博古茂。诗尤卓绝，同时莫子偲先生，推先生经术第一，文章第二，歌诗第三。有诗易见'才恐他日流，传转压两端'之语。近如陈石遗、梁任公均矢口交推，欲拟为晚清诗家之冠。"

目录后赵恺跋云："郑先生书共十五种，恺搜藏有年，兢兢轶守，恐惧散失而难合璧。计向所庋存之望山堂原板五种外，此则各省书局或私人为之锓刻者。而其板片大小不一，本册行路，宽窄各异，虽获存之，大有不成全集之慨。湘潭静庵（千俊）专员，崇尚先贤，数谋刊印遗书，用彰诚服。适吴省主席临抚黔疆，首衔儒术，表扬先哲与治道并进，即捐钜款，刷印全书，传播天下。恺敬为整理次第，缮写以呈。郑先生遗作散亡者固不少，稽此流传，已足见其大矣。"

【版录】

民国二十九年（1940）贵州省政府排印并据清刊板汇印本

参见《综录》第 533 页。

首都师大　暨大

记过斋藏书

（清）苏源生撰

【传录】苏源生（1809—1870）字泉沂，号菊村。河南鄢陵人。道光二十年（1840）副榜贡生，从嘉兴钱仪吉学。喜读宋儒书，反躬实践。咸丰元年（1851）举孝廉方正，辞不就。八年（1858）以历年守城劳绩，赏加光禄寺署正衔。后主讲文清书院十五年。生平读书笃实，为己专一而不杂，教人一以朱子为法。著有《记过斋文稿》《贞寿堂赠言》《大学臆说》《省身录》等，又辑《记过斋丛书》七种，编为《记过斋藏书》。

【叙录】是编凡七种，三十九卷。全书分两部分，前部分以自撰为主，包括《记过斋赠言》一卷附《言行略》一卷《崇祀乡贤录》一卷、《记过斋文稿》二卷、《贞寿堂赠言》一卷（辑）、《师友札记》四卷（辑）、《大学臆说》二卷、《省身录》十卷。后五种曾结集刊行，题名《记过斋书五种》。其中《大学臆说》大旨笃守朱子《章句》，间引《语类》《或问》等书，以及其他各家之说，以补充其义。亦间抒己见以发明之。苏氏尝谓，程朱之言皆程朱所已行，遵其言必遵其行。故著《省身录》以明之。《记过斋文稿》及《师友札记》等多半是当时学者交游及来往书信，可考当时学术概况。据《清史列传》，苏氏著述尚有《中州文征》五十四卷、《鄢陵文献志》四十卷、《中州学案》（未成）。后部分为苏氏所辑先贤遗著，凡七种十七卷，题为《记过斋丛书》。包括明陈瑚《圣学入门书》一卷、宋陈淳《严陵讲义》一卷、明吕坤《省心纪》一卷、明薛瑄《薛文清公读书录》八卷、清夏锡畴《强恕堂传家集》四卷、明吕坤《救命书》一卷、清彭定求辑《儒门法语》一卷。其中《圣学入门书》分为大学日程和小学日程二种。大学日程有格致、诚意、正心、修身、齐家、治平之学诸目；小学日程有入考、出弟、谨行、信言、亲爱、文艺之学诸目，每目各为疏解，为研究明清学校教育的原始资料。《救命书》又名《守城救命书》，主旨为守城保民，免于兵害。自序称“是书也，信之则为活人，忽之则为死鬼”。可为研究古代城防、兵器制造者参考。《儒门法语》摘录宋明两代朱熹、陆九渊、薛瑄、王守仁等二十一家讲学的言论，并附以作者的见解的诠解。

【辑录】卷首有太康李浚序，略云：“吾友苏菊村，少孤恪，奉慈训，有志于濂洛关闽。中副车，遂弃去科名。积书万卷，丹黄而甲乙之，而必以宋儒为宗。”

【版录】

清咸丰光绪间鄢陵苏氏刊本

参见《综录》第534页。约刊于道光三十年至光绪六年（1850—1880）间。

据杨家骆《丛书大辞典》所列子目，较《综录》多《师友赠什》一卷。另《师友札记》后尚有附录一卷。

番禺陈氏东塾丛书又名东塾丛书

（清）陈澧撰

【传录】陈澧（1810—1882）字兰甫，号东塾，学者称东塾先生。广东番禺人。道光十二年（1832）举人。官河源县训导。据《清史列传》，陈澧九岁能诗文，及长，与同邑杨荣绪、南海桂文耀为友。复问诗于张维屏，问经学于侯康。中年读诸经注疏、子史及朱子书。后为广州学海堂学长数十年，晚年主讲菊坡精舍，从学者甚众。学识渊博，凡天文、地理、乐律、算术、古文、骈文、填词、篆隶、真行书无不研究，尤精文字音韵之学。著有《说文声表》《声律通考》《汉儒通义》《东塾读书记》《忆江南馆词》等百馀种，汇有《东塾丛书》。

【叙录】是编凡四种，三十三卷；附一种，一卷。子目包括《汉儒通义》七卷、《声律通考》十卷、《切韵考》六卷外篇三卷、《汉书地理志水道图说》七卷，附《考正德清胡氏禹贡图》一卷(清陈宗谊撰)。所收之书内容涉及经解、声律、音韵以及地理之学等。其中《汉儒通义》阐述汉儒经解特点。《声律通考》乃考古今声律，辨正古乐之法度。《切韵考》首创“系联法”，将《广韵》反切上下字，分别以同用、互用、递用为一类加以系联，考证出《广韵》有四十声类、三百二十一韵类。其《外篇》以所考得之《广韵》声类、韵类与等韵比较。声类的研究始于此书。《汉书地理志水道图说》及所附其子宗谊所撰《考正德清胡氏禹贡图》，为历史地理学著作。陈氏治学服膺顾炎武，一生著述颇多。是编所收止于初函，仅为陈氏著述的一小部分。据有关资料所记，清末广雅书局曾补刻第二函，凡四种，九卷。包括《水经注西南诸水考》三卷、《孤三角平视法》一卷、《摹印述》一卷、《三统术详说》四卷，后题名《东塾遗书》，收入《广雅书局丛书》中。一说第二函子目为《东塾集》六卷、《东塾读书记》二十一卷。

【版录】

(一)清咸丰至光绪间刊本

参见《综录》第535页。

中大　华南师大　湖北大　暨大　首都师大　东研　静嘉堂

［补录］

(二)清末广州富文斋刻本

是刻题名《东塾丛书初函》。半叶十行二十字，白口，左右双边。书名页镌“初函四种附一种”诸字。子目与《综录》同。

广东　华南师大

何宫赞遗书

(清)何若瑶撰

【传录】何若瑶(生卒年未详)字石卿，一字群玉。广东番禺人。道光二十一年(1841)二甲一名进士。选庶吉士，授职编修，擢右春坊右赞善。告归，主讲禺山书院，总纂邑志，书未成而卒。卒年六十岁。其勤学嗜古，好经史，与著名学者陈澧友善。著有《春秋公羊注疏质疑》《两汉考证》以及诗文集等，后人汇为《何宫赞遗书》。

【叙录】是编凡五种，九卷；附刻一种，二卷。包括《春秋公羊注疏质疑》二卷、《前汉书注考证》一卷、《后汉书注考证》一卷、《海陀华馆文集》一卷诗集三卷、《先世事略》一卷，附刻《隙亭剩草》一卷杂言一卷(清何森撰)。所收之书,前三种为经史著作,其次为何氏诗文集及其父何森著作。其中《春秋公羊注疏质疑》乃陈氏细绎平日读书所积裒录而成,对何休注、徐彦疏中不当之处进行了驳正,征引所及,包括《孟子》《尔雅》《左传》《谷梁传》经及诸家学说。《前汉书注考证》《后汉书注考证》为考证两《汉书》旧注之文,每条证注不多,却很中肯。

【版录】

清光绪八年(1882)何云旭刊本

参见《综录》第536页。是书刊于广州。沈乾一《丛书书目汇编》、黄荫普《广东文献书目知见录》著录,均不载何森的著作。

中大　东洋

左文襄公全集又名左宗棠全集

(清)左宗棠撰

【传录】左宗棠(1812—1885)字季高。湖南湘阴人。清末洋务派和湘军首领。举人出身,曾入湖南巡抚张亮基、骆秉章幕。咸丰十年(1860),由曾国藩推荐,率湘军五千人赴江西皖南与太平军作战。同治元年(1862)初任浙江巡抚。次年升闽浙总督。同治三年(1864),攻占杭州,控制全浙。同治四年(1865),奉命节制赣、粤、闽三省军务,镇压太平天国馀部李世贤、汪海洋。同治五年(1866),创办福州船政局,同年调任陕、甘总督。次年又以钦差大臣督办陕、甘军务,率军镇压回民起义和抗击捻军进攻。同治七年(1868),会同李鸿章击灭西捻军后,又率军返回西北,于同治十二年(1873)攻占甘肃,击灭回民军。光绪元年(1875),以钦差大臣督办新疆军务,率军讨伐阿古柏,收复乌鲁木齐、和阗(今和田)等地,阻遏俄英对新疆的侵略。后在西北创办兰州机器织呢局等新式企业。七年(1881)任军机大臣,调任两江总督兼通商事务大臣。中法战争时督办福建军务,病死于福州,卒年五十四岁。官至东阁大学士,封恪靖侯,谥文襄。左氏亦工诗文,有《盾鼻馀沈》等,其奏议多收在《左文襄公全集》。

【叙录】是编凡十三种,一百三十四卷。此集为门人杨书霖所编,收有奏稿、书牍、说帖、批札、谢折、咨札、告示等,亦有诗集、联语。所附《张大司马奏稿》四卷、《骆文忠公奏稿》十卷,均为左氏居幕府时拟作。左宗棠为近代史上的重要人物,他大量的公文、奏折保存了一些重要的史料,他的诗文亦不同程度地反映当时的社会现实。对研究近代的政治、经济、军事等方面历史以及了解左宗棠本人的历史作用等都具有重要的参考价值。

【版录】

(一)清光绪中刊本

参见《综录》第 536 页。此本缺《年谱》十卷。

[补录]

(二)清光绪十六年(1890)湖南刊本

此本收《年谱》十卷。全集收书凡十三种,一百三十四卷。一百二十八册。

北师大　华南师大　新疆大

(三)清光绪二十七年(1901)刊本

此本六十四册。

北师大

(四)1986 年上海书店出版社据光绪十六年刊本影印本

此本精装二十册,易名《左宗棠全集》。

息柯居士全集

(清)杨翰撰

【传录】杨翰(1812—1879)字伯飞,一字海琴,号息柯。宛平县(今属北京市)人。道光进士。由翰林院编修出守湖南永州府。后隐于浯溪,日以著述为事。工书画,好金石文字,长于鉴赏,诗亦清矫拔俗。著有《息柯杂著》《粤西得碑记》《归石轩画谈》以及诗文集等,汇成《息柯居士全集》。

【叙录】是编凡八种,四十一卷;附三种,七卷。所收有《息柯白笺》八卷、《息柯杂著》六卷、《褒遗草堂诗钞》十二卷、《粤西得碑记》一卷、《归石轩画谈》十卷、《梦绿亭会合诗》一卷续编一卷、《先德录》一卷、《浯溪纪游诗》一卷,附清於益《集浯溪碑字联语》一卷、清王士禛《浯溪考》二卷、清李崧霖《三十树梅花书屋诗钞》四卷。全集前部分为杨氏自撰作品,后部分兼收他人著述。其中《粤西得碑记》乃作者晚年游粤所得,记其风物,述其文字,足以引人入胜。《归石轩画谈》记述书画源流、题跋款识,可供研究者参考。

【版录】

清同治光绪间刊本

参见《综录》第 536 页。

古桐书屋六种又名古桐书屋遗书、刘子六种

(清)刘熙载撰

【传录】刘熙载(1813—1881)字伯简,一字融斋,晚号寤崖子。江苏兴化人。道光年间进士,选庶吉士,授编修。曾任广东提学使,官至左中允。治经无汉宋门户之分,子史、天文、算法、字学、韵学,无不通晓。尤以躬行为主。秉性俭约,至贵显时亦不易其初。晚年主讲上海龙门书院以终。其著述大多收于《古桐书屋遗书》中。

【叙录】是编凡六种,二十卷。其中以《艺概》最为重要,此书分"文概""诗概""赋概""词曲概""书概""经义概"六类,分论诗、论文、论赋、论词曲各体,以及书法、制义等。此书有独创之处,其理论虽只议其大概,但十分精要,体会尤深,多为仁得之谈。其他《说文双声》《说文叠韵》《四音定切》均为音韵学著述。后又编有《古桐书屋续刻三种》,于光绪十三年(1887)刊成,系刘氏及门弟子校刊之书,其中《古桐书屋札记》多为论读书心得的记述,《游艺约言》是续《艺概》之作,《制艺书存》乃制艺之论文。

【版录】

(一)清同治光绪间刊本

参见《综录》第537页。行字不一,白口,左右双边,单鱼尾。

[补录]

(二)1987年江苏广陵古籍刻印社影印本

见国务院古籍整理出版规划小组办公室编《古籍整理图书目录》(1949—1991)。据光绪间刻版重印。

雷刻八种

(清)雷浚撰

【传录】雷浚(1814—1893)字深之,一字广文,号甘溪,又号寓楼。江苏吴县(今苏州)人。早年受业于江沅之门,为学古堂斋长。通小学,精校雠,以刊书为业。著有《说文引经例辨》《韵府钩沉》《乃有庐杂著》以及诗集等,后人编为《雷刻八种》。

【叙录】是编凡六种,三十一卷;附刻二种,二卷;续刻二种,二卷。初刊于同治十三年至光绪十年(1874—1884),题名《雷刻四种》,包括《说文引经例辨》三卷、《说文外篇》十五卷补遗一卷、《说文辨疑》一卷(清顾广圻撰)、《刘氏碎金》一卷(清刘禧延撰)。后于清光

绪二十年至二十一年(1894—1895)又补刊《韵府钩沉》五卷、《睡馀偶笔》二卷、《道福堂诗集》四卷、《乃有庐杂著》一卷，续刊《豫章语录》一卷(明雷翀撰)、《琴韵居诗存》一卷(清雷大升撰)，对全书重加编排，将顾氏及刘氏两种列为附刻，遂成《雷刻八种》，续刻二种。其中雷氏著述共六种，内容涉及经义、文字、音韵、杂著、诗文等。《说文引经例辨》乃考辨《说文》引经之作。对《说文》引经各条逐一进行分析，使许慎的训释更为完善，字义更为准确。《说文外篇》旨在探求《说文》不载的经典相承之字。举四书群经中字，凡《说文》所无、钮氏《新附考》《续考》所未及者，皆于《说文》中求其本字，于他书中求其通字，《玉篇》《广韵》中之常用而不可废者，亦附及焉。分为"经字""俗字"二例，经字指四书群经之字，俗字指《玉篇》《广韵》之字。《韵府钩沉》以通俗韵书失收之字甚多，因用《古经解钩沉》《小学钩沉》之例，择取经史子集中字，按韵补之。

【版录】

清光绪中吴县雷氏刊本

参见《综录》第 537 页。暨南大学图书馆藏四种本。半叶十行二十一字，小字双行同，黑口，四周双边。书名页镌"雷刻四种"及四种书名。

首都师大

乔勤恪公全集

(清)乔松年撰

【传录】乔松年(1815—1875)字健侯(一作建侯)，号鹤侪。山西徐沟(今清徐县)人。道光十五年(1835)进士。授工部铅子库主事，历任都水司员外郎，常州、苏州、松江知府。后升任安徽、陕西巡抚，官至东河总督。卒后赠太子少保，谥勤恪。著有《论语浅解》《纬捃》《萝藦亭札记》以及诗文集等，编为《乔勤恪公全集》。

【叙录】是编凡四种，四十二卷。包括《论语浅解》四卷、《纬捃》十四卷、《萝藦亭札记》八卷、《乔勤恪公奏议》十六卷。其中《论语浅解》乃用浅显语句解释《论语》。虽引用朱熹论，但不尽拘泥于朱注。关于事迹礼制等，皆用群经诸子相传证明。《纬捃》前十二卷收录的资料全部来自佚文坠简，末二卷为《古微书订误》《古微书存考》，是乔氏杂采所见纬书旧文对明孙瑴《古微书》所作的考证、纠误之文。是书包括《易纬》一卷、《尚书纬》二卷、《诗纬》一卷、《春秋纬》二卷、《礼纬》一卷、《乐纬》一卷、《孝经纬》一卷、《论语纬》一卷、《河图纬》一卷、《雒书纬》一卷、《古微书订误》一卷、《古微书存考》一卷，均为谶纬之书，其中保存了不少古代神话传说，也记录了一些有关古代天文、历法、地理等方面的知识。

【版录】

清光绪三年(1877)强恕堂刊本

参见《综录》第 537 页。杨家骆《丛书大辞典》著录有“自刊本”，题名《纬捃》。然所列子目几乎同《全书》，仅少《乔勤恪公奏议》，而多《萝摩亭遗诗》四卷、《萝摩亭遗文》二卷。

通斋全集

(清)蒋超伯撰

【传录】蒋超伯(生卒年未详，约道光、咸丰时人)字叔起，号通斋。江苏江都人。工诗文。同治七年(1868)曾赴广东，其间著有《圃珖岩馆诗钞》四卷。另有《文苑珠林》《榕堂续录》《南行纪程》以及诗文集等，编为《通斋全集》。

【叙录】是编凡九种，三十四卷；附一种，二卷。包括《通斋诗集》五卷、《垂金荫绿轩诗钞》二卷、《圃珖岩馆诗钞》四卷、《通斋文集》二卷遗稿一卷外集一卷、《文苑珠林》四卷、《榕堂续录》四卷、《窥豹集》二卷、《南行纪程》一卷、《南漘楛语》八卷，附《晓瀛遗稿》二卷(清蒋继伯撰)。内容涉及地理、杂学、典故、诗文集等方面。其中《通斋诗集》所收诗作，多题图、游记、随感、纪梦、杂咏、和韵之属。其诗豪宕奔放，情韵自然流露，颇有古风。《垂金荫绿轩诗钞》乃清同治丙寅至戊辰(1866—1868)夏之间，蒋氏与友人方子箴“更相酬唱”之作。因诗稿曾存于陈臬将军的垂金荫绿轩颜是堂，又因集中附有方子箴、陈兰甫等人之诗，故名其集。所作大都取诸生活中之见闻，如民间歌谣、游记、咏物、应酬、送别、遣怀等。其诗风平衍，并能间或涉及对贫苦农民悲惨生活的描写。《圃珖岩馆诗钞》乃清同治七年(1868)间，蒋氏南游广东，在其养身治病之闲暇所作。因其寝榻寓处为圃珖岩馆，故名其集。诗作记叙其养病中耳闻目睹及思虑所至之事，诸如历史、传闻、感悟、遣怀、追和、次韵、忆旧、悼词、题词、赠别、杂诗等。其中有些诗作记载了清代两粤地方少数民族的一些风俗物产，如铜鼓、藩暑鹿、莨绸等，亦有关于西洋舶来品(如鼻烟)的记载。《通斋文集》多仿古应酬之作，然对赵盾、孔明、苏轼等历史人物的评议，却颇有独见。集中有关两广之地清代社会风俗的记载，有一定的史料价值。《窥豹集》乃考订经史作。书中多引惠栋《九经古义》、朱氏《经传考证》、王念孙《读书杂志》、王引之《经义述闻》等书。

【辑录】《续修四库全书总目提要》称此书“抄录者多”，“著书之法，本非一例。读前人之书，而折衷以己意，一也；析前人之说，明其法例，二也；集前人之说，依四部之次第，排列有章，便于读者，三也。今超伯之书，全异于是，周害之互误，哉才之相通，前人言之屡矣。旧籍具在，何必多此一举也”。全面否定其书。其实，书中亦有引书不著其名，似出蒋氏之手。即是引录各家考证成果，也会为读者提供某些方便，不可尽废。

【版录】

(一)清同治三年(1864)高凉郡斋刊民国二十二年(1933)扬州陈恒和书林重印本

参见《综录》第 539 页。

[补录]

(二)清同治三年(1864)高凉郡斋刊本

凡十三种。无《综录》所列《通斋文集遗稿》一卷,多《通斋自记》一卷、《麓渡荟录》十四卷、《爽鸠要录》二卷。另《晓瀛遗稿》二卷系附刊。见杨家骆《丛书大辞典》。

何文贞公遗书

(清)何桂珍撰

【传录】何桂珍(1817—1855)字丹畦。云南师宗县人。道光十八年(1838)进士。官翰林院编修。咸丰间出为徽宁池太广道。后募勇征装捻军,被杀,谥文贞。所著后人辑为《何文贞公遗书》。

【叙录】是编凡三种,七卷。包括《补辑朱子大学讲义》二卷、《训蒙千字文》一卷、《何文贞公遗集》二卷首一卷附录一卷。所收有经学、文字、诗文等。其中《补辑朱子大学讲义》乃何氏值上书房时所著。绍熙五年(1194)朱子召侍经筵时,曾著《讲义》六章,不久罢退。何氏遂补其所未及的修、齐、治、平四章,按式纂补,附以己说。书中摘录朱子文集,其小注则改照章句定本,《讲义》则间参《或问》《语类》及《奏答》《封事》等篇。复附以诸儒之说,折衷朱子之意。是书意在辅君德而推本朱子,并引申其所未及。《训蒙千字文》又名《训蒙千文注》《何文贞公千字文》,是仿周兴嗣《千字文》四言韵语体例编撰的小学训蒙读物。每段之后,于文字艰难处,皆详为注释,性质与宋胡寅《叙古千文》相类,旨在使小童发正于蒙。《何文贞公遗集》卷首为何氏《补辑大学讲义序》和《进呈补辑朱子大学讲义疏》,正文二卷为《补辑朱子大学讲义》二卷(进呈)、《训蒙千字文》一卷(进呈)、《文集》卷首(本传、碑记、墓表、记事)、《文集》卷一(疏)、《文集》卷二(序、跋、书),末为附录一卷。

【版录】

(一)清光绪十年(1884)六安求我斋刊本

参见《综录》第539页。据刘声木《续补汇刻书目》著录,凡五种。除《综录》所列子目外,尚有《大学衍义附编》四卷、《续理学正宗》□卷。倭仁所撰墓表称多已散佚。

(二)民国云南丛书处刊《云南丛书》本

参见《综录》第456页。收入该丛书初编。凡二种,六卷。少收《训蒙千字文》一卷。

史语

[补录]

(三)台北文海出版社《近代中国史料丛书续编》本

收入该丛书第二辑。沈云龙主编。见施廷镛主编《中国丛书目录及子目索引汇编》。

柏堂遗书又名柏堂全集

(清)方宗诚撰

【传录】方宗诚(1818—1888)字存之,号柏堂。安徽桐城人。诸生。学宗程朱理学,工古文辞。曾入曾国藩幕府镇压太平军,同治间李鸿章总督直隶,荐授枣强知县,治狱有声。曾设立私塾,创办敬仪书院。其后隐居,从事著作,从游者甚众。督学贵恒,重其学行,奏加五品卿衔。卒七十一,学者称柏堂先生。有《柏堂全集》。

【叙录】是编收书三十二种,一百五十九卷。其子守彝精心校雠十年,于光绪间陆续刊出。此集主要内容为阐述封建社会士大夫的道德修养和统治者的治国谋略,以及九经、三史的研究问题。

【辑录】是书彭玉麟序云:"其所为经说、笔记、古文,凡圣贤所论修身治世之理,守经处变之宜,皆思剖晰其微言大义,其于历代帝王之世,皆思洞悉其治乱兴亡之在而究其制治保邦,拨乱反正……其论则自九经、三史。汉、唐、宋以降,名臣醇儒大家之文,皆必好学深思以求,深知其意不愿为剿说雷同,以取悦于时。"

【版录】

清光绪中桐城方氏刊本

参见《综录》第539页。是本刊刻时间为光绪元年至十二年(1875—1886)。

暨大　东研　史语

邹征君遗书

(清)邹伯奇撰

【传录】邹伯奇(1819—1869)字特夫,又字一鹗。广东南海人。诸生。通经学、音韵学,而算学尤精。于经中有关天文算术,先儒未发或发而未明者,一经邹氏榷证,皆昭晰无疑。其时与夏鸾翔、丁取忠等名家交往甚密,在南方沿海诸省颇负盛名。又旁及诸子书及西法,因悟墨子书为西法所祖,陈澧极称之。同治初,粤抚郭嵩焘以算学荐,两度被朝廷召任北京同文馆教习,皆以疾辞不就。举学海堂学长。著有《学计一得》《补小尔雅释度量衡》《乘方捷算》《对数尺记》等,后人编为《邹征君遗书》。

【叙录】是编凡八种,十一卷;附二种,八卷。包括《学计一得》二卷、《补小尔雅释度量衡》一卷、《格术补》一卷、《对数尺记》一卷、《乘方捷算》三卷、《邹征君存稿》一卷、《舆地全图》、《赤道南北恒星图》,附清夏鸾翔撰《夏氏算学四种》五卷、清徐有壬撰《徐氏算学三种》三卷。所收以天文算法之书为多,皆邹氏以所掌握的数学知识解释儒家经籍中有关天文算学等问题。其中《补小尔雅释度量衡》乃专补《小尔雅》中“度”“量”“衡”诸篇之作。邹氏自为文、自为注,于经传有其字而笺注未详其数者,仅诸家有此说而其说不足为据者,概置弗取,惟取经传与笺注互证,彼此分合之数可以悉合者为断。其附注则博采旁征之义,凡唐以前之古训,一律兼收并蓄,而辨析之。书中融会群籍,考释透彻准确,颇为学者赞誉。《乘方捷算》则在戴煦《续对数简法》的基础上,对二项式N次根与对数的幂级数展开式作进一步探讨,从而扩大了它们的应用范围。此书是对戴煦在对数方面工作的进一步发展,对于在我国普及和推广对数具有一定的意义,也反映出我国数学界引进和消化西方对数知识的水平。

【版录】

(一)清同治十二年(1873)邹达泉拾芥园刊本

参见《综录》第540页。《北京师范大学图书馆中文古籍书目》著录为“清同治十三年(1874)南海邹氏香草书屋刻本”,所列子目有:《夏氏算学四种》(清夏鸾翔撰)、《徐氏算学三种》(清徐有壬撰)、《南海邹氏遗书》。

(二)清光绪二十二年(1896)上海鸿宝斋《中西算学丛书初编》本

参见《综录》第737页。

群经平议

(清)俞樾撰

【传录】俞樾(1821—1907)字荫甫,号曲园。浙江德清人。道光进士。官翰林院编修,河南学政,晚年讲学杭州诂经精舍。治经、子、小学,宗法王念孙父子,大要在正句读、审字义、通古文假借,并分析特殊文法与修辞。撰有《群经平议》《诸子平议》《古书疑义举例》等,能诗词,重视小说戏曲,强调其教化作用。所作笔记,搜罗甚富,包含有学术史、文学史的资料。所撰各书,总称《春在堂全书》。

【叙录】是编凡十六种,三十五卷。俞氏著述宏富,大部分著作已刊入《春在堂全书》。其中关乎语言文字之学者,以《群经平议》《诸子平议》《古书疑义举例》为代表。俞氏治学崇尚王念孙父子,并继承其治学方法,仿王引之《经义述闻》体例,以古音求古义,校正《易》《书》《诗》《周礼》《仪礼》《礼记》《大戴礼》《春秋公羊传》《春秋谷梁传》《春秋左传》《国语》《论语》《孟子》《尔雅》诸书的句读,考订群书讹舛,审定字义,发明通假,并分析其特殊文法与修辞现象。由经以及诸子,皆循此法。于王氏所遗漏失误之处,尚能拾遗补苴,订讹辨误,钩沉索隐,曲而能中。又如论《考工记》世室、明堂之制,驳正郑玄注文,可补充戴震《考工记图》之不足。是编多有精意，为学者所服膺。同治间，与《诸子平议》合称《篋书二种》，刊入《德清俞荫甫所著书》中。清光绪中，又分别刊入《春在堂全书》和《皇清经解续编》中。

【辑录】 光绪九年本俞樾《序目》略云："家贫不能具书，假于人而读焉，有所得必录之。治经之外，旁及诸子，妄有订正，两《平议》之作盖始此矣。其后江浙皆陷于贼，流离迁徙，靡有定居，《平议》两书卒未忍弃。同治建元之岁，由海道至天津，寓于津者三载，而《群经平议》三十五卷乃始告成。……以其书成最先，故列为所著书第一。……是书也成，藏之篋中，未出也。……蒋芗泉抚部时为吾浙方伯……知余有此书，力以刊刻自任。杭州刘笏堂太守以余书尚无定本，宜以时写定，赠洋泉四十为写书费。……五年春，方伯出巨资鸠众工登全书于版，未竟厥功，迁广东巡抚去。笏堂承公命始终之，开雕于夏四月，越八月而成。经理其事者为丁松生丙，任校雠者为高伯平均儒，皆与有力焉。"

清李慈铭《越缦堂读书记》略云："阅俞荫甫《群经平议》《易》《书》《诗》诸条。其书涵泳经文，务抉难词疑义，而以文从字顺求之，盖本高邮王氏家法，故不主故训，惟求达诂，亦往往失于武断，或意过其通，转涉支离。然多识古义，持论有本，证引疏通，时有创获，同时学者未能或之先也。"

【版录】

(一)清光绪二十五年(1899)刊《春在堂全书》本

参见《综录》第 541 页。

(二)清光绪十四年(1888)南菁书院刊《皇清经解续编》本

参见《综录》第 607 页。

[补录]

(三)稿本

本藏华东师范大学图书馆。存四卷(卷十九至二十二)。见《中国古籍善本书目》(经部)。

(四)清同治五年(1866)杭州刊本

初刻于同治五年(1866)。后与《诸子平议》合称《篋书二种》，收入《德清俞荫甫所著书》中。俞樾《序目》叙是书刊刻经过甚详。

北师大

(五)清同治十年(1871)刊《德清俞荫甫所著书》本

是为《篋书》之一。列于该丛书之首。牌记有"同治十年秋八月曾国藩署检"诸字。又有曾国藩《题俞荫甫所著书群经平议诸子平议后》。《篋书二种》牌记镌"同治十年冬日吴县冯桂芬署检"。《群经平议》书名页镌"篋书一""群书平议""德清俞氏书一"，牌记镌"同治辛未冬十月江清骥署检"。

暨南大学图书馆藏本半叶十行二十一字，黑口，左右双边。

北师大　湖北大

(六)清光绪九年(1883)重定《春在堂全书》本

列于该丛书之首。较同治本,俞樾《序目》稍有改易。

暨大

(七)清光绪十五年(1889)重定《春在堂全书》本

列于该丛书之首。同光绪九年(1883)重定本。

暨大

诸子平议

(清)俞樾撰

【传录】参见《群经平议》。

【叙录】是编凡十五种,三十五卷。俞樾治经之暇,旁及诸子。然“诸子之书文词奥衍,且多古文假借字。注家不能尽通,而儒者又屏置弗道。传写苟且,莫或订正,颠倒错乱,读者难之”(俞樾《诸子平议·序目》)。遂用《群经平议》之例,为《诸子平议》三十五卷。所平议者为《管子》《晏子春秋》《老子》《墨子》《荀子》《列子》《庄子》《商子》《韩非子》《吕氏春秋》《春秋繁露》《贾子》《淮南内篇》《太玄》《法言》诸书。依照原著顺序,摘录文句,加以考辨。大凡在于考订讹舛、审定字义、发明通假、正其句读等。宗法高邮王念孙父子,以古音求古义,不限形体,颇多精意,为学者所称道。同治间,与《群经平议》合称《篋书二种》,刊入《德清俞荫甫所著书》中。光绪中,又分别刊入《春在堂全书》中。

【辑录】卷首有俞樾《序目》,略云:“是书也成,与《群经平议》同置篋中,未出也。及《群经平议》刻成,而此书亦遂不自秘,稍稍闻于人。诸君子闻有此书,乃谋醵钱而刻之。经始于强圉单阏之岁,至上章敦牂而始观厥成。盖非一日之功,亦非一人之力也。”

【版录】

(一)清光绪二十五年(1899)刊《春在堂全书》本

参见《综录》第541页。

湖北大

[补录]

(二)清同治六年至九年(1867—1870)刊本

卷首《序目》称:“经始于强圉单阏之岁,至上章敦牂而始观厥成。”后与《群经平议》合称《篋书二种》,刊入《德清俞荫甫所著书》中。

(三)清同治十年(1871)刊《德清俞荫甫所著书》本

是为《篋书》之二。参见《群经平议》条标注。

(四)清光绪九年(1883)重定《春在堂全书》本

暨南大学图书馆藏本半叶十行二十一字,白口,左右双边。

(五)清光绪十五年(1889)重定《春在堂全书》本

行款版式同上条。

暨大

(六)1932年至1958年上海商务印书馆《国学基本丛书》本

收入该丛书"简编"。分上中下三册。

(七)1954年中华书局重印本

用商务印书馆《国学基本丛书》本纸型重印。

(八)1959年中华书局合印本

是乃《诸子平议》和双流李氏辑《诸子平议补录》两书的合印本。

北师大

止园丛书

(清)史梦兰撰

【传录】史梦兰(1813—1898)字香崖,号砚农,别号竹素园丁。河北乐亭人。道光二十年(1840)举人。选山东朝城知县,因母老不赴。后曾国藩招聘主讲莲池书院,李鸿章招修《畿辅通志》,均辞不就。家富藏书,遂博通群籍。治学以训诂考据为本,尤严于义利公私之辨。著有《家藏书画记》《叠雅》《燕说》《止园笔谈》以及诗文集等。编为《止园丛书》。

【叙录】是编凡十七种,一百三十四卷;附七种,十七卷。收有《尔尔书屋诗草》八卷文钞二卷、《家藏书画记》一卷、《全史宫词》二十卷、《叠雅》十三卷、《异号类编》二十卷、《燕说》四卷、《双名录》一卷、《止园笔谈》八卷、《砚农制义》一卷、《梧风竹月书巢试帖》一卷等,馀尚有数种所辑之书。所附为明王好问,清史履升、史一经、倪上述、阴振猷等人著作。内容涉及训诂、史评、传记、艺术、谣谚、杂学以及诗文等。其中重要者如《叠雅》,专辑重言叠字,故名。重言叠字,前人不甚重视,史氏遂搜辑经史子集和诸家注疏中的叠字,编成训诂学史上前所未有的专著。书仿《尔雅》体例,但不标明门类,略依类记之。字异而义同者汇为一条;字同而义异者则分属各条;同一重言叠字的异体字或假借字,用双行小字注于该词目之下。一条之中类聚若干同义之叠字,然后总释其义。所辑录之词,不仅训释其义,且博引群书,详加疏证。凡所征引,均按经史子集顺序排列,详注书名、篇名，有的还注明作者及其时代。全书共四百六十条，每条有多至七十六个叠字词的，可谓集叠字大成之作。《燕说》辑录河北方言词六百馀条，引书多达三百种，隐依《尔雅》类次，每条先列方言词语，次注直音或反切，复征引载籍加以疏证。是书以雅证俗，以彼证此，书名取《韩非子》所谓郢书而燕说之义。

【版录】

清道光至光绪间刊本

参见《综录》第 543 页。民国尹昌衡亦有《止园丛书》一部，与是编同名（见《综录》第 576 页）。

据杨家骆《丛书大辞典》，清史一经所撰《味古斋诗存》二卷、《小沧屿山房诗存》二卷，合称《洮渔遗诗》。又列有未梓之书九种：《史葶》八卷、《氏族考异》四卷、《辽诗话》一卷、《青衣小名录》二卷、《论语翼注骈枝》二卷、《舆地韵编》二百卷、《四朝诗史》九十卷、《图书便览》一百五十册、《畿辅艺文考》八册。

澹勤室著述又名澹勤室全集

（清）傅寿彤撰

【传录】傅寿彤（1818—1887）原名昶，字青馀（一作青宇），号澹叟、玉叔。贵州贵筑（今贵阳）人。道光举人，咸丰进士，改庶吉士。光绪时官河南按察使，旋署河南布政使。平生笃守阳明之学。工书法，师事何绍基。著有《孝经述》《孔庭学裔》《古音类表》以及诗集等。编为《澹勤室著述》。

【叙录】是编凡四种，二十一卷；附刊一种，一卷。包括《孝经述》一卷、《孔庭学裔》五卷、《古音类表》九卷、《澹勤室诗》六卷，附明黄道周《黄忠端公孝经辩义》一卷。所收内容有经传、音韵、传记、诗集等。其中《古音类表》乃有关音韵学之书。傅氏以为郑庠古音六部、顾炎武古音十部、江永古音十三部，密则密矣，然犹未合于五音之源、形声之本也；段玉裁古音十七部，合于形声之本矣，然犹未能统五音之原，一以贯之也（见傅寿彤《古音类表序》）。遂撰《古音类表》九卷，分二百六韵为三统五声十七部。论者谓有穿凿附会之嫌。《澹勤室诗》收古近体诗四百三十八首，皆同治壬申（1872）以前所作。民国本有朱启钤辑录《补遗》一卷，收古近体诗十五首，词二首，补同治本所遗。其诗皆“成于咸、同之际，不惟中兴文献，信而有征”，于寿彤文章政事“亦定以备辎轩之乘，补志乘之阙”（朱启钤跋文）。

【版录】

（一）清同治中刊本

参见《综录》第 544 页。

史语

[补录]

(二)清光绪二年(1876)大梁重刊本

题名《澹勤室全集》。《孝经述》作二卷附《黄忠端公孝辩义》一卷。另附刊《一朵山房诗集》十八卷(清傅潢撰)。傅潢,傅寿彤之父。见杨家骆《丛书大辞典》。

屺云楼集又名屺云楼全集

(清)刘存仁撰

【传录】刘存仁(1804—1880)字炯甫(一作炯夫),又字念义。福建闽县(今闽侯县)人。道光举人。官至甘肃秦州知州。所著刊为《屺云楼集》。

【叙录】是编凡四种,三十七卷。包括《劝学刍言》四卷、《诗经口义》二卷、《屺云楼诗话》六卷、《屺云楼诗选》初集八卷二集四卷三集十二卷词一卷。内容涉及经传、儒学、诗话、词、诗文等。其诗诸体皆备,今体诗略胜古体;文以书简居多,文章纯乎心得之言,其人性醇语质,形诸文词大多缠绵,其气充盈;词作颇佳,诗话更佳;赋作得六朝遗响,高情远韵,文洁体清,描声绘影,摘艳薰香,为辞赋家本色。

【版录】

(一)清咸丰同治间刊本

参见《综录》第 545 页。

[补录]

(二)清光绪四年(1878)福州家刊本

题名《屺云楼全集》。据刘声木《续补汇刻书目》及孙殿起《丛书书目拾遗》所载,子目与《综录》有异,兹分别抄录如次:

《续补汇刻书目》所载:(以下已刊)《文集》十二卷、《诗集》二十四卷、《诗馀》一卷、《劝学刍言》四卷、《诗经口义》二卷、《笃旧集》十八卷、《闽邑忠义孝弟传》六卷;(以下未刊)《易学钩元》二卷、《诗经条贯口义》六卷、《课儿晬语》八卷、《诗话》八卷、《论文肯綮》二卷、《归田课孙录》四卷、《家谱》二卷、《宦海风涛集》二卷、《年谱》四卷。

《丛书书目拾遗》所载:《诗初集》八卷、《诗二集》四卷、《诗三集》十二卷附词一卷(又名《影春园词》)、《诗话》六卷、《劝学言》四卷、《诗经口义》二卷、《文钞》十二卷、《笃旧集》十八卷(另刊,刘存仁辑,咸丰九年兰州刊巾箱本)。

南园丛稿

(民国)张相文撰

【传录】张相文(1866—1933)字蔚西,晚号沌谷居士。祖籍北京,生于江苏桃源(今泗阳县)。光绪二十五年(1899)任上海南洋公学教习,并创办东文学堂。二十七年(1901)组织中国地理学会,三十年(1904)后,曾在广州、淮阴等地任教,三十三年(1907)秋任北洋女子高等学堂教务长,1912年任中国地理学会会长,并当选为国会议员,1933年病逝于北京。著有《中等本国地理教科书》《初等地理教科书》等书。

【叙录】是编凡十二种,二十四卷;附一种,二卷。内容广泛:一记录各地政治、经济、文化状况,二记述山川胜迹,三考证地理沿革,四评论时政,五研究佛学。以纪游之作为多,内容翔实,很有参考价值。此书写作的目的,金钺概括为:阐明义理,以维道德之将丧;考据行实,以匡政事之不逮。

【辑录】金钺序云:"先生游迹半天下,南浮瘴海,北极流沙……相其地,询其人,以今域校之古籍,以古事度之今情,若筹边、若治河、若导淮、若山川津隘之废置,皆一一循其端委,洞其疑会,揽陈述之得失,策方来之利害,所到之处,必有记述。记述之辞,靡不详尽。"

【版录】

民国二十四年(1935)北平中国地理学会排印本

参见《综录》第546页。

寒松阁集又名寒松老人全集、寒松阁著作、寒松阁诗、寒松阁全集

(清)张鸣珂撰

【传录】张鸣珂(1829—1908)字公束,号玉珊。浙江嘉兴人。咸丰拔贡,官江西奉新知县。曾以县令需次江右,官至中丞。家世清门,妙年力学,又得韵甫黄氏为师。于省恒书局任职二十馀年。著有《说文佚字考》《疑年赓录》以及诗文集等,编为《寒松阁集》。

【叙录】是编凡五种,二十卷。包括《寒松阁诗》八卷、《寒松阁骈体文》一卷续一卷、《寒松阁词》四卷、《说文佚字考》四卷、《疑年赓录》二卷。所收以诗文集居多。其中《寒松阁诗》收张氏咸丰二年至光绪三十二年(1852—1904)所作之诗。《寒松阁骈体文》收二十四篇,续一卷收十九篇。《寒松阁词》卷首有序、评跋、题辞等,对张氏之词多加褒奖。《说文佚字考》搜辑顾炎武、毛际盛、惠栋、段玉裁、江声等三十三家之说,不自论断,分为原

佚、隶变、累增、或体、通假、沿讹、匡谬、正俗、辨误、存疑诸类，共收字二百四十一，对《说文解字》考据详明，辨论精博，案语极为谨慎。《疑年赓录》记载清代四百馀人之生卒年，以补钱大昕《疑年录》以及吴修、陆心源等续补之不足。是编原无总名，故各家题名不一。

【版录】

清光绪中嘉兴张氏刊本

参见《综录》第 547 页。

首都师大

魏稼孙全集又名魏稼孙先生全集、魏氏遗书

（清）魏锡曾撰

【传录】魏锡曾（1828—1881）字稼孙。浙江仁和（今杭州）人。咸丰间贡生，曾官福建盐大使。少好篆刻，嗜金石拓本，收藏甚富。在官朴拙，日事笔砚。所著后人编为《魏稼孙全集》。

【叙录】是编凡三种，四卷。包括《绩语堂碑录》不分卷、《绩语堂题跋》一卷、《绩语堂诗存》一卷文存一卷。所收内容涉及金石文字、书画、艺术以及遗文遗诗等。其中《绩语堂碑录》辑录魏晋以来碑碣墓志之文数百篇，按天干顺序排列，记其拓本形状尺寸、书法行款、字之形体等。《绩语堂题跋》凡五十八篇，考证书籍、金石甚详。《绩语堂文存》凡十一篇，附书学绪闻一则，另有遗诗多首。

【版录】

清光绪九年（1883）刊本

参见《综录》第 547 页。《北京师范大学图书馆中文古籍书目》著录为“光绪九年羊城刊本”。杨家骆《丛书大辞典》收录，题名《魏氏遗著》。除《综录》所列子目外，尚有《非见斋碑录》（刊未毕，不分卷）。

香雪崦丛书

（清）平步青撰

【传录】平步青（1832—1896）字景孙，一作景荪，别号常庸、霞偶、栋山樵等。浙江山阴（今绍兴）人。同治元年（1872）进士，官江西粮道，署布政使。后辞职家居，校辑群书，从事著述。所著编为《香雪崦丛书》。

【叙录】是编凡四种，三十三卷。原书共四集，二十种。民国刊印时，只印成四种。包括《读经拾沈》一卷、《读史拾沈》二卷、《霞外捃屑》十卷、《樵隐昔寱》二十卷。内容涉及经史、笔记以及文集等。《霞外捃屑》为其代表作，书分掌故、时事、格言、军事、杂觚、斠书、论文、诗话、说稗、释谚十类，所记内容多为时事、掌故与读书、论学所得，关于小说、戏曲、诗文等资料性考订，亦时有可采之处。《樵隐昔寱》内容包括经进文、论文议释考、叙、书、尺牍、题辞、书后、跋、记、传、碑、记事等数百篇。平步青才气纵横，博闻强识；撰述校雠，一丝不苟。集中记事之文，字字有本，句句自造，篇篇变局，事事搜根。

【版录】

民国刊本排印本

参见《综录》第547页。《综录》所收仅为已刻印之四种。据施廷镛主编《中国丛书目录及子目索引汇编》，全书分甲、乙、丙、丁四集。民国十三年至十四年(1924—1925)绍兴平氏安越堂铅印甲、乙两集，民国六年(1917)刻印丙、丁两集。兹抄录如次：

甲集

《读经拾沈》一卷(已刊)

乙集

《读史拾沈》二卷

《宋史叙录》一卷

《修明史史臣表》一卷

《文庙从祀议考略》二卷

《国朝馆选爵里谥法考续》三卷

《上书房行走诸臣考略》二卷

《南书房行走诸臣考略》二卷

《召试博学鸿儒诸臣考略》一卷

《召试博学鸿词考略》一卷

《荐举经学考略》一卷

《大考翰詹考略》

《越中科第表》二卷

《浙江山阴平氏谱续》三卷

《司农公年谱》一卷

《群书斠识》八十七种(已刻十种)

丙集

《霞外捃屑》十种十卷(已刊)

丁集

《樵隐昔寱》二十卷(已刊)

《楹帖摭谈》二卷(已刊)

《浙江山阴平氏捃残集》一卷(已刊)

杨家骆《丛书大辞典》收录有《香雪崦丛书丙集》(又名《群书斠识》),题"汝南常庸撰",光绪二年(1876)葛园刊本。每卷首行下刊"香雪崦丛书丙集"七字。子目有:《越中园亭记》(景陵胡恒)、《陶庵梦忆》(山阴张岱)、《三不朽名贤图赞》(无名氏)、《南雷文约》(馀姚黄宗羲)、《鲒琦亭集》(鄞全祖望)、《笥河文集》(大兴朱筠)、《湖海文传》(青浦王昶)、《左传诂》(阳湖洪亮吉)、《制义丛话》(长乐梁章钜)、《顾亭林年谱》(平定张穆)、《阎潜邱年谱》(同上)。

史语

潜园总集 又名潜园丛书

(清)陆心源撰

【传录】 陆心源(1834—1894)字刚甫,一作刚父,号存斋,晚号潜园老人。浙江归安(今湖州)人。咸丰九年(1859)举人。同治四年(1865)任广东南韶兵备道。六年(1867)调高廉兵备道。后奉调赴闽省,总办税厘通商善后诸局并海防事宜,署粮盐道。旋乞养归里,专意著述,终身以藏书、校书为业。为学私淑顾炎武,故以"仪顾"名其室。曾购得郁氏宜稼堂、周氏勉熹斋和书钞阁、严氏芳椒堂、刘氏螟琴山馆、陈氏带经堂等故家散出的旧藏。藏书达十五万卷,有不少为《四库全书》未收之书,其中尤多宋元刊本。藏书处名"皕宋楼",意即宋版书多至二百部,以显其名贵。另有十万卷楼、仪顾堂和守先阁分藏元明以来秘本、名人抄校本及普通本等。为清季四大藏书家之一。著有《元祐党人传》《皕宋楼藏书志》《吴兴金石记》《三续疑年录》《仪顾堂集》《仪顾堂题跋》等,编为《潜园总集》。

【叙录】 是编凡十七种,九百四十卷。陆氏著述基本齐备,内容涉及别史、传记、方志、书志、题跋、金石、艺术以及诗文等。重要者有《皕宋楼藏书志》一百二十卷续志四卷。此为陆氏目录学的代表作。按经、史、子、集四部排列,共四十三门,收书五百馀种。仿张金吾《爱日精庐藏书志》体例,解题采《四库全书总目》、阮元《四库全书未收书目提要》及《爱日精庐藏书志》,未见著录则自撰之。每书首冠版本,次辑序跋题识,略附按语。所辑资料十分丰富,对我国古籍善本的保存流传具有重要作用。《仪顾堂题跋》十六卷续十六卷。凡六百三十二种,详记书名、卷数、作者、前后序跋、行款字数、得书经过、内容之评介等,间有考证《四库全书总目》之得失,是一部解题善本书目和版本书目,对文献及版本研究有重要参考价值。《仪顾堂集》十六卷(一作二十卷),集中有大量宋元珍本书和碑板的题跋,辨述古书源流,考证金石,堪称精博。《元祐党人传》十卷,乃北宋元祐党籍碑共三百零九人之传,或节录《宋史》,或自为之传,或别为之传,末卷专写党禁之始末。《三续疑年录》十卷,所录名臣大儒、气节文章之士,旁及书画隐逸之流,而以女士释道之通文事者附于后,共得一千二百馀人,以补钱大昕《疑年录》之不足。《宋诗纪事补遗》一百卷,小传补正四卷,补厉鹗《宋诗纪事》所遗凡三千馀家,得诗八千馀首。其体例一依厉书原例。《吴兴诗存》四十八卷,收录自六朝至明代一郡之诗五千馀首,编排则仿史家编年体例,并每于诗前详录作者之生平仕履。《唐文拾遗》七十二卷,补《全唐文》所未录而又属于唐文者凡三千馀篇,其体例一依《全唐文》,后又有《续拾遗》十六卷。上自朝廷诰敕,以及碑铭序记之文,下至方外之赞颂,外国之表状,无所不备。俞樾称其"搜罗之富,采辑之勤,可谓至矣"。

【版录】

清同治光绪间刊本

参见《综录》第548页。杨家骆《丛书大辞典》题为《潜园丛书》。编次及某些子目之卷数与《综录》略异。其中《宋史翼》作四十八卷、《金石学录补》作四卷、《仪顾堂集》作二十卷、《群书斠补》作一百卷、《吴兴诗存》共四十卷、《千甓亭古砖图解》作三十卷。另《归安县志》注明"别行",《金石续编》二百卷(《综录》未收)注明"陆续付梓",未知刊竣否。

湖北大　首都师大

顺德李氏遗书

(清)李文田撰

【传录】李文田(1834—1895)字仲约,号若农,一作芍农。广东顺德人。咸丰九年(1859)进士。授编修,历官至礼部左侍郎。直南书房,督学顺天、江西,典试江浙,才彦多出其门。其学出于郑樵、王应麟。金元故事、西北水地,旁及医方及形家言,无不精通,词章书翰,特其馀事。学问淹贯,名全海内,而不欲以文学见称,常思发摅忠说,一救世敝。后人将其所著编为《顺德李氏遗书》。

【叙录】是编凡四种,四卷。包括《西游录注》一卷、《朔方备乘札记》一卷、《和林金石考》一卷、《和林诗》一卷。李氏精研西北舆记,广征群书,对元耶律楚材《西游录》校勘注释。所注虽稍有舛误,但不损其书,大致精审。《朔方备乘札记》乃李氏读《朔方备乘》,有所得,即校注于书眉及旁注者,由其门人江标将其收录成书。书中对元史中的人物、地名及史事进行详核,纠正了一些它书中出现的错误,有一定的参考价值。李氏著述当不止此四种,遗书收未备也。

【版录】

清光绪二十三年(1897)排印本

参见《综录》第548页。杨家骆《丛书大辞典》著录为"清光绪十九年(1893)刊本"。所列子目较《综录》多《元秘史注》《元史地名考》二种。

民国九年(1920),江阴缪荃孙合其《西游录注》《和林金石考》《朔方备乘札记》三种,题为《顺德师著述》,刊入《烟画东堂小品》中。

守中正斋丛书

(清)姜国伊撰

【传录】姜国伊(生卒年未详)字尹人。甘肃岷县人。光绪十二(1886)举人。所著编为《守中正斋丛书》。

【叙录】是编凡十七种,八十卷。所收有《周易古本撰》《春秋传义》《孔子家语》《大学古本述注》《中庸古本述注》《蜀记》《尹人尺牍存》《医学六种》以及遗诗遗文等。内容以经学和医学居多,涉及杂学、诗文、尺牍等。主要著作如《春秋传义》十二卷,卷首列《春秋义说》,卷末附《春秋补义》,不入卷次。是书按《春秋》十二公的顺序,每公一卷。经文依左氏,折衷于《左传》《公羊传》《谷梁传》及胡安国《春秋传》之间,而主于以礼说经。姜氏以为孔子秉周礼而作《春秋》,故《春秋》取义惟在劝惩,即圣人以褒贬行天子的赏罚。《孝经述》一卷,姜氏以为《孝经》为孔子亲笔所作,其言孝皆原于德,又认为古书有篇无章,分章之处为汉儒所为。该书诠释字句,能详他人之所略,切而不冗。《大学古本述注》一卷,姜氏认为朱子倡明绝学,《大学》用程氏改本,致使后儒所疑。旁门邪说,转得窃古本《大学》,以诋毁吾道。欲使文公之注不违孔、曾的旧说,乃于《大学》后六篇,仍用朱注,并附己说以明之。书中对朱注用大学,补说皆用小字。每节称明其旨,每章亦然。诸说析理甚细,可救朱注之疏谬。《中庸古本述注》一卷,依《家语》子思子作《中庸》四十七篇,而改章为篇。首篇挈其纲领,述孔子言共十篇。明道、费隐共十一篇,前五篇言人事,次三篇言鬼神,再次二篇言国政,以及博学一篇。自"诚明"以后十二篇,皆言诚。"大哉圣人之道"以后八篇,皆崇礼。尚有仲尼祖述篇、至圣篇、至诚篇。末篇反复言戒慎不睹,恐惧不闻,隐微慎独之学。是书释古本而仍遵朱注,所引朱注用大字,补说用小字。

【版录】

清同治光绪间刊本

参见《综录》第550页。杨家骆《丛书大辞典》著录为"清自刊本"。所列子目较《综录》少《脉经真本》十卷,《医学六种》作五种,少《实风虚风图》一卷。另尚有六种为《综录》所无:《尚书正义》、《仪礼》、《论语述注》(未刊)、《孟子述注》(未刊)、《神农本经经释》(续刊)、《晋王叔和脉经》。

高陶堂遗集

(清)高心夔撰

【传录】高心夔(1835—1883)原名高梦溪,字伯足,一字碧湄,号陶堂。江西湖口人。咸丰十年(1860)进士。佐李鸿章德州军幕。以直隶州知州发江苏。两权吴县知县,无政声。性刚峻,以治娼过激去官。工诗,取境巉刻,文亦如之。所著后人编为《高陶堂遗集》。

【叙录】是编凡三种,七卷;附一种,一卷。包括《陶堂志微录》五卷、《陶堂遗文》一卷,附《恤诵》一卷、《形景盦三汉碑執》一卷。

【辑录】李慈铭《越缦堂读书记》称其"诗文皆模拟汉魏六朝,取境颇高,而炫奇襮采,罕所真得。自谓最善渊明诗,故号陶堂,然其诗绝不相似。大抵诗文皆取法于近人刘申甫、魏默深、龚定庵诸家,而学问才力皆远逊。然思苦词艰,务绝恒蹊,文采亦足相济,固近日之卓然者矣。《恤诵》者,述其家世之作。《汉碑執》者,取孔庙、韩敕、史晨三碑字,集为七言楹帖五百联,取《太玄》'谨于嬰執',名曰《三汉碑執》。……虽近游戏,亦典雅可观"。

【版录】

清光绪八年(1882)平湖朱氏经注经斋刊本

参见《综录》第551页。

张文襄公全集

(清)张之洞撰

【传录】张之洞(1837—1909)字孝达,号香涛,晚号抱冰。直隶南皮(今属河北)人。同治二年(1863)进士。曾任翰林院侍讲学士、内阁学士等职。光绪八年(1882)任山西巡抚。十年(1884)升调两广总督,起用冯子材,在广西边境击败法军。又设广东水陆师学堂,创枪炮厂,开矿务局。在广东创办广雅书局并设立藏书楼。十五年(1889)调湖广总督,创办两湖书院。二十年(1894)代刘坤一为两江总督。三十三年(1907)调任军机大臣,兼管学部事务。卒谥文襄,晋赠太保。治学兼师汉宋而取长补短,并倡"中学为体,西学为用"。所著后人辑为《张文襄公全集》。

【叙录】是编有两个辑本:一为许同莘辑一百五十五卷本,1920年刊行。计《谢恩折稿》四卷、《奏稿》五十卷、《公牍稿》二十八卷、《函稿》六卷续编一卷、《电稿》六十六卷。一为王树枏辑二百二十八卷本，1928年北平刊印。计《卷首》二卷、《奏议》七十二卷、《电奏》十三卷、《尺牍》三十六卷、《电牍》八十卷、《劝学篇》二卷、《輶轩语》二卷、《书目答问》不分卷、《读经札记》二卷、《古文》二卷、《书札》八卷、《骈文》二卷、《诗集》四卷、《抱冰堂弟子记》一卷、《家书》一卷。王辑较许辑齐备，《综录》所收即是本。内容涉及政治、经济、教育等方面，为研究近代史的重要文献。其中《劝学篇》发表于光绪二十四年(1898)，提出"旧学为体，新学为用"，以维护封建伦理纲常，反对戊戌变法。书分内外两篇，自序称内篇务本，以正人心，所言皆求仁之事；外篇务通，以开风气，所言皆求智勇之事。终括全篇之义。是书曾被译成英文、法文，题名《中国唯一的希望》。《书目答问》乃张氏督学四川时，为诸生指示治学门径而编纂之书，提倡研习经世致用之学。收书二千二百馀种，注重《四库全书》成书后新出之学术著作和精善校注本。分类依四部，于经史子集外别增丛书、别录两目。版本多举善本或通行本。于类目或书名下间加按语，颇便读者。张氏为诗主"以宋意入唐格"，能自成一家；骈文负时名。

【版录】

(一)民国十七年(1928)北平刊本

参见《综录》第551页。是为王树枏辑本。凡二百二十七卷。

据杨家骆《丛书大辞典》，别有《张文襄公著述》六种。清汇刻本。子目包括:《书目答问笺补》四卷(清江人度注)、《輶轩语》一卷(清江人度注)、《广雅碎金》四卷附录一卷、《抱冰堂弟子记》一卷、《奏议》□卷、《劝学篇》二卷。

湖北大　史语　东海

[补录]

(二)民国九年(1920)排印本

是为无锡许同莘辑本。共一百五十五卷。据杨家骆《丛书大辞典》，许辑本尚有《骈体文》二卷、《散体文》二卷、《杂著》三卷，共一百六十一卷。

(三)民国二十六年(1937)北平楚学精庐刊本

凡一百二十册。卷末附"弟子记""校勘记"。见《首都师范大学图书馆藏普通古籍目录》。

(四)台北文海出版社《近代中国史料丛刊》本

收入该丛书第四十六至第四十九辑。所据为王树枏辑本。见施廷镛主编《中国丛书目录及子目索引汇编》。

(五)台北文海出版社《近代中国史料丛刊分类选集》本

是为影印本。收入该丛书乙集之遗书、政书、遗集类。所据为王树枏辑本。见施廷镛主编《中国丛书目录及子目索引汇编》。

广雅堂四种

(清)张之洞撰

【传录】参见《张文襄公全集》。

【叙录】是编凡四种，十五卷。包括《广雅堂骈体文》二卷补遗一卷、《广雅堂散体文》二卷附录一卷、《广雅堂杂著》四卷、《广雅堂论金石札》五卷。此乃张氏去世后，他人(一说许同华)为之辑理编次而成。其中《广雅堂论金石札》乃张氏与吴县潘祖荫论金石文字之文。同治末年潘氏服官京朝时，张之洞方入翰苑，潘氏好收集殷周古器，每得必与张氏商略其事，故潘氏所得古器，张氏皆有所考订。其半数已录入是书第一、二卷中。其后三卷为张氏当日与潘祖荫的往来函札，论及金石文字者甚多。《广雅堂杂著》包括《读聂崇义〈三礼图〉札记》《读〈皇清经解〉札记》等。

【版录】

民国南皮张氏刊本

参见《综录》第551页。书刊于民国十年至十一年(1921—1922)间。

首都师大

儆季杂著

(清)黄以周撰

【传录】黄以周(1828—1899)字元同，号儆季。浙江定海(今舟山)人。同治九年(1870)举人。先后任分水训导、内阁中书、朝廷特旨升用教授等。光绪间主讲南菁书院十五年。为学不拘汉宋门户，尤邃三礼，曾撰《礼书通故》百卷，博采众说而折衷之。著有《子思子辑解》《经训比义》《古文世本》《黄帝内经集注》《儆季杂著》等。

【叙录】是编凡五种，二十一卷；附二种，二卷。包括《礼说》六卷、《群经说》四卷、《史说略》四卷、《子叙》一卷、《儆季文钞》六卷，附《尚书讲义》一卷(清黄家辰、黄家岱撰)、《嬹艺轩杂著》一卷(清黄家岱撰)。内容涉及经传、史评、书志以及文钞等。《礼说》共计七十五篇，乃黄氏读秦蕙田《礼书通考》之后，嫌其书吉礼好驳郑注，军礼又太曲从郑注，因欲纠其偏差而作《礼书通故》一书。《礼书通故》篇成又嫌其不足，因之又著《礼说》以补前书之未备。书中有很多处订正前人之误，发前人所未发。《群经说》为南菁书院所刊。王先谦《经解续编》曾刻其中《经说略》二卷。书中如周季说《易》古意，足以正近代诸儒袭用汉代学术之误。此书虽尚古义，但并不完全排斥宋儒，可说是平心而论。《子叙》乃作者辑录考证子部佚书，并摘录其中的"叙"而成。共四十篇，其中有些辑佚考证之论，颇为精当。

【版录】

(一)清光绪二十年(1894)江苏南菁讲舍刊本

参见《综录》第551页。据卷首目录所列，《嫥艺轩杂著》当为三卷。

暨南大学图书馆藏本凡五册。半叶十行二十一字，黑口，左右双边。书名页题"儆季所著书五种并儆孙书两种凡十册"。《目录》后一页题"儆季杂著五种"。牌记镌"光绪阏逢敦牂仲皋刊于江苏南菁讲舍"诸字。

据杨家骆《丛书大辞典》，附录尚有《爱经居杂著》四卷(清黄以恭撰)。

首都师大

[补录]

(二)清光绪间浙江书局刊《儆季所著书》本

列于该丛书之首。凡二十一卷，附录四卷。见杨家骆《丛书大辞典》。

庸庵全集

(清)薛福成撰

【传录】薛福成(1838—1894)字叔耘，号庸庵。江苏无锡人。同治六年(1867)副贡生。入两江总督曾国藩幕府，以劳绩历保选用同知。后随李鸿章办洋务。光绪十年(1884)授浙江宁绍台道，适中法战争起，在镇海拒敌，相持四十五日，法军终不得进。光绪十四年(1888)任湖南按察使。次年出任英、法、比、意四国公使，创设南洋各岛领事。归，升右副都御史卒。讲求经世之学，为古文辞有义法。称赞西方君主立宪制度，主张效法西方，为晚清著名思想家。所著编为《庸庵全集》。《清史稿》《清史列传》俱有传。

【叙录】是编凡七种，四十七卷。包括《庸庵文编》四卷文续编二卷文外编四卷海外文编四卷、《筹洋刍议》一卷、《浙东筹防录》四卷、《出使奏疏》二卷、《出使公牍》十卷、《出使英法义比四国日记》六卷、《出使日记续刻》十卷。所收书于晚清政治、军事、经济、外交等都大有关系，是研究近代史的重要资料。其《文编》四卷及续二卷，共七十四篇。内容包括奏疏、论议、书、赠序、序跋、传状、书事、碑志、记、铭赞等，按年月先后为序，以代作者附后。体例仿恽敬的《大云山房文稿》。文后有评语和自识之语，或叙作文之由，或书后来事实，颇足与文中意义相发明。《文外编》四卷，乃作于"甲子至壬辰"，惟书牍一类为尤多，亦可藉以考核时事，表里史学。各类按年月先后为序，而代作者附各类之后。《筹洋刍议》乃作者为缓解中国边疆危机，于光绪五年(1879)撰成此书，以进呈北洋大臣李鸿章参考。薛氏痛感当时日本吞并琉球，沙俄占据伊犁，西方列强觊觎我国的局势，提出变法主张以图强，筹商政矿务，以夺洋人之利，为富民富国之基。主张兴火轮、舟车、电报，增强陆海军实力。陆上防务巩固的同时，水师要扬威海上，使敌不敢起挑衅之心。这些议论在当时有很大的影响，对近代国防建设也具有积极的推动作用。《出使英法义比四国日记》就四国所见闻随事详书。所记之事自庚寅(1890)正月起至辛卯(1891)二月止。“述事之外，务恢新义，兼网旧闻。凡瀛环之形势、西学之源流、洋情之变幻、军械之更新，思议所及，往往稍述一二”，“遣使之故，在默察西国之情势，亦期裨益中国之要务也”。(《凡例》)

【版录】

(一)清光绪中无锡薛氏刊本

参见《综录》第552页。刊于光绪十年(1884)至二十四年(1898)间。

[补录]

(二)清光绪十八年至二十三年(1892—1897)上海醉六堂石印本

收录《庸庵文编》四卷续编二卷外编四卷海外文编四卷、《筹洋刍议》一卷、《英法义比日记》六卷。各书前有凡例及目录。

暨大

(三)清光绪二十三年(1897)湖南新学书局刊本

见《北京师范大学图书馆中文古籍书目》。

许文肃公集又名许文肃公遗稿

(清)许景澄撰

【传录】许景澄(1845—1900)原名癸身，字竹筼，一作竹筠，谥号文肃。浙江嘉兴人。同治七年(1868)进士。改翰林院庶吉士。曾任顺天、四川等乡试考官。光绪十年至十三年(1884—1887)，任驻法、德、意、荷、奥、比六国公使，向德国订购军舰，以加强中国海防。光绪十六年(1890)，任驻俄、德、奥、荷四国公使。精通中国西北边疆地理，在反对沙俄侵吞中国领土帕米尔地区时，据理力争。光绪二十四年(1898)任总理衙门大臣兼左侍郎。次年，意大利欲强占浙江三门湾为租借地，曾抗言力争，使其事未遂。光绪二十六年(1900)力主镇压义和团，反对围攻使馆，忤慈禧太后等人，以“主和”被弹劾处死。工诗文，尤研究经世之学。所著后人编为《许文肃公集》。

【叙录】是编凡四种，二十二卷。包括《许文肃公遗稿》十二卷、《许文肃公外集》五卷附录一卷首一卷、《许文肃公书札》二卷、《许文肃公日记》一卷。其中《许文肃公遗稿》卷一至三为奏疏四十篇，卷四为公牍五十四件，卷五至九为函牍一百七十一件，卷十为电报二百八十五通，卷十一为杂著十五篇，卷十二为附录十一篇。所收关于国外形势、外交事务者甚多，足资参考。馀为书札、日记等，乃作者出使外国时所见所闻，随手记录而成，可资了解国外民俗风情者甚多。据是书序跋，许氏著述尚有《出使函稿》十四卷、《外国师船图表》十六卷、《帕米尔图说》、《光绪勘定西北边界俄文译汉图例言》、《西北边界地名译汉考证》等数种文稿已刊行。

【版录】

（一）民国七年(1918)排印本

参见《综录》第552页。《北京师范大学图书馆中文古籍书目》题为《许文肃公遗稿》，凡二十卷，外集五卷，日记一卷。民国七年(1918)外交部印刷所铅印本。

[补录]

（二）台北文海出版社《近代中国史料丛刊分类选集》本

题名《许文肃公遗集》。许同莘编。收入该丛书乙集之遗书、政书、遗集类。见施廷镛主编《中国丛书目录及子目索引汇编》。

汉孳室遗著

（清）陶方琦撰

【传录】陶方琦(1845—1884)字子珍，一作子缜。浙江会稽（今绍兴）人。光绪二年(1876)进士。曾督学湖南，号称得士。官至翰林院编修。笃学好古，治《易》郑注、《诗》鲁故、《尔雅》汉注。又习《大戴礼记》《淮南王书》，兼工骈俪文。有《淮南许注异同诂》《郑易小学》《韩诗遗说补》《字林补逸》以及诗文词集等。

【叙录】是编凡七种，七卷。包括《郑易小学》一卷、《郑易马氏学》一卷、《郑易京氏学》一卷、《韩诗遗说补》一卷、《尔雅古注斠补》一卷、《字林补逸》一卷、《孝子传辑本》一卷（辑）。所收前六种皆经学著作，末一种为晋萧广济《孝子传》之辑本。其中《韩诗遗说补》补臧庸《韩诗遗说》四百一十条。陶氏博采诸书及陈乔枞本，既对臧氏本作了校改，又辑录补充其遗漏的部分。所征引诸书，如唐释慧琳《一切经音义》，日本刻唐残本《玉篇》《玉烛宝典》《北堂书钞》等，都是臧氏本内所没有的。经陶氏补辑，臧氏本可称完备。《字林补逸》补任大椿《字林考逸》未列者近百字，所采诸书有慧琳《一切经音义》、希麟《续一切经音义》、杜台卿《玉烛宝典》等。

【版录】

清光绪中会稽徐氏铸学斋钞本

参见《综录》第553页。本藏上海图书馆。为清姚振宗编辑。见《中国古籍善本书目》。

杨家骆《丛书大辞典》著录有《汉孳室丛著》，陶方琦撰，清光绪七年(1881)湖南使院自刊本。子目有：《郑氏易疏》、《鲁诗故训纂》、《尔雅汉注述》、《说文古读考》、《淮南参正》、《淮南许注异同诂》四卷补遗一卷、《淮南许注存疑》。

郭氏丛刻又名郭蒹秋所著书、云闲堂全集、郭中丞全集、闽中郭蒹秋全集

(清)郭柏苍撰

【传录】郭伯苍(1815—1890)字青郎，号蒹秋(一作帘秋)。福建侯官(今闽侯)人。生平事迹未详。所著有《竹闲十日话》《海错百一录》《闽产录异》《七月漫录》《左传臆说》《闽中郭氏支派大略》《我私录》以及诗文集等，编为《郭氏丛刻》。

【叙录】是编凡十三种，三十五卷。书刊于光绪七年至十四年(1881—1888)间。所收以诗文集为主，兼收经学、传记、地理、农家、杂学等方面的著作。重要者如《左传臆说》一卷，共十九条。乃郭氏早年读《左传》之笔记。全书不载经文，有所得则分别条录，而摘取《左传》之文一二句作为标题，下面附注年月。其说不专主一家，而意在折衷，捃拾唐宋以来学者的引，以推阐其义。此外，郭氏还编辑有《全闽明诗传》《闽中高傅二山人集》《闽中十子诗集》等。

【版录】

清光绪中刊本

参见《综录》第554页。《我私录》卷末有“云闲堂全集总目”，所列与《综录》相同。另《葭柎草堂集》尚有续集一卷。

还砚斋全集

(清)赵新撰

【传录】赵新(生卒年未详)字又铭。福建侯官(今闽侯)人。咸丰二年(1852)进士。官至陕西储粮道。所著编为《还砚斋全集》。

【叙录】是编凡五种，二十四卷。包括《还砚斋周易述》四卷、《还砚斋易汉学拟旨》一卷、《还砚斋大学题解参略》一卷《中庸题解参略》二卷、《续琉球国志略》二卷首一卷、《还砚斋杂著》四卷《古近体诗略》一卷《赋稿》十卷《大题文稿》不分卷《试帖》不分卷。内容涉及经学、地理、杂著和诗文等。主要著作如《还砚斋周易述》四卷，注释以钦定《周易述义》

为主要依据,每卦之下先列述义之说,然后多引汉儒之说,对《周易正义》及主义理之学的宋人之说一概不取。此书不全,上经只注二十八卦,下经只注十一卦。《还砚斋易汉学拟旨》一卷,采用笔记体例,分条论说。其说以汉易为宗,所引十之八九来自虞翻。虞翻于易象不知、易理未解之处,则参用虞氏卦变爻变法进行诠释。由于赵氏于汉易学理解不深,故所引易说,所做易解多有歧误。

【版录】

清光绪八年(1882)黄楼刊本

参见《综录》第555页。书刊于光绪八年至十三年(1882—1887)间。《北京师范大学图书馆中文古籍书目》著录为"清光绪十三年(1887)黄楼刊本"。

史语

白华山人集

(清)厉志撰

【传录】厉志(生卒年未详)原名允怀,字心甫,号骇谷、白华山人。浙江定海(今舟山)人。诸生。少时刻苦读书,工书,尤精行草。兼擅山水兰竹。学识渊博,对诗学功力尤深。晚年失明,每天吮毫盲挥,有"浙东三海"之美称。所著编为《白华山人集》。

【叙录】是编凡二种,十八卷。包括《白华山人诗集》十六卷、《白华山人诗说》二卷。诗集内有《丁壬集》二卷,收古今体诗九十一首;《天台集》二卷,收古今体诗五十二首;《瓯江集》二卷,收古今体诗一百一十八首;《丁巳集》一卷,收古今体诗四十五首;《吴游集》一卷,收古今体诗五十六首;《溪上居集》二卷,收古今体诗八十五首;《磊山集》二卷,收古今体诗一百一十七首;《白湖集》二卷,收古今体诗九十一首;《癸甲集》一卷,收古今体诗六十三首;《乙丙集》一卷,收古今体诗七十五首。《诗说》二卷,收文一百零五则。厉氏不仅工于诗,其对诗歌理论亦有研究。《诗说》中有云:"其诗之胜之处,实其情之过人所致。"主张"学古而古为我用,毫不为古所拘",用诗人自己的真气真情,融汇诸家古诗之长,化为己有;要求诗人深学醇养,包孕广博,"平时不曾把心锋用破,临时哪沥得出血来!""平素有实之间,自然如春云出岫,望之蓬蓬勃勃,而其嘘吐又极自在也。"所论皆有独到精辟之处,为后世所重。

【版录】

清光绪九年(1883)厉学潮刊本

参见《综录》第555页。是为重刊本。厉学潮,厉志之子。据杨家骆《丛书大辞典》著录,除《综录》所载子目外,尚有《四明三家诗合编》(缺卷数)一种,疑已佚。

清姚燮辑《句东三家诗合刻》收录《白华山人诗钞》四卷。清道光十五年(1835)刊。

清隐山房丛书续编

(清)沈汝翰撰

【传录】沈汝翰(生卒年不详)字海如,江西南昌人。道光十二年(1832)以知县需次福建,署长泰。后升永春州知州,署泉州府,复调台湾护理巡道。粹于理学,而能施诸政事。所著刊为《清隐山房丛书》。

【叙录】是编凡六种,七卷。书成于光绪十年(1884),是为续编,包括《武备图绘》一卷、《武备固圉录》一卷、《台防学治录》一卷、《泉务学治录》一卷、《平台除氛录》一卷、《沈氏遗书》二卷。所收多半为武备军事类著作。是书有正编,凡七种,十卷,题清华阳逸叟编,清光绪九年(1883)退补主人校刊,《综录》未收录。子目包括《天文秘略》一卷(甲集,明刘基撰)、《乾坤变异录》一卷(乙集,佚名撰)、《太乙秘书》一卷(丙集,宋王佐撰,华阳逸叟增辑)、《奇门遁甲玄机》一卷(丁集,宋岳珂撰)、《六壬大占》一卷(戊集,宋祝秘撰)、《历代经武要略》四卷(己集至壬集,明于谦撰)、《经邦轨辙》一卷(癸集,清年羹尧撰)。所收大半为天文占卜等术数类著作,末两种则为兵家言。正编辑者华阳逸叟不知为何许人。据该书退补主人序称:"华阳逸叟寄闽越之麓,与侯官林文忠(则徐)友善,公题其室曰'清隐山房'。叟不求闻达,所藏书极富。每晨起,即向案头,补阙搜残,终日不倦。得未见书,不惜重值购之。"是则华阳逸叟是否与沈汝翰为一人,待考。

【版录】

清光绪十年(1884)刊本

参见《综录》第555页。

史语

玉津阁丛书甲集 又名玉津阁集

(清)胡薇元撰

【传录】胡薇元(约1850—1920)字孝博,号诗舲(一作诗林)、壶庵,别署玉津居士。祖籍山阴,寄籍河北,顺天大兴(今北京)人。光绪三年(1877)进士。曾历官广西、四川、陕西等地。民国后成为清室遗老,卒于民国九年(1920)以后。工诗,擅词曲。其一生著作,辑为《玉津阁丛书》。

【叙录】是编甲集凡十二种,二十一卷。其乙集未刻成,有目无书。书约刊于光绪三十四年至民国十年(1908—1921)间。所收涉及经学、诸子百家、儒学、杂学、诗文、词曲等内容。主要有《汉易十三家》二卷,辑录韩婴、蔡景君、京房、马融、宋衷、孟喜等十三家《易》义,所辑少于马国翰辑本;《霜菉亭易说》一卷,书中解说易义三十九条,先罗列旧说,后附己意,其说大抵敷陈象数,旁涉名物训诂,并与史传相互参证,以判明吉凶悔吝,但于宋元以后的河图洛书、太极、先天后天学说毫无涉及,书中谬误较多,为后人所不取;《诗纬含神雾训纂》一卷,由陈乔枞《诗纬集证》删补而成,参引经史传记,证以其他纬文,附注本条出处,所引大多富有见地,得证益明,然亦有泛证之弊;《诗纬氾历枢训纂》一卷,多半征引《占经》,除"天官"外,其他可证者甚少,所训多牵强附会;《道德经达诂》一卷,乃为释解《老子》而作,其篇章次第均依魏王弼本,每章之后,粗略说明解释经文大意,其间注释语句基本明确、通达;《岁寒居词话》一卷,评者谓其论词曲或论韵、论律等,多采自《四库全书总目》等旧书,援引既不广博,又不能疏通其义,论清初诸家之词,亦无独到之见。

【版录】

清光绪至民国间刊本

参见《综录》第555页。《综录》所收仅有甲集。据刘声木《再续补汇刻书目》,尚有未成之乙集书目十二种:《感应篇笺注》《清净经笺注》《有竹居漫录》《授经室述闻》《十万琅玕精舍读书记》《玉津阁文略》《授经室文定》《船司空斋诗》《铁笛词》《天云楼词》《天倪阁词》《衡门词》。

据孙殿起《丛书书目拾遗》所列,尚有《导古堂文集》二卷,注明"另刊"。

史语

写礼庼遗著 又名写礼庼遗书

(清)王颂蔚撰

【传录】王颂蔚(1848—1895)字芾卿,一字蒿隐。江苏长洲(今苏州)人。光绪六年(1880)进士。改庶吉士,官至刑部主事,学部补员外郎,后升郎中,任京师泽学馆监督等职。一生致力于词章之学,亦通晓经学和金石之学。所著后人辑为《写礼庼遗著》。

【叙录】是编凡四种,五卷。包括《写礼庼文集》一卷补遗一卷、《写礼庼诗集》一卷、《古书经眼录》一卷、《写礼庼读碑记》一卷。所收主要为诗文集,亦有经史考证类著作。其文集收骈散文二十四首,补遗收散文一首。诗集收古今体诗九十一首。《古书经眼录》为宋元刊本及清人稿本题识四十三条。《写礼庼读碑记》收碑碣题跋五十二条,内多金元碑刻。除此之外,王氏尚有《周礼义疏残稿》《明史考证捃逸》等书未刊行。书前有总目及其子王季烈撰《先考芾卿府君事略》。

【版录】

民国四年(1915)鲟溪王氏刊本

参见《综录》第556页。书名页题“写礼庼遗著四种”,为叶昌炽签署。半叶十一行二十字,黑口,左右双边。

暨大　史语　师大

师伏堂丛书又名师伏堂遗书、皮鹿门所著书

(清)皮锡瑞撰

【传录】皮锡瑞(1850—1908)字鹿门,一字麓云。湖南善化(今长沙)人。光绪八年(1882)举人。治学崇拜西汉传今文《尚书》的伏生,署所居名“师伏堂”,学者因称“师伏先生”。曾主讲湖南龙潭书院、江西经训书院。光绪二十四年(1898)春,任南京学会会长。因力主变法维新,受封建顽固派弹劾,被革去举人,交地方官管束三年。遂回原籍,杜门著书。博学强记,淡于荣利。为学博贯经史,精研汉儒经学,多所发明。为晚清经学大家之一。一生著述甚丰,后人将其所著辑成《师伏堂丛书》。

【叙录】是编凡十五种,八十六卷。书约成于光绪十九年至三十四年(1893—1908)间。先成六种,六十三卷。后又收入光绪中思贤书局所刻《皮氏经学丛书》九种,二十四卷,重加编次,遂成是编。所收书以经学居多,兼及金石、诗文和词曲等。《经学通论》又名《五经通论》,系其代表作,凡五卷,分专题汇集和讨论汉代至清研究《易》、《书》、《诗》、三礼、《春秋》等五经的主要观点,并作了较系统的评判阐述。皮氏认为五经古籍,经孔子整理,始成为“经”。各经书包含特有的“微言大义”。因此,“经为孔子所定,孔子以前不得有经”。主张《易》《礼》亦为孔子所作,反映清代今文经学家的见解。《经训书院自课文》三卷,乃皮氏主讲经训书院自课之文。《经学历史》一卷,较系统地阐述了经学发展的历史。将经学历史划分为十个阶段,每一时代中都有论说,其中不乏卓见。《汉碑引经考》六卷,搜集汉碑征经之材料宏富,且征引考订详明。《尚书大传疏证》七卷,内多申伏以抑郑,且多次引用新从日本传入的《玉烛宝典》之文,为他家所不及。《孝经郑注疏》二卷,引典礼对郑注加以疏通证明,遇诸家对郑注有驳难者,则解释其疑滞,大多引申、折衷至当。《郑志疏证》八卷,以成蓉镜《郑志考证》未毕,遂据袁钧辑本而作。书中多采成氏《考证》,其未完备者则逐条疏证补充,以求臻完善。《圣证论补评》二卷,乃皮氏据马国翰辑本,采先儒申郑之说,详加校订,以补评王肃《圣证论》而作。

【版录】

清光绪中善化皮氏刊本

参见《综录》第556页。

京尘杂录

（清）蕊珠旧史（杨懋建）撰

【传录】杨懋建（1807—?）字掌生，号尔园，别署蕊珠旧史、甘溪瘦腰生、辰溪戍卒。广东嘉应（今梅县）人。道光十一年（1831）举人，官国子监学正。早年学于学海堂，晚年归广东，主讲阳山书院。学识广博，兼通天文、舆地、历算、音律、掌故之学，所作诗文多寓身世不平之慨。著有《留香小阁诗钞》《留香小阁词钞》《京尘杂录》等。又著有《禹贡新图说》，番禺陈澧为之序云："自来说《禹贡》者，综核群籍，无如胡朏明；专明郑注，无如焦里堂。君之书，又出二者之外，其所考者，自黄帝而下至本朝，自九州而遍及大地……盖君主书院讲席，欲使学者因《禹贡》一篇而通知古今，此君之善教。"其所著见《嘉应州志》著录。

【叙录】是编凡四种，四卷。为笔记体，记述京城戏曲艺人之事，与《教坊记》《青楼集》内容相类。卷一为《长安看花记》，记著名艺人秀兰等二十一人事。卷二为《辛壬癸甲录》，记杨氏道光辛卯（1831）入京，至甲午（1834）四年在京所闻见之艺人韵香等十四人事。卷三为《丁年玉笋志》，记艺人秀芸等十二人事。卷四为《梦华琐簿》，记京城歌场舞筵间轶闻琐事。内叙及作者与阮元论今乐之关系，所言颇有见地。杨氏对戏曲颇有研究，且熟知当时京城戏曲界情况，在吴长元《燕兰小谱》（记乾隆间京师名艺人）之后，较详细记载了当时著名艺人及剧场情形，具有较高的史料价值。武作成《清史稿艺文志补编》著录。

【版录】

清光绪十二年（1886）上海同文书局石印本

参见《综录》第 557 页。

三订四书辨疑

（清）张江辑

【传录】张江（？—1726）字百川，号晴川，又号晓楼。江西南城人。雍正元年（1723）进士，后改庶吉士，官至翰林院编修。参与编撰《名臣列传》。平生沉酣经史，兼工制举文，尤以制艺盛传。辑有《四书辨疑》《四书拾遗》诸书，编为《三订四书辨疑》，以供作文之需。著有《晓楼文集》《古文选》《熟课》等。

【叙录】是编凡六种，七十卷。包括《四书辨疑》二十二卷补一卷、《四书绪馀录》二十卷补三卷、《四书识小录》十卷、《四书武备编》四卷、《四书乐器编》五卷、《四书拾遗》五卷。是编大抵以周章成《类编》一书增删而成，惟改依类为依经。每种均有自序。所辨皆朝聘、祭祀、衣服、器用、饮食之类。先列郑玄、孔安国、何休、邢昺等注于首，再就经传史子集，并其古注可载者，分隶各条之下。各条之后，间或附图以备考。其中《四书绪馀录》辨鸟兽草木之名。《四书识小录》取《论语》"不贤者识小"之义，辑四书中小中又小的问题。《四书武备编》《四书乐器编》各从其类。《四书拾遗》则于辨疑外，零星细事，以及遗漏者加以采拾。是编主旨在供作文之需，而不在稽典，因而抄撮荟萃，无所订正，对四书中一名一物，均具备无遗，并搜集甚博，抉择尚慎，可资参考。

【版录】

清光绪十三年(1887)上海大文书局排印本

参见《综录》第 557 页。

涌翠山房集

(清)高延第撰

【传录】高延第(1823—1886)字子上，号槐西，别署槐西居士。江苏山阳(今淮安)人。赐翰林院待诏。著有《北游纪程》《山阳县志》《老子证义》以及诗文集等，辑为《涌翠山房集》。

【叙录】是编凡三种，十卷。由其子高承裕收集付梓。包括《涌翠山房文集》四卷、《涌翠山房诗集》四卷、《老子证义》二卷。其文集收录八十三篇，诗集收录三百一十五首。《老子证义》乃其仅有的一部道家类著作。高氏治学以明体达用为主，主张"为学贵识见不卑，胸次不俗，性情不伪。为治贵扼要以御繁，核实以观效，破格以用人"，故其诗文"原本心得，不藉藻绘，取达其收见而止。而汉唐之经训，伊洛之名理，下至兵农庶政，皆言之洞彻，确然有本诸身措诸天下之志焉"(刘庠序)。

【版录】

清光十四年(1888)山阳高氏刊本

参见《综录》第 557 页。

澹园杂著

(清)虞景璜撰

【传录】虞景璜(1862—1893)字澹初。浙江镇海人。光绪八年(1882)举人。著有《三古异同录》《传经兴废考》《石经兴废考》《石文通论》等。其杂著辑为《澹园杂著》。

【叙录】是编凡八种,八卷。包括《读诗琐言》一卷、《澹园读书毕记》一卷、《澹园学礼毕记》一卷、《四书琐言》一卷、《说文琐言》一卷、《睡馀录》一卷、《澹园随笔》一卷、《野录》一卷。所收皆读书札记、旧闻佚事之类。主要者有《四书琐言》,随意札记,颇多妙义。如山梁意,谓是错简,应将上下节易。子使漆雕开仕曰"吾斯之未能信,弟子于师前例称名,此何以称吾"。据《汉书·艺文志》孔子弟子漆雕启,知《史记》列传所载漆雕开,字子开,上"开"本"启"字,避景帝讳。《论语》"吾"字本"启"字,形近致误。"三危"自注云"三危即今西域之三藏番僧,实苗民之裔"。"夫公明高以孝子之心"六句,谓"六句作一串,下四句即申结上二句意"。以上诸条均理解独到,确不可易。《说文琐言》乃虞氏读《说文》之札记,或指其疏漏,或辨形似之字,或举同义之字,或析字形之结构,或论笔画之演变,皆尚能提其纲领,识其端绪。

【版录】

民国十三年(1924)虞和钦排印本

参见《综录》第 558 页。

写经斋全集

(清)叶大庄撰

【传录】叶大庄(1844—1898)字临恭,号损轩。福建闽县(今闽侯)人。同治十二年(1873)举人。初任内阁侍书,光绪二十年(1894)甲午战争时,入两江总督张之洞幕府,办理洋务文案。后历任江苏靖江县知县、松江府海防同知、邳州知州,卒于任内。所著后人辑为《写经斋全集》。

【叙录】是编凡八种,十七卷。包括《大戴礼记审议》二卷、《礼记审议》二卷、《丧服经传补疏》二卷、《退学录》(一名《偕寒堂校书记》)二卷、《写经斋初稿》四卷、《写经斋续稿》二种二卷、《写经斋文稿》二卷、《小玲珑阁词》一卷。所收内容涉及经学、杂学及诗文词等。主要者如《礼记审议》,多考订郑注孔疏之疏漏处,且重训诂形声,发明新义。其注经以本文为重，前后参证，条理贯通，多有创见。《丧服经传补疏》卷一从斩衰三年章到齐衰三月章，卷二从大功章到记。书颇有新义，其可取者，如引张尔岐说，认为《礼记》杂出汉儒，应当据此传为正，因而诸儒有引《礼记》来怀疑《丧服》者，都力辨其错误。《退学录》为杂校古籍，明其训诂之作。书中虽校释琐碎，但可取者甚多。

【版录】

清光绪中刊本

参见《综录》第 558 页。约刊于光绪二十一年至二十七年(1895—1901)间。

宝树堂遗书

(清)郭梦星撰

【传录】郭梦星(1815—1884)字亦白，又字西恒(一作西垣)，号莲农。山东潍县(今潍坊)人。道光二十六年(1846)举人，历任广西候补知县，候选内阁中书，内阁侍读衔，以举人养亲不仕。乡谥端恪。所著后人编为《宝树堂遗书》。

【叙录】是编凡三种，七卷。所收有《尚书小札》二卷，乃郭氏读《尚书》之笔记。书中认为，《大禹谟》是指典册，所以记事。谟，谋也，所以记言。帝为典，臣为谟，《大禹谟》篇末及于巽位、征苗二事，则是记事之文，非是谟体。况且《虞书》成为夏史，禹又是夏的先王，列其王于“谟”，难以令人理解。《午窗随笔》四卷，为说经论史之作，亦属札记体。书中所记内容较杂，其中于历代官制沿革、山川舆地沿变，考证较详，所评议的诗文、典故、成语有较大的参考价值。记道光六年(1826)平定西域张格尔之谢表及卷四的《潍县志拾遗》等，可补有关志书之不足。《汉书古字类》一卷，乃辑《汉书》古字以资考证，撮辑赅博，可与杭世骏《汉书蒙拾》相颉颃。

【版录】

清光绪二十一年(1895)潍县郭氏刊本

参见《综录》第 559 页。

耐安类稿

(清)陈伟撰

【传录】陈伟(? —1889)别名愚虑，号双枫、耐安。浙江诸暨人。曾肄业于杭州诂经精舍，深受俞樾赏识，然屡试不中，教授乡里。其探索经文，颇有心得。所著辑为《耐安类稿》。

【叙录】是编凡五种，十卷。乃陈氏读书笔记之合集，包括《愚虑录》五卷、《诲尔录》二卷、《食古录》一卷、《待质录》一卷、《居求录》一卷。其中《愚虑录》乃陈氏研究经义之笔记，时间自光绪甲申至己丑(1884—1889)共六年。每文之下注明月日，所论及者有遇位升堂、冕服十二章、郑注周制九章、吕刑其罚倍差等。书前有俞樾序，后有梅叔瀚、应德闳二跋。《诲尔录》亦为笔记，主要记录封建士子如何修身立行之心得。自光绪丙子年至己丑年(1876—1889)，历十四年始成。所记内容或诵读古籍有所悟，或应事、接物偶有所感。陈氏偏重汉学，又不尽弃宋学，书中以"经宣明，而行亦修"为主旨。文字浅显易懂，简洁质朴，很像宋人语录。《食古录》乃陈氏于光绪丁亥(1887)、戊子(1888)二年浏览各家经说所摘抄的笔记，间附己见。每篇之后标明年月，体例与《愚虑录》相同，所录涉及郑注、释文、孔疏、释义、考字等。其汉宋经学兼收，注疏之说、程朱之言并录，也有清代儒生如戴、钱、焦、王诸家之考证，随手拈来，信之所用。《待质录》乃陈氏自光绪甲申至戊子(1884—1888)间研读群经及地理著作《水道提纲》诸书之笔记。每有疑问，即列成条目，以备日后解答，因名《待质录》。书中涉及儒家经典及地理方面的议论与提问，有一定的参考价值。《居求录》乃陈氏自光绪丙戌至己丑(1886—1889)间研读经史著作之笔记。主要摘录了一些封建士子修身治国的格言，其中有一些则是感于时事的警句。俞樾序称"《居求录》颇似宋人语录，然语皆质直有味。……读《居求录》，见其行之修"。

【版录】

清光绪二十二年(1895)诸父瀚等刊本

参见《综录》第 559 页。

石船居剩稿

(清)李超琼撰

【传录】李超琼(1847—1909)字紫璈，号惕夫，别署石船居士。四川合江人。光绪五年(1879)顺天乡试举人。幼年读书成都，二十九岁从军辽左，随陈海珊观察行巡辽阳城。在辽八年，辅佐陈海珊办理边务。历官溧阳、元和、阳湖、江阴、无锡等县知县。善诗文，所著编有《石船居剩稿》等。

【叙录】是编凡五种，十六卷。包括《石船居杂著剩稿》不分卷、《石船居公牍剩稿》一卷、《石船居古今体诗剩稿》十二卷、《藤轩笔录》一卷、《柜轩笔录》一卷。所收内容涉及杂著、公牍、诗文以及杂学等。文稿中有关考订掌故、记各地形势等篇，具有一定的史料价值。

【版录】

清光绪二十二年(1896)木活字排印本

参见《综录》第559页。

代耕堂全集

(清)李嘉绩撰

【传录】李嘉绩(1843—1907)字凝叔,号云生,别署潞江使者、潞河渔者。祖籍直隶通州(今北京通县)人。其父官于四川,遂随父居于华阳。喜文翰,做官每到一地,必访问书肆,先后在西安、济南、四川等地购书数百种,数年间藏书益多。建藏书楼"五万卷阁""双桐书屋""江上草堂""代耕堂"等。自编《五万卷阁书目》。善刊刻,长诗古文词。所著编为《代耕堂全集》。

【叙录】是编凡六种,四十三卷;附三种,九卷。书刊于光绪十二年至三十二年(1886—1906)间。包括《江上草堂前稿》四卷、《代耕堂中稿》二十五卷、《代耕堂杂著》四卷、《榆塞纪行录》(一题潞河渔者纂)四卷、《汧阳述古编》二卷、《五万卷阁书目记》四卷,附《双桐书屋剩稿》二卷(清李光谦撰)、《味蔗轩诗钞》一卷(清顾哭世撰)、《乖崖集存》六卷(宋张咏撰,民国樊增祥辑)。所收内容涉及地理、目录、金石、杂著、诗文等。此外,李氏尚辑有《怀潞园丛刊》等书。

【版录】

清光绪中刊本

参见《综录》第560页。据杨家骆《丛书大辞典》,别有《代耕堂丛书》八种。清光绪间李氏代耕堂刊本。子目与《综录》有出入。兹抄录如次:

《榆塞纪行录》四卷　潞河渔者纂　青门萍社订

《青千上录》(一名《代耕堂吟存》)　(清)李嘉绩撰

《惜心书屋诗钞》　(清)王正谊撰

《懒云山庄诗钞》　(清)邵棠撰

《桐屋遗稿》　(清)陈樨君撰

《兰谷遗稿》　(清)顾德馨撰

《味蔗轩诗钞》　(清)顾哭世撰

《双桐书屋遗稿》二卷　(清)李光谦撰　方俊选

特健药斋外编

(清)唐咏裳撰

【传录】唐咏裳(？—1936)字健伯,又字媚铁,号懔公,室名疏花深梦草堂。浙江钱塘(今杭州)人。曾为贡生。光绪年间任浙江大学堂监学官。工篆刻,取汉人法,所用印皆自制。辑《疏花深梦草堂媚铁》,所著已刊行者有《特健药斋外编》。

【叙录】是编凡三种,四卷。原书有十九种,光绪二十五年(1899)只刊成《周礼地官冬官征》一卷、《列史外夷传征》一卷、《译雅》一卷附《泰西君臣名号归一图》一卷。所收涉及经学和地理诸类。

【版录】

清光绪二十五年(1899)刊本

参见《综录》第560页。《北京师范大学图书馆中文古籍书目》著录为"清光绪二十五年(1899)苦竹城刻本"。

据杨家骆《丛书大辞典》,是编除《综录》所收子目外,尚有十六种未刊:《管子宙合篇补注》一卷、《淮南子修务训补注》二卷、《考工记通数表》(未成卷)、《说文夷字考》一卷、《路史禅通纪女皇氏广注》一卷、《旋玑经注》(未成卷)、《稗史夸故涉》一卷、《申张劝学篇》一卷、《削王弢园丛书勘》(未成卷)、《规汤危言平》二卷、《存康孔子改制考驳正》五卷、《海国图志札记》七卷附录三卷、《五洲赋》(未成卷)、《西史杂事诗自注》一卷、《浙东西学堂议》一卷、《颇都帕尔筹均编》二卷。

海岳轩丛刻

(清)杜俞撰

【传录】杜俞(1854—1916)字元穆,号云秋,自号黄陵外史。湖南湘乡人。清末曾总武威军营务,屡陈兵事。后派充英、法、意、比参赞。弱冠志学,志趣俊伟,翘然有以异于人,于古籍百家罔不穷索。壮,益自刻厉,严道义之防,而意量恢廓。故所至有声,间见于篇牍。同里刘炎羲编其所著为《海岳轩丛刻》。

【叙录】是编凡十种,十六卷;附三种,三卷。子目包括《元穆日记》三卷、《元穆文钞》二卷、《黄陵诗钞》一卷、《河北致用精舍学规》一卷、《普法兵事记》一卷、《江口巡船章程》一卷[附《水师说略四条》、《彭刚直公长江百条》(录三十四条)、《苦口药》一卷]、《黄陵书牍》二卷、《采菽堂笔记》二卷、《吴船日记》一卷、《采菽堂书牍》二卷。所收有政书、地理、儒学、杂学、书牍、诗文等方面的著作。是编初印于光绪二十六年(1900),至光绪三十三年(1907)苏州印刷总局加以重编印行。更换了二种子目,编次与初印本不同。

【辑录】书前有总目,末有刘景侨书后。刘景侨书后略云:"今岁仲春,予弟炎羲为编其所著,校印十种,题曰《海岳轩丛刻》。日记存十之五,文存十之二三,古今体诗则仅存百之一二。类皆言近而旨远。"

【版录】

(一)清光绪二十六年(1900)申江排印本

参见《综录》第560页。

史语

[补录]

(二)清光绪三十三年(1907)苏州印刷总局排本

是本十种,据初印本重新编排。牌记镌"光绪丁未孟夏之月苏省刷印总局代印"诸字。除编次稍为变动外,删去《河北致用精舍学规》一卷、《江口巡船章程》一卷及附录,易为《寄螺行馆书牍》二卷、《蒙山学究语》二卷。

北师大　杭大　暨大　首都师大

酿斋训蒙杂编

(清)鲍东里撰

【传录】鲍东里(生卒年未详)字古邨,号酿斋。安徽和州(今和县)人。诸生。三岁而孤,有志于学,然而因为体弱多病,所以放弃了科考。他博览载籍,尤潜心于史学,是一位热心的蒙学读本编撰者。著有《史鉴节要便读》六卷,其他著作编为《酿斋训蒙杂编》。

【叙录】是编凡五种,五卷。包括《历代国号总括歌》一卷、《直省府名歌诀》一卷、《圣门诸贤述略》一卷、《十三经源流口诀》一卷、《廿三史评口诀》一卷。内容涉及经义、史评、传记、地理等。其中《十三经源流口诀》分别叙述《易》、《书》、《诗》、《春秋》三传、《周礼》、《仪礼》、《礼记》、《论语》、《孝经》、《孟子》、《尔雅》诸经之源流,皆概括为四言口诀,以便初学者。所引经说只有春秋家之程端学是元代人,其馀诸经都是宋代人。由于所用版本欠佳,也没有概括总结前人的错误,故此书有不少错误之处。

【版录】

(一)清光绪二十八年(1902)云南官书局刊本

参见《综录》第560页。

[补录]

(二)清光绪十一年(1885)鲍源深刊本

是刻凡六种,十一卷。较《综录》所列多《史鉴节要便读》六卷。鲍源深,字穉堂,东里之子。见杨家骆《丛书大辞典》。

(三)清光绪二十八年(1902)森宝主人重刊本

是刻六种,十一卷。据光绪十一年(1885)鲍氏刊本重刊。增刻《史鉴节要便读》六卷。见杨家骆《丛书大辞典》。

邵阳曾氏三种

(清)曾廉撰

【传录】曾廉(1856—1928)字伯隅,号非斋,自号蠡瓜庵。湖南邵阳人。光绪二十年(1894)举人。曾执教邵阳爱莲书院,后捐资为国子监助教,参与《大清会典》编修。光绪二十七年(1901)《辛丑条约》签订,上书主战,那拉氏欲治其罪,乃逃匿贵州黎平,筑室于锦屏县梅屏山麓,闭户著述。清亡后,回故乡主杨塘书院达十六年之久。所著辑为《邵阳曾氏三种》《蠡庵先生存稿四种》等。

【叙录】是编凡三种,十三卷。包括《牂柯客谈》七卷、《禹贡九州今地考》二卷、《元史考订》四卷。所收为考订及杂志之书。其中《禹贡九州今地考》乃考证《禹贡》水道之作。以今地名证古州,各为篇。先举其源流、变迁,次分列今地之名。对于各种异说多折衷之,有的断以己意,条理清晰,颇有根据。其自序中据《隋志》以南海、苍梧、始安、交趾、九真等十九郡都隶属扬州,证禹迹曾至南海,所论亦很确凿。据孙殿起《丛书书目拾遗》,《蠡庵所著书》除上述三种外,尚有《蠡庵集》十八卷续集八卷续集录遗二卷和《元书》一百二卷,清光绪宣统间层漪堂刊行。

【版录】

清光绪中刊本

参见《综录》第562页。《中国古籍善本书目》有《蠡庵先生存稿》四种,三十六卷。稿本。湖南省社会科学院图书馆收藏。子目有:《元书存稿》三十二卷、《蠡庵集存稿》四卷、《诗文存稿》不分卷、《杂抄存稿》不分卷。

诗礼堂全集一名王介山先生全集

(清)王又朴撰

【传录】王又朴(1681—1760)原名日柱,字从先,号介山。直隶天津人。雍正元年(1723)进士。官至庐州府同知、河东盐运司运同。师事方苞,受古文法。著有《易翼述信》《介山时文》《诗礼堂古文》等书，编为《诗礼堂全集》。

【叙录】是编凡十九种，五十九卷。所收有《易翼述信》《大学原本读法》《介山自订年谱》《诗礼堂杂咏》《中庸读法》《孟子读法》《史记读法》等。以经学著作居多，兼收传记、政书、地理、儒学、小说以及诗文等。主要著作如《易翼述信》十二卷，王氏少读朱熹《周易本义》，不信朱熹“不可便以孔子之说为文王之说”，年至十六以为卦爻辞有非《彖》《象》而不能明者，于是著此书，专门用《彖》《象》《文言》诸传解释经义。经传次序均依王弼旧本，而冠以读《易》的方法，后面附有各家杂论。《大学原本读法》一卷、《大学原本说略》一卷，首录《大学》原文，次列朱子以下各改本。书中诸说，虽云背朱，仍多用程朱之说。虽征引甚杂，大率以王阳明、毛西河之说，救程朱之失，而又不尽以王、毛为是，程朱为非。末附先儒诸论，颇为简要。《中庸读法》一卷、《中庸总说》一卷，其读法就朱子九条而广之，其总说乃顺经文而畅其旨，无所阐发。

【版录】

(一)清刊本

参见《综录》第562页。

［补录］

(二)清乾隆十六年(1751)自刊本

见杨家骆《丛书大辞典》。其中《诗礼堂古文》五卷和《介山时文》三卷各有《续刊》一卷。《史记读法》作《史记七篇读法》。

(三)清辅仁书院刊本

见阳海清《中国丛书综录补正》。

望奎楼遗稿

(清)丁恺曾撰

【传录】丁恺曾(1698—1762)字萼亭，又字鹤亭，自号统九骚人。山东日照县人。雍正元年(1723)拔贡。曾主讲琅邪书院二年，卒年六十四。少负异才，博极群书，为文豪放不羁，奇气溢行。中年多故，遂绝意仕进，闭户著书。与秦露、李在郛，既为亲戚又属同好，皆好学笃行，常以著述相和，知县成永健敬而奇之，赠诗称颂，后被著名文人赵执信誉为“海曲三君子”。所居“望奎楼”架罗数千卷。冥心探讨，虽平生习见语，一经道破，别有奇观。凡三角八线、筹算乘除、漕河埽坝、舆地沿革、经史考辨，或著为论，或绘为图，卓然成一说。著有《说书偶笔》《韵法本俗》《西海征》《奇门占验》以及诗文集等，后人编为《望奎楼遗稿》。

【叙录】是编凡九种，二十一卷。原书共有二十二种，三十卷。散佚者十馀种。收存包括《说书偶笔》四卷、《韵法本俗》一卷、《西海征》二卷、《治河要语》一卷、《烟波钓叟歌直解》一卷、《奇门占验》一卷、《十八活盘详注》一卷、《贾先生古词论述》一卷、《古文集》四卷四书制艺文一卷诗集四卷。内容涉及四书、小学、地理、术数以及诗文等。其中《说书偶笔》乃丁氏读书之笔记，皆乡塾教授之语。卒后，其子撮录成帙。《四库全书总目》入存目。卷一、二说《大学》《论语》《中庸》。卷三说《孟子》，附以《四书补遗》及《宗献九献歌括》。卷四，一为《总考大学孟子王制周礼造士之制》，一为《虞书三苗辨》，一为《天官九赋敛财贿解》，一为《冬官考》，一为《古建国分田原非死法》，而附以《说诗》。《韵法本俗》分四目：一为四声七音，二为反切之法，三为合声，四为诗韵通转。丁氏认为音之本在于乐律，今之诗韵转通，或杂方言所致。如不原本乐律，故多则复，简则遗，于是推本原始，每韵分为五音，每音分为七字。更仿清书十二字头之例，凡遇缺字，则以二字合声而得其本音。《西海征》首卷为征天，论北极、节气时刻、北斗、纬星、日月、十二国星、云气、干支、经星度分野、末附占法考验；次卷为征地，论历代沿革，自唐虞迄清代，论海防，皆考前明日照沿海兵事，末附海防图。《古文集》中有禁酒论、水利暨征粮始末考，皆有关治道之文。《诗集》卷首有胶西法重谟序，称其诗“法律精严，琢句横老。下里靡蔓之音，一洗空之”。是编卷首有元和吴郁生、广州李家驹、东莱赵琪诸序以及程晋芳原序。又有传略、提要、总目等。卷末有丁惟汾、丁惟熙跋。

【辑录】郑熙暇《家传》称其：“为文不拘一体，笔之所至，纵横驰骋，如长江大河波澜壮阔，自成钜观。诗则宗法汉魏盛唐，一返诸温柔敦厚，而以温李一派为伤风雅。”

吴郁生序称其：“诗宗陶杜，而薄温李。师事赵秋谷先生，故其为诗也一洗靡漫之音。馀若天文，若地舆，若音韵，若壬遁风角、勾股乘除，无不以得于心者笔诸书。”

李家驹序略云：“雍乾之际，日照丁荨亭先生著述甚富，凡若干种，都为三十卷。殁后，其子东生辑刊数种。……先生出赵秋谷之门，故为诗大抵直书胸臆，不规规于家数。”

赵琪序谓：“其为学也期于实用，自天文舆地、壬遁风角、河渠水利、阴阳技术，罔不洞彻源委，多所发明。……其为文振笔直书，不加点窜，随意曲折，斯须立就，而亦不失前贤矩矱，所谓不滞于法之中，亦不轶于法之外也。……所著书类皆闳肆典博，发前人未发。”

程晋芳序略云：“丁君《说书偶笔》，涵咏汉宋经师家，不泥章句，独辟庄《论语说》相类。其说经、说史亦称是。诗文典雅宏肆，足以副其经史诸篇。”

丁惟汾跋叙及是编刊刻源流甚详。略云：“先生为文放笔直书，不沾沾于行墨字句，以规抚古文。兴到即作，随手散轶，无复省录。殁后，先六世叔祖东先生辑刊数种，捻匪之乱，毁于兵燹。比年，七世孙惟焯、惟熙等复搜采于鼠啮蠹饱之馀，断简零编，皆甄录之。或展转抄写，讹误相承，莫能厘正其文；或一时率意，未经润饰。兼下邑穷乡，藏书无多。又流离颠沛，中无从据正。凡所著录，皆出一时记忆，间或漏忽，时人比之杨用修氏之窜滇南，此非孙曾所敢置喙也。惟熙寓田岛，馆于东莱赵氏与居停，瑞泉先生诣良厚，既景先生行谊，又以惟熙搜辑之勤，赠以剞劂资，怂恿付印，以存不朽。”

丁惟熙跋亦云：“清光绪间续修《山东通志》，悉以所存缴于志局，乃事竣之后，竟无只字发还。先人著述得而复失，是则惟熙措置失当之罪也。缘是访求益急，四出网罗。胞兄惟涓亦出所藏数种，以畀小子。小子受而辑之，如《说书偶笔》……及诗古文集等，幸而获全。而曩所缴省志局之《春秋释地》竟不可得矣。他若《易象偶笔》《大学顺解》《海曲一隅史》《东坡指掌图补注》《读书在目》《论文秘钥》《圆盖管窥》《奇门检要》《开方秘法》等，自搜辑以来，即未得见，夫散轶者长已矣。”

【版录】

民国二十四年(1935)青岛赵永厚堂排印本

参见《综录》第 564 页。是为重辑本。据该书序跋，是刻之前当有一刻，惜不传。是书“出资以成事者，赵君瑞泉也；相与参订者，安君鹏东也；为之校对与绘图抄写者，绅抱痾；而校字者，族弟惟音；风雨晦明，相对校刊，始终其事，以底于成者，蒋君靖宇也”(丁惟熙跋)。

暨大

湘绮楼全书

(民国)王闿运撰

【传录】王闿运(1833—1916)初名开运，字壬秋，一作纫秋，又字壬父，号湘绮，别署湘绮老人。湖南湘潭人。咸丰三年(1853)举人。早年为肃顺家庭教师，肃顺被杀后，继入曾国藩幕府。后历任成都尊经书院、长沙思贤讲舍、衡州船山书院、南昌高等学堂主讲，授翰林院检讨，加侍读衔。辛亥革命后，任清史馆馆长。治学宗法公羊，是清末今文学派的重要领袖。诗文摹拟汉、魏，拟古派所推崇。辑有《八代诗选》，其门人弟子辑其所著为《湘绮楼全书》。

【叙录】是编凡十八种，二百一十三卷。所收以经子笺注为主，兼及杂史、地理、杂学、楚辞以及诗文集等。王氏在学术研究上主张经世致用，治经以今文为主，然亦不废古文。有关经子笺注的主要著作有《尚书大传补注》七卷，此乃王氏晚年著述，其补注伏生《尚书大传》时有确见，为王氏经书笺注中所少见，立论远较以前谨严详核。《诗经补笺》二十卷，笺证颇多发明创新之论。《礼记笺》四十六卷，乃为《礼记》所作的笺注。书中既多有真知灼见，亦不乏牵强附会之处。《春秋公羊传笺》(又名《春秋经传解诂》)十一卷，书中别辟途径，驳议横生，多立新说，然主观臆见亦不少。《周官笺》六卷，所笺依次为天官冢宰、地官司徒、春官宗伯、夏官司马、秋官司寇、冬官考工记等。书中或改正郑玄注，或补充郑注之未备，或发挥己见，颇有明见。《尔雅集解》十九卷，辑诸家注疏并参以己意。于《尔雅》各篇，逐字注释，所论颇多发明。有关历史方面的著作有《湘军志》(又名《湘军水陆战纪》)十六卷，全书分十六篇，记述湘军治军情况，以及曾国藩、曾国荃、胡林翼、左宗棠、李鸿章等镇压太平军及捻、回、苗起义的全过程。所记对湘军多有讥讽贬鄙之词，抨击曾国荃尤甚，故后有王定安《湘军记》为之辩解。丛书收其《湘绮楼文集》八卷，卷一为赋，卷二为奏疏、上书，卷三为论、议、序，卷四为颂、箴、铭，卷五为传，卷六为诔、哀、祭、吊、碑，卷七为墓志铭，卷八为行状。其文于经史、诸子多有论及，且不拘一格，舒卷自如，直契心源，别开生面。其《湘绮楼诗集》十四卷，按年编次，起自道光二十九年(1849)，迄于光绪三十二年(1906)。抒怀、记人、赠答、记游居多。其论诗，先唐人近体，次六朝，殿以诗经评语。

【版录】

清光绪宣统间刊本

参见《综录》第565页。约刊于光绪二十二年至宣统三年(1896—1911)间。

沈寄簃先生遗书又名寄簃先生遗书

(民国)沈家本撰

【传录】沈家本(1840—1913)字子淳，号寄簃。浙江归安(今湖州)人。光绪九年(1883)进士。历官天津、保定知府、光禄寺卿、大理寺卿、法部侍郎、修订法律大臣，至资政院副总裁。博通经史，研精于法学、小学，尤于法学成就最著。生平搜集并考订整理中国古代法律资料，建议废止凌迟、枭首、戮尸、刺字等酷刑。主持修改《大清律例》为《大清现行刑律》，并参考西方刑律，制定适合君主立宪政体的《大清新刑律》。著述甚富，有已刊者和未刊者，已刊者见《沈寄簃先生遗书》，另编有《沈碧楼丛书》。

【叙录】是编凡三十二种，一百三十卷。全书分甲、乙两编。据该书目录所列，甲编收《历代刑法考》二十种七十八卷、《寄簃文存》八卷；乙编收《说文引经异同》二十六卷附录二卷(嗣出)、《日南读书记》十八卷(嗣出)、《诸史琐言》五种十六卷、《三国志校勘记》六卷(嗣出)、《汉书侯国郡县表》一卷(嗣出)、《古今官名异同考》一卷(嗣出)、《古书目四种》十四卷(其中《文选李善注书目》六卷嗣出)、《日南随笔》八卷、《沈碧楼偶存稿》十二卷。书名后注明“嗣出”者均有目无书，实未刊行。就已刊行者计，甲、乙两编共三十二种，一百三十卷。甲编以收法学著作为主，乙编则收史学、书目、杂学以及诗文等。主要著作如《历代刑法考》，全书分总考、分考、赦考、律令、狱考、刑具考、行刑之制考、死刑之数、唐死罪总类、充军考、盐法(包括私矾、私茶、同居、酒禁、丁年)考、律目考、汉律摭遗、明律目笺、明大诰峻令考、历代刑官考等。《寄簃文存》亦为法律之编，卷一为折、议、说，卷二为律考，卷三为充军考，卷四为序，卷五为论故杀，卷六为论、书后、答，卷七为跋，卷八为妇女离异律例偶笺。《诸史琐言》乃沈氏读史之札记，所记有《史记》《汉书》《后汉书》《续汉书志》《三国志》等。《日南随笔》对地理、历史、官制、科举、诗词、文字、成语典故、碑志铭文、风俗时令、银钱折价、盐价等均有考证。内容庞杂,为文史和经济研究重要参考资料。是编无序跋,卷首有总目及《未刻书目》。

【版录】

(一)民国刊本

参见《综录》第566页。约刊于民国十八年(1929)间。半叶十三行二十二字,黑口,左右双边。《综录》所载《古书目四种》实只刊三种,其中《文选李善注书目》只存书目,实无其书。

卷首附有《未刊书目》十六种,一百三十二卷。兹录如次:《秋谳须知》十卷、《律例偶笺》三卷、《律例杂说》二卷、《读律校勘记》五卷、《奏谳汇存》一卷、《驳稿汇存》一卷、《雪堂公牍》一卷、《压线编》一卷、《刺字集》二卷(另行)、《文字狱》一卷、《刑案汇览三编》一百卷、《借书记》一卷、《周官书名考》一卷、《奇姓汇编》一卷、《吴兴琐语》一卷、《金井杂志》一卷。

暨大　史语

[补录]

(二)1959北京中国书店用沈氏原版重印本

1963年中华书局据沈氏原版选印《史记琐言》《汉书琐言》《后汉书琐言》《三国志琐言》《三国志注所引书目》《世说注所引书目》《续汉书志注所引书目》等七种。

(三)1981年北京中国书店用沈氏原版重印本

暨大

王文贞集又名王文贞全集、王文贞先生集

(民国)王祖畬撰

【传录】王祖畬(1841—1918)字紫翔,号漱山、岁三,别署溪山老农。江苏镇洋(今太仓)人。光绪九年(1883)进士。改庶吉士。曾主讲宿迁、海门、崇明等书院。散馆后,授河南汤阴县知县。晚年回乡不仕,以讲学自慰。卒,门人私谥曰文贞。王氏少秉母训,学以居敬、穷理为非。壮岁则博极群书,学识功底深厚。说经贯通汉宋,尤精宋儒理学。又喜藏书,所藏手校本达三千馀卷。著述甚丰,部分收入《王文贞集》。

【叙录】是编凡四种,二十一卷;附一种,一卷。包括《王文贞先生文集》十卷别集四卷制义一卷、《溪山诗存》二卷、《礼记经注校证》二卷、《读孟随笔》二卷,附《王文贞先生学案》一卷(唐文治撰)。所收主要为经学及诗文等著作。其中《礼记经注校证》乃据《说文》诸书,以考订《礼记》之文字正俗。《读孟随笔》大旨在析理,每条以经文或集注为标题,阐发其义。对《四书蒙引》《四书存疑》《四书讲义困勉录》《四书说丛》《四书说统》《四书翼注》诸

书，以及宋元明清诸儒之说，亦间有所纠正。

【版录】

（一）民国刊本

参见《综录》第566页。是为唐文治刊本。约刊于光绪十年至十一年（1921—1922）间。据杨家骆《丛书大辞典》著录，较《综录》多《崇正录》一卷、《读左质疑》五卷。

［补录］

（二）清光绪至民国间溪山书屋刊本

凡七种，三十一卷。题名《王文贞全集》。是集系随刻随印。其中《王文贞先生文集》刊于光绪二十四年（1898）。据杨家骆《丛书大辞典》著录，子目较《综录》所列多三种，十卷：

《溪山老农自订年谱》二卷续一卷附一卷　民国七年（1918）刊

《崇正录》一卷　民国八年（1919）刊

《读左质疑》四卷首一卷　民国七年（1918）刊

蕙风丛书

（民国）况周颐撰

【传录】况周颐（1895—1826）原名周仪，字夔笙，号惠风。广西临桂人。光绪优贡生。善填词，尤精词论，为民国词人，与王鹏运、朱祖谋、郑文焯合称“清末四大家”。喜读书写作，曾任清内阁中书。寄居扬州、南京、镇江、常州等地，所到之处，均记载其见闻，后整理成《阮盦笔记五种》。况氏词作词话颇多，大多收在《蕙风丛书》中，但是尚有《蕙风词》《蕙风词话》未收入此丛书中。

【叙录】是编凡八种，三十八卷。有词作、词论、杂记、杂谈、金石等七种，末附有况氏祖母朱镇《澹如轩诗》一卷。其中《阮盦笔记五种》记扬州遗事及桂林掌故极为翔实。又《薇省词钞》十卷附录一卷、《粤西词见》二卷附《玉梅后词》一卷均为周氏所辑。况氏殁后，当时学者陈乃乾帮助裒集其生平著述，汇编成《蕙风丛书》。

【版录】

清光绪中刊民国十四年（1925）上海中国书店印本

参见《综录》第564页。

海宁王忠悫公遗书又名观堂遗书

(民国)王国维撰

【传录】王国维(1877—1927)字静安,又字伯隅,初号礼堂,更号观堂,又号永观。浙江海宁人。清朝秀才。光绪二十七年(1901)留学日本。二十九年(1903)起任南通、苏州等师范学堂教习。三十三年(1907)任清政府学部图书局编辑。辛亥革命后,避居日本。民国五年(1916)回国,任仓圣明智大学教授、北京大学通讯导师。十一年(1922)任职于溥仪的"南书房",研究故宫所藏的青铜器等文物。十四年(1925)任清华大学研究院教授。十六年(1927)于北京颐和园昆明湖投水自尽。王氏一生从事中国古代史料、古文字学、音韵学、古器物以及天文、哲学的研究,尤致力于甲骨文、金文、汉晋简牍和历代石经的考释。著述达六十多种,有《人间词话》《殷卜辞中所见先公先王考》《观堂古金文考释》《观堂集林》等,编有《静安文集》。

【叙录】是编凡四十三种,一百二十二卷。为罗振玉所编辑。全书分四集,其中初集十种,四十三卷;二集十三种,二十七卷。初、二集主要为小学、金石类著作。三集九种,十五卷,主要收史学著作。四集十一种,三十七卷,主要为词曲类著作。所收以经史文物考据、历代古器物、甲骨金文、魏碑刻石以及汉晋简牍等考辨之作居多。其中《观堂集林》二十四卷,乃王氏后期学术论文的汇编。全书分为艺林、史林、缀林三编,于古文字、古器物、诗文词话、经史典制等无不涉及。其中有关殷周史地、西北边疆史地的考订资料,尤有价值。书中博引当时发现的新史料,与旧史料辗转相生,每有新得。其探究方法缜密,贯串而精深,为释说诸经大意之作中所少见。《观堂别集》一卷补遗一卷后编一卷,乃《观堂集林》之集外文。收文一百二十一首,诗十二首。文之内容大多为金石碑刻考释及经籍题识之类。诗则多为应酬之作。是编刊于民国十六年(1927),至民国二十九年(1940)商务印书馆于长沙印行《海宁王静安先生遗书》,收书四十三种,一百零四卷。收载子目与是编互有异同。然二编均未能囊括王氏的全部著作。故中华书局于1984年起,陆续整理出版《王国维全集》,为《中国近代人物文集丛书》之一。由吴泽主编,分类编辑。最为完备。

【版录】

民国十六后(1927)海宁王氏排印石印本

参见《综录》第570页。

史语

海宁王静安先生遗书又名王国维遗书

(民国)王国维撰

【传录】参见《海宁王忠悫公遗书》。

【叙录】是编凡四十三种，一百零四卷。民国二十九年(1940)商务印书馆长沙石印本。全书不分集，然编次与《海宁王忠悫公遗书》基本相同，所收子目略有出入。其中少《唐五代二十一家词辑》二十卷、《后村别调补遗》一卷，增刊《庚辛之间读书记》一卷、《苕华词》一卷、《静安文集》一卷附诗稿一卷文集续编一卷、《重辑苍颉篇》二卷，共四种，七卷。1983年上海古籍书店据以影印，更名《王国维遗书》。

【版录】

(一)民国二十九年(1940)商务印书馆长沙石印本

参见《综录》第571页。《杭州大学图书馆线装书总目》著录为“民国二十三年石印本”。种数、卷次相同。

暨大　史语

[补录]

(二)1983年上海书店出版社据商务印书馆长沙石印本影印

题名《王国维遗书》。

新订六译馆丛书

(民国)廖平撰

【传录】廖平(1852—1932)原名登廷，字勖陔，后改名平，字季平，初号四益，晚更号五译，又号六译。四川井研人。光绪十六年(1890)进士。曾任尊经书院、四川国学院教授。早年受王闿运的影响，专治今文。其学多变，好立新说，不拘古训。初持古文为周公所创，今文为孔子所创之说(“今古”)；继而主张今文是孔子的真学，古文是刘歆的伪品(“尊今抑古”)。戊戌政变后，又说今文是小统，古文是大统(“小大”)，自相矛盾。后来又讲“天人”“王学”，牵强附会。所著编为《四益馆经学丛书》，后又增益为《新订六译馆丛书》。

【叙录】是编凡八十九种，二百二十六卷。乃廖平七十岁时(时任国学专门学校校长)，自订新旧著作而成，由四川存古书局印行。全书分为十三类：

(1)小学类收《六书旧义》一卷。此书本班固四象之说，就其形、事、意、声四字而论之。

(2)论学类收五种，十卷。重要者如《今古学考》二卷，此乃廖平治经学的奠基之作。全书大旨以《礼记·王制》为根据，主《王制》孔子者为今学，主《周礼》周公者为古学。发前人所未发，持论最为平正。《四益馆经学四变记》一卷《五变记》二卷，则反映了廖平经学思想的变迁，并自谓先后经过六变。

(3)孝经类收四种，五卷。如《孝经学凡例》《坊记新解》等。

(4)春秋类收十四种，四十四卷。如《何氏公羊春秋十论》三卷，阐发何休《公羊》学之大义，批评何注迷离恍惚，所以难通。杂引图谶，矜为奇怪。综括何休《春秋公羊传解诂》的大纲，欲依洪亮吉《春秋十论》的体例而作论。自作主张，另立新说，以求何休公羊学之原义。

(5)礼类收四种，七卷。如《分撰两戴记章句凡例》《礼说》等。

(6)尚书类收十种，六十一卷。如《书经大统凡例》一卷，乃光绪三十二年(1906)廖平于青神汉阳国粹精舍讲学时的讲稿。采用札记体的形式，对《尚书》中的疑义逐条进行辨析。《书经周礼皇帝疆域图表》四十二卷，就《尚书》《周礼》两书中的疑难问题，广征博引，详尽地考其制度，对于三代的典章制度，治要之术，都能有所阐发，解决了一些古今疑义。

(7)诗经类收八种，八卷。如《诗纬新解》一卷，取今所存《诗纬》三篇，详为解析。征引渊博，诠释精详。

(8)乐经类收《乐经凡例》一卷，乃辑录《乐经》之凡例，所拟凡二十九则。以《诗经》为主，旁采《礼记·乐记》大司乐及诸经子史所载之乐事而成。

(9)易经类收四种，五卷。如《四益易说》一卷，书中论及三易之说出于《周礼》《系辞》以及六十四卦名意义，旨在阐明文王、周公作经，孔子作传之源流。

(10)尊孔类收七种，九卷。如《论语汇解凡例》《知圣篇》《庄子新解》等。

(11)医类收二十四种，五十四卷。如《黄帝内经明堂》《平脉考》《伤寒总论》等。

(12)地理类收五种，八卷。如《地学答问》《汉志三统历表》等。

(13)文钞类收《六译馆杂著》及《六译馆外编》。内多为碑目、序例、传、书及文等。

【版录】

民国十年(1921)四川存古书局汇印本

参见《综录》第572页。是编是在《四益馆经学丛书》的基础上增订而成。增加了《孝经》、《尚书》、《诗经》、《乐经》、《易经》、尊孔、医、地理、文钞诸类。为廖平著作之汇编。

彊村遗书

(民国)朱孝臧(祖谋)撰

【传录】朱孝臧(1857—1931)一名祖谋,字古微、古薇、藿生,号沤尹、彊村。浙江归安(今湖州)埭溪渚上彊村人。光绪八年(1882)举人,次年进士,历官编修、侍讲学士、礼部侍郎。光绪三十年(1904)出为广东学政,因与总督龃龉,引疾辞官。辛亥革命后,以遗老自居,盘桓于沪、苏一带。始以能诗名,为京官时,与王鹏运交,弃诗而专攻词。词作"融诸家之长,声情益臻朴茂,清刚隽上,并世词家推领袖焉。诗能入品"。著有词集《彊村语业》二卷,身后其门人龙榆生为补刻一卷,收入《彊村遗书》。又搜集唐、宋、金、元词家专集一百六十三家,遍求南北藏书家善本加以勘校,辑为《彊村丛书》。

【叙录】是编凡六种,二十一卷;外编一种,三卷;附一种,一卷。朱氏先有《彊村丛书》之刻,收录唐、五代、宋、金、元人词总集和别集,共一百七十九种。材料丰富,校勘颇精,为词学研究者收重视。近人龙榆声辑其所未备者编成《彊村遗书》,于民国二十二年(1933)刊行。包括朱氏辑校之书四种:《云谣集杂曲子》一卷附校记一卷、《词莂》一卷、《梦窗词集》一卷、《沧海遗音集》十三卷。朱氏自著四种:《彊村语业》三卷、《彊村弃稿》一卷,外编《彊村词剩稿》二卷集外词一卷,附录《彊村校词图题咏》一卷。所收皆词曲集。其中《沧海遗音集》收录民国初年十三位词人作品各一卷。《彊村语业》前二卷为朱氏晚年自定,卷三为门人据手稿补刻。《语业》之外者,别辑为《彊村词剩稿》二卷、《彊村集外词》一卷、《彊村弃稿》一卷。是编无序跋、总目。书前有《归安埭溪朱氏支谱》《行状》《墓志铭》等。

【版录】

(一)民国二十二年(1933)刊本

参见《综录》第574页。半叶十行十七字,黑口,左右双边。

暨大

[补录]

(二)1987年江苏广陵古籍刻印社影印本

题"龙沐勋辑"。共二函十五册。见国务院古籍整理出版规划小组办公室编《古籍整理图书目录》(1949—1991)。

琴志楼丛书又名哭庵丛书、慕皋庐杂刊

（民国）易顺鼎撰

【传录】易顺鼎(1858—1920)字实甫(一作实父)，又字中硕，号眉伽，晚号哭庵。湖南龙阳(今汉寿)人。光绪元年(1875)举人。清末官广西右江道、云南临安开广道、广东钦廉道等职。袁世凯称帝，任代理印铸局长，谄事袁克文。工诗词及骈文，与樊增祥齐名。对经学亦有研究。著有《丁戊之间行卷》《四魂集》等，编为《琴志楼丛书》。

【叙录】是编凡四十三种，一百零八卷。所收以诗词、骈文为主，亦有少量的经学著作。如《经义莛撞》四卷，说解经义，独抒己见，多有创获。《读经琐记》一卷，其中偶杂前人已论之言，其价值似不如《经义莛撞》。诗词方面，如《丁戊之间行卷》十卷，卷一为赋，卷二为骈文，卷三至卷七为古今体诗，卷八为词，卷九为南北曲，卷十为湘弦词。卷一至卷九皆作于光绪丁丑(1877)至戊寅(1878)，故名《丁戊之间行卷》。卷十为同治十二年(1873)至光绪元年(1875)所作。《四魂集》四卷，收光绪二十年至二十一年(1894—1895)从军途中所作诗三百一十七首，包括魂北、魂东、魂南、归魂四集。光绪二十年(1894)易氏奉父命从军，由故乡抵京师，得七律一百零九首为《魂北集》。旋后在钦差大臣刘坤一幕下任职，游山海关，得诗一百零一首，为《魂东集》。继而奉刘坤一赴台湾，得计七十一首，为《魂南集》。二十一年(1895)十月，归长沙，得诗三十六首，为《归魂集》。易氏诗学中晚唐，与樊增详齐名，并称为近代诗坛中晚唐诗派的代表人物。其诗咏物、写景、咏史、抒怀各种题材兼备。感时抚事，慷慨激昂，洋溢着爱国激情，在易氏诸诗中较为突出。王以敏称其"通敏神隽似长源长吉二李，而其憔悴婉笃则又似卫叔宝。所著诗古文词哀韵顽艳，往往令人泣下"(《魂北集·序》)。易氏著作甚富，已结集者有《慕皋庐杂刻》《琴志楼杂著》《易实甫杂著》《易氏丛刻》《楚颂楼诗录》《经义莛撞三种》《宝瓠斋杂俎》《盾墨拾馀》《鬘天影事谱》等，大部分已编入《琴志楼丛书》。

【版录】

清光绪刊本

参见《综录》第574页。《综录》所列前四种有一总名《宝瓠斋杂俎》。据杨家骆《丛书大辞典》，所列子目较《综录》多十六种：

《玉虚牡丹唱和诗》一卷附《芍药唱和诗》一卷

《魂西集》八卷

《东归集》一卷

《大学说》一卷

《琴志楼杂著》一卷

《笏山先生行状》一卷

《绮霞宫集》一卷　（清）陈夫人撰（佩绅之室）

《顺治丙戌搢绅录略》一卷

《皇朝年表》一卷

《董皇后行状》一卷　（清）胡世安、王熙等撰

《影梅庵忆语》一卷　（清）冒襄撰

《靄园诗事》二卷

《癸丑诗存》二卷（排印本）

《高州集》一卷（清宣统三年排印本，即《琴志楼诗集》卷五十四）

《哭庵丁戊诗集》（铅字排印本）

　《宣南集》一卷

　《岭南集》一卷补遗一卷

　《甬东集》一卷

《戊申日记》一卷（一名鄂中丛刊，排印本）

宁乡程氏全书一名十发庵类稿，又名十发庵丛书、十发居士全集

（民国）程颂万撰

【传录】程颂万（1865—1932）字子大，一字鹿川，号十发居士。湖南宁乡人。清末官湖北候补道，入民国后不仕而卒。少有文才，善应对，喜研词章，为张之洞、张伯熙所倚重。曾创办广艺兴公司、造纸厂等。擅书法，尤长于篆、隶、楷。所著诗文词编为《宁乡程氏全书》。

【叙录】是编凡七种，七十卷。刊于光绪二十六年至民国二十年（1900—1931）间。包括《鹿川文集》十二卷、《鹿川诗集》十六卷、《楚望阁诗集》十卷、《石巢诗集》十二卷、《定巢词集》十卷、《美人长寿庵词集》六卷、《湘社集》四卷。所收皆诗文词集。程氏少受诗古文法于其从兄颂藩。年十五六时诗文即斐然可观。少长博涉书史，益觉惊才绝艳。光绪二十一年（1901），自刻《楚望阁诗集》，专为古乐府，拟则六朝以至唐之温飞卿、李贺。之后又有《石巢诗集》《鹿川文集》等集问世。《楚望阁诗集》之诗，一意摹古，尚不免有斧凿痕。至《鹿川文集》则生新雅健，意到笔随，不主一家，自然合拍。《定巢词集》收词三百八十阕。按年编排，始于光绪五年（1879），迄于民国五年（1916）。谢善治序称其词“妙同繁锦，百衲春葩”；王鹏运称其“清丽绵至，取径白石、梦窗、清真，而直入温、韦”；况周颐称之

"收五代之华藻,入南宋之高格",似非尽阿之辞。

【版录】

(一)清光绪至民国间宁乡程氏刊本

参见《综录》第 577 页。

史语

[补录]

(二)清光绪二十六年至二十七年(1900—1901)长沙程氏竢园自刊本

见施廷镛主编《中国丛书目录及子目索引汇编》、杨家骆《丛书大辞典》。题名《十发庵丛书》。全书分"家集""类稿"两部分:

家集

《万涵堂遗稿》二种

　《湖天晓角词》二卷　程霖寿撰

　《涵斋四书文》二卷　程霖寿撰

类稿

《楚望阁诗集》十卷　程颂万撰

《美人长寿庵词》六卷　程颂万撰

　《言愁阁笛谱》二卷

　《蛮语词》一卷

　《湘社雅词》一卷

　《十鞬词钞》一卷

　《十鞬后词》一卷

《通艺塾程》四卷　程颂万撰

　附《强学编》

湖北

(三)清光绪二十七年(1901)长沙省城陆续自刊本

见杨家骆《丛书大辞典》。题名《十发庵类稿》。子目包括:

《万涵堂遗稿》二种

　《湖天晓角词》二卷　程霖寿撰

　《涵斋四书文》二卷　程霖寿撰

《鹿川田文集》五卷

《楚望阁诗集》十卷

《美人长寿词集》六卷
　《言愁阁笛谱》二卷
　《蛮语词》一卷
　《湘社雅词》一卷
　《十韃词钞》一卷
　《十韃后词》一卷
《通艺塾程》四卷
《强学编》一卷附表一卷
《鹿川诗集》十六卷
《鹿川文集》十二卷
《石巢诗集》□卷
《程伯翰先生遗集》十卷卷末一卷　程颂藩撰
《曼殊沙馆初集》五卷　程士经撰
《三程词钞》八卷　程霖寿等撰

稼民杂著

(民国)丁锡田撰

【传录】丁锡田(1893—1941)字倬千,号稼民,又号习庵。山东潍县(今潍坊)人。生平喜史地之学,收藏珍本秘籍甚富。所著辑为《稼民杂著》,又辑有《二孔先生文钞》等。

【叙录】是编凡三种,三卷。包括《后汉郡国令长考补》一卷,根据出土之碑碣等,以补钱大昕所撰之不足。《山东县名溯原》一卷,考山东各县命名之本义。《韩理堂先生(梦周)年谱》一卷,详考韩梦周(字理堂,乾隆进士,官至滁州知州。丁氏同乡前辈)生平事迹。

【版录】

民国十七年(1928)潍县丁氏石印本

参见《综录》第578页。

缀学堂丛稿初集一名见山楼丛书

（民国）陈汉章撰

【传录】陈汉章(1863—1938)字伯韬，又字倬云。浙江象山人。清末举人。曾入京师大学堂任教。1913年任北京大学文科教授兼哲学、国文二门研究所教员。后任中央大学史学系教授兼主任。因学识渊博被称为“浙江名儒”。所著编为《缀学堂丛稿初集》。

【叙录】是编凡十种，二十七卷。所收有《论语征知录》一卷、《礼书通故识语》一卷、《周书后案》三卷佚文考一卷、《后汉书补表校录》一卷、《辽史索隐》八卷、《集古录补目补》二卷、《崇文总目辑释补正》四卷、《风俗通姓氏篇校补》一卷、《南田志略》一卷、《苏诗注补》四卷。内容涉及经学、史表、传记、地理杂志、目录、金石等方面。陈氏著述甚富，但刊印者不多，馀为稿本或油印本。

【版录】

(一)民国二十五年(1936)排印本

参见《综录》第579页。

史语

［补录］

(二)稿本

见阳海清《中国丛书综录补正》著录。本藏浙江省图书馆。题名《缀学堂丛著》。凡一百十八卷附录五卷。兹迻录《综录》未列者如次：

《周易古注兼义》一卷、《周易杂说》一卷、《诗学发微》一卷、《周官经长编》一卷、《周礼孙疏校补》六卷、《公羊旧疏考证》一卷、《古微书补遗》一卷、《孔贾经疏异同评》一卷续评一卷、《韵部正例纽图表》不分卷、《史记六国表新校正》一卷、《汉书古今人表补考》一卷、《唐书注偶存》不分卷、《新旧元史异同表》二卷、《新旧元史史目表》二卷、《通鉴新校注》二卷、《张忠烈公年谱》一卷、《燕下乡小录》一卷、《历代师儒表》一卷、《年齿录略》不分卷、《孔子弟子传后录》一卷、《古姓氏人名韵谱》十一卷目录一卷、《全上古至六朝文姓氏韵编》五卷附《全唐文姓氏韵编补》一卷、《日记》一卷、《江水篇》一卷、《西北水经注》三卷、《漠北水经注》七卷、《通经致用书》一卷、《史通补释》二卷、《金石考证分类待检目》一卷、《宋中兴馆阁书目辑释》四卷、《晚翠轩藏书目》一卷、《明农考》三卷、《本草纲目补正》四卷、《太平御览校录》八卷、《太平御览引用书目索引》一卷、《诸子譬喻类钞》四卷、《蓬山清话校勘记》三卷、《政俗偶觇》一卷、《札记》不分卷、《中国人种学》不分卷、《佛经提要》一卷、《老子本证》一卷、《文稿》不分卷、《窗稿》不分卷、《古诗存目录》一卷、《经义校诂》四卷，附《石坛山房诗集》一卷文集三卷、《毓兰轩训语》一卷。

绍邵轩丛书

(民国)王树荣撰

【传录】王树荣(1871—?)字仁山,晚号戟髯,别署卍龛老衲、王晚山、苕上骑驴客,室名刚斋。浙江吴兴(今湖州)人。光绪二十年(1894)举人。毕业于京师法律专门学堂。历任江苏高等审判厅推事、直隶高等审判厅推事、民庭庭长。1915年10月,任山西高等检察厅检察长,12月,任江苏高等检察厅检察长,1922年,任湖北高等检察厅检察长,后任安徽高等法院首席检察官、国民政府司法行政部科长。著有《刚斋法学丛刻》《墨守家法》《相人偶居诗文稿》等。所著经学著作则收入《绍邵轩丛书》。

【叙录】是编凡七种,十八卷。汇辑王氏研讨《春秋》三传的几部著作。包括《续公羊墨守》三卷、《续谷梁废疾》三卷、《续左氏膏肓》六卷、《公羊何注考订》一卷、《箴箴何篇》一卷、《续公羊墨守附篇》三卷、《读左持平》一卷。王氏博取诸家之说,详细阐述自己的观点,持论精湛。其治公羊家学,服膺东汉何休,遂分别为何氏《左氏膏肓》《公羊墨守》《谷梁废疾》三书作续。如《续公羊墨守》,认为必使《公羊》之大义炳如日星,而后《春秋》笔削之微权昭回云汉;读《春秋》必通三世三统,黜杞故宋亲周王鲁之微言大义,而后始知圣人修《春秋》之旨。《续谷梁废疾》,则认为《谷梁传》是后儒伪作,出于众手,剽窃他书而成。《续左氏膏肓》,论《左传》有六谬:"左氏非编年之史""左氏无释经之例""左氏有增窜之文""左传多乖牾之事""左氏多违经之处""左氏非传经之传"。王氏所论,主旨在于尊公羊而排二传,无非重复何休的观点,而有所发展。

【版录】

民国排印本

参见《综录》第579页。

石遗室丛书

(民国)陈衍撰

【传录】陈衍(1856—1937)字叔伊,号石遗,别署号石遗老人。福建侯官(今闽侯县)人。光绪八年(1882)举人,曾为张之洞幕僚。任官报局总编纂、学部主事等职。后任京师大学堂、厦门大学文科教授。后寓居苏州,与章炳麟、金天翮共同倡办国学会,任无锡国专教授。能诗,是晚清宋诗派的诗论家和诗人,与陈三立、郑孝胥等齐名,为"同光体"

代表。曾编纂《闽侯县志》,有《石遗室集》《石遗室诗话》《石遗室诗》等。

【叙录】是编凡十八种,一百十六卷。除自著外,尚收入清萧道管、陈书等人著作若干种。自著凡九种,如《尚书举要》五卷、《考工记辨证》三卷、《考工记补疏》一卷、《说文解字辨证》十四卷、《说文举例》七卷、《感旧集小传拾遗》四卷、《石遗室文集》十二卷、《石遗室诗集》六卷补遗一卷、《朱丝词》二卷。内容涉及经学、史学、诗文词曲等。如《考工记辨证》,陈氏有感于《考工记》郑玄注、贾公彦疏"间有误者","又多失郑旨,郑误因以滋多",乃著为此书。辨贾疏或清儒诸家之说,凡七十馀条。征引繁博,申郑而驳贾。《说文解字辨证》,乃陈氏董理《说文》之作。陈氏治《说文》数十年,先成《举例》七卷,书九千三百馀字,说解十三万三千四百馀言,中形声义之可疑而未经前人辨析与已辨析而犹在可疑者,加辨证焉。辩者辨其所以非,证者证明其所以是(《自序》)。《石遗室文集》收录光绪三十二年至民国九年(1902—1920)之作。《朱丝词》收词十九首。

【版录】

清光绪至民国间刊本

参见《综录》第580页。杨家骆《丛书大辞典》著录两部,所列除《综录》已载外,尚有数种"未刊""未刊竣"或"原目未载"之书:《周礼辨证》五卷、《小戴礼记辨证》四卷、《通鉴纪事本末书后》十卷、《萧闲札记》四卷(清萧道管撰)、《然脂新话》三卷(清萧道管撰)、《元诗纪事四》十卷、《元文汇补续》十卷、《诗友诗录》五十卷、《石遗室诗话》二十卷、《石遗室文续集》一卷三集一卷四集一卷、《石遗室诗集》十卷补遗一卷续集二卷、《八家四六文补注》八卷增订一卷、《萧闲堂诗三百韵》一卷(清萧道管撰)、《樊榭诗注》十六卷(陈声暨撰)、《福建方言志》十二卷、《福建刻本考略》一卷、《诗话前编》十三卷续编十二卷、《钟嵘诗品平议》一卷、《杜园读杜摘要》四卷、《钱箨石批樊榭诗翁覃溪批渔洋诗评议》二卷、《骈文指南》、《诗法津梁》、《清诗三百首》、《尺牍观止》、《诗友文录》、《国文讲义》。

永丰乡人稿

(民国)罗振玉撰

【传录】参见《敦煌石室遗书》。

【叙录】是编凡四种,八卷。此乃罗氏所校刊各书题跋、金石文字、书画跋尾之汇编。全书分甲、乙、丙、丁四稿,各一种。包括甲稿《云窗漫稿》一卷,收录杂文三十首,其中成于海外者十八九,旧作十一二。乙稿《雪堂校刊群书叙录》二卷,上卷收序六十三篇,下卷收跋九十一篇。序中多涉殷墟考古,跋中则多考证敦煌本及我国旧传之古本。是为罗氏一生校刊图书鉴别版本的经验汇萃,亦不愧为目录学成就的集中表现,具有较高的参考价值。丙稿《雪堂金石文字跋尾》四卷,卷一收录吉金文字跋尾四十五首,卷二至卷四收石碑跋尾一百四十一首。丁稿《雪堂书画跋尾》一卷,收书画跋尾一百一十九首。

【版录】

(一)民国上虞罗氏贻安堂凝清室刊本

参见《综录》第581页。

暨大 史语

[补录]

(二)罗雪堂校印各书本

凡八卷。收入该丛书“壬集”。见杨家骆《丛书大辞典》。

永丰乡人杂著

(民国)罗振玉撰

【传录】参见《敦煌石室遗书》。

【叙录】是编凡十四种,二十三卷;附一种,二卷。民国十一年(1922)先刊成八种,十二卷,包括《高昌曲氏年表》一卷、《补唐书张义潮传》一卷、《唐折冲府考补》一卷补遗一卷、《万年少先生(寿祺)年谱》一卷附录一卷、《徐俟斋先生(枋)年谱》一卷附录二卷、《海外吉金录》一卷补遗一卷、《海外贞珉录》一卷、《宋元释藏刊本考》一卷。其中六种乃罗氏避地海东时所著,曾以活字印行。惟《海外吉金录》及《宋元释藏刊本考》为罗氏返国后所作。至民国十二年(1923)又刊成续编六种,十卷;附一种,二卷。包括《补宋书宗室世系表》一卷、《道德经考异》二卷补遗一卷、《南华真经残卷校记》一卷、《抱朴子校记》一卷、《刘子校记》一卷、《王子安集佚文》一卷附录一卷校记一卷。附录《古写经尾题录存》一卷附补遗一卷(罗福苌辑,补遗,罗福葆辑)。内容包括史表、传记、政书、版本、金石、诸子、书画题跋、杂学等。其中《唐折冲府考补》乃对劳经原《唐折冲府考》的补录和校正,增补折冲府六十四,纠《唐志》舛讹六,与《唐志》不合、又难以断定孰是孰非者二,补注一百零七处,并附录见于金石刻的隋兵府中的三十八府。后又得中州新出土唐墓志二百馀件,其中可补者有唐兵府三十四、隋兵府三,遂编为补遗一卷。

【版录】

(一)民国十一年至民国十二年(1922—1923)刊本

参见《综录》第581页。

暨大 史语

[补录]

(二)罗雪堂校印各书本

凡八卷,二编十卷。收入该丛书“壬集”。见杨家骆《丛书大辞典》。

辽居杂著

（民国）罗振玉撰

【传录】参见《敦煌石室遗书》。

【叙录】是编凡九种，十卷。《辽居杂著》共有三编，是为甲编，民国十八年(1929)收入《松翁居辽后所著书》中。乙、丙两编分别于民国二十二年(1933)和民国二十三年(1934)单独印行。是编包括《矢彝考释》一卷、《玺印姓氏征补正》一卷、《汉两京以来镜铭集录》一卷、《镜话》一卷、《蒿里遗文目录续编》一卷补遗一卷、《和林金石录》一卷（清李文田撰）、《敦煌古写本毛诗校记》一卷、《帝范校补》一卷、《宋椠文苑英华残本校记》一卷。所收内容以金石为主，兼收经学、儒学等。

【版录】

(一)民国十八年(1929)上虞罗氏《松翁居辽后所著书》本

参见《综录》第582页。

[补录]

(二)民国十八年(1929)双鱺馆石印本

见刘声木《再续补汇刻书目》。子目较《综录》少《宋椠文苑英华残本校记》一种。

贞松老人遗稿

（民国）罗振玉撰

【传录】参见《敦煌石室遗书》。

【叙录】是编凡十四种，三十二卷。全书分甲、乙、丙三集。甲集刊于民国三十年(1941)。凡八种，十四卷。乙集刊于民国三十二年(1943)。凡四种，十五卷。丙集刊于民国三十六年(1947)。凡二种，三卷。所收之书涉及经学、地理、传记、金石、杂学、典故、目录以及诗文等。主要著作如《干禄字书笺证》一卷，卷首自序云："小学盛于汉，晦于六朝，渐明于唐。汉唐间诸字书，《说文解字》外，晋有吕忱《字林》，梁有顾野王《玉篇》，其书详矣，备矣。然多存后世俗作，意在补《说文》所未备，其实所收之字多无意义，大抵增其所不必增，于六书殊无裨益。惟唐人《干禄字书》《五经文字》实能祖述许书，折衷至当。《五经文字》犹偶有疏舛，《干禄字书》则有纯无驳，其足以是正古籒之处极多。……此书当与《苍》《雅》并重。"罗氏遂"为之考校，于今本之误者正之，间有发明，附注于下"。《汉熹平石经残字集录》二卷，乃罗氏考订汉石经所得，共集录残石九十块。内容为经文及校记共八百三十九字，序记三百零五字，足补郑注之失，对于经学颇有价值。是编无总目、总序，惟各集列有总目，每书卷首有自序。

【版录】

民国上虞罗氏排印本

参见《综录》第582页。刊于民国三十年至三十六年(1941—1947)间。

暨大

寓园丛书

（民国）张其淦撰

【传录】张其淦(1895—1946)字汝襄，号豫宗，一作豫泉，晚号永豫。广东东莞人。光绪十八年(1892)进士，入翰林院为庶吉士，改授山西黎城县知县，后调任山西巡府文案，嗣因教案一事被罢职，归籍后任龙溪书院山长达七年。光绪末年，升任安徽省候补道员。宣统二年(1910)受荣禄大夫，后改任安徽省提学使。辛亥革命后，弃官隐居上海寓所，不问时政，终日以撰述为乐。所藏论著七十多箱，全毁于战火，幸其刻板尚存于上海商务印书馆。撰辑有《邵村学易》《洪范微》《左传礼说》《松柏山房骈文》《梦痕仙馆诗钞》《春秋教旨》《庄子旨归》《两汉史论》《孟子学说》等二十馀种，部分收入《寓园丛书》。

【叙录】是编凡六种，三十八卷；附一种，十卷。包括《邵村学易》二十卷、《洪范微》二卷、《左传礼说》十卷、《明代千遗民诗咏》初编十卷二编十卷三编一卷、《松柏山房骈体文钞》四卷、《邵村咏史诗钞》十八卷、《邵村寿言二集》十卷。主要著作如《邵村学易》，欲通过《周易》将道、儒学说结合，并通过道、儒有关著作释《易》。其书于出于庄子之学的王弼易学，出于道学的邵雍先天后天易说，以及程颐、朱熹、李光、杨万里的义理学说，概行征引，阐释《周易》不同内涵，是值得注意的。《左传礼说》乃张氏研读《左传》之心得，对《左传》中所载的典礼进行了详细的考释。张氏曾受业于陈澧，长于文。民国后隐居上海，以前清遗民自居，故辑《明代千遗民诗咏》前后三编以见志。所录遗民，各系以诗，多取材于无锡孙静庵《明遗民录》、东莞陈伯陶《胜朝粤东遗民录》诸书。卷末所附《邵村寿言》，乃其门人祁正所辑，皆民国十七年(1928)张氏七十大寿时友朋门生故旧撰寿序、祝词及寿诗等。

【版录】

（一）民国十九年(1930)排印本

参见《综录》第583页。《杭州大学图书馆线装书总目》《广东文献书目知见录》著录为民国十二年(1923)铅印本。

杨家骆《丛书大辞典》有《松柏山房全集》，民国十六年(1927)排印本。收录张其淦著述十六种，其中包含《寓园丛书》所收六种(无《邵村寿言》)。馀为：《春秋持平》十卷、《春秋教旨》二卷、《老子约》二卷、《读老随笔》十卷、《庄子旨归》十卷、《郭子翼庄偶释》一卷、《读列随笔》二卷、《梦痕仙馆诗钞》十五卷、《五代咏史诗钞》六卷、《寓园文钞》二卷。

[补录]

(二)1989 年台湾新文丰出版公司《丛书集成续编》本

所据为民国十九年铅印本。

魏氏全书

(民国)魏元旷撰

【传录】魏元旷(1856—1935)原名焕章，字斯逸，号潜园。江西新建(今南昌)人。光绪二十二年(1896)进士。曾官刑部主事、民政部署高等审判厅推事。曾应胡思敬约，校勘《豫章丛书》，曾任《南昌县志》总纂，编《西山志》。所著三十馀种，编为《魏氏全书》。

【叙录】是编凡三十七种，一百十四卷。全书由《潜园正集》和《潜园统编》两部分组成。正集凡七种，四十五卷，所收皆诗文及词作。统编分四编，凡三十种，六十九卷。其中类编八种，二十四卷；杂编十四种，三十卷；续编二种，七卷；后编六种，八卷。统编所收较为繁杂，内容涉及经学、杂史、史评、传记、政书、地理、儒学、杂学、楚辞，以及书牍、诗话等。主要著作如《易独断》一卷，是为魏氏所撰《述古录》之一。所论有十：一论《易》为周代之书，《连山》《归藏》都不叫《易》。二论周文王作《易》并非是为了卜筮。三论重卦必系文王。四论八卦即古文字。五论阴阳老少、乾一兑二之说不可信。六论太极、两仪、四象、八卦相生是大衍之法，而不是画卦之序。七论"十翼"非皆出于孔子，也有其弟子所作。八论邵雍所传后天图为黄帝神农所作，并非文王为之。九论邵雍所传伏羲四卦图，除先天方位图外，皆为伪图。十论易之诸图不必毁。《春秋通议》一卷，亦为《述古录》之一。书中不载《春秋》全文，也不论《春秋》全经，有所论说分别条录，目的在于通论《春秋》经义，疏通发明，折衷众说，不拘泥于一家之言。《南宫旧事》一卷，人该丛书杂编，专门记载会试、殿试、朝考诸典故及其后任官之事，所记多有前人所未及，为研究清代科举制度的重要文献。《西山志略》六卷，入该丛书续编。魏氏以欧阳桂纂辑及涂兰玉改辑之《西山志稿》为底本，剪其芜俗，易其编次而成，考证西山之名甚详，并将历代名人题咏、游记及有关传记事略，俱附各名胜之下，卷末则录物产。

【版录】

(一)民国二十二年(1933)刊本

参见《综录》第 583 页。

［补录］

（二）民国九年（1920）万载辛述轩刊本

题名《潜园二十四种》。仅收录《潜园类编》十一种，二十三卷；《潜园杂编》十三种，二十二卷。无《综录》所列之《潜园正集》、《潜园统编》之续编和后编。见施廷镛主编《中国丛书目录及子目索引汇编》、杨家骆《丛书大辞典》。

章氏丛书又名章太炎先生所著书

（民国）章炳麟撰

【传录】章炳麟（1869—1936）原名学乘，字枚叔。后易名炳麟。因慕顾绛（炎武）的为人行事，而改名绛，号太炎。世人称之为“太炎先生”。浙江馀杭人。少从外祖父朱有虞、父浚学，自幼熟读经史。后入诂经精舍，拜俞樾为师，兼问学于孙诒让、黄以周、谭献等。光绪二十三年（1897）任《时务报》撰述，因参加维新运动被通缉，流亡日本。光绪二十六年（1900）剪辫发立志革命。在日本结识孙中山，参加同盟会，主编《民报》，与改良派展开论战。民国十三年（1924）脱离孙中山改组的国民党。民国二十四年（1935）在苏州设章氏国学讲习会，以讲学为业。晚年曾赞助抗日救亡运动。其学问渊博，论著宏富，对中国近代哲学、文学、史学、语言学等均有贡献。章氏为清代朴学殿军，并开创了具有深远影响的“章黄学派”。所著除刊入《章氏丛书》《章氏丛书续编》外，部分遗稿刊入《章氏丛书三编》。

【叙录】是编凡十三种，四十八卷。乃民国四年至八年（1915—1919）章氏手定。所收之书，内容涉及经学、文字、音韵、诸子、杂学以及文集等。主要著作如《春秋左传读叙录》一卷，先征引《史记》《汉书》《后汉书》和其他典籍中有关《左传》的资料，再附以刘逢禄等今文学家的意见，然后加以反驳，旁征博引，提出自己的看法。其主旨在于驳斥今文学家刘逢禄等人所谓《左传》不传《春秋》，条例为刘歆窜入的观点，并反讥公羊家晚出，多剽窃之说。《刘子政左氏说》一卷，辑录刘向《说苑》《新序》《烈女传》诸书所举左氏事义六十馀条，以证明刘向实治《左传》与《谷梁传》，博综今古文家之学。经精密考证，提出刘向兼治古文学之说，有一定的说服力。《文始》九卷，全书共四百五十七条，章氏应用王念孙“以音求义，不限形体”的原则，一一按照字的声韵，分析其变易、孳乳的条理，此乃探求汉语语源的重要著作。《小学答问》一卷，编前冠以章氏自记，中设问答之词以求字之本义，所说诸字一依《说文》各部编次，而以经典所有、《说文》所无之字及诸字之以相反为义者，附于其末。《新方言》十一卷，搜集方言俗语八百馀条，仿《尔雅》体制，分为十篇，每篇为一卷。卷十一为音表。末附《岭外三州语》一篇，考释广东惠州、嘉应州、潮州客家话中一部分词语的来源。《说文部首均语》一卷，取许氏《说文解字》部首五百四十字，仿《千字文》之例，四字一句，两句一韵，凡一百三十六句，六十八韵。书以“曰稽兄古，圣人首出”八字冠首，从鼻祖叙起，下迄炎黄高辛尧舜以后，一切名物，寓于其中，使读者不仅知此五百四十字为《说文》部首，并略知古之圣人初作书契、依类象形之大意，较冯桂芬的《说文部首歌》更有价值。至民国二十二年(1933)北平又刊印《章氏丛书续编》七种十七卷。民国二十五年(1936)章氏国学讲学会在武汉刊行《章氏丛书三编》，即《太炎文录续编》七卷，包括《汉学论》《尚书续说》诸篇及辛亥革命志士的传记和诗歌等。1979 年上海人民出版社开始陆续出版《章太炎全集》。

【版录】

(一)民国六年至八年(1917—1919)浙江图书馆刊本

参见《综录》第 585 页。

暨大　史语　东海

(二)民国十三年(1924)上海古书流通处据浙江图书馆刊本景印

参见《综录》第 585 页。书名页为陈乃乾书“章太炎先生所著书”。

暨大

(三)民国上海右文社排印本

参见《综录》第 585 页。

[补录]

(四)民国上海世界书局印本

(五)1982 至 1983 年江苏广陵古籍刻印社重印本

据浙江图书馆原版重印。

章氏丛书续编又名馀杭章先生丛书续编

(民国)章炳麟撰

【传录】参见《章氏丛书》。

【叙录】是编凡七种，十七卷。所收有《广论语骈枝》一卷、《体撰录》一卷、《太史公古文尚书说》一卷、《古文尚书拾遗》二卷、《春秋左氏疑义答问》五卷、《新出三体石经考》一卷、《蓟汉昌言》六卷。内容以经学为主，兼收历算、杂学等。民国二十二年(1933)原刊于北京，钱玄同、吴承仕、许寿裳等校勘。至民国三十三年(1944)成都薛天沛出资重刊，李澄波、陈践室、高景青、温雅横等校勘。

【辑录】卷首有薛天沛《复刻章氏丛书续编后记》云：“‘七七事变’以还，交通梗阻，运输匪易，而各地大学奉令西迁。吾蜀为文化中心，章氏之书索者颇众，蜀都人士谋刊者屡矣。爰商金陵大学李小缘先生函，询国立北平图书馆袁守和君可否重梓。袁君复函，以嘉惠士林，期企甚殷，嘱其复版，以期普及。余以袁君爱护士林，诚可敬佩，故不惜钜资，经年刊成。”

【版录】

(一)民国二十二年(1933)北平刊本

参见《综录》第585页。是为原刻本。钱玄同,吴承仕、许寿裳等校勘。

史语　东海

[补录]

(二)民国三十三年(1944)成都薛氏崇礼堂重刊本

是为重刻本。半叶十一行二十四字,黑口,左右双边。金陵大学李小缘发起,成都薛天沛出资。李澄波、陈践室、高景青、温雅横等校勘。

暨大

(三)1957年成都新民书局重印本

据成都薛氏崇礼堂原版印行。见国家出版局版本图书馆编《古籍目录》(1949.10—1976.12)。

心园丛刻一集又名心园丛刊、心斋丛刻

(民国)徐珂辑

【传录】徐珂(1869—1928)原名昌,字仲可,号凡园,又号康居,别署仲玉,室名大受堂。浙江钱塘(今杭州)人。著述甚富,有《五刑考略》《云尔编》《天苏阁笔谈》《雪窗杂话》《真如室诗》《近词丛话》等三十馀种。其子将其著述编为《天苏阁丛刊》。自编则有《心园丛刻一集》。

【叙录】是编凡五种,九卷。刊于民国十四年(1925),仅成一集。所收包括唐樊宗师撰、清张庚辑注《强恕斋本樊绍述遗文》一卷,清李文田《李文诚公遗诗》一卷,清谭献撰、徐珂辑《谭仲修先生复堂词话》一卷,徐珂辑《先公徐印香(恩绶)先生妣陆太淑人传志》一卷,徐珂撰《大受堂札记》五卷。其中唐樊宗师(?—819)字绍述,山西河中(今永济)人。《新唐书·艺文志》称《樊宗师集》二百九十一卷,但至清传于世者仅二卷,清仁和孙之騄为之集注。后秀水张庚又于二卷之外,辑其《遗文》一卷。李文田(1834—1895)字仲约,号若农。广东顺德人。著述颇多,但刊印者少。丛书所收《遗诗》一卷,乃其子所辑。谭献(1830—1901)字仲修,号复堂。浙江仁和(今杭县)人。家藏前人词曲甚富,词尤有名。有《复堂类集》。徐珂辑其《词话》一卷,末有徐珂自著之《札记》。所收多为平常著作。

【版录】

(一)民国十四年(1925)杭州徐氏排印本

参见《综录》第585页。是为仿宋聚珍版。

[补录]

(二)民国上海中华书局铅印本

类编·经类

仿宋相台五经附考证

又名岳氏相台五经、相台五经

【传录】不著编撰者姓名。

【叙录】是编凡五种，九十六卷。《相台五经》又称《相台九经》。包括《周易》十卷附考证，《尚书》十三卷附考证，《毛诗》二十卷附考证，《礼记》二十卷附考证，《春秋经传集解》三十卷附考证又附《春秋年表》一卷《春秋名号归一图》二卷附考证。是编为南宋岳珂所校刊。岳珂(1183—1234)字肃之，号倦翁。岳飞孙，岳霖子。相州汤阴(今属河南)人。居彰德(今河南安阳)。官至户部侍郎、淮东总领兼制置使、宝谟阁学士。宋代原有《九经》刊版。以廖刚按建安余氏、兴国于氏本所校订重刻者为善本。岳珂据此本，又参考其家塾所藏善本二十三种反复雠校，重刻于相台书塾，称《相台五经》。其后，清高宗求得《易》《书》《诗》《礼记》《左传》五经，照原样摹刻，并各附考证，改称《仿宋相台五经附考证》。可供研究中国古代经文、经义的参本。

【版录】

(一)清乾隆四十八年(1783)武英殿刊本

参见《综录》第 591 页。是为仿宋相台岳氏刊本。每卷各附考证。半叶八行十七字，白口，四周双边。见傅增湘《藏园订补郘亭知见传本书目》著录。

(二)清光绪二年(1876)江南书局重刊本

参见《综录》第 591 页。

(三)民国奉新宋氏卷雨楼据殿本景印

参见《综录》第 591 页。

[补录]

(四)明翻宋刊本

见阳海清《中国丛书综录补正》。

(五)清道光中贵州翻刊本

是刻无卷端玺印。见朱学勤《汇刻书目》、莫友芝《郘亭知见传本书目》。《北京师范大学图书馆中文古籍书目》题名《相台五经》，著录为“贵阳复五经萃室本”。

(六)清道光中广东翻印本

见朱学勤《汇刻书目》、莫友芝《郘亭知见传本书目》。

(七)清嘉庆四川成都书局翻印本

见朱学勤《汇刻书目》原注。

(八)清福建翻刊本

是刻有玺印。不精。见《藏园订补郘亭知见传本书目》。

(九)清江宁书局翻印本

是刻无玺印。颇佳。见《藏园订补郘亭知见传本书目》。

(十)清同治三年(1864)广东南海邝九我堂校刊本

见《华南师范大学图书馆古籍书目》。

(十一)清同治十二年(1873)金陵书局翻印本

见朱学勤《汇刻书目》原注。

(十二)清光绪八年(1882)长沙龙氏家塾刊本

题名《岳氏相台五经》。见《北京师范大学图书馆中文古籍书目》。

五　经

【传录】不著编撰者姓名。

【叙录】是编凡五种,五卷。“五经”即五部儒家重要经典,始终于汉武帝时。包括《周易》《尚书》《毛诗》《礼记》《春秋》,各一卷。《周易》亦称《易经》,简称《易》。“易”有变易(穷究事物变化)、简易(执简驭繁)、不易(永恒不变)三义,相传系周人所作,故名。内容包括《经》和《传》两部分。《经》主要是六十四卦和三百八十四爻,卦、爻各有说明,作为占卦之用。《传》是对《经》最早的解说,包含解释卦辞、爻辞的七种文辞共十篇,统称“十翼”。旧传孔子作。《周易》通过八卦形式(象征天、地、雷、风、水、火、山、泽八种自然现象),推测自然和社会的变化,认为阴阳两种势力的相互作用是产生万物的根源,提出“刚柔相推,变在其中”等富有朴素辩证法的观点。《尚书》亦称《书经》,简称《书》。“尚”即“上”,上古以来之书,故名。此乃中国上古历史文件和部分追述古代事迹著作的汇编,相传由孔子编选而成,其中保存了商周特别是西周初期的一些重要史料。《毛诗》乃《诗》古文学派,相传为西汉初毛亨和毛苌所传,据称其学出于孔子弟子夏,东汉时郑众、贾逵、马融、郑玄等都治《毛诗》。《礼记》亦称《小戴记》或《小戴礼记》,乃秦汉以前各种礼仪论著的选集,相传为西汉戴圣编纂,有《曲礼》《檀弓》《王制》《月令》《礼运》《学记》《乐记》《中庸》《大学》等四十九篇。大率为孔子弟子及其再传、三传弟子所记,是研究中国古代社会、儒家学说和文物制度的参考书。《春秋》乃编年体春秋史,相传孔子依据鲁国史官所编《春秋》加以整理修订而成。起于鲁隐元年(前722),终于鲁哀公十四年(前481),共二百四十二年。是后代编年史的滥觞。《春秋》文字简短,相传寓有褒贬之意,后世称为“春秋笔法”。《五经》中保存有中国古代丰富的历史资料,长期成为封建统治阶级的教科书,还作为宣传宗法封建思想的理论根据。

【版录】

(一)明弘治九年(1496)琴川周木刊本

参见《综录》第 591 页。是刻半叶九行十七字,白口,四周双边。《藏园订补郘亭知见传本书目》题名《五经白文》,跋称“左右双边”。见《中国古籍善本书目》《北京图书馆古籍善本书目》。

［补录］

(二)明嘉靖朱廷立刊本

是刻半叶九行十八字,白口,左右双边,无鱼尾。见《中国古籍善本书目》。

《天禄琳琅书目》卷一有宋版巾箱本《五经》。称:“《易》《书》《诗》《礼记》经文,《春秋》左氏经传,不分卷。‘构’字缺笔,‘慎’字、‘瑗’字不缺。乃高宗时刊。”

上海

(三)明嘉靖三十一年(1552)翁溥刊本

凡七卷。题名《五经正文》或《五经白文》。其中《礼记》三卷,其馀各一卷。半叶九行十七字,白口,四周双边。见《中国古籍善本书目》《北京图书馆古籍善本书目》《藏园订补郘亭知见传本书目》。

南京市图书馆藏本有丁丙跋。

历博　华东师大

(四)明刊本

是刻半叶二十行二十七字,细黑口,左右双边,无鱼尾。有刻工名。见阳海清《中国丛书综录补正》。

又有汲古阁刊本。凡五十八卷:《易经》四卷、《书经》六卷、《诗经》八卷、《礼记》十卷、《春秋》三十卷。见杨家骆《丛书大辞典》。

又有《古香斋鉴赏袖珍五经》八卷:《周易》一卷、《尚书》一卷、《毛诗》二卷、《礼记》三记、《春秋》一卷。清康熙内府刻本。半叶十二行十七字,白口,四周双边。见《北京图书馆古籍善本书目》《中国人民大学图书馆古籍善本书目》。

五经白文又名白文五经

【传录】不著编撰者姓名。

【叙录】是编凡五种,十七卷。因只有正文而无任何注疏,故名。包括《易经白文》四卷、《诗经白文》四卷、《书经白文》六卷、《礼记白文》不分卷、《春秋白文》二卷。是编诸藩翻刻本颇多。

【版录】

(一)明刊本

参见《综录》第 591 页。

[**补录**]

(二)明刊本

凡三十七卷。其中《礼记白文》二十一卷。半叶十行二十字。见《中国古籍善本书目》。

北京　上海

(三)明嘉靖十九年(1540)卫王府刊本

见莫友芝《郘亭知见传本书目》,杨守敬、李之鼎《增订丛书举要》。

(四)明嘉靖陈儒刊本

是刻不分卷。半叶九行十七字,白口,四周双边。版式与弘治九年琴川周木刊本相同。见阳海清《中国丛书综录补正》。

南京　浙江

(五)明赵用贤刊本

见莫友芝《郘亭知见传本书目》。

(六)明嘉靖间刊本

半叶九行十八字,白口,左右双边。见傅增湘《藏园订补郘亭知见传本书目》。

(七)明诸藩翻刊本

莫友芝《郘亭知见传本书目》称"诸藩刻本亦多"。

十三经注疏又名闽刻十三经注疏

【传录】不著编撰者姓名。南宋绍熙间,始有合刊本,嘉靖中李元阳用此本刊于闽中,即《闽刻十三经注疏》,其板后归南京国子监。李元阳(1497—1580)字仁甫,号中溪。云南太和人。嘉靖进士,有政绩,官荆州知府。有《中溪集》。

【叙录】是编凡十三种,三百三十五卷。是十三部儒家经典著作的注疏。《周易》用魏王弼、韩康伯注,唐孔颖达等正义。《尚书》用魏王肃伪孔安国传,唐孔颖达等正义。《毛诗》用汉毛公传、郑玄笺,唐孔颖达等正义。《周礼》用汉郑玄注,唐贾公彦疏。《仪礼》用汉郑玄注,唐贾公彦疏。《礼记》用汉郑玄注,唐孔颖达正义。《春秋左传》用晋杜预注,孔颖达等正义。《春秋公羊传》用汉何休注,唐徐彦疏。《春秋谷梁传》用晋范宁注,唐杨士勋疏。《论语》用魏何晏等注,宋邢昺疏。《孝经》用唐玄宗注,宋邢昺疏。《尔雅》用晋郭璞注,宋邢昺疏。《孟子》用汉赵岐注,旧题宋孙奭疏。《十三经注疏》是我国传统文化的重要经典,在封建社会里作为科举取士的依据。内容极其广泛,包括哲学、文学、历史、政治、经济、语言文学、伦理、民俗、地理、科技、典章制度等，是研中国古代社会不可缺少的历史文献。《十三经注疏》首次合刊是在南宋绍熙年间，其后，代有刊刻，而卷数均不尽相同。明嘉靖中，李元阳刊于闽中。万历十四年至二十一年(1586—1593)，李长春等据闽本重刊于北京国子监，闽本、监本都是三百三十五卷。崇祯元年至十二年(1628—1639)毛晋汲古阁刊本为三百三十三卷，其中《周易兼义》缺《音义》一卷、《略例》一卷。清乾隆四年(1739)武英殿刊本为三百四十六卷。嘉庆二十年(1815)，阮元《重刊宋本十三经注疏附校勘记》为四百一十六卷。阮刻精校，堪称善本。

【辑录】关于《十三经注疏》的版本源流，阮元在《重刻宋板注疏总目录》中作了精辟的评介："案《五代会要》，后唐长兴三年，始依石经文字刻九经印板，经书之刻木板，实始于此。逮两宋刻本浸多，有宋十行本注疏者，即南宋岳珂《九经三传沿革例》所载建本附释音注疏也。其书刻于宋南渡之后，由元入明，递有修补，至明正德中，其板犹存。是以十行本为诸本最古之册，此后有闽板，乃明嘉靖中用十行本重刻者；有明监板，乃明万历中用闽本重刻者；有汲古阁毛氏板，乃明崇祯中用明监本重刻者。辗转翻刻，讹谬百出。明监板已毁，今各省书坊通行者，惟有汲古阁毛本。此本漫漶不可识读，近人修补，更多讹舛。元家所藏十行宋本有十一经，虽无《仪礼》《尔雅》，但有苏州北宋所刻之单疏板本，为贾公彦、邢昺之原书，此二经更在十行本之前。元旧作《十三经注疏校勘记》，虽不专主十行本、单疏本，而大端实在此二本。嘉庆二十年，元至江西，武宁卢氏宣旬读余《校勘记》而有慕于宋本，南昌给事中黄氏中杰亦苦毛板之朽，因以元所藏十一经至南昌学堂重刻之，且借校苏州黄氏丕烈所藏单疏二经重刻之。近盐巡道胡氏稷亦从吴中购得十一经，其中有可补元藏本中所残缺者，于是宋本注疏可以复行于世。"

【版录】

(一)明嘉靖中福建刊本

参见《综录》第593页。是本为明御史李元阳所刻，世称"闽本"是本为三百三十五卷。每半叶九行，每行二十一字，白口，四周单边。其板后归南京国子监。

南京藏本有清丁丙、丁立中跋。

浙江　杭大　四川　"中央"

［补录］

(二)明嘉靖李元阳刻，隆庆二年(1568)重修本

是本为三百三十五卷。

西北大

(三)元刻明修本

是本为三百三十五卷。其中《尚书》《毛诗》《周礼》《礼记》《春秋左传》等书名前冠以"附释音"三字。

历博　北京文物

(四)宋刻明修本

是本已不复得见，杨家骆《丛书大辞典》著录为三百二十六卷，并谓是本始改《礼记注疏》七十卷为六十三卷，杨守敬云：是本"每半叶十行，故称'十行本'，刻于宋之南渡，修版至明正德

止，惟《尔雅》系元时所刻，阮文达据以作校勘者，版虽久毁，印本往往有存者，胜于明代诸刻本”。

莫友芝《郘亭知见传本书目》云：“注疏有十行十七字附释音本，系宋元旧刊，至明正德后递有修补之页，即明初南雍所集旧板也。……至嘉靖中，闽中御史李元阳等即用此十行本重写，刊为《十三经注疏》。”

《增订四库简明目录标注》云：“十行本《十三经注疏》三百五十二卷，原系宋板，多明正德年补叶，《周易》释文另卷附后，馀俱分系注下。《孝经》《论》《孟》无释文，《仪礼》陈凤梧刊本，《尔雅》正德中刊本，板式相同，故配入。”

十三经注疏又名万历十三经注疏、北监本十三经注疏

【传录】不著编撰者姓名。

【叙录】万历中祭酒李长春等据闽本重刊于北京国子监，谓之北监本，凡三百三十五卷。其馀详见闽刻《十三经注疏》提要。

【版录】

明万历中北京国子监刊本

参见《综录》第 593 页。是本始刻于万历十四年(1586)，成于二十一年(1593)，系据闽版翻刻，半叶九行二十一字，白口，四周单边。

南京图书馆藏本有清丁丙跋。

清华　上博　天津　山东　浙江　河南　开封　新乡

十三经注疏又名汲古阁十三经注疏

【传录】不著编撰者姓名。

【叙录】明崇祯元年至十二年毛晋汲古阁据北监本翻刻，毛刻十三经，讹误颇多。其馀详见闽刻《十三经注疏》提要。

【版录】

(一)明崇祯十二年(1639)序古虞毛氏汲古阁刊本

参见《综录》第 594 页。是本凡三百三十三卷。毛氏称此书以宋本校刊，然细观之，其中多沿闽监之谬处，间亦有订改，但多不与宋本合。此板后归扫叶山房。《增订四库简明目录标注》云“汲古阁板三百三十四卷”，误，当为三百三十三卷。

湖北省图书馆藏本有清张尔耆过录清惠栋、卢文弨批校。又傅增湘藏本有清金凤翔校,各子目均有识语。傅氏藏本又一部有清焦循手批及跋。

北大　党校　北京市委　北京文物　上海师大　南开　齐齐哈尔　咸阳　武威博　新疆大　济南　淄博　济宁　文登　莱阳　诸暨　安徽　河南　武汉　大冶师校　荆州博　湖南　四川　重庆　北碚　重庆师院

[补录]

(二)清嘉庆十八年(1813)绣谷四友堂重刻汲古阁本

中大

十三经注疏附考证又名殿本十三经注疏

【传录】不著编撰者姓名。

【叙录】乾隆四年张廷玉等在武英殿校刊的《十三经注疏》,称为殿本,每卷后附有诸臣考证,订正误文,远出闽、监本之上。《增订四库简明目录标注》云:"清殿本注疏,句下加圈,校刻皆精。"是本为三百四十六卷。其馀详见闽刻《十三经注疏》提要。

【版录】

(一)清乾隆四年(1739)武英殿刊本

参见《综录》第594页。

华东师大

[补录]

(二)清乾隆十二年(1747)重刻乾隆四年武英殿本

是本有《御制重刻十三经序》。

北师

(三)同治十年(1871)广东书局重刊

是本有"重刊武英殿本十三经注疏在事诸臣职名"。卷首镌有"菊坡精舍藏板"。

暨大　华南师大

重刊宋本十三经注疏附校勘记又名阮刻十三经注疏

校勘记(清)阮元撰　(清)卢宣旬摘录

【传录】参见《宛委别藏》。

【叙录】是编凡十三种,四百十六卷。阮氏痛感南北监本及毛氏汲古本《十三经注疏》纰缪百出,漫漶不可识读,于是网罗著名学者顾广圻等人校刊《宋本十三经疏》,授简诂经精舍,令详其异同,抄撮会萃之,然后定其是非。阮氏不仅广搜宋本重刊,而且广校唐石经等古本,故阮本注疏成为一代精校本。阮氏校经主张不轻改误字,他认为:“刻书者最患以臆见改古书,今重刻宋板凡有明知宋板之误字,亦不使轻改,但加圈于误字之旁而别据《校勘记》择其说附载于每卷之末,俾后之学者不疑于古籍之不可据,慎之至也。其经文注文有与明文不同,恐后人习读明本而反臆疑宋本之误,故卢氏亦引校勘记载于卷后,慎之至也。”阮氏所言不轻改误字,乃是书之特色,尤其是书的《校勘记》文,对于读者阅读《十三经注疏》甚为有利。

【辑录】俞樾在光绪石印本《十三经注疏》序中云:“阮达之为《校勘记》,罗列诸家异同,使人读一本如遍读诸本。”

《增订四库简目标注》云:其校勘记“不若单行校勘记之详备,学者但得阮氏校勘记全文,不论何本注疏,皆可据以校读矣”。

【版录】

(一)清嘉庆二十年(1815)南昌府学刊本

参见《综录》第 594 页。是本每半叶十行,每行二十字,小字双行二十四字,黑口,双鱼尾,左右双边。广东藏本有清陈澧批校。杭大藏本有清孙诒让批校。

华东师大　暨大　湖北大　史语　台北　东海　台大

(二)清同治十年(1871)广东书局刊本

参见《综录》第 594 页。是本不刻原书墨圈,降低了校勘记的作用。

中大　广东

(三)清同治十二年(1873)江西书局刊本

参见《综录》第 594 页。

(四)清光绪十三年(1887)上海脉望仙馆石印本

参见《综录》第 594 页。是本有光绪十三年杨泗孙序。

中大　湖北大　暨大

(五)清光绪十八年(1892)湖南宝庆务本书局刊本

参见《综录》第 594 页。

(六)清光绪二十三年(1897)上海点石斋石印本

参见《综录》第 594 页。

(七)民国十三年(1924)上海扫叶山房石印本

参见《综录》第 594 页。

中大

(八)民国二十一年(1932)上海锦章图书局石印本

参见《综录》第 594 页。

暨大

(九)民国二十四年(1935)上海世界书局石印本

参见《综录》第594页。

(十)1957年北京中华书局排印本

参见《综录》第594页。本书用《四部备要》纸型重印。共四十册。详见国家出版局版本图书馆编《古籍目录》(1949.10—1976.12)。

[补录]

(十一)清道光六年(1826)用文选楼藏本重校本

是本有朱华《重校宋本十三经注疏跋》,叙其重校情况。朱跋云:"今夏,制军自粤邮书,以倪君模所校本一册寄示,适奉新余君成教亦以所校本寄省。倪君所校计共九十三条,余君所校计共三十八条,予因合二君所校之本,详加勘对,亲为检查督工,逐条更正,是书益增美备。"

华东师大　暨大

(十二)清同治十年(1871)湖南遵经阁校刊本

湖北大

(十三)清四川重刊本

(十四)清光绪十三年(1887)上海点石斋重校石印本

书前镌有"光绪丁亥闰夏点石斋遵阮本重校印"。有俞樾光绪十二年序。

暨大　湖北大

(十五)1980年北京中华书局影印本

是本《影印说明》云:"(阮本)号称善本,但卷帙浩繁,不便查检。原世界书局将阮刻本缩印为两巨册,使用较方便,我们现据以影印,以应急需。影印前曾与清江西书局重修阮本及点石斋石印本核对,改正文字讹脱及剪贴错误三百馀处。又缩印本《公羊传注疏》卷二十三阮元《校勘记》末漏脱二十二行,《论语注疏》卷首漏脱阮元《校勘记序》一篇,均补印于全书之末。缩印本新增的目录也有不少讹脱,现改正重排。阮刻本在有校勘的地方均加○表示,缩印本改用▲号,现仍其旧。""为了便于查检,我们还征得叶圣陶同志同意,将他所编的《十三经索引》每一条下加注本书页码,重新排印。"

(十六)1990年上海古籍出版社据清同治六年(1867)江西书局重校本影印

是本《出版说明》云:"我社现以清同治六年(1867)江西书局重校嘉庆二十年(1815)阮元主持校勘重刻宋版《十三经注疏》本,采用四拼一形式影印出版。经文句读则采用近代著名国学大师蕲春黄季刚(侃)先生《白文十三经》断句。黄季刚先生治学严谨,深谙文字、声韵、训诂之学,于《十三经》章句之学用功尤深。平生曾数次校读清刊《十三经注疏》,又于一九一四年商务印书馆刊印之《白文十三经》上施加句读章句。黄氏句读深究古训,审度辞气,探其义旨,反复推究,允称精确。惜其《十三经注疏》校读原本已佚,幸《白文十三经》校读本尚存。一九八三年,本社曾据其原稿影印出版,今复据其经文句读,过录断句于《十三经注疏》中，以助阅读。原书句读，施用多种符识，为简便计，均改用圈号为断。又《仪礼》一书，黄氏据旧注分章析段，并加标题，颇与清刊本不同，亦标记今本之上。”

宋本十三经注疏并经典释文校勘记又名十三经注疏校勘记

（清）阮元撰

【传录】参见《宛委别藏》。

【叙录】是编凡十三种，二百四十五卷。其中《十三经注疏校勘记》二百一十八卷，《经典释文校勘记》二十七卷。其《凡例》称：此校以宋本为据，上考之《经典释文》《开成石经》。《经典释文》用明崇祯间震泽叶林宗仿明阁本影写本；单疏本、宋本订闽本、监本和毛本之失，其谬误特甚者，必为之举正。是编之《校勘记》之详备，胜于南昌府学本。莫友芝《郘亭知见传本书目》云：“学者但得阮氏《校勘记》全文，不论何本注疏皆可据以校读矣。”其馀详见闽刻《十三经注疏》提要。

【版录】

（一）清光绪二十四年（1898）苏州官书坊刊本

参见《综录》第595页。是本为二百六十六卷，较嘉庆刊本多二十一卷，其中《尔雅》多七卷，《孟子》多十四卷。

（二）《皇清经解》本

参见《综录》第604页。

[补录]

（三）清嘉庆刊本

是本题《十三经注疏校勘记》，凡二百四十五卷。半叶十行二十三字，小字双行同，白口，左右双边。书前有段玉裁嘉庆戊辰（十三年）序。北图藏本有徐时栋跋。

（四）1996年上海古籍出版社据世界书局缩印本影印

（五）1996年广陵古籍刻印社石印本

五　经

【传录】不著编撰者姓名。

【叙录】是编凡五种，五十八卷。明正统十二年（1447）司礼监初刊。每种正文之外，均为宋元人传注。《周易》四卷(宋朱熹本义)。此书亦称《周易本义》。原本依吕祖谦《古周易》本,经与传分开不混,共经二篇,传十篇。后人将原书割裂,重组成四卷。卷一、二经,卷三《系辞传》,卷四《说卦传》《序卦传》《杂卦传》。朱氏认为《易》是卜筮之书,作《周易本义》就是要还《周易》的本来面目。《书经》六卷(宋蔡沈集传)。此书亦称《书经集传》《书经集注》《书集传》。因分别《尚书》今文、古文并注之,故名。沈氏受朱熹之命撰此书,"参考众说,融会贯通,乃敢折衷;微辞奥旨,多述旧闻"(《书集传·自序》)。《诗经》八卷(宋朱熹集传)。此书亦称《诗经集传》《诗集传》。原为二十卷,后并为八卷。朱氏杂采《毛传》《郑笺》间用三家诗义,而以己意为取舍,意在探求《诗经》本义。其解诗分章注释,先标赋、比兴,再进行字义释解,然后通释章内大意。注音夹于句中,篇末点明诗旨,品评泛论。《春秋》三十卷(宋胡安国传)。此书亦称《春秋传》。卷首有《春秋传纲领》,列孟子、庄子、董仲舒、王通、邵雍、张载、程颐七家深得《春秋》大义者"发明纲领"之言论。《纲领》后有《春秋诸国兴废说》,略当诸国简史。又有《春秋提要》,列举周十二王、鲁十二公、五伯、鲁三桓、晋六卿、聘问、盟会、战争、春秋五始、孔子相鲁等大事,分条论述。正文均有音注。《礼记》十卷(元陈澔集说)。此书亦称《礼记集说》。原为三十卷,后并为十卷。陈氏承父志,援引经书三十馀种,荟萃衍绎,而附以己见。其对于注说去取,凡名物度数,据古注正义;道学正论,宋程子朱子,精义详尽。朱熹、蔡沈、胡安国、陈澔等都是宋元时期著名的经学大师。自元仁宗时,《周易本义》《书经集传》《诗经集传》《春秋传》等并立于学官,成为科举的必读之书,直至清末废除科举。明代辑刻《五经》者甚众,有《五经大全》《五经集注》《五经纂注》《五经约注》等。

【版录】

(一)清康熙八年(1669) 紫阳朱氏崇道堂刊本

参见《综录》第 595 页。

[补录]

(二)明正统十二年(1447)司礼监刊本

是刻凡八十二卷。世称"明监本宋元人注五经"。包括《易》程、朱传义十卷,《书》蔡传六卷,《诗》朱熹集传二十卷,陈澔《礼记集说》十六卷,《春秋》胡氏传三十卷。半叶八行十四字,大黑口,四周双边,行间有圈。见《藏园订补郘亭知见传本书目》《中国古籍善本书目》。

人大 故宫 "中央"

(三)明嘉靖八年至九年(1529—1530)张禄朱廷声等刊本

是刻半叶九行十七字,小字双行同,白口,左右双边。据《中国古籍善本书目》,本藏湖南省图书馆,存四十七卷,不全。

(四)明嘉靖三十年(1551)逢源溪馆刊本

凡八十二卷。题明石笥山人辑。见阳海清《中国丛书综录补正》。

(五)明翻刊宋悦生堂巾箱本

见潘承弼、顾廷龙《明代版本图录初编》著录。广东省中山图书馆有藏本。

(六)1987 年成都巴蜀书社影印本

所据为怡府藏板,明善堂重刊本。原书缺二叶,用光绪二十九年夏江南书局重刊本补足。

五经四书又名四书五经

【传录】不著编撰者姓名。

【叙录】是编凡九种,九十七卷。"五经"即《易》《书》《诗》《礼》《春秋》。汉武帝建元五年(前 136)置五经博士,始有"五经"之称。其中保存有中国古代丰富的历史资料。"四书"为《大学》《中庸》《论语》《孟子》的合称。宋代以《孟子》升经,将《礼记》中的《大学》《中庸》二篇,与《论语》《孟子》配合。至宋孝宗淳熙年间(1174—1189),朱熹撰《四书章句集注》,"四书"之名始立。此后,一直成为封建王朝开科取士的必读教科书。《五经四书》在封建思想、伦理体系中占有重要地位。"五经"各用宋元人注,"四书"有朱子章句,此元、明及清中叶之惯例。是编"五经"中,《周易》四卷,为宋朱熹本义;《书经》六卷,为宋蔡沈集传;《诗经》八卷,为宋朱熹集传;《礼记》十卷,为元陈澔集说;《春秋左传》五十卷,晋杜预、宋林尧叟注释,唐陆德明音义。"四书"中,《论语》十卷、《孟子》七卷,《大学》《中庸》各为一卷,均为宋朱熹章句集注。

【版录】

(一)清恕堂重刊本

参见《综录》第 596 页。是刻据明巾箱本重刊。中国人民图书馆藏有其中"五经"一百八卷。半叶八行十七字,小字双行同,白口,四周双边。封面镌"恕堂藏板",目录前镌"恕堂重梓"。版框外套印棕色空白直格。见《中国人民大学图书馆古籍善本书目》。

[补录]

(二)明正统中内府刊本

是刻凡一百八卷。世称"监本五经四书"。包括:

《易》十卷　(宋)程颐传、朱熹本义

《书》六卷　(宋)蔡沈集传

《诗》二十卷　(宋)朱熹集传

《春秋》三十卷　(宋)胡安国传

《礼记》十六卷　(元)陈澔集说

《大学》一卷　(宋)朱熹章句

《中庸》一卷　(宋)朱熹章句

《论语》十卷 (宋)朱熹集注

《孟子》十四卷 (宋)朱熹集注

朱学勤《汇刻书目》原注称:“明正统间内府刻本,首载英宗谕旨。以《五经四书》经注书坊刊本讹误者多,命司礼监誊写重刊,以取便以观览云云。”

莫友芝《郘亭知见传本书目》称:“明正统中,内府刊《五经四书集注》,大板甚佳。《易》兼程、朱传义,《诗》《书》集传连音释、纲领、序辨,《大学》《中庸》章句连或问,惟《春秋》为胡传。此后刻六经者,纲领、序辨等不全,皆不如正统本。”

(三)明南昌万氏刊本朱墨本

是刻《春秋》作十六卷,合刻三传,并录《钦定春秋传说汇纂》。

(四)明刊巾箱本

是刻版心署“恕堂藏版”。《春秋》作十卷。见朱学勤《汇刻书目》原注。

(五)明崇祯十四年(1641)海虞毛晋订正本

是刻版心署“文公祠崇道堂藏板”。见朱学勤《汇刻书目》原注。

(六)清康熙十六年(1677)朱锡旗刊本

《春秋传》作三十卷。见朱学勤《汇刻书目》原注。

(七)清长洲尤侗重订本

是刻版心署“圣业堂刻本”。见朱学勤《汇刻书目》原注。

(八)清乾隆元年(1736)武英殿刊本

见朱学勤《汇刻书目》原注。

(九)清乾隆七年(1742)怡府明善堂刊巾箱本

是刻与《综录》同。见朱学勤《汇刻书目》原注。

(十)清嘉庆间扬州鲍氏刊本

其中《春秋》合刻左氏、公、谷三传,并录《钦定春秋传说汇纂》。见朱学勤《汇刻书目》。

(十一)清同治四年(1865)浙江书局刊本

见朱学勤《汇刻书目》原注。

(十二)清同治五年(1866)金陵书局刊本

是刻《易本义》依朱子原本,分十二卷,别刻程传,他本无。《春秋》用《左传》,姚培谦补辑本。见朱学勤《汇刻书目》原注。

莫友芝《郘亭知见传本书目》称:“同治五年金陵开书局,刻《五经四书》,程注、传义分刻,各还两家旧式,甚善。《春秋》用《左传》,惜不依岳本而据姚本。”

(十三)清同治七年(1868)湖北崇文书局刊本

《诗集传》简端各载小序。《春秋传》用冯天骅集解本。见朱学勤《汇刻书目》原注。

(十四)1985年中国书店影印本

是为 1985 年第二版。用宋元人注本。

(十五)1991 年岳麓书社排印本

是为校点本。注解一概不收,此即所谓白文本。

(十六)1994 年长沙北岳文艺出版社绘画本

五经要义

(宋)魏了翁撰

【传录】魏了翁(1178—1237)字华父,号鹤山。四川蒲江县人。庆元五年(1199)进士。以校书郎出知嘉定府。官至资政殿大学士、参知政事、佥书枢密院事。卒赠太师,谥文靖。事迹见《宋史》本传。治学反对佛老学,推崇朱熹理学,独穷经古学,自为一家,为南宋名儒。曾筑室白鹤山下,开门授徒,士争从之。后又建鹤山书院,学者云集。著有《九经要义》《经外杂钞》《师友雅言》《鹤山全集》等。

【叙录】是编凡五种,一百三十四卷。魏氏居靖州日,湖、湘、江、浙之士,不远千里负书从学。然当时说经者,但知诵习成言,不能求之详博,故取诸经注疏之文,据事别类而录之,著为《九经要义》,订定精密。清光绪中江苏书局刊其五种为《五经要义》,包括《周易要义》《尚书要义》《毛诗要义》《仪礼要义》《礼记要义》。《周易要义》十卷首一卷,大旨主以象数求义理,折衷于汉学、宋学之间,虽主于注疏释文,然摭采颇有法度。《四库全书总目》称其:"采掇谨严,别裁精审,可谓翦除支蔓,独撷英华。"《尚书要义》二十卷,魏氏摘取注疏中精要之语,标以目次,便于检阅,使学者尽得《尚书》注疏之精华而不为其芜杂所烦扰。《毛诗要义》二十卷,魏氏据宋时善本,对《诗经》注疏删繁就简,凝炼精审,便于阅读。《仪礼要义》五十卷,每篇名物条目,以西汉郑玄、唐贾公彦《仪礼注疏》为主,并以保持《注疏》之原为宗,进行删繁取精,体例与《周易要义》略同,实乃郑、贾注疏之提要,为初学者读郑、贾注疏之门径。《礼记要义》三十三卷,此书原缺卷一至二,乃魏氏读经自课,摘要以便检阅之文。书前有拜五经斋主人锡寿序称:"《礼记》孔疏文繁义富,未易得其崖略。了翁删汰过半,颇为精允。"《宋史·艺文志》分载《九经要义》各书,然至明代已不全。《四库全书总目》仅著录《周易》《尚书》《仪礼》《春秋左传》四种,而《礼记》缺残。后阮元从宋刻影抄,并撰提要一篇进呈,其文收入《揅经室外集》卷一。(参见《四库未收书提要》)

【版录】

清光绪中江苏书局刊本

参见《综录》第 597 页。

两苏经解

(明)焦竑辑

【传录】焦竑(1540—1620)字弱侯,号漪园,又号澹园。江宁(今江苏南京)人。万历十七年(1589)进士。官翰林院修撰,后曾任太仆寺丞、南京司业。与李贽交最笃。曾领衔修明《经籍志》。博极群书,工古文。亦嗜聚书,藏书两楼,五楹俱满,一一皆经校雠。自编有《焦氏藏书目》二卷。著述甚富,有《澹园集》《焦氏类林》《老子翼》《庄子翼》《考工记解》《国史经籍志》《易筌》等。

【叙录】是编凡七种,六十四卷。"两苏"即苏轼、苏辙兄弟,均通经史。丛书收苏轼(1037—1101)经籍二种:《东坡先生易传》九卷,苏籀《栾城遗言》称是书实为苏洵、苏轼、苏辙父子兄弟三人之合著。主旨申王弼之说,多切人事。《四库全书总目》称其"推阐理势,言简意明,往往足以达难显之情,而深得曲譬之旨。盖大体近于王弼,而弼之说惟畅元风,轼之说多切人事。其文辞博辨,足资启发"。《东坡先生书传》二十卷,主要内容以阐释《尚书》义理为主,于兴衰治乱之理多所揭示,分析精辟;对名物制度亦有所考据。《四库全书总目》云:"就其书而论,则轼究心经世之学,明于事势,又长于议论,于治乱兴亡披抉明畅,较他经独为擅长。"丛书收苏辙(1039—1112)经籍五种:《颍滨先生诗集传》十九卷,书中提出《诗》之小序的首句为子夏所作,其下为毛氏门人所作,并由东汉时人卫宏所集录的说法,对后世影响较大。《颍滨先生春秋集解》十二卷,此乃矫王安石新学而作。其说以《左传》为主,左氏之说不可通考者,则取《公羊传》《谷梁传》及诸家之说以通之。《论语拾遗》一卷,此乃苏辙晚年闲居颍川时为补正其兄苏轼所作《论语说》(已佚)而作。《孟子解》一卷,书中不囿一家之言,大胆设论,自有所见。《颍滨先生道德经解》二卷,引儒家"中庸"之说以比附,主张儒、释、道三教归一,强调三教同源。苏辙治经,论事不偏不倚,实事求是。其文辞、内容足为一家之说,对启发后学起了很大的作用。丛书卷首有明万历庚戌(1610)焦竑和刘冒宁序。

【版录】

(一)明万历二十五年(1597)金陵毕氏刊本

参见《综录》第598页。是刻半叶十行二十一字,白口,左右双边。《中国古籍善本书目》著录。

北大　故宫　辽宁　杭大

[补录]

(二)明万历三十九年(1611)顾氏刊本

是为重刻本。亦五种,六十四卷。书前有明万历庚戌(1610)焦竑和刘冒宁序。版式与金陵毕氏本同。见《中国古籍善本书目》著录。

浙江　旅大

经言枝指

(明)陈禹谟撰

【传录】陈禹谟(1548—1618)字锡元。江苏常熟人。万历中由举人官至四川按察司佥事。所著除《经言枝指》外,尚有《经籍异同》《别本四书名物考》《左氏兵略》《说储》《骈志》《广滑稽》等。

【叙录】是编凡五种,九十九卷。陈氏于《四书集注》之外,旁搜诸说,故取《庄子》"骈拇枝指"之意为名。包括《四书汉诂纂》十九卷、《谈经菀》四十卷、《引经释》五卷、《四书人物概》十五卷、《四书名物考》二十卷。此五种见《明史·艺文志》著录,《四书汉诂纂》作二十卷。《四库全书总目》有《经言枝指》一百卷,所据为浙江巡抚采进本,核其所列子目,实为九十九卷。提要称《四书汉诂纂》"乃删取注疏之文,割裂饾饤,全无义例"。《谈经菀》摘取经、史、子、集中与四书文义相近者用以相证。《引经释》以四书所引经文为纲,杂采训释以附之。《四书人物概》《四书名物考》乃考订四书人物、名物之作。《四库全书总目》对此书持否定态度,并列入存目,流传不广。明林永平辑陈氏《经言枝指纂》四十卷,明万历聚星馆叶均宇刊行。

【版录】

明万历中刊本

参见《综录》第598页。《中国古籍善本书目》著录。

五经绎又名经绎

(明)邓元锡撰

【传录】邓元锡(1528—1593)字汝极,号潜谷。江西南城人。嘉靖举人。从邹守益、刘邦采诸儒论学、居家著述,逾三十年。邓氏之学,渊源于王阳明,而不尽宗其说。所著除《五经绎》外,尚有《三礼编绎》《函史》《明书》《潜学稿》等。

【叙录】是编凡五种,十五卷。包括《易经绎》五卷、《书经绎》二卷、《诗经绎》三卷、《三礼编绎》四卷、《春秋通》一卷。《易经绎》虽载全文,却自行更动次序,其中《系辞》《说卦》《序卦》《杂卦》又全删传文,用自撰《天图原》等三卷易之。《书经绎》不录经文,只依照各篇演绎大义。《诗经绎》也不录原文，只就篇义进行训释。邓氏先有《三礼编绎》二十卷别行，故是编只摘录其中自得之语，删去经文及注。《续修四库全书总目提要》批评其“多空言，乏精义”，是符合实际的。

【版录】

（一）明万历三十五年(1607)序刊本

参见《综录》第598页。是刻半叶九行十九字，白口，四周单边。《中国古籍善本书目》著录为“明万历刻本”。

上海　科学

［补录］

（二）明万历刊本

是刻题名《经绎》，十五卷。半叶十行二十一字，白口，单鱼尾，四周单边，有刻工名。见《中国古籍善本书目》著录。北京大学图书馆藏。

（三）明万历刻清顺治十四年(1657)郑宗渭补修本

凡十五卷。见《中国科学院图书馆藏中文古籍善本书目》。

石斋先生经传九种又名石斋九种、黄石斋先生经传九种

（明）黄道周撰

【传录】黄道周(1585—1646)字幼平，一作幼玄，又字螭若，号石斋。福建漳浦人。天启二年(1622)进士。崇祯时任右中允。南明弘光帝时为礼部尚书，唐王立，任为吏部尚书兼兵部尚书、武英殿大学士。督师出婺源，兵败被执，不屈而死。其学识渊博，贯通古今，通晓天文历数，工书善画，文章风节高天下。著有《石斋集》。治经著作编为《石斋先生经传九种》。

【叙录】是编凡九种，五十六卷。包括《孝经集传》四卷、《易象正》十二卷初二卷终二卷、《三易洞玑》十六卷、《洪范明义》四卷、《表记集传》二卷《春秋表记问业》一卷、《坊记集传》二卷《春秋坊记问业》一卷、《月令明义》四卷、《缁衣集传》四卷、《儒行集传》二卷。晋安郑氏初刻于康熙三十二年(1693)，道光二十八年(1848)长洲彭蕴章补刊印行。主要著作如《孝经集传》，其宗旨在于阐明《孝经》五大义：一为“本性立教，因心为治，令人知非孝无教，非性无道。为圣贤学问根本”；二为“约教于礼，约礼于敬，敬以致中，孝以导和，为帝王致治渊源”；三为“则天因地，常以地道自处，履顺行让，使天下销其戾心，觉五刑五兵无得力处，为古今治乱渊源”；四为“反文尚质，以夏商之道救周”；五为“辟杨诛墨，使佛老之道不得乱常”。(《四库全书总目》)《易象正》始创于崇祯十三年(1640)，据周氏自序称，凡《易》自《春秋左传》《国语》及两汉名儒都就动爻以论，虞、王而下始就本卦正应以观攻

取，只论阴阳刚柔，不分七八九六，虽《易》有刚柔杂居之文，而卦无不动玩占之理，《象正》专就动爻以明之。《三易洞玑》是约天文历数而归之于《易》。其"三易"谓伏羲之易、文王之易和孔子之易。"洞玑"即玑衡，乃古人测天之器，谓以《易》测天而毫无差错。是书《四库全书总目》著录，另尚有清邵晋之抄本、清楝亭曹氏刊本以及《黄忠端公全集》本等。《洪范明义》上卷言"天人感召、性命相符及好德用人之方"，下卷言"阴骘相协、彝伦条贯、旁及阴阳历数之务"，初、终两卷"考正篇章，分别伦序"（《自序》）。明崇祯十一年（1638），黄道周取《礼记》中《月令》《儒行》《缁衣》《坊记》《坊表》等名篇为之作注进呈。如《表记集传》将《表记》古注分为三十六章，以《春秋》发其条例，多言君子恭敬仁义之德，必证之以《春秋》，触类旁通，说解颇有发明。《坊记集传》以《坊记》为经，分为三十章，每章各立名目，皆罗列《春秋》大事以证之。《月令明义》仿唐制《月令》之例别立经文，附以己说，并杂采《易象》《夏小正》《逸周书》《管子》《国语》等书，测验天文，推以数字，参稽考证，于经文颇有阐发。《缁衣集传》将《缁衣》分为二十三章，每章各证以史事二百馀条，以明好恶、刑赏之道。《儒行集传》将《儒行》分为十七章，列举历代史传中有关自立、刚毅之人以证之，旨在以备后之天子循名考实，知人善任，为天下得人。黄道周《礼记》注五篇自创名目，意不主于解经，而在于借解经以抒其忠愤。其五书之说见，亦堪称一家之言。

【版录】

（一）清康熙三十二年（1693）晋安郑肇修刊道光二十八年（1848）长洲彭蕴章补刊印本

参见《综录》第 598 页。

［补录］

（二）清康熙三十二年（1693）晋安郑开极浙江刊本

是刻半叶九行十八字，小字双行同，白口，左右双边。见《中山大学图书馆古籍书目甲编》。

南开

五经四书疏略

（清）张沐撰

【传录】张沐（1621—1701）字仲诚，号起庵。河南上蔡人。顺治十五年（1658）进士。历知内黄、资县。屡举廉吏。乞病归。从孙奇逢游。晚年筑白龟圃以受四方学者，兴起者甚众。著有《图书秘典溯流》《史学钞》《一隅解》诸书。治经著作编为《五经四书疏略》。

【叙录】是编凡九种，一百四十四卷。张沐之学以主敬为功，治《易》有心得。汤斌称其脚踏实地，为当代真儒。其对五经四书都有疏略，包括《周易疏略》四卷、《书经疏略》六卷、《诗经疏略》八卷、《礼记疏略》四十七卷、《春秋疏略》五十卷、《大学疏略》一卷、《中庸疏略》一卷、《论语疏略》二十卷、《孟子疏略》七卷。其著作《四库全书总目》多入存目。主要者如《周易疏略》，解《周易》本于孔子十翼之义。所注多限于旧文，并融合了自己的意见，不再标出古人名氏。书中极力排斥京房、陈抟、邵康节之学，但是陈抟所造的河图、洛书及伏羲、文王诸图仍列于卷首。《书经疏略》依注疏本，将书序分冠诸篇，又据古本把书序合为一篇，列于卷首。其经文疏语，大多沿袭蔡沈集传之说而间出己意。《春秋疏略》以经文为鲁史，以《左传》为孔子所作。《四库全书总目》评曰："异哉斯言，自有经籍以来，未之闻也。"《大学疏略》尊古本，以《大学》古本通属经为一篇，列载《礼记》，统似孔子之文，自程子摘为一书，朱子观玩有得，若为曾子所述，又分经传章句。《中庸疏略》大意称《大学》是平天下之书，《中庸》是性命之书。平天下必本于致知，故性命之道，必臻于首位。一为帝王传治理，而不外于心法；一为学者传心法，而不外于治理。五经总无异义，而《大学》《中庸》尤相表里。其《中庸》中未明的，可详见《大学》，而《大学》中未明的，可详见《中庸》。在《大学》为致知，在《中庸》为明，力行尽性至命皆行。在《大学》为格物，在《中庸》为诚。立说甚为新奇，然皆得之于日常体验之间，未尝有所倚傍。

【版录】

清康熙十四年至四十年(1676—1701)蕃蔡张氏刊本

参见《综录》第 598 页。《中国古籍善本书目》著录为"清康熙十四年至四十年敦临堂刻本"。本藏清华大学图书馆。

御纂七经

【传录】不著编撰者姓名。

【叙录】是编凡七种，二百七十一卷。所收为七部儒家经典。汉代提倡"孝治"，贵族子弟先授以《论语》《孝经》，连同《诗》《书》《礼》《易》《春秋》五经，合称"七经"。又北宋刘敞撰《七经小传》，则以《尚书》《毛诗》《周礼》《仪礼》《礼记》《公羊传》《论语》为七经。清康熙"御纂"，以《易》《书》《诗》《春秋》《周礼》《仪礼》《礼记》为七经。包括《御纂周易折中》二十二卷首一卷(清李光地等撰)、《钦定书经传说汇纂》二十一卷(清王顼龄等撰)、《钦定诗经传说汇纂》二十一卷首二卷诗序二卷(清王鸿绪等撰)、《钦定春秋传说汇纂》三十八卷首二卷(清王掞等撰)、《钦定三礼义疏》一百八十二卷(包括《钦定周官义疏》四十八卷首一卷、《钦定仪礼义疏》四十八卷首二卷、《钦定礼记义疏》八十二卷首一卷，清允禄等撰)。

《御纂周易折中》全依朱熹《周易本义》二经十翼之旧，作象数六甲飞伏，弃老庄玄虚空谈，务使理数合为一体。卷首有纲领三篇、义例一篇，正文解六十四卦和十翼，书末附有朱熹《易学启蒙》三卷、《序卦杂卦明义》一卷。

《钦定书经传说汇纂》取蔡沈《书集传》居前，附众说于后，凡蔡《传》说解安妥者，则加以佐证；凡蔡《传》说解谬误者，则加以匡正；其义两通者，别为附录。其引据详赡，不为门户所囿，持论较为公允。

《钦定春秋传说汇纂》先以大字标举经文，次以小字胪列《左》《公》《谷》《胡》四传之文，末为《集说》，所列汉唐至明诸儒之说凡一百三十五家。是书主要针对胡安国《春秋传》，故驳胡传不遗馀力。究其原因，除胡传本身多臆测之说外，更主要在于胡传强调"尊王攘夷"之说。而其"攘夷"之论则多有感于当时金人对南宋之压迫而发。清为金人之后，故于此特别敏感。

《钦定周官义疏》乃清乾隆十三年(1748)钦定《三礼义疏》之第一部。对汉至清之《周礼》研究进行广泛挖掘，并作了概括性总结，内容精赅翔实。《钦定仪礼义疏》为钦定《三礼义疏》之第二部。此书诠释"正义""辨正""通论""馀论""存疑""存异""总论"七例，与《钦定周官义疏》同，总结了清以前几百年间学者研究《仪礼》的成就，功劳巨大。《钦定礼记义疏》为钦定《三礼义疏》之第三部。其诠释七例亦与《钦定周官义疏》相同，广采说《礼》诸家，于郊社、乐舞、裘冕、车旗、尊彝、圭鬯、燕饮、飨食以及月令内则诸名物，皆一一辩订，即诸子轶闻，百家杂说，可以参考古制者，亦详征博引，曲证旁通。其辩说则多采宋儒之说，以补郑注所未备。

是编于清康熙至乾隆间由内府刊行，各直省亦有翻刻。至同治间，江西、浙江、湖北各书局皆有刻本。

【版录】

(一)清康熙至乾隆间内府刊本

参见《综录》第 598 页。

(二)清同治六年(1867)浙江书局刊本

参见《综录》第 598 页。

中大　华南师大

(三)清同治十一年(1872)江西书局刊本

参见《综录》第 598 页。

(四)清光绪十四年(1888)户部刊本

参见《综录》第 598 页。

(五)清光绪中湖北崇文书局刊本

参见《综录》第 598 页。

(六)清光绪中江南书局刊本

参见《综录》第 598 页。

(七)清光绪中上海鸿文书局石印本

参见《综录》第 598 页。

[补录]

(八)清同治十年(1871)湖北崇文书局刊本

见《北京师范大学图书馆中文古籍书目》。

(九)清尊经阁刊本

见《江苏省立国学图书馆图书总目》卷八。

(十)清光绪三十年(1904)上海育文书局石印本

暨大

(十一)清翻刻内府本

台大

通志堂经解又名通志堂九经解、通志堂汇刻经解、传是楼经解、九经解

(清)成德(性德)辑

【传录】成德(1655—1685)字容若,号楞伽山人,后易名纳兰性德。满洲学士明珠长子。康熙进士,官一等侍卫。善骑射,好读书。能诗。词以小令见长,多感伤情调,间有雄浑之作。著有《通志堂集》《纳兰词》等。

【叙录】是编凡一百四十种,一千八百六十卷。本名《九经解》。所收为唐宋元明关于《易》、《书》、《诗》、《春秋》、三礼、《孝经》、《论语》、《孟子》等经的注释。内以徐乾学家藏图书为主,加上嘱托友人秦松龄、朱彝尊所购宋元明各家经解汇刻而成。实际出于徐乾学、何焯之手。全书共分易、书、诗、春秋、三礼、孝经、论语、孟子、四书、总经解十类。其中易类三十九种,四百二卷;书类十九种,二百二十九卷;诗经类十一种,一百四十卷;春秋类三十五种,四百五十九卷;三礼类十二种,三百八十四卷;孝经类四种,四卷;论语类二种,二十卷;孟子类三种,二十三卷;四书类八种,一百三十五卷;总经解七种,六十四卷。唐宋元明说经之书,传本罕见者,大都收在其中。尤以宋元两代为多,唐人著作仅成伯玙《毛诗指说》、陆德明《经典释文》等二十三种。明人著作亦少。各书以作者时代为序,分门别类排列,书前各附序一篇。翁方纲曾编刻《通志堂经解目录》行世。民国间,武进陶湘又校正补刻一卷。书前有康熙十二年(1673)纳兰性德序和康熙十九年(1680)徐乾学序。同治十二年粤东书局刊本有白瑞麟、张兆栋、钟谦钧诸序。

【辑录】《四库全书总目》收《通志堂集》十八卷附录二卷。入存目。提要谓:"性德生长华阀,勤于学问。乡试出徐乾学之门,遂受业焉。《九经解》即其所刻,而徐乾学延顾湄校正之。以书成于性德殁后,版藏徐氏,世遂称《徐氏九经解》,并'通志堂'而移之徐氏,实相传之误也。"

纳兰性德序云:"经之有解自汉儒始。……惜乎其书流传日久,十不存一二。余向属友人秦对岩、朱竹垞购诸藏书之家。间有所得,雕版既漫漶断阙,不可卒读。钞本讹谬尤

多。其间完善无讹者，又十不得一二。间以启于座主徐先生，先生乃尽出其藏本，示余小子曰：‘是吾三十年心力所择取而校定者。’余且喜且愕，求之先生，钞得一百四十种。自《子夏易传》外，唐人之书仅二三种，其馀皆宋元诸儒所撰述，而明人所著，间存一二。请捐资经始，与同志雕版行世。”

徐乾学序云：“余雅欲广搜经解，付诸剞劂，以为圣世右文之一助。……因悉余兄弟家所藏本覆加校勘，更假秀水曹秋岳、无锡秦对岩、常熟钱遵王、毛斧季、温陵黄俞邰及竹垞家藏旧版。书若抄本，厘择是正。总若干种，谋雕版行世。门人纳兰容若尤怂恿是举，捐金倡始，同志群相助成，次第开雕。经始于康熙癸丑，逾二年讫工。”

白瑞麟序略云：“自来刻丛书者，皆杂取经史子集之书汇为一编。惟国初纳兰氏《通志堂经解》专取经学之书汇刻之。其书凡一百四十四种，一千七百九十二卷。……其中唐代之书有陆德明《经典释文》、成伯玙《毛诗指说》，而宋元两代之书为多，且及于明人之作。以《四库全书总目》考之，著录者十之七八，盖唐人之书固为古笈，而宋元明诸家之说亦足以备参考。”

钟谦钧序略云：“谦钧既刊武英殿本《十三经注疏》，复念《注疏》之后经学巨编惟《通志堂经解》《皇清经解》二书。……此编承《注疏》之后，在《皇清经解》之前，宋元人之经学略备于此，不可不重刊也。”

叶德辉《书林清话》记纳兰成德刻《通志堂经解》之事凡三条。其一略云：“纳兰成德之《通志堂经解》，表章宋元人遗书，其功诚不可没。然主裁者无卓识，而门户之见过深。凡诸家经解，非程朱一派，则削而不录。又其所刻本有宋元旧本可据，而全不取以校勘。观何义门焯批阅《目录》注文，则当时之草草可知矣。”

【版录】

（一）清康熙十九年（1680）通志堂刊本

参见《综录》第599页。是刻原题《新刊经解》。各书版式、行数、字数不尽同，版心下镌“通志堂”三字及刻工姓氏。《中国古籍善本书目》著录。

清华　故宫　北京市委　北京文物　黑龙江大　西北师院　山东　山东师大　芜湖　河南　新乡　湖北　云南　台大　东海

（二）清同治十二年（1873）粤东书局刊本

参见《综录》第599页。是为重刊本。半叶十一行二十字，白口，左右双边。暨南大学图书馆藏本《总目》未列《春秋年表》和《龙学孙公春秋经解》两种。核其书，《春秋年表》附于《春秋名号归一图》后，《龙学孙公春秋经解》则未见。

中大　华南师大　史语　台大　台北　东海

［补录］

（三）清乾隆五十年（1785）武英殿据通志堂原版补刊本

是刻卷首有乾隆帝谕旨：“四库全书馆进呈补刊《通志堂经解》一书……是书荟萃诸家，典赡赅博，实足以表章六经。朕不以人废言，故命馆臣将版片之漫漶断阙者，补刊齐全,订正讹谬,以臻完善,嘉惠儒林。”高宗在谕旨中,贬其人(纳兰性德、徐乾学)而褒其书,此乃后话。

(四)1979 年上海古籍出版社影印本

据上海图书馆藏康熙原刻本影印。

(五)1996 江苏广陵古籍刻印社影印本

璜川吴氏经学丛书又名经学丛书

(清)吴志忠等辑

【传录】吴志忠(生卒年未详)字有堂,号妙道人。祖籍歙县璜源,寓居江苏吴县(今苏州)人。藏书家吴英子,吴铨曾孙。吴氏三世为书宦之家。曾祖容斋出生在新安璜源,后随父迁居上海,晚年从上海迁回吴县老家定居。其将自己的读书处命名为“璜川”,以此寄托他对新安璜源的怀旧之情。吴氏家藏书甚富,与同郡之藏书名家黄丕烈等友善,故长于目录之学,名重一时。后经战乱,书多散佚。吴氏祖父吴成佐(懒庵)特别注重古籍收藏,并汇刻《乐意轩书目》四卷,著有《懒庵先生经史论存》八卷等行于世。其父吴英中年弃举子业,专门从事著述,独好儒家经典,著有《有竹石轩经句说》二十二卷。吴志忠秉存父业,辑刊先世所藏惠士奇父子所著《春秋说》《诗说》《大学说》,以及江永《群经补义》等书为《璜川吴氏经学丛书》,以表示对先人的怀念。治经学颇深,曾辑刊《经学丛书》《真意书堂丛书》等行世。

【叙录】是编凡十五种,八十四卷。全书分甲、乙、丙以及附集。每集多寡不等。所收以清人著述为主,宋人著作仅收岳珂《相台书塾刊正九经三传沿革例》一卷。此书取廖刚所刻《九经》,增以公、谷二传及《春秋年表》《春秋名号归一图》,校刊于相台书塾,并述校刊之意,作《总例》一卷。内容包括书本、字画、注文、音释、句读、脱简、考异七部分。另一宋人著作为彭耜《道德真经集注释文》一卷。此书依《政和御注》解老氏音义异文,分章录出《老子》中所校、所注音、所释的字句,并集李畋《老子音解》、林东《音释》二家注释,补陆德明释文之未备。丛书收明人著作仅有周洪谟《疑辩录》三卷。此书乃作者官祭酒时与诸生讲论之语,凡辨正四书五经训释与经义违误者百馀条,又发明先儒言外之旨者百馀条。丛书所收清人著作主要有惠士奇经说四种。其《半农先生春秋说》十五卷,以礼为纲,以《春秋》之事为目,分类排比,并节取三传附之于下,亦间以《史记》诸书佐之。其《大学说》一卷,分章虽尊朱子,其他则多所订正。其《礼说》十四卷,乃惠士奇考证辨析《周礼》所涉名物制度之文。其《易说》六卷,乃杂释卦爻,专宗汉学,以象为主。所收江永《群经补义》五卷,考稽经传,敢于突破前人旧说,补注疏所未及,辨析精核,考证赅洽,对经文注义均有发明,足补注疏所未及。除此之外,尚收录有惠周惕、顾炎武、吴鼒、李崇礼、华学泉等清人著述。丛书末附有吴志忠祖父成佐《懒庵先生经史论存》四卷补四卷、父英《有竹石轩经句说》二十二卷。

【版录】

(一)清道光十年(1830)宝仁堂刊本

参见《综录》第601页。是为重刻本。不分集。

[补录]

(二)清乾隆间刊本

见杨家骆《四库大辞典》著录。

(三)清嘉庆年间璜川吴氏真意堂刊本

凡十三种,五十四卷;附一种,二十四卷。分甲、乙、丙、附集:

甲集

《半农先生春秋说》十五卷　(清)惠士奇撰

乙集

《诗说》三卷附录一卷　(清)惠周惕撰

《大学说》一卷　(清)惠士奇撰

《左传杜解补正》三卷　(清)顾炎武撰

《礼说》十四卷　(清)惠士奇撰

丙集

《易说》六卷　(清)惠士奇撰

《三正考》二卷　(清)吴鼐撰

《群经补义》五卷　(清)江永撰

《疑辨录》三卷　(明)周洪谟撰

《章水经流考》一卷　(清)李崇礼撰

《九经三传沿革例》一卷　(宋)岳珂撰

《春秋疑义》二卷　(清)华学泉撰

《道德真经集注释文》一卷　(宋)彭耜撰

附集

《经句说》二十四卷　(清)吴英撰

见《北京师范大学图书馆中文古籍书目》、施廷镛主编《中国丛书目录及子目索引汇编》著录。

读书随笔

(清)江永撰

【传录】江永(1681—1762)字慎修。江西婺源人。为县诸生三十年,后弃举业,课徒授业。好学深思,长于比勘,被后治汉学者奉为先河。博通古今,精于经学、音韵、天文、地理、步算、钟律,尤深究"三礼"。其学以考据见长,博采众家,融会贯通,力戒空谈,开皖派经学研究的风气。平生著作颇丰,有《礼书纲目》《古韵标准》《音学辨微》《四声切韵表》《近思录党图考》《律吕阐微》《深衣考误》《春秋地理考实》《周礼疑义举要》《群经补正》等。

【叙录】是编凡二种,十二卷。江氏原欲取《易》《书》《诗》《春秋》《仪礼》《礼记》《中庸》《论语》《孟子》《周礼》共十经随笔诠释,末附杂说,共为十二卷。其门人戴震《周礼疑义举要》七卷别为一书刊行,其馀九经改为《群经补义》。其第一种为《周礼疑义举要》七卷。此书考释先秦名物,其中《考工记》二卷,颇多创见,融会郑玄《周礼注》,参以新说,于经义详为阐发,对《周礼》所涉名物制度多有发明,释义确切,考证详实。许作屏序其书称"郑康成为《周官》功臣,贾公彦为郑康成功臣,先生为郑贾之功臣"。《四库全书总目》著录,所据为安徽巡抚采进本。其第二种为《群经补义》五卷。此书考稽经传,敢于突破前人旧说,辨析精核,考证赅洽,对经文注义均有发明,足补注疏所未及。《四库全书总目》著录,安徽巡抚采进本。提要称其"辨析尤为精核。固非空谈者所及,亦非捃拾为博者所及也"。

【版录】

清乾隆五十七年(1792)江起泰等刊本

参见《综录》第601页。是刻半叶十行二十二字,小字双行同,白口,单鱼尾,左右双边。卷一正文卷端题"侄孙镎、孙锦波校梓"。卷七末镌"歙西延古楼黄鉴唐镌"。见《中国人民大学图书馆古籍善本书目》。

绛跗阁经说三种 又名经说、诸草庐经学三种、草庐经学三种

(清)诸锦撰

【传录】诸锦(1686—1769)字襄七,号草庐。浙江秀水(今嘉兴)人。雍正二年(1724)进士。由庶吉士改金华府教授。乾隆初举博学鸿词,授编修,官至右春坊右赞善。少时

孤贫，刻苦自励，博览群书，学问渊深。擅长笺疏考证。著述甚多，有《绛跗阁集》等。治经之书编为《绛跗阁经说三种》。

【叙录】是编凡三种，四卷。所收《毛诗说》二卷，以小序为主，故题曰“毛诗”。卷首有通论九篇，上卷《周南》至《曹风》所说凡五十八篇，下卷《豳风》至《商颂》所说凡二十七篇。其序文依苏辙之例，只存首句，又依刘敞《七经小传》之例，不释全经，惟有所心得则说之。疏旁通，时有新意。《四库全书总目》入存目。《飨礼补亡》一卷。此书又名《补飨礼》，以《仪礼》十七篇中独无《飨礼》，然其见于《周官》《春秋传》《礼记》者，犹可得而考。因据《周官》宾客之礼，联事而比次之，并取《左传》《礼记》中相发明者，条注于下而补之(见《四库全书总目》)。提要称其书“虽寥寥不满二十叶，而古典所存，足资考证”。《夏小正》一卷。此书又名《夏小正诂》《夏小正集解》，为解《夏小正》之文。或采他说，或出己意，欲仿郑玄之说《檀弓》，注简于经，故所注最略，然颇断以臆见。《四库全书总目》入存目。

【版录】

(一)清乾隆二十一年(1756)春晖堂刊本

参见《综录》第601页。凡五卷。《毛诗说》有首一卷。《中国古籍善本书目》著录。

［补录］

(二)清汇印本

凡五卷。题名《草庐经说三种》。其中《毛诗说》二卷尚有首一卷。见《中国科学院图书馆藏中文古籍善本书目》。

(三)清乾隆诸氏绛跗阁刊本

凡五卷。题名《经说》。见《中国古籍善本书目》著录。杨家骆《丛书大辞典》题名《诸草庐经学三种》。

稻香楼杂著又名程氏经学六种

(清)程炎(际盛)撰

【传录】程炎(1739—1796)字焕若，号东冶，后改名际盛。江苏长洲(今苏州)人。乾隆四十五年(1780)进士。历官内阁中书、湖广道御史。初学诗于沈德潜。奉职三十馀年，退而闭门专治经学，亦通音韵训诂。著有《清河偶钞》《稻香楼集》等。部分经学著作编为《稻香楼杂著》。

【叙录】是编凡四种，七卷。所收包括《三礼郑注考》三卷(内有《周礼故书考》一卷、《仪礼古文今文考》一卷、《礼记古训考》一卷)、《说文古语考》、《续方言补》二卷、《古韵异同摘要》一卷。其《周礼故书考》不但收集郑注明言故书之异文，并收读如读为之字，旨在考证《周礼》原貌，进而识字审音、说经释义。《仪礼古文今考》按照《经典释文》，引用郑氏的《六艺论》，考证郑注中今古文之音义，对郑注中之古文作某、今文作某者，一一录出，为之音义。《说文古语考》专门辑录考释《说文》中用以说解字义的古语之书。《续方言补证》上卷补《续方言》之未及，凡一百零三条，下卷则校正《续方言》之误，凡说十七条。《古韵异同摘要》抄取《广韵》《礼部韵略》《韵会举要》《洪武正韵》诸书韵部，考证其通用独用。所征引者，简明翔实便于比观。

【版录】

清木活字排印本

参见《综录》第601页。是本半叶十行二十四字，白口，左右双边。杨家骆《丛书大辞典》题名《程氏经学六种》。

别有《程氏稻香楼全集》八种。清乾隆嘉庆间木活字本及刊本。子目除《综录》所列外，尚有《清河偶钞》四卷、《稻香楼诗集》十卷。见施廷镛主编《中国丛书目录及子目索引汇编》。

方望溪先生经说四种

(清)方苞撰

【传录】方苞(1668—1749)字凤九，号灵皋，又号望溪。安徽桐城人。康熙进士，清代散文家。曾因戴名世《南山集》案牵连入狱，后得赦。官礼部侍郎，落职后修书，方氏是古文桐城派的创始人。论文提倡“义法”，所作多为经说及序碑传之属，立论大抵本程朱学说，宣扬封建礼教。少数作品如《狱中杂记》《左忠毅公逸事》等，内容较好。有《方望溪先生全集》。方苞的桐城派在清代影响很大。薛福成《寄龛文存序》云:“国朝康雍之间，桐城方望溪侍郎，独以朴学治古文辞，鉴明归震川(归有光)氏，以上接韩、欧阳之绪。”但方氏泥古太过，文境狭窄，敦厚有馀，陈规过多。但他的著述还是便于学者的古文学习。

【叙录】是编凡四种，七卷;附一种，一卷。所收包括《春秋通论》四卷、《周官辨》一卷、《丧礼或问》一卷、《读经》一卷，附《读子史》一卷。其《春秋通论》共四十篇，本《孟子》“其文则史，其义则丘窃取之”意贯穿全经，按“属辞比事”之旨分辨《春秋》孰为旧文，孰为笔削，并分类排比。《四库全书总目》谓书中所辨之旧史与笔削系“据文臆断”，“未足为信”，然“惟其扫公、谷穿凿之谈，涤孙、胡锲薄之见，息心静气，以经求经，多有协于情理之平，则实非俗儒所可及”。《周官辨》凡十篇，就《周礼》中可疑者摘出数条，断经己见，分别伪、辨惑二门，大旨以窜乱归之刘歆。《四库全书总目》入存目。《丧礼或问》共五十五章，书中认为古之为丧责其实，后世为丧侈其文，古者服有厌降，而居处饮食一如其常期。卷首刘捷序称:“其于先王制礼之意,有灼知曲尽,而非传注所能及者。”《读经》则崇宋而抑汉,奉程朱氏以压郑玄。书中论“三礼”等篇,对不合己意的,概以为刘歆所窜入。

【版录】

清乾隆中方观承刊本

参见《综录》第 601 页。是为仿宋字本。由方氏族子观承所辑录。乾隆十三年(1748)浙江抚署刊。据杨家骆《丛书大辞典》。

经玩又名沈氏经学六种

(清)沈淑撰

【传录】沈淑(1698—1730,一说 1702—1730)字季和,一字立夫,号颐斋。江苏常熟人。雍正元年(1723)进士。入词馆,以峭直寡合告归。终生笃志经学,所学长于《毛诗》《周礼》《仪礼》。其经学著述主要有《经玩》。

【叙录】是编凡五种,二十卷。子目包括《陆氏经典异文辑》六卷、《经典异文补》六卷、《春秋左传分国土地名》二卷、《职官器物宫室》二卷、《注疏琐语》四卷。其中《陆氏毛诗异文辑》摭拾唐陆德明《经典释文》音释解诗所引异文,汇为一编。《经典异文补》摘录陆德明《经典释文》中之异文,间或附案语解说。《春秋左传分国土地名》《职官器物宫室》等亦抄撮他书而成。分国抄录杜预注的有关地名,以便记览。又分辑《春秋》经传注疏之说,与《周官》参校,便于初学者。《注疏琐语》从《十三经注疏》中掇采一句或几句,其或涉及性理,或关于典制,或为后世名例器物所本,或雅语隽谑可资谈笑,或僻事奇字可供寻扯,大体上是以《太史华句》《文选》《锦字》之例,广为搜集而加以注疏而成。是编《四库全书总目》入存目,所据为山西巡抚采进本。提要评曰“其检核之功颇为勤笃,然无所考证发明”。清光绪间,常熟鲍氏将是编刊入《后知不足斋丛书》,题名《沈氏经学六种》。

【辑录】自序略云:“治经而及此,真所谓玩物丧志者矣,好事者令予存之,因名之曰《经玩》。”

【版录】

(一)清雍正三年(1725)常熟沈氏孝德堂刊本

参见《综录》第 602 页。

[补录]

(二)清雍正七年(1729)常熟沈氏孝德堂刊本

是刻半叶九行十六字,小字双行三十二字,白口,单鱼尾,左右双边。沈淑识语后镌

“兰门汤士超镌”。见《中国人民大学图书馆古籍善本书目》《北京师范大学图书馆中文古籍书目》。

(三)清乾隆刊本

凡二十卷。见《中国科学院图书馆藏中文古籍善本书目》。

(四)清光绪中常熟鲍氏刊《后知不足斋丛书》本

凡二十卷。题名《沈氏经学六种》。收入该丛书第一函。其中《职官器物宫室》二卷,析为《左传列国职官》一卷、《左传器物宫室》一卷,故有“六种”之称。

史语

经学五种

(清)□□辑

【传录】不著编撰者姓名。《续修四库全书总目提要》题汪昌序编。汪昌序,参见《正谊斋丛书》。

【叙录】是编凡五种,二十六卷。汇刻宋代经学五种:《相台书塾刊正九经三传沿革例》一卷、《礼经会元》四卷、《六经奥论》六卷首一卷、《太平经国之书》十一卷、《公是先生七经小传》三卷。所收均为宋代学者关于儒家经学的著述。《相台书塾刊正九经三传沿革例》为宋岳珂撰,内容包括书本、字画、注文、音释、句读、脱简、考异等七部分,皆罗列条目,详加考证。书前有焦循序,述校刊缘由甚详。《礼经会元》为宋叶时撰,以概括《周礼》而立论,共一百篇。《四库全书总目》称其“大旨醇正,多能阐发体国经野之深意”。《六经奥论》旧题宋郑樵撰。《四库全书总目》否定作者为郑樵,胡玉缙《四库全书总目提要补正》认为此书实吕祖谦撰,明中叶以后有好事者刊其书,题郑樵撰,借重其名以行其书,亦有人认为题郑樵与其从兄郑厚合著为近。是书论《易经》《书经》《诗经》《春秋经》《礼经》《乐书》《周礼经》等颇有可取之处。前有《凡例》及《六经总论》。《太平经国之书》为元郑伯谦撰。其书名取自汉刘歆“周公致太平之迹”一语,内容与叶时《礼经会元》相仿,亦以概括《周礼》而立论,借《周礼》以抒论。《公是先生七经小传》为宋刘敞撰,乃刘氏杂论经义之语,其中不乏精粹之见。

【版录】

清乾隆中藤花榭刊本

参见《综录》第602页。凡二十七卷。《太平经国之书》尚有首一卷。半叶十一行二十字口,左右双边。见《北京图书馆古籍善本书目》。

通艺录

(清)程瑶田撰

【传录】程瑶田(1725—1814)字易畴,又字易田,号让堂。安徽歙(今歙县)人。乾隆三十五年(1770)举人。官至太仓州学正。以身率教,廉洁自持。师从江永,精于经学,长于考订。平生以著述为事,著作甚富,涉及面亦广,部分收入《通艺录》。

【叙录】是编凡二十一种,四十八卷。所收书于义理、训诂、制度、名物、象数之学无所不备。主要有《宗法小记》《仪礼丧服文足征记》《九谷考》《释宫小记》《释草小记》《释虫小记》《解字小记》《沟洫疆理小记》《禹贡三江考》《乐器三事能言》《声律小记》等。程氏治经长于涵养经文,旁搜曲证,不受经传注疏所束缚,以得其真解。如程氏有感于时人建宗祠成风,遂作《宗法小记》一卷,力伸己说。《仪礼丧服文足征记》十卷,对《丧服经传》及注、解释同异,都极有研究,所列诸表非常详明。《九谷考》四卷,根据《说文》,考释黍、稷、稻、粱、麻、大豆、小豆、麦、苽等九种农作物。《释宫小记》一卷,旨在补充申发《尔雅·释宫》,专释宫室建筑称谓,并兼及有关礼仪。《释草小记》二卷,据《尔雅》《说文》《本草纲目》《群芳谱》诸书,专释草名,探究源流,论定是非。《释虫小记》一卷,专释虫名,详述其形状、特性以及命名之缘由。《解字小记》一卷,乃考证文字之文。《沟洫疆理小记》一卷,于沟洫疆理,综贯古今诸书解说,详加分析,求合经旨,颇有所得。《禹贡三江考》三卷,考察《禹贡》经文,旁征博引,依经而论,认为所谓扬州的三江,实只一江,所论甚为精辟。《乐器三事能言》一卷补编一卷,考释《周礼·考工记》凫氏为钟、磬氏为磬、韗人三鼓诸事,并为之制图,解说章句,疏通证明。是编诸书,内容丰富,知识浩博,考证精确,常为学者所宗。大部分子目已刊入《皇清经解》《安徽丛书》中。

【版录】

(一)清嘉庆中刊本

参见《综录》第603页。杨家骆《丛书大辞典》著录,无刻书年月,子目除《综录》所列外,尚有五种:《琴音记原本》二卷续一卷、《濠上吟》一卷、《莲饮集》一卷、《藤笈编》一卷、《非能编》一卷。

另《论学小记》《论学外篇》《考工创物小记》《禹贡三江考》四种均作一卷。

华南师大

[补录]

(二)清嘉庆八年(1803)刊本

据《安徽丛书》影印本著录。

(三)民国影印《安徽丛书》本

凡十九种,四十五卷;附三种,四卷。民国二十二年(1933)据清嘉庆八年(1803)本影印,收入该丛书第二期。其中《让堂亦政录》《嘉庆赠别诗文》《乐器三事能言》三种作附刊。此外,第二期尚收录程瑶田《莲饮集濠上吟稿》一卷、《果裸转语记》一卷附校记一卷、《仪礼经注疑直》五卷。

(四)1991 年江苏广陵古籍刻印社影印本

见国务院古籍整理出版规划小组办公室编《古籍整理图书目录》(1949—1991)。

拜经堂丛书

(清)臧琳 (清)臧庸撰

【传录】臧琳(1650—1713)字玉林。江苏武进(今常州)人。康熙间诸生。其教人先以《乐雅》《说文》,谓不识字无以读书,不通训诂无以明经。其论治经必以汉唐注疏为主。著有《经义杂记》《尚书集解》等。

臧庸(1767—1811)原名镛堂,字在东,又字西成,号拜经、用中。琳之曾孙。庸承家学,又师事卢文弨。曾助阮元汇辑《经籍纂诂》,又佐其校正《十三经注疏》。其宗主汉学,精研训诂,长于校勘与辑佚。平生考证最勤,辑古书颇多。著有《拜经日记》《拜经堂文集》《子夏易传》《韩诗遗说》《月令杂记》《乐记二十三篇注》《孝经考异》等二十馀种。

【叙录】是编凡十种,六十四卷。所收有臧琳、臧庸自著各一种,馀则以臧庸所辑经学之书为多,臧琳所辑只一种。包括《拜经日记》十二卷、《经义杂记》三十卷附叙录一卷、《卢氏礼记解诂》一卷补遗一卷附录一卷、《新译大方广佛华严经音义》二卷附叙录一卷、《诗经小学》四卷、《尔雅》三卷、《汉书音义》三卷叙录一卷、《三礼目录》一卷、《六艺论》一卷、《蔡氏月令章句》二卷。据是编总目,尚有《尚书集解》及《拜经文集》二种未刻。其中臧庸自著有《拜经日记》,是为臧氏的读经札记,以号名书,仿照其高祖《经义杂记》体例,诠释古文疑义,校勘误字讹音,颇受名家称道。臧琳自著有《经义杂记》,此书取杂记汇编的形式,内容精深,见解独到,考证细致,颇受学界重视。其所辑《六艺论》一名《郑氏六艺论》,题汉郑玄撰。全书不标总论、经别,辑录共二十九条。其中属于《总论》者三条,属于《易》者三条,属于《书》者二条,属于《诗》者六条,属于《礼》者五条,属于《春秋》者五条,属于《孝经》者二条,又从《太平御览》等书辑出《自序》三条。丛书收录臧庸所辑经学之书八种,主要有《新译大方广佛严经音义》,此为唐释慧苑撰,臧庸所辑有《叙录》一卷。其与他本不同之处,在于凡音译之梵言,悉从删削,仅存义译之文,诸家称为删节本,然此本刻于粤,版式甚精。所辑《诗经小学》为清段玉裁撰,据段氏之书删烦纂要而成。其书以六书假借之谊,明诗传训诂之旨,颇称精审。所辑《汉书音义》为隋萧该撰,乃臧氏从《史记索隐》及宋祁《汉书》校语中编辑而成。虽仅存残馀,亦足见其谨严，甚为珍贵。

【版录】

(一)清乾隆嘉庆间武进臧氏同述观刊本

参见《综录》第603页。《中国古籍善本书目》著录为“清乾隆嘉庆间臧氏拜经堂刻本”。半叶十行二十一字，白口，左右双边。见《北京图书馆古籍善本书目》。

据杨家骆《丛书大辞典》所载“嘉庆本”，子目尚有《拜经文集》六卷、《尚书集解》一百二十卷(未刊)，《尔雅》作《宋本尔雅》，注明“雪窗书院刊本”。

罗振玉《续汇编书目》甲集有《臧氏述录》六种。清嘉庆四年武进臧氏拜经堂刊本。子目较《综录》少四种，其中《尔雅》注明“重刊雪窗书院本”，《月令章句》注明“续出”。

天津

(二)日本昭和十年(1935)东方文化学院京都研究所据清乾隆嘉庆间臧氏刊本景印

参见《综录》第603页。

史语

[补录]

(三)1989年台湾新文丰出版公司《丛书集成续编》本

凡十种，六十一卷。所据为清乾隆嘉庆间武进臧氏同述观刊本。

皇清经解又名学海堂经解、清经解

(清)阮元辑

【传录】参见《宛委别藏》。

【叙录】是编凡一百七十三种，一千四百卷。主要选录清代经学名著，集中体现清代在经学方面的各种成就和水平。阮元创编此书未成，道光六年(1826)即移督滇黔，后于道光九年(1829)由弟子严杰、夏修恕、阮福等负责编辑、校勘、监刻成帙。是编与《通志堂经解》前后相承。全书以作者先后为序，共选入顾炎武、阎若璩、胡渭、万斯大、陈启源、毛奇龄，以及王崧、严杰等七十三人的著作。如焦循的《易章句》《易通释》，陈真《诗毛氏传疏》，胡培翚《仪礼正义》，钟文烝《谷梁补注》等在经学史上占有重要的地位，受到不少学者的高度评价。然其内容并不完全拘于经学，“凡见于杂家、小说家及文集中者亦挨次编录”。如段玉裁的《说文解字注》、顾炎武的《音学五书》、邵懿辰的《尔雅正义》、顾栋高的《春秋大事表》等有关小学、史学、地理和文学方面的书亦很有价值。

书板藏广州学海堂中，咸丰七年(1857)遭兵火，毁去十分之六。咸丰十一年(1861)，新任两广总督劳崇光组织补刻，增加冯登府一人，书八卷，凡一千四百八卷。同治九年(1870)又续刊许鸿磐《尚书札记》四卷，然当时广东巡抚李福泰离粤，携此书板归山东，故后来的刊印本独缺此四卷，朱学勤《汇刻书目》尚存此目。光绪十四年(1888)，王先谦辑《皇清经解续编》，刊于江阴南菁书院，凡一千四百三十卷。1988年上海书店出版社又将该书正续编合并缩印。近人编有《皇清经解正续编目》，便于检索。书前有道光九年(1829)夏修恕序及《皇清经解总目》，总目后有严杰跋。

【辑录】阮元《汉学师承记事》称："元尝思国朝诸儒说经之书甚多，以及文集说部，皆有可采。窃欲析缕分条，加以剪截，引系于群经章句之下。……如此勒成一书，名曰《大清经解》。徒以学力日衰，政事无暇，而能总此事、审是非、定去取者，海内学友，惟江君暨顾千里二三人。他年各家所著之书，或不尽传，奥义单词，沦替可惜，若之何哉！"

夏修恕序略云："《皇清经解》之刻，乃聚本朝解经之书，以继《十三经注疏》之迹也。自《十三经注疏》成，而唐宋解经诸家大义多括于其中。此后，李鼎祚书及宋元以来经解，则有康熙时《通志堂》之刻。……道光初，宫保总督阮公立学海堂于岭南以课士，士之愿学者苦不能备观各书。于是宫保尽出所藏，选其应刻者付之梓人，以惠士林。委修恕总司其事。……宫保以六年夏移节滇黔，修恕校勘剞劂，四载始竣。计书一百八十馀种，庋板于学海堂侧之文澜阁，以广印行。不但岭南以此为《注疏》后之大观，实事求是，即各省儒林亦同此披览，益见平实精详矣。"

严杰跋略云："是编以人之先后为次序，不以书为次序。凡见于杂家、小说及文集中者，亦挨次编录，计一千四百卷。……解经贵通诂训，《广雅》一书，依乎《尔雅》，王观察之《疏证》，尤宜奉为圭臬也。许氏《说文》，凡经师异文，莫不毕采。段大令积数十年心力而成是注，悉有根据，不同臆说。诸如此类，并为编入，更足补《注疏》所未逮。经术之盛，洵无过于昭代矣。"

【版录】

(一)清道光九年(1829)广东学海堂刊本

参见《综录》第603页。是为原刊本。凡一千四百卷。

史语　台大　台北　东海　政大

(二)清道光九年(1829)广东学海堂刊咸丰十一年(1861)补刊本

参见《综录》第603页。由两广总督劳崇光组织补刻，增加冯登府一人，书八卷，共一百九十种，一千四百八卷。书前有劳崇光撰《皇清经解补刻后序》《皇清经解续刻目录》以及《补刊皇清经解在事衔名》《补刊皇清经解捐资衔名》等。

劳崇光后序略云："板藏学海堂中，咸丰七年毁于兵燹。后二年，崇光晋督两广，搜之灰烬。完者十之四，残者十之六。……乃与同志捐资补刊之。以卷计者凡数百，以页计者凡数千。鸠工阅一岁而书完。……此书备一代经说，其为体例宜精，惜公于道光六年移节，而书至道光九年告成，诸多出其门人严厚民上舍之手。率为编录，删节去取，或乖旨趣，《广雅疏证》《说文解字》及诸历学、算学之书，虽经学所不可少，而与经解不必相附。其末《经义丛钞》，尤非经解专书，滥厕其间，残失其类第。此系补刊，不比重刊，更定之则不得为原本矣。故附著其说，而不变其例，世之读是书者第恣为渔猎，精为考订而不必过为偭离，此则补刻之本意也。"

暨大　华南师大　湖北大

(三)清光绪十七年(1891)上海鸿宝斋石印本

参见《综录》第603页。凡一百九十种,编为一百九十卷。

(四)清光绪中上海点石斋印本

参见《综录》第603页。凡一百九十卷。把原书一百九十种并为一百九十卷,另排目录。每卷标明书目及作者姓名。原书卷数仍注每卷之下。书前有光绪十一年(1885)点石斋主人《皇清经解石印缩本序》《皇清经解石印缩本例言》十二则以及《总目》等。

点石斋主人序略云:"原书集有千四百馀卷,坊家装作三百馀本之多,卷帙繁重,则翻阅较难。本斋雅擅钩摹,夙印巾箱精品,使繁冗之书统归简易。爰购取阮刻初印真本缩影,勒石印成善本。当时原刻校核似未精到,间有脱误重衍之处。本斋深惧贻误后人,乃广搜各家专籍,逐加参订。最后复得湘中劳文毅公于咸丰庚申开府两粤时所印补刊本,与阮刻两两相校,微有不同,爰集诸同人互证参观,详加考订,并取两书中所见异同字句,按照全书分条注录,汇成一册,名曰《正讹》,亦阮氏校勘记之遗意也。又《国朝石经考》以下七种,乃阮本中所未备者,今亦并采录入。"

暨大　湖北大

[**补录**]

(五)清光绪十三年(1887)上海书局石印本

凡一千四百八卷。

暨大

(六)1988年上海书店出版社缩印本

合正、续二编缩印。

皇清经解续编又名续清经解、南菁书院经解

(民国)王先谦辑

【传录】王先谦(1842—1917)字益吾,号葵园,辛亥革命后署名遁。湖南长沙人。同治四年(1865)进士。授国史馆编修,充翰林院侍讲、侍读。历官国子监祭酒、江苏学政等。曾主讲岳麓书院,兴办南菁书院。后以清室遗老终。著有《尚书孔传参证》《荀子集解》《诗三家义集疏》《汉书补注》《合校水经注》《庄子集解》《元史拾补》等,所编尚有《南菁书院丛书》《十一朝东华录》等。

【叙录】是编凡二百零七种,一千四百三十卷。除补充阮氏《皇清经解》原刊及续刊所采顾炎武、王夫之、毛奇龄、万斯大、阎若璩、江永等人之所遗漏的经解著作外,主要增收乾嘉以后洪亮吉、严可均、马瑞辰、龚自珍、俞樾等数十人的经学名著。凡一百一

十人，书二百零七部(据王氏自序则二百零九部)。体例仿《皇清经解》。光绪十二年(1886)于江阴南菁书院设局汇刊。王先谦总辑，叶维幹、王宾监刻，历时三年刻竣。合正、续两编，集清代经学著作之大成。据《越缦堂日记》称，王氏曾以续编目例与李慈铭相商。李氏曾建议收录茹敦和《周易二闾记》《周易小义》，宋鉴《尚书考辨》，邵瑛《刘炫规杜持平》，雷镈《古经服纬》，夏燮《五服释例》，雷学淇《介庵经说》，胡绍勋《四书拾遗》，王煦《小尔雅疏》《说文五翼》，桂文灿《群经补正》等书，今核原书，皆未见刊印，而别刊于其他丛书中。李氏还想删除洪亮吉《左传诂》、宋世荦《周礼故书疏证》《仪礼今古文疏证》、邵懿臣《礼经通论》、戴望《论语注》诸书，今核原书，除戴书外，洪氏、宋氏、邵氏之书均已见收录。李慈铭《复陈蓉曙书》亦提及《经解续编》中当删除之书和变换丛书中编次等问题。可见，当时学者对选刊的标准意见不一。光绪二十二年(1896)上海蜚英馆编印有《皇清经解续编目录》，便于检索。书前有王先谦序及设局刊刻经解和经解刊成之奏疏两篇。

【版录】

(一)清光绪十四年(1888)南菁书院刊本

参见《综录》第 605 页。

暨大　华南师大　湖北大

(二)清光绪十五年(1889)上海蜚英馆石印本

参见《综录》第 605 页。

史语　台大　东海　政大　湖北大

[补录]

(三)1988 年上海书店出版社缩印本

合正、续二编缩印。

王氏遗书

(清)王朝榘撰

【传录】王朝榘(生卒年未详)。江西万年县人。著有《十三经遗文》《唐石经考正》《需次燕语》等，均收入《达淦就正编》。

【叙录】是编凡三十一种，三十卷。所收前三十种为《十三经遗文》，共三十篇，每篇作一卷，末为《唐石经考正》一卷。王氏以为“《旧唐书》谓此开成石经字乖书法，故立后数年，名儒皆不窥之，以为芜累”，遂依照本文核对其点画，凡有增减衍脱，与今本不同之处，悉以著录。至旁注改镌各文，因恐滋淆乱，亦一并录之，且多所辨正。是编仅有抄本传世，《综录》著录为“清嘉庆五年(1800)写定稿本”，所列《十三经遗文》及《唐石经考正》两种，均不分卷。此书收入《中国古籍善本书目》，经重核，实为三十一卷。现存上海图书馆。

【版录】

清嘉庆五年(1800)写定稿本

参见《综录》第608页。《中国古籍善本书目》著录为三十一卷。清抄本。

孔丛伯说经五稿又名孔丛伯经说稿、孔氏说经稿、说经五稿

(清)孔广林撰

【传录】孔广林(约1746—约1813)字丛伯，号幼髯。山东曲阜人。孔广森(1752—1786)之弟。乾隆年间廪生，署太常寺博士。博雅好古，专治郑学。年二十六即绝意进取，阮元尝谓："海内治经之人无其专勤。"积诗三千六百馀首，自以为不足传，悉焚其稿，仅刻悼亡十五首以示子孙(据《续修曲阜县志》)。所著经学著作刊为《孔丛伯说经五稿》，所辑二十馀种则编为《北海学七录》《通德遗书所见录》等。

【叙录】是编凡五种，三十六卷；附一种，一卷。所收均为治三礼之著作。包括《周官臆测》六卷叙录一卷、《仪礼臆测》十七卷叙录一卷、《吉凶服名用篇》八卷叙录一卷、《禘祫觿解篇》一卷、《明堂亿》一卷，附《仪礼士冠礼笺》一卷。其中《周官臆测》以覆核驳斥郑注贾疏失经义者为主。此书与《仪礼臆测》一样，只引所释之经文，而不列全经。《吉凶服名用篇》乃考据周代服制，兼论及秦汉以后服制的演变。《禘祫觿解篇》共二十篇，取汉以来诸儒禘祫之解，参考《大戴礼记》《春秋三传》《周礼》诸书，辨禘祫之义。《明堂亿》共四十三条，逐条论证古代明堂的规模等问题。卷末所附《仪礼士冠礼笺》系未竟稿。

【版录】

(一)清光绪十六年(1890)山东书局刊本

参见《综录》第608页。

史语

[补录]

(二)稿本

见《中国古籍善本书目》，子目与《综录》相同。山东曲阜文物管理委员会收藏。

(三)清传抄本

见《杭州大学图书馆线装书总目》，著录为"孔丛伯说经五稿附二种"。

通德遗书所见录又名通德堂遗书、郑学十八种

(汉)郑玄撰　(清)孔广林辑

【传录】郑玄(127—200)字康成。北海高密(今属山东高密县)人。曾入太学学今文《易》及公羊学,又从张恭祖学《古文尚书》《周礼》《左传》等,最后从马融学古文经。游学十载,归耕东莱。聚徒讲学,弟子众至数百千人。因党锢事被禁,遂杜门修业,潜心著述。其以古文经说为主,兼采今文之长,遍注群经,成为汉代经学的集大成者,世称郑学。在整理古代历史文献上颇有贡献。著述凡八十馀种,百馀万言。已成集者有清黄奭辑《高密遗书》十四种,孔广林辑《通德遗书》十八种,袁钧辑《郑氏佚书》二十一种,王复、武亿合辑《郑氏遗书》五种。马国翰《玉函山房辑佚书》亦有辑本。

孔广林,参见《孔丛伯说经五稿》。

【叙录】是编凡十八种,七十一卷,附《叙录》一卷。郑氏著述在先秦学者中为富,然散佚较多。孔氏用数十年的功夫,从经典古籍中考求佚文。乾隆间,先后辑有《周易注》《尚书注》《驳五经异义》《箴左氏膏肓》《发公羊墨守》《释谷梁废疾》《郑志》诸书,编为《北海经学七录》一书。之后,又辑得若干种,日积月累,共得郑氏之书十八种,汇为《通德遗书所见录》。此乃郑学之集大成者,开辑录郑氏学之先河。

【版录】

(一)清光绪十六年(1890)山东书局刊本

参见《综录》第609页。

首都师大

[补录]

(二)旧抄本

题名《郑学十八种》。子目与《综录》相同。

(三)清嘉庆十八年(1813)刊本

见《北京师范大学图书馆中文古籍书目》。

五经衷要又名五经题解

(清)李式谷辑

【传录】李式谷(生卒年未详)字申兹,号海匏。浙江仁和(今杭州)人。嘉庆中岁贡,官衢州教授。深于经部之学,著有《尔雅笺微》等,所辑经书编为《五经衷要》。

【叙录】是编凡五种，七十二卷。子目包括《易经衷要》十二卷、《书经衷要》十二卷、《诗经衷要》十二卷、《春秋衷要》六卷、《礼记衷要》三十卷。李氏纂辑是书之目的，实为科场举业而作。故诸经多不全载经文，只就所论说者，以篇题经文标目。其诠释经义，大抵掇拾康熙御纂《折中》及钦定《汇纂》两书精义，并兼采自汉迄清诸儒旧说以为佐证。如《易经衷要》，为科举起见，每卦按经传次序取舍分合，拟题而作。《诗经衷要》《春秋衷要》均不全载经文。前者发明诗旨，训诂名物，皆兼用《毛传》、朱熹《诗集传》，钩贯笺疏，时亦自出新论，且征引该洽，其说颇有见地，足于旧说之外而备说诗之一解。后者则摘录《御纂春秋直解》，并搜集汉唐以来诸家之说以辅翼之。是书虽为科举制艺而作，但作者攻驳诸家之失，往往中理，亦有可取之处。是编原名《五经题解》，南海叶梦龙为之刊刻时，吴荣光命名为《五经衷要》。书前有吴氏道光十年(1830)序，称李氏对于五经，标举其理之精奥，说法分歧的，一概以御定经义加以折衷。可见其纂辑只有五经，是由于科举功令所定。

【版录】

清道光十年(1830)南海叶梦龙风满楼刊本

参见《综录》第610页。

经苑又名大梁书院经解

(清)钱仪吉辑

【传录】钱仪吉(1783—1850)字蔼人，号衎石，一号心壶(亦作新梧)。浙江嘉兴人。嘉庆十三年(1808)进士。由庶吉士改主事，官至户科给事中。后因事罢官，主讲广东学海堂、河南大梁书院，凡数十年。治经兼通汉宋，讲求故训，读史长于地理，又工于文章。辑有《碑传集》一百二十卷。自著有《飏山楼集》《衎石斋记事稿》《皇舆图说》《旅逸小稿》《刻楮集》等。

【叙录】是编凡二十五种，二百五十四卷。钱氏主讲河南大梁书院时，见旧籍在汴京流传很少，乃搜辑唐宋以来经说，并出家中所藏之书，集资补刊经学家著作四十一种，以补成德、徐乾学《通志堂经解》所未备。道光、咸丰间，仅刻成经钱氏亲手校雠、增补、纠谬的二十五种，馀尚有宋陈经《尚书详解》、傅寅《禹贡说断》等十六种，未及校雠刊刻，钱氏因积劳成疾，卒然去世。后其子尊煌就原目编列于简端，又将已刻书目附后。版存大梁书院，故又名《大梁书院经解》。已刻者唐人著作有陆淳《春秋啖赵集传纂例》《春秋微旨》二种；宋人著作有司马光《温公易说》、杨万里《诚斋先生易传》、王质《诗总闻》、王安石《周官新义》、熙时子《孟子外书注》等十七种；元人著作有许谦《读四书丛说》、熊朋来《瑟谱》二种；明人著作有吕维祺《孝经本义》《孝经或问》，吕维祜《孝经翼》三种。其所收秘笈，虽不如《通志堂经解》，但校勘之精审，为《通志堂经解》所不及。书前有钱仪吉自序。

【版录】

(一)清道光咸丰间大梁书院刊同治七年(1868)王儒行等印本

参见《综录》第610页。是刻半叶十行二十字,白口,四周双边。

华南师大　史语　台大

(二)民国十一年(1922)补刊十二年(1923)重印本

十六种未刻书目:

《尚书详解》五十卷　(宋)陈经撰

《禹贡说断》四卷　(宋)傅寅撰

《诗经传》二十卷　(宋)苏辙撰

《诗缉》三十六卷　(宋)严粲撰

《仪礼经传通解》三十七卷　(宋)朱熹撰

《续仪礼经传通解》二十九卷　(宋)黄榦等撰

《读礼日记钞》十六卷　(宋)黄震撰

《礼记纂言》三十六卷　(元)吴澄撰

《礼书》一百五十卷　(宋)陈祥道撰

《乐书》二百卷　(宋)陈旸撰

《春秋集善》十二卷　(宋)胡铨撰

《春秋集注》四十卷　(宋)高闶撰

《论孟精义》三十四卷　(宋)朱熹撰

《尔雅新义》二十卷　(宋)陆佃撰

《群经言辨》七卷　(宋)贾昌期撰

《切韵指掌图》二卷附检例一卷　(宋)司马光撰

湖北大

[补录]

(三)1967年台湾艺文印书馆影印本

见《湖北大学中文古籍书目》。

古经解汇函

(清)钟谦钧等辑

【传录】钟谦钧(1805—1874)字云卿,一字秉之。湖南巴陵(今岳阳)人,同治间官至汉阳、武昌知府,两广盐运使,按察使等职。尝取《四库全书总目》自《十三经注疏》以外,凡经部著录唐以前之书尽刻之，刊成《古经解汇函》，又辑有《小学汇函》等。

【叙录】是编凡三十七种，二百七十九卷(包括《小学汇函》)。钟氏官粤时所刻。此书仿黄奭《汉学堂丛书》之例，在前人汇刻经解的基础上，继续扩大范围，其原则是钟氏所言的“自《十三经注疏》外，凡经部著录唐以前之书尽刻之，惟《提要》定为伪作者，不刻；通志堂已刻者，不刻；近儒有注释刻入《皇清经解》者，不刻。《易纬》八种，《提要》有谓杂取各纬分析而成者，究与后人伪撰者不同，故皆刻之。《皇清经解》有段氏《说文注》，然段氏多增改正文，今仍刻二徐本，又有王氏《广雅疏证》而未刻，曹宪音今仍刻有音之本。《广韵》虽宋时重修，犹题陆法言撰本，故亦刻之也。凡今所刻诸书，昔人刻本不一，今择善本校而刻之”(钟谦钧自序)。其中《周易》十二种、《尚书》一种、《诗》二种、《春秋》五种、《论语》二种。钟氏紧接辑刻《古经解汇函》之后，复取汉魏六朝、唐、宋诸人所著小学之书刊行，名曰《小学汇函》，其中训诂四种，字书八种，韵书二种，凡十四种，都是研究小学必读之书。采用清代精校本。但《古经解汇函》未及印行，而钟谦钧引疾离去。此书由广州府知府冯端本权其任印毕。但是选辑之书欠精，刻式也太粗糙。

【版录】

(一)清同治十二年(1873)粤东书局刊本

参见《综录》第 610 页。此本之牌记虽镌“同治十二年”，但书前有同治十三年(1874)八月冯端本序。半叶十行二十一字，小字双行同，单鱼尾，白口，左右双边。

中大　暨大

(二)清光绪十四年(1888)上海蜚英馆石印本

参见《综录》第 610 页。

中大

(三)清光绪十五年(1889)湘南书局刊本

参见《综录》第 610 页。

［补录］

(四)清同治光绪间抱经堂刻本

杭大

西夏经义

(清)何志高撰

【传录】何志高(生卒年未详)字西夏。四川万县人。清道光间廪生。隐居乡间，皓首穷经，足不履城市。所著刊为《西夏经义》。

【叙录】是编凡五种，十三卷。子目包括《易经本意》四卷首一卷末一卷、《释诗》一卷、

《释书》一卷、《释礼》一卷、《春秋大传补说》四卷。其中《释诗》首为"诗序",其下依次为"诗说"、《删诗论》、《国风雅颂分释》等。内有关大雅、小雅部分较详,间有精到之语。《释书》分别加以解释虞书、夏书、商书和周书。或释大义,或只解释一字一句,均出于己意。惟《益稷》篇中,"'五帝官天下,三王家天下'之不正确"之论,略有新意。《春秋大传补说》共六篇。第一、二卷通论《春秋》全经义例,第三、四卷则据经文旧次,进行诠释。全书略于考证,详于议论。

【版录】

(一)清道光十八年(1838)刊本

参见《综录》第611页。

(二)清光绪十四年(1888)刊本

参见《综录》第611页。

六艺堂诗礼七编

(清)丁晏撰

【传录】丁晏(1794—1876)字俭卿,号柘堂,一作柘唐,晚号石亭居士。江苏山阳(今淮安)人。道光元年(1821)举人。力主禁烟。咸丰中官内阁中书、侍读。少肄业于丽江书院,性嗜典籍,笃好郑学,于《毛诗笺》、三礼注研讨尤深。其将书斋名题为"六艺堂",取郑玄之"六艺",以表达对郑氏的仰慕之情。著作甚多,经学著述编为《六艺堂诗礼七编》。另汇刻有《颐志斋丛书》及《曹集诠评》等。

【叙录】是编凡七种,十六卷。收录丁氏有关《诗》《礼》注释、补遗之文。包括《毛郑诗释》三卷续录一卷、《郑氏诗谱考正》一卷、《诗考补注》二卷、《诗考补遗》一卷、《周礼释注》二卷、《仪礼释注》二卷、《礼记释注》四卷。丁氏广涉郑玄诸书,潜心于《诗经》《周礼》《仪礼》《礼记》的研究,以郑注为宗。其《毛郑诗释》乃针对孔氏注疏中遗漏及曲解郑意的地方而作,书中博稽各家之说,参互考证,所释详密。《郑氏诗谱考正》则有感于郑玄《诗谱》、宋欧阳修的《补亡》二书,讹脱较多,内容驳杂,遂据《正义》,重新编排。《诗考补注》对宋王应麟《诗考》进行了修订,删去重复,改正讹误,调整编次,补充详实。后又收集佚遗,著《诗考补遗》一卷。《周礼释注》《仪礼释注》《礼记释注》乃有感于贾公彦的孔颖达三礼之疏"因去古较远,多有阙遗"而作。丁氏发前人所未发,疏通考证,以补贾孔之失。丁氏详于治乱之理,不杂以空疏无当之辞,人称道咸以来能以汉学通宋学者,唯晏一人。是编由山东聊城杨以增搜录,于咸丰二年(1852)汇刻行世。清同治元年(1862)丁氏汇印《颐志斋丛书》时,将此七种刊入。

【版录】

(一)清咸丰二年(1852)聊城杨以增海源阁刊

参见《综录》第612页。

湖北大

［补录］

(二)清枕经阁郑琦抄本

本藏北京图书馆，存十一卷，缺《综录》所列前两种。为丁晏校补。半叶十一行二十至二十一字不等，小字双行同，白口，四周双边。见《北京图书馆古籍善本书目》。

孙溪朱氏经学丛书初编又名朱子经学丛书、经学丛书

(清)朱记荣辑

【传录】参见《槐庐丛书》。

【叙录】是编凡十三种，三十八卷。约刊于清光绪十一年至十三年(1885—1887)间，在王先谦刊刻《皇清经解续编》之前，所收多为清人未刻的经解之书以及字学佚书。其中有宋人著述两种：吕祖谦《古易音训》二卷、赵悳《诗辨说》一卷。馀均为清人著述，包括李富孙《李氏易解剩义》三卷、丁晏《尚书馀论》一卷、诸锦《飨礼补亡》一卷、陈奂《公羊逸礼考征》一卷、沈涛《论语孔注辨伪》二卷、施彦士《读孟质疑》二卷、任兆麟《孟子时事略》一卷、庄述祖《弟子职集解》一卷、惠栋《九经古义》十六卷、冯登府《十三经诂答问》六卷、陈倬《敤经笔记》一卷。是编刊入了不少清代罕见之书，保存了不少散佚民间的经学书籍。其内容虽不如《皇清经解续编》详备，但在私人辑书中，确为不可多得之书。朱氏原欲嗣辑二编，凡十一种，今仅存目录。

【版录】

清光绪中吴县朱氏槐庐刊本

参见《综录》第612页。是编原有二编十一种，但已经散佚，仅存目录，兹据杨家骆《丛书大辞典》抄录如次：

《经传离句考征》十六卷　(清)陈其荣撰

《祭法记疑》二卷　(清)王元启撰　重校《惺斋杂著》本

《积石礼说》三卷　(清)张履撰

《答疑孟》一卷　(清)陈钟英撰

《驳正朔考》一卷　(清)陈钟英撰

《六艺论》一卷　(清)陈鳣辑

《苍颉篇》三卷　(清)陈其荣撰　孙氏补辑
《埤苍》二卷　(清)陈其荣撰
《字林》八卷　(清)陈其荣撰　任氏本补辑
《汉魏音》四卷　(清)洪亮吉辑　卷施阁本
《说文旧音》一卷　(清)毕沅辑　陈其荣补增订经训堂本

首都师大　湖北大　台大

百本书斋藏书又名婺源王氏著书

(清)王贞撰

【传录】王贞(生卒年未详)字彦明,一字慕贞,别号月池主人、芦村女史。江西婺源人。生平事迹未详,所著书刊为《百本书斋藏书》行世。

【叙录】是编凡三种,六卷,约刊于清同治年间,包括《夏小正小笺》四卷附揭误、《小尔雅补义》一卷附正误、《弟子职诂》一卷。王氏有感于卢见曾校订《大戴礼记》"旧本经传参杂讹误刊落颇多,乃取宋、元及近代单行注本,参互考误,多所审正。至若荛圃黄氏增订,心斋任氏之补注,皆此书之功臣。奈何以郑传中不注《大戴》而失之?"于是"不揣固陋,敢取增订,校定补注,傍及他书之有相发明者,末缀以管见,而为之笺"。著成《夏小正小笺》四卷。此书荟萃旧说,另以折衷,意义颇称精核。书末附有揭误数事,亦十分审慎。《小尔雅补义》分广诂、广言、广训、广义、广名、广服、广器、广物、广鸟、广兽、广度、广量、广衡等十三章。王氏就宋咸注本加以补释,并征引以典为证,颇谨严。是编尚有光绪间重刊本。

【版录】

(一)清光绪十四年(1888)海阳韩氏刊本

参见《综录》第613页。是为重刊本。

[补录]

(二)清同治十一年(1872)百本书斋刊本

凡三种,六卷。包括《夏小正小笺》四卷、《弟子职诂》一卷、《小尔雅补义》一卷。见杨家骆《丛书大辞典》、孙殿起《贩书偶记》。

汉魏二十一家易注

（清）孙堂辑

【传录】孙堂（生卒年未详）字步升。浙江平湖人。诸生。嘉庆六年（1801）举人，生平事迹未详。所辑之书刊为《汉魏二十一家易注》行世。

【叙录】是编凡二十一种，三十四卷。辑录汉魏以来注《易》诸家，自周卜商《子夏易传》至南齐刘瓛《周易义疏》共二十一家。汉魏《易》学流派，除王弼、韩康伯注本单行外，基本包括在内。每家均有"序言"，详叙作者生平事迹及注《易》宗旨。注下引古文通假之字解释经义。内容丰富，资料详备。书前有孙堂自序、阮元序及总目、援引书目等。

【辑录】孙堂自序略云："堂究心汉学历有年，所凡遗说之散见群籍者，披览所及，辄裒录之，用以补唐李氏《集解》之所未备。《集释》依经列注，自汉至唐，杂采三十五家之说，此则以《释文序录》所载诸家，辑其注之仅存者，并缀拾其异文，依元书之目，各为一编，故自子夏讫刘子瓛而止。"

阮元序略云："平湖诸生孙堂步升，辑汉以来《易注》二十一家，起汉韩子夏《传》，终齐刘子瓛《义疏》。内郑康成注四卷、虞仲翔注十卷、馀家各一卷。每卷有小序，颇见章法，持论亦允。注有古文通借之字，则援引经传小学疏证之，或为前人所言，则详其姓氏而不攘为已有。生盖笃志研经，虚衷纂录，有功于先儒，著绩于易学者也。夫士而知从事于经，难矣。从事于经而不敢自为之说，采汉魏之微言，搜孟京之逸说，拾遗补阙，网罗整比，为尤难。盖非实事求是而有一毫希功近名之心，不能为古人如此劳悴也。生年方少壮而精力甚锐，终岁矻矻，一编不去手，故其所成就者已足观若此。如更以馀力及诸经或《尚书》古文，《诗》毛鲁韩而皆为之致力，其所学必有与年俱进者。余阅兹编，有深望焉。"

【版录】

清嘉庆四年（1799）平湖孙氏映雪草堂刊本

参见《综录》第613页。是刻半叶十行十九字，黑口，左右双边，有刻工姓名。各书书名及卷数，悉依《释文序录》，与《玉函山房辑佚书》略异。

《中国古籍善本书目》作三十三卷。无《综录》所列虞翻《周易注附录》一卷。北京图书馆藏本有侯康、陈澧批点。暨南大学图书馆藏本有朱墨圈点。目录为后人抄补。

史语　台大

方氏易学五书

(清)方申撰

【传录】方申(1787—1840)字端斋,本姓申,从舅氏姓方,以申为名。江苏仪征人。由于家贫,常受雇于人,为之撰写为生。道光中,以经解补县学生。精于校雠之学,尤精虞氏易。所著编为《方氏易学五书》。

【叙录】是编凡五种,五卷。包括《诸家易象别录》一卷、《虞氏易象汇编》一卷、《周易卦象集证》一卷、《周易互体详述》一卷、《周易卦变举要》一卷,所收诸书,博采各家之说,考校精湛,为研究《易》学重要丛书。其中《诸家易象别录》博采诸家有关易象的学说汇编而成。凡是涉及《周易》的资料一一摘取,其中以《易纬》及郑玄的《易纬注》为大宗,注则取自李鼎祚的《周易集解》。《虞氏易象汇编》博引说象的资料,对虞注详加校正。并就惠栋、张惠方二家著作中"可议之处",皆爬罗剔抉,辨析异同,共得易象一千二百八十七则,遂编成帙。较前人实为精细。《周易卦象集证》博考古注,参阅历代讳书及《春秋》等经典传注,分门别类,条理其次第,各系于本文之下,共得象二百零四,用以见说卦之象。《周易互体详述》"确守先哲之旧章,不用后儒之新说",根据互卦之法进行说释,同时参考正卦,再结合汉代《易》学家的解释,进行全面考证,得出正例七种,附例二种互卦之法。《周易变卦举要》据经传之义及汉儒旧注,参考诸家之说,比勘考校,探求解卦变之方法。此书于古来卦变之论,条分缕析,浅显易读。是编卷首有方氏同邑刘义淇、刘毓崧所撰《传记》和《序言》,以及汪喜荀所撰《墓志》等。

【版录】

(一)清道光十八年(1838)刊本

参见《综录》第614页。

(二)清光绪十四年(1888)江阴南菁书院《南菁书院丛书》本

参见《综录》第219页,收入该丛书第八集。

[补录]

(三)清道光二十五年(1845)青溪旧屋刊本

见杨家骆《丛书大辞典》《四库大辞典》。别有《方氏易学》六种,明方时化撰。明刊本。与是编为同名异书。子目有《易引》九卷、《周易颂》二卷、《学易述谈》四卷、《易指要绎》三卷、《易疑》四卷、《易通》一卷。

确山所著书

(清)宋世荦撰

【传录】宋世荦(1765—1821)字卣勋,号确山。浙江临海人。乾隆五十三年(1788)举人。知扶风县。著有《确山楼骈体文》《红杏轩诗钞》等,经学著述收入《确山所著书》。曾辑刊《台州丛书》。

【叙录】是编凡二种,八卷。包括《周礼故书疏证》六卷,此书于郑玄注略例不甚明了,疏证异字亦不周密,然也颇有高明之处。《仪礼古今文疏证》二卷,此书和《周礼故书疏证》一样,于郑注的通例未能分晓,疏证也简略而很少贯通,但其摭拾补苴之功不可没。

【版录】

(一)清光绪六年(1880)津门徐士銮补刊印本

参见《综录》第615页。杨家骆《丛书大辞典》所载子目多二种:《红杏轩诗钞》十六卷续一卷、《确山楼骈体文》四卷。

[补录]

(二)清嘉庆间刊本

见杨家骆《四库大辞典》。

玉玲珑阁丛刻

(唐)陆淳撰 (清)龚翔麟辑

【传录】陆淳(?—806)字伯冲,因避唐宪宗讳,改名陆质。吴郡(今江苏苏州)人。据《旧唐书·儒学传》,陆淳曾任左拾遗,转太常博士,迁左司郎中,后又改为国子博士,历任信、台两州的刺史,征为给事中、皇太子侍读。门人私谥"文通先生"。少师赵匡,匡师啖助,因传啖、赵之学而知名。著有《春秋集传纂例》《春秋集传辨疑》《春秋微旨》《类礼》诸书。

龚翔麟(1658—1733)字天石,号稼村、蘅圃,晚署田居。浙江仁和(今杭州)人。康熙顺天副贡。历官御史。因藏有宋宣和花石纲遗物,故名其室"玉玲珑阁"。工诗词,有《田居诗稿》《红藕山庄词选》《浙西六家词》等。辑唐陆淳治经之书为《玉玲珑阁丛刻》。

【叙录】是编凡三种,二十三卷。所收皆为陆淳释啖、赵之说。《四库全书总目》均著录。子目包括:《春秋啖赵二先生集传纂例》十卷,实为啖助、赵匡两家之说,由陆淳录其遗文编纂而成。《四库全书总目》据浙江汪启淑家藏本，题名《春秋集传纂例》。提要称："助之说春秋，务在考三家得失，弥缝漏阙。故其论多异先儒。……助书本名《春秋统例》，仅六卷。卒后，淳与其子异裒录遗文，请匡损益，始名《纂例》。成于大历乙卯。定著四十篇，分为十卷。……其第一篇至第八篇为全书总义；第九篇为鲁十二公并世绪；第三十六篇以下为经传文字脱谬，及人名、国名、地名。其发明笔削之例者，实止中间二十六篇而已。"《春秋啖赵二先生集传辨疑》十卷，收乃陆氏转述啖、赵两家攻驳三传之言。《四库全书总目》据江苏巡抚采进本，题名《春秋集传辨疑》。提要云："淳所述《纂例》一书，盖啖助排比科条，自发笔削之旨。其攻击三传，总举大意而已。此书乃举传文之不入《纂例》者，缕列其失，一字一句而诘之，故曰《辨疑》。所述赵说为多，啖说次之。冠以凡例一篇，计十七条，但明所以删节经文、传文之故。其去取之义，则仍经文年月以次说之。"《春秋集传微旨》三卷。先列三传异同，参以啖、赵之说而断其是非。《四库全书总目》据内府藏本，题名《春秋微旨》。淳自序谓："事或反经而志协乎道，亦虽近义而意实蕴奸，或本正而末邪，或始非而终是，介于疑似之间者，并委曲发明，故曰《微旨》。"《四库全书总目》称："自是书与《微旨》出，抵隙蹈瑕，往往中其窾会。虽瑕瑜互见，要其精核之处，实有汉以来诸儒未发者。固与凿空杜撰，横生枝节者异矣。"

【版录】

清康熙中钱塘龚氏刊本

参见《综录》第616页。上海图书馆藏本有清何焯批校。江苏常熟市图书馆藏本有清赵烈文跋。

杨家骆《丛书大辞典》所列凡五种，三十七卷。较《综录》多元赵昉《春秋左传补注》十卷、明朱睦㮮《授经图》四卷。

弢园经学辑存又名弢园春秋三种、春秋历学三种

（清）王韬撰

【传录】王韬（1828—1897）初名利宾，易名瀚，字懒今。后更名韬，字仲弢，一字子潜，自号天南遁叟、弢园老民。江苏长洲（今苏州）人。任墨海书馆编辑，开办中华印务局。晚年担任上海格致书院山长，主持《申报》编务。能诗，工骈文。著有《弢园文录外编》《弢园尺战纪》《淞隐漫录》《瓮牖馀谈》等数十种。

【叙录】是编凡三种，五卷。王氏原著有《弢园经学辑存六种》一书（见于《弢园著述》），光绪间，就其中有关春秋历三种，即《春秋朔闰至日考》三卷、《春秋日食辨正》一卷、《春秋朔至表》一卷，共五卷，略加删剔，整理改编，刊行于世。馀尚有《春秋左氏传集释》六十卷、《皇清经解校勘记》二十四卷、《国朝经籍志》八卷，均未刊行。所刊三种均为同治

间王氏旅欧时所作。《春秋朔闰至日考》用西洋的天文历法，推考春秋时的朔闰至日，纠正了前人的疏误。《春秋日食辨正》大旨以中西日月对勘，推求春秋时的日食。《春秋朔至表》则据春秋时的至日朔闰，排列为表，每行为一年，分为十二格，每格为一日，遇闰年则置十三格。大体上以冬至为经，以朔闰为纬，始于隐公元年癸亥冬至，终于哀公十八年丁亥冬至。三书均参考了西洋方法，对前人的研究成果加以吸收，并订正诸家之失，对研究《春秋》学及古代天文历法有一定的参考价值。

【版录】

（一）清光绪十五年(1889)排印本

参见《综录》第616页。

［补录］

（二）清光绪间《弢园著述》本

《弢园著述》又名《弢园老民自著书》。有清光绪刊本与铅印合订本。施廷镛主编《中国丛书目录及子目索引汇编》所列子目如下：

《普法战纪》二十卷　(清)张宗良口译　王韬撰辑

《瀛壖杂志》六卷

《弢园文录外编》十二卷

《弢园尺牍续抄》六郑

《蘅华馆诗录》六卷

《甕牖馀谈》八卷

《遁窟谰言》十二卷

《松滨琐语》十二卷

《扶桑游记》三卷

《弢园经学辑存》六种

　《春秋左氏传集释》六十卷(未刊)

　《春秋朔闰至日考》三卷

　《春秋日食辨正》一卷

　《春秋朔闰表》一卷

　《皇清经解校勘记》二十四卷(未刊)

　《国朝经籍志》八卷(未刊)

《重订法国志略》二十四卷

杨家骆《丛书大辞典》著录，题名《弢园老民自著书》。子目较上述为多，尚有《火器略说》《海陬冶游录》《台事窃愤录》《四溟补乘》《乘桴漫记》《新订俄罗斯志》《新订美利坚志》《西事凡》《老饕赘语》《重订花国剧谈》。

(三)1959年中华书局铅印本

题名《春秋历学三种》。由曾次亮点校。见国务院古籍整理出版规划小组办公室编《古籍整理图书目录》(1949—1991)。

乐律全书

(明)朱载堉撰

【传录】朱载堉(1536—1611)字伯勤,号句曲山人。祖籍安徽凤阳县,生于怀庆府河内县(今河南沁阳)。明宗室郑恭王朱厚烷之世子。朱载堉虽然贵为郑藩王子,但他布衣蔬食,发奋攻读,致力于乐律、历算之学的研究,潜心著书,撰写了大量学术著作。他对古代文化的最大贡献是创建了十二平均律。此理论被广泛应用在世界各国的键盘乐器上,包括钢琴 ,故朱载堉被誉为"钢琴理论的鼻祖"。所著乐律书汇刊为《乐律全书》。

【叙录】是编凡十五种,四十八卷。朱氏究心乐律、数学和历学,积毕生之力以成《律学新说》《乐学新说》《算学新说》《历学新说》《律吕精义》《操缦古乐谱》《旋宫合乐谱》等书。卷帙颇为浩博,其中以《律吕精义》最为重要,此乃音乐上最早用等比级数音律系统阐明十二平均律的科学著作。书中收录乐谱甚多,清康熙帝御定之《律吕正义》一书备采其说。《四库全书总目》称:"是书所论横黍百粒当纵黍八十一粒之尺度,及半黄钟不与黄钟应,而半太蔟与黄钟应之说,皆精微之论。"对研究明代音乐提供了可贵的资料。明万历二十四年(1596)郑藩刊本收书十五种,四十八卷,《明史·艺文志》作四十卷;《四库全书》所收浙江巡抚采进本为十一种,四十二卷;《万有文库》影明刻本作十五种,四十七卷。

【辑录】《四库全书总目》称:"是书万历间尝进于朝。《明史·艺文志》作四十卷。今考此本所载,凡收十一种。惟《律吕精义》内外篇各十卷,《律学新说》四卷,《乡饮诗乐谱》六卷,皆有卷数。其《乐学新说》《算学新说》《操缦古乐谱》《六代小舞谱》《二佾缀兆图》《灵星小舞谱》《旋宫合乐谱》七种,则皆不分卷。与《艺文志》所载不符,疑史误也。载堉究心律数,积毕生之力以成是书。卷帙颇为浩博,而大旨则尽于《律吕精义》一书。"

【版录】

(一)明万历二十四年(1596)郑藩刊本

参见《综录》第616页。凡四十八卷。是书有原刻本和增修本之分。《综录》所收实为增修本,其子目较原刻本多"历书"三种。《中国古籍善本书目》作四十九卷,其中《乐学新说》后有附《乐经古文》一卷。是刻半叶十二行二十四字,小字双行同,黑口,四周双边。《增订四库简明目录标注》谓:"明刊本实三十八卷。此书有二刻。行款悉同。惟字稍有大小之别。一刻于内府,一刻于藩邸。"

北大　民院　群众　辽宁　旅大　吉林　青海民院　山东　南大　江西　江西师

大　福建　厦大　湖南　广东　重庆　云大　史语　"中央"

[补录]

(二)明万历郑藩原刊本

凡十一种,三十九卷。是为原刻本。较《综录》所收增修本少"历书"三种。另《乐学新说》后亦有附《乐经古文》一卷。见《中国古籍善本书目》。

清华　文学所　故宫　山西　吉林　宁夏大　山东　山大　南京　浙江　杭大

(三)明天启间刊本

见杨守敬《增订丛书举要》卷四。

(四)《四库全书》本

凡十一种,四十二卷。所据为浙江巡抚采进本。

(五)民国十八年至二十六年(1929—1937)上海商务印书馆《万有文库》影明刊本

凡十五种,四十七卷。

(六)民国二十三年至二十五年(1934—1936)上海商务印书馆《国学基本丛书》本

古微书

(明)孙瑴辑

【传录】孙瑴(1585—1644)字子双,又称双甫,号贲园。湖南华容人。家富藏书,幼即勤学,有名于时,与兄穀(谷)、弟慤(悫)号"华容三珠"。清邓显鹤称"华容孙氏世以学行师表湖湘间。其所著录,见《明史·艺文志》《传是楼书目》《四库全书目录》,不一而足"。其传见《光绪华容县志》《同治进贤县志》等。

【叙录】是编凡十种,三十六卷。孙氏从《十三经注疏》、二十一史、《太平御览》、《玉海》、《通典》、《通考》等书中辑取五经纬书佚文,汇编而成。所收十种纬书,均系汉儒附会经说,宣物符箓、瑞应、预言等术数占验之书。凡《尚书纬》十一种、《春秋纬》十六种、《易纬》八种、《礼纬》三种、《乐纬》三种、《诗纬》三种、《论语纬》四种、《孝经纬》九种、《河图纬》十种、《洛书纬》五种。是编采摭繁富,颇资异闻,但各条不注出处,疑多遗误。《墨海金壶》本、《守山阁丛书》本皆补出处。《凡例》称:"所遇图纬诸家虽细录也,虽伪收也,虽断章者亦取焉。"足见其收辑之繁杂。

【辑录】《四库全书总目》云:"考刘向《七略》,不著纬书。然民间私相传习,则自秦以来有之,非惟卢生所上,见《史记·秦本纪》,即吕不韦《十二月纪》称某令失则某灾至。伏生《洪范五行传》称某事失则某征见,皆谶纬之说也。《汉书·儒林传》称孟喜得易家候阴阳灾变书,尤其明证。荀爽谓起自哀、平,据其盛行之日言之耳。《隋志》著录八十一篇。燔烧之后,湮灭者多。……传于世者,仅《乾凿度》《乾坤凿度》二书耳。"又云:"以今所得完本校之(是编),瀫不过粗存梗概。又唐瞿昙悉达《开元占经》,去隋未远。所引诸纬,如《河图圣洽符》《孝经雌雄图》之类,多者百馀条,少者数十条,瀫亦未睹其书,故多所遗漏。又摘伏胜《尚书大传》中《洪范五行传》一篇,指为神禹所作,尤属杜撰。然其采摭编缀,使学者生于千百年后,犹见东京以上之遗文,以资考证,其功亦不可没。《经义考》'毖纬'一门所引据,出瀫书者十之八九,则用力亦可谓勤矣。纬与经,名虽相辅,实各自为书。卦气之说,孟喜始据以诂《易》,何休、郑玄援引尤多。宋欧阳修《乞校正五经札子》,欲于注疏中全削其文,而说不果用。魏了翁作《九经正义》始尽削除。……然则瀫辑此编,于经义亦不无所裨,未可尽斥为好异。"

【版录】

(一)清嘉庆十七年(1812)禹航陈世望对山问月楼刊本

参见《综录》第 619 页。

台大 师大

(二)清光绪十四年(1888)刊本

参见《综录》第 619 页。是本半叶十一行二十四字,单鱼尾,白口,左右双边。

暨大

(三)清光绪二十一年(1895)上海鸿文书局石印本

参见《综录》第 619 页。

[补录]

(四)清嘉庆二十一年(1816)刊本

见《增订四库简明目录标注》。

(五)旧抄本

台湾大学图书馆有藏本。

《增订四库简目标注》云:"朱修伯曰:'计有四本:一活字板、一馀杭本、一嘉兴本、一墨海金壶本。'"其"续录"注:明刊本、照旷阁本、吴兴本、嘉庆庚午渊堂活字板本。

(六)《墨海金壶》本

参见《综录》第 160 页。是书收在《墨海金壶》之经部,有清嘉庆中海虞张氏刊本和民国十年(1921)上海博古斋据清张氏刊本影印本两种。又,是本有补注各条之出处。

(七)《守山阁丛书》本

参见《综录》第 176 页。是书收在《守山阁丛书》之经部。有张海鹏注。

《守山阁丛书》有三种版本:清道光二十四年(1844)金山钱氏据《墨海金壶》刊版重编增刊本、清光绪十五年(1889)上海鸿文书局据清钱氏本影印本、民国十一年(1922)上海博古斋据清钱氏本影印本。

(八)《丛书集成初编》本

参见《综录》第 344 页。是书收在《丛书集成初编》之哲学类。系据《墨海金壶》本影印。

类编·史类

十七史

【传录】《综录》不著录辑者名氏。明崇祯时，毛晋重刊《十七史》，名汲古阁本《十七史》。毛氏承南北监本《二十一史》之后而刻《十七史》，是出于谨慎选择旧本之故。据称随遇宋版精本考校，尽管校勘并不算精审，但仍有不少可取之处，有些地方优于监本，尤其是后来的殿本也不及，在正史版本方面独具一格。故汲古阁本《十七史》著者项应著录“明毛晋校刊”为宜。

毛晋(1599—1659)。字子晋，号潜在。原名风苞，字子久。江苏常熟人。藏书八万四千馀册，多宋元刻本。建汲古阁、目耕楼以储之。传刻古书，流布天下。在明季以博雅好士名一时。曾校刻十三经、十七史、《津逮秘书》、《六十种曲》等。

【叙录】是编凡十七种，一千五百七十四卷。以宋代在唐时所称的“十三史”为基础，加收唐李延寿《南史》八十卷、《北史》一百卷以及欧阳修《唐书》二百二十五卷、《五代史》七十四卷，合称十七史。是编不包括《旧唐书》和《旧五代史》。由于欧阳修既是历史学家，又是文学家，出自他的手笔的《新唐书》《新五代史》虽晚，但文笔精练，内容丰富，“其事则增于前，其文则省于旧”。更重要的是欧阳修作史仿《春秋》之例，每字每句或褒或贬，以发挥《春秋》的观点，为当时的封建统治者所赞赏。故欧阳修之书成，便即流行，两种旧书则不再为人们所看重。其后席氏扫叶山房重刊汲古阁本时，增加《旧唐书》《旧五代史》为“十九史”，但史家仍沿宋人习惯称“十七史”。

【版录】

(一)明崇祯至清顺治间琴川毛氏汲古阁刊本

参见《综录》第630页。此本即崇祯元年至十七年(1628—1644)毛氏汲古阁刻，清顺治印本。

故宫　山西　齐齐哈尔　山东　山东博　湖南　安庆

[补录]

(二)明崇祯元年至十七年(1628—1644)毛氏汲古阁刊本

半叶十二行二十五字，小字双行三十六字，白口，左右双边。北京图书馆藏本各书分别附有著名学者批校、题跋：

《史记》一百三十卷　汉司马迁撰　刘宋裴骃集解　明崇祯十四年(1641)毛氏汲古阁刊本　清叶万批校并跋　薄启源录何焯批校并录冯班批识又录顾炎武、阎若璩等人札记

《汉书》一百卷　汉班固撰　唐颜师古注　明崇祯十五年(1642)毛氏汲古阁刊本

薄启源录何焯校跋又录刘攽、王应麟等人札记

《后汉书》九十卷　刘宋范晔撰　唐李贤注　志注补三十卷　梁刘昭注　明崇祯十六年(1643)毛氏汲古阁刊本　叶万校并跋　薄启源临何焯批校题识

《三国志》六十五卷　晋陈寿撰　刘宋裴松之注　明崇祯十七年(1634)毛氏汲古阁刊本　薄启源录何焯批校又录宋黄震、朱明镐等人札记

《晋书》一百三十卷　唐房玄龄等撰　明崇祯元年(1628)毛氏汲古阁刊本　叶万校薄启源跋并临何焯、惠栋、蒋杲批校又录宋黄震、刘辰翁等人札记

《宋书》一百卷　梁沈约撰　明崇祯七年(1634)毛氏汲古阁刊本　叶万跋　薄启源临何煌校跋又录宋胡寅、朱明镐等人札记

《南齐书》五十九卷　梁萧子显撰　明崇祯十年(1637)毛氏汲古阁刊本　叶万校并跋　薄启源校又录王志坚、于慎行等人札记

《梁书》五十六卷　唐姚思廉撰　明崇祯六年(1633)毛氏汲古阁刊本　叶万校并跋　薄启源批校并录何煌校跋又录于慎行、王淑士等人札记

《陈书》三十六卷　唐姚思廉撰　明崇祯四年(1631)毛氏汲古阁刊本　叶万跋　薄启源批校并跋又录杨慎、朱明镐等人札记

《魏书》一百十四卷　北齐魏收撰　明崇祯九年(1636)毛氏汲古阁刊本　叶万校并跋　薄启源校并录何焯批校并录叶适、明谢肇淛等人札记

《北齐书》五十卷　唐李百药撰　明崇祯十一年(1638)毛氏汲古阁刊本　叶万校并跋　薄启源录张拱端、何焯批校题识又录叶适札记

《后周书》五十卷　唐令狐德棻撰　明崇祯五年(1632)毛氏汲古阁刊本　叶万校　薄启源跋并录叶适、朱明镐等人札记

《隋书》八十五卷　唐魏征等撰　明崇祯八年(1635)毛氏汲古阁刊本　叶万校并跋　薄启源跋并录叶适、黄震等人札记

《南史》八十卷　唐李延寿撰　明崇祯十三年(1640)毛氏汲古阁刊本　叶万批校并跋　薄启源批校并录叶适札记

《北史》一百卷　唐李延寿撰　明崇祯十二年(1639)毛氏汲古阁刊本　叶万批校并跋　薄启源录徐波校跋并录叶适札记

《唐书》二百二十五卷　宋欧阳修、宋祁等撰　明崇祯二年(1629)毛氏汲古阁刊本　薄启源录吴缜、叶适、吕祖谦等人札记

《五代史》七十四卷　宋欧阳修撰　宋徐无党注　明崇祯三年(1630)毛氏汲古阁刊本　失名录何焯批校题识　薄启源录黄震、邵宝等人札记

又湖北省图书馆藏一部，明崇祯元年至十七年毛氏汲古阁刊本，其中有三种书亦分别附有名人批校、题跋：

《史记》一百三十卷　汉司马迁撰　刘宋裴骃集解　明崇祯十四年(1641)毛氏汲古阁刊本　清王丕烈、王艺孙跋　清沈恕校

《汉书》一百卷　汉班固撰　唐颜师古注　明崇祯十五年(1642)毛氏汲古阁刊本　清袁廷梼跋并录　清顾广圻校跋　清王艺孙并校

《后汉书》九十卷　刘宋范晔撰　唐李贤注　《志》三十卷　晋司马彪撰　梁刘昭注　明崇祯十六年(1643)毛氏汲古阁刊本　清沈恕校

(三)明崇祯十四年(1641)至十七年(1644)毛氏汲古阁刊清递修本

上海图书馆藏本有五种分别附有名人跋或校点：

《史记》一百三十卷　汉司马迁撰　刘宋裴骃集解　明崇祯十四年毛氏汲古阁刊清递修本　清陈豪校点

《汉书》一百卷　汉班固撰　唐颜师古注　明崇祯十五年(1642)毛氏汲古阁刊清递修本　清陈豪校点并跋

《后汉书》九十卷　刘宋范晔撰　唐李贤注　《志》三十卷　晋司马彪撰　梁刘昭注　明崇祯十六(1643)年毛氏汲古阁刊清递修本　清陈豪校点

《三国志》六十五卷　晋陈寿撰　刘宋裴松之注　明崇祯十七年(1644)毛氏汲古阁刊清递修本　清陈豪校点并跋

《唐书》二百二十五卷　宋欧阳修、宋祁等撰　明崇祯二年(1629)毛氏汲古阁刊清递修本　清陈豪、王诒寿、戴穗孙校　清王麟书校并跋

(四)清顺治十七年(1660)据明崇祯元年至十七年(1628—1644)毛氏汲古阁刊本修补合印本

(五)清古吴书业赵氏覆汲古阁本

七家后汉书

(清)汪文台辑

【传录】汪文台(1796—1844)字南士。安徽黟县人。博闻强记，深通经史百家。学宗汉儒，其言曰："石经托之贾逵，诗传假诸子贡，乱经也。"(《黟三先生传》)崔国榜序云："黟汪先生南士绩学敦行，著书等身。"著述有《十三经注疏校勘记识语》《英吉利考略》，辑有《七家后汉书》二十一卷。

【叙录】是编收书八种，二十一卷。《后汉书》自谢承之后，著者有十一家，梁、隋以后，

所存成书于范晔《后汉书》以前者仅七家：三国吴谢承《后汉书》八卷、晋薛莹《后汉书》一卷、晋司马彪《续汉书》五卷、晋华峤《后汉书》二卷、晋谢沈《后汉书》一卷、晋袁山松《后汉书》一卷、晋张璠《汉记》一卷。清姚之骃把以上七家连同《东观汉记》的佚文，辑成《后汉书补逸》。此外章宗源、黄爽等人都有辑本。其后汪文台汇编成《七家后汉书》并附《后汉书》一卷。

【辑录】崔国榜序云："《后汉书》自谢伟平后，作者十一家，梁、隋以降，阙佚几半。至唐章怀独为蔚宗书注，范存而诸家遂微。然诸书同异，具载注中，零章断句，散见他书，犹可捃拾。若张莹《后汉南记》，则《世说》《续汉志注》《史记集解》《初学记》《北堂书钞》中，间有存者。仅刘氏义庆、萧氏子显两家之书，残文剩字，无可考见，盖亡失久矣。康熙中，钱塘姚鲁斯辑《东观汉记》以下诸家书为《补逸》，颇沿明儒旧习，不详所自，遗漏滋多。孙颐谷侍御曾据其本，为谢承书补正，未有成书。近甘泉黄右原比部亦有辑本，视姚氏差详，终不赅备。黟汪先生南士绩学敦行，著书等身，尝以稽古馀力，重为搜补。先生之友汤君伯玕称先生旧藏姚本，随见条记，丹黄殆遍。复虑未尽，以属弟子汪学惇，学惇续有增益。学惇殁后，藏书尽售于人，汤君复见此本，已多脱落，亟手录以还先生之子锡蕃。锡蕃奉楹书客江右，同岁生会稽赵㧑叔从锡蕃假钞。余复因㧑叔得见是书，偕镇海林君粲英共读一过。会写副既毕，为谋会刊。而余将入都，㧑叔亦之官新吴，未克从事占毕。林君慨然独任雠校，此刻之成，为功实多。兹辑存者七家，为书二十卷，末附失氏名《后汉书》为一卷，凡得二十一卷。"

【版录】

(一)清光绪八年(1882)太平崔国榜等刊本

参见《综录》第641页。

暨大

[**补录**]

(二)清光绪十三年(1887)刊本

北师大

(三)清光绪二十八年(1902)刊本

暨大

(四)清光绪中南昌刊本

南唐书合刻

(清)蒋国祥　(清)蒋国祚辑

【传录】蒋国祥。暨阳(今江苏江阴)人。曾官南康同知。与毛德琦同订《庐山志》，并重梓桑乔《庐山纪事》，有序。

蒋国祚，事迹待考。

【叙录】是编凡两种，四十九卷。其中宋马令撰《南唐书》三十卷，成书于崇宁四年(1150)，马令以其祖马元康所搜集之南唐旧史遗文及朝野见闻资料进行编写，专记五代时南唐史事。仿《三国志》例，称南唐国君为先主、嗣主、后主。宋陆游撰《南唐书》十八卷，附《音释》一卷(元戚光撰)。以马令所撰《南唐书》未尽善，重加编撰，书成于淳熙十一年(1184)。

【辑录】《四库全书总目》云：是编"每序赞之首，必以'呜呼'发端，盖欲规仿《五代史记》，颇类效颦，于诗话、小说，不能割爱，亦不免芜杂琐碎，自秽其书。又如《建国谱》之叙地理，仅有军州而无县，则省不当省；《世系谱》不过出自唐吴王恪，于先主书首一句可毕，而复述于唐书以前，尤繁不当繁，亦乖史体，均不及陆游重修之本。然椎轮之始，令亦有功，且书法亦谨严不苟"。

张元济云："马令《南唐书》单刻本不易得，友人有茶梦斋钞本，初思影印；既得假读，中有一叶乃阙至二百馀字，踌躇不能决。嗣见此本，喜其镌印精整，遇'太祖''太宗''皇朝''京师'，凡涉及宋室之字，或空格，或提行，盖犹宋刻旧式。取对钞本，行款相合，是必同出一源。……虽其佳处，足以校正是本者不少，然讹文夺字，终觉瑜不掩瑕。故舍彼取此，仍摘其意义较胜之字，及其文异而意可通者，别为校记，附录于后。"(《影印善本书序跋集录·明本马令〈南唐书〉跋》)

《四库全书总目》云："宋初撰录南唐事者凡六家，大抵简略，其后撰《南唐书》者三家，胡恢、马令及游也。恢书传本甚稀，王士禛《池北偶谈》记明御史李应昇之叔有之，今未之见。惟马令书与游书盛传。而游书尤简核有法。元天历初，金陵戚光为之音释，而博士程塾等校刊之，赵世延为序。钱曾《读书敏求记》称旧本遵《史》《汉》体，首行书某纪、某传卷第几，而注《南唐书》于下。王士禛《古夫于亭杂录》又称其门人大名成文昭寄以宋椠本，凡十五卷，与今刻十八卷编次小异，今其本均不可见，所行者惟毛晋汲古阁本，刻附《渭南集》后者，已改其体例，析其卷数矣。南唐元宗于周显德五年即去帝号，称江南国主。胡恢从《晋书》之例，题曰'载记'，不为无理。游乃于烈祖、元宗、后主皆称'本纪'，且于'烈祖论'中，引苏颂之言，以《史记》秦庄襄王、项羽本纪为例，深斥胡恢之非。考刘知几《史通·本纪篇》，尝谓姬自后稷至于西伯，嬴自伯翳至于庄襄，爵乃诸侯，而名隶本纪。又称项羽僭盗而死，未得成君。……诸侯而称本纪，循名责实，再三乖谬，则司马迁之失，前人已深排之，游乃引以藉口，谬矣。得非以南渡偏安，事势相近，有所左袒于其间乎？他如后妃、诸王传，置之群臣之后，杂艺、方士传，列于忠义之前，揆以体例，亦为未允。读其书者，取其叙述之简洁可也。"

【版录】

(一)清同治十三年(1874)盱南蔡氏三馀书屋据襄平蒋氏本补刊

参见《综录》第641页。是本半叶十行十九字，黑口，四周单边。

史语

[补录]

(二)《述古丛钞》本

参见《综录》第201页。是本刻于清光绪五年(1879)。四十九卷。

(三)《藏修堂丛书》本

参见《综录》第220页。是本系清光绪十六年(1890)新会刘氏藏修书屋刊本。四十九卷。

(四)《翠琅玕馆丛书》本

参见《综录》第223页。是本系据刘氏藏修堂丛书刊版重编,民国五年(1916)刊于广州。

(五)清末蒋国祥辑刻本

半叶十行十九字,黑口,四周双边。北京图书馆藏本有傅增湘校跋。

荆驼逸史

(清)陈湖逸士辑

【传录】陈湖逸士,事迹不详。

【叙录】是编收书五十八种;附一种,九十九卷。均为晚明野史杂记。其中《启祯两朝剥复录》《熹朝忠节死臣列传》《恩恤诸公志略》记天启、崇祯两朝史实;《崇祯癸未榆林城守纪略》《汴围湿襟录》《甲申纪变录》记明末农民起义斗争;《扬州十日记》《弘光乙酉扬州守城纪略》《江阴城守纪》记明末江南人民抗清斗争事迹;《圣安本纪》《弘光朝伪东宫伪后及党祸纪略》《所知录》等记南明政权史实。《荆驼逸史》为研究明末清初的抗清斗争提供极为可贵的史料,可证《明史》之误。是编尚收有不少稀见之书,如《东林始末》《启祯两朝剥复录》等都是流布甚少之书。《荆驼逸史》于道光时刊行共二次,均为活字本。第一次半松居刊本为五十三种,第二次古槐山房刊本为五十种。后者补正原本之脱误多处,但编辑上的错误仍有,如已收《东林事略》又以其第二卷《江宁纪事》作为另一种书收录。而汇刻明季野史,是编实为先驱。

【辑录】据陈湖逸士《序》称,是编系得之于明宫詹陈文庄公(陈仁锡)别墅"无梦园"之枯松下。"无梦园者,明宫詹陈文庄公之别墅也。其址在葑门东道桥之南,中有荷池数亩,饶有园亭之趣,竹石之佳,柳晦花明之胜,致足乐也。是时公尝与周忠介、文文肃、姚文毅,日相唱和于其间。园故为陈氏世居,家多藏书,所刻书籍碑板,多系以无梦园者,公故有《无梦园全集》行于世。闻诸故老传云,书板多藏于兹园之四飞阁上。……庭阴有枯松一株,虽枝干蜿蜒,而萧然无复生意。命人劚而去之,不数尺,下有石板,叩之,铿然有声。启视之,得铜柜一具。不敢轻亵,疑其中有异物藏焉。再拜稽首而开之,无他,乃残书一束耳。字迹潦草，复多漫漶。读书之暇，挑灯细阅，俱系故国遗闻。约有数十种，不忍散弃，爰录而存之，用昭劝惩，以备正史所未逮，可与《天宝遗事》并垂不朽。裒帙既成，名之曰《荆驼逸史》。藏之巾箱，以俟世之鸿博君子采择，庶不负予之一片苦心尔。”

谢国桢《增订晚明史籍考》云：“是书编者姓名不详。所云野史发现于陈氏无梦园者，或出编者之伪托。起《三朝野纪》，至《两粤梦游记》，末附《平台纪略》，共五十三种，编辑极无次。”

朱希祖《明季史料题跋》云：是编“道光第一次活字本五十三种，道光第二次活字本五十种，第一次所缺者均为补足。古槐山房本，出于第二次之活字本。半松居本，则出于第一次之活字本也”。

【版录】

(一)清道光中古槐山房木活字排印本

参见《综录》第642页。是本半叶八行十七字，白口，四周双边。卷首《荆驼逸史总目录》中有《平台纪略》一卷。北图藏本有清李文田校注并跋。

是本较他本子目多六种，兹抄录于后：

《行朝录》六卷　(清)黄宗羲撰

《孑遗录》一卷　(清)戴名世撰

《崇祯癸未榆林城守纪略》　(清)戴名世撰

《崇祯甲申保定城守纪略》　(清)戴名世撰

《弘光朝伪东宫伪后及党祸纪略》　(清)戴名世撰

《弘光乙酉扬州城守纪略》　(清)戴名世撰

史语　台北

(二)清宣统三年(1911)中国图书馆石印本

参见《综录》第642页。所收最后八种为他本所无。

[补录]

(三)清琉璃厂半松居活字本

是本为原刊本，收书五十三种。见谢国桢《晚明史籍考》。

(四)清坊刻本

是本系据古槐山房本覆刻。

(五)清刻本

是本五十一种。

中大　暨大

(六)上海锦章书局石印本

见阳海清《中国丛书综录补正》。

太平天国史料第一集

程演生辑

【传录】程演生(1887—1955)谱名存材,字源铨,号总持,别署天柱外史、寂寞程生。出生于安徽怀宁石牌,迁居安庆城。宣统初在安徽高等学堂肄业,后留学英、法、日等国,获法国考古研究院博士学位,并任该院研究员。回国后,历任安徽第一师范学校校长、安徽大学校长、安徽学院院长和北京、暨南大学教授,杭州华严大学校长。北伐后,出任外交部特派员,赴法国、土耳其、阿富汗、比利时、暹罗(今泰国)等国考察教育、政治、经济;曾任签订中暹通商条约专使以及上海图书馆副董事长等职。1927年,赴欧洲游历,在法国国立巴黎图书馆见到《圆明园图》,如获至宝,经多次与法国方面交涉,并征得馆方同意,用照相机全部拍摄冲印下来,带回国内,并据此写成《圆明园考》。1932年4月,接任安徽大学校长,兼任安徽通志馆副馆长,参与编纂《安徽通志稿》,编印《安徽丛书》6期。抗日战争时期,程演生在上海。上海沦陷后,他蛰居租界,与李季、王独清共同编纂出版《中国内乱外祸历史丛书》(后改名《中国历史研究资料》)。抗战胜利后,出任安徽学院院长。1947年辞职至上海。新中国成立后,任上海市文史馆馆员。平生酷爱戏曲艺术,尤爱京剧,所撰有《国剧概论》《皖优谱》等。还著有《模范文选》《模范诗选》《离骚讲义》《太平天国史料》《安徽清代文字狱备录》《西泠异简记》《天启黄山大狱记》《生尸》《短篇小说集》《中国清代外交史料丛书》《长枫诗话》《唐昭陵六马考》《安徽艺文志补》《石巢诗事》《二古轩师友诗钞》《二古轩文集》《二古轩诗集》《金陵掌故丛编》《安徽丛书目提要》《十三经名物考》《续优语录》《皖人撰曲小记》《十五国游记》《域外访古记》《续曲苑》等。

【叙录】是编凡十种,十卷。系程演生录自法国巴黎东方语言学校图书馆。其中《天朝田亩制度》一书,尤关太平天国一代规模。各种诏书反映出当时官制军令的制定与其内哄事实有密切关系,对于天朝的宗教信仰,亦可提供考证资料。是编为研究太平天国革命运动的重要史籍。

【辑录】程演生序云:"甲子岁余居巴黎间,考西方上古文化,时法国文学博士俄籍马古烈君掌东方图书馆(属国立东方语言学校)。君善埃及、巴比伦古文,复雅通中土文字,尝译班固《两都赋》,与余往还甚笃。一日趣过,谓馆中有太平天国印刷品多种,殆非习见之书,余志之。明日偕君就观,果皆洪、杨时重要之史料也,遂假抄之……计凡十种,而《天朝田亩制度》尤关太平一代之规模,惜乎当时未能尽行。然处今之世,社会制度未善,经济支配不均,其视此或犹有研究之价值,非仅为过去之陈案也已。而各种诏书于当时官制军令之制定与夫内哄之事实、宗教之信仰,亦皆足资考证焉。……兹第就所集者定名曰《太平天国史料第一集》。……夫洪、杨之兴起,非独种族革命而已,实思举中国旧有之礼教一与更变,特假以神道贪天之功,为海内士夫凡民所不赞同，竟用覆败，然其据位江南历十四载之久，扩地十馀省。政令之良，战争之烈，人物之杰出，庶多有足纪者。及有荡平一切典章文字，咸为清室所禁除毁灭，人无敢收藏之。乌乎！伤己乃犹赖一时同教异域之士，于仓皇播越之际，摭拾斯零篇断简，传之彼都，致获保存其万一，是亦非幸也哉？”

朱希祖序云：“观程君所录，如《天朝田赋制度》一篇，为太平天国史料精华之所聚，亦即太平天国立国精神之所萃，为共产制度之先驱，为社会革命之首倡。（余别有文一篇考证其制度）其重要既如彼《天朝田赋制度》，书名虽见于《史略》，然作《史略》者，亦未见其书，故其作此书之说明，谓各处俘获贼书皆成捆束，独无此书，即贼中逃出者，亦未见过，其尚未梓行耶！作《野史》之凌氏亦未之见，今观此抄本题‘太平天国癸好三年新镌’，则当时实已梓行，《史略》成于太平天国四年，颁行未久，故未见耳。其后曾、李辈毁灭各诏书不遗馀力，竟无人知太平天国有此重要制度，其希有又如此，留学法国者多矣，从未闻有谈及此书者。程君能识此珍贵之书，手录以归，其有功于吾国史学界钜矣。其他所录各种，不识者谓为俚鄙，谓为荒谬，都掉头不顾，其实白话文所以革文学界之命，耶稣教所以革多神教之命，大都为平民的说法，涵有平等、博爱之深意，不特发扬种族的褊狭思想已也。自此种史料出而后叹《史略》《野史》等作均不能得其真相，盖其精神面目全未梦见，昔司马迁之传李斯、班固之传王莽，亦同此病，盖或拘于儒家之偏见，或劫于帝王之威势，故有此等偏而近诬之历史，而真确之史料反拨弃而不用此，后能继程君在海外续搜未得之十三种及其他重要史料，使史学家能作真正之太平天国史。此则余之所深望也。”

【版录】

民国十五年（1926）北京大学出版部景印排印本

参见《综录》第648页。别有《太平天国史料七种》，一九五四年抄本（北大馆藏）。此书所列子目如下：《金陵述略》《西兴括论》《佛兰西公使赴天京记》《太平天国新闻杂辑》《遐尔贯珍上海事辑》《遐尔贯珍厦门事辑》。（见《南京大学丛书目录及子目录索引汇编》）《近代中国史料丛编》第三十六辑收有《太平天国资料》（八册，邓之诚等编）、《太平天国资料》（二册，金毓黻等编）。

十五家年谱丛书又名十五家年谱

（清）杨希闵撰

【传录】杨希闵（1808—1882）字铁佣，号卧云。河北新城（今黎川）人。年轻时在家乡塾学授课，曾执教台阳海东书院，与龚自珍、梅曾亮等交往。道光十七年（1837）拔贡，候选内阁中书。后专心攻经，尤好讲《易》，崇奉宋儒朴学笃行之说。咸丰六年（1856），太平军攻克新城、建昌，举家流落福建邵武，后迁福州，先后为福建学政吴南池和布政使周开锡延聘。同治九年（1870）东渡台湾，在海东书院主讲十一年。以宋儒性理之学及经、易之学启迪台湾士子,学风为之一新。著有《四书改错》《榕阴日课》《乡诗摭谈正续集》等。

【叙录】是编凡十五种,二十卷。收自汉至明十五位名人年谱。谱主为汉徐征士(徐稚)、诸葛忠武侯(诸葛亮)、晋陶征士(陶潜)、唐李邺侯(李泌)、陆宣公(陆贽)、宋欧阳文忠公(欧阳修)、韩忠献公(韩琦)、王文公(王安石)、曾文定公(曾巩)、黄文节公(黄庭坚)、李忠定公(李纲)、陆文安公(陆九渊)、明吴聘君(吴与弼)、胡文敬公(胡居仁)、王文成公(王守仁)。其中《王文公年谱》系据蔡上翔原著考略节要,《王文成公年谱》系依钱德洪原著节抄。各年谱前均有杨氏自序以及引用书目,并加按语,考证颇为翔实,且有独到的见解,持论公允,具有一定的史学价值。是编是杨希闵所撰的《豫章九家年谱》以及《四朝先贤六家年谱》的合印本,扬州陈恒和书林于光绪间首次汇刊,题《十五家年谱丛书》。

【版录】

(一)1958年扬州古籍书店用清光绪中扬州书林陈履恒刊本重印

参见《综录》第651页。

[补录]

(二)清光绪九年(1883)扬州书林陈履恒整理补刊本

是本内封镌有"书林陈履恒整理补刊于扬州"。书眉有批注。

暨大　史语

(三)民国扬州陈恒和书林刊本

此本实为光绪间福州刊《豫章先贤九家年谱》和《四朝先贤六家年谱》的汇印本。原版现藏江苏广陵古籍刻印社。见阳海清《中国丛书综录补正》。

(四)1960年江苏扬州人民出版社影印本

据光绪九年(1883)本影印。见《简明中国古籍辞典》。

(五)1962年江苏广陵古籍刻印社影印本

扬州市古旧书店藏板,广陵古籍刻印社重印。

(六)1980年江苏广陵古籍刻印社影印本

据清光绪间新城杨希闵福州刻版重印。见国务院古籍整理出版规划小组办公室编《古籍整理图书目录》(1949—1991)。

十　通

商务印书馆辑

【传录】商务印书馆,光绪二十三年(1897)夏瑞芳等创办于上海。初以印刷为主,后兼营出版。1902年张元济加入,创建编译所,开始编纂学校用书和翻译出版外国著作。还出版各类辞书和期刊,并逐步出版学术著作和影印善本古籍。1932年"一·二八"淞沪战役中该馆被日军炸毁,抗日战争时期总馆迁重庆。1950年,其发行部门与三联书店、中华书局、联营书店联合组织中国图书发行公司。1954年，总馆迁北京，主要出版中外语文辞书、读物和翻译出版外国学术名著等。

【叙录】是编凡十种，二千七百二十一卷。是我国十部政书的汇编。这些政书所记载的是历代有关典章制度，包括政治、经济、文化、军事等方面。其中《通典》《通志》《文献通考》是我国最早的政书。《通典》，唐杜佑撰，记载上起传说中的唐虞，下迄唐代肃宗、代宗时期的典章制度沿革。《文献通考》记载上古至宋宁宗时期的典章制度沿革，分析较《通典》详细。《通志》则是综合历代史料而写成的通史，与《通典》《文献通考》并列，殊为不当。由于《三通》各书取材丰富，足以为封建统治者提供历史借鉴，故清乾隆帝极为注重，曾下令武英殿重刊此书，其后又敕令续修《三通》。先后编成《续通典》《续通志》《续文献通考》和《皇朝通典》《皇朝通志》《皇朝文献通考》六部续作，其体例均分别仿前作。清光绪中，浙江书局将《三通》与六书汇刊，称为《九通》。清光绪中，吴兴刘锦藻以私人的力量纂成《皇朝续文献通考》，起乾隆五十一年(1786)迄宣统三年(1911)，内容增加了外交、邮传、实业、宪政四门，共成三十门，一百三十六目，凡四百卷。至此，清一代的典章制度，得以基本完备。光绪三十一年(1905)，初稿排印本为三百二十卷，辛亥以后增加八十卷。1936商务印书馆将《皇朝续文献通考》与《九通》汇刊，合称《十通》。各书首末尚有各项序跋、考证，全书附有《十通索引》。

【版录】

(一)民国二十四年至二十六年(1935—1937)上海商务印书馆景印本

参见《综录》第681页。

史语

[补录]

(二)1935年上海商务印书馆《万有文库》本

(三)1955年上海商务印书馆影印本

(四)1988年浙江古籍出版社影印本

十七史详节又名吕东莱十七史详节

(宋)吕祖谦辑

【传录】吕祖谦(1137—1181)字伯恭，学者称东莱先生。婺州(今浙江金华)人。金华学派主要代表。隆兴进士。曾任著作郎兼国史院编修官。参与重修《徽宗实录》，编纂《皇朝文鉴》。和朱熹、张栻齐名，时称“东南三贤”。为邀集鹅湖之会，企图调和朱熹与陆九渊关于哲学思想的争执。为学兼取朱、陆之长，同时接受永嘉学派经世致用思想。宇宙观偏生陆九渊心学，主张道心为一，“通天下无非己”。认识方法取朱熹以“穷理”为本的“格物致知”说，教育上提倡“讲实理育实材而求实用”。主张“明理躬行”，治经史以致用，反对空谈阴阳性命之说，开浙东学派先声。《四库全书总目》云：“祖谦虽亦从事讲学，而淹通典籍，不肯借程子‘玩物丧志’之说，以文饰空疏，故朱子称其史学分外仔细。”散文笔锋犀利，著有《东莱集》《吕氏家塾读书记》《东莱左传博议》等，编有《宋文鉴》《古文关键》等。

【叙录】是编凡十种，二百七十三卷，系吕祖谦读史时删节备检之本。上起《史记》，下迄五代，为作者毕生治史之重要著述。

【辑录】《四库全书总目》云：“所录大抵随时节钞，不必尽出精要，如《东汉》《晋》二史内，四言赞语，于本书已属赘拇骈枝，乃一概摘存，殊为冗杂；又如《北史》纪传为隋代而作者，业已并入《隋书》，乃独《四夷》一传仍及隋事，而《隋书》内遂删去之。为例亦间有不纯。然南宋诸儒，大抵研究性命，而轻视史学。故朱子作《贡举私议》，欲分年试士……盖虚谈无实之弊，朱子亦深虑之矣。……附存其目，俾儒者知前人读书，必贯彻首尾，即所删节之本，而用功之深至，可以概见，则此二百七十三卷者，虽不能尽诸史之全，而足以为宋儒不废史学之明证也。”是书后为建阳书坊刊，得以流传。

《天禄琳琅书目》卷五云：“《宋史·经籍志》载吕祖谦《大事记》二十七卷、《宋通鉴节》五卷、《通鉴节要》二十四卷，又祖谦传《大事记》之外，载《读诗记》考定《古周易》《书说》《阃范》《官箴》《辨志录》《欧阳公本末》诸书，皆不及《十七史详节》。宋晁氏、陈氏、马氏书目亦均不录，惟明焦竑《经籍志》有吕祖谦《十七史详节》二百八十三卷，较此本又多十卷。今观书中标题，或称‘东莱先生增入’或称‘东莱先生校正’。而两《汉书》及《新唐书》则标为‘诸儒校正’，体例不画一，是此书即为东莱所作，亦属未完之本。其版仿宋巾箱本式，而刻印草草，似是书贾所为，故前后俱无序跋，不知焦竑何所据也。”

宋王鸣盛云：“吕祖谦有《十七史详节》二百六十九卷，此书随意采掇，粗疏无理，疑亦出于南渡书肆，嫁名祖谦，而其为宋时人笔则无疑。”（《十七史商榷》卷九十九《缀言》）

【版录】

（一）元刊本

参见《综录》第 689 页。

（二）明正德十五年(1520)刘弘毅慎独斋刊本

参见《综录》第 689 页。

［补录］

（三）宋刊本

见《天禄琳琅书目后编》。

（四）宋元递修刊本

（五）宋末元初麻沙本

见日本书志学会《善本影谱》。

（六）元麻沙刊本

见刘承幹《嘉业堂善本书影》。

(七)元刊本

是本《三国志》《唐书》配明刘弘毅慎独斋刊本。半叶十三行二十字,黑口,四周双边。

北京

(八)元刊本

是本《东汉详节》卷二十三、二十八至三十,《隋书详节》卷十一配清抄本。半叶十四行十四字,细黑口,左右双边。

北京

(九)元刊本

是本存二百六十二卷。《东莱先生增入正义音注史记详节》二十卷(存十三卷:卷一至七、十五至二十),《参附汉书三刘互注西汉详节》三十卷(存二十八卷:卷一至十五、二十八至三十),《诸儒校正东汉详节》三十卷,《东莱先生标注三国志详节》二十卷,《东莱校正晋书详节》三十卷,《东莱先生校正南史详节》二十五卷(存二十四卷:卷一、三至二十五),《东莱先生校正北史详节》二十八卷,《东莱先生校正隋书详节》二十卷,《诸儒校正唐书详节》六十卷(存五十九卷:卷一至九、十一至六十),《东莱校正五代史详节》十卷。

半叶十三行二十四字,黑口,左右双边。

北京

(十)元刊本

是本存九十八卷。《东莱先生增入正义音注史记详节》二十卷,《诸儒校正东汉详节》三十卷(存十四卷:卷五至九、二十二至三十),《东莱先生三国志详节》二十卷(存卷十、十一、二十),《东莱先生校正南史详节》二十五卷(存十六卷:卷一至七、十七至二十五),《东莱先生校正北史详节》二十八卷(存十八卷:卷一至八、十九至二十八),《东莱先生校正隋书详节》二十卷。

是本半叶十三行二十四字,黑口,左右双边有耳。

北京　北大

(十一)元刊本

是本存六十卷。《诸儒校正东汉详节》三十卷,《东莱先生校正隋书详节》二十卷,《东莱校正五代史详节》十卷。

南京

(十二)元刊本

是本存五十三卷。《东莱先生校正南史详节》二十五卷,《东莱先生校正北史详节》二十八卷。

南京藏本有清丁丙跋。

(十三)明正德十一年(1516)刘弘毅慎独斋刊本

是本为二百七十四卷,其中《东莱先生史记详节》有首一卷。

半叶十三行二十六字，小字双行同，下细黑口，四周双边，《史记详节》卷首后有“皇明正德丙子冬十月京兆刘弘毅刊行”。

北京　北大　清华　党校　文学所　考古所　故宫　上海　复旦　上海师大　天津　辽宁　吉大　青海民院　南京　南京博　镇江博　华南师大　四川

(十四)明正德十三年(1518)建阳刘洪慎独斋刻本

是本二百七十三卷，存二十五卷。《晋书》存第十一卷至十九卷，《南史》存第十八卷至二十一卷，《隋书》存第六卷至第十卷，《唐书》存第二卷至第四卷、第二十卷至二十三卷。

半叶十三行二十六字，小字双行同，细黑口，四周双边。

(十五)明嘉靖四十五年至隆庆四年(1566—1570)陕西布政司刊本

是本半叶十行二十二字，小字双行同，白口，四周单边。

民院　北京市委　山西大　山东大　南京　浙江　杭大　湖南　山东

(十六)清光绪二十八年(1902)崇新书局石印本

类编·子类

古今医统正脉全书又名医统正脉全书、古今医统正脉

(明)王肯堂辑

【传录】王肯堂(1549—1613)字宇泰,又字损仲,号损庵,自号念西居士。江苏金坛人。明万历进士,曾任福建参政等职,早年由于母病曾涉猎医学。致仕后,潜心医学实践研究,终以医名于世。王氏主要成就为结合自己长期的临证心得,博集医书,积十馀年之功,编成了包括有杂病、类方、伤寒、外科、儿科、妇科等内容的《证治准绳》(又作《六科证治准绳》)四十四卷,此书综述了历代医家临证经验,堪称明代医学名著。王氏尚著有《医镜》四卷、《肯堂医论》三卷(又名《新镌医论》)、《郁冈斋笔尘》、《古今医统正脉全书》四十四卷、《尚书要旨》、《论语义府》、《律例笺解》、《洗冤录笺解》等科学著作。

【叙录】是编收书四十四种,凡二百零四卷。所收多为金、元、明时代著名医学家成无己、刘完素、张从政、李杲、王好古、朱震亨、齐德之、滑寿及戴原礼、陶华等人的著作,内容极为丰富,是对后世医家颇有影响的一部医学大型丛书,尤其对博大浩瀚的中医理论和临床作了较为全面的辑录总结。是继《济生拔粹方》之后的一部医学水平较高的古代医学丛书,对研究我国金、元、明时期的医学发展提供了丰富的资料。

【版录】

(一)明万历二十九年(1601)新安吴勉学刊本

参见《综录》第708页。吴勉学序为“万历辛丑(1601)”。

(二)清江阴朱文震刊本

参见《综录》第708页。

(三)清光绪三十三年(1907)京师医局据朱文震原版修补印本

参见《综录》第708页。

(四)民国十二年(1923)北京中医学社据朱文震原版修补印本

参见《综录》第708页。

[补录]

(五)清初映旭斋据明万历二十九年(1601)吴勉学刊重修本

(六)清初金陵蕴古堂据明万历二十九年(1601)吴勉学刊重修本

(七)清光绪二十年(1894)维新书局刊本

(八)1932年北京中医学社再次修订续印本

桦园医学六种

(清)潘霨辑

【传录】潘霨(1816—1894)字伟如,号桦园居士。江苏吴县人。早年习举业,兼读医家之书。年十九岁应乡试,落第,就学于京师。其后,应召治孝成皇后风疾,获愈。自此,医名大盛,权贵争相延致。光绪初,官至贵州巡抚,常以医药济民。光绪二十年卒,终年七十九岁。辑有《桦园医学六种》,著有《内功图说》。

【叙录】是编收书六种,附五种,凡二十四卷。除《理瀹外治方要》和《外科症治全生集》为原书重刊本外,其馀数书均为作者在原书基础上或加眉批,或作增辑,并分别从陈念祖《傅青主女科》《医学实在易》两书中辑其精华,编成《医学金针》《女科要略》,虽发明不多,但文字深入浅出,简明扼要,对后学入门方便。

【版录】

(一)清光绪九年(1883)江西书局刊本

参见《综录》第 710 页。

[补录]

(二)民国初苏州振新书社挖板重印本

中医

薛氏医按十六种又名薛氏全书

(明)薛己撰

【传录】薛己(1487—1559)字新甫,号立斋。江苏吴县(今苏州)人。其父薛铠(字良武)为府学诸生,精于医,曾被征为太医。薛己少承家学,中年即医术精湛,对内、外、妇、儿和骨伤诸科都有很深的造诣,成为明代一大医家。于正德年间被征为御医,五年后擢南京太医院判。嘉靖间为院使,辞职归乡后,潜心著书立说。薛氏医学之书,其大旨以命门为真阴真阳,而血气为阴阳所化,常用方不过十馀条,对症下药,酌情加减,变化无穷。薛氏一生著述宏富,有内、外、妇、儿等科的医作二十多种,均收辑在《薛氏医案》中。

【叙录】是编收书十六种,七十八卷。其中薛氏所撰为八种(含《原机启微附录》),作注而附以己说为七种,薛铠所撰一种。是编内容广泛,有内科、幼科、妇科、外科四类。各书均附有医案,以临床经验来验证理论的正确性,而理论的根据又来自临床实践。薛氏在阐述中,既参考和吸收前代医家各种治疗经验和理论,又不拘泥于成方成法的应用,独创己见。

【辑录】《四库全书总目》云:“己治病务求本原,用八味丸、六味丸直补真阳、真阴,以滋化源,实自己发之。其治病多用古方,而出入加减,具有至理,多在一两味间见神明变化之妙。厥后赵献可作《医贯》,执其成法,遂以八味、六味通治各病,甚至以六味丸治伤寒之渴,胶柱鼓瑟,流弊遂多。徐大椿因并集矢于薛氏,其实非己本旨,不得以李斯之故,归罪荀卿也。”四库馆臣除对薛氏的成就与不足作了分析之外,尚对此书版本作了考证。云:“初刻于秀水沈氏,版已残阙,天启丁卯,朱明为重刊之。……世所行者,别有一本,益以《十四经发挥》诸书,实非己所著,亦非己所校,盖坊贾务新耳目,滥为增入。……固不及此本所载皆己原书矣。”

【版录】

(一)清乾隆嘉庆间博古堂刊本

参见《综录》第719页。

[补录]

(二)《四库全书》本

参见《综录》第92页。

(三)明秀水沈氏刊本(原刊本)

(四)明天启丁卯(1627)朱明重刊本

(五)日本承应二年(1654)武村市兵卫刊本

薛氏医按二十四种又名薛氏医按合刻、薛氏全书

(明)吴琯辑

【传录】吴琯,字孟白。福建漳浦人。隆庆进士。五年(1571)任婺源知县,为官六年,经常到民间巡访,了解民众疾苦,断案善恶分明,处置果断,不留积案。境内治安稳定,秩序井然,为广大市民所称颂。著有《唐诗纪》。

【叙录】是编收书二十四种,约一百零七卷(其中有七种不分卷作一卷计)。医经方药,内外妇儿,全面而系统。然而全书的重点为外科,专门论述外科的著述多达十种。其中薛己撰著的有《内科摘要》《外科经验方》《正体类要》《口齿类要》《疠疡机要》五种。薛铠撰著的有《保婴撮要》。其他有关医学著作,多是薛氏父子校注的,故题名《薛氏医按二十四种》。此外薛己尚有《薛氏医按十六种》《薛氏医按九种》。

【版录】

(一)明万历中刊本

参见《综录》第719页。

(二)清嘉庆十四年(1809)书业堂刊本

参见《综录》第719页。

中医

(三)民国十年(1921)大成书局石印本

参见《综录》第719页。

中医

[**补录**]

(四)明嘉靖七年(1528)渔古山房刊本

中医

(五)明秀水沈氏刊本

阳海清《中国丛书综录补正》称,是刻为七十八卷本。

(六)明万历间东溪堂刊本

中医

(七)清初陈长卿刊本

(八)清聚锦堂刊本

中医

(九)清东溪堂刊本

(十)清两仪堂刊本

(十一)清光华堂刊本

(十二)清味经堂据渔古山房藏板刊本

中医

(十三)清裕元堂刊本

(十四)清光绪二十二年(1896)大成书局刊本

(十五)清上海锦章书局石印本

(十六)上海朱氏焕文书局石印本

万密斋书又名万密斋医学全书

(明)万全撰

【传录】万全(1495—1585)又名全仁,号密斋。湖北罗田县人。早年科举失利,遂弃儒从医。先祖医学世家,万氏承其祖学,刻苦钻研,以《素问》《难经》为本,深入研究《脉经》,刻苦攻读本草,并参考张仲景、刘完素、李杲、朱震亨诸家著述,提出了"小儿五脏有馀不足说”的理论，对小儿的生长发育和疾病防治有重要的指导意义。在小儿病因上，认为小儿的病因有三：一为内因，二为外因，三为不内不外因，主要为坠、仆、跌、折、损伤。在对小儿疾病的诊断上，强调诊断要重在观形察色辨原因。治疗上则认为“调理但取其平，补泻无过其剂”。在具体用药上，注意到“辛热走气以耗阴，苦寒败阳而损胃”，忌用牵牛、巴豆等药。万氏还汇集整理了其祖传和自己的临床经验，总结了一百多个家传验方，其中有不少方剂，如安虫丸、玉枢丹、牛黄清心丸等，至今仍沿用。万氏一生勤于著述，其医著除收在《万密斋医学全书》外，尚有《素问浅解》《本草拾珠》《伤寒蠡测》《痘疹碎金赋》，以及两部著名抄本：《万氏秘传外科心法》和《万氏家传点点金》。

【叙录】是编收书十种，一百零八卷。是万氏祖传以及自己临证经验的汇集，其中半数为儿科专著，如《幼科发挥》《片玉心书》《育婴秘诀》《痘疹心法》《片玉痘疹》等。万氏根据钱乙提出小儿“脏腑柔弱，易虚易实，易寒易热”的论点，认为小儿血气未定，易寒易热，肠胃软脆，易饥易饱。主张“调理但取其平，补泻无过其剂”，“当攻补兼用，不可偏补偏攻”。他曾潜心研究痘疹治疗之法，结合临床实践经验，撰写成《痘疹心法》和《片玉痘疹》。此丛书涉及的内容广泛，博采众家之长，上及《内经》《伤寒论》等经典，下取陈中文、李东垣、朱丹溪等名贤之论，均有收录，基础理论与临床经验融汇贯通，为医学界的重要参考丛书之一。

【版录】

(一)清乾隆六年(1741)敷文堂刊本

参见《综录》第720页。

[补录]

(二)清顺治十一年(1654)刊本

此本仅存《片玉心书》《片玉痘疹》《幼科发挥》《育婴家秘》，藏于中医研究院。

(三)清康熙二年(1663)据同人堂藏板翻刻本

中医

(四)清康熙五十一年(1712)视履斋刊本

(五)清雍正二年(1724)胡略刻本

中医

(六)清乾隆四十三年(1778)据康熙五十一年刊本重印本

是本为张恪斋手订。

(七)清敷文堂重刊本

(八)清忠信堂刊本

中医

士材三书

（明）李中梓撰　（清）尤乘增订

【传录】李中梓(1588—1655)字士材，号念我，又号尽凡居士。华亭(今上海松江)人。早年习儒，曾为诸生，有文名，后因体弱多病而学医，潜心医学理论，于古代医典及金元四大家诸书多有心得，临证多奇效，医名著于时。据说当时名医王肯堂年八十岁，患腹泻自治不愈，请李氏诊治。李氏认为王肯堂肥胖多痰而又多进补品，致使脾胃运化呆滞，宜用迅利药涤之。乃投以巴豆霜，泄去涎痰数升，病即愈。李氏以其雄厚的医学理论和丰富的临床经验，培养了不少学生，其中有医名的有刘道深、尤乘、董异、李延是、郭佩兰等。其学术理论思想一传沈朗仲，二传马元仪，三传尤在泾，被后世称为“李士材学派”。李氏著述颇富，撰有《内经知要》《医宗必读》《药性解》《伤寒括要》《颐生微论》《论家正眼》《本草通玄》《雷公炮制药性解》《病机沙篆》外，尚有《居士传灯录》《道火录》等。

尤乘(生卒年未详)字生洲，号无求学者、无求子。江苏吴门(今苏州)人。幼时习儒，涉猎方书，其表伯邢成峰为世医，常往请教。弱冠时拜一代名医李中梓为师，得其传，后又遍访名医，并到京师访求名宿良师，学习针灸，官至太医院御前侍直，三年后回归乡里。在虎丘与同窗蒋仲芳共设诊所，施济针药，求治者甚众。编辑有《食治秘方》《勿药须知》《喉科秘书》。增补修订前人的医药著作甚多，如增辑考辨贾铨的《脏俯全书》与《药品辩义》，合为《博物知识》。将李中梓的《诊家正眼》《本草通玄》《病机沙篆》合为《士材三书》，对于老师的学术思想与“士材学派”的传播，作出了一定的贡献。

【叙录】是编收书三种，凡六卷。此书由李氏门人尤乘刊行，末附尤乘辑录《寿世正编》。全书内容包括诊断、治疗、用药的全面基础理论。李氏博采各家之长，立论平正，不偏执己见。《诊家正眼》为临证论脉专著，此书是四言歌诀，分为“体象”“主病”“兼脉”及二十八脉象，以及望、问、闻三诊法均有所叙述。《本草通玄》分为草、谷、木、菜、果、虫、禽、兽、人、金石等十四类，阐明三百多种常用药的功用、性能，征引历代诸家评述。李氏在用药上，强调对症下药，药随症而变通。《病机沙篆》是论述病因、病症及诊治。《寿世正编》专谈养生之道，介绍各种食疗法，有“勿药须知”“服药须知”等保健和服药的常识。

【版录】

(一)清康熙中刊本

参见《综录》第721页。此本为康熙四十七年(1708)东溪堂刊本。

［补录］

(二)清康熙六年(1667)刊本

(三)清雍正六年(1728)大典堂刊本

(四)清乾隆三十二年(1767)承德堂刊本
(五)清光绪十三年(1887)上海江左书林刊本
(六)清善成堂刊本
中医
(七)清裕德堂刊本
(八)清贵文堂刊本
(九)清三馀堂刊本
(十)清宏道堂刊本
(十一)清文盛堂刊本
中医
(十二)清尊德堂刊本
(十三)清经国堂刊本
(十四)清光绪间石印本
(十五)清宣统二年(1910)锦文堂刊本
(十六)民国五年(1916)上海广益书局石印本
(十七)民国十四年(1925)上海锦章书局石印本
(十八)民国上海校经山房石印本
中医
(十九)民国扫叶山房石印本
中医

黄氏医书八种一名黄氏遗书,又名黄氏八种

(清)黄元御撰

【传录】黄元御(1705—1758)字坤载,号研农,别号玉楸子。山东昌邑人。早年为诸生,因庸医误损其左目,遂发奋学医,于《素问》《灵枢》《难经》《伤寒论》《金匮》《玉函经》均加注释,凡数十万言。先后于十二年间,边学习,边研究,博览医籍,奠定了学术基础。其后,医名大盛,一时有“南臧(臧枚吉)北黄”之称。黄氏在临床方面,重视阴阳五行之运用,极力将阴阳学说引申到脏、经络、气血、津液、皮肉、筋骨、毛发、孔窍、精神诸方面,都赋以阴阳的属性,用哲理概括医理,解释透彻入微。黄氏所讲五行之说,“皆以气而不以质”,指出“成质则不能生克矣”。从四时、方位、气象、变化,联系脏腑生成、气血本原及精神生化等,其对五行理论运用如此广泛、深刻,阐述得如此透彻、明晰,在其他医家的著述中是少见的。此外,黄氏还强调中气升降对人体的重要作用。黄氏著述颇富,在他短暂

的行医生涯中，编撰医学著作达十五种之多，其中《伤寒悬解》《金匮悬解》为其最佳医作。

【叙录】是编收书八种，八十卷。基本反映黄氏治病偏重温补的学术思想。其中《四圣心源》一书，对《内经》《难经》《伤寒论》《金匮要略》四部医学经典的蕴义进行阐发，强调治病须熟悉病机，抓住疾病之根本，方能取效。《素灵微蕴》乃黄氏研究《素问》《灵枢》的心得之作。《四圣悬枢》侧重阐发寒疫、瘟疫、痘、疹等具有传染性的疾病致病原因，提出了“岁气”致病的特点。《伤寒悬解》《伤寒说意》均为研究伤寒的佳作。前者明确提出了六经辩证提纲，着重从“六经气化”的角度来认识伤寒的病因病机；后者除列述六经病变外，并对六经、六气、营卫、传经等作了专题论述。《金匮悬解》则逐篇诠释原文，卷数较多，惜其理论多而实践少，故后世医家多不从其说。《长沙药解》《玉楸药解》则主论药物的性味、功能、主治及用法，没有独特见解。

【辑录】《四库全书总目》云：元御“诋诃历代名医，无所不至。以钱乙为悖谬，以李杲为昏蒙，以刘完素、朱震亨为罪孽深重，擢发难数，可谓之善骂矣”。又云：“大抵自命甚高，欲骂出魏晋以来医者，上自黄帝、岐伯、秦越人、张机外，罕能免其诋诃者，未免师心太过，求名太急。”馆臣对黄氏的斥责，可谓“一针见血”。

【版录】

(一)清咸丰十年(1860)长沙燮和精舍刊本

参见《综录》第722页。

(二)清同治七年(1868)成都刊本

参见《综录》第722页。

(三)清宣统元年(1909)上海江左书林石印本

参见《综录》第722页。

(四)民国四年(1915)上海铸记书局石印本

参见《综录》第722页。

(五)民国上海锦章书局石印本

参见《综录》第722页。

[补录]

(六)清光绪二十年(1894)上海图书集成印书局铅印本

中医

(七)清刻本

中医

(八)桂柏学会蓝格精抄本

中医学院藏本有柯逢时收藏印及朱笔批校，残存三种。

(九)清刻本家塾藏板

中医

(十)1915年上海广益书局石印本

黄氏遗书三种

(清)黄元御撰

【传录】参见《黄氏医书八种》。

【叙录】是编收书三种,凡二十五卷。黄氏对《素问》《灵枢》《难经》三种医家经典著作加以校订。黄氏以《素问》自秦汉以后,始著竹帛,传写屡更,不无错乱,因为之参互校正。《灵枢》一书,亦以错简为说,谓"经别"前十三段为"正经",后十五段为"别经",却在经脉中。黄氏亦谓《难经》旧本有伪,自三国以来,有所窜乱,亦加以订正。但是黄氏对《内经》的分类注释,并未像杨上善、滑伯仁、张景岳那样拆散原篇内容进行分类,而是将其内容相近的几篇归于一类。由于《内经》每篇之中往往包含有几方面的内容,几乎不可能将某一篇归于某一类中,所以黄氏这样做是无多大价值的。《难经悬解》对八十一难结合自己学习心得,予以逐段注解,对学习经典也有一定参考价值。

【辑录】《四库全书总目·〈素问悬解〉提要》云:"秦汉以后始著竹帛,传写屡更,不无错乱,因为参互校正,如《本病论》《刺志论》《刺法论》,旧本皆谓已亡,元御则谓《本病论》在《玉机真藏论》中,《刺志论》则误入《诊要经中论》,《刺法论》则误入《通评虚实论》,未尝亡也。又《谓经络论》乃《脾部论》之后半篇,《脾部论》乃《十二正经经络论》之正文。如此则三奇经与《气府论》之前论正经,后论奇经三脉无异,故取以补阙,仍复八十一篇之旧。考言经文错简者起于刘向之校《尚书》,犹有古文可据也。疑经文脱简者始于郑玄之注《玉藻》,然犹不敢移其次第。至北宋以后,始各以己见改古书,有所不通,辄言错简,六经遂几无完本。馀波所渐,刘梦鹏以此法说《楚词》。迨元御此注,并以此法说医经。而汉以来之旧帙,无能免于点窜者矣。揆诸古义,殆恐不然,其注则间有发明。如五运六气之南政、北政,旧注以甲、己为南政,其馀八干为北政。元御则谓天地之气东西对待,南北平分,何南政之少而北政之多也。……此南北二极之义,其论为前人所未及。然运气之说,特约举天道之大凡,不能执为定谱以施治疗,则亦如太极、无极之争耳。"

《四库全书总目·〈灵枢悬解〉提要》云:"是书亦以错简为说。……案《灵枢》晚出,又非《素问》之比。说者谓唐人剽取《甲乙经》为之,不应与古书一例错简,亦姑存其说可也。"

《四库全书总目·〈难经悬解〉提要》云:"《难经》之出在《素问》之后,《灵枢》之前,故其中所引经文有今本所不载者。然其文自三国以来不闻有所窜乱。元御亦谓旧本有讹,复多所更定,均所谓我用我法也。"

【版录】

清同治光绪间阳湖冯氏刊本

参见《综录》第 723 页。

友渔斋医话六种

(清)黄凯钧撰

【传录】黄凯钧(约嘉庆年间在世)字南薰,号退庵、友渔斋。浙江嘉善县人。黄氏工于诗,学识渊博,兼精医术,医德高尚,好济人之急,凡延请者,虽远道必立赴,遇贫病不受谢仪,平日配善药施济。嘉庆甲子(1804)水灾,黄氏倡议平粜,贫民德之,阅五十年不懈。黄氏临床经验丰富,善于总结心得体会,并以笔记形式写成《友渔斋医话》刊行于世。

【叙录】收书六种,凡七卷。此书涉及的医疗范围非常广泛,如养生、历代医书要旨大意、五脏病症施治,用药得失的体会以及个人临床实践经验总结等,对医学界的学术研究有较大的参考价值。是书成于清嘉庆十七年(1812)。

【版录】

(一)清嘉庆十七年(1812)嘉善黄氏刊本

参见《综录》第 724 页。

(二)《中国医学大成》本

参见《综录》第 718 页。此本为上海大东书局排印本,刊于民国二十五年至二十六年(1936—1937)。

[补录]

(三)清抄本

中医

南雅堂医书全集又名南雅堂全集、陈修园医书十六种、公馀十六种

(清)陈念祖撰

【传录】陈念祖(1766—1833)字修园,又字良有,号慎修。福建长乐人。乾隆五十一年(1786)补诸生,五十七年(1792)中举人。其先祖通医,陈氏承其祖学,二十岁始行医,曾随名医蔡宗玉学,得师传。后任直隶省威县知县,从政之馀,仍为民治病,有政绩。嘉庆二十四年(1819)致仕讲学,从者甚众,凡来请业者,必先授以自著《伤寒论浅注》《金匮要略浅注》二书。陈氏博览群书,生平好著述,大多语言浅近,对医学普及教育贡献颇大。其孙陈心典云:"先大父医学宗长沙(张仲景),一生精力在《伤寒论浅注》《金匮要略浅注》

等书。”陈氏在临床方面有独到之处，他在《医学从众录》《医学实在易》《时方妙用》等书均有详尽的记载。陈氏著述颇富，后人所辑有《陈修园医书二十一种》《陈修园医书五十种》《陈修园医书全集六十种》《陈修园医书廿三种》《增辑陈修园医书七十种》《增辑陈修园医书七十二种》《陈修园医书四十八种》等。

【叙录】是编收书十六种，九十一卷。内容颇为全面：内经有《灵素提要浅注》；伤寒有《伤寒论原文浅注》；金匮有《金匮要略浅注》；总论有《医学从众录》；内科（虚劳）有《十药神书注解》等。陈氏汇诸家之精粹，又具有丰富的临床经验，使理论与实践相结合，编成这套丛书。由于他在注释中阐发医理时，能深入浅出，通俗易懂，故在普及医学知识方面贡献颇大。是集既可以为中医自学丛书，也可作为医学教科书，其《伤寒论浅注》《金匮要略浅注》二书，为学医者必读之书。

【版录】

（一）清同治四年（1865）文奎堂刊本

参见《综录》第724页。

［补录］

（二）清同治四年（1865）南雅堂刻本

中医

（三）清同治八年（1869）纬文堂刊本

中医

（四）清同治九年（1870）奎壁刊本

（五）清经元堂刊本

中医

（六）清五福堂刊本

中医

（七）清光绪善成堂刊本

题名《南雅堂公馀十六种医学全书》。半叶九行二十二字，小字双行同，白口，四周双边，单鱼尾。

（八）清大文堂刊本

（九）清友文堂刊本

（十）清种花书屋刊本

（十一）清成都多文会刊本

（十二）清光绪十年（1884）刊本

（十三）清光绪十三年（1887）刊本

（十四）清光绪十四年（1888）刊本

（十五）清光绪二十一年（1895）刊本

（十六）清光绪三十二年（1906）上海飞鸿阁书局石印本

(十七)铸记书局石印本
(十八)鸿文书局石印本
(十九)文华书局石印本

萍乡文氏所刻医书六种

一名六种新编,又名萍乡延庆堂六种新编、文氏六种新编

(清)文晟辑

【传录】文晟(? —1859)榜名凤,字梧生,字叔来。江西萍乡人。嘉庆二十四年(1819)举人。由大挑知县,分发广东,历任东安、连平、清远、海阳、归善、番禺等州县。咸丰九年(1859)三次委署嘉应州事。著有《内科摘录》《外科摘录》《慈幼便览》《增订达生编》《偏方补遗》《药性摘录》,除六种已收在其所辑之丛书外,尚有《本草饮食谱》行世。

【叙录】是编收书六种,凡二十四卷。包括内、外、妇、儿、本草等科。所收均摘自著名医家之著述。

【版录】

(一)清同治四年(1865)萍乡文延庆堂刊本

参见《综录》第 726 页。

[补录]

(二)清同治十一年(1872)维扬述古堂书坊重刻刊本

中医

(三)清道光三十年(1850)嘉应州署刊本

嘉应州署本和文成堂翻刻本均题《文氏医方十种汇编》,子目与《综录》所载完全相同,由于将几种附录的子目单独立目,故有十种之数,而核其子目实有十一种。

(四)清京口文成堂书坊翻刻本

世补斋医书

(清)陆懋修撰

【传录】陆懋修(1818—1886)字九芝,又字勉旃,号江左下工,又号林屋山人。江苏元和(今苏州)人。早年习儒,初为诸生,以文学著名。其先世以儒显,亦精通医术。咸丰

中，陆氏迁徙上海，遂致力于医，又以医著名。其后，定居北京，悉心著述。生平精研《素问》，恪守仲景家法，更博通汉以后诸家论著。尝言柯琴、尤怡两家得仲景之意颇多，故每以二家之论，评述清代诸医之得失，其论不乏中肯之谈，并提出了一些医家的著述有互相抄袭之处。但是陆氏的著述也反映出他的较浓厚的尊经复古思想以及保守观点，表现在过分推崇张仲景，并泥信五运六气之说，尤其反对王清任实地观察人体内脏的做法。陆氏临床实践经验丰富，医名著于时，寓居吴江县时，求医就诊者无虚日，避乱于上海时，求医者亦众。著有《世补斋医书》《世补斋医书续集》《随笔所到》《金鉴方论》《太阳寒书病方说》《仲景方汇录》《水饮活法》《医林琐语》《陆九芝采药第三图》等。

【叙录】是编收书十六种，凡四十二卷。全书分前后两集。前集收书六种附一种，又名《世补斋医书六种》，初刻于清光绪四年(1878)；后集收书四种，附五种，均为陆氏校订之书，刊于清宣统二年(1910)。陆氏尚有《评驳临症指南》，未刊。著述中反映了陆氏的学术观点：

(1)温病包括在伤寒病之中，他指出那些认为温邪上受，首先犯肺，逆转心包的观点是“误以胃热为肺热，由于不识阳明病的缘故”，这对弄清伤寒与温病学说之间的关系提供了丰富的资料。

(2)否定了三焦辨证的理论，同时亦反映出他的保守观点，尤其表现在对王清任亲临刑场上学道，其偏执之见多反映在他的著述之中。

(3)重视运气学说，以各家之说证之，《内经运气病释》刘廷枚“弁言”引九芝说：“而所以知病所从生，则尽在《天元纪》七篇阴阳五行中，自医者不读此七篇，而百病之始生皆不知其所自，此余《内经病释》所由，独举此七篇而作也。”可见陆氏对运气学说极为重视。

【版录】

(一)清光绪十年(1884)刊本

参见《综录》第726页。

(二)清光绪十二年(1886)山左书局重印本

参见《综录》第726页。

(三)民国元年至三年(1912—1914)上海江东茂记书局石印本

参见《综录》第726页。

[补录]

(四)清光绪四年(1878)刊本

是本中《重订傅青主女科》为九卷，《综录》著录《女科》三卷。

中医

(五)清节抄本

中医

(六)稿本

北京

(七)清中医书局重印本

(八)1912 年上海江东书局石印本

(九)1950 年民友印书庄刊本

(十)1950 年上海卢章豹铅印本

药盦医学丛书

(民国)恽铁樵撰

【传录】恽铁樵(1878—1935)名树珏。江苏武进(今常州)人。幼孤,由族人抚养。1906 年毕业于南洋公学,1911 年入商务印书馆任编译,次年主编《小说月报》,译述西方小说,风靡于时。曾任长沙某大学教授。因丧子和体弱多病,1916 年后转治医学,曾就学于伤寒名家汪莲石,并钻研《内经》《伤寒论》等古典医籍。1920 年在上海行医,积极参加批判当时的排斥和消灭中医的谬论。又创办铁樵中医函授学校,受业者甚众,于是以医名于时。恽氏一生勤奋著述,废寝忘食,晚年瘫痪在床,仍口授其女录之成文,直到临终前仍在改定《霍乱新论》一书。恽氏著述甚丰,有《群经见智录》《伤寒论研究》《温病明理》《生理新语》《保赤全书》《脉学发微》等二十多种。其学多折衷中西,所独创者多建立于实践的基础上,其理论亦自成一家。

【叙录】是编收书二十二种,凡六十二卷。分为八辑,除《文苑集》一书为杂记外,其馀均为恽氏之医学著述。内容包括生理、病理、脉学、方论、药论及伤寒、温病、杂病、妇科、儿科、医案等,从基础医学到临床医学等二十二部著作。各书在阐述中医理论时,常参以西医观点,以证中医之说,力图沟通中西医学理论。《药盦医学丛书》为恽氏门人章巨膺搜集其遗著汇刊而成。

【版录】

(一)民国三十七年(1948)上海章巨膺医家新中医学出版社排印本

参见《综录》第 728 页。

[补录]

(二)1928 年排印本

(三)1941 年上海恽章氏医室排印本

(四)1949 年上海新中国医学出版社排印本

梅氏丛书辑要又名历算丛书

（清）梅文鼎撰

【传录】梅文鼎(1633—1721)字定九，号勿庵。安徽宣城（今宣州）人。毕生从事科学研究工作，以布衣终身。共著书八十多种，收于《梅氏丛书辑要》中的三十馀种，为其代表之作。在天文学上，主要介绍《崇祯历书》的部分内容和解释《大统历》。在数学上主要介绍当时流传的中国古代数学和西方算法，并有所补充和发展。1702年李光地以其《历算疑问》进呈康熙帝，帝召见梅氏，并书"积学参微"四字赏赐。以年老遣归。后诏修《乐律》《历算书》。又命其孙瑴成入侍。及《律吕正义》书成，复命校勘。《四库全书总目》对梅氏评价甚高："文鼎以草野书生，乃能覃思切究，洞悉源流，其所论著，皆足以通中西之旨，而折今古之中。自郭守敬以来罕见其比。"

是编乃文鼎之孙瑴成重订之书。梅瑴成(1681—1763)字玉汝，号循斋。康熙中赐进士，授编修。以算学供奉内廷，官至左都御史，曾参与修《明史·天文志》。著有《增删算法统宗》《赤水遗珠》《操缦卮言》。

【叙录】是编凡二十五种，六十二卷。梅文鼎初作《历算全书》，各自为部，后魏荔彤求得其本，以属无锡杨作枚校正，作枚附以己说，并为补所未备而刊行之，凡二十九种，名之曰《历算全书》（即《兼济堂纂刻梅勿庵先生历算全书》）。然次序错杂，未得要领。其后，梅氏之孙瑴成谓前书校雠编次不善，虽名《全书》，但非实录。于是重新改编为二十五种，改题《梅氏丛书辑要》，并附以己作《赤水遗珍》一卷、《操缦卮言》一卷。咸丰、同治间，板毁于火。同治十三年(1874)，梅缵高就瑴成重定本重校刻刊。

【辑录】《四库全书总目》云：瑴成重编之书，"观其义例，与全书辨证者凡五：一以《岁周地度合考》作为杂著；一谓《火星本法》汇为一卷，殊欠理会；一谓《五星纪要》原名管见，今仍其旧；一以《筹算》七卷原书单行，今并《笔算》汇入丛书；一谓历算并称，历法事重。然不明算术则历书无从而读，故称名仍以历居算前，而序书则以历居算后，其字句讹舛，亦细加校驳。又序中称作枚编次不善，故其书不能流传，此瑴成重刊是书之大略也。虽编次不同于文鼎，书实无损益"。

《重修安徽通志》卷二百二十称："梅文鼎所著天算之书八十馀种，康熙间，《明史》开局，其《天文志》，文鼎摘其讹舛五十馀处，成《明史志拟稿》三卷。二十八年至京师，李光地属其荟萃简要，使人共得其门户，以大显此学，因作《天学疑问》三卷，柏乡魏荔彤纂刻二十九种，文鼎孙瑴成谓未善，别加编次，六十二卷。"

《增订四库简明目录标注》称："此书勿庵先生文孙文穆公后订之本，精而且备，乃《四库》收魏刻，而以梅刻入存目。或因文穆书中有诋江慎修翼梅语，馆中诸公以是不喜欤。"

【版录】

(一)清乾隆二十六年(1761)梅瑴成承学堂刊本

参见《综录》第733页。

台大

(二)清同治十三年(1874)梅缵高颐园刊本

参见《综录》第733页。梅文鼎七世孙缵高重订本。

中大

(三)清光绪十四年(1888)上海龙文书局石印本

参见《综录》第733页。

[补录]

(四)李光地刊本

是本不全,仅六种,十八卷。见《增订四库简明目录标注》。

(五)蔡蓷刊本

是本为十七种,四十三卷,不全。

(六)鸿文书局石印本

李氏遗书

(清)李锐撰

【作者】李锐(1768—1817)又名向,字尚之,号四香。江苏元和(今苏州)人。初为生员,受业于钱大昕主持的紫阳书院,肄业后,穷究天元一术,于古法多所阐明。嘉庆中阮元抚浙,延至西湖校《礼记正义》,阮氏辑《畴人传》,李氏之力为多。一生没有功名,但著述丰富,所著后人编为《李氏遗书》。

【叙录】是编凡十一种,十八卷。天文数学丛书,其中天文学的著述有《汉三统术注》《汉四分术注》《汉乾象术注》《补修宋奉元术注》《补修宋占天术注》《日法朔馀强弱考》《召诰日名考》七种。李氏对刘歆、李梵、刘洪、卫朴、姚舜辅等人的制历计算方法,考证召诰日名以及日法朔馀强弱等问题分别作注释和修补。数学著作有《方程新术草》《勾股算术细草》《弧矢算术细草》《开方说》四种。李氏在《方程新算草》中对刘徽《九章算术注》的"方程新术",作了校勘和细算;在《勾股算术细草》和《弧矢算术细草》中试以天元术解勾股问题和弧矢问题;《开方说》在汪莱《衡斋算学》基础上进一步探讨方程的次与根个数之间的关系。

【版录】

(一)清道光三年(1823)仪征阮氏刊本

参见《综录》第734页。是本刻于广州。

(二)清光绪十六年(1890)上海醉六堂刊本

参见《综录》第734页。

［补录］

(三)清嘉庆原刊本

是本见丁福保、周云青编《四部总录·天文编》补遗。

董方立遗书

(清)董祐诚撰

【传录】董祐诚(1791—1823)初名曾臣,字方立。阳湖(今江苏常州)人。嘉庆举人,清代数学家,精慧倍常人。后更肆力于律历数理、舆地、名物之学。道光中卒,年仅三十三岁。其兄基诚为刻其遗书。李兆洛《董方立传》云:“方立负经世才,衣食奔走,足迹半天下。凡夫山川形势,政治利弊,采览所及,历历识之不忘。少时喜为沉博绝丽之文,稍长更肆力于律历、数理、舆地、名物之学,涉猎益广,撰述亦益富。平居于世,俗事绝无所嗜,特善深沉之思。书之号钩棘难读者,一览无不通晓,复为出新意、阐隐曲、补罅漏。专门名家,殚数十年之力而探索之者,方立晨夕间已突过之。然其志意欲有所施于世,特以偏曲一节,亦儒者所不遗,随所见而了之,未尝以自矜异也。”李氏所述,虽略有夸张,但董氏当时所取得之成就,实难能可贵,惜英年早逝,所研究的项目就此中止。

【叙录】是编凡八种,十六卷。内容广泛,兼及数学、舆地、历法以及词赋、名物等。董氏许多著述,是他去世后,其兄基诚从友人处收集得的,因此有些书的内容颇为复杂,即多种不同内容的零星著述凑合成卷帖的。前五种:《割圜连比例术图解》《椭圜求周术》《斜弧三边求角补术》《堆垛求积术》《三统术衍补》为数学三角函数展开式研究,求弧与弦之数之合数。《水经注图说》为董氏之舆地学部分,节取《水经注》证以今之水道分图系说,自成一书。凡疆域之沿革,水道之改易,罔不考证确实,著之于图,自乾隆至道光二年(1882)为断。东至费雅哈,西极葱岭,北界俄罗斯,南至于海,为直隶图至后藏西境阿里图共四十一幅。(见董基诚《水经注图说残稿序》)《文甲集》均为散文考据之作。《文乙集》均为骈文。李慈铭《越缦堂读书记》云:“其文博丽警秀,足与其乡人洪北江、张茗柯相抗衡。《兴平县马嵬堡唐贵妃墓碑》,尤绝世之奇作也。”《兰石词》收词四十馀首,分为十一集。道光六年(1826)白玉麟《移华馆骈体文序》云:董祐诚“没后三年,子诜(基诚)悉取而裒集录之,又自检其所著《古文》二卷、《骈体文》二卷、《玉椒词》二卷,都为《移华馆全集》二十二卷”。可见《董方立遗书》除道光本、同治本外,尚有

《移华馆全集》本。

【版录】

(一)清同治八年(1869)董贻清成都刊本

参见《综录》第734页。卷首牌记称:"同治己巳(1869)重刻于四川成都寓舍。"又《总目》前镌有"四川省城内大科甲会元堂杨爱亭刊"字样。

华南师大　暨大　史语

[补录]

(二)清道光十年(1830)北京琉璃厂文德斋刻本

此本卷首有道光十年(1830)张琦《董方立遗书序》,《总目》前镌有"京都琉璃厂文德斋史鸿德镌"字样。

暨大

(三)清光绪间上海制造局重刻本

北师大

(四)清光绪二十二年《测海山房中西算学丛刻初编》本

参见《综录》第737页。

艺术丛书

(民国)□□辑

【传录】不著编撰者姓名。书前牌记镌有"翠琅玕馆书版保粹堂购得之丙辰冬月重编"。翠琅玕馆为广东顺德冯兆年藏书楼。冯氏是清光绪中藏书家,辑刊《翠琅玕馆丛书》,后又购刘晚荣藏修堂书版,以补充该书之不足。但未及印行而卒。复因家道中落,其子孙以书板赏债务,悉为黄任恒购得。黄任恒(1876—1953)字秩南,号述窠。广东南海人。早年就读于广州越华书院,学于名儒丁仁长。不事科举,对文史、医学、科技、百戏等均有研究。嗜藏书,保粹堂是他的藏书楼。著有《粤峤名流》,辑有《云泉仙馆小志》《番禺河南小志》《信古阁粤书目》《补辽史艺文志》等四十多种,又重编《翠琅玕馆丛书》。黄任恒购得《翠琅玕馆丛书》书板后,除以原书名重编该丛书外,复从该丛书中辑取三十种改编成《艺术丛书》。经黄氏改编之后的《艺术丛书》以新的面貌出现,与冯书比较,旨趣全异,子目之益损较多。故是编辑者应为黄任恒。

【叙录】是编凡四十五种,一百二十三卷。全书分五类:书学五种,其中有宋陈思《御览书苑菁华》二十卷,清包世臣《艺舟双楫》六卷等;画学十八种,其中有清释道济《画语录》一卷,宋董逌《广川画跋》六卷,清郑燮《板桥题画》一卷等;杂技八种,其中有清周亮工《周栎园印人传》三卷,清程雄《琴学八则》一卷,清黎遂球《桐阶副墨》一卷等;物谱十一种，其中有宋董逌《钱谱》一卷，清万寿祺《墨表》一卷，明黄省曾《兽经》一卷，清宋荦《漫堂墨品》一卷，清朱琰《陶说》六卷等；杂品三种，有明张应文《清秘藏》二卷，清孙从添《藏书纪要》一卷，清张潮《幽梦影》二卷。

【版录】

民国五年(1916)保粹堂据清光绪中翠琅玕馆版重编印本

参见《综录》第748页。此本为黄任恒改编本。半叶九行二十字，黑口，左右双边。凡采自冯书的三十种书，版心均镌有“翠琅玕馆丛书”。

是编中有三十种系采自清冯兆年原编之《翠琅玕馆丛书》，兹抄录于后：

画学十三种：

《苦瓜和尚画语录》一卷　(清)释道济撰

《画诀》一卷　(清)龚贤撰

《雨窗漫笔》一卷　(清)王原祁撰

《东庄论画》一卷　(清)王昱撰

《浦山论画》一卷　(清)张庚撰

《山南论画》一卷　(清)王学浩撰

《写竹杂记》一卷　(清)蒋和撰

《绘事津梁》一卷　(清)秦祖永撰

《二十四画品》一卷　(清)黄钺撰

《恽南田画跋》四卷　(清)恽格撰

《板桥题画》一卷　(清)郑燮撰

《冬心题记》五卷　(清)金农撰

《小山画谱》二卷　(清)邹一桂撰

杂技六种：

《周栎园印人传》三卷　(清)周亮工撰

《飞鸿堂印人传》八卷　(清)汪启淑撰

《摹印传灯》二卷　(清)叶尔宽撰

《琴学八则》一卷　(清)程雄撰

《桐阶副墨》一卷　(明)黎遂球撰

《南村觞政》一卷　(清)张惣撰

物谱十种：

《钱语》一卷　(宋)董逌撰

《雪堂墨品》一卷　(清)张仁熙撰

《漫堂墨品》一卷　(清)宋荦撰
《观石录》一卷　(清)高兆撰
《水坑石记》一卷　(清)钱朝鼎撰
《陶说》六卷　(清)朱琰撰
《阳羡茗壶系》一卷　(清)周高起撰
《兽经》一卷　(明)黄省曾撰
《虎苑》二卷　(明)王穉登撰
《洞山岕茶系》一卷　(清)周高起撰

杂品一种:
《幽梦影》二卷　(清)张潮撰

古今说海

(明)陆楫辑

【传录】陆楫(1515—1552)字思豫。上海人。国子监生,文名颇著。他主持纂辑《古今说海》后,反对禁奢和节俭,认为"大抵其地奢则其民必易为生,其地俭则民必不易为生"。富人的奢可以增加穷人的收入,他的理论是"彼有所损,则此有所益",能起"均天下而富之"的作用,但过分强调消费对经济发展的意义。著有《蒹葭堂稿》等。

【叙录】是编收书一百三十八种,凡一百四十二卷。全书分为"说选""说渊""说略""说纂"四部,下分"小录""偏记""别传""杂记""逸事""散录""杂纂"七家。是书多选杂记、传奇等唐宋小说,是最早的小说专门丛书。内容一如其序所云:"凡古今野史外记、丛说脞语、艺书怪录、虞初稗官之流……靡不品骘抉择,区别汇分,勒成一书,刊为四部,总而名之曰《古今说海》。"但是《古今说海》亦收有不少具有学术价值的史料,如"小录家"中有关明代永乐北征蒙古时的见闻;"偏记家"中有关宋、元、明间我国境内少数民族的风俗、地方割据政权、琐闻轶事,大多均为史传所不载者;"别传家"中多为唐宋传奇小说和志怪故事,为研究小说史提供许多有价值的资料,尚有如《灵应传》《李章武传》一类对唐代传奇的研究均有一定的价值。但也必须指出《古今说海》所收的书中不少非完书,而各自为帙,且略有删节,这种现象尤以"别传"类为多,但其故事大体完整。故从全书来看,《古今说海》仍不失为一部有学术价值的小说丛书。

【辑录】《四库全书总目》云:"楫是书作于嘉靖甲辰。所载诸书,虽不及曾慥《类说》多今人所未见,亦不及陶宗仪《说郛》捃拾繁富,巨细兼包。而每书皆削其浮文,尚存始末,则视二书为详赡,参互比较,各有所长,其搜罗之力,均不可没焉。"

【版录】

(一)明嘉靖二十三年(1544)云间陆氏俨山书院刊本

参见《综录》第755页。书前嘉靖甲辰唐锦序称,是书的纂辑者尚有黄良玉、姚如晦、顾应夫、唐世具诸人。卷内有“蓬莱慕氏又荷所藏”印记。

按文津阁《四库全书》本凡一百三十九卷。陈垣先生云:是刻卷数“《总目》《简目》作一百四十二卷。《总目》入杂纂,列《说郛》后。卷一三一《北里志》,卷一三二《青楼集》均注云:‘辞近亵狎,删去,特存其目,以符原有卷数。’然《说郛》卷七十八亦有《北里志》二十三页,《青楼志》二十五页,并未删去”。

是本半叶八行十六字,白口,左右双边。

文研所　北大　人大　历博　北京市委　天津师大　山西　祁县　辽宁　陕西师大　山东　南京　南京博　天一　湖南　湖南师大　中大　四川　四川师大　清华　“中央”

(二)清道光元年(1821)苕溪邵氏酉山堂刊本

参见《综录》第755页。

中大　北师大　华南师大　史语　东研

(三)清宣统元年(1909)上海集成图书公司排印本

参见《综录》第755页。

北师大

(四)民国四年(1915)上海进步书局石印本

参见《综录》第755页。

[补录]

(五)《四库全书》本

参见《综录》第79页。

(六)明陆楫校刻本

此本“说渊部”中分甲、乙、丙、丁、戊、己、庚、辛、壬、癸十集,其他部则不分集。

(七)1989年上海文艺出版社据集成图书公司影印本影印

古今说部丛书

(民国)国学扶轮社辑

【传录】国学扶轮社,1902年创办于上海。有证可查的出版活动在1905年以后,主要集中在1909年至1915年间。1916年以后,出版活动基本停顿。国学扶轮社由吴兴王文濡(均卿)和山阴沈知方等主持。

王文濡(1867—1935)原名王承治,字均卿,别署学界闲民、天壤王郎、吴门老均、新旧废物等。祖籍安徽广德,其先祖迁籍于浙江吴兴(今湖州)。清光绪十年(1884)17岁补博士弟子员,拥护康有为的维新变法思想,倡议新学。精于诗、古文辞。1911年24岁受上海出版界之聘赴申,历任商务印书馆、中华书局、大东书局、文明书局、进步书局、鸿文书局、乐群书局及国学扶轮社的编辑或总编。与同乡张廷华编印的新式教科书,颇受各校欢迎采用,曾风行一时。曾参加柳亚子等人创办的"南社"。光、宣间,致力于提倡国学,仿扶轮国际例创办国学扶轮社,专门辑刊古籍。凡神怪志异,朝野遗闻,杂谈琐记,无不采撷。先后辑刊了《古今说部丛书》《笔记小说大观》《说库》《香艳丛书》《明清八大家文钞》等书,流传甚广,至今仍时有翻印。

沈知方(1882—1939)原名芝芳,室名粹芬阁,自号粹芬阁主。浙江绍兴人。早年失学,在书店当学徒。1900年入商务印书馆。此后,一边在商务工作,一边与友人合作创办国学扶轮社、古书流通社、中华舆地学社等,1918年入世界书局,后任总经理。

【叙录】是编凡二百七十种,三百六十五卷。编辑者除王文濡外,尚有沈粹芬、黄摩西、张蓴生三人。从《百川学海》《昭代丛书》《檀几丛书》等五十六种著名的丛书中,选辑"纪述赅洽、笔意古雅、兴味浓厚"之小品。始于周秦,迄于清朝,其内容包括史乘、博物、风俗、怪异、文艺、清供、游戏、游记、杂志等方面。共分十集,每集都基本上具备上述九方面内容。

【辑录】王文濡自序云:"去岁担任扶轮事,编辑《香艳丛书》,始复提议及此,因与沈君粹芬、黄君摩西、张君蓴生商定体例……博采旁搜,择尤删复,排比校勘,绵历岁时,用以充学士之乳潼,作艺林之津筏者,意在斯乎!"

【版录】

(一)清宣统至民国间上海国学扶轮社排印本

参见《综录》第767页。

《综录》各集无分类。兹将各集的分类情况抄列于后,以供研究。

一集

史乘:《汉官仪》至《宜斋野乘》共十六种

博物:《养鱼经》至《灌园十二师》共五种

风俗:《溪蛮丛笑》《广东月令》共二种

怪异:《陆机要览》至《述异记》共四种

文艺:《梅涧诗话》至《宦海慈航》共九种

清供:《食珍录》至《约言》共十三种

游戏:《半庵笑政》至《四十张纸牌说》共四种

游记:《五岳约》一种

杂志:《桓谭新论》至《小窗自记杂著》共二十种

二集
史乘:《文士传》至《琅琊漫抄》共九种
博物:《相贝经》《禽经》共二种
风俗:《輶轩绝代语》一种
怪异:《神异经》至《宝椟记》共九种
文艺:《杼情录》至《北窗呓语》共五种
游记:《松亭行纪》一种
清供:《十六汤品》至《茶疏》共三种
杂志:《炙毂子录》至《耳新》共十四种

三集
史乘:《传信记》至《渔洋感旧集小传》共六种
博物:《袖中记》至《荔枝谱》共三种
风俗:《峤南琐记》一种
怪异:《志怪录》至《祥异记》共三种
文艺:《风骚旨格》至《竹坡老人诗话》共八种
清供:《笔经》至《摄生要录》共五种
游记:《滇行日录》一种
杂志:《太清记》至《群碎录》共十种

四集
史乘:《冷斋夜话》至《蜀徼纪闻》共八种
风俗:《南中纪闻》一种
博物:《桂海果志》《桂海虫鱼志》共二种
怪异:《还冤记》《蚓庵琐语》共二种
文艺:《西清诗话》至《华阳散稿》共四种
清供:《醉乡日月》至《佩楚轩客谈》共三种
游记:《雪鸿再录》至《台怀随笔》共三种
杂志:《投荒杂录》至《分甘馀话》共十二种

五集
史乘:《征缅纪略》一种
怪异:《高坡异纂》一种
文艺:《郄里子笔谈》一种
游艺:《遣戍伊犁日记》《天山客话》共二种

游戏:《艾子后语》《猥谈》共二种
杂志:《半村野人闲谈》至《外家纪闻》共八种

六集
史乘:《玉照新志》至《觚不觚录》共三种
怪异:《睽车志》《说听》共二种
文艺:《石林诗话》至《西湖秋柳词》共六种
清供:《幽梦影》《幽梦续影》共二种
游记:《匡庐纪游》《安南纪游》共二种
杂志:《涪翁杂说》至《筠廊偶笔》共五种

七集
史乘:《枫窗小牍》至《谈助》共三种
怪异:《庚巳编》一种
文艺:《樊榭山房集外诗》《碧鸡漫志》共二种
清供:《仿园清语》至《九华新谱》共三种
游戏:《麈馀》一种
游记:《泰山纪胜》一种
杂志:《孙公谈圃》至《天禄识馀》共四种

八集
文艺:《归田诗话》至《明季咏史百一诗》共三种
清供:《竹垞小志》一种
游记:《骖鸾录》至《游雁荡山记》共三种
游戏:《雅谑》一种
杂志:《闽小纪》《遁斋偶笔》共二种

九集
文艺:《莲子居词话》《滹南诗话》共二种
清供:《茶董》《酒颠》共二种
游记:《冬集纪程》《南行日记》共二种
杂志:《锄经书舍零墨》《龙辅女红馀志》共二种

十集
文艺:《救文格论》至《师友诗传续录》共三种

金石:《金石要例》一种
清供:《贮香小品》一种
杂志:《语新》至《黄奶馀话》共三种

[补录]
(二)民国四年(1915)上海中国图书馆公司和记铅印本
是本所列子目与《综录》相同,但各集均有分类。
北师大
(三)1991年上海文艺出版社影印本
见国务院古籍整理出版规划小组办公室编《古籍整理图书目录》(1949—1991)。

古小说钩沉

鲁迅辑

【传录】鲁迅(1881—1936)原名周树人,字豫才。浙江绍兴人。1902年留学日本,初学医,后从事文艺活动。1906年与改良派展开大论战。辛亥革命后,曾任南京临时政府和北京教育部部员、佥事等职。1918年发表了中国现代文学史上第一篇白话小说《狂人日记》,揭露封建宗法制度,奠定了新文学运动的基石。又陆续发表了《阿Q正传》等小说,出版了《呐喊》《热风》等专集,表现出爱国主义和革命民主主义思想特色。此时开始接触马列主义。1926年至1927年到厦门大学、广州中山大学任教。"四一二"反革命政变后,愤然辞职,到上海认真研究马列主义理论,成为马克思主义者。1930年先后发起成立中国自由运动大同盟、中国左翼作家联盟和中国民权保障同盟等进步组织,并以杂文为武器,抨击国民党政府的统治,为粉碎国民党政府文化"围剿"作出了贡献。1936年初,积极参加文学和文化界抗日民族统一战线。1927年至1936年,创作《故事新编》中的大部分,主编《国民新报副刊》等文艺期刊,翻译外国进步文学作品,整理古典文学。1936年10月19日病逝于上海。

【叙录】是编凡三十六种,三十六卷。鲁迅根据《汉书·艺文志》《隋书·经籍志》及其他史志的著录,从古代类书及其他著作中辑录了大量资料,编成这部辑佚性的《古小说钩沉》。收辑之书始于周代《青史子》,迄于隋代《旌异记》。各子目按时代先后顺序排列,各书条文顺序则以人物事件分先后,条文数量不一,多者如《幽明录》,有二百六十多条,少者如《集灵记》,仅有一条。鲁迅对隋代以前散佚的重要小说,均已辑录,所辑之书较前人所辑更为完备。鲁迅还对所辑之文作了精校和补充。对各书引文歧异的正误,逐一加以说明,条末注明出处,有些条目还加按语,或对作品时代进行考证,或对书名出处有所辨正,或对原书内容作补充说明。这些成果,有助于读者的阅读与研究。此书体制周密、严谨,不仅具有文学价值,而且还具有史学价值。

【版录】

(一)1951 年北京人民文学出版社排印本

参见《综录》第 772 页。

[补录]

(二)《鲁迅全集》本

是本收在《鲁迅全集》第八卷,1938 年出版。

旧小说

(民国)吴曾祺辑

【传录】吴曾祺(1850—1922)字翊庭,又字翼亭。福建闽侯人。清朝举人,精通古文。清末居上海,入商务印书馆编译所,协助张元济、高梦旦创办涵芬楼图书馆,搜藏海内珍本秘籍。编著有《左传菁华录》《战国策补注》《涵芬楼古今文钞》《清史纲要》《国朝名人小简》《国朝名人书札》《历代名人书札》。

【叙录】是编凡三百九十三种,四百零六卷。以时代先后为序,分为四集。起自汉魏,迄于宋代。甲集汉魏六朝,六十七种;乙集唐,一百八十一种;丙集五代,十七种;丁集宋,一百二十八种。主要内容有野史琐闻、志怪传奇,多为名人作品。有些书如《潮野史》《癸辛杂识》《四朝闻见录》《北梦琐言》等,都具有史料价值。其中《北梦琐言》一书尤为重要,《资治通鉴》和《旧五代史》多从中取资。其辑录原则是,篇幅大者选其篇章,但亦注意保存故事的完整性,篇幅小者收辑全文。各朝的著名故事已大致收录,可窥见汉魏六朝至宋代小说的大概面貌。是编收书多辑自著名的丛书,如《古今说海》《虞初志》《五朝小说大观》《古今说部丛书》等。

【版录】

(一)民国二十四年(1935)商务印书馆排印本

参见《综录》第 776 页。《万有文库》本。共二十册。

(二)1957 年商务印书馆排印本

参见《综录》第 776 页。是本重订为四册。

暨大

[补录]

(三)1985 年上海书店出版社影印本

类编·集类

韩柳二集

(宋)廖莹中辑

【传录】廖莹中(?—1275)字群玉,号药洲。福建邵武人。登科为贾似道(师宪)之客。尝为太府丞知某州,皆不赴。咸淳间,命善工翻刻淳化阁帖、绛帖,皆逼真。贾似道还越待罪,莹中相从不舍,一夕与似道痛饮,悲歌雨泣,五更归舍,服冰脑而死。

【叙录】是编凡二种,附二种,共一百零八卷。《韩集》作者韩愈(763—824)字退之。为唐宋八大家之首。韩愈坚持文以明道和不平则鸣的原则。诗文内容充实而丰富,其作品弘扬儒道,排斥佛老,维护国家统一,如《原道》《论佛骨表》《论淮西事宜状》以及《元和圣德诗》《汴州乱》《谢自然》等。对人民的苦难亦表现关心与同情,如《论天旱人饥状》《送许郢州序》以及诗作《归彭城》《赴陵途中寄翰林三学士》等。此外,诗文中表现出他不拘于儒家思想的进步倾向和进步的文学主张。韩愈力反六朝以来的骈偶文风,提倡散体,散文在继承先秦、两汉古文的基础上加以创新和发展,开出一代文风。其文多体兼备,气势雄健奔放,立意深刻,构思工巧,描绘生动。语言精练而新奇。但亦有少数文章,如《原鬼》《猫与乳》等思想性较差。又其诗力求新奇,以文入诗,有时流于险怪,对宋诗影响颇大。

《柳集》作者柳宗元(773—819)字子厚。与韩愈倡导古文运动,并称"韩柳",同列唐宋八大家。散文峻拔矫健,说理透彻,结构严谨,如《捕蛇者说》揭露社会矛盾,批评时政,尖锐有力。《三戒》等寓言,篇幅精短,笔锋犀利。《永州八记》等山水游记,写景状物,多所寄托。今存诗一百四十馀首,其内容多表现自己的政治见解,抒写自己被贬后愁愤抑郁的情怀。如《行路难》《笼鹰词》《哭吕衡州》等,风格慷慨悲健。其山水诗如《溪居》《渔翁》《江雪》等,风格清朗疏淡。柳文对后来的文学界影响颇大。

【版录】

(一)宋廖氏世彩堂刊本

参见《综录》第 835 页。

(二)民国上虞罗振常据世彩堂本景印

参见《综录》第 835 页。

[补录]

(三)明万历间长洲徐氏东雅堂重刊本

世彩堂本原为宋廖莹中所刻,长洲徐氏恶廖氏附贾似道,改名为东雅堂。

(四)清苏州书局翻刊本

《河东先生集》系据明嘉靖中东吴郭云鹏重刻宋本,即世所称之济美堂本,亦据宋世彩堂本所刊。见阳海清《中国丛书综录补正》。

别有《韩柳全集》一百零四卷，明蒋之翘辑注，明万历刊本。蒋氏《论例》称："《韩文正集》四十卷，朱子定其外集十卷；《柳文正集》四十五卷，余为定其外集五卷，并符五十之数。至于遗文，附录《韩集》者亦俱朱子所定，今特更举唐、宋诸贤之文，增入数首；《柳集》者则全以己意出入，兹重为立其目云。"

苏门六君子文粹

(宋)陈亮辑

【传录】陈亮(1134—1194)字同甫，学者称龙川先生。婺州永康(今属浙江)人。绍兴进士。孝宗时作《中兴五论》，力主抗金。遭当权者嫉恨，屡次被捕入狱。光宗时授签书建康判官，未赴任卒。为人才气超迈，喜谈兵。赞成变法，但反对不利于富民商贾的青苗、均输之法。提倡注重功利有补国计民生的"事功之学"。提出"盈宇宙者无非物，日用之间无非事"的命题。认为道"常行于事物之间者"，须在具体事物中识道。强调"行"对识"道"的作用。指出物欲是人的自然本性，"天理人欲可以并行"，但欲须由礼节制，指摘理学家只讲主观动机而空谈"道德性命"。与朱熹进行过多次"王霸义利"之辩，反对朱认为三代以下天地人心益退化的观点。所作政论气势纵横，笔锋犀利。词作感情激越，风格豪放，表现出他的政治抱负。《念奴娇·登多景楼》等作品皆著名。著有《龙川文集》《龙川词》。

【叙录】是编凡六种，七十卷。传为南宋陈亮所编。所收文章，皆从诸家集中录出，大抵议论居多，有较强的政治实用性。如秦观的《官制》《奇兵》《财用》《盗贼》《边防》，李廌的《将才》《将心》《兵法奇正》等文章均可看出辑者的思想倾向，但在辑录过程中，去取严谨，颇具眼力。是编虽为当时风尚所趋，亦可为时人提供模拟范文。四库馆臣对是书的辑者提出异议，但对书的价值则持肯定态度，评论颇为公允。其后诸家所评亦无新意，且多步其后尘。

【辑录】《四库全书总目》云："不著编辑者名氏，卷首凡例称或传为陈亮所辑。然亮辑《欧阳文粹》序载《龙川集》，而此书之序无考，则未必出于亮也。《宋史》称黄庭坚、张耒、晁补之、秦观为苏门四学士，而此益以陈师道、李廌称苏门六君子者。盖陈、李虽与苏轼交甚晚，而师道则以轼荐起官，廌亦以文章见知于轼，故以类附之也。其文皆从诸家集中录出……颇有一篇之中刊去首尾繁文，仅存其要语者。观其所取，大抵议论之文居多，盖坊肆所刊，以备程试之用者。陆游《老学庵笔记》曰：'建炎以来尚苏氏文章，学者翕然从之，而蜀士尤盛。有语曰"苏文熟，吃羊肉，苏文生，吃菜羹"云云。盖风会所趋，并其从游之士，亦为当代所摹拟矣。'然其去取谨严，犹工文之士所辑。且《李廌集》世无传本，今始从《永乐大典》裒辑成帙，颇藉此书相补苴。又《张耒集》写本仅存，字多舛误，《陈师道集》刊本较诗差详，较文则略，亦颇藉此书以勘正云。”

【版录】

(一)明崇祯六年(1633)新安胡氏武林刊本

参见《综录》第847页。王重民《中国善本书提要》云：“原书不著编辑人姓氏。按此本为新安胡仲修得钱谦益藏旧钞本，而重刻于武林者，其《凡例》云：‘近坊间所刻书，多假李、袁、钟、陈评点，以欺世之耳食者。无论赝者，即真出四君子，亦自可厌。’颇为达论。然卷内仍题李、袁、钟、陈校阅，盖非明知故犯，为时代与风气所宥，虽有大力者不能逃也。”半叶九行十九字。有钱谦益序[崇祯六年(1633)]以及陈继儒序。

[补录]

(二)明抄本

此本题宋陈亮辑，半叶九行十九字，黑口，四周双边。见《北京图书馆古籍善本书目》。

北大

(三)明崇祯武林玄览阁本

是本为七十七卷。

上海

(四)明末毛氏汲古阁刊本

七子诗选

(清)沈德潜选

【传录】沈德潜(1673—1769)字确士，号归愚。江苏长洲(今苏州)人。乾隆间，举鸿博未遇，及成进士，年已七十。高宗称之为“老名士”，召对论历代诗源升降，大赏之。命值上书房，擢礼部侍郎。以年老就衰，许告归，原衔食俸，高宗赐诗极多。入都祝嘏，与钱陈群并与香山九老会，称大老。卒年九十七。曾学于叶燮。论诗主格调，拘于“温柔敦厚”的“诗教”。诗多歌功颂德之作，少数篇章也对民间疾苦有所反映。有《沈愚归诗文全集》，编选《古诗源》《唐诗别裁》《明诗别裁》《清诗别裁》等。

【叙录】是编凡七种，十四卷。沈德潜晚年选编其门下士王鸣盛七人之诗各二卷刊成。其中有王鸣盛《耕养斋集》、吴泰来《砚山堂集》、王昶《履二斋集》、黄文莲《听雨楼集》、赵文哲《媕雅堂集》、钱大昕《辛楣吟稿》、曹仁虎《宛委山房集》。

王鸣盛(1722—1797)字凤喈，号礼堂，又号西庄，晚号西江。乾隆十九年(1754)进士，累官内阁学士，兼礼部侍郎，左迁光禄寺卿。告归，居苏州三十年，杜门读书著述。诗学盛唐，颇有盛誉。

吴泰来，字企晋，号竹屿。长洲（今江苏苏州）人。乾隆二十五年（1760）进士，召试赐内阁中书。少无宦情，家有遂初园，藏书数万卷。

王昶（1724—1806）字德甫，号述庵，学者称兰泉先生。江苏青浦（今属上海）人。乾隆进士，官刑部右侍郎，诗宗杜甫、韩愈、苏轼、陆游，词拟姜夔、张炎。

黄文莲，字芳亭，号星槎。上海人。乾隆十五年（1750）举人，官泌阳知县。

赵文哲，字损之，号璞函。上海人。乾隆二十七（1762）举人，授中书，累官户部主事，诗文瑰玮。

钱大昕（1728—1804）字晓征，号辛楣，一号竹汀，晚称潜研老人。江苏嘉定（今属上海）人。乾隆进士，官至少詹事。历主钟山、娄东、紫阳书院，精研群籍，亦工诗文，有《潜研堂诗文集》。

曹仁虎，字殷来，号习庵，一号渔庵。嘉定（今属上海）人。乾隆二十六年（1761）进士，官至侍讲学士。少工诗，常与王昶辈唱和。

沈德潜所选的七家诗品各异，而旨趣则相近，均符合沈氏所倡之“温柔敦厚”。其中吴泰来、黄文莲、曹仁虎三人诗作较少，赖此集得以流布。

【版录】

（一）清乾隆十八年（1753）序刊本

参见《综录》第859页。

（二）民国二十九年（1940）上海扫叶山房石印本

参见《综录》第859页。

樵川二家诗

（清）周亮工原辑 （清）朱霞重订

【传录】周亮工（1612—1672）字元亮，号栎园，又号陶庵、减斋、栎下先生等。祥符（今河南开封）人。移居南京。明崇祯进士，授监察御史。仕清后在福建曾镇压抗清军，任户部右侍郎等职，曾被劾下狱。收藏书画、铜器等物颇富，尤爱藏印。所交皆一时篆刻名手。遍请镌刻印章达千馀方，兴到亦能奏刀，古意盎然。工古文词，一禀秦汉风骨，喜为诗，宗仰少陵，然机杼必自出。著有《印人传》《赖古堂印谱》《赖古堂集》《因树屋书影》等。

【叙录】是编凡二种，六卷。宋严羽《沧浪集》二卷、元黄镇成《秋风集》四卷。严诗虽不乏浪迹江湖的写景抒怀、酬唱送别之作。但于元军入侵，南宋将覆亡之际，则对朝政弊端表示不满，抗元救国之情时见于诗中。《四库全书总目》谓“其所自为诗，独任性灵，扫除美刺，清音独远，切响遂稀。五言如‘一径入松雪，数峰生暮寒’，七言如‘空林木落长疑雨，别浦风多欲上潮’‘洞庭旅雁春归尽，瓜步寒潮夜落迟’，皆志在天宝以前，而格实不能超大历之上。由其持‘诗有别才，不关于学。诗有别趣，不关于理’之说，故止能摹王、孟之馀响，不能追李、杜之巨观也。”严氏《沧浪诗话》在诗论史上有重要地位，其论诗反对江西诗派流弊。《四库全书总目》云：“其《沧浪诗话》有曰‘论诗如论禅’，汉魏晋与盛唐之诗则第一义也；大历以还之诗，则小乘禅也；晚唐之诗，则声闻辟支果也。盛唐诸人惟在兴趣。羚羊挂角，无迹可求。故其妙处透彻玲珑，不可凑泊，如空中之音，相中之色，水中之月，镜中之象，言有尽而意无穷。近代诸公，乃作奇特解会，以才学为诗，以议论为诗。夫岂不工，终非古人之诗也云云。”

黄镇成诗多写山川胜迹，田园景色，其中有借秋之声以鸣不平，抒发其屡荐不应的遭际。周亮工《樵川二家诗序》谓“其五言之妙，远追陶、谢，近体亦在高、岑、王、孟之间，殊无当时陋习”。周氏又在《秋声集序》中谓“其五言诗如‘一径落红叶，万山生白云。月色初秋见，泉声彻夜闻’。……七言如‘潮依草岸痕初落，风拗蒲帆影半开，一江风起晚潮上，半夜帆行风月高’。……虽不敢拟唐人‘海日残夜，江春暮年’之作，然比司空表圣之‘苔龛木鱼’，黄文江之‘六朝松枝’，殆相伯仲，而世未有知者。”

【版录】

(一)清康熙六十一年(1722)刊本

参见《综录》第879页。是本半叶八行十八字，白口，左右双边。北京图书馆藏本有傅增湘校并跋。

(二)清光绪七年(1881)刊本

参见《综录》第879页。是本亦收在《邵武徐氏丛书》中。子目为《沧浪吟》二卷、《沧浪诗话》二卷、《秋声集》三卷。

［补录］

(三)清顺治间绥安朱氏刊本

是本子目为《沧浪集》二卷、《秋声集》二卷、《沧浪诗话》一卷、《附录》一卷。见杨家骆《丛书大辞典》。

(四)清光绪十六年(1890)邵武徐氏重刊本

藏书单位简称表

北京:北京图书馆(现中国国家图书馆)
首都师大:首都师范大学图书馆
人大:中国人民大学图书馆
北京市委:北京市委党校图书馆
中医:中医科学院
北大:北京大学图书馆
文学所:中国社会科学院文学研究所
历博:中国历史博物馆
党校:中共中央党校图书馆
清华:清华大学图书馆
民院:中央民族学院图书馆
族大:中央民族大学图书馆
考古所:中国社会科学院考古研究所
故宫:故宫博物院图书馆
北京文物:北京市文物局
首都:首都图书馆
北师大:北京师范大学图书馆
科学:中国科学院图书馆
教研所:中央教育科学研究所
民族所:中国社会科学院民族研究所
群众:公安部群众出版社

上海:上海图书馆
上博:上海博物馆
崇明县:上海市崇明县图书馆
复旦:复旦大学图书馆
上海师大:上海师范大学图书馆
华东师大:华东师范大学图书馆

天津:天津图书馆
南开:天津市南开区图书馆
南开大:南开大学图书馆
天津师大:天津师范大学图书馆

河北大:河北大学图书馆
保定:河北省保定市图书馆

山西:山西省图书馆
河津:山西省河津县图书馆
山西师大:山西师范大学图书馆
祁县:山西省祁县图书馆
山西文物:山西省文物局
忻州:山西省忻州市图书馆

内蒙大:内蒙古大学图书馆
内蒙师大:内蒙古师范大学图书馆

辽宁:辽宁省图书馆
旅大:辽宁省旅大市图书馆

吉林:吉林省图书馆
吉大:吉林大学图书馆

吉林社科:吉林省社会科学院图书馆
东北师大:东北师范大学图书馆

黑龙江大:黑龙江大学图书馆
哈师大:黑龙江哈尔滨师范大学图书馆
齐齐哈尔:黑龙江齐齐哈尔市图书馆

陕西师大:陕西师范大学图书馆
咸阳:陕西省咸阳市图书馆
西安文管会:陕西省西安市文物管理委员会

武威博:甘肃省武威县博物馆
西北民院:西北民族学院图书馆

宁夏:宁夏回族自治区图书馆
宁夏大:宁夏大学图书馆

青海:青海省图书馆
青海民院:青海省民族学院图书馆

新疆大:新疆大学图书馆
新疆科学:新疆科学院图书馆

山东:山东省图书馆
济南:山东省济南市图书馆
淄博:山东省淄博市图书馆
济宁:山东省济宁市图书馆
文登:山东省文登县图书馆
莱阳:山东省莱阳县图书馆
烟台:山东省烟台市图书馆
青岛:山东省青岛市图书馆

南京:南京图书馆
南大:南京大学
南京博:南京博物院图书馆
镇江博:江苏省镇江市博物馆
扬州师:扬州师范学院图书馆

浙江:浙江图书馆
上虞:浙江省上虞县图书馆
宁波:浙江省宁波市图书馆
诸暨:浙江省诸暨县图书馆
天一:天一阁博物馆
温州:浙江省温州市图书馆
杭大:杭州大学图书馆

安徽:安徽省图书馆
安大:安徽大学图书馆
安师大:安徽师范大学图书馆
安庆:安徽省安庆市图书馆
蚌埠:安徽省蚌埠市图书馆
庐山:安徽省庐山市图书馆

江西:江西省图书馆
江西师大:江西师范大学图书馆

福建:福建省图书馆
福建师大:福建师范大学图书馆
厦大:厦门大学图书馆

河南:河南省图书馆
开封:河南开封市图书馆
新乡:河南新乡市图书馆
河南师大:河南师范大学图书馆
河南博:河南省博物馆
许昌:河南许昌市图书馆

湖北:湖北省图书馆

武汉:湖北省武汉市图书馆
湖北大:湖北大学图书馆
武大:武汉大学图书馆
华中师大:华中师范大学图书馆
大冶师校:湖北大冶师范学校
荆州博:湖北省荆州地区博物馆

湖南:湖南省图书馆

广东:广东省立中山图书馆
广东社科:广东社会科学院图书馆
中大:中山大学图书馆
华南师大:华南师范大学图书馆
暨大:暨南大学图书馆
华南农大:华南农业大学图书馆

广西博:广西壮族自治区博物馆

四川:四川省图书馆
川大:四川大学图书馆
四川师大:四川师范大学图书馆
西南师大:西南师范大学图书馆

重庆:重庆市图书馆
重庆师院:重庆师范学院图书馆
重庆博:重庆市博物馆
北碚:重庆市北碚区图书馆

贵州大:贵州大学图书馆

云大:云南大学图书馆
昆明师院:昆明师范学院图书馆

史语:台湾“中央研究院”历史语言研究所
“中央”:台湾“中央图书馆”(今更名“国家图书馆”)
东海:台湾私立东海大学图书馆
台北:台北市立图书馆
政大:台湾政治大学图书馆
台师大:台湾师范大学图书馆
台大:台湾大学图书馆
近代:台湾“中央研究院”近代史研究所
“国防”:台湾“国防大学”图书馆

哥伦大:美国哥伦比亚大学东亚图书馆

日本帝室图书寮
国会:日本国会图书馆
静嘉堂:日本静嘉堂文库
东洋:日本东洋文库
东研:日本东京大学东洋文化研究所
内阁:日本内阁文库

索引字头笔画检字

十画

十一画

屠 7726_4
续 2418_4
绩 2518_2
缀 2714_7
绿 2719_9
巢 2290_4

十二画

琴 1120_7
琳 1419_0
喜 4060_1
彭 4212_2
博 4304_2
蛰 5513_6
董 4410_5
葛 4472_7
蒋 4414_2
韩 4542_7
棣 4599_9
确 1762_7
雅 7021_5
紫 2290_3
景 6090_6
喻 6802_1
犊 2458_4
程 2691_4
傅 2324_2
焦 2033_1
集 2090_4
粤 2602_7
御 2722_0
舒 8762_2
舜 2025_2
番 2060_9
鲁 2760_1
敦 0844_0
道 3830_6
曾 8060_6
湛 3411_8
湘 3610_0
湖 3712_0
寓 3022_7
寒 3030_3
富 3060_6
谢 3470_0
婺 1840_4

十三画

摛 5002_7
靳 4252_1
蓝 4410_2
蓉 4460_8
颐 7178_2
槐 4691_3
榆 4892_1
裘 4373_2
雷 1060_1
频 2128_2
虞 2128_4
愚 6033_2
跻 6012_4
蛾 5315_0
锡 8672_7
简 8822_7
微 2824_0
鲍 2711_2
新 0292_1
慈 8033_3
滂 3012_7
溯 3712_0
慎 9408_1
窦 3080_4
群 1865_1

十四画

静 5725_7
嘉 4046_1
聚 1723_2
慕 4433_8
蔡 4490_1
榕 4396_8
槜 4092_7
酿 1363_2
臧 2325_0
鄦 8732_7
儆 2824_0
鄱 2762_7
廖 0022_2
谭 3174_6
翠 1740_8
缪 2712_2

十五画

璜 1418_6
璅 1219_4
聪 1843_6
蕙 4433_3
蕊 4433_3
樊 4480_4
震 1023_2
墨 6010_4
稻 2297_7
黎 2790_9
德 2423_1
遵 3830_4
潭 3114_6
潜 3516_8
澄 3211_8
潘 3216_9
鹤 4722_7
豫 1723_2
畿 2265_3

十六画

稼 2393_2
薛 4474_1
樵 4093_1
黔 6832_7
镜 8071_2
儒 2122_7
雕 7021_5
澮 3716_1
彊 1121_6

十七画

戴 4385_0
魏 2641_3
邃 3330_3

十八画

藕 4492_7

二十一画

饔 8873_2

二十四画

曫 2260_9

索引字头拼音检字

wú

吾 1060$_1$

吴 6080$_4$

wǔ

五 1010$_2$

伍 2121$_2$

武 1314$_0$

wù

勿 2722$_0$

务 2742$_7$

婺 1840$_4$

X

xī

西 1060$_4$

惜 9406$_1$

息 2633$_0$

奚 2080$_4$

锡 8672$_7$

xí

郋 2762$_7$

xǐ

喜 4060$_1$

xià

夏 1040$_7$

xiān

仙 2227$_0$

xiāng

湘 3610$_0$

香 2060$_9$

xiàng

相 4690$_0$

xiǎo

小 9000$_0$

xiào

啸 6502$_7$

xiě

写 3712$_7$

xiè

谢 3470$_0$

xīn

心 3300$_0$

辛 0040$_1$

新 0292$_1$

xiū

修 2722$_2$

xiù

袖 3526$_0$

xú

徐 2829$_4$

xǔ

许 3874$_0$

鄦 8732$_7$

xù

续 2418$_4$

xuán

玄 0073$_2$

xuǎn

选 3430$_1$

xuē

薛 4474$_1$

xué

学 9040$_7$

xuě

雪 1017$_7$

Y

yǎ

雅 7021$_5$

yān

烟 9680$_0$

yán

盐 4310$_2$

阎 3777$_7$

yǎn

俨 2120$_1$

yàn

砚 1761$_2$

yáng

扬 5702$_7$

杨 4792$_7$

阳 7620$_0$

yǎng

仰 2722$_0$

yáo

姚 4241$_3$

yào

药 4412$_7$

yě

埜 4410$_4$

yè

叶 6400$_0$

yī

一 1000$_0$

医 7171$_8$

yí

夷 5080$_2$

诒 3376$_0$

怡 9306$_0$

宜 3010$_2$

颐 7178$_2$

yǐ

倚 2422$_1$

yì

艺 4471$_7$

亦 0023$_0$

奕 0080$_4$

异 7744$_1$

佚 2528$_0$

易 6022$_7$

益 8010$_2$

yīn

殷 2724$_7$

yǐn

尹 1750$_7$

yōng

庸 0022$_7$

yǒng

永 3090$_2$

涌 3712$_7$

yóu

尤 4301$_2$

由 5060$_0$

yǒu

友 4040$_7$

有 4022$_7$

yú

于 1040$_0$

馀 2879$_4$

渔 3711$_6$

愚 6033$_2$

俞 8022$_1$

榆 4892$_1$

虞 2128$_4$

yǔ

雨 1022$_7$

yù

玉 1010$_3$

芋 4440$_1$

郁 4722$_7$

丛书书名及编撰者综合索引

后　记

《中国丛书综录选注》(曾拟名《中国丛书综录标注》)由戚培根先生动议,共同商定体例,分头编写条目。具体分工按《中国丛书综录・丛书书名索引》之四角号码为序,我负责 0～4 字头条目,戚培根负责 5～9 字头条目。

此项目原纳入《山西省古籍整理出版规划》(1991—2000),后因故出版未果,初稿完成后束之高阁凡十数年。戚老师已退休多年,因健康等原因无力完成书稿的修改。经双方协商一致同意各人所撰条目个人自行处理。现将我选注之条目(凡 576 条)检出,进行必要的整理、修订与加工,以先行出版。

主要工作包括:(一)统订原稿:规范格式,统一体例,撰写编辑说明、编辑凡例等。(二)查缺补漏:补充和完善作者小传,诸如生卒年、籍贯里第、生平事迹等资料。(三)校勘:查对原文,改正引文中明显的错误。填补生僻字、字库中缺字等。(四)改错:改正文字输入以及电子文本格式转换过程中出现的错字、衍字和乱码。(五)编制索引:《藏书单位简称表》《索引字头笔画检字》《索引字头拼音检字》《丛书书名及编撰者综合索引》等。

书稿成于 20 世纪 90 年代,当时可参考之古籍联合目录、馆藏目录、丛书目录等工具很少,而相关书目数据库更是无可利用,故"版录"及收藏单位遗漏尚多。此书稿之后相继面世的研究成果,如阳海清编撰《中国丛书广录》(湖北人民出版社 1999 年版),施廷镛编撰《中国丛书综录续编》(北京图书馆出版社 2003 年版)、《中国丛书题识》(北京图书馆出版社 2003 年版),阳海清主编《中国古籍总目・丛书部》(中华书局、上海古籍出版社 2009 年)等专著无法加以吸收与利用。

湖北省图书馆原副馆长阳海清先生,是一位我敬仰已久的图书馆界老前辈。先生曾编撰《中国丛书综录补正》《中国丛书广录》,主编《中国古籍总目・丛书部》,对我国古籍丛书目录之著录及体例之研究颇有建树。故之早有请先生赐序的想法,又寻思自己才疏学浅,终究羞于开口。近两年,有幸参加由阳先生领衔整理的《伦明全集》(第二、三卷)工作,对先生的造诣和严谨的态度深深敬佩。双方虽有电话联系,然实未曾谋面。直至不久前在广州中山大学召开的一次学术会议上,终于可以得到先生的耳提面授的机会。先生温文儒雅、脾气谦和、平易近人，给我留下深刻印象。机会难得，鼓足勇气说出隐藏心底很久的愿望。握别的时候，先生慨允我的不情之请，欣然为本书作序。阅两周，大序即寄到我手上，先生之古道热肠令晚辈无以言表。序文对拙著多予赞扬肯定，此乃老一辈学者对后进的奖掖，我将铭记心中。

值此书出版之际，衷心感谢一直关注此书命运并给予鼓励的王彦坤教授、朱承平教授，感谢为此书提供意见、建议和帮助的师友和同行，感谢为此书顺利出版付出辛劳的责任编辑武良成先生。

罗志欢

2014 年 11 月 28 日于暨南羊城苑寓舍